원시사회(原始社會)

Primitive Society

Robert H. Lowie 저

정동호 · 김은아 · 강승묵 역

세창출판사

원시사회 / Robert H. Lowie 저 ; 정동호, 김은아, 강승묵 역. --
서울 : 세창출판사, 2008
p. ; cm

원표제 : Primitive society
참고문헌과 색인수록
영어 원작을 한국어로 번역
ISBN 978-89-8411-186-8 93300 :₩34000

330.901 - KDC4
301.0901 - DDC21 CIP2008000384

옮긴 사람들이 드리는 짧은 말씀

이 책은 로위 박사(Professor Robert Harry Lowie, 1883-1957)가 1920년에 출간한 『원시사회(原始社會; Primitive Society)』를 번역한 것이다.

로위 박사는 1908년부터 1921년까지 미국자연사박물관(美國自然史博物館)에서 실시하는 업무에 참여하여, 쇼쇼니족(the Sosonies), 블랙풋족(the Blackfoot), 크로우족(the Crow) 등 다양한 인디언 부족들의 생활상을 실지 조사한 바 있으며, 1925년부터 1950년까지는 콜럼비아 대학교에서 인류학과(人類學科) 교수로 재직하면서 많은 업적을 남겼다.

특히 원시사회의 각 종족의 제도나 신념 등에 관하여 관심을 갖고 많은 업적을 남긴 점은 이 분야의 학문적 발전에 커다란 영향을 주었음을 인정하지 않을 수 없다.

"원시사회(原始社會)"라고 하여 그 내용이 한정되어 있는 것 같지만, 혼인제도, 친족과 혈족제도, 재산관계, 조직과 계급제도, 행정과 재판제도 등 그 내용의 대충만 보더라도 이 책이 지니는 다양성과 중요성을 인정하고도 남을 만하다. 또한 이후의 연구에도 중요한 영향을 미쳤음은 누구나 인정할 만한 사실이다.

필자가 뜻하는 바를 조금이라도 정확하게 표현하고자 하는 의도에서 직역을 하였는데, 이에 따르는 '표현상의 한계와 시차에서 오는 이해의 다각도' 등은 고전을 번역하는 작업에 따르는 어려움임을 다시 한번 느끼게 되었다. 이러한 어려움을 알면서도 원문이 지니는 특성이 강한 용어(用語)나 원어(原語)는 그대로 번역하였음을 밝혀 둔다.

이 책의 곳곳에서 모건(Morgan)의 『고대사회(古代社會; Ancient Society)』와 이론적 충돌 내지 대립을 보게 되는데, 이러한 부분은 하찮은 논쟁으로 볼 것이 아니라, 각각 다른 자료에 근거하여 어떠한 방식으로 기존의 이론을 극복해 나갈 수 있는지를 배우는 창구(窓口)로 삼아야 할 것으로 생각한다. 이처럼 다른 관점에서 생겨나는 논리적 귀결의 차이는 후학으로 하여금 어떻게 공부를 하여야 하는지를 가르쳐 주는 점도 적지 않다.

1년여 동안의 어려웠던 작업이 이제 결실을 보는가 싶어 기쁘면서, 아울러 이러한 저서를 남겨 놓으신 로위 박사님께도 깊은 감사를 드리며, 또한 어려운 출판실정을 접어두고 흔쾌히 이 책을 내주신 세창출판사(世昌出版社)의 이방원 사장님, 임길남 상무님 그리고 함께 애써주신 여러분께 감사의 인사를 드린다. 조그만 책이지만 독자들에게 작은 보탬이 되었으면 하는 바람과 더 나아가 연구의 한 자료로라도 쓰였으면 하는 바람은 버릴 수 없다. 독자 여러분의 무궁한 건승을 빈다.

2008년 1월

역자 일동

서 문

PREFACE

일반인이 인류학(人類學)의 전체나 일부에 관한 개요(概要)에 관해 쉽게 알 수 있도록 짚어 줄 수 있는 책을 추천해 달라는 부탁을 받으면, 인류학자(人類學者)들은 곤란해질 수밖에 없다. 그렇지 않은 경우도 있겠지만, 인류학자들은 부탁한 사람을 만족시켜 줄 만큼 참신하면서 종합적인 책이 없다고 고백해야 하는 것이 보통이다. 인류학의 여러 부분 중에서도 더욱이 사회조직(社會組織)에 관해 최신의 개요서가 없음을 통감하지 않을 수 없다. 사회학자(社會學者), 역사학자(歷史學者) 및 비교법학자(比較法學者)는 모두 인류학자가 자료를 제공해 줄 것이라고 기대하고 있나. 그렇지만 일반적인 입문서(入門書)조차 없기 때문에, 과학적 민속학(科學的 民俗學)마저 인류학의 초기단계에 쓰인 모건(Morgan)의 『고대사회(古代社會; Ancient Society)』와 같은 책에서 내용을 찾아내는 데 만족하는 것이 고작이었다. 그러던 것이 1877년 이후에는 인류학자들이 구체적 자료를 풍부하게 수집하였을 뿐만 아니라 모건을 매우 시대에 뒤처지게 할 정도의 새로운 방법이나 견해를 발전시켰다. 모건의 저작물은 뛰어난 머리와 끈질긴 근면함의 결실로써 중요한 선구자적 노작(先驅者的 勞作)으로 남아 있는 것은 사실이지만, 오늘날 모건의 책으로부터 원시사회(原始社會; primitive society)에 관한 지식을 얻어내려고 하는 것은 마치 다윈(Darwin) 이전의 박물학자(博物學者)한테서 생물학(生物學)을 배우려고 하는 것과 마찬가지다. 모건의 『고대사회』는 인류학사(人類學史)를 연구하는 사람은 반드시 읽어야 하는 책이지만 일반적인 독자가 읽을 만한 책은 못 된다.

필자가 캘리포니아 대학교(the University of California)에서 1년간 강의를 할 당시에 알게 된 사실이지만, 인류학을 공부하려는 학생은 인류학에 관심 있는 비전문학자(非專門學者)나 인접학문을 연구하는 연구자(硏究者)와 마찬가지로 원시사회 조직에 관한 입문서가 없기 때문에 매우 큰 어려움을 겪고 있다. 이 책을 준비함에 있어서 염두에 두었던 것은 이들 비전문가(非專門家)·학생(學生)·

전문연구가(專門硏究家) 세 부류의 독자의 욕구를 충족시켜 주고자 하는 점과 현대 아메리카 학자의 견해까지 소개하고자 하는 점이었다.

필자가 여기에 편의상 열거하는 많은 동료뿐만 아니라 다른 동료로부터 도움을 받았던 것은 두말할 필요도 없다. 우선 인류학연구의 제1인자인 은사 프란츠 보아스 교수(Professor Franz Boas)께 많은 도움을 받았다. 아메리카 자연사 박물관(American Museum of Natural History)의 클라크 위슬러 박사(Dr. Clark Wissler)로부터는 북아메리카 인디언(North American Indians)에 관한 갖가지 풍부한 현지체험(現地體驗)과 우리들의 공통적 특수연구 분야인 평원지방(平原地方)에 관하여 격려의 말을 들은 바 있다. 1917년부터 1918년에 걸친 학기 중에 캘리포니아 대학교에서 강의를 할 수 있는 기회를 가졌던 것은 크로버 교수(Professor A. L. Kroeber)의 배려 덕분이었으며, 그로 인해 원시사회(原始社會)에 관한 필자의 견해를 체계화시킬 수 있게 되었고, 그 결과 이 책을 쓸 수 있었다. 버클리 대학교(Berkely University)의 다른 학과의 동료 중에는 의외로 원시사회에 관하여 아주 큰 관심을 갖고 있는 사람이 많이 있음을 알게 되었다. 특히 필자의 친구로 현재 노스웨스턴 대학교(Northwestern University)에 있는 프란시스 S. 필브릭 교수(Professor Francis S. Philbrick)에게서 자극받은 바 크다. 그의 해박한 비교법학(比較法學; comparative jurisprudence)에 관한 지식은 원시법(原始法; primitive law)에 관한 필자의 안목을 넓히는 데 아주 많은 도움을 주었다. 마지막으로 출판에 들어가기 전에 제2장부터 제8장까지의 원고를 읽고 정확하게 다듬어 준 아메리카 박물관에 근무하는 친구 레슬리 스피어(Leslie Spier)와 색인작업(索引作業)을 세밀하게 마쳐준 벨라 와이츠너(Bella Weizner)에게 감사의 뜻을 표하는 바이다.

1920년

로버트 H. 로위 (ROBERT H. LOWIE)

차 례
CONTENTS

Primitive Society

제 1 장

서 론

원시사회(原始社會)는 어떤 의미에서 원시문명(原始文明)과 같은 의미이다. 문명 내지 문화는 인종학상의 용어로써 타일러(Tylor)의 유명한 정의처럼 "사회의 한 구성원으로서 인간이 습득한 지식, 신앙, 예술, 도덕, 법률, 관습(慣習), 그리고 사회의 구성원으로서 인간이 획득한 기타의 모든 재능이나 습성을 포함하는 복합적 총체(複合的 總体)"이다. 그래서 문명의 전체를 연구함에는 사회의 여러 모습을 연구해야 한다. 이 책이 그와 같이 엄청난 일을 해내고자 하는 것은 아니다. 그래서 필자는 이 책에서의 연구를 사회조직(社會組織; social organization)이라고 알려진 문화적 부분에 한정하고자 한다. 즉 사회를 구성하는 여러 집단들의 기능과 상호관계 및 그 성장을 결정하는 여러 요소를 다루려고 한다.

그렇지만 문명의 여러 부분은 서로 밀접하게 결합되어 있기 때문에, 다른 부분을 모두 배제하고 어느 한 부분에만 집중하는 것은 하기 어려운 시도일 수밖에 없다. 최근의 연구를 통해 명백히 별개인 문화영역이 서로 의존·결합되어 있다는 것을 익히 잘 알고 있다. 군대의 작전계획도 실험실의 과학자나 농부의 활동이 뒷받침되지 않고서는 성공할 수 없다. 문화가 그다지 발달하지 못한 단계에서도 그 원리는 마찬가지다. 사회조직을 연구할 때도 산업적 요소를 무시할 수는 없다. 왜냐하면 일반적으로 사회는 산업적으로 대장장이, 건축가, 배목수 및 문신사(文身師)의 조합으로 구성되어 있기 때문이다. 그렇지만 우리의 관심사는 이들 기술공이 그 소속사회에서 특수한 부류로 되어 있더라도, 그들이 활용하는 기술적 방법에 있는 것이 아니다. 그보다는 아주 많은 평행적 혹은 상호교섭적인 집합체의 하나로서 각 단체가 공동체(共同體; community) 내에서 차지하는 지위나 그들간의 상대적 우열 및 그 권리의무(權利義務)를 다루고자 한다. 비슷한 관점에서 우리가 종교단체(宗敎團體)에 주의를 기울이는 경우, 우리가 관심을 갖는 것은 신념(信念) 내지 계율(戒律)에 있는 것이 아니라 여러 단체가 국가 전체 중에서 차지하는 지위에 있다. 이런 관점에서 기독교(基督敎)를 보면 단체를 대표하는 말인 참회(懺悔; confession)나 성찬화체론(聖餐化體論; theory of transubstantiation)에서의 차이가 그다지 중요한 것이 아니므로, 우리들의 주의를 끄는 것은 주로 어느 단체의 사람들이 국가적 지위로 부상되는지, 어느 단체가 쇠퇴하는지 아니면 어느 단체가 무력한지 등이다. 그렇기는 하지만 종교에 관하여 어느 정도의 지식이 있어야 주요문제를 해명하기에 충분한지는 예상할 수 없다. 그렇기 때문에 제대로 알지도 못하면서 스콜라학파적인 불필요한 논의에 빠져들게 되었음을 알게 된다. 야만인(野蠻人; savage peoples)에 관하여도 사정은 마찬가지이다. 이들의 사회조직(社會組織; social organization)을 정확하게 평가하려고 하면, 때로는 야만인의 활동을 보여 주는 각종의 자료에도 주의를 기울여 살펴보아야 한다.

원시사회의 연구는 과학적 정당성을 요구하지 않는다. 원시사회는 실재(實在)의 일부분으로서 엄연히 존재하는 것이다. 과학은 이 점을 주목하지 않으면 안 된다. 그렇지만 과거에 원시사회를 돌이켜보는 방법과 정신은 그 후 크게 변화해왔기 때문에, 원시사회의 연구에서 이러한 사상을 추구하는 것도 나쁘지 않을 것으로 생각한다.

무엇보다도 원시사회의 연구는 전공으로 삼아 논문을 쓰는 방식으로 할 수도 있다. 아니면 학자에 따라서는 한 시대의 어느 한 종족만을 관찰하고, 그 문화를 밝혀내어 아주 충실하게 묘사하려고 노력하기도 한다. 이렇게 수준 높은 연구를 하는 인종학자(人種學者; ethnographer)는 예술가처럼 교감적으로 자기 시대의 잠정적인 문화정신에 파고 들어가 고비노(Gobineau)의 르네상스

(Renaissance)양식으로 묘사한다. 이러한 표현방법은 빈델반트(Windelband)와 그 학파가 높이 평가하는 인문주의적 연구(人文主義的 研究; humanistic research)의 이상(理想)이다. 그들에게 있어서 인류사(人類史)가 의미하는 바는 단지 공상가의 직관으로만 경험되고, 그런 다음에야 비로소 모호한 색채로 여러 사람에게 전해져서 독자적인 현상이 되는, 절대 제한될 수 없는 일련의 가치가 된다. 이러한 자세로 인종학적 연구를 하면, 개별적으로는 완전할지 모르지만 다른 분야와는 관계가 없는 문화를 초상(肖像)한 전람회가 될 것이다.

문명의 연구자료에 대해 이러한 자세로 임하는 것이 결코 과학적 목적과 모순되는 것은 아니다. 그리고 이러한 방식은 문화의 세밀한 부분까지도 밝혀주기 때문에 현실을 완벽하게 이해하기 위해서는 오히려 필수적인 요소라고도 할 수 있다. 그렇지만 과학은 인류사회의 여러 현상을 심미학적(審美學的)으로 몰입하는 것에 만족할 수 없는 것도 사실이다. 실제로 어느 묘사방법에서 다른 방법으로 점차적으로 옮겨가는 회기는 자기도 모르게 그 세재(題材)의 특질을 검토해 보아야 하겠다는 충동에 심취되어 처음의 묘사계획과는 전혀 다른 정신작용을 따라가게 되는 경우도 있다. 이렇게 하면 당연히 후(後)의 그림과 전(前)의 그림의 비교연구가 단순한 몰입적 방법과 혼동되는 경우도 있을 것이다. 호전적인 어느 문화에 대하여 종교적 경향이 다른 문화나 배금광적(拜金狂的)인 틈을 지니고 있는 제3의 문화가 맞서게 될 것이다. 유사점과 마찬가지로 차이점 역시 주의해야 하고, 양자를 어떻게 설명해야 할 것인지의 문제가 필연적으로 부각된다. 바꾸어 말하면 현상(現象)은 그 자체로서 독립적으로 지각될 뿐만 아니라 그 상호관계에서 관찰되기도 한다.

부분적으로는 그것은 인과관계(因果關係)의 문제이다. 유사한 현상은 유사한 원인을 가졌다고 추론하는 것은 당연하다. 따라서 다음 사항을 결정하는 것이 인종학자의 의무가 될 것이다. 즉 우선적으로 유사한 원인이 인종적 유사에 있다고 보아야 할 것인지, 지리적 환경의 유사함 때문인지, 아니면 비교되는 문화를 공유하게 된 다른 근본적 원인이 있는지를 결정해야 한다는 것이다. 그러나 나중에 판단되겠지만, 아주 많은 문화적 자료 중에서, 그러한 인자(因子)를 끄집어내고 그 인자가 중요한 요인이라는 것을 증명하는 것은 그리 쉽지 않다. 실제로 그러한 사실을 밝히려고 했던 생각을 포기한 학자도 매우 많다. 그렇지만 인과관계의 연구가 어려운 작업이었음에도 불구하고, 문화를 과학적으로 연구하는 사람은 일정한 종류의 관계 즉 연대학적 관계를 무시하지는 않는다. 문화전시회(文化展示會)를 개최하여 서로 다른 문화를 전부 진열했다고 생각해 보자. 그렇게 되면 동일한 종족 내에서 끊임없이 이어져 온 여러 문화의 묘사가 그 속에 포함되어 있을 것이다. 그 가운데 10세기 일본의 그림과 19세기 일본의 그림은 그 어느 것도 이탈리아의 르네상스(Italian Renaissance)와는 아무런 관계나 상호관련성도 없는 문화적 이상이 각각 구현되는 것을 보면서 심미적 관조(審美的 觀照)의 입장에서 만족해야 할지 모른다. 그렇지만 이러한 연구 방법은 과학자가 취할 만한 태도라고는 할 수 없을 것이다. 과학자에게는 어느 문화가 다른 문화보다 더 성장해 온 점, 같은 문화가 시간이 지남에 따라 달라지게 된 점이 가장 중요한 사실이다. 하나의 열쇠고리에 지나지 않는 여러 문화의 시간적 관계를 몰랐다면, 사실의 가장 중요한 부분을 살펴보지 못했다는 느낌을 갖게 될 것이다. 간단히 말하면 문명에 관해 연구하는 사람은 어쨌든 역사가(歷史家)가 되어야 한다.

그렇다고 하면 인종학자는 어떤 역사가이어야 할 것인가? 실험실에서 열심히 연구한 많은 우수한 학자들은 어떠한 역사가 정말로 가치 있는 역사인지를 강조하고 한정짓고 있다. 그들은 미적분방정식(微積分方程式; stenographic equations of the calculus)으로 나타난 물리현상(物理現像)을 서술하는 데 익숙해 있기 때문에, 천체역학(天體力學)의 방식에 들어맞지 않으면 아무리 가치 있는 지식이라 하더라도 중요하게 여기지 않는다. 피어슨 교수(Professor Pearson)는 『과학입문(科學入門; The Grammar of Science)』에서 "역사는 과학이 될 수 없다. 다소 호감이 가는 말로 열거되어, 언뜻 보기에 과학적 공식과 일치하는 관계가 되더라도, 그것은 여러 사실의 목록이라고는 할 수 있을지 모르지만 그 이상은 아니다"라고 한다. 피어슨 교수는 이러한 학설을 문명의 연구에 적용하여 다음과 같이 주장하였다. 즉 개괄적으로 말하면 인류의 발달은 유럽(Europe), 아프리카(Africa), 오스트레일리아(Australia) 일대에서 동일한 과정을 거쳐 왔다. 이러한 현상은 일정한 근본 원칙으로 줄여서 말할 수 있다. 또한 이러한 사실을 분명히 할 것을 제외한다면, 역사가의 노력은 진지하게 생각해볼 만한 가치도 없는 것이다. 화학자인 오스트발트 교수(Professor Ostwald)나 동물학자인 드리쉬 박사(Dr. Driesch)도 이와 같이 주장하였다.

전술한 바와 같은 태도는 놀라울 정도로 단순한 것이다. 만약 인종학자 및 기타의 역사학자가 문명의 근본적인 법칙을 그 자료에서 발견하지 못하여 그들이 믿는 만큼의 확실성을 확보할 수 없게 된다면 틀림없이 큰 어려움에 처하게 될 것이다. 그렇지만 첫번째 문제는 이러한 법칙이 과연 존재하는지의 여부와 실제로 어느 정도의 확실성을 부여할 수 있는지이다. 단순히 그렇게 하는 것이 편리하다는 이유로 문화사(文化史)에서 획일성의 존재를 가정할 수는 없다. 물리학에서조차 반드시 모든 현상이 뉴턴의 공식(Newtonian formula)에 부합하지는 않는다. 물리학자는 이론상 다음과 같은 사실을 인정하지 않으면 안 된다. 즉 일반인은 실제의 경험을 통해 알게 되는 사실이지만, "물"은 다른 액체와 성질이 다르기 때문에, 섭씨 4도에서 최대밀도를 갖는다. 마찬가지로 인종학자도 자신의 일을 미리 결정지을 수 없다. 만일 사회진화법칙이 있나면 인종학자는 그러한 법칙을 발견해 내지 않으면 안 된다. 그렇지만 이러한 법칙이 존재하는지의 여부조차 아직까지 해결하지 못한 문제이다. 설령 이러한 법칙이 존재한다 하더라도 인종학자로서의 지위는 그대로이다. 문명이 거쳐 온 과성을 확실하게 밝히는 것이 인종학자의 의무이고, 종합적인 법칙이 어떤 것인지는 사실의 성질에 의존할 수밖에 없다. 다른 영역의 지적 이상(理想)을 위하여 노력하는 것은 분명히 해로운 것이다. 그도 그럴 것이, 그렇게 하여 얻어내는 결과는 자연스럽지 못한 단순화이고, 진실과 거리가 있기 때문이다. 그것은 마치 "물을 냉각시키면 반드시 고체가 된다"고 주장하는 것과 흡사하다. 지구상의 여러 민족이 서로 다른 문화사(文化史)를 가지고 있다 하더라도, 역사가의 임무는 이들의 특수성을 기록하고 이러한 기록들을 유용하게 이용하는 데 있다. 그리고 지식의 총화에 대한 자기의 역할을 수행함에 있어서, 그의 자료가 부적당하더라도 과학자로서의 위엄이 감소하는 일은 없을 것이다. 따라서 사회진화법칙을 추구하는 일을 염두에 두지 않은 채, 인류의 지식영역 가운데 작은 부분에서만 유용한 방법을 가지고 모든 현상을 공식화하려고 주장하는 사이비 과학적 독단론과는 관련이 없음을 강조하는 것이다. 다만 어떤 편견에도 좌우되지 않고 역사의 합법칙성에 일치하는지의 여부와 어떤 것이 사실이고 어떠한 것이 실제의 결과인지를 밝혀 보고자 하는 것이다.

하지만 여기에서 인종학자는 수준 높은 문명의 역사가가 아니기 때문에 어려움에 부딪치게 된다. 아주 최근을 제외한다면 원시공동사회와 관련된 많은 사실은 그보다 이전의 문헌적 지식으로는 해결할 수 있는 것이 거의 없다. 따라서 적극적으로 알기 위해서는 수 세기 이전까지 거슬러 올라가야 하기 때문에, 대부분의 연구자들은 어려움에 빠지게 된다. 이러한 연구는 정말로 어려운 문제이지만, 극복할 수 없는 것은 아니다. 왜냐하면 인종학자는 희소한 문헌자료 외에 증명되지 않은 민속학적이나 언어학적 사실을 지지하고, 이를 지리적 자료와 연결시키게 되면 거의 확실하게 역사를 재구성할 수 있기 때문이다. 사회조직의 현상에 관하여는 이하 여러 장(章)에서 실례를 들어 밝힐 생각이다. 따라서 필자는 기술상의 예증(例證)에 의한 연구방법을 통해 설명하고자 한다. 철을 녹일 때 마다가스카르섬의 원주민(natives of Madagascar)은 인근 아프리카의 니그로 대장장이(Negro blacksmiths)가 사용하는 풀무(bellows)와 전혀 다른 피스톤식 풀무(piston-bellows)를 사용하고 있다. 타일러(Tylor)는 훌륭한 역사적 구성 중에서, 피스톤식 풀무가 수마트라(Sumatra), 말레이군도(Malay Archipelago)의 다른 여러 지역 및 아시아 본토와 인접한 지역에서도 사용되고 있는 점, 그리고 인류학적, 언어학적으로 마다가스카르섬의 말라가시인(Malagasy)은 말레이족(the Malay)에 속한다는 것을 주장하였다. 그러므로 피스톤식 풀무는 확실히 말레이인의 발명품이었고, 그것이 말레이족이 이주하는 여러 지역으로 전파된 것이다. 이렇게 하여 일반적인 인류학적 지식과 한 특색의 분포에 관한 지식을 결합하여 타일러는 이론적 의문의 여지가 없는 역사에 관한 체계적 연구를 성공시켰다.

문화분포현상(文化分布現狀)은 사실 문화사의 구성에서 특별한 역할을 해낸다. 어느 곳에서든지 동일한 특색이 존재한다면, 그것은 보편적인 사회법칙의 소산이라고 할 수 있을지도 모른다. 만일 그것이 한정된 사례 내에서 발견되더라도, 일정한 구체적인 조건 아래에서 작용하는 어떤 매개를 통하여 진보해 왔을 것이다. 그리고 그 구체적 조건은 그 특색을 간직하고 있는 여러 문화를 분석함으로써 결정된다. 다른 한편 말라가시족의 풀무와 같은 사례에서 발생관계의 문제 이외에는 아무런 법칙도 존재하지 않는다. 마지막으로 문화적 특색의 공유자들은 종족을 달리하는 경우도 있지만, 접촉과 모방을 통해서 그 문화의 일부를 공유하게 된다.

이와 같이 분포와 관련한 자료는 그 해석을 필요로 한다. 그 과정에서 일정한 원인적 요소, 종족적 친근관계 또는 국가 간의 접촉 등을 어떻게 표현하더라도 상관없다. 외부의 인종학적 지식의 도움을 받아 이끌어낸 해답은 틀림없이 역사적 형식과 일치할 것이다. 만일 우리가 철기(鐵器)의 역사를 추적하다 보면, 말레이족의 풀무는 비교적 최근에 있었던 것이라고 인정할 수밖에 없다. 왜냐하면 그것은 고대 야금술(冶金術)의 중심지에서 멀리 떨어진 아시아의 한 지역에서 발달한 특수한 양식이기 때문이다. 즉 마다가스카르섬은 말레이 문명(Malay civilization)의 가장 먼 곳에 있는 항구이므로, 말라가시 풀무(Malagasy bellows)는 비교적 뒤늦게 받아들여진 것이라고 보아야 하기 때문이다.

실제로 계통이 다른 민족 간에 문화적 유사성이 많이 존재하는데, 이러한 문화적 유사성에 대한 해석은 보통 둘 중 어느 하나를 선택할 것인지로 좁혀진다. 즉 문화적 유사성에 대한 원인을 규명할 수 있는가의 여부는 묻지 않고, 그것이 같은 원인에 기인한 것인지 아니면 모방의 결과인지 결정될 뿐이다. 이 가운데 어느 한쪽으로 치우치는 것이 종래 많은 인종학자들의 논의의 바탕이었다. 현재 영국 및 유럽의 유력한 학파는 문화적 유사성은 하나의 중심에서 전파된 것이라고 강력하게 주장하고 있다. 우선은 이 논의를 다루고 넘어갈 필요가 있다. 이는 양쪽 각각의 주장이 실제에 있어 상당히 중요하기 때문이다. 만일 문화적 유사성이 모방에 의한 것이라면, 오로지 독립적으로 발전한 유사성으로부터 추론될 수 있는 사회학적 법칙들은 필요 없는 것이 되고 말 것이다. 그렇게 된다면 오로지 종교, 사회생활이나 기술의 역사는 신앙, 풍습 및 용구(用具)의 기원에 대한 설명이 될 뿐이고, 나아가 그것이 다른 지역에 전파된 사실에 관한 설명이 될 뿐이다. 한편, 만일 관찰된 유사성이 오로지 모방에 의한 것이라면, 같은 원인에 기인한 것이라는 설명은 적어도 나머지 다른 부분을 연구하는 데 이상적 목표가 될 것이다. 따라서 처음부터 대립하는 전파설(傳播說; diffusion)과 단독발달설(單獨發達說; independent evolution)의 논쟁에서 어느 쪽의 입장을 취할 것인지를 분명히 해 두는 것이 중요하다.

전파설의 강점은 전파가 문화의 발전에 크나큰 역할을 해내고 있는 점을 보여주는 증거가 풍부하다는 데 있다. 이는 흔히 지난날로부터 따져온 문제일 뿐만 아니라 문헌연구의 문제이다. 예를 들면 이집트의 영향이 그리스 문명에, 아라비아의 영향이 중세의 유럽 문명에 끼친 영향과 같다. 이러한 점과 관련해서는 아주 많은 증거 이외에 추론에 의한 것이면서 의심의 여지가 없는 확신형적인 많은 모방의 예를 덧붙이지 않으면 안 된다. 특색이 명확하게 연결적 지역에 분포해 있다면, 그 특색은 지역 내의 한 지점에서 발생하여 이후 그 지역 내에 여러 곳으로 전파되었다고는 결론내릴 수 있다. 때로는 그와 같은 결론이 많은 증거에 의하여 확증되는 경우도 흔히 있다. 즉 이러한 특색이 발상지(發祥地)에서는 아주 상세하게 발견되고, 주변으로 가면서 줄어든다. 그렇기 때문에 보아스 교수(Professor Boas)는 캐나다의 신화(Canadian mythology)에 나오는 갈가마귀 전설(Raven cycle)은 브리티시 컬럼비아(British Columbia)의 북부에서 생겨나 남부로 전파되었다는 것을 아주 명료하게 증명해 내었다. 발상지로부터 멀어지면 멀어진 만큼 세밀한 부분에서 점차로 정교함을 잃어가고 끝내는 미미하게 된다. 이 전설적 이야기의 결합체는 특별히 어떠한 신화형성(神話形成)의 법칙에 따른 소산물이 아니라면, 결코 좁은 해안지역에서만 한정되지는 않았을 것이다. 또한 우리가 비록 다루지는 않았지만 발상지로부터 더더욱 먼 곳으로 전달됨에 따라 내용의 복잡성이 점차 단순하게 되는 것은 크게 신경쓸 바가 못 된다.

따라서 전파(傳播; diffusion)를 진실된 원인이라고 생각할 수밖에 없다. 그렇다면 그것만이 유일한 원인일까? 만일 비슷한 특징들이 우리가 아는 한, 우리와 종족적 관계도 없고 일찍이 접촉한 적도 없는 아주 멀리 떨어진 사람들에게서 나타났다면, 우리는 어떻게 설명할 수 있을까? 이러한 경우 전파론자는 한때 접촉이 있었다는 보조적 가설(補助的 假說; auxiliary hypothesis)에 의지해야만 한다. 이러한 태도는 문화의 모든 요소의 발생당시조건을 상당히 특별한 사정에 기초하는 것으로 여겨 궁극적으로 두 번 다시 만들어지지 않는다는 그들의 신념에 기인한 것이다. 이것이 우리가 직시해야 하는 전파론자의 신념의 기본적 원리이다.

과거에 심하게 다투었던 논쟁 중 몇 가지는 불필요하였던 것임을 아마도 당장 인정해야 한다. 그러므로 과학적 발견의 중첩(重疊)은 동일한 특징이 독립적으로 발전할 수 있음을 증명하기 위해 채용되었던 것이다. 그러나 이 이론은 대체로 설득력이 약하다. 역사를 주의 깊게 음미해 보면, 대부분의 공동발견자(共同發見者)는 마치 미적분(微積分)의 발견에 있어서 뉴턴(Newton)이나 라이프니츠(Leibnitz)가 한 연구처럼 모두 동일한 문화적 원천(文化的 源泉)에서 모방하였음을 알 수 있다. 그러면 이러한 경우는 서로 전혀 다른 지역에서 문화적 요소가 독자적으로 생성된 것에 비유될 수는 없다. 더 나아가 현대의 과학자들이 서로의 성과를 복제하는 경우, 그들은 단지 동일한 초석(礎石) 위에 집을 짓고 있을 뿐만 아니라 의식적으로 그 건물에 각각 일정한 돌을 붙이려고 노력하는 숙련공에 불과하다. 특수한 훈련에 기초한 의식적인 노력은 미개문명(未開文明; ruder civilization)의 고찰에 있어서 완전히 버려야 하는 요소이며, 그렇게 되면 반복적 발견의 가능성은 점차 감소하게 될 것이다.

전파설(傳播說)의 극단적 형태의 약점은 분별력(分別力; discrimination)을 갖지 못한다는 점이다. 아주 복잡한 발명은 몇 차례에 의해 쉽게 이루어지지 않는다는 것을 부정하는 사람은 거의 없을 것이다. 하지만 이 원칙을 가장 단순한 계획이나 관념에까지 확장시키게 되면, 이 원칙은 가능성을 무시하는 것이 된다. 그렇기는 하지만 인간은 창조력의 부족으로 고통을 받아 왔고, 끊임없이 모방을 통하여 저항을 줄이는 방법을 즐겨 취해왔다. 그러나 인간의 실패(失敗)라고 하는 것은 그것을 다툴 만큼 중요한 것은 아니다. 만약 그렇게 막중한 것이라고 한다면, 멀리 떨어진 지역에서 우리가 자주 볼 수 있는 환경에 대한 놀랄 만한 적응성(適應性)은 결코 생겨날 수 없었을 것이다. 미크로네시아인(Micronesians)은 도끼날로 대합조개껍질 대신 돌을 사용할 수 있음을 알 수 없었을 것이고, 안다만 제도인(Andaman Islanders)이나 남아메리카 원주민(South American natives)은 독초(毒草)를 이용해서 물고기를 잡는 것을 전혀 몰랐을 것이며, 또한 엄격히 제한된 범위 내에서 이루어진 무수히 많은 독창적인 산업과정 중 그 어느 것도 알 수 없었을 것이다. 바늘로 옷감을 짜던 것에서 복잡하기 이를 데 없는 자수기술(刺繡技術)을 완성시킬 수 있었던 평원 인디언(Plain Indian)이 들소의 똥이 불을 피우는 데 사용할 수 있다는 것을 스스로 알지 못하고 어떤 다른 연원에서 배워야 했다면 우리는 이를 인정할 수 있을까? 노스다코타(North Dakota)의 히다차 인디언(Hidatsa Indians)은 아직까지도 가죽으로 덮힌 우산형태의 틀을 갖춘 웨일즈식 배(Welsch coracle)를 타고 미주리강(the

Missouri)을 건넌다. 단지 시간이 지남에 따라 없어져 버리고 만 것을 가지고 한때 관련이 있었다는 가정(假定)을 인정해야만 하는가? 만약 인근의 여러 종족 사이에 히다차족의 소가죽배(bull-boat) — 이것은 떠내려가는 나무로 받침을 갖춘 소가죽 판막의 급제몟목인데, 원주민에 의해 발명된 것으로 밝혀졌다 — 의 원형이 발견되더라도, 우리는 결코 그것을 인정하지 않을 것이다. 또한 오스트레일리아인(Australians)이나 티에라델푸에고 제도인(Tierral del Fuesians)의 다음과 같은 예도 있다. 즉 이 두 원주민들은 유리를 발견하고 얼마 되지 않아 일정한 도구를 만드는 데 유리가 돌보다 훨씬 좋은 대체물이라는 것을 알게 되었다. 따라서 꽤 긴 목록(目錄; catalogue)은, 이와 같이 1회 이상 고안되었던 것은 분명 널리 알려진다든가, 적어도 모든 가능성에 비추어 보아 두 곳 또는 그 이상의 다른 지역에서 독립적으로 발생하였을 것이라는 것을 단순한 생각으로 만들었을 것이다. 심지어 더욱 난해한 생각은 드물기는 하지만 재발견된 사례가 있었다는 증거가 적지 않다는 것이다. 유카탄반도(Yucatan)의 마야인(Maya)의 기록법(記錄法)에 영(零)이라는 표현은 그리스인(Greeks)이나 로마인(Romans)의 업적과 필적할 만한 것이 아니고, 최소한의 상호작용도 없는 인도인(Hindu)의 기록법을 복제한 것이므로, 그다지 놀라운 것이 아니다.

그렇지만 이러한 사례들은 오로지 문화적 영역의 제한적 일부분 즉 기술적·이론적인 문제점들에 적용하기 위해 인용된 것으로, 지적 수단에 의해 해결되었다. 문화의 종교적, 사회학적 및 심미적 문제는 전혀 다른 동기에 대한 응답에 의해 발견되었다. 합리적 통제가 적용되지 않는 곳에서, 바꾸어 말하여 유추력(類推力; analogical faculty)이 제한 없이 활기차게 작용하는 곳에서는 단독발달의 기회가 감소하거나 소멸되었을 것이라 생각된다. 사실, 연구자 중에는 인간의 정신이 독립적으로 먼 과거로 거슬러 올라가 어떤 위대한 신화적 관념에 도달해왔던 것보다도 오히려 기술적인 가장 중요한 발명들이 많은 기원을 창조해 왔음을 더욱 일찍 알아차린 사람도 있었을 것이다. 그렇기는 하지만 문화의 비합리적 부분에도 유사한 특색의 독립적 발생의 예가 없는 것은 아니다. 이에 관하여는 단 한 가지의 예로도 충분할 것이다. 오스트레일리아의 쿠르나이족(Kurnai Australian)의 면전에서 고아(孤兒)라고 불리는 것보다 더 심한 모욕은 없는 것으로 생각했는데, 몬타나(Montana)의 크로우 인디언(Crow Indian)도 마찬가지였다. 이처럼 무해한 말이 지독히 공격적인 저주로 불쾌하게 여기는 것은 참으로 이상스러운 일이지만, 이에 관하여는 좀더 설명해야 할 필요가 있다. 야만인(野蠻人; ruder peoples) 사이의 세력은 대개 충실한 친척들 수에 의존한다. 따라서 혈족이 없는 고아는 사회적으로 무력한 자로 무시당하고, 원주민의 허영심을 생각해보면 험담 중에서도 이처럼 저급한 표현이 없음은 당연하다. 그러므로 쿠르나이족이 크로우족에게서 이를 모방해 왔는지 아니면 그 반대인지는 확실하지는 않지만, 그 관찰된 현상에 대한 이유는 원시인 생활에 관하여 이미 알려져 있는 사실에 비추어 볼 때 명백하다.

적당한 자료가 문화의 일부분 즉 언어(言語; language)에 의하여 무한대로 제공될 수 있기 때문에, 이러한 예증을 중복시킬 필요는 없다. 심리학적으로 말하면, 언어학상의 여러 과정은 문화의 비지식적 부분에서 생겨나는 여러 과정과 동일한 범주에 속하므로, 그것들을 응용하는 것은 넓게 적용되었다. 영어(英語; English)는 그 문법의 단순성이 중국어(中國語; Chinese)에 가깝지만, 그 원인은 중국이 영국령의 여러 섬의 단어에 미친 직접적 영향 때문이 아니라 내면적 원인에 의한 것이다. 북아메리카 그레이트베이슨(Great Basin of North America)의 쇼쇼니 인디언(Shoshonean Indian)의 언어에 양수어(兩數語; dual number)가 있다면, 그들이 고대 그리스인(ancient Greeks)에게서 그 개념을 모방한 것이 아니라, 이는 독립적으로 발생할 수 있었고, 또한 지금도 발생하고 있기 때문이다. 이와 같이 동일한 방법으로 분류되거나 서술되는 현상이 비록 기원상 전혀 관련이 없고 전혀 접촉도 없음에도 불구하고 각각의 언어에 포함되었음을 보여주는 예는 상당히 많다. 만일 그렇다면, 심지어 유사성에 대한 근거가 우리의 눈에 띄지 않았을지라도 증거와 유추에 의한 분류로 이루어진 사실은 유사한 결과를 발생시킬 것이다. 따라서 이러한 여러 가지 결과가 풍습 또는 신화의 경우에는 생겨날 수 없다고 단정하는 것은 완전한 독단론에 지나지 않는다.

요컨대 사회조직의 연구에 있어서 독자적 발달의 가능성을 배제할 이유는 전혀 없다. 그렇기 때문에 필자는 연구의 말미에서 각각의 유사한 예를 그 장단점을 기준으로 하여, 서로 대립하는 두 학설의 균형을 무너뜨리지 않으려고 한다.

앞서 말한 사항 속에 다음의 여러 장(章)에서 분포의 문제에 중요한 지위를 부여한 이유가 드러나 있다. 우리가 아는 어떤 현상이 미치는 범위로부터 그 현상이 심지어 일시적으로나마 인간군거성(人間群居性; human gregariousness)의 필연적 결과일 수 있는지 없는지 간에 그와 관련된 특징들을 비교해 보면, 그 발생에 유리한 조건들이 드러나게 될 것이다. 하나의 제도가 분포되었다는 사실은 그 제도가 보급되었음을 증명하는 것이다. 그리고 여기에서 더 나아가 다른 지식을 연결시키면, 역사의 여러 과정을 완전하게 재구성하는 데 상당히 도움이 되기도 한다. 어느 한 풍습이 존재하는 범위를 안다면, 우리는 그 풍습 자체는 잘 알지 못하더라도, 우리가 아는 사실을 확대해서 적어도 발생지점은 알게 된다. 역사기록으로 남아 있지 않아서 어떤 현상의 분포상태를 알지 못한다면, 우리는 이론적으로 중요한 것을 하나도 알 수 없다.

원시사회(原始社會)에 관한 지식은 문화사(文化史)에 대해 그다지 흥미를 갖고 있지 않은 사람에게도 약간만이라도 알려주어야겠다는 생각이 들 만큼 교육적 중요성을 갖는다. 우리 모두는 자연적으로 인정되어 있을 뿐만 아니라 유일하게 사회적 필요에 상응하는 것으로 받아들인 일련의 전통적 제도 및 사회적 관습 속에 태어나 살고 있다. 우리의 표준에 비추어 따져보면 외국의 것은 우리의 편견 때문에 열등하다는 평가를 하게 된다. 이와 반대로 맹목적인 지역주의(地域主義; provincialism)에 대해서는 외국문명을 체계적으로 연구하는 것보다 더 좋은 방법이 없다. 우리가 살아 온 관습적인 제도와는 전혀 다른 기초 위에 서 있는 어느 한 사회와 또 다른 사회의 여러 제도를 알게 되는 것은, 아마도 차원다면공간(次元多面空間; n-dimensional space)의 개념이 비(非)유클리드 기하학자(non-Euclidean geometrician)의 관점을 넓힌 것처럼, 사회의 여러 가능성에 관한 우리의 안목을 넓혀 줄 것이다. 우리가 받아들인 견해와 풍습들의 체계를 여러 가능한 형태 중의 하나로 보고, 더 나아가 새로운 포부를 가지고 대담하게 바꾸어 보게 되었다.

Primitive Society

제 2 장

혼 인

만일 사회조직이 문화의 일부에 지나지 않고 다른 부분들과 관련시켜 생각해야만 비로소 이해할 수 있는 것이라면, 사회조직의 각 부분에 대해서는 더우 더 확실하게 그렇다고 할 수 있다. 원시가족(原始家族; primitive family)을 고찰하면서 연구를 시작할 수도 있지만, 원시가족의 여러 현상을 이해하기 위해서는 우선 전혀 관계가 없이 보이는 다른 사실을 살펴보아야 한다고 생각한다. 오세아니아(Oceania)의 여러 지방 사람들은 보통 집단숙소(集團宿所)에서 음식을 먹고 잠을 자곤 하는데, 이러한 형태의 결합은 가족생활에 상당한 영향을 주기 때문에, 어느 하나를 설명할 때 양자를 분리해서는 제대로 설명할 수 없다. 집단숙소에 대한 설명을 하려면, 재산개념에 대하여 논의하지 않으면 안 된다. 왜냐하면 이 조직의 구성원으로서의 자격은 때로 보유하고 있는 재산상 권리와 같기 때문이다. 그러나 어떤 방식으로 재산을 다루든지 여기에는 재산상속(財産相續)을 결정하는 친족개념(親族概念; notion of kinship)이 포함된다. 요컨대 이 여러 가지 주제는 매우 밀접한 상호관계를 가지고 있기 때문에, 그 중의 어느 하나로부터 다른 모든 문제를 논리적으로 추론할 수 있는 반면 어느 하나만을 근본적인 문제로 삼을 수 없다. 어떻게 연구를 시작하든지 간에, 끊임없이 추론하고 끊임없이 비교·참조해야 한다. 그도 그럴 것이 단순히 설명의 편의상 유기적 통일체를 일부분으로 검토해야 하기 때문이다.

이렇게 말할 수 있기 때문에, 출발점이 어떻든 상관없다. 필자는 가족을 고찰할 첫 번째 사회단위(社會單位; social unit)로 선택했다. 그래서 당연히 필자는 새로운 가족을 만들고자 하는 개인이 직면하게 되는 여러 조건 — 즉 개인이 배우자를 선택할 때 지켜야 하는 사회적 금지, 법규 및 배우자를 얻는 전통적인 방법 — 을 서술하는 것으로 시작하고자 한다.

제 1 절 혼인금지

세계 어느 곳에서나 배우자를 선택할 때 근친(近親; propinquity of relationship)에 의한 제한이 있다. 이 규율을 위반하는 사람은 근친상간(近親相姦; incest)의 중죄를 범하는 것이다. 가장 좁은 가족권 내에서는 일반적으로 성적 관계(性的關係)가 금제(禁制; taboo)된다. 부모와 자식의 성적 결합을 인정하는 종족은 어디에도 없고, 비록 형제자매의 혼인에 대한 기록이 있는 곳이더라도 이는 그 사회의 미개성의 결과가 아니라, 매우 억지의 결과였다. 즉 고대 이집트나 페루와 같이 혈통의 높낮이가 매우 중요시되는 공동사회에서 군주(君主; sovereign)는 자신과 가장 가까운 혈족(血族; blood kin)을 제외하면, 배우자로 삼을 만한 높은 지위를 가진 사람을 찾을 수 없었기 때문이다. 그렇지만 이러한 사례는 극히 드물었으며, 또한 일반대중의 관습에 영향을 미칠 만한 정도도 아니었다.

개인적으로 필자는 홉하우스(Hobhouse)의 견해와 마찬가지로 근친상간에 대해 강하고 깊은 혐오감을 느끼는 것이 본능이라고 생각하지만, 인간이 무엇 때문에 근친상간에 대해 이렇게 강하고 깊은 혐오감을 갖고 있는가를 설명하는 것은 인종학자(人種學者; ethnologist)의 임무가 아니라, 생물학자(生物學者; biologist) 및 심리학자(心理學者; psychologist)가 해야 할 일이라고 생각한다. 사회학자는 단지 근친상간에 대한 혐오를 생물학적으로 가능한 결합의 수를 제한한다는 사실로 평가하면 된다. 또한 사회학자는 각각의 공동사회에서 근친상간의 규칙을 받아들이는 서로 다른 태도들을 기록해야 한다. 생각건대 일반적으로 부모와 자녀 및 형제자매 사이의 혼인은 금기되고 있지만, 그 보다 먼 친족간의 혼인은 많은 종족이 인정하고, 그에 관한 규정을 두고 있기도 하다. 즉 가장 가까운 친족집단의 내부에서의 혼인에 대한 혐오는 본능적인지도 모르지만, 일정한 범위를 넘어서까지 그러한 감정이 미치게 하는 것은 규범적인 것이다. 종족마다 그 경계선을 확장시키는 방식의 엄격함의 정도도 큰 차이가 있다. 예를 들면 몬타나(Montana)의 블랙풋족(the Blackfoot)은 사촌형제자매 사이의 혼인을 인정하지 않을 뿐만 아니라 "항상 어느 정도 가까운 혈족은 눈감아준다는 의구심이 있기 때문에" 같은 지역 내에서의 남녀 결합을 의심스럽게 보기 일쑤다. 브리티시 컬럼비아(British Columbia)내의 슈스왑강 인디언과 톰슨강 인디언(Shuswap and Thompson River Indian)은 재종형제자매(再從兄弟姉妹; second cousins) 사이의 혼인을 금지했고, 아이다호(Idaho)의 네즈페르세족(the Nez Percé)은 삼종형제자매(三從兄弟姉妹; third cousins) 사이의 혼인까지도 인정하지 않는다. 네바다(Nevada)의 파비옷소족(the Paviotso)의 교육을 받은 사람의 말에 의하면, 파비옷소족은 아무리 먼 종형제자매라 하더라도 친족으로 여겼기 때문에 서로 혼인을 할 수 없다고 하였다.

이러한 근친성교(近親性交; in-breeding)에 대한 혐오는 공통적인 원시인의 관습과 관련이 있다. 예를 들면 파비옷소족은 자신의 종형제자매를 촌수와 관계없이 모두 형제나 자매라고 부른다. 그리고 야만인은 하나의 이름에 여러 가지 의미를 부여한다. 여자의 딸을 자매라고 부르기 때문에, 혼인의 목적을 위하여 여자의 딸을 자매라고 생각하는 것은 야만인이 같은 명칭을 갖는 모든 사물을 미신적으로 동일시함으로써 일어나는 한 과정에 불과하다. 즉 십종형제자매(tenth cousin)나 일종형제자매(first cousin)는 동일호칭으로 불렀기 때문에, 십촌종자매에까지 근친상간의 혐오감이 미치는 것은 당연한 것이다.

사실 이러한 감정은 놀라울 정도로 확대되었다. 즉 확실한 혈족 간의 혼인을 금하는 규율만이 아니라 단순히 구성원들은 동일 선조의 후손이라는 법적 의제에 의하여 친족(親族; kin)으로 간주되어, 이들 각 개인 사이에서의 혼인까지도 금지되고 있는 사실이 적지 않다. 이 경우 집단명의 마력은 확실히 중대한 역할을 하게 된다. 즉 오스트레일리아(Australia)에서 어떤 종족의 에뮤족

(the Emu)에 속한 남자는 수백 마일이나 떨어진 곳에 있는 전혀 혈족관계가 없을 것 같은 다른 종족의 에뮤족에 소속된 여자와 혼인할 수 없었다.

개인이 그가 속한 집단, 촌락 또는 기타의 사회단위의 외부에서 배우자를 구해야 한다는 규율이 족외혼(族外婚; exogamy)이다. 이와 달리 자신이 속한 집단의 사람과 혼인해야 하는 것을 족내혼(族內婚; endogamy)라 한다. 족내혼은 사회적 신분이 가장 중요한 문제로 여겨지는 곳에서 많이 행하여진다. 인도의 카스트제도(Hindu caste system)는 유럽의 귀족제도와 다른 하나의 실례이다. 문명수준이 낮은 브리티시 콜럼비아의 심시안족(the Tsimshian)은 추장의 친족이 추장의 시종(侍從)의 친족 중 한 사람과 혼인하거나, 추장의 시종이 평민과 혼인하는 것을 꺼려한다. 이는 족외혼으로 구성되는 집단 내부에서 실제 발생하는 혼인이 아니라 오로지 사회단위 안에서의 의무적 혼인이라는 뜻이다. 예를 들면 칼라마주(Kalamazoo) 지역의 남자는 당연히 대부분 부락 내의 여자 중에서 배우자를 구해야 하지만, 오텀와(Ottumwa) 지역이나 프세미스우(Przemysl) 지역에서 신부를 찾더라도 상관없다. 족외혼제의 경향은 금혼의 관념이 잠재하는 경우 언급할 수 있는 것이다. 즉 카톨릭교도(Catholic)는 신교도(Protestant)와 혼인해서는 안 된다는 감정과도 관련이 있다.

족외혼과 족내혼은 동일한 집합체에 대해 상호간을 전적으로 배척하는 것이 아니다. 남부 인디아(Southern India)의 닐기리 고지(Nilgiri Hills)의 토다족(the Toda)은 타르타롤 분족(Tartharol)과 테이발리올 분족(Teivaliol)으로 나누어져 있지만, 두 분족 사이에는 법률상 혼인이 금지된다. 그러나 분족 내부는 여러 개로 나누어져 있고, 그들 사이에서도 족외혼제가 적용된다. 타르타롤 분족에 속한 남자는 테이발리올 분족의 여자를 그의 처로 선택하지 못하지만, 다른 지역의 타르타롤 분족의 동맹원 중에서 선택할 수 있다.[1)]

참고문헌에 기재한 모든 문헌은 모두 인용하였고, 저자는 알파벳순으로, 출판물은 연대순으로 기재하였다. 각 장별 각주는 저자가 하나의 문헌으로 대표되면 저자의 이름만을 인용하였고, 두 개 또는 그 이상의 논문이나 단행본이 있는 경우에는 그 저자의 이름과 년도를 기재했다. 또한 같은 해에 두 개의 논문이나 단행본이 있는 경우에는 문자를 덧붙였다. 페이지는 콜론으로 구분했다.

1) Hobhouse: 145. Wissler, 1911: 19. Teit, 1900: 325; id., 1909: 591. Spinden, 1908: 250. Hopkins: 45. Boas, 1916 (a): 498. Rivers, 1906: 34 seq.

제 2 절 배우자 획득의 방법

원시종족(原始種族; primitive tribes)의 일반화를 시도하는 것은 위험하지만, 그들의 혼인은 민사제도(民事制度; civil institution)로서 신성한 것이라기보다는 오히려 비공식적 제도라는 주장에 대해서는 많은 예외를 찾아볼 수 있다. 그러나 이 비공식적 제도는 계약이 개인이 아니라, 가족을 구속한다는 점에서 카프카스 문명(Caucasian civilization)의 현대적 제도와 큰 차이가 있다. 이는 소위 교환혼(交換婚; marriage by exchange) 및 매매혼(賣買婚; marriage by purchase)의 두 가지 혼인형식에서 명확히 나타난다. 교환혼이나 매매혼 모두 여자를 재산으로 취급하여, 여자의 가족은 충분한 보상을 받고 나서야 여자를 넘겨주기 때문이다.

서부 오스트레일리아(Western Australia)의 카리에라족(the Kariera) 사이에서 신부획득은 우선혼제도(優先婚制度; preferential mating)라는 일정한 규정에 맞추어 복잡하게 이루어진다. 즉 남자는 자신의 여자형제 및 기타 일정한 혈연관계인 여자와의 혼인이 금지되었을 뿐만 아니라, 실제로 특정 종자매나 같은 종자매라고 불렀을지라도 좀더 먼 친족과 혼인해야 했다(다음에 논하는 우선혼인의 항을 참조). 이러한 제한과 관련하여 상호교환이 이루어지는 경우가 있다. 예를 들면 한 명이나 그 이상의 여자형제를 가진 남자 A가, 그에 대하여 진정한 종형제 관계에 있고, 그 반대로 자매를 가진 남자 B를 만났다고 하자. 그들은 서로 상대방의 자매를 아내로 삼게 되기도 한다. 이 방법은 확실히 널리 퍼져 있었던 것 같다. 오스트레일리아와 토레스해협(Torres Straits Islands)에서는 널리 보급되어 있었지만, 멜라네시아(Melanesia) 인근지역에서는 드물었거나 존재하지 않았다.

이러한 자매교환(姉妹交換; exchange of sisters)과는 달리 카리에라족의 장로들은 나이 어린 사촌형제 사이에 인습적 혼인을 행하였다. 만일 그 중의 누가 죽으면 변화가 일어나지만, 새로운 합의 역시 신성한 규범을 따르게 하였다. 즉 아내가 될 사람은 비록 먼 혈족관계일지 모르지만 규정된 대로 종자매이다. 미성숙자가 약혼을 한 경우, 그 남자애는 장래 장인이 될 사람이 누구인지 알고 있기 때문에 장인이 될 사람에게 일정한 선물이나 노역을 제공해야 하는 것을 알고 성장하게 된다. 그러나 그 약혼자가 죽을지도 모르기 때문에 장인이 될지도 모른다고 생각되는 일정한 사람을 상정하고, 그 사람들 모두에게 다소 적은 선물과 노역을 미리 제공하기도 한다. 이러한 의례는 다른 지방의 매매혼형식에서와 같은 일종의 보상이라고 생각된다. 소녀가 적령에 달하면 간단하게 남편에게 넘겨진다. 카리에라족 혼인생활의 일정한 부수적 요소를 통해 우리가 문제로 삼고 있는 가족적 계약이 명확해 진다. "한 가족에 수인의 자매가 있는 경우에는 그녀들은 모두 그 중의 장녀를 맞아들인 남자의 아내로 간주된다." 소위 자매연혼(姉妹緣婚; sororate)이라고 알려져 있는 이 풍습은 여러 곳에 분포되어 있다. 한편 한 명의 남자의 아내는 남편의 동생 또는 동위(同位)의 혈족의 남자에게 자동적으로 상속되는데, 이것이 형제연혼(兄弟緣婚; levirate)이라고 불리는 관습이다. 마지막으로 남자는 그 동생을 위하여 자신의 아내의 동생에 대한 우선권을 포기할 수도 있다.

교환혼(交婚婚)에 비하여 매매혼(賣買婚)은 상당히 넓게 분포되어 행해졌다. 심리적으로나 법률적으로 여러 종류의 매매혼을 구별하는 것은 상당히 중요하다. 어떤 지방에서 여자는 사실상 양도·상속이 가능한 재산으로 취급되지만, 다른 지방에서는 단지 형식상 매매혼이 행해졌을 뿐이다. 이는 여자를 위하여 대금을 지불하더라도 그가 받은 선물이나 지참금(持參金; dowry)이 지불한 대금과 같거나 그 이상인 경우도 있기 때문이다.

매우 엄격한 의미의 매매혼을 살펴보기로 하자. 서부 시베리아(Siberia)의 터키족(the Turkish)의 하나인 키르기즈족(the Kirgiz) 사이에서는 아들이 10세가 되면 여자와 약혼을 시키고, 그 즉시 신부대금(新婦代金; bride-price)을 저축하는데, 경우에 따라서는 그 신부대금이 소 81마리에 달하는 경우도 있다. 보통 신부대금은 할부로 지불하며, 신부대금의 대부분을 지불하면 약혼녀의 집으로 가서 그 약혼녀를 볼 수 있으며, 지불완료와 동시에 혼인예식을 거행한다. 신부의 가족이 요구하는 신부대금이 워낙 커서 두 명 이상의 아내를 얻는 사람은 거의 없고, 이혼하는 경우도 매우 적다. 다만 이슬람교(Mohammedan)의 법률에서 남편의 권력은 무제한적이어서, 여자는 당연히 남편의 재산으로 취급되었으며, 자기 자신의 가족과 접촉할 기회조차 주어지지 않는다.

서아프리카의 토고의 에웨족 중 하나인 호족(the Ho)도 역시 이러한 신부대금의 지불과 노역제공이 행해졌다. 이로 인해 아내가 남편의 재산으로 취급되기는 하였지만, 아내는 그의 가족과 완전히 분리되지는 않았고, 그 사회적 지위도 키르기즈족과는 현저히 다르다. 약혼은 간혹 여자가 태어나기도 전에 행해지기도 하는데, 한 남자가 어떤 여성을 좋아할 경우 그녀가 잉태한 아이가 딸일 경우를 예상하고 약혼을 하는 관습이 있다. 여성이 딸을 출산하여 이 약혼이 이행될 수 있다면 약혼한 남자는 장인, 장모에게 예비적으로 선물을 주고, 그 후는 매월 그 어린 딸에게 조개를 선물하고, 그 장인과 장모가 될 사람에게 원예농업의 원조와 기타 여러 가지 노역제공을 한다. 딸이 사춘기(思春期; puberty)가 되면 신랑의 손에 넘겨주지만, 만약 약혼한 남자가 지급한 보상이 부족하다는 생각이 들면, 받았던 조가비 화폐를 반환하고 그 계약을 해소시킬 수 있다. 그들은 호족의 여자가 재산의 일종이라는 관념에 대해 아무런 의심도 하지 않았다. 호족의 여자들은 채권자에게 보관되어 인질(人質) 취급받기도 하고, 남편의 형제들에게 상속되기도 하지만, 여자 자신들은 남편의 소유물 중 어떠한 것도 상속받을 수 없다. 이러한 개념이 이론적으로는 엄격하지만, 실제로는 상당한 융통성이 있다. 여자는 남편에게 상당히 큰 영향력을 행사할 수 있고, 친정과 공동반란의 경우에는 남편을 내버려두고 떠나기도 하며, 남편에게 목화솜을 제공하였다면 이를 보상을 받을 권리가 있었다.

'매매혼'이라는 표어에 의하여 생긴 잘못된 관념은 뉴기니아(New Guniea)의 파푸아인(Papuan people)에 속한 카이족(the Kai)을 고찰하게 되면 명료하게 드러난다. 이곳에서는 멧돼지의 송곳니와 돼지 기타의 고가품으로 이루어진 신부대금을 신부의 모계의 백숙부와 오빠에게 지불하고, 반면 신부의 아버지는 일정량의 노동력의 제공을 요구할 수 있을 따름이다. 따라서 어떤 의미에 있어서 남자는 매매약혼에 의하여 아내의 소유자가 된다. 즉 그 아내는 남편의 형제와 친족(親族; kinsmen)에게 상속되고, 간통을 하면 남편한테 벌을 받고, 사랑의 도피나 가출의 경우에는 신부대금을 변상해야 한다. 그러나 아내가 법률상 무능력자(法律上 無能力者)이더라도, 그녀의 가족이 인격까지 포기한 것은 아니다. 만약 남자가 아내의 도자기를 파손시키면, 그녀의 가족에게 변상해야 한다. 아내가 남편의 유산(遺産)을 전용할 수 없는 것처럼 남편 역시 아내의 재산을 상속할 권리가 없다. 그리고 자녀는 확실히 아내 및 아내의 친족에 속한다. 요컨대 매매혼에 의하여 남자가 획득하는 것은 오로지 배타적인 성적 특권(性的 特權; sexual prerogative)이다. 심지어 남편은 아내의 경제적 노무제공에 대한 대가로 아내와 함께 생활하는 식구들을 위해 그녀와 동등한 노역제공을 해야 한다.

카이족(the Kai)의 관습과 대립하는 것은 남아프리카(South Africa)의 통가족(the Thonga)이 신부대금을 치르는 로볼라관습(Lobola)이다. 이 곳에서도 구혼자와 그 가족은 약속한 신부대금 — 소나 괭이 — 을 제공함으로써 여자를 획득한다. 또한 유처(遺妻)는 그 남편의 가족의 일원 — 남편의 남자동생이나 남편의 여자형제의 자식이나 다른 아내의 아들 — 에게 상속된다. 실제로 재산개념은 더욱 광범위하고 철저하게 적용된다. 남자가 관례대로 신부대금을 지불하면, 그 아내의 가족은 성년인 아들의 아내를 사기 위해 사용한다. 만일 아내가 가출하면, 그 남편은 신부대금의 반환을 청구할 수 있다. 그런데 달아난 아내의 가족이 이미 처남(妻男)의 아내를 사는 데 신부대금을 전부 사용한 경우, 지불능력이 없는 아내의 친족은 처남의 아내를 남편에게 양도할 수 있다. 이제까지는 단지 매매혼의 원칙을 엄밀하게 적용한 경우를 설명하였다. 그러나 여기서 카이족의 관습과 근본적으로 다른 하나가 존재한다. 즉 신부대금은 그 여자뿐만 아니라 그 사이에서 태어날 자식의 대금으로 지불된다는 의미가 있다. 그러므로 남편은 아내가 자식을 낳지 않고 사망하면 신부대금의 반환을 주장할 수 있지만, 다른 한편 신부대금이 지불되지 않으면, 그 여자의 자식은 모계의 가족에게 속하게 된다.

다음으로 노스다코타(North Dakota)의 히다차족(the Hidatsa) 사이에는 이와 다른 관념이 퍼져 있었다. 매매혼은 여자를 위한 가장 명예로운 혼인형식이고, 한번도 혼인한 적이 없는 처녀만이 매매되었다. 그러나 형제연혼규정(兄弟緣婚規定; levirate rule)에서 입증된 것처럼 약간의 재산상 권리가 인정되기는 하였지만, 그 발달의 정도는 비교적 약했다. 남편은 아내나 자식에 대하여 절대적 권력을 갖지 못했다. 실제로 남편은 아내의 여자동생들과 혼인할 권리를 가지고 있었지만, 그 혼인생활의 시작을 장인의 집에서 일종의 하인처럼 지내야 하는 경우도 있었다. 또한 매매혼은 선물교환에 불과한 것이었고, 때로 신부의 친족에게 받았던 선물과 반환가치로 따져보면 신랑이 준 선물보다 많았던 일이 흔히 있었음도 알아두어야 할 중요한 점이다.

이와 같이 지참금(持參金; dowry)과 신부대금(新婦代金; bride-price)같은 것은 북아메리카(North America)에서는 흔히 찾아 볼 수 있다. 이는 남알래스카(Southern Alaska)의 틀링깃족(the Tlingit) 혼인의 특징이다. 경우에 따라서 이 모두를 명확히 매매혼이라고 하기 어렵다. 이러한 관습과 관련된 법률개념은 매우 흥미롭다. 틀링깃족에서는 이혼하는 경우, 반드시 자녀는 어머니의 가족에 속한다. 만약 남편이 단지 공동생활이 불가능하다는 이유로 아내와 헤어진다면, 남편은 아내의 부모에 지참금을 반환해야 한다. 반면 아내의 부모는 그로부터 받은 선물을 반환할 필요가 없다. 다만 여자의 간통이 원인인 경우에는 남편은 자신이 준 선물을 반환받을 권리가 있고, 그 지참금은 그대로 보유한다.

이상과 같이 여러 지방에서 아주 다양한 매매혼의 개념과 그와 결부된 법률적 개념의 범위를 보여주기 위해 충분한 설명을 했다. 아내에 대하여 어떠한 보상이 된 여러 사례는 여기에 그치지만, 여전히 신부에 대한 노역이라는 생각, 즉 단지 매매혼의 대가품이나 이에 수반하는 것으로 여겨지는데, 이러한 것이 전혀 다른 의미를 내포하고 있음을 지적하고 넘어가는 것이 좋을 듯 싶다. 예를 들면 북동부 시베리아(northeastern Siberia)의 코랴크족(the Koryak)에 있어서 노역제공은 신부획득을 위해 확립된 방법이다. 심지어 사위가 아내의 부모와 같은 곳에서 거주하면서 아내의 부모는 딸의 도움을 계속 받을 수 있을 뿐만 아니라 사위의 영구적 노동력제공을 받지만, 이러한 규율이 완화되지는 않는다. 구혼자는 열심히 일해야 되며, 곤궁과 학대를 견디지 않으면 안된다. 여기서 노역기간은 신부대금과 같다기보다는 오히려 인격과 기술의 시험기간이라고 할 수 있다.

사실 구혼자의 시련은 토착민의 민간설화(民間說話)에서 매우 두드러지게 나타나지만, 설화의 주인공은 아주 어려운 장애를 극복한 영웅처럼 묘사되고 있다. 그러나 실제로는 그다지 낭만적인 것도 아니고, 확실히 일정한 시련은 하고 싶어하지도 않은 것이었다. 그래서 영국령 기아나의 아라와크족(the Arawak of British Guiana)의 남편이 해야 하는 일은 움직이는 배에서 딱다구리의 새집을 활로 맞혀 명궁수임을 나타내고, 일정기간 내에 갯벌을 정리한 뒤 게를 가득 몰아 넣어 자신의 역량을 증명해야 하는 것이었다. 이러한 일을 부과하는 것은 그 젊은이가 가족을 부양할 수 있는지 그렇지 못한지를 확실하게 밝히기 위한 것이었다. 이와 같은 동기는 유능한 포획자가 이상적인 사위라는 북아메리카 인디언(North America Indian)의 상투어에서 쉽게 찾아볼 수 있다.

신부를 위한 보답으로서 일정한 보상을 해야 한다는 사고는 널리 퍼져 있었지만, 결코 보편적인 것은 아니다. 앞에서 살펴본 예를 좀더 세밀하게 보면 그러한 상념을 드러내는 형식에 실질상 다른 사고가 깃들어 있음을 알 수 있다. 지참금이 신랑의 예물과 등가로 제공되거나, 북서부 아마존 유역(northwest Amazon)의 인디언 사이에서와 같이 담배 한 항아리와 코카(coca) 한 항아리로 축소하여 제공하는 지역에서는 진정한 매매혼이 존재하지 않는다. 다음에서는 보상이라고 할 수 없는 몇몇 혼인방식에 관하여 서술하기로 한다.

우선 약탈혼(掠奪婚; marriage by capture)을 설명하기로 한다. 약탈혼에 관한 초기 이론적 문헌 중에는 중요한 역할을 했던 것으로 기록하고 있기도 하지만, 그렇게 큰 중요성을 갖는 것은 아니었다. 예를 들면 호전적인 평원인디언(Plains Indian)은 자주 적대관계에 있는 종족의 여자를 약탈하여 아내로 삼았지만, 대부분의 혼인은 여러 가지 명백한 이유로 종족내부에서 이루어졌다. 여자를 자신의 물건으로 취급하는 일은 곧 가족분쟁을 발생시키기 때문에 그렇게 쉽사리 행하여지진 않았다. 확실히 매켄지(Mackenzie)강 지방의 북애서배스카족(the Northern Athabaskans) 사이에서는 사랑하고 싶어하는 사람끼리 힘 겨루기가 행해지고, 그 중 승리를 한 남자는 상대방의 여자가 설령 기혼자라 하더라도 빼앗아 올 수 있었다. 또한 유사한 관습이 허드슨만(Hudson Bay) 서해안의 애스키모인 사이에도 발견된다. 그러나 전체적으로 볼 때, 공동사회 내부에서의 폭력권(暴力權; right of brute force)의 공인을 인정하는 사람은 그다지 많지 않다. 확실히 상당히 많은 경우 신부약탈의 촌극이 행해지곤 하였다. 즉 코랴크족(the Koryak) 사이에서 신부가 종종 그녀의 친구의 도움을 받아서 신랑의 진격에 저항하는 경우, 신랑은 그녀를 복종시키기 전에 힘껏 두들겨 맞을 것이다. 초기 인류학파(人類學派)에 의하면 이러한 관습을 보통 약탈혼의 잔재로 보았다. 그러나 그것을 코랴크족의 혼인 이전에 경험한 다른 사건들과 이를 연관시켜 생각하면, 이러한 약탈의 상징성은 단지 구혼자의 수완과 용기에 대한 최후의 시험이라고 보는 것이 훨씬 간결하고 또한 가설적인 면이 덜하다. 다른 지방에서도 홉하우스 박사(Dr. Hobhouse)가 생각하는 것처럼 극적인 약탈행위는 처의 획득을 상징하는 것이고, "반드시 좀더 현실적인 흔적이 필요한 것이 아니라 오히려 혼인행위의 법적 표현일 것이다"라고 하더라도 무리가 없을 것이다.

둘째로는 젊은 연인이 장로의 의사와 일반적 관례에 따르지 않고, 사랑의 도피행각을 벌여서 사회적 장애를 뛰어넘는 합의에 의한 결혼을 하는 경우이다. 이러한 종류의 예가 여러 지역에서 보고되지만, 연애혼(戀愛婚)의 내용은 각각 상당히 차이가 있다. 현대 아메리카(America)에서는 서로 사랑에 의한 혼인이 이론상 최고의 형식으로 여겨지지만, 이는 알려진 대로 유럽의 상류사회에서는 받아들일 수 없는 것이다. 카이족(the Kai)에서 볼 수 있는 것처럼 법률상 혼인과 성적 본능의 만족은 전혀 다르다. 성적 본능의 만족과 법률상 혼인과 전혀 관계없이 충분히 만족될 수 있지만, 법률상 혼인은 엄격한 형식의 연애로 낮은 형식의 사랑과는 달리 경제적·사회적·정치적 배려 위에서 행해진다. 이렇게 우리에게 최고라고 생각되는 형식의 혼인은 다른 국민에게는 아마 확실히 사회적 가치가 낮은 것이라고 간주될 수도 있다. 몬타나(Montana)의 크로우 인디언(Crow Indian) 사이에서는 소풍이나 다른 기회에 여자를 유혹할 기회가 많이 주어진다. 그리고 이렇게 만나는 결합은 때로는 일시적 결합 이상으로 되는 경우도 있다. 그러나 종족원의 평가에 의하면 이러한 혼인은 한층 훌륭한 혼인이라고 생각되고, 훨씬 영구성을 가진 것이라고 전해지는 매매혼과는 비할 바 아닌 것으로 판단된다. 이것은 분명히 남자는 순결하다고 알려진 여자, 즉 처녀만을 산다고 전하는 사실에 기인한 것이다. 전형적으로 크로우 인디언의 혼인의 역사는 수회의 연애혼과 한번의 정당한 매매혼으로 이루어진다고 할 수 있다. 그리고 매매혼은 자매연혼(姉妹緣婚; sororate)에 의하여 자주 일부다처(一夫多妻; polygamous)로 되었다. 여자는 남자의 성향에 의해 교제를 하더라도 버림받지는 않고 다만 이상적인 완전성을 잃을 뿐이다. 사실 여자는 종종 배우자를 바꾸지 않는 한 비난을 받는 일은 없었다. 용모가 단정하거나 용감한 남자는 무수한 정사를 가졌을 것이라고 생각되었다. 이 같은 사실에 의해 비교적 영구적인 연애혼은 단지 남자가 여자를 유혹함에 있어서 그리고 첩제도(妾制度; concubinage)에서 우월한 지위를 가졌지만, 일반적으로 결코 매매혼과 같은 권위를 갖진 못했다고 할 수 있다.

크로우 인디언의 여러 자료는 우리에게 보다 광범위하고 적합한 원칙을 제시한다. 일반적으로 공인된 정도에 따라 여러 가지 차이가 있지만, 보편적으로 영구히 배우자를 획득하는 방법에는 한 가지 이상이 있다. 크로우 인디언은 매매혼이나 형제의 유처를 상속하는 방법으로 아내를 얻을 수도 있고, 사랑에 빠져서 신부대금을 치르지 않고 혼인하거나, 가족 중에서 장녀가 혼인한 뒤 이루어지는 자매연혼을 통해 추가로 아내를 얻는 방법에 의하거나, 또는 다코타(Dakota) 거주지를 습격하여 다른 종족의 부인을 획득하든지 아니면 특수 조건에서 한 종족의 아내와 — 만약 그 여자가 이전에 자신의 아내였다면 — 합법적으로 함께 떠나는 방법이 있다. 구체적인 방법상 차이가 있지만, 여러 지방에서의 혼인방법의 다양성은 전적으로 동일하다. 이러한 상황이기 때문에 전세계의 모든 혼인방법을 단순히 수적으로만 평가하는 것은 매우 곤란하며, 매매혼과 노역과 같은 단어의 의미가 다르기 때문에 한층 더 까다롭다. 크로우 인디언 사이에는 매매혼이 이상적 혼인형태라고 생각하고 있었지만, 성사된 혼인 가운데 약 60% 정도가 매매혼이 아니었음에도 그들을 매매혼종족이라고 할 수 있을까? 또는 키르기즈족과 카이족과 히다차족을 어떠한 구별도 하지 않고 매매혼종족으로 취급해도 좋은 것인가? 홉하우스 교수는 매매혼종족의 조사를 기획하고 아내를 얻는 댓가로 일정한 노역을 하는 유목민과 농업민, 포획민의 백분율을 산출하기도 하였다. 그러나 사회학적 주장의 증명력을 높이고자 하는 모든 노력은 환영할 만한 일이지만, 현재는 동일민족 내의 다양한 혼인방법이 존재하는 것과 매매혼의 의미가 다르기 때문에 실패로 나타날 수밖에 없었던 것이 아닌가 생각한다.[2)]

---

2) Tylor, 1889: 253. Brown: 1 56. Rivers, 1914 (b): 1, 123. Radloff: 476-485. Spieth: 120, 182-198, 61-66. Keysser: 85-92. Junod: 1, 102-125, 194, 232, 258-266, 480. Lowie, 1917 (a): 46, 74 seq.; id., 1912: 220 seq. Krause: 220 seq. Jochelson, 1908: 739 seq. Roth 1915: 315. Whiffen: 163. Hearne: 104 seq. Boas, 1907: 466. Hobhouse: 153, 158.

제 3 절 우선혼인

원시사회에서는 우리의 눈에 흠잡을 데 없이 보이는 혼인을 흔히 금지하였으며, 현대 카프카스(Caucasian)의 관습에서는 보여지지 않는 개인의 혼인방식을 인정하거나 규정하고 있다. 상술한 곳에서 우리는 일종의 종형제자매혼인(從兄弟姉妹婚姻; cousin marriage)과 형제연혼(兄弟緣婚; levirate)과 자매연혼(姉妹緣婚; sororate) 등의 여러 실례를 살펴보았다.

원시인이 사촌간의 혼인을 인정한 경우는 기술적으로 교차사촌(交叉四寸; cross-cousin)으로 알려진 친족들에만 한정되는 반면, 근친상간의 규율에 의해 친사촌과 종사촌(parallel or identical cousin)간의 혼인은 금지되었다. 어떤 남자의 자녀와 그 남자의 형제의 자녀는 서로 평행(平行) 즉 동계(同系)의 사촌이고, 어떤 여자의 자녀와 그 여자의 자매의 자녀 또한 마찬가지이다. 이에 반하여 어떤 남자의 자녀는 그 남자의 자매의 자식의 교차사촌으로, 대등한 친족적 지위에 있다. 오늘날 형제와 자매를 총칭하는 단어는 아니지만, 인종학자들은 편의상 성별에 관계없이 동일한 부모의 자녀를 칭하는 생물학자들의 사용단어인 혈육(血肉; siblings)이란 말을 차용하였다. 이러한 용어를 차용함으로써, 다음과 같이 문제를 해결할 수 있을 것이다. 즉 동성(同性; same sex)의 혈육의 자식은 평행종사촌이고 통상 그 자식들도 원시인의 언어에서는 혈육이라 불렀다. 이성(異性; unlike sex)의 혈육의 자식은 교차사촌이고, 일반적으로 더 먼 혈족을 표현하는 단어로 불렀을 것이다. 교차사촌혼(交叉四寸婚)은 이론상 두 가지의 형태로 나타난다. 즉 어떤 남자가 어머니의 남자형제의 딸과의 혼인이고, 아버지의 여자형제의 딸과의 혼인이다. 실제로 이러한 두 가지 형태는 종족관습에 따라 어머니의 남자형제가 아버지의 여자형제를 아내로 맞이하였던 사실과 일치한다. 이러한 경우가 아니더라도, 모계아저씨의 딸과의 혼인은 확실히 더욱 공통적인 다양성이 존재한다.

교차사촌혼의 분포는 매우 흥미롭다. 교차사촌혼은 보편적이며 세계 곳곳에서 보고되고 있다. 모계아저씨의 딸과의 혼인을 기술한 서부 오스트레일리아와 에어호(Lake Eyre) 부근의 종족들은 이러한 혼인을 금지하는 다른 종족들과의 마찰이 있었다. 이 풍습은 멜라네시아(Melanesian)의 몇몇 섬, 특히 피지(Fiji)에서 성행하였지만, 인근에 있는 폴리네시아(Polynesian) 예를 들어 사모아섬(Samoa)에서는 금지되었다. 남부 아시아는 이 제도가 발달한 절정지였음을 알 수 있다. 여하간 이 제도는 토다족(the Toda)과 베다족(the Vedda)에 관한 내용에서 충분히 서술되고 있고, 예를 들면 아삼(Assam)지방의 티벳 미얀마계(Tibeto-Burman)의 미키르족(the Mikir)과 같이 인도 및 인도차이나의 여러 민족에서와 수마트라(Sumatra)에서도 발생하였다. 시베리아에서도 없는 것은 아니다. 즉 길랴크족(the Gilyak)은 어머니의 남자형제의 딸과의 혼인을 강제하고 있고, 또 적어도 캄차달족(the Kamchadal)과 퉁구스족(the Tungus)이 인정하는 사촌혼은 이와 동일한 형식으로 이루어진다. 아메리카에서 교차사촌혼은 비교적 드물지만, 이러한 관습은 브리티시 콜럼비아(British Columbia)의 북쪽연안과 중앙 캘리포니아(California), 그리고 니카라과(Nicaragua) 사이에서 보고되었다. 또한 남미의 치브차족(the Chibcha)의 여인이 남편과 아버지의 여자형제의 아들을 칭하는 단 하나의 단어만을 가지고 있다는 사실은 그들이 상당히 흔하게 교차사촌 간에 혼인을 한다는 것을 추측케 해 준다. 우선혼이 수단(Sudanese)지방의 니그로인들에 의해 지지되었는지의 여부는 의심스럽지만, 아프리카의 남부와 동부에서 즉 호텐토트족(the Hettentot)과 헤레로족(the Herero), 바스토족(the Basuto)과 마콘데족(the Makonde) 사이에서는 공인된 것이다.

만약 남자에게 교차사촌이 없다면 즉 그 어머니에게 형제가 없거나 어머니의 남자형제에게 딸이 없다면 이러한 종족은 어떻게 되는지 의문이 생긴다. 우리의 정선된 근거에 의하면 이러한 경우에는 좀더 먼 친족들 중에 그러한 자를 대신할 수 있는 동일한 항렬의 여성과 혼인했음을 알 수 있다. 서부 오스트레일리아의 카리에라족(the Kariera) 사이에서는 다음과 같은 풍습이 행해졌다고 한다. 즉 장차 한 남자의 배우자가 될 여성은 어머니의 남자형제의 딸이었지만, 모계의 아저씨가 없다면 어머니의 평행사촌 중에서, 그리고 만일 필요하다면 심지어 그가 모계의 아저씨로 부르는 더욱 먼 친족에게까지 적용되었던 것이다.

이와 관련하여 중요한 의문 하나가 생긴다. 과연 원시인이 공통적으로 교차사촌에 해당하는 단어를 매우 먼 많은 친족에 해당하는 것으로 의미를 확장한다면, 이는 오류의 심각한 원인이 되지 않을까? 권위자들이 본래의 의미를 잘못 생각하여, 실제 혼인방식은 아마도 더욱 먼 친족들이나 심지어 의제적 친족들 간에 이루어질 때, 혼인하리라 기대되는 가까운 친족을 표현하는 것은 아닐까? 다행히도 현대의 연구가의 기록이 매우 구체적으로 기술되어 있어서, 이 문제를 명쾌하게 해결할 수 있다. 토다족, 베다족, 피지인은 가능하다면 언제든지 확실한 교차사촌혼을 엄격하게 기술하였다. 따라서 톰슨(Thomson)에 의해 표로 작성된 피지인의 혼인 중 30% 이상이 이러한 유형이다. 토다족의 경우 12%에 채 달하지 않았지만, 이는 말년(末年)의 아내 양도에 의해 설명되는 것으로, 이는 일정한 규율에 따르지 않았으므로 유아약혼(幼兒約婚)의 관습이 발생하였다. 확실히 이처럼 규범을 고수하는 가족도 있고, 원칙대로 이행한 여덟 쌍의 부부 중 여섯 쌍은 연령차이가 심했지만 장애가 되지 않았으므로, 결국 20세의 여성은 두 명씩 한 남성과 혼인하였다. 한편 캘리포니아의 미워크족(the Miwok)의 사이에서는 교차사촌 사이의 혼인을 인정하는 정도가 지방에 따라 차이가 있다는 기포드(Gifford)의 보고도 있었다. 실제 일부분은 확실한 교차사촌혼을 지지하였지만, 나머지들은 동일한 항렬(行列)에 있지만 좀더 먼 친족관계인 자들도 엄격히 제한하였다.

모든 우리의 자료는 사람이 자신의 세대에서 근친상간의 감정을 사촌에 대한 것이라면 본능적인 것이라고는 할 수 없더라도, 인습적인 것이라고는 할 수 있을 것임을 충분히 증명해 준다. 만약 그것이 본능적이었다면, 왜 평행사촌간의 혼인을 일반적으로 금기시하고 교차사촌간의 혼인은 흔히 강제하는 것일까? 어떤 종족이 교차사촌혼을 허용한 반면 그 이웃의 종족은 이를 금제시하였던 이유는 무엇일까? 어느 공동체가 모계아저씨의 딸과의 혼인을 인정하지만 모계아저씨가 없거나 그의 딸이 없는 경우 다른 다양한 교차사촌혼을 인정하는 이유는 무엇일까?

이 제도에 관하여 생긴 이미 하나의 의문은 어느 정도까지 그것이 허용되고 규정될 뿐만 아니라 의무적으로 되는 것인가 하는 것이다. 총체적으로 살펴볼 때 일반적인 해답을 얻기에 자료가 상당히 빈약하지만, 여러 종족간에 상당한 차이가 있는 듯하다. 필자가 자료를 정확하게 살펴보면, 카리에라족은 의무적으로 교차사촌혼을 이행하였다. 피지인은 개인적 혐오를 고려하였고, 반면 토다족과 미워크족은 병존하는 다른 전통적 혼인형식이 교차사촌혼을 포함하고 있다.

이 제도의 본질적 의의 및 기원에 관하여 어떻게 해석할 것인가? 피슨(Fison)의 뒤를 이어 타일러(Tylor)는 교차사촌혼은 인정되지만, 평행사촌혼은 어떠한 이유로 금제되었는지에 대하여 설득력 있게 설명한다. 일정한 승계법(承繼法; rules of descent)을 가진 족외혼제(族外婚制)의 양 부분으로 나누어졌던 공동사회에서 발생한 것이라고 주장한다. 즉, 평행사촌은 항상 동일한 분족(分族)에 해당하므로, 족외혼규율에 의해 혼인이 금지되지만, 교차사촌은 서로 상대편 쪽에 속하므로 족외혼제의 제한에 따른 영향을 받지 않는다. 예를 들면, 소속관계가 아버지로부터 상속되는 것이라고 한다면, 다음과 같은 조건이 발생한다. 즉 어떤 남자와 그 남자형제 및 여자형제는 모두 그 종족의 분족 중에서 아버지가 속한 A분족에 속한다. 이 남자의 자식과 그 형제의 자식도 역시 A분족에 속하고 따라서 근친혼은 금지되었던 것이다. 그러나 그 남자의 여자형제들은 B분족의 남자와 혼인해야만 했기 때문에, 그녀들의 자녀는 모두 B분족에 소속되었으므로, 남자형제의 자녀들과 혼인해야 했던 것이다.

만약 교차사촌혼이 촌수(寸數)와 관계없이 일정한 집단의 구성원들간의 혼인이라면 모범적인 대답이 되었을 것이다. 그러나 리버스(Rivers)가 지적한 바와 같이 피지인과 토다족과 기타 여러 곳의 자료가 입증하는 것을 볼 경우, 이와 같은 주장은 사실에 어긋나는 것이다. 흔히 우선적 배우자라고 간주되는 사람은 첫 번째 교차사촌이고, 오로지 필요한 경우에 한하여 좀더 먼 친족 중에서 대신할 수 있을 뿐이다. 이것은 타일러가 설명할 수 없었던 부분이다. 그는 엄격히 제한하여 두 조직의 교차사촌이 잠재적 배우자임을 지적하고 있을 뿐이다. 그는 왜 잠재적으로 배우자가 될 자들 중에서 최근친(最近親)을 우선 고려하고, 나머지의 친족여성들은 단지 부차적인 것으로 생각하는지에 대해 설명하지 않았다. 더욱 난감한 것은 교차사촌혼을 실천하는 모든 종족들이 결코 족외혼의 반족(半族)으로 구성되지 않는다는 것이다. 그러나 토다족의 족내혼의 집단으로 상술한 길랴크족(the Gilyak), 심시안족(the Tsimshian) 그리고 남아프리카의 여러 종족에게는 이 양분적 조직 전부가 존재하지 않는다. 리버스 박사(Dr.

Rivers)는 멜라네시아(Melanesia)에서 교차사촌혼을 행하는 종족들은 이런 조직이 없는 종족들인 반면, 이 제도는 양분조직이 충분히 성행한 곳에서도 발견되지 않는다는 것을 보여 주었다. 그러므로 그것은 단순한 족외혼적 양분조직의 결과라고 할 수 없다.

리버스 박사는 멜라네시아에 관하여 오세아니아인(Oceanian)의 자료를 바탕으로 명백하게 다른 가설을 설정했다. 최초에는 권력 있는 장로가 쓸모 있는 여자를 스스로 독점하지만, 후에 혼인상 특권을 그들의 여자형제의 아들에게 넘겨주고, 마침내 아내를 딸들로 대체한다는 주장이다. 리버스의 주장과 유사하지만, 가정적 요소가 완화된 해석이 기포드(Gifford)에 의하여 제시된다. 그는 미워크족의 교차사촌혼은 비교적 새로운 제도이고, 그 이전에는 아내의 남자형제의 딸에 대한 혼인권(婚姻權; marital rights)을 인정한 시대가 있었다는 증거를 발견하였다. 기포드가 주장한 혼인권은 상속에 의하여 남자의 아들에게 넘겨졌지만, 여기에서부터 모계아저씨의 딸에 대한 혼인권이 발생한다는 그럴듯한 내용이다. 리버스 박사와 기포드가 각각의 자료에 조화를 이루는 다른 상속법 ─ 상속법에 대해서는 후에 논한다 ─ 을 가정하였던 것은 중요하게 생각할 필요가 있다. 종래 멜라네시아에서 추정상속인(推定相續人; heir-apparent)의 지위를 갖는 사람은 자매의 아들이고, 중앙 캘리포니아에서는 그 아들이 추정상속인의 지위를 가졌으며, 만일 교차사촌혼이 상속규율의 결과라면, 어느 설명도 이해가 되지만, 유사한 상속법(laws of succession)을 갖는 종족만이 유일하게 적용될 것이다.

물론 교차사촌은 각자 덜 우회적인 방법으로 혼인하게 될 것이다. 브리티시 콜럼비아에서처럼 종족의식에 있어서 재산소유가 지배적인 역할을 행하는 경우에는, 스완톤(Swanton)이 암시하는 것처럼, 가치 있는 소유물을 가족의 영역 안에 두고자 하는 동기는 아버지의 여자형제의 딸이나 어머니의 남자형제의 딸과의 혼인을 이끌었을 것이다. 더욱이 종종 이와 관련된 다른 원인은 낮은 계급의 사람과 혼인하지 않으려는 계급적 감정 때문이다. 확실히 평행사촌혼에서도 마찬가지로 이러한 목적을 더할 수 있다. 하지만 전에도 관심을 가졌던 것처럼, 이들은 공통적으로 혈육으로 불리고 동일시여기는 원시인의 성향으로 혈육과 마찬가지로 불리거나 생각되므로, 근친상간의 감정이 그들에게까지 확장된 것이다. 따라서 교차사촌은 여전히 관습법(慣習法; customary law)에 의해 혼인이 허용되는 최근친(最近親)으로서, 동시에 가족 내에 재산과 사회적 위신을 유지하게 해주었다.

최근 대부분의 설명이 특별한 조건에 기초하고 있음을 주의해야 한다. 교차사촌혼은 하나의 원인에서 발생한 현상이 아니라 여러 지방에서 여러 가지의 동기에서 독자적으로 발생한 현상이다.

이 흥미로운 제도의 설명을 마치기 전에, 그 친족의 등급별로 미치는 영향에 관하여 언급해야 한다. 남자가 보통 자신의 어머니의 남자형제의 딸이나 아버지의 여자형제의 딸과 혼인하는 경우, 모계아저씨는 통상 장인이 되거나 부계의 아주머니가 장모가 된다. 그러므로 이러한 혼인형식을 행하는 종족은 어머니의 남자형제와 장인을 같이 부르고, 또한 아버지의 여자형제와 장모를 동일하게 부르는 것은 그다지 주목할 만한 것이 아니다. 피지군도와 베다족이 그 일례이다. 그러나 이 혼인형식이 미치는 영향은 상당히 크다. 남자의 배우자는 통상 그의 교차사촌이기 때문에 '남편'과 '아내'에 해당하는 일정한 단어가 없고, 여자 역시 남편을 교차형제로 부르는 것과 남자가 아내에 대해 교차사촌을 부르는 것이 동일함은 흔히 발견할 수 있다. 나아가 의형제(義兄弟; brother-in-law)는 남자의 교차사촌형제와 동일하게 부를 수 있고 반면 의자매(義姉妹; sister-in-law) 역시 여자의 교차사촌자매로 부른다. 그렇지만 모든 종족이 이와 관련하여 일률적으로 다루지 않고, 미워크족에서와 같이 다른 우선혼의 형태가 교차사촌혼과 공존하면, 후자의 영향은 적어지거나 의미 없는 것으로 여겨질 것이다.

교차사촌혼을 실시하는 지역은 광범위하지만, 다른 두 형식의 우선혼 즉 형제연혼(兄弟緣婚; levirate)과 자매연혼(姉妹緣婚; sororate)에 비해서 그다지 많지는 않다. 이 두 가지의 관습은 종종 서로 관련이 있지만 각각 독립하여 발생하는 것이기 때문에, 단일한 현상으로 취급하기보다는 오히려 병존관계에 있는 것으로 보는 것이 최선의 방법이다.

타일러는 당시 존재하고 있던 여러 종족 중 3분의 1에서 형제연혼(兄弟緣婚)을 발견했다. 오늘날에는 이 비율은 틀림없이 증가하였을 것이다. 실제로 오늘날에 형제연혼이 행해지고 있는 여러 예를 열거하기보다는 명확히 이 관습이 존재하지 않는 종족을 세어보는 것이 훨씬 쉽다. 분명히 북아메리카에서 오로지 남서부의 푸에블로(Pueblo) 공동체 사이에서만 유일하게 인정하지 않았던 것처럼 보이지만, 이웃의 나바호 인디언(Navaho Indians)의 관습은 유처(遺妻; widow)를 남편의 남자형제와 혼인시키거나 그와 가까운 친족 중 한 사람과 혼인시켰다. 그렇지만 형제연혼은 어디서나 동일한 형식으로 나타나지 않는다. 먼저 첫째로 상당히 다수의 종족 예를 들면 코략크족(the Koryak), 안다만제도인(Andaman Islanders)들은 유처가 사망한 남편의 남자형제와 재혼하는 것을 제한하였다. 시동생형제연혼(媤同生兄弟緣婚; junior levirate)은 아마 아시아에서 가장 많이 보고되고 있지만, 결코 아시아에 한정된 것이 아니라, 산타크루즈제도(Santa Cruz)(멜라네시아)와 서부 오스트레일리아(West Australia)에서도 보고되고 있다. 이 문제에 대해서 관찰자가 제공하는 지식이 불충분하지만, 우리는 형제연혼은 보통 이러한 형식이라고 믿는다. 그렇지만 몇몇 지방에 관해서는 형제연혼에 일정한 형식의 제한이 존재하고 있는 것을 충분히 입증할 수 있을 정도의 구체적 자료가 있다. 즉 뱅크스제도(Banks Islands)와 토레스해협(Torres Straits)을 예로 들 수 있다.

둘째로 형제연혼의 법률적 의미와 심리직 의미가 전혀 다른 경우도 있다. 톰슨강 인디언(Thompson River Indians)에게 있어서 사자(死者)의 남자형제는 유처(遺妻)에 대하여 명백한 권리를 가진다. 다른 많은 곳에서는, 예를 들면 통가족(the Thonga)의 여자는 남편의 많은 친족 중에서 상대방을 선택할 수 있었다. 더욱이 다른 지방에서 이러한 규율은 어떤 의무감으로 보이지 않는다. 확실히 원주민의 태도는 종종 우리가 간단하게 추측하는 경우와는 대체로 반대이다. 즉 여자는 특권을 갖는다기보다는 오히려 의무의 대상으로서 상속된 것이다. 즉 의형제는 유처와 그의 자식들을 보호하고 부양하지 않으면 안 된다. 이것은 추크치족(the Chukchi)과 빅토리아 서남부의 구른디치마라족(the Gournditch-Mara of southwestern Victoria)(오스트레일리아) 사이의 친족관계의 본질이다.

개념상 상당한 차이가 있고 거의 잘 알려지지 않은 곳에서, 모든 알려진 사례에 대해 이론적 연결은 무의미한 것이다. 단 별무리 없는 유일한 결론은, 형제연혼은 개인 사이에서보다 오히려 집단 간의 계약으로서 보는 혼인에 대한 관념에서 발생한 결과라는 타일러(Tylor)의 견해이다. 이 원칙으로부터 배우자의 일방이 사망에 의하여 그 혼인생활이 끝나면, 그 사망한 사람의 자리는 사자(死者)의 집단에서 보충된다는 것이다. 여기서 더 나아가 배우자획득의 공인된 방법도 추가적으로 연구해야 할 것이다.

아내의 획득에 관해서는 여러 규정을 통하여 많은 사례를 설명할 수 있다. 엄밀한 의미로 여자를 사게 되는 경우는 당연히 그 여자는 상속가능한 재물이 된다. 그래서 키르기즈족(the Kirgiz) 사이에서는 미성년자라 하더라도 동생이 형의 유처(遺妻)를 상속한다. 마찬가지로 카이족(the Kai)의 유처는 죽은 남편의 미혼의 동생의 재산으로 되는 것이고, 다른 가족에게 그 여자를 시집보내겠다고 생각하는 사람은 그 보상을 해야 한다. 그 기초에 있는 생각은 섀스타족(the Shasta)의 법률에 극히 명료하게 나타난다. 캘리포니아의 종족에 있어서는 남자의 형제와 친족이 신부대금을 치르기 때문에 당연히 그 여자에 대한 차순위권리가 있으며, 남편이 사망하면 그녀는 당연히 동생이 보호하게 되지만, 그렇지 못하는 경우에는 먼 친족에게 맡겨지게 된다.

흔히 형제연혼을 기초로 한 재산관념은 자매연혼과 병존하거나 그것을 대신하는 다른 우선혼의 형태에서 나온다. 다섯 명의 아내가 있는 일부다처제의 통가족의 경우, 첫째부인은 시동생 중 남편의 재산을 상속하는 사람의 아내가 되고, 두 번째, 세 번째의 아내는 다른 두 명의 동생 아래로 들어가고, 네 번째의 아내는 남편의 조카(여자형제의 자녀)로, 다섯 번째의 아내는 남편의 자식 중 그 여자 자신의 생자(生子)가 아닌 아들에게 맡겨지는 것이다. 즉 어떤 남자의 재산을 상속하는 사람은 유처를 상속할 권리를 가진다. 마찬가지로 멜라네시아의 뱅크스제도 및 북아메리카의 북서해안에서는 형제연혼 외에 유처를 사망한 남편의 여자형제의 아들에게 귀속시키는 법률도 보인다. 두 지방에 있어서 남자의 여자형제의 아들이 그의 아저씨의 재산에 대한 추정상속인으로 간주되는 것은 결코 우연한 일이 아니다.

비록 이 원칙은 많은 것을 설명하고 있지만, 명확히 말하면 모두 다 설명한 것은 아니다. 왜 우리는 보다 제한된 형식의 형제연혼에 부딪치는가? 조컬슨(Jochelson)이 지적한 바와 같이 사자(死者)가 소유했던 물건은 그의 형이나 동생에게 상속되었지만, 사자(死者)의 아내는 오로지 동생에게만 상속된다. 이 자체가 상식적 설명이므로, 그 이상 추측할 수는 없다. 즉 다른 사정이 동일하다면 동생보다도 형이 먼저 혼인한다. 왜냐하면 동생은 신부대금이 너무 비싸서 또는 가치 있는 여성이 적기 때문에 배우자를 얻는 것이 곤란한 경우가 있기 때문이다. 이러한 조건하에서 의형제와 형제연혼은 이미 배우자를 가지고 있는 자에게 유처를 줄 필요가 없다고 하는 것처럼 생각하는 사고에서 발생한 것인지도 모른다. 그리고 이 경향이 규범화되어 관습법(慣習法)이 된 것일지도 모른다.

형제연혼의 재산적 개념에서 또 다른 제한은 매매를 통해 여성을 구하는 관행이 없고, 여자를 엄밀한 의미에서의 재산으로 간주하지 않는 여러 종족이 형제연혼을 행한다는 사실이다. 그러나 우리는 이 가운데 적지 않은 사실에 있어서 가족의 계약으로 원시적 혼인이라는 타일러(Tylor)의 일반원칙을 믿고 따라야 한다. 원주민의 관점에서 볼 때 개인과 개인의 결합은 큰 집단과 큰 집단의 결합을 상징하는 것이고, 따라서 당연히 배우자의 일방이 사망하면 동일한 집단의 일원이 그 혼인관계를 대신하는 것이다.

이 가설이 일방의 자매연혼의 풍습을 충분하게 설명하는 것을 볼 때 그 중요성은 더욱더 크다. 섀스타족의 형제연혼은 상술한 바이지만, 확실히 자매연혼과 결부된다. 마치 남자의 형제가 한꺼번에 그 남자의 신부대금을 지불하면 안 된다는 것처럼, 신부의 가족도 아내로서 당연히 기대되는 노무제공에 대하여 공동으로 책임진다. 만약 아내가 자식을 낳지 못한다면, 그녀의 가족은 자식을 낳지 못하는 것을 보충하기 위하여 무상으로 아내의 여자동생이나 사촌여자동생을 아내로 제공한다. 그리고 첫 번째 아내가 사망한 후에도 마찬가지의 법률이 행해진다. 여기서 남편 쪽에서는 단지 권리만 있는 것이 아니라 의무도 있다. 즉 남편은 사망한 아내의 가족으로부터 특별한 허락을 얻어야만 아내의 가족 외에서 다른 아내를 얻을 수 있다.

우리는 타일러의 이론을 바탕으로 형제연혼과 자매연혼이 병존한다고 추측할 수 있을 것이다. 그리고 양자는 확실히 병존하고 있다. 한편 그 반대로 형제연혼의 모습을 발견할 수 없는 푸에블로 인디언(Pueblo Indians)은 마찬가지로 자매연혼을 행하지 않는다. 이 밀접한 상호관계는 프레이저(Frazer)에 의하여 적절히 주장되었다. 그는 세계의 모든 곳에서 여러 형태의 자매연혼의 사례를 수집했다. 원시 여러 종족의 혼인법(婚姻法; marriage rule)에 관한 상당한 우리의 지식은 우연적인 사실들이 아니라면, 그 관련성은 한층 더 긴밀할 것이다. 즉 다음과 같이 가정하여도 지장 없을 것이다. 많은 경우에 이 두 관습 중에 어느 하나를 제외하고 나머지 하나만을 관찰하는 것은 부주의하거나 흠결이 있는 관찰태도이다. 그렇지만 이와 같이 상대적인 상호관계를 갖고 주목해야할 실례도 약간 있지만, 그 외견대로 평가하지 않으면 안 된다. 코랴크인은 양자의 관습을 같이 행하지만, 인접한 추크치족은 형제연혼의 관습조차 가지고 있지 않다. 동아프리카의 마사이족(the Masai)에 관해서도 마찬가지다. 왜냐하면 그들 사이에서는 명확한 혈연관계가 존재하는 두 명의 여자를 맞아들이는 것을 금지하기 때문이다. 그렇지만 이러한 예외는 형제연혼과 자매연혼과의 밀접한 관계를 행하는 두 개의 제도라고 생각하는 것을 막는 것은 아니다.

형제연혼과 자매연혼이 주된 두 가지 형식으로 존재하더라도, 발생원리는 서로 다른 것이다. 즉 첫 번째의 아내가 생존 중에 그녀의 여자형제들과 혼인할 권리를 갖는 것과 사망한 아내의 여자형제 중 한 사람과 혼인하는 것의 두 가지의 형식이다. 양자의 분포를 정확히 서술하기는 힘들지만, 북아메리카에서는 로키산맥(the Rokies)의 서부에 제한적으로 자매연혼이 널리 행해지고 있는 것처럼, 아내의 여자형제들과 동시에 혼인하는 것은 로키산맥 동쪽에 보편적으로 행해지는 것이다. 시동생형제연혼(媤同生兄弟緣婚)과 나란히 자매연혼(姉妹緣婚)의 보편적 규율에 따른 영향으로, 남자는 단지 그 아내의 여자동생과 혼인할 자격이 있을 뿐이다. 이 제도는 우리가 원시사회에서 대부분의 소녀들이 사춘기 혹은 그 즈음에 시집을 가기 때문에, 혼인가능한 소녀의 언니는 이미 다른 남자의 아내임을 기억한다면 이 제한은 쉽게 이해된다.

교차사촌혼과 마찬가지로 형제연혼과 자매연혼 또한 일정한 친족개념을 발생시키곤 한다. 사피어(Sapir)도 지적한 바와 같이, 그 영향은 두 가지 다른 면을 가진다. 한편으로는 이러한 혼인형식이 계부(繼父; stepfather)와 부계아저씨, 계모(繼母; stepmother)와 모계아주머니를 동일시하므로, 당연히 이들 친족을 한 단어로 부른다. 반대로 형제의 자식은 남자의 계자(繼子; stepchild)로 되고, 자매의 자식도 여자의 계자로 되는 것이다. 이들의 특징은 스피어에 의하여 워싱턴 남부의 위시람족(the Wishiram) 사이에서 발견된다. 지금 논한 사회적 여러 관습을 전문어로 공식화한 제2의 방법은 더욱더 흥미롭다. 부계아저씨는 자신의 어머니와 혼인할 수 있으므로 아버지의 지위를 획득하기 때문에, 무조건 아버지라 부른다. 그리고 동일한 이유로 어머니의 여자형제는 어머니라고 부른다. 더욱이 남자가 형제의 자식과 자신의 자식을 동일하게 여기고, 여자가 자신의 자식과 자매의 자식을 같이 취급하는 것은 당연하다. 그뿐만 아니라 남자는 흔히 아내의 자매를 아내로 맞아들이기 때문에, 아내와 그녀의 여자형제를 한 단어로 표현하는 것은 놀라운 일이 아니며, 반면 여자도 남편과 잠재적인 남편인 남편의 형제를 하나로 부르는 것도 놀라운 일이 아니다. 이러한 호칭은 캘리포니아 북부의 야히족(the Yahi) 사이에서 실제로 행해진다. 현재 이 야히식 친족호칭법(親族呼稱法)은 전세계적으로 넓게 분포되어 있지만, 형제연혼과 자매연혼 또한 넓게 분포하고 있는 제도이다. 이것은 우리의 눈으로 보아 불가능한 현상, 즉 한 사람이 열두 명의 '아버지'와 '어머니'를 가질 수 있다는 것을 충분히 설명하고 있다. 이에 대하여는 후에 더욱 자세히 서술할 기회가 있을 것이다.

교차사촌혼과 형제연혼과 자매연혼은 우선혼의 유일한 형식이 아니다. 사실 우연하게도 우리는 이미 다른 많은 형식의 혼인도 보았다. 즉 유처(遺妻)를 사망한 남편의 여자형제의 아들 즉 계자(繼子)가 상속하는 경우(통가족), 어떤 남자와 사망한 아내의 여자형제의 딸과 혼인하는 경우(미워크족)이다. 마지막 서술한 종류의 것은 미워크족의 친족개념에 상당히 영향을 받은 것이기 때문에 흥미 있는 것이다. 기포드가 보여 준 것처럼 열두 단어 이상이 이 제도를 반영한다. 예를 들면 wokli이라는 단어는 아내의 형제자매에게 적용될 뿐만 아니라 아내의 남자형제의 아들 혹은 딸에게도 적용될 것이다. 남자가 아내의 남자형제의 딸과 혼인하면, 이 두 번째 아내의 친형제자매는 자신의 의형제자매(義兄弟姉妹)로 되기 때문이다. 기포드가 확신을 하여 미워크족의 이러한 종류의 혼인형식이 매우 오래된 것을 주장하는 것은, 열두 개로 된 친족용어가 이 혼인형식을 반영하는 한편 교차사촌혼을 암시하는 것은 아무것도 없기 때문이다.

여기에서는 정당한 혼인의 여러 종류를 전부 들고자 한 것은 아니고, 하나의 부가적인 형식을 인용하고자 한다. 그것은 남자가 그 어머니의 남자형제의 딸과 혼인하는 것이 아니라 어머니의 어머니의 남자형제의 딸과 혼인하는 것을 특징으로 한다. 이 혼인형식은 교차사촌혼을 암시하는 것이지만, 근친을 일촌(一寸)으로만 한정하는 점에서 다르다. 그것은 오스트레일리아에 한정되는 것이지만, 중부와 서부에서도 보이고, 그 분포지역은 교차사촌혼의 분포지역과 인접한다.[3)]

3) Brown: 190-194. Rivers, 1914 (b): 1, 48, 184, 257, 270, 294; 2, 24, 121 seq.; id., 1906: 512 seq. Thomson: 182-201. Seligmann: 64, 75. Stack and Lyall: 17. Frazer, J. G., 1910: II, 188; IV, 141-149. Czaplicka: 89, 98 seq., 107. Boas, 1916 (a): 440. Swanton, 1905 (a): 50 seq., 63, 68. Gifford, 1916; 187 seq. Morgan, 1871: 265. Rivers, 1915. Schinz: 177. Junod: 1, 200, 207, 243. Weule, 1908: 96. Tylor, 1889: 262 seq., 253. Franciscan Fathers: 432. Jochelson, 1908: 748 seq. Man: 71. Brown: 158, 190-194. Reports, V: 245. Teit, 1900: 325. Bogoras: 608. Howitt: 250. Radloff: 485. Keysser: 88. Dixon, 1907: 463. Merker: 47. Sapir, 1916: 327-337. Gifford, 1916: 190.

Primitive Society

제 3 장

다중혼제

일반적으로 다중혼제(多衆婚制; Polygamy)란 두 사람 또는 그 이상의 아내를 취하는 것으로 알려져 있지만, 정확하게 말하면 한 남자나 한 여자가 한 사람 이상의 배우자(配偶者; mate)와 혼인하는 것을 의미한다. 보통 다중혼제라고 지칭되는 것은 일부다처제(一夫多妻制; polygyny)를 뜻하고, 이와 반대되는 제도는 일처다부제(一妻多夫制; polyandry)이다. 이와 별도로 남자의 한 무리와 여자 한 무리의 혼인 이른바 군혼(群婚; group marriage)의 풍습도 살펴보아야 한다.

제 1 절 일부다처제

다중혼제는 오해하기 쉬운 용어이기 때문에 특징짓는 여러 조건에 관하여 잘못 이해하는 것을 막기 위해서는 면밀한 검토가 필요하다. 모든 인류사회(人類社會)에서 남자와 여자의 출생 수는 대체적으로 비슷하다. 그러므로 일부다처제든지 일처다부제가 그런 대로 공정한 관습으로 남아 있기 위해서는 어떠한 것이든지 비생물학적 요소가 그 자연적 비율을 깨뜨리지 않으면 안 된다는 것은 분명하다. 이른바 다중혼종족(多衆婚種族)에 관하여 고찰하기 위해서 우선적으로 해야 하는 것은 남자와 여자의 혼인할 수 있는 사람의 수를 조사하는 것이다. 에스키모인(Eskimo)은 북극해(北極海; Arctic)에서 어로활동을 중심으로 하여 성년 남자인구가 현저히 적었고, 따라서 숫자적으로 일부다처제가 가능한 조건에 놓여 있었다. 홈(Holm)은 그린란드(Greenland) 동남부지방에서 조사를 하였는데, 인구 21명 중 남자는 5명밖에 되지 않는다는 실태를 보고하고 있다. 그렇지만 이 여행가가들은 일반적인 비율은 남자 100명에 대하여 여자 114명이었다. 중부 에스키모인(Central Eskimo) 중 키니페투족(the Kinipetu)은 (1898년에) 남자 35명, 여자 46명, 소년 38명, 소녀 27명으로 집계되었고, 아이빌리크족(the Aivilik)은 남자 26명, 여자 34명, 소년 27명, 소녀 15명으로 집계된 바 있다. 허드슨만 서부(West of Hudson Bay)에서 1902년 커머 선장(Captain Comer)은 네칠리크족(the Netchilik) 중에서 남자 119명, 여자 123명, 소년 138명, 소녀 66명을 발견하고, 삼니크투미우트족(the Samniktumiut)의 경우 남자 46명, 여자 58명, 소년 41명, 소녀 33명이었음을 목격한 바 있다. 홈이 처음에 말한 부락을 제외하고는 이들 실례로 든 어느 곳도 중혼(重婚; bigamy)이 보편적인 제도로 만들어질 정도는 아니었다. 사실 크란즈시대(Cranz's day)에는 20명 중 겨우 한 사람의 그린란드인만이 두 명의 아내를 데리고 있었고, 홈 선장(Captain Holm)은 세 명의 아내를 데리고 사는 남자를 본 적이 없다고 했으며, 심지어 엉뚱한 행동을 잘 하는 아이빌리크족조차 두 명의 아내로 만족하고 있었다. 요컨대 확실한 다중혼의 한 예가 되는 에스키모인도 다중혼(多重婚)을 인정하지만, 실제로는 단일혼(單一婚; monogamy)의 규범에 따랐으며, 두 명 이상의 여자를 취하는 것은 상당히 이례적인 일이었다.

보고에 의하면 아프리카(Africa)에서는 아내가 특별히 많은 경우가 있다. 모든 아마존인(Amazons)의 여자가 국왕의 처로 의제되어 있는 다호미 궁정(Dahomi court)과 같이 예외적인 경우를 제외하더라도 남자가 5명, 10명, 20명 심지어 60명의 아내를 데리고 사는 확실한 실례를 우리는 알고 있다. 그리고 이러한 예는 처음으로 언급되는 수치일지는 모르지만, 매우 공정하게 기술된 것이다. 그렇지만 불행하게도 우리는 이들 권위자들이 이 문제에 관하여 양성(兩性)의 상대 수에 관한 자료를 제공받았다는 사실을 모르고 있다. 그들이 우연히 기록했던 자료를 보면, 부자(富者)나 고관(高官)만이 여러 명의 처를 거느리고 있었음이 거의 확실하다. 반면 러틀리지 부부(Mr. and Mrs. Routledge)는 동아프리카의 키쿠유족(the Kikuyu) 사이에서 단혼(單婚)이 "전적으로 통용"되었음을 찾아냈다. 그렇지만 두세 명의 처를 데리고 사는 경우도 있고, 부자는 예닐곱 명의 처를 데리고 사는 것으로 밝혀졌다. 사회적으로 명성이 있는 사람들은 그들이 행하는 일부다처제를 좋은 제도로 생각하여, 많은 젊은 사람들이 배우자를 얻는 때 어려움을 겪었다. 그렇지만 배우자를 얻는 데의 어려움은 다음 두 가지 조건에 의하여 완화되었다. 우선 첫째로 형제연혼(兄弟緣婚; levirate)이나 연대혼적 방법(連帶婚的 方法; orthodox method)에 의하여 처를 상속할 기회가 주어졌다. 둘째로 우리에게도 미혼남녀가 저지르는 좋지 않은 일을 묵인해 버리는 보편적 경향이 있기 때문이다. 그리하여 통가족(the Thonga)은 그 일족이 정처(正妻)에게 지불해온 금액을 모으기 전에 그의 성욕(性慾)을 해소시켜 주어야 한다.

아프리카에 대한 자료에서 다중혼(多衆婚)은 생물학적 제한 이외에 경제적 여러 조건에 의한 제한도 있다. 신부대금(bride-price)이 상당한 가격으로 책정되어 있는 경우라 하더라도, 이론상으로는 그렇게 납득할지 모르지만 실제상으로는 보통 사람의 중혼에서까지 그다지 문제되지 않는다. 키르기즈족(the Kirgiz)은 — 비록 이슬람교도로 바뀌기는 하였지만 — 대체로 두 번째의 처를 살만한 여력이 없고 남자의 첫 번째 처가 임신을 할 수 없지 않는 한, 그의 정당한 특권을 거의 이용하지 않는다. 마찬가지로 카이족(the Kai)의 대다수도 중혼은 허용하지만, 실제 행해진 것이 아니라 거의 추장(酋長)만 그렇게 하고 있을 따름이다.

오늘날 일부다처제를 제한하는 사회적인 요소에 주의할 필요가 있다. 몇몇 종족은 모측거주제(母側居住制; matrilocal residence)를 채택하고 있다. 즉 사위가 아내의 부모과 함께 사는 것이다. 이러한 종족사이에 자매연혼(姉妹緣婚; sororate)의 풍습이 없다면, 두 번째의 처를 맞아들이기 위해 장인·장모(丈人·丈母; parents-in-law)의 승낙이 필요하다. 모측거주제를 취하면서, 자매연혼을 행하지 않는 주니족(the Zuñi)과 호피족(the Hopi)은 엄밀하게 말하면 단혼제를 취한다고 할 수 있다. 이 풍습은 일부다처제를 절대적으로 금지하고 있지만, 이를 근절시킬 만한 제도를 갖추지는 않았다. 북부 시베리아(Northern Siberia)의 유카기르족(the Yukaghir)은 남자가 사위로서 1년 중 일정 기간을 어느 집에서 지내고, 다른 일정 기간은 같은 자격으로 다른 집에서 함께 살아야 한다. 그러나 단혼은 지배적인 혼인 형식이다.

우리가 원시인의 일부다처제의 심리를 이해하려면, 먼저 이 문제에 관한 관습적인 편견을 떨쳐 버리지 않으면 안 된다. 일부다처제는 결코 여성의 열등한 지위를 보여 주는 것은 아니지만, 여자들에게 불명예를 느끼게 하는 것도 사실이다. 남편이 과도한 호색을 위해서뿐만 아니라, 첫 번째의 처가 그 가정에서의 의무를 다른 사람에게 넘기려고 하는 희망도 있기 때문에, 남편이 두 번째의 처를 얻으려고 하는 일면도 있다. "왜 나는 이 모든 일을 다 해야 한단 말인가. 왜 당신은 다른 처를 사들이지 않는 거야?"라는 식으로 키쿠유족(the Kikuyu)의 처는 불평을 털어놓곤 한다. 마찬가지로 카이족의 추장의 처(the Kai chief's consort)는 아주 많은 사회적 의무를 해야 하기 때문에, 도와줄 사람이 오는 것을 매우 환영한다. 또한 이와 유사하게 추크치족(the Chukchi)의 부인은 그 남편에게 일꾼을 얻어 오라고 요구하기까지 한다. 실제로 카이족은 간통에 의하여 성욕을 만족시키는 경우가 많기 때문에 두 번째 처와 법률적 혼인을 하는 것은 성욕적 동기에서 이루어지는 것은 아니다. 일반적으로 경제적 및 이와 관련된 여러 요소가 더욱더 중요하다고 말할 수 있다. 통가족(the Thonga) 중에서 처를 몇이든지 사들일 수 있는 사람은 부유한 사람일 수밖에 없지만, 그 투자는 처들이 하는 봉사에 의하여 충분히 환수될 정도다. 왜냐하면 그 봉사는 남편의 여러 요구를 충족시켜 주는 것일 뿐만 아니라 남편으로 하여금 외부인과 부담 없이 접촉하게 하는 것이며, 그렇게 함으로써 남편의 사회적 명예를 높이는 것이기도 하다. 이러한 방식으로 일부다처제는 계층의 상징이 되고 있다. 이와는 완전히 다른 환경, 즉 캐나다 북부(northern Canada)의 메켄지강 유역분지(Machenzie River basin)의 애서배스카족(the Athabaskans)은 여자들로 하여금 물건을 운반시키는데, 그 추장인 마토나비(Matonabbee)는 이러한 노비처(奴婢妻; servant-wives)를 7, 8명이나 두고 있었다. 처를 여러 명 두는 또 다른 이유는 일반적으로 사람들이 자손을 바라기 때문이다. 첫 번째의 처가 불임일 때는 남편이 자손을 얻고자 하여 두 번째의 여자를 취하는 일부다처제의 발달에 있어서 성욕적 요소의 영향이 그렇게 크지 않음을 보여준다.

특정 종족에서 찾아볼 수 있는 일부다처혼을 분석, 연구하는 것은 계발적인 것이다. 조컬슨(Jochelson)은 순록사육 코략크족(the Reindeer Koryak) 가운데 두 명 이상의 처를 데리고 사는 사람은 남자의 6%에 지나지 않고, 그리고 세 명 이상의 처를 데리고 사는 사람은 단지 한 명뿐이라는 것을 발견한 바 있다. 마지막으로 서술한 사례의 경우는 첫 번째의 처가 자녀를 낳을 수 없을 만큼 질병에 의한 불구이고, 두 번째의 처는 불임으로 판명되었다. 그 밖의 여러 예 중에는 첫 번째의 처가 불임이기 때문에 중혼(重婚)의 수단을 택한 경우도 있지만, 첫 번째의 처가 형제연혼(兄弟緣婚)에 의하여 상속되었거나 너무 늙었다고 생각되는 경우도 있었다.

이제 일부다처가족에서 수인의 처 사이의 상호관계를 논해야 한다. 처의 수가 아주 많았던 아프리카에서는 보통 처는 그 자녀와 함께 별도의 집에서 살고, 독립적인 세대를 이루고 살았다. 통가족(the Thonga)은 이러한 작은 집으로 둥근 호(弧)를 만들어서 함께 살았고, 그 이상(理想)은 자기 구내의 가의 둘레를 완전하게 할 수 있는 처를 얻는 것이었다. 처들의 상호 감정에 관하여는 여러 가의 보고가 각각 다르다. 쥬노(Junod)는 선교사로서의 편견 때문일 것으로 생각되지만, 여인들의 집단 불화의 어두운 면을 묘사하고 있다. 그러나 러틀리지 부부는 동아프리카에서 그러한 광경을 본 바 없다고 하고 있으며, 또한 이 부부가 정확하게 말하고 있는 것처럼 처들이 별개의 건물에서 별거하는 일은 서로에게 평화롭게 하고, "전체를 한 사람 족장(族長)의 통합하에 한 부락이라고 하는 기초 위에 놓이게 하는 것이다"라고 한다. 물론 때때로 질투심이 생겨나는 일도 있을 수 있지만, 첫 번째 부인의 요구로 두 번째, 세 번째 부인을 맞아들인 경우는, 그러한 위험이 감소된다. 자매연혼(姉妹緣婚)에 의하여도 마찬가지의 결과가 발생할 수 있다. 즉 적어도 히다차족(the Hidatsa)의 원주민 사이에서는 이러한 관계에 있는 자이더라도 친족관계가 없는 여자들보다는 자매들 사이에서 분쟁을 일으키는 비율이 낮다는 원칙이 자리매김 되었다. 이러한 연구의 권위자들은 일반적으로 코략크족(the Koryak)이나 추크치족(the Chukchi) 사이에서도 일부다처가족의 조화를 알아냈지만 때때로는 언짢은 경우의 기록도 찾아낸 바 있다. 아마도 이러한 것이 일부다처제가 행하여지는 대부분 지방의 가장 전형적인 형태를 보여 주는 것으로 생각된다.

그들 사이에 조화가 이루어지게 하는 하나의 중요한 요소는 일반적으로 첫 번째의 처에게 부여되는 명백한 우월성에 있다. 그리하여 지금 인용하고 있는 종족인 시베리아족(the Siberian)의 두 번째 처는 실제로는 첫 번째 처의 하녀(下女)이다. 정확히 이와 똑같은 관계가 뉴기니아(New Guinea)에서 떨어진 카이족에서도 행하여지고 있다. 즉 첫 번째 처는 다른 여자들로 하여금 땔감이나 물을 가져 오라고 시키고, 손님 대접을 할 음식을 준비하라고 명령하기도 한다. 마사이족(the Masai)의 거주지에서도 이와 비슷한 보고가 있었다. 여기에서도 첫 번째 처는 다른 여자들을 감시하고, 그 남편 가축의 대부분을 사용대가로 받아들이고, 그 선물의 많고 적음이나 가치에 의하여 구분된다.

철저하게 사실을 연구하다 보면, 우리들은 일부다처제에 대한 현대인의 편견 위에 가정되고 있는 것과는 아주 다른 일부다처제관을 접하게 된다. 그러나 무엇보다도 먼저 기억하지 않으면 안 되는 하나의 사실은 아마도 대다수의 원시종족에게 다중혼제(多重婚制)가 있기는 하지만, 생물학적 및 어느 정도의 사회적 조건 때문에 한 집단 내부의 많은 사람들이 그 당연한 특권을 이용할 수는 없다는 점이다.4)

제 2 절 일처다부제

일처다부제(一妻多夫制; polyandry)는 일부다처제(一夫多妻制; polygyny)보다 훨씬 더 그 분포가 한정적이다. 사실 확실히 입증할 만한 사례는 다섯 손가락 안에 들어갈 정도이다. 즉 몇몇 에스키모(Eskimo) 공동사회(共同社會)(결코 전부는 아님)에서 행하여지고 있고, 때로는 동아프리카의 와후마족(the Wahuma)(Bahima)에서도

4) Thalbitzer: 15, 67. Boas, 1907: 7, 115, 378. Cranz: 1, 209. Routledge: 134. Hollis, 1905: 303. Junod: 1, 97, 125-128, 274. Radloff: 484. Keysser: 44, 90. Jochelson, 1910: 110 seq.; id., 1908: 752-755. Bogoras: 598-602. Hearne: 124 et passim. Merker: 27 seq.

찾아볼 수 있지만, 그 가장 발달된 형태는 티베트(Tibet)와 남인도(southern India)에서 발견된다. 사회생활을 순수하게 경제적으로 해석하려는 성향이 있는 사람들에 대하여는 이들 여러 종족 사이에서의 경제적 지위가 서로 다름을 지적하는 것도 흥미 있는 일일지도 모르겠다. 에스키모인(Eskimo)은 해안에 살고 있는 수렵족이고, 와후마족이나 토다족(the Toda)은 목축민이었지만, 유목민(遊牧民)이 아니고 농업민이라고 할 수 있으면서 일처다부제를 행하고 있는 것은 티베트인(Tibetans)뿐이다. 그렇지만 와후마족이나 에스키모인들과는 다른 의미로 경제적 요소가 개입되기도 한다.

와후마족의 일처다부제는 매우 특이한 모습이다. 합법적이지만 지배적인 제도가 아니라, 특수한 사정과 일정한 기간 동안 행하여지는 것이다. 어떤 남자가 가난해서 자기 혼자는 처를 사들일 수 없는 경우, 그 형제의 원조를 받아 이들 형제들이 여자가 임신할 때까지 부권(夫權)을 공유하지만, 그 이후 부권은 그 남자의 독립적 특권이 된다.

이러한 형식의 일처다부제는 남성과 여성의 자연적 비율을 파괴하지는 않지만, 일처다부제가 일반적인 관습으로 되어 있는 곳에서는 혼인을 할 수 있는 남자의 수가 인위적으로 많아져야 한다는 것을 필요로 한다. 그것은 여러 가지 방법으로 가능하다. 에스키모인의 어느 공동사회에서는 생활이 어려운 이유로 여자 아이들을 짐으로 여겨 흔히 태어난 직후에 죽인다. 그리고 이러한 일부다처제의 경향은 남자의 생활을 궁핍하게 하는 원인이 되므로 확인한 바 이상으로 억제되었다. 토다족의 일처다부제의 바탕도 역시 여아살해(女兒殺害; Female infanticide)이지만 그 이유는 경제적 이유만은 아니다. 그러나 농업종족인 티베트인은 중국인의 실례에서 직접 영향을 받지 않은 한 영아살해(嬰兒殺害; infandicide)를 하지 않는다. 그렇지만 티베트인은 일처다부제이고, 중국인은 그렇지 않다. 아쉽지만 이점에 관한 티베트인의 자료는 그렇게 명확하지 않다.

티베트인의 일처다부제는 형제우애의 변종(fraternal variety)이다. 즉 여러 사람의 형제가 한 사람의 처를 공유하는 것이다. 첫 번째 처가 임신하지 못하는 경우 그 자매에 해당하는 사람을 두 번째 처로 고를 수 있다는 것은 주목할 만한 일이다. 우리가 알고 있는 바는 그다지 정확하지는 않지만, 티베트의 혼인풍습의 형성에 일정한 경제적 조건이 영향을 미쳤던 것 같다. 그렇다면 어째서 일처다부제는 농업민, 더구나 형제적 형식으로만 행하여졌던 것일까? 록힐(Rockhill)은 그 원인이 재산을 분산시키지 않고 물려주려고 했던 욕구에 있었던 것이라고 주장한다.

우리가 토다족(the Toda)에 관하여 알고 있는 자료는 어느 것보다 완벽한 것이고, 우리로 하여금 일처다부제(一妻多夫制)가 어떠한 것인지를 알 수 있게 해 주는 것이기도 하다. 우선 우리는 신뢰할 만한 기록에 의하여 연구한 결과, 여자에 비하여 남자가 현저히 많았고, 거기에는 여아살해(女兒殺害)의 관습이 관련되어 있음을 알 수 있다. 그러나 이 풍습은 카프카스인(Caucasian)의 영향을 받은 결과 점차 없어지게 되고, 그 결과 지금은 남자 과다의 현상이 점점 줄어들고 있다. "1871년에는 여자 100명에 대하여 남자 140.6명이고, 1881년에는 여자 100명에 대하여 남자 130.4명, 1891년에는 여자 100명에 대하여 남자 135.9명이고, 1901년의 조사에서는 여자 100명에 대하여 남자 127.4명이었다." 이 공식적 조사보고는 리버스 박사(Dr. Rivers)의 개인적인 계보학적 기록에 의하여 확증되었다. 이 기록에 나타난 바에 의하면 3대째 계속적으로 여자 100명에 대한 남자의 수는 토다족의 두 부족 중 한 쪽에서는 159.7명, 131.4명 및 129.2명이고, 약간 보수적인 다른 집단에서는 각각 259명, 202명 및 171명이었다. 토다족에서의 여아살해의 동기는 여전히 불분명하다. 왜냐하면 그들은 현재나 과거의 역사에서 경제적 필요성이 있었던 적이 한 번도 없었기 때문이다. 여아살해의 쇠퇴현상은 아주 흥미있는 혼인풍습(婚姻風習)에 영향을 미쳤는데 그에 관하여는 다음에 서술하기로 한다.

모두 그렇지는 않지만 대부분의 경우, 토다족의 일처다부제는 형제우애의 변종이다. 즉 어느 남자가 한 여자와 혼인하면, 그 여자는 그 남자와 동거하고 산다. 그러면서 그 남자의 형제들과도 함께 사는 것이 보통이다. 심지어 혼인 후에 태어난 동생까지도 그 형들의 권리를 공유하는 것으로 간주된다. 형제적 일처다부혼의 경우는 남편들 사이에서 분쟁이 생겨나는 일은 좀처럼 없으며, 그러한 일이 생겨날 수 있으리라고 생각하는 것은 토다족의 정서에는 비웃음거리에 지나지 않는다. 토다족은 처가 임신하면 그 남편들 중에서 최연장자가 활 쏘는 의식을 행하고, 보통 이를 통해 법률상 아버지가 확인된다. 그렇지만 그 형제들은 모두 태어난 아이의 아버지로 여겨진다.

한 여자가 형제가 아닌 수인의 남자, 때로는 다른 부락에 살고 있는 수인의 남자와 혼인하는 경우는 한층 더 복잡하게 된다. 이때 보통 — 절대적인 법칙으로 되어 있는 것은 아니지만 — 처는 차례대로 한 사람의 남편과 한 달씩 함께 산다. 이러한 경우 법률상 부(法律上 父)를 결정하는 것은 아주 관심을 끄는 문제가 된다. 처의 임신 중에 활 쏘는 의식을 행하는 남편은 여러 가지 사회적 목적을 위하여 첫 번째 아이뿐만 아니라 그 후에 태어나는 아이들의 아버지로서의 지위가 인정되지만, 끝내는 다른 남편들 중의 한 사람이 일정한 의식을 거행하게 된다. 보통 처음 두세 명의 아이들은 첫 번째 남편에게 속하게 되고, 그 후에 다시 처가 임신을 하게 되면 다른 남편이 부권(父權)을 갖는 방식으로 서로 양해가 이루어지고 있다. 그러므로 생물학적 부권(生物學的 父權)은 전적으로 무시된다. 그도 그럴 것이 어느 누구도 일정한 의식을 치르지 않는다면, 오래 전에 사망한 남자가 아이의 아버지라고 여겨지게끔 되어 있기 때문이다.

앞에 인용한 통계는 최근 여아살해(女兒殺害)의 감소에 의하여 남성과 여성의 인구가 정상적 비율에 가까워지고 있음을 보여준다. 이런 식으로 발전해 간다면, 바로 단혼제(單婚制; monogamy)로 바뀔 수 있을 것으로 생각할 수도 있다. 그렇지만 그러한 생각은 사회관계의 조정에 대한 보수적 힘을 잘못 평가한 결과이다. 토다족이 실제로 행해왔던 혼인형태는 일처다부제를 고수하고, 일부다처제로써 그것을 가감시켜온 것에 지나지 않는다. 지난날 세 명의 형제가 한 명의 처를 공유하고 있던 곳에서 지금은 두 명의 처를 공유하는 경향을 보이고, 이와 같이 이전에는 여자가 희귀했음에 비하여 지금은 훨씬 많아진 상태에 적응하고 있다.

일처다부제에 관한 여러 가지 사실은 하나의 고유한 법칙에 의하여 모든 사회가 같은 경로를 거쳐서 똑같은 풍습을 발생시킨다고 하는 단선진화설(單線進化說; unilinear theory of evolution)의 약점을 드러내는 것은 참으로 의미심장한 일이다. 토다족의 일처다부제와 에스키모인의 일처다부제는 모두 그 원인이 여아살해와 관련되어 있다. 이 점에 관해서는 유사하고, 같은 원인은 같은 결과를 가져오게 되어 있다. 그렇다면 여아살해의 배후에는 어떠한 목적이 숨겨져 있는 것일까? 에스키모인의 경우에는 북극에서의 경제생활의 어려움 때문이며, 토다족의 여아살해의 원인은 명확하지 않지만, 경제생활과는 아무런 관계가 없음을 우리는 잘 알고 있다. 다시 우리는 고대 토다족(ancient Toda)의 사례와 티베트인(Tibetan)을 비교해 보고자 한다. 두 종족은 혼인할 수 있는 여자의 수가 적기 때문에 일처다부제(一妻多夫制)가 발생한 원인이지만, 일처다부제의 티베트인은 영아살해를 하지 않았는데도 여자의 부족현상이 종종 생겨나곤 하였다. 에스키모인, 토다족 및 티베트인의 일처다부제적 관습은 똑같은 단계를 거쳐 발달시켜 왔다고는 할 수 없다. 그렇지만 오직 한 단계, 즉 여자가 적었던 시기에는 당연히 그 결과로서 일처다부제가 발생했음은 동일하다. 토다족이 영아살해를 금지하는 외국문화와 접하게 된 사실은 어떠한 사회진화 법칙보다도 그들의 혼인풍습의 역사에 크나큰 영향을 미쳤다. 이처럼 외부의 영향이 궁극적으로는 에스키모인, 토다족 및 티베트인으로 하여금 의무적 단혼제(義務的 單婚制; compulsory monogamy)를 채용하게 했는지도 모를 일이다. 그러나 그러한 결과가 생겨났다고 하더라도 그것은 세 종족이 모두 동일한 문화중심으로부터 같은 풍습을 모방하였기 때문이고, 일처다부제에서 의무적 단혼제라는 똑같은 단계를 거쳐서 발달해야 할 어떠한 신비적인 경향이 있었기 때문은 아니다.

이러한 혼인형식에 관한 설명을 마치기 전에, 진정한 일처다부제(一妻多夫制)와 남자가 일시적으로 다른 사람과 즐기기 위하여 그 부권(夫權)을 저버리는 풍습을 구별할 필요가 있다. 이 관습은 처의 사랑에 대한 남자의 소유권으로부터 생겨나는 것이다. 따라서 남자는 욕기(慾氣)가 상충되면, 사람의 환심을 사기 위해서나 우정의 징표로 자신의 처를 제공한다. 그리하여 크로우족(the Crow)에서는 젊은 남자는 동료이든지 아니면 자기가 그 신비력을 나누어 갖고 싶어하는 연장자에게 일시적으로 자기의 처를 제공한다. 실제로 이러한 제공은 평원 인디언(Plains Indian)의 여러 종족이 일정한 의식상 특권을 얻는 수단으로 지녀오던 타협책 가운데 일반적인 방법이었다. 이 풍습은 단순한 환대(歡待)를 의미하는 것으로 여러 곳에서 보고되고 있다. 마사이족(the Masai)은 다른 부락을 방문할 때 바로 자기와 같은 나이 또래의 사람을 찾아간다. 방문을 받은 사람은 뒤이어 자기의 처와 작은 집을 손님에게 제공한다. 또한 다른 예를 들어보면 오스트레일리아(Australia)의 여러 종족 사람들은 고귀한 손님

인 남자에게 동침자(同寢者; bed-mates)를 제공하는 것을 일종의 의무라고 생각한다.[5)]

제 3 절 남녀공유제

점차 토다족의 지배적 혼인형식이 되고 있는 일처다부제와 일부다처제의 결합형태로 발전하는 최근의 경향을 고려한다면, 이곳에는 각각 두 명이나 그 이상의 처와 상대하는 집단으로 결집된 많은 형제집단을 찾아볼 수 있다. 하지만 이른바 군혼(群婚; group marriage)에 포함되는 이러한 집단들은 그 규모나 구성 및 부부의 성교에 대해 시켜야 할 제한에 있어 상당한 차이가 있다. 어느 공동사회에서 근친상간규정(近親相姦規定; incest rules)이 전혀 존재하지 않기 때문에, 형제자매뿐만 아니라 부모와 자식간의 결합도 아무런 비난의 대상이 되지 않는다면, 그것은 완전한 난혼(亂婚; promiscuity)의 상태라고 할 수 있다. 이와 관련하여 현대의 토다족에서 엄격히 금지하는 혼인(definitely regulated marriages)이 있다. 혼인이라는 용어를 군혼이라고 지칭되는 상태와 관련시켜 사용하는 것은 적절하지 못하기 때문에, 필자는 리버스 박사(Dr. Rivers)의 의견에 따라 그러한 뜻을 지니는 적절한 명칭으로 남녀공유제(男女共有制; sexual communism)라는 용어를 대용하기로 한다. 이 상태에 관한 이론적 논의는 나중에 하기로 하고, 먼저 몇몇 구체적 자료를 살펴보고자 한다.

우선 첫째로 우리는 광범위한 지역에 걸쳐 남녀공유제가 개인적 혼인과 병존하는 경우가 존재하는 것을 알아야 한다. 즉 하나의 공동사회에서 일부는 남녀공유제를 원칙으로 하여 생활하고, 나머지 부분은 개인적 혼인을 원칙으로 삼는 것이다. 매음(賣淫; prostitution)을 묵인하는 현대문명이 그 가장 명백한

5) Annual Archaeological Report: 112. Roscoe, 1907: 105. Rockhill: 211 seq. Tafel: 11, 124 seq. Rivers, 1906: 477-480, 515 seq. Lowie, 1917 (a): 63, id., 1913: 228 seq. Hollis, 1905; 288. Frazer, J.: 34.

예증이다. 원시인의 사회는 주로 남녀공유제가 허용하는 한계 내에서 공공연하게 시인되고 있는 점에서 현대와 다르다. 마또구로소의 보로로족(the Bororó of the Mato Grosso)은 정식으로 혼인하여 별도의 작은 집에서 살고 있는 연장자(年長者; older men)와 특별한 거처에 살면서 그 부락의 여자를 나포해 와서 그녀를 공유하는 독신자(獨身者)로 구분된다. 이들 독신자는 그 정부(情婦)들의 오빠 또는 어머니쪽의 백숙부(伯叔父)에 대하여 활이나 몸의 장신구 등을 제공한다. 이와 같은 브라질의 자료(Brazilian data)는 안타깝게도 그에 함축되어 있는 사회적 통제를 완전하게 이해하기에는 충분하지 못하지만, 반면 마사이족(the Masai)의 상태는 완벽하리만큼 명백하다. 이 곳에도 모두 대략 30세 이하의 미혼의 전사(戰士)의 무리가 있고, 미성숙한 젊은 여자들과 임의적으로 동거하고 있다. 이 용사(勇士)들은 각각 좋아하는 정부를 데리고 있으며, 그 여자들은 남자들의 가축을 돌보고, 몸의 장신구를 만들면서 살아간다. 정부가 된 여자는 결코 어렸을 때 혼인하기로 약속한 사람과는 다르다. 그도 그럴 것이 남자들의 약혼녀(約婚女; fiancee)는 또 다른 전사의 숙소에서 거주하여야 하기 때문이다. 남자가 전사들의 숙소에 거주하는 한 그 사랑하는 여자도 정숙하게 지내야 한다. 그러나 만일 하루라도 집에 머무르지 않게 되면, 그 여자에 대한 그의 배타적 권리는 없어지게 되고, 그 여자는 다른 사람을 애인으로 선택할 수 있다. 그렇지만 이러한 모든 관계에서 종족적 근친상간규정(種族的 近親相姦規定; tribal incest rules)은 엄격하게 지켜졌다. 어느 독신자가 전사로서의 생활을 다 했다고 생각하면, 그는 숙소의 동료관계를 벗어나서, 만약 약혼녀가 피임한 경우에는 — 임신한 것은 불명예로 생각한다 — 그 약혼녀와 함께 별도의 집에서 살게 된다.

보로로족(the Bororó)이나 마사이족(the Masai)의 관습은 현대의 매음풍습과 마찬가지로 개인적 혼인제도와 결코 모순되는 것이 아니다. 젊었을 때 방탕하게 보냈던 시간이 지난 다음의 개인적 결합은 통상적인 생활모습이다. 그렇지만 이와 같은 제한이 없는 남녀공유제(男女共有制)가 보고되는 종족도 있다.

가장 확실한 실례는 추크치족(the Chukchi)의 남녀공유제이다. 우선 추크치족의 남녀공유제는 거의 모든 가족을 포함하는 일반적인 관습이었음을 주의할 필요가 있다. 재종형제(再從兄弟; second cousins) 또는 삼종형제(三從兄弟; third cousins), 아니면 친척관계는 없지만 공고한 우의적 유대관계를 맺고자 하는 사람들까지도 참가하여 하나의 집단을 이루고, 이 집단의 당사자들이 처 전부에 대하여 부권(夫權)을 행사하는 것이다. 형제들은 이와 같은 계약에는 참여하지 않는다. 이러한 동맹은 주로 호혜주의(互惠主義; reciprocity)의 기초를 두고 있기 때문에 독신자는 거의 가입하기 어려웠다. 때로 남녀공유제는 10쌍의 부부에게까지 확장되기도 한다. 보고라스(Bogoras)가 인용한 구체적 자료를 살펴보면, 왜 그가 다른 학자들과 공통적으로 사용한 '군혼(群婚; group-marriage)'이라는 말이 실제로 부적당한지가 분명히 드러난다. 추크치족의 '처를 공유하는 동료(companions in wives)'는 그 배우자들과 함께 하나의 주거처에서 동거하지는 않는다. 그들은 다른 합숙소에 속하는 사람들이고, 이 제도의 목적은 여행객에게 일시적인 동침자(同寢者)를 제공하려는 것이다. 따라서 추크치족은 상호승인에 의하여 얻어진 잠재적 권리를 사용할 기회를 거의 가질 수 없었다. "동일한 거주지에 속하는 동료가 기꺼이 군혼(群婚)에 참여하는 경우는 아주 드물다. 그 이유는 분명히 군혼제에서 전혀 이용되지 않는 처의 상호 이용은 무리의 성원과 너무 가까이 살다보면 완전한 난혼(亂婚)으로 빠질 염려가 있기 때문이다." 바꾸어 말하면 군혼제는 무제한의 성적 방종(性的 放縱; sexual license)과는 아무런 관계도 없고, 상호환대(相互歡待; reciprocal hospitality)라고 하는 미개인 관념에 기초하고 있는 것이다. 그런데 때로는 '동료(同僚; companion)'가 타인의 처를 데려가 몇 달이나 함께 지내고 나서야 돌려보내는 경우도 있고, 아니면 처를 영구히 교환하는 경우도 있었다. 그러나 한편으로 추크치족의 정조관념이 우리와 다르다는 것을 분명히 보여주는 이러한 사실들이 추크치족의 혼인의 개인적 성질을 확실하게 입증해 주는 것이기도 하다. 보고라스(Bogoras)는 고립적 일처다부제의 실례를 기록으로 전해주고 있지만, 결코 여러 명의 동료가 여러 명의 처의 봉사(services)를 동시에 공유하고 있음을 밝히지 못했다. 처의 교환은 군혼제(群婚制)를 의미하는 것이 아니라, 어느 한 개인이 혼인 후에 다른 사람과의 결합과 관련을 맺는 것을 의미할 뿐이다. 따라서 추크치족의 혼인제도는 남편의 순수한 성적 권리를 경우에 따라 일시적으로 그의 동료계약자(同僚契約者; fellow-contractors)에게까지 확장시키는 내용을 덧붙인 개인적 혼인제도이다.

개인적 혼인을 배제시키는 통상의 형태로서의 남녀공유제는 에어호(Lake Eyre) 부근에 살고 있는 오스트레일리아의 두 종족 즉 우라부나족(the Urabunna)과 디에리족(the Dieri)에서 찾아볼 수 있다. 우라부나족의 자료는 단편적인 것이기 때문에 제외시키고, 디에리족의 자료를 근거로 하여 설명하기로 한다.

디에리족에서 남자 쪽으로 보아 정당한 혼인형식은 자신의 외할머니의 남자형제의 딸의 딸이나, 자신의 외할아버지의 여자형제의 딸의 딸과의 결합이다. 이러한 관계에 있는 남자아이와 여자아이는 그들은 장래 부부가 될 수 있으며, 그들의 어머니와 그녀의 외숙에 의해 어렸을 때 혼인할 약속을 한다. 또한 일반적으로 계약한 쌍방의 가족 사이에서 딸의 교환이 이루어지기 때문에, 각 가족 내의 한 남자는 한 사람의 처를 맞게 되는 것이다. 여성은 결코 한 명 이상의 남성과 정혼할 수 없었다. 그렇지만 일단 혼인을 하고 나면, 다른 남자가 유부남인지 아니면 독신인지 여부를 불문하고 여러 남자의 첩(妾; concubine)이 될 수 있다. 이와 같은 부부관계가 어느 정도까지였는지와 어떠한 사람들 사이에서 행하여졌는지를 보여주는 정확한 통계는 안타깝게도 남아 있지 않지만, 호윗트(Howitt)의 많은 구체적 서술에 비추어 여러 가능한 사정을 그려낼 수 있다. 어떠한 경우이든지 성교(性交)를 계속하는 남녀 모두가 앞에 말한 정당한 관계에 있어야 한다는 것을 주목해야 한다. 자매군(姉妹群)과 혼인한 형제군(兄弟群)이 그 처들을 공유할 수 있었던 것, 그리고 홀아비가 증여물에 대한 보답으로 형제의 처를 자기의 첩(妾)으로 삼았던 것도 이러한 원칙과 상당한 조화를 이루었음을 발견할 수 있다. 나아가 적당한 관계를 가지는 손님은 가장(家長)의 처를 일시적인 첩으로 제공받는 일이 있다. 그렇지만 통상적으로 첩은 잠재적 배우자인 개인에게 축첩의 권리를 부여하는 것으로써, 장로회의(長老會議; council of elders)에서 정식 할당결정에 의하여 주어졌던 것으로 보인다. 실제로 지위가 높은 사람들만이 많은 첩을 거느리고 살았으며, 대부분은 지배를 하는 장로들이 한 사람의 처와 일생을 같이 하라는 충고에 따랐던 것이다. 과도한 축첩을 금지시키려는 다른 견제는 부속적 배우자 관계(subsidiary mates)에 있는 사람들의 상호간의 질투이다. 즉 두 사람 중 어느 누구도 새로운 첩관계를 묵인하지 않고, 남모르게 새로이 사통(私通; liaison)을 꾸려나가려 한다면, 이는 그 상대방에게 뜨거운 재를 퍼붓는 꼴이 될 것이다. 독신자의 첩은 특히 그 남자의 성생활에 대하여 감시하는 것이 될 수도 있다.

이러한 사항 중에서 가장 중요한 사실은 다음의 두 가지다. 즉 첫째, 처와 첩이 같은 집에서 사는 때는 반드시 처가 상석을 차지한다. 둘째, 남편 — 정상적으로 혼인하기로 한 배우자 — 은 그 처에 대하여 당연히 우선권(優先權)을 갖는다. 모든 첩의 정부(情夫; concubitant)는 합법적으로 대개 허용되는 기간을 제외하고 첩을 그 남편으로부터 꾀어낼 수 없다. 또한 이렇게 할 수 있는 것은 남편과 떨어져 사는 기간이나 남편의 동의를 얻어서 그 종속적 권리를 행사할 수 있을 뿐이다. 이와 달리 처는 남편에게 적당한 관계의 사람을 자기의 정부로 선정하게 해달라고 요구할 수 있다. 그러나 남편이 이를 거절하면 처는 달리 어떻게 해야 할 방법이 없다. 그런데 이에 반하여 여자는 남자가 다른 여자를 첩으로 선택한 경우에는 이를 거부할 권리가 없다.

우리들이 갖고 있는 자료는 아직 해결되지 않은 여러 문제를 제시하기에 충분하지는 않지만, 호윗트(Howitt)가 말하는 '군혼(群婚; group marriage)'이 똑같은 심리적 또는 사회학적 현상이 아니라는 점은 분명하다. 확실히 남자가 홀아비가 된 형제에게 부부로서의 특권을 넘겨주는 것과 지체 높은 손님에게 자기의 침상을 제공함으로써 환심을 사려고 하는 것은 전혀 다른 일이다. 그러나 이 어느 관습도 장로회의(長老會議)에서 서로 부부가 될 수 있다는 것을 형식적으로 할당하는 것과 유사한 것이 아니다. 정확하게 말하면 '군혼'이라는 것은 일정한 남자군(男子群)이 이에 상응하는 여자군(女子群)에 대하여 부부의 권리를 공유하는 공동사회를 일컫는 말이다. 디에리족에서는 이러한 일이 발생하지 않는다. 즉 남편은 그 처의 성생활에 대하여 거의 절대군주(絶對君主)라고 할 만하고, 정부는 단순한 대용인(代用人)에 지나지 않는다. '남녀공유제(男女共有制; sexual communism)'의 공유(共有)라는 말은 '공유자(共有者)' 중 어느 한 사람이 다른 사람에 비하여 전적으로 압도적인 지위에 있는 것을 의미하는 것이 아니므로, 실상(實狀)에 비추어 많은 오해를 불러일으키기 쉬운 말인 듯 싶다. 더구나 이 문제에 관하여 우리들이 알 수 있는 한, 디에리족의 혼인은 영생적인 일이지만, 축첩(蓄妾)은 보통 어떻게 보든 일시적인 것이다. 마지막으로 오스트레일리아의 지역집단의 인구는 너무 적어서 정부(情夫)로 되기에 적당한 관계를 지니는 사람은 극히 한정될 수밖에 없다. 성적 질투나 장로의 충고에 의한 축첩제에 대한 부가적 제한 — 이 부가적 요소는 우리의 권위적 입장에서는 강조되는 것이다 — 을 고려한다면, 디에리족 평민들의 일상생활에서 축첩제는 분명히 '군혼(群婚; group marriage)'이라든지 '남녀공유제(男女共有制; sexual communism)'라는 그럴듯한 용어로 함축되는 역할을 다하지는 못하는 것 같다. 어떻든 어느 정도까지 일부다처제(一夫多妻制)가 가미된 형제적 일처다부제(一妻多夫制)가 있고, 환대를 하기 위하여, 아니면 사회적으로 지위가 높은 사람에게 경의를 표하는 의미로서 부부의 특권을 넘기는 것 같은 일이 있었다. 그렇지만 디에리족의 대다수가 일생 중 대부분을 개별적 부부로 살아가고 있는 것은 분명하다. 두 명의 형제가 두 명의 자매와 동거하는 토다족식의 공유제일지는 모르겠지만, 정부가 자리를 비운 남편의 자리를 대신하는 경우는 기껏해야 어느 한 사람의 개인적 관계를 다른 사람의 관계가 갈음하는 데 지나지 않는다. 지금까지 우리는 원시적 혼인을 단순히 아니면 주로 성적 견지에서 보아서는 안 된다는 것을 살펴왔다. 그리고 한 명 이상의 남자가 한 여자에게 근접할 수 있다는 사실에서 좀더 나아가 군혼제가 존재한다는 결론에 이른 것은 말리노브스키 박사(Dr. Malinowski)가 정확하게 지적한 바와 같이 결코 터무니없는 사실이 아니다.

디에리족이나 추크치족 이외에, 흑룡강(黑龍江; Amur) 유역의 길랴크족(the Gilyak)과 같이 몇몇 종족들은 개별혼을 배제하고 남녀공유제(男女共有制)를 실시한다는 보고가 있다. 그렇지만 그 자료는 너무나도 불충분하기 때문에, 좀더 많은 보고가 확보될 때까지는 활용하기 어렵다. '군혼'이라고 보고된 소수의 사례들이나 추크치족과 디에리족에서 찾아볼 수 있는 남녀공유제에 관한 우리의 자료를 분석해 보면, 지금까지 세계에서 개인적 혼인을 파괴할 만큼 남녀공유제를 실시하고 있는 종족이 있음을 보여주는 증거는 하나도 없다는 결론을 내려도 괜찮을 것으로 생각한다.[6)]

---

6) Von den Steinen: 388. Hollis, 1905: XVI. Merker: 44, 84. Bogoras: 602-607. Howitt: 163-167, 177-187. Malinowski: 100-123.

제 4 절 남녀공유제설

지금까지 서술한 바와 같이 현재까지 그대로 군혼(群婚)을 행하고 있는 원시종족(原始種族)은 없다. 그러나 그들이 남녀공유제(男女共有制)에 앞서는 여러 단계를 거쳐서 개인혼 관습에 이르게 되었다는 이론과 조화시키는 것은 가능하다. 사실 이 견해는 현대사회학자들의 지배적 견해인데, 그 역사적 가치의 판단을 위해 남녀공유제가 널리 받아들여진 이유를 간단하게나마 검토해 볼 필요가 있을 것이다.

진화론(進化論; evolutionary principles)이 생물학에서 일반적으로 승인을 받고 나서 모든 철학적 사상에도 영향을 미치게 되었는데, 이 때문에 진화론이 여러 사회현상(社會現象; social phenomena)에도 확장, 적용되었음은 충분히 있을 수 있는 일이다. 이러한 과정에서 무엇보다 주목해야 할 일은 모건(Lewis H. Morgan)의 이로쿼이족(the Iroquois)에 관한 민속학적인 논문이다. 이 논문에서 그는 원시인의 풍습에 관하여 성확하고 세심한 관찰자로서의 명성을 확립시켜 주었다. 모건은 진화론의 영향을 받아 인류혼인사(人類婚姻史)의 전모를 서술하였다. 모건이 상정한 제1단계는 성욕이 근친상간규정(近親相姦規定)에 의하여 제한 받지 않는 완전한 난혼상태(亂婚狀態)였다고 하는 것은 주로 당시의 지적 분위기의 특징이었다. 성생활에 대한 아무런 통제도 가하지 않았음은 말할 나위도 없이 의무적 단혼제(義務的 單婚制)에 전적으로 반하는 것이지만, 당시의 진화론자는 이 양극단적인 현상을 일련의 단계적 매개물에 의하여 연결시키려는 꿈을 꾸고 있었다. 빅토리아 왕조 중엽(mid Victorian)의 사상가는 단혼제가 지구상에서 최고의 혼인형식이었던 것은 증명할 필요도 없이, 주장하기만 하여도 되는 자명한 사실로 여겼다. 또한 최초의 인간이 그 이상적 목표와는 아주 다른 상태에서 살아갈 수밖에 없었다는 것도 하나의 공리(公理)였다. 그러므로 모건은 원시적 난혼상태를 구체적으로 입증하려고 생각하지도 않았다. 즉 그는 사실 난혼상태를 인간이 아직 인류와 보다 저급한 유기적 단계와의 경계선쯤에 해당되는 시대에 속하는 것으로 보았다. 마치 몇몇 진화론 철학자가 자연발생의 공리를 논리적 전제로 삼았던 것처럼, 난혼을 논리적 전제라고 내세우고, 그렇게 함으로써 과학적 논의를 거칠 필요가 없는 것으로 해버렸다.

모건(Morgan)의 제2단계, 즉 형제자매(兄弟姉妹)의 잡혼(雜婚; intermarriage)에 기초한 '혈연가족(血緣家族; consanguine family)'은 결합가능하지만, 부모와 자식간의 결합은 금지된다. 왜냐하면 요즈음 어느 곳에서도 찾아볼 수 없지만, 일반적 종족관습으로서 이러한 단계는 어떤 경험적 현상을 유일한 원인으로 모건이 추론한 것이다. 바꾸어 말하면, 그는 이 단계에서 논리적 공리에 머물러 있지 않고 원자(原子)를 발견하여 화학적 물질의 양상을 설명하려고 하는 과학자적 정신으로 연구해 나갔던 것이다. 지난날 형제자매와의 잡혼이 행하여졌다는 것에 대한 결론적 증명으로서 모건이 인용한 사실은 하와이식의 친족호칭법(親族呼稱法; method of designating kin)이다. 그것은 야만인 사이에서 보통 지칭되는 호칭법보다도 훨씬 간단하다. 많은 원시 종족은 모계친족과 부계친족을 세밀하게 구별하는데, 하와이인은 이와 같은 구별을 하지 않으며 촌수를 따지지 않고 같은 세대(世代)라면 친족으로까지 포함시키는 것처럼 동일한 친족호칭을 사용한다. 예를 들어 마쿠아(makua)는 부모 및 그 형제자매를 모두 가리키고, '남성' 또는 '여성'이라는 말뜻을 덧붙여 성을 구별하였다. 모건은 다음과 같이 — 어머니 쪽의 백숙부는 아버지와 같이 불렀다고 하고 있다. 왜냐하면 그들은 모두 그 자매들에게 자유롭게 접근할 수 있다는 의미에서 아버지이기 때문이다. 이것은 마치 남자의 생질과 생질녀를 아들과 딸로 불렀던 것과 마찬가지이다. 그렇기 때문에 여자형제들은 그의 아내였고, 모든 여자형제들은 그 남자형제들의 아내였다. 모건은 친족호칭에 반영된 여러 가지 풍습들은 점차 소멸해 가는 경향이 있지만, 호칭법은 그 자체는 보다 보수적이고, 따라서 사회제도의 일종의 화석적(化石的) 기록을 제공해 주는 것이라고 — 주장한다.

무엇보다도 이전의 옛날 혈연가족의 존재에 대한 모건의 추정이 경험적 기반을 가진 반면, 그가 추정단계에 있었다고 언급하였던 실제의 장소까지는 미치지 못했다는 것이다. 심지어 그의 자료에서 보다 이전의 형제자매의 잡혼(雜婚; intermarriage of brothers and sisters)이 있었음을 인정하는 것조차 어느 특정한 시대에 그러한 관습이 실행되었다는 증거로써 우리를 구속시킬 수는 없다. 만약 모건이 혈연가족을 아주 오래 된 것이라고 주장하고, 이러한 단계를 아무런 규율이 없는 상태가 지배적이었던 단계직후에 배치한다면, 그것은 난혼제(亂婚制)와 단혼제(單婚制)의 차이를 순차적으로 메워 보려는 단선의 계열을 가정할 수 있다는 그의 이론 전체를 뒷받침하는 묵시적인 가설 때문이다. 이 가설을 따라야만 혈연가족제라는 추정단계가 그 앞에 있었던 난혼제의 바로 다음에, 그리고 기타의 가족양식(家族樣式) 앞에 올 수밖에 없었다는 결론이 내려진다. 그렇지만 모건은 자신의 이론상 편견에 의해 시야가 가려지지는 않았지만, 그의 계획에서 폴리네시아인들(the Polynesians)이 담당하였던 그 부분을 그들에게 적용하기 전에 잠시 생각하였을 것이다. 왜냐하면 폴리네시아인의 문명은 그 전체적인 특성상 아주 오래되고 소박할 뿐만 아니라 야금술(冶金術; metallurgical art)을 몰랐던 문화 중에서 가장 훌륭한 수준의 문화에까지 도달해 있었기 때문이다. 모건이 이 곳에 살면서 정치적으로 조직되어 있고, 최고의 심미적(審美的)인 종족에게 원시종족도 가장 낮은 지위에 해당한다고 한 것은 잘못되었어도 너무 잘못된 주장이다. 이는 그 당시에 얻을 수 있었던 오세아니아 탐험(Oceanian exploration)의 보고만 가지고도 충분히 잘못되었음을 알아차릴 수 있다. 이와 달리 선교사(宣教師)의 보고에는 하와이(Hawaii)에서의 최상위 사람들의 형제자매간의 혼인이 언급되어 있다. 그렇지만 이러한 혼인은 하와이에서는 고대 이집트(ancient Egypt)나 고대 페루(ancient Peru)에서와 마찬가지로 지나치게 특성화된 문명 속에서 발달한 것이고, 혈연의 긍지를 보여주려는 데서 생겨난 것임에 지나지 않는다.

그렇다 하더라도 모건(Morgan)은 혈족가족과 기타 여러 단계와의 상대적 연대를 세밀한 경험적 증명을 거치지 않고 가정하였을 뿐만 아니라, 하와이인들 사이에 남아 있는 제도로부터 잘못 추론한 것과 관련하여서는 다시 그의 논리는 치명적인 비난을 받을 수밖에 없다. 그의 논리에 대하여 쿠노(Herr Cunow)는 몇몇 반대되는 주장을 강하게 제기한 바 있다. 그의 비판은 모건의 업적을 부분적으로는 인정하고 있기 때문에 한층 주목할 만한 가치가 있다. 구체적인 한 가지를 들어 보면, 모건은 하와이인의 제도는 혈연친족(血緣親族; blood-kindred)을 포함하고 있을 뿐만 아니라 이것과 인척(姻戚; relatives by affinity)을 구별하고, 따라서 의형제(義兄弟; brother-in-law)나 의자매(義姉妹; sister-in-law)에 대한 특별한 호칭, 남편의 부모가 처의 부모에 대하여 지칭하는 특별한 용어가 있었음을 간과하고 있다. 만일 하와이인의 호칭법이 혈연가족의 단계를 보여주는 것이라고 한다면, 쿠노는 그러한 인척호칭은 하와이에 없었다고 정확하게 지적한 바 있다. 왜냐하면 형제자매의 잡혼에서는 형제자매의 용어사용에 있어서 자기 처의 남자형제는 자기의 형제이고, 처의 양친(兩親)은 자기의 양친이든가 적어도 자기 양친의 혈족형제(血族兄弟; siblings)로 되기 때문이다.

그러나 실제로 근본적인 잘못은 '아버지(父; father)'라고 번역된 용어가 원주민의 뜻으로는 '낳아 준 사람(procreator)'과 같은 의미라는 모건의 가설에 있다. 모건은 하와이인이 그 모계의 백숙부(伯叔父)가 이전에 한 번도 그 자매와 동거한 적이 없다면 그 부모가 될 수 없음에도 불구하고 '아버지(父; father)'라고 부를 수 있었음을 생각하지 못했다는 점이다. 그런데 이러한 사실이 그로 하여금 실상을 오해하게 만들었다. 실제로는 어머니의 남자형제가 아버지라고 불려지지만, 자기의 어머니의 남자형제와 아버지가 우리의 언어로는 딱 들어맞는 누구가 아닌 공통어(共通語; common term)로 지칭되어야 할 것인지를 가르쳐 주지도 못했다. 이와 같은 언어상의 동일화작업은 같은 상대방과의 부부관계를 근거로 하고 있지만 실제로는 말도 안 되는 결과를 빚어내는 억설이다. 쿠노(Cunow) 이전에 맥레넌(McLennan)도 말한 바와 같이 '아버지(父; fathers)'라고 불리는 사람이 자기를 낳아 주었을 것이라는 설은 하와이인이 수십 명의 '어머니(母; mothers)'가 자기를 잉태하고 낳아주었다고 생각하는 것과 유사한 뜻도 포함하고 있다. 두말할 필요도 없이, 모건은 여기에서 어설프게 원주민은 혈연관계보다도 혼인관계를 드러내려고 하는 경향이 있다고 주장함으로써 어려운 곤경을 비켜가고 있다. 즉 자기 어머니의 자매를 '어머니'라고 부르는 것은, 그 여자가 자기가 아버지라고 부르는 사람(his reputed father)의 처이고, 따라서 자기의 계모(繼母; stepmother)라고 주장함으로써 아주 어렵고 중대한 난점을 피하고 있는 셈이다. 그렇지만 이러한 짓은 단순한 말장난에 지나지 않는다. '아버지'라든가 '어머니'라고 번역될 수 있는 용어의 범위는 엄밀하게 따져도 각각 평행선을 이루고 있다. 즉 이 두 가지의 용례는 각자 한 제도의 일부분을 이루고 단일한 해석을 필요로 한다. 만일 실제의 부모의 관념이 어느 한 점에서 당해 제도의 기조(基調)를 이루고 있다면, 다른 것도 그에 맞추어 일치시켜야 한다. 그렇지만 이 가설은 해괴한 결론에 이르게 할 것이므로 배척할 수밖에 없는 것이다. 하와이인의 제도에 관한 간단한 혈맹에서 그 의미하는 바는 세대에 따른 혈연친족(血緣親族)의 구별이라고 하는 쿠노의 견해이다. 언뜻 보아서는 최근 우리의 호칭법과도 이와 크게 다르지 않다. 우리들도 부모의 형제자매를 '아저씨(伯叔父; uncle)'와 '아주머니(伯叔母; aunt)'라는 호칭으로 몰아서 부른다. 본질적인 차이는 우리는 아버지나 어머니라는 용어를 사용함으로써 직계가족권(直系家族圈; immediate family circle)을 분리시킨 점이다. 이것은 단지 많은 원시공동사회(原始共同社會; primitive communities)끼리의 집단 중에서 가장 가까운 친족도 포함시킬 정도로 오로지 세대를 표시하는 것일 따름이라는 것은 이해 못할 바 아니다.

요컨대 모건은 하와이인의 호칭법의 기원이 형제자매의 잡혼에 있을 수밖에 없다는 것을 증명하지 못하였다. 그리고 설령 그것이 모건이 말한 대로 생겨났다고 하더라도 그 호칭법이나 아니면 그 가설적 원인이라고 생각되는 것이 아주 오래된 것이라는 증거도 없다.

두 번째 문제에 관하여는 우리가 좀더 살펴보아야 한다. 하와이인의 호칭법을 사용하고 있는 원시종족의 수가 한정되어 있음에 반하여, 대다수의 원시인은 다코타족(the Dakota)이나 이로쿼이족(the Iroquois)식으로 모계측인지 부계측인지에 따라서 혈연친족을 양분하는 방법을 취하고 있다. 하와이인과 마찬가지로 다코타족도 아버지 및 그 형제에 대하여 하나의 용어로 부르고, 어머니 및 그 자매에 대하여도 하나의 용어로 지칭한다. 그렇지만 어머니의 남자형제나 아버지의 여자형제는 각각 아버지나 어머니와 같은 부류로 삼지 않고 별도의 용어로 지칭하고 있다. 다코타족식과 대체로 일치하는 몇몇 호칭법을 검토해 보면서, 분명히 하와이인식 호칭법의 특성을 발견하게 된다. 직감적으로 이것은 옛날 순수한 하와이인이 맞춰 살던 제도의 잔재라고 취급할 수도 있지만, 구체적인 여러 사정은 그와 반대가 될 수 있는 유일한 근거가 되기도 한다. 예를 들어 크로우족(the Crow)은 하와이인과 마찬가지로 자기 아버지의 여자형제를 어머니(母)라고 부른다. 그런데 크로우족의 언어는 수언족의 히다차계(the Hidatsa branch of the Siouan Family)의 한 분파이다. 히다차계를 포함하여 다른 모든 수언 어족(the Siouan langes)들은 모계측과 부계측의 여자형제를 구별한다. 그뿐만 아니라 크로우족의 말에서도 부계의 아주머니를 직접 부르지 않을 때에는 반드시 구별한다. 그러므로 크로우족의 호칭관습이 잔존물이 아니라 새로운 출발점이라는 것은 아주 명백하다. 이로쿼이족(the Iroquois), 토레스 제도인(Torres Straits Islanders), 시베리아(Siberia)의 길랴크족(the Gilyak) 및 서아프리카(West Africa)의 팀네족(the Timne)에서도 최근의 변화가 마찬가지로 보고되어 있다. 따라서 하와이인의 여러 가지 특징을 단지 제2차적 발달의 소산이라고 하여도 잘못된 것은 아니다. 그러나 이러한 구체적 자료를 폴리네시아인(Polynesians)의 높은 수준의 문화와 뒤섞어 버리게 되면, 하와이식 용어법(Hawaiian terminology)이라든지, 그에 관련 있다고 생각되는 사회적 풍습이 선행하였으리라는 이론과 들어맞지 않게 된다.

혈연가족에 관하여 살펴보았기 때문에, 간단하게나마 모건이 말하는 다음 단계, 즉 민속학적으로 흔히 말하는 군혼(群婚; group marriage) ― 남자군(男子群; group of men)이 연대적으로 여자군(女子群; group of women)과 혼인하는 상태 ―에 대한 그의 논증에 관하여 검토해야 할 차례라고 생각한다. 모건은 특별히 여러 사람의 자매가 친족만이 아닌 남편 무리를 공유하고, 여러 사람의 형제가 친족만이 아닌 처 무리를 공유하고 있는 제도를 고찰하고 있다. 물론 군혼이라고 하더라도 ― 언제든지 일부다처제(一夫多妻制)와의 경합을 내포하는 것이 때문에 ― 그것이 어느 정도 다르리라는 것은 당연하다. 그리하여 콜러 교수(Professor Kohler)는 형제인 AAA가 자매인 bbb와 혼인하거나 형제인 BBB가 자매인 aaa와 혼인하는 풍습에서 다코타족식의 친족호칭법의 기원을 찾으려고 한 바 있다. 실제로 사변적 인종학자(思辨的 人種學者)에게 주된 논쟁거리를 제공하는 것은 친족호칭법(親族呼稱法; kinship terminology)일 수밖에 없다. 그는 앞에서 말한 하와이인의 제도와 마찬가지로 명백하게 유사한 것을 무시하고, 우리들이 알고 있는 부모(父母; parenthood)의 개념을 전혀 뜻을 달리하는 원시인의 용어와 결부시키고 있다. 또한 상술한 사회현상이 다코타족식의 호칭법을 충분하게 뒷받침해 주고 있다. 형제연혼(兄弟緣婚; levirate)이나 자매연혼(姉妹緣婚; sororate)에서 우리는 왜 아버지와 그 형제 및 어머니와 그 자매를 같은 서열이라고 생각하여야 하는지를 충분히 뒷받침해 주는 여러 관습을 발견한 바 있다. 이러한 현상은 친족호칭법이 반드시 현실적인 성적 관계를 드러내는 것이 아님을 보여준다. 남자라고 해서 모두 그 형제들의 과부를 상속한다고도 할 수 없다. 왜냐하면 그 형제들이 그 처보다도 오래 살든지, 아니면 과부가 다른 형제와 혼인해 버리기도 하기 때문이다. 이러한 사실과 전혀 관련 없이 그 남자를 그의 형제의 자녀들은 아버지(父; father)라고 부르고, 자매연혼에서도 이와 비슷하다. 한 사람의 어머니와의 부부관계가 많은 사람에 의하여 이루어질 수 있다는 사실은 그러한 사람들 모두를 같은 명칭으로 부를 수 있도록 하기에 충분하다. 원주민이 같은 친족호칭을 사용하였을 때 똑같은 사회적 지위 이상의 것을 의미하려고 했다고 주장할 만한 이유는 전혀 없다.

모건(Morgan)은 자매연혼을 군혼(群婚)의 잔유물로 해석하고, 프레이저(Frazer)는 형제연혼에까지 확대, 적용하였다. 그렇지만 이러한 견해는 무시할 수밖에 없는 억측(臆測)이다. 형제역혼과 자매연혼은 그 자체만으로 충분한 의미가 이는 현실적인 제도이다. 그것을 제대로 관찰하여 보지도 않은 잔유물로 생각해 버렸기 때문에 그 이상 명료하게 밝혀지지 않게 되었다.

종합하여 말하면 개별적 가족에 상응하는 상태로서의 남녀공유제(男女共有制)라는 것은 오늘날 어느 곳에도 남아 있지 않다. 그리고 그러한 제도가 옛날에 존재하였다고 하는 주장은 아직 충분한 자료의 뒷받침이 없으므로 배척될 수밖에 없다. 이러한 결론은 원시가족생활(primitive family life)의 여러 현상에서 그 확증을 찾아볼 수 있을 것이다.[7]

7) Morgan, 1877: Pt. 111, especially Chapters II, III, IV. Rivers, 1914 (b): 1, 275 seq. Cunow, 1894: 54, 127 seq.: id., 1912: 50 seq. Lowie, 1917 (a): 118, 162. Kohler: 266. Frazer, J. G., 1910: IV, 139 seq.

The parade (A psaroke) / 북아메리카 인디언 전사의 열병식

제 4 장
가 족

생물학적으로 모든 사회공동체(社會共同體)는 혼인한 부부와 그들의 자녀로 구성되는 집단인 가족에 의존할 수밖에 없다. 하지만 생물학적이나 사회학적으로 이러한 결합이 반드시 필요한 것은 아니다. 생물학적 가족이 사회적 총체나 다른 부분과 별개의 구성단위로서 존재한다는 견해는 수긍할 수 없다. 사실, 남녀공유제(男女共有制; sexual communism) 단계에서는 모건학파(Morgan's school)가 묘사한 것처럼 가족은 전적으로 더 거대한 집단에 포함될 것이다. 따라서 이 문제는 연역적 논증(演繹的 論證; priori argument)에 대한 것이 아니라, 경험적 사실(經驗的 事實; empirical fact)의 문제이다.

이러한 고찰에 의해 제시된 문제를 해결하기 전에, 우리는 문명사회의 가족개념을 간단하게 구조화하는 것이 더 좋을 것이다. 특별히 논의되는 문제 가운데 우선은 가족의 쌍방적 성격으로, 이는 실제로 우리가 갖고 있는 정의를 포함하는 것이다. 다시 말하면 사회적 구성단위(社會的 構成單位; social unit)로서의 가족은 부모 양자를 포함하며, 두 번째로는 부모 양계의 친족을 포함한다. 이는 자녀에 대한 부모의 의무에서 나타나는 것이며, 또한 우리의 상속법(相續法; law of inheritance)을 통하여 양자 즉 모계 혹은 부계의 친족관계에 대한 유대를 인식하게 한다. 이러한 특징을 강조하는 바는 다음에서 명백히 나타날 것이다. 어쨌든 중요한 점 중의 하나인 쌍방적 원리는 다른 쪽의 호의를 포기하게 된다. 우리의 가족은 아버지의 성을 따르며, 아내와 모든 자녀들은 부계(父系)의 가명(家名)을 사용한다. 남편의 측면에서 아내와 함께 남자들로 구성된 남자자손, 그리고 혼인하지 않은 딸이 스미스(Smiths)나 브라운(Browns)처럼 나머지 다른 친족들과 구분되는 것이다. 이것은 실제적인 면보다는 상대적인 면에서 더 중요하다. 만일 모든 사람이 스미스씨라면, 아무리 먼 친족이더라도, 다른 공동체의 사람들과 상대적으로 일정한 사회적 구성단위를 형성할 것이며, 재산상속(財產相續; inheritance of property)에 있어서 같은 성을 사용하는 가장 가까운 친족은 혼인한 딸이나 자매들의 아들들과 같은 친족보다 우선할 것이다. 가족의 부계적 지파(父系的 支派; paternal branch)를 강조하는 쪽에서는 그 성의 세습이 우리에게 당연한 일이기 때문에 이를 별론으로 하고, 어쨌든 우리는 가족을 본질적으로 쌍방적으로 구성되는 것으로 규정하려고 한다.

그러므로 무엇보다도 이와 관련된 중요한 문제는 원시종족의 가족생활에 대한 관념에서도 이러한 쌍방적인 원리를 동일하게 인식하였는지 아닌지이다. 만일 그들이 동일하게 인식하였다면 그들은 가족을 사회적 구성단위로 인식하고 있다는 주장을 정당화할 수 있으며, 다른 사회적 구성단위가 그와 함께 공존하고 있다고 하더라도 이는 마찬가지이다. 다음으로 우선 쌍방적 원리의 존재에 대한 증거를 살펴보고, 다음으로 원시가족생활(原始家族生活; primitive family life)을 형성하는 중요한 몇 가지를 살펴보려고 하는데, 이는 서유럽의 규범과 구별되는 근거가 된다.

제 1 절　쌍방적 친족집단

전혀 다툴 여지도 없이 객관적으로 증명되는 특징이 친족용어의 기록체제(recorded systems of kinship terminology)에 의해 가족구성단위(family unit)의 보편성을 알 수 있도록 제공하였다. 심지어 모건(Morgan)이 맥레넌(McLennan)과의 토론에서 지적한 바와 같이 모든 종족은 부계와 모계관계 양자에 대한 친족용어와 쌍방적 친족관계를 인식하는 용어를 찾는다. 하지만 명명법(命名法; nomenclature)의 문제를 한계지으려는 이러한 태도는 어떠한 이유에서든 여러 사례를 이해하기 위해 도움이 될 것이다. 대다수 원시종족(原始種族; primitive tribes)은 가족의 쌍방성을 어휘에서뿐만 아니라 관습법에서도 고려하였는데, 명명법의 분명한 기능은 일정한 유형의 친족관계와 관련되어 있었다. 따라서 호피족(the Hopi)은 모계이름(matronymic)을 취하는데, 이는 우리의 성(姓; family name)에 상응하는 것으로 어머니로부터 자녀에게 이어진다. 하지만 개인의 이름은 늘 아버지 일가(一家)의 여성들이 지어주었으며, 상징적으로 그 집단을 드러내는 것이다. 마찬가지로 모계이름을 취하는 히다차족(the Hidatsa) 사이에서도 다양한 사회적 관습은 아버지 친족이 중요함을 증명해 준다. 즉 성물(聖物; sacred object)은 아버지로부터 아들에게로 전해진다. 아버지의 친족들은 모든 경우에 있어서 선물을 줄 수 있는 사격이 있다. 별명은 흔히 남자가 가지는 특권이 아니라, 아버지의 혈족남자(血族男子; kinsman)의 특권으로 주어지는 것이다. 그리고 장례식(葬禮式; funeral proceeding)을 거행하는 것도 아버지의 일가이다. 다른 한편 우리는 부계이름을 이어받는 통가족(the Thonga)은 매우 특별한 지위를 모계의 아저씨(maternal uncle)에게 부여함을 발견하게 된다. 통가족은 어머니의 남자형제(mother's brother)가 신부대금(the bride price)에 대한 지분을 주장할 수 있으며, 조카의 의례적 생활(儀禮的 生活)에 있어서 중요한 일부분을 담당하였다. 반면 여자형제의 아들은 그의 아저씨의 음식을 먹을 수 있고, 그의 유산에 대한 부분적 권리를 주장할 수 있으며, 심지어 그 과부 중 한 명을 상속받는 것도 가능하다. 다른 경우지만 예컨대 부계이름을 취하는 토레스제도인(Torres Straits Islanders)은 소년이나 남자에게 모계의 아저씨(maternal uncle)가 가장 귀중하게 여기는 소유물을 취하는 것을 허락하는 반면, 조카는 전쟁터에서 그의 어머니의 남자형제의 금지명령에 복종한다.

친족관습이라는 주제는 너무나 방대하기 때문에 하나의 장(章)에서 살펴볼 수 없다. 현재 친족관계에 있어서 친족관습은 부계나 모계 친족이 규칙적으로 인식된다는 점에서 중요하다. 그리고 부모 중 어느 한 쪽의 성을 사용하는 것이 다른 일방의 친족과의 사회적 관계의 중요성을 저해하지 않는다는 사실 역시 중요하다.

인용한 것과 같은 이러한 사회적 관습은 부모의 암묵적 승인을 포함한다. 부모의 양쪽 모두가 자녀와 연결되는 감정적 유대로 그렇게 인식되는 것이며, 이것은 나아가 남편과 아내, 적어도 그들의 어린 자녀들과 함께, 경제적·산업적 구성단위를 형성한다. 혼인(婚姻; marriage)이란 오로지 성적 관심을 바탕으로 하는 일정한 영역이라는 것을 강하게 주장하더라도 지나치지 않다. 각각의 혼인이 중요성을 갖는 한, 그 기본적 목적은 자급자족의 경제총체(self-sufficient economic aggregate)의 기반임이 확실하다. 카이족(the Kai)의 남자는 어떤 책임을 지는 것 이외에는 혼인생활에 만족할 수 없을 것이라는 생각 때문에 혼인하지 않으려 한다. 그는 여자로 하여금 옹기를 만들게 하고 요리를 하게 하거나, 그물 만들기와 그의 농원에서 잡초를 제거하는 일을 시키기 위하여 혼인을 하는데, 그 대신 자신은 사냥과 수렵을 하고, 주거지를 제공하고 집을 짓는다. 퀸즐랜드(Queensland)의 아버지는 가족에게 거대한 사냥감과 물고기를 제공하며, 어머니는 참마, 고구마, 곡물의 씨앗, 과일, 연체동물, 다소 작은 물고기를 공급한다. 중앙 오스트레일리아(central Australia)에서도 이와 유사한 노동의 분업이 존재하는데, 말리노프스키 박사(Dr. Malinowski)의 논문에 따르면, 대륙 전체가 이러한 분업을 바탕으로 개개의 가족은 확실히 구분되는 단위체로 구성된다는 사실을 알 수 있었다. 브라운(Brown)은 서부 오스트레일리아의 카리에라족(the West Australian Kariera)에 대하여 “카리에라 종족 사이에서 사회생활의 구성단위는 남성과 그의 아내나 아내들과 그들의 자녀로 구성되는 가족이다. 이러한 구성단위는 그 지역단체의 다른 가족들의 동태에 대해서는 관심이 없고, 단지 스스로의 필요에 따라 움직인다. 공동주거지(共同住居地) 안에서 각각의 가족은 그들 소유의 오두막집을 가지고, 불씨가 꺼지지 않도록 보호한다. 가족은 조리된 음식을 제공받아 필요한 만큼 먹어치운다. 남자는 신선한 음식물을 제공하고, 아내는 야채나 작은 짐승 또는 도마뱀과 같은 것을 공급한다”고 주장하였다. 에웨족(the Ewe) 부부들의 경제적·산업적 역할은 동등하게 나누어야 한다. 짐승의 고기와 생선을 제공하는 것은 남편의 의무이고, 얇은 판자를 가져오는 것은 아내의 의무이다. 그리고 이들은 모두 원예농업(園藝農業; horticultural work)에 종사해야 하는데, 여성은 실을 뽑고 남성은 옷감을 짜거나 수선한다.

이러한 사실들은 계속하여 발생했다. 이러한 보편적 특징을 바탕으로 우리는 많은 다른 사회적 제도에도 불구하고 개별적 가족은 어디서나 존재하는 사회적 구성단위라는 결론에 도달하게 되었다. 이것은 혼인관계가 영구적인지 일시적인지, 일부다처제(polygyny)인지 아니면 일처다부제(polyandry)인지, 성적 방종(sexual license)이 인정되는지의 문제도 아니다. 또한 우리가 생각하는 가족의 범주에 속하지 않는 구성원에 대해서 추가로 발생하는 복잡한 사정의 발생여부에 관한 문제도 아니다. 가장 중요한 점은 남편이 어디에 있든, 아내와 미성숙의 자녀가 그 공동체의 다른 사람들과 구별되는 집합체(集合體)를 구성한다는 사실이다. 이처럼 원시사회의 개인은 모든 계층의 사람들에게 일정한 의무를 지며, 나중에는 그들 모두로부터 일정한 대접을 받기 원한다. 하지만 브라운이 인용한 논설에서 지적한 바와 같이 원시사회에서는 의무감의 혼돈은 없으며, 근친관계(近親關係, proximity of kinship)를 다양하게 할 뿐이었다. 비록 많은 부계 아저씨와 아버지의 사촌은 아버지와 동일한 용어로 지칭되지만, 원시적 관습에 따라 아내와 자녀들에게 남자에 의해 제공되어야 하는 의무와 같은 요구를 충족시키는 것은 생부나 추정적인 아버지이다. 그러므로 비록 남자의 촌수가 먼 형제를 그의 형제라고 부르지만, 형제연혼(兄弟緣婚; levirate)에 의해 유처(遺妻; widow)를 취하는 자는 사망한 남편의 친형제이고, 형제들이 없는 경우에만 가장 가까운 남자혈족(kinsman)이 대신하여 그녀를 취할 수 있다.

쌍방적 가족(雙方的 家族; bilateral family)이 원시인들 사이에 익숙하지 않다는 이론을 추종한 자들을 위해 할 수 있는 단 하나의 돌파구는 불완전한 동시대사회의 독특한 현상에서 벗어나서 먼 과거의 애매모호함을 회피하는 것이다. 가족이 사회진화(社會進化; social evolution)의 비교적 최후의 산물이라는 가설은 이미 하나의 관점에서 다루어진 바 있으며, 후에 다른 관점에서 재검토되어야 한다. 지금은 쌍방적 가족 개념의 현재보편성을 세우는 것으로 충분하다.

하지만 이것은 가족생활이 어디서든지 우리 자신들 사이에서 행해지는 동일한 형태로 가정되어야 한다는 논제를 포함할 필요는 없다. 사실 기본적인 변화는 경제적 발전을 통하여 우리의 가족생활에서 한 세기 동안에 발생한 것으로, 여성의 지위에 대한 개념의 변화는 이러한 불합리한 가정을 제한하게 될 것이다. 일부다처제와 일처다부제와 같은 관습은 이미 지적한 바와 같이 가족제도의 특징에 영향을 주는 것이다. 앞장에서 제시한 몇몇 자료를 다시 살펴보고 다음에 좀더 자세히 다룰 것을 기대하면서 다른 조건에 대한 고찰을 잠시 유보하고, 필자는 원시가족생활에 상당한 영향을 미치는 요소들 중 몇 가지를 간단히 지적해 보고자 한다.8)

제 2 절 가족단위의 이완

문화적 수준이 좀더 높은 곳에서도 개별적 가족은 상당히 불안정한 구성단위(構成單位; unstable unit)이다. 딸이 혼인을 하여 남편과 주거를 정하거나, 아들이 독립하여 가정을 구성할 때, 친가(親家; parental family)와 그들을 결속하는 유대감의 친밀도는 완전히 없어지진 않지만 거의 필연적으로 약화된다. 이혼에 대항하여 드물게 종교적 양심(宗敎的 良心; religious scruples)을 개입시키는 원시인들 사이에서 모든 종류의 분리로 인해 생긴 영향은 무시할 수 없는 것이다. 크로우족(the Crow)의 남자들은 축제 때 그들의 정력을 과시하기 위하여 공공연하게 아내들을 버리는 허세(虛勢; sheer bravado)를 부렸다. 표면적으로 그들 사이에 자녀가 있든 없든 그것은 문제가 되지 않았으며, 유아들은 당연히 어머니가 데리고 갔다. 또한 종족내의 두 경쟁적 군사조직들은 해마다 봄이 시작될 즈음이면 공공연히 허락된 부인약탈(婦人掠奪; licensed wifestealing)에 탐닉하였다. 이 때 그 유일한 조건은 남자가 과거 자신과 상당히 친밀하였던 여자만을 납치하여야 한다는 것이다. 이 경우 남편은 배상을 요구하지도 폭력을 사

8) Lowie, 1917(a): 40 seq., 51. Junod: 1, 44, 212, 226, 253, 262. Reports, V: 144 seq. Keysser: 45, 85. Roth, 1906: 6. Spencer and Gillen, 1899: 18. Malinowski: 158-167. Brown: 147. Spieth: 191.

용하지도 않았으며, 다만 계속하여 그의 사회적 체면의 상처로 남는다.

이러한 관습이 있더라도, 이혼의 실제적 발생빈도와 그 이론적 가능성을 혼동하지 말아야 한다. 크로우족 사이에서 정숙한 여성은 일반적으로 납치가 용인되는 조건에서도 납치하여서는 안 되었던 반면, 두 조직들 중 하나의 구성원과 혼인을 하였지만, 다른 조직의 구성원의 옛 애인이었던 여성들은 자유로이 납치할 수 있었다. 아내들을 공개적으로 '버리는 것'은 사실 이러한 규율에 의해 제한되지 않지만, 실제로 남성은 덕이 있고 열심히 일하는 아내와 이혼하기 전에 오랫동안 망설일 것이다. 다른 경우와 마찬가지로 이 경우에도, 실제 상황들이 추상적 특권(抽象的 特權; abstract prerogative)의 행사에 매우 깊이 관여한다. 아내에 대한 상당한 사례를 치르는 키르기즈족(the Kirgiz)은 마호메드의 규율(Mohammedan sanction)에도 불구하고 처를 내쫓지 않는다. 마찬가지로 카이족(the Kai)의 남편은 심지어 아내가 야반도주(夜半逃走; elopement)를 한 경우에도 아내를 단념하려고 하지 않는다. 그는 처의 경제적 노무를 구입한 것이므로, 아내의 애인에게 배상을 청구하거나, 그녀의 가치에 상당하는 것을 요구한다. 그리고 아내의 애인이 적당한 재화를 공급하지 않는다면, 처의 친족은 처를 되돌려주어야 한다. 뿐만 아니라 남성이나 여성 모두 혼인생활에서 똑같이 자유롭게 이탈가능하다면, 이혼 역시 마찬가지로 흔할 것이라는 생각은 결코 당연한 것이 아니다. 아마존지역의 위토토족(the Witoto) 여성은 남편으로부터 도망치더라도 전혀 비난받지 않았다. 그 이유는 당시의 분위기상 여성은 남성의 보호 없이는 당연히 죽을 수밖에 없는 환경이었음에도 불구하고 이러한 비인간적 행위를 하는 것은 오로지 엄청난 학대에 의한 것이라 추측할 수 있었기 때문이다. 반대로 상당한 이유 없이 처를 도망치게끔 한 남편은 비난을 받았다.

때때로 무시되기는 하였지만, 자녀의 존재나 부존재는 일반적으로 안정적인 혼인생활에 상당한 영향을 준다. 불임(不姙; Barrenness)은 아내를 쫓아낼 수 있는 상당한 이유임은 이미 널리 알려진 바이다. 다시 말하면, 오늘날과 같이 자식들이 부모를 결속하게 만드는 경향이 있었던 것이다. 이는 에스키모인들(Eskimo)을 보면 매우 명백히 입증된다. 그린란드 사회(Greenland society)에서는 자녀의 출생 이전이라면 아주 사소한 문제에 의해서도 이혼이 가능하였다. 홈 선장(Captain Holm)은 간신히 20번을 돌아서 막 여섯 번째 남편과 이혼한 여성을 만난 적이 있다. 그러나 자녀가 태어나면 가정생활이 좀더 안정되고, 오랫동안 지속된 결합 속에서 충실한 결속과 깊은 애정이 존재하게 되었다. 후자와 같은 견해는 필자가 추크치족과 크로우족을 관찰한 바에 따르면 당연한 결론으로, 비록 이들 두 종족들이 불충분한 이유로 혼인결속을 끊는 강한 경향을 보여준다 하더라도, 자녀와 관련된 이러한 성향은 마찬가지라고 할 수 있다.

다만 그것을 보편화하는 것은 어려운 일이어서, 다음과 같은 지금의 성과가 그다지 나쁜 것은 아니다. 원시가족(原始家族; primitive family)이 이혼을 위한 강력한 이론이 제안될 필요가 있을 만큼 집단적 해체에 이른 것은 아님에도 불구하고 대체로 상당히 우리의 가족보다는 좀더 느슨한 경향이 있다. 하지만 그 불완전성은 혼인 후 몇 해가 지나면 눈에 띄게 감소하였다.[9]

제 3 절 모측거주와 부측거주

거주규칙은 가족생활에 상당한 영향을 미친다. 왜냐하면 육체적 근접은 단지 성적 애정뿐만 아니라 모든 인간감정에 영향을 미치기 때문이다. 혼인한 부부는 영구적·일시적으로 아내나 남편의 가족들과 함께 살거나, 그들 자신만의 가정을 꾸리며 살아간다. 거주에 영향을 미치는 조건을 찾아보기 위해, 두 종족 즉 부측거주의 후파족(patrilocal Hupa)과 모측거주의 푸에블로 인디언(matrilocal Pueblo Indians)의 가족생활을 비교하려고 한다.

후파족 남자들은 다른 촌락에서 배우자를 구하며, 대개는 자신이 사는 촌락으로 여자를 데리고 온다. 그래서 남자는 자신의 아들과 혼인을 하지 않은 딸은 물론 아들의 아내와 함께 한 곳에서 모여서 살지만, 딸은 혼인을 하면

9) Lowie, 1912: 223; id., 1913: 169. Keysser: 86. Whiffen: 165. Thalbitzer: 65, 72. Bogoras: 596.

남편의 촌락으로 따라가 살게 된다. 그러므로 남자는 한 곳에서 태어나고, 살고, 죽지만, 여자는 대부분의 삶을 그녀가 태어난 곳과 떨어진 곳에서 보내게 된다. 이러한 거주규칙은 필연적으로 친족(親族; kin) 중 한쪽으로만 구성되는 집단을 형성하게 되었다. 즉 아버지를 매개로 하여 친족관계를 형성하는 개인들에게 지역적 분리가 존재하게 된 것이다. 그럼에도 불구하고 객관적으로 공동생활을 하는 다른 친족들과 구별되는 이 부계계통(父系系統; paternal line)은 후파족에 의한 독특한 구성단위로서 특별히 인식되지 않는다. 따라서 신부대금(bride-price)을 지불하지 못한 남자는 장인의 촌락에서 일을 해야 하며, 혼인 중 출생한 자녀들은 아내의 일가에 속하게 된다. 이 경우 평범한 부측거주규칙의 일탈(lapse of the usual patrilocal rule)은 일반적으로 발생하는 부측거주를 혈족의 협동체와 매우 상이한 것으로 만들었다. 물론 후파족이 부계친족의 지역적 분리(local segregation of patrilineal relatives)를 친족판단에 있어서 단지 관습적인 것이 아니라 이론적인 원리로 간주하는 것은 불가능할지 모르지만, 부계계통으로의 강제적 결집은 가능할 것이다.

모측거주규칙(母側居住規則; matrilocal rule)을 갖는 푸에블로 인디언으로부터 영향을 받은 친족의 특별한 연결(distinctive alignment of kin)은 주택에 대한 여성의 소유권과 결합된 것이다. 가족의 핵심은 외할머니, 어머니와 이모, 어머니의 미혼의 남자형제와 그 성인 여성의 모든 자녀들로 구성된다. 여성의 남편은 아내의 집에서 살았지만, 안정적인 거주권의 보유는 없었다. 이혼을 하면 남자는 그 집을 떠나 어머니나 자신의 여자형제 중 한 사람이 소유하고 있는 자신이 어린 시절 살았던 집으로 되돌아가야만 했다. 이렇게 함으로써, 심지어 남자는 혼인 후에도 아내의 집보다는 어머니의 집을 그의 집으로 계속 여기게 되는 것이다. 이러한 태도는 가족의 자녀들이 외삼촌에 대하여 강한 친밀감을 갖도록 하였는데, 이들의 지위는 프레이리-마레코(Freire-Marreco)가 다음과 같이 잘 표현하였다. “여기서 그들은 당연히 식사를 하며, 손님을 초대하여 접대하고, 그 집의 주인이나 가장처럼 행동한다. 비록 그들이 그렇지 않더라도(만일 그들이 혼인을 하였다면), 가족을 위하여 일정한 물질적 공급을 담당하여야 하는데, 그 이유는 자신들의 아내의 가정을 위하여 음식물, 고기와 나무를 제공하여야 하기 때문이다.” 자신들의 도구와 장신구를 모계중심의 가정에서 지켜야 하고, 그들의 여자형제의 자녀들에게는 충고하거나 꾸지람을 하곤 하는데, 이는 여자형제의 자녀들에게 복종심을 요구할 수 있는 권리를 갖기 때문이다.

따라서 거주규칙은 부모 중 한쪽만을 강조함으로써 발생한 것으로 추측되며, 앞서 언급한 범위 안에서 가족관계의 쌍방적 조화에 저촉될 것이다. 후파족 사이에서 외삼촌이 만일 관습에 따라 다른 지역에 살고 있다면, 자녀의 교육에 영향을 미치는 것은 불가능하다. 이는 필연적으로 부계제의 영향을 받아 형성되었을 것이다. 푸에블로 인디언 가족의 경우, 비록 아버지는 그의 아내와 그녀와의 사이에서 출생한 자녀와 함께 계속하여 경제적 구성단위를 형성할 것이지만, 자녀에 대한 그의 권위는 적어도 자신이 손님처럼 지내는 그 집에 소속된 남성들과 공유할 것이다. 그러므로 배우자로서의 지위 그 자체는 이에 따라 상당한 영향을 받게 된다. 남성은 그의 가정 안에서 부모로서의 지위뿐만 아니라 부부로서의 지위를 갖는데, 이는 서로 다른 것이다. 모계공동사회(母系共同社會; matrilocal community)에서 남자는 절대적으로 아내쪽 사람(his wife's person)을 지배할 수 없었다. 문제가 발생하면 남편은 아내의 혈족을 고려하여야 하며, 가끔은 자의적으로 배척할 수도 있다. 나아가, 모측거주(母側居住; matrilocal residence)는 자매연혼(姉妹緣婚; sororate)의 형태를 제외하고는 당연히 일부다처제(一夫多妻制; polygyny)에 의해 제한된다.

하지만 우리는 모측거주(母側居住; matrilocal residence)나 부측거주(父側居住; patrilocal residence)가 단지 일정한 변동조건의 극단을 대변하는 것임을 잊지 말아야 한다. 푸에블로 인디언은 상당부분 모계사회의 성격을 지녔다. 비록 이에 동의하는 사람들이 소수일지라도, 일반적으로 그렇게 분류된다. 공통적으로 대부분의 남자는 혼인생활을 처부모와 함께 시작하고, 모든 의무를 이행하고 봉사자로서의 임무를 달성하지만, 나중에 자녀가 출생 이후에는 독립하여 자신의 가정을 꾸린다. 이러한 태도는 히다차족, 남아프리카의 오밤보족(the Ovambo), 아삼의 카시족(the Khasi)도 마찬가지이다. 물론 이러한 경우 영구적인 모측거주제(母側居住制; matrilocal arrangement)의 경우보다는 모계친족의 영향을 덜 받는다고 할 수 있을 것이다. 더구나 어떤 금제규율이 존재하지 않기 때문에, 그 곳에서 생활하는 젊은 부부는 그들 자신만이나 혹은 아내의 부모와 함께 살아갈 것이다.

이러한 현상이 내포하는 의미를 이해하기 위해 우리는 '모측거주(母側居住; matrilocal residence)'와 '부측거주(父側居住; patrilocal residence)'라는 분류상 표현이 안고 있는 내용에만 의존할 것이 아니라, 양자에 대해 통계적 연구나 서로 관련이 있는 관습으로 제시된 자료를 연구하여야 한다. 예를 들면, 북시베리아지역(northern Siberia)의 코랴크족(the Koryak)과 유카기르족(the Yukaghir)은 구혼자가 신부를 위해 봉사하지만, 코랴크족은 신부가 신랑의 가족과 생활하는 반면, 유카기르족은 장인과 장모와 함께 생활한다. 그러므로 양자는 이러한 점에 있어서 상당한 차이가 있다. 하지만 그 차이는 서로 엇갈리는 결과를 명백히 보여줄 만큼 그다지 명확하게 구별되는 것은 아니다. 코랴크족의 혼인을 기록한 자료에 의하면 181건 중 11건의 경우만 사위가 그의 장인의 집에 거처를 정하였다. 이 경우도 그나마 신부의 집안에 아들이 없고, 신부의 아버지가 사위를 아들 대신으로 삼으려고 한 사례였다. 다른 한편, 유카기르족은 양쪽의 가족이 딸들을 서로 바꾸어서, 아들을 보존하려는 경우도 종종 있었다. 좀더 나아가 만일 신부의 아버지가 오로지 한 명의 아들만을 가지고 있다면 남편의 거주에 대한 그의 요구를 무시할 수도 있었다. 결국 가장 어린 아들만 부모의 슬하에 두는 것이 유카기르족의 풍습이 되었다. 에스키모인에 대한 자료도 마찬가지로 보인다. 여기서는 지역적 차이를 접할 수 있다. 즉 그린란드인(Greenlanders)은 부측거주의 관습을 갖는 데 반해, 래브라도(Labrador)와 배핀섬(Baffin Land)의 종족들은 모측거주제 혼인(母側居住制 婚姻; matrilocal marriage)의 풍습을 가졌던 것이다. 실제로 심지어 중앙 에스키모인들 사이에서조차도 서로 다른 차이점이 발견되었는데, 일부 공동체에서는 부측거주의 규율을 따르고, 다른 일부 공동체에서는 모측거주의 규율을 따르고 있었다. 부측거주의 규율이 일반적으로 행해졌기 때문에, 우리는 이것을 에스키모족의 기본적 관습으로 생각하게 된 것이다. 그러면 무엇이 이러한 이탈을 야기하였는가에 대한 의문이 생길 수 있다. 여기서 우리는 구혼자가 신부에 대한 적절한 대가를 지불하지 못한 경우, 그는 당연히 신부 부모의 종이 되는 일반적인 풍습을 알게 된다. 좀더 특별한 점을 홈(Holm)으로부터 알게 되었는데 그 사실은 한 가정에 아들이 많이 있는 때에는 간혹 장남만 그의 신부를 부모의 집에 데리고 오지만, 그들의 아우들은 처부모와 함께 거주하기 위해 떠났다는 사실이다.

혼란스러운 표현들을 대신하여 관찰된 모든 범위의 자료를 근거로 해서, 우리는 모측거주와 부측거주의 본질을 보다 더 잘 파악하거나, 종족의 상대적 혼인관습의 변화과정을 그려보아야 한다. 일반적 피폐(疲弊; impoverishment)는 지금 변칙적 미봉책에 따른 표준화 때문에 언제라도 부측거주의 후파족을 모측거주의 종족으로 만들어 버릴 수 있다는 것이다. 반대로 크로버 교수(Professor kroeber)는 보편적으로 푸에블로지역(Pueblo area)의 모측거주 공동체에 있어서 중요한 예외가 전개됨을 보여주었다. 남자와 그의 아내의 동거인들 사이에서의 대립은 때때로 주니족(the Zuñi)의 배우자들로 하여금 그들의 전통적 규범을 경멸하도록 하였으며, 아내는 남편을 따라 그의 어머니의 집으로 가야 했다. 이러한 이주는 이상한 결과를 발생시킨다. 왜냐하면 남자가 여자형제도 없고 자식도 없다면, 집은 항상 여성이 소유하여야 하기 때문에, 집은 한 가족의 소유로부터 다른 가족의 소유로 옮겨지게 되기 때문이다.

요약해 보자. 거주의 형태는 어떤 개별적 사안에 있어서 가족생활에 깊은 영향을 미칠 것이다. 왜냐하면 친족연결 즉 배우자의 지위와 부계친족이나 모계친족에 대한 자녀의 관계는 모측거주와 부측거주의 규율에 따라 다양하게 적용되기 때문이다. 하지만 혼인생활 동안 계속적으로 아니면 오로지 혼인생활의 시작에서부터 제한된 기간동안에만 이 규율을 따라야 하는지 여부에 따라, 많은 차이를 발생시켰음을 기억하여야만 한다. 그 규율이 거의 절대적인지 아니면 수정하여 변동이 인정되는지의 여부에 따라, 그리고 이례적인 경우에 한해서 변화하고, 더 적절한 조건하에서 우월함을 야기하기도 할 것이다.[10)]

---

10) Goddard, 1903: 56-58. Freire-Marreco: 269-287. Lowie, 1917(a): 46. Schinz: 304, 311. Gurdon: 78. Jochelson, 1908: 744; id., 1910: 92. Cranz: 1, 215 seq. Boas, 1888: 579. Thalbitzer: 59. Murdoch: 410. Kroeber, 1917(a): 105.

제 4 절 노동의 성적 분업

경제적 독립의 증가가 여성의 지위와 가족의 특성을 변화시켰다는 것은 현대사회학에서 볼 때 어쩌면 당연한 표현일지도 모른다. 그러므로 노동의 성적 분업이 더 단순한 문화의 가족생활에 영향을 준 것은 그리 놀랄 만한 것이 아니다. 이 구분은 매우 관습적인 것으로, 다시 말하면, 결코 성별의 생리적 특성과 연관된 것이 아니며, 흔히 서로 다른 규칙의 대조와 심지어 이웃 종족과의 대조에 의해 제공되곤 한다. 즉, 남부 반투족(the Southern Bantu)은 가축무리에 여성이 접근하는 것을 엄격히 금하는 반면, 호텐토트족(the Hottentot)의 여성은 소젖을 짜는 것과 비교된다.

원시의 여성이 꾸준히 억척스레 일하는 것과 관련한 광범위하고 보편적 관념을 비교해 본다면, 우리는 전체적으로 좀더 노동의 공평한 분배를 발견할 수 있다. 사냥하는 종족들의 아내는 남편이 가져 온 사냥감에 야생식물의 뿌리나 딸기류의 과실 그리고 조개를 첨가한다. 높은 계층의 남자들이 사냥을 하고, 여성은 단지 씨를 모을 뿐만 아니라 뿌리고 거두는 좀더 중요한 단계의 일을 한다. 전문적인 인종학적 용어로 그것은 좀더 원시적인 도구들을 가지고 농업과 경작농업 그리고 원예와 경작 사이를 관습적으로 구분한다. 에두아르드 한(Eduard Hahn)이 아마도 가장 먼저 지적한 바와 같이 아프리카와 가장 원예기술이 발전한 아메리카와 오세아니아의 종족들에 있어서, 괭이를 가지고 정원을 가꾸는 일은 여성의 특별한 경제적 직업이었다. 일반적으로 말하자면, 가축의 무리를 보살피는 것은 남자의 손에 달려 있었지만, 그들은 때로 지키려고 애쓰면서 그들의 특권을 보호하였다. 여성이 가축우리에 들어가지 못하게 하기 위해 반투족(the Bantu)의 금기가 생겼고, 토다족(the Toda)은 아내에게 우유로 만든 음식을 요리하는 것을 허락하지 않는 한 가축우리에 여성이 갈 수 없었다. 황소사육과 관련하여 남자들은 농경에서 쟁기 사용법을 발달시켰다. 이는 저장식품에 대한 여성의 기여와 비교만큼 중요한 것이다.

경제적 활동과 함께 우리는 산업적 직업을 고려하여야 한다. 여기서 이미 언급한 바와 같이, 동일한 모든 지역 내에서조차 상당히 많은 차이가 존재한다. 예컨대, 북아메리카 원주민(North American aborigines)의 대부분은 피부상처를 치료하는 일을 특별히 여성의 일로 생각하지만, 남서지역에서는 이러한 일을 남성의 몫으로 여긴다. 북부 애리조나(northern Arizona)의 호피족 남자들(the Hopi men)은 모두 실을 짜고 옷감을 만드는 일에 종사하는 반면 이웃의 나바호족(the Navaho)의 경우 이러한 일들은 항상 여성의 몫으로 여긴다. 원시사회의 요업(primitive ceramics)에 대하여 한(Hahn)의 이론과 비교될 만한 일반론으로 라우퍼 박사(Dr. Laufer)의 견해가 있다. 토기를 손으로 만드는 경우 이디서든 여성이 이를 담당한 반면 물레를 이용하여 만드는 도자기는 남성이 만들었다고 한다.

여성의 사회적 지위는 매우 중요한 문제이기 때문에 다른 장(章)에서 이를 살펴볼 것이다. 현재와 관련하여 사람들마다 남성이나 여성의 직업에 대한 그들의 전통적 관념을 가지고 있고, 여기서 발생하는 차이점들은 가족생활의 흐름에 확실히 영향을 미친다는 사실을 밝혀두는 것으로 충분하다. 일부다처제의 통가족(the Thonga)의 남자는 하녀들의 도움으로 식사를 해결한다. 키르기스족(the Kirgiz)은 처가 가사일을 담당하고, 남편은 단지 가축 떼를 돌볼 뿐만 아니라 장작을 공급하고, 밭을 갈고, 모든 가정의 그릇들을 만든다. 토다족(the Toda)의 여성은 곡식을 털어서 체로 거르는 일, 오두막을 치우는 일과 옷을 장식하는 일을 제외하고는 다른 노동을 담당하지 않는다. 이것은 여성의 이론적 지위에 대한 문제가 아니다. 이슬람의 키르기즈족(the Mohammedanized Kirgiz) 여성의 지위는 의심할 여지없이 가장 낮은 위치에 있다. 그리고 통가족보다 토다족의 여성의 지위가 더 낮다. 전통적으로 노동이 각각의 성별에 따라 할당되는 것에 대한 문제는 단순한 것이다. 라우퍼 박사는 어떻게 높은 수준의 문명에 있는 "중국의 가족생활의 형태와 구성원들의 심리적 관계"가 근본적으로 우리가 가진 것과 상이한가에 대해, 여자는 결코 감독할 수도 부엌에 접근할 수도 없으므로, 항상 집의 중앙으로부터 멀리 떨어진 곳에 있어야 했기 때문에 결코 가족의 재결집점으로서 일할 수 없었다고 강력히 주장하였다.[11]

---

11) Hahn. Rivers, 1906: 567. Laufer, 1917: 148; id., in Amer. Anth., 1918: 89. Radloff: 462.

제 5 절 미혼자의 구분

우리의 관습과 비교해 보았을 때 원시사회에서 매우 특별한 역할을 부여하는 관습들 중에서는 미혼인 젊은 남성과 여성을 그 공동체의 구성원으로부터 구분하는 것이 있다. 이는 흔히 사춘기에 행하여지지만, 때로는 유년기에도 행해진다. 서부 인도(southern India)의 드라비다족(the Dravidians) 사이에서는 소년이 되면 더 이상 부모와 함께 잠자리를 할 수 없었고, 분리된 집단숙소(separate club house)에서 잠을 잤으며, 소녀들 역시 사감의 감시하에 그들의 숙소에서 자야 한다. 모든 카리에라족(the Kariera)의 숙소는 기혼자의 숙소와 독신자들의 숙소로 구분되고, 후자는 홀아비, 독신여성을 함께 수용한다. 마사이족(the Masai)의 관습에서 독신전사는 미성숙한 어린 소녀들과 함께 특별한 부락에 거주하였음은 이미 살펴본 바 있고, 반면 기혼 남성들은 그들만의 거주지를 가졌다.

이러한 성별에 따라 분리되는 관습들은 그들 아버지의 승인 여부와 관계없이 연령에 기초한 공동체의 분리원칙을 우리에게 알려 주었다. 구분과 그 해석의 상당부분은 세세한 논의를 거쳐야 할 것이다. 오늘날 미성숙한 자녀들이 이러한 제도에 의해 그들의 부모들로부터 떨어져 사는 곳에서는 가족의 유대가 필연적으로 약화되지만, 이에 대해서는 적어도 심각하게 완화된 것이 일정한 관심을 불러일으키는 것으로 만족할 수밖에 없다.[12]

제 6 절 성별 구분

사회적 구성단위로서의 가족에 미치는 영향과 관련하여 한층 더 중요한

12) Baden-Powell: 172. Brown: 147.

것은 남편과 아내의 분리이다. 이러한 분리는 그들이 소유하는 집단숙소 안에서 남편의 구분에 의하거나 공동활동의 형태에 따른 여성의 배제에 의해 부부가 분리되는데, 이는 특별히 남자들의 관심을 집중시킨다. 이 역시 앞으로 더 충분히 검토되어야 할 과제이지만, 한두 개의 특징적 설명을 여기서 예상해 본다는 뜻에서 한번 짚고 넘어가려고 한다.

후파족(the Hupa) 사이에서 여성이 생활하는 가정은 남편이 일상의 업무를 수행하고, 그 후에 음식을 먹기 위해 오는 곳이다. 날이 저물면 남자들은 한증막사(汗蒸幕舍; sweathouse)로 되돌아가는데, 이는 터키식 목욕을 할 수 있는 곳일 뿐 아니라 집단적 숙소이기도 하다. 뱅크스제도(Banks Islands)에서와 같이 멜라네시아(Melanesia) 일부에서 행해지는 여성의 격리를 비교해 보면, 성인남자와 청소년은 단지 여성과 떨어져서 잠을 잘 뿐만 아니라 그녀와 떨어진 곳에서 음식을 먹어야 한다. 또한 남성조직의 가입을 위한 회원자격은 여성으로부터 사육되는 치욕을 없애기 위해 취득하였던 것이다. 마침내 대부분의 남자들이 그들이 가장 엄숙한 순간이라고 생각하는 신성한 의식참가에서 여성을 배제하는 오스트레일리아(Australian)의 관습과 같은 것이 생겨나게 된 것이다.[13)]

제 7 절 입 양

대부분의 가족구성은 아마도 어떤 부모들이 다른 부부의 자녀를 마치 자신의 자녀처럼 양육하는 법적 의제에 의한 것이다. 대다수의 경우 자녀들은 그들의 양부모와 친족관계가 있지만, 이것이 반드시 필수조건은 아니다. 입양의 공통적 조건은 자녀가 없어야 한다는 것이다. 그러므로 자식이 없는 추크치족(the Chukchi)의 부부는 어린아이, 아마도 아들을 입양할 것이며, 그 소년은

13) Goddard, 1903: 57. Rivers, 1914 (b): 1, 63.

자라서 나중에는 그 부부의 상속인이 된다. 상당히 밀접한 유대감은 자연적인 연결에 근거한 것이다. 크로우 인디언(Crow Indians)과 같이 혈족의 자녀를 입양하는 경우에는 남성과 여성에 모두에 공통적인 것이며, 그리고 한편으로는 마치 그 유대가 인위적인 것이라는 잠재적 감정에 대한 보상인 것처럼 애정표현이 과장되기도 하였다. 그러나 어디에서도 동토레스해협(Eastern Torres Strait)의 머리섬(Murray Island)에서의 양육과 같이 효과적인 입양은 없을 것이다. 왜냐하면 확실한 이유 없이도 자녀는 심지어 출생 이전에도 입양될 수 있었고, 전적으로 입양한 부모의 구성원과 같이, 흔히 그의 진정한 태생이 무시된 채 지내는데, 이는 성인이 되어서도 혹은 심지어 죽을 때까지 그러하였다.[14]

제 8 절 요 약

비록 원시가족의 특징이 위에 묘사한 관습에 의하여 평가가능하도록 고쳐진다고 하여도, 이 수정은 쌍방적 원리를 침해하지 않는다. 남자는 그가 일하는 시간과 자는 시간의 대부분을 그의 아내와 떨어져서 보내지만, 실질적이든 정신적이든 모든 것이 그가 만든 가정의 자녀들에 대한 공통적 애정을 바탕으로 아내와 연결되어 있다. 그리고 그들의 경제적·산업적 협력을 이유로 아내와 연결되어 있다. 언급되었던 다른 조건들을 이와 유사한 연구에 적용하여, 카프카스인(Caucasian)의 관점에서 본다면 가족생활의 역동성은 이상하게 느껴질 것이다. 요컨대 쌍방적 가족은 이러한 모든 것에도 불구하고 인류사회에 있어서 절대적이자 보편적인 구성단위이다.

---

14) Bogoras: 556. Lowie, 1912: 219. Reports, VI: 64, 177.

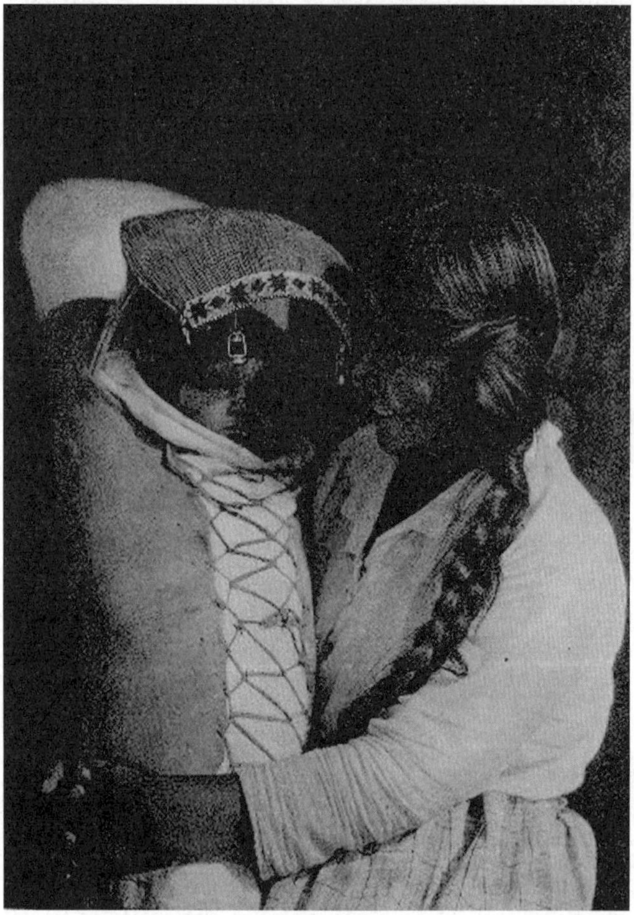

Achomawi mother and child
북아메리카 인디언의 어머니와 자녀

제 5 장
친족관습

가족의 쌍방성(雙方性; bilateral character)의 증명에 있어서, 필자는 개인간에 얻어지는 사회적 관계와 부계친족 및 모계친족과의 사이에 존재하는 사회적 관계에 주의를 환기시키고자 한다. 실제로 원시적 법률(原始的 法律; primitive law)은 보통 좀더 나아가 있고, 혈연뿐만 아니라 혼인에 의한 모든 관계에 대해 명확한 기능을 확고하게 하였던 것으로 보인다. 우리 사회에서 비전형적인 행동은 모계의 아저씨(maternal uncle)나 여자형제의 아들(sister's son)이나 아버지의 여자형제의 남편(husband of father's sister)과 관련하여 기술되고 있다. 그렇지만 원시공동체(原始共同體)에서 특별한 행동양식은 모든 가능한 친족관계와 관련하여 아마도 엄격히 적용되었을 것이다. 개별적 관점에서 보면 이는 그의 종족(宗族; tribesmen)을 일정한 부류(部類; category)로 구분하며, 각각은 대체로 특별히 그에 의해 고수되는 여러 개의 사회적 규율을 포함하는 것이다. 개인은 한 계급(階級; class)의 구성원으로서 봉사하여야만 한다. 그리고 다른 계급의 구성원과 함께 농담을 하기도 하고 스스럼 없이 대하기도 할 것이다. 세 번째 부류에 있는 사람과 함께 하기 위하여 그는 중개(仲介; intermediaries)를 통할 수밖에 없다는 것 등등이다. 친족관계의 친밀성을 따질 수 있든 없든, 일반적으로, 브라운(Brown)이 카리에라족(the Kariera)에 대해 설명한 것과 같이 야만인(野蠻人; savage)

은 동일한 친족호칭(親族呼稱; relationship term)에 의해 불리는 근친인 혈연자(血緣者; kinsman)와 좀더 먼 혈연자에 대한 행동이 동일한 형태로 행해져야 했다. 반면 근친인 친족관계에 대해서 의무의 강도가 더 크다. 이를 주장한 자가 한층 더 주목한 바와 같이, 원주민(原住民; native)은 아마도 일정하게 확립된 범위 밖에 있는 이방인을 어떻게 다루어야 하는지를 몰랐을 것이다. 가장 흔히 일어나는 일은 법적 의제(法的 擬制; legal fiction)에 의한 경우이거나 공동체 구성원 간의 혼인에 의한 경우라고 생각되며, 새로이 가입하게 된 자는 일정한 신분이 부여될 것이다. 평원인디언 신화(Plains Indian myth)를 보면 어린 소년이 낯선 소녀를 발견하여 그의 여동생으로 삼았다. 자연히 소녀는 소년의 형제들의 여동생이 되었고, 따라서 그들은 소녀와의 혼인은 금지되었다. 이러한 관계는 실제 생활에서 계속적으로 이어져 갔으며, 따라서 그 소녀는 양부모의 딸로서, 소년과 그의 형제의 아내의 시누이로서, 기타 등등의 신분이 부여되었다. 간단히 말하면 소녀는 완전히 가족의 범위 안으로 흡수되었고, 그녀의 사회적 관계는 그에 따라 조절되었다.

이와 같은 것은 친족관습(親族慣習; kinship usages)의 보편적 특징이다. 이는 서로 다른 종족들 사이에서의 가족생활을 식별하고, 우리가 알고 있는 것을 벗어나 원시사회에서 각각의 작용상 차이가 있음을 알게 해준다. 그리고 이러한 친족관습들은 너무 많고 다양하기 때문에 별도의 한 장에서 다루어야 할 수밖에 없다. 그들은 친족에 대한 의무와 그들의 부양과 재산에 대한 권리 양자를 부담하고 지닌다. 성교에 대한 엄격한 금제(禁制; taboo)와 성교에 대한 엄청난 형태의 처벌이라는 양자가 존재한다. 이 주제에 대한 체계적인 연구의 대부분은 리버스 박사(Dr. Rivers)의 활동에 의한 것인데, 여전히 초기단계에 머무르고 있다. 그러나 가치 있는 것들은 아마도 이미 세부사항과 관련된 광대한 자료에서 이미 간추려져 정리된 것으로 알고 있다.

제 1 절 모계친족과 부계친족

모계(母系; maternal)와 부계(父系; paternal)의 친족(親族; kin) 간의 어떤 특별한 관계는 사회적 관계에 깊은 영향을 미친다. 예를 들면 어머니의 여동생이 아버지의 두 번째 부인이 되곤 하는 곳에서는 자매연혼(姉妹緣婚; sororate)을 통하여, 그녀에 대한 자녀의 기본적인 태도는 어쩔 수 없이 변화해야만 했고, 그 반대의 경우도 마찬가지이다. 또한 형제연혼(兄弟緣婚; levirate)은 아버지의 형제와 그 형제의 아들간에 결합으로 형성하는데, 문명사회에서 이와 유사한 결합은 어떤 형태로도 이루어질 수 없다. 이러한 효과에 비추어보아 균등하게 영향력이 있는 그 밖의 모계와 부계의 친족들 간에 관련이 있는 기능들은 동등하게 중요한 것이다.

인종학자(人種學者; ethnologist)들은 숙권제(叔權制, avunculate)라는 제목으로 매우 특별하게 조카와 그의 모계 아저씨와의 관계를 규율하는 관습을 설명한다. 이러한 관계는 흔히 우스운 특징을 갖고 있는데, 이에 대해서는 별노로 설명하기로 하겠다. 좀더 중요한 부분에 외숙(外叔)에게 특별한 권위를 부여하고, 재산의 상속도 아들이 아니라 자매들의 아들이 하게 된다. 이는 몇 가지의 사례를 통해 이미 적시한 바 있다. 즉, 카이족(the Kai)의 구혼자(求婚者; suitor)는 여자의 모계 아저씨로부터 허락을 얻어야 하고, 통가족(the Thonga)은 상속이 발생하면 과부가 된 외숙모(外叔母; wife of his mother's brother)를 취할 수 있었다. 이런 유사한 현상이 공통적으로 존재한다. 라딘 박사(Dr. Radin)는 위스콘신(Wisconsin)의 위네바고족(the Winnebago) 사이에서, 조카는 외숙의 종복이었으며, 전쟁에 나가서는 외숙이 수종자(隨從者; squire)처럼 데리고 다녔다고 하였다. 다른 한편, 조카는 완전히 부계 아저씨의 제재로부터 자유로웠다. 예컨대, 그는 그의 부계 아저씨의 재산을 전유(專有; appropriate)할 수 있었다. 오마하족(the Omaha) 사이에서 모계 아저씨는 조카가 고아라면 전적으로 감독하였고, 심지어는 그 부모가 살아 있는 동안에도 조카가 불이익을 당하는 것을 방어하거나 그것에 대한 복수를 함에 있어서 부모와 같은 열의를 보였다. 호피족(the Hopi)에게서 어머니의 남자형제(mother's brother)는 조카에게 의례적 의무(儀禮的 義務; ceremonial duty)와 전통적 교훈(傳統的 敎訓; traditional lore)을 가르친다. 브리티시 컬럼비아(British Columbia)의 해안가 지역에서도, 조카는 그의 모계 아저씨와 함께 살아야 하며, 그를 위해 일하고, 그의 딸과 혼인하여, 외숙의 법정 상속인이 되었다. 오세아니아(Oceania)에서도 이와 유사한 관습이 보고된 바 있다. 토레스제도인(Torres Straits Islander)은 아버지보다 어머니의 남자형제에게 더 복종하며, 어머니의 가장 큰 오빠(mother's eldest brother)는 성년이 될 때까지 조카를 보호한다. 위네바고족 사이에서도 남자는 그의 모계 아저씨에게 속한 재산은 무엇이든 취할 수 있었다. 후자의 풍습은 피지제도의 원주민들(Fijians) 사이에서도 오랜 기간 동안 행해졌다. 아프리카에서의 숙권제(叔權制; avunculate) 또한 이와 매우 유사하다. 동아프리카의 마콘데족(the Makonde)은 모계 아저씨(maternal uncle)가 조카딸의 혼인을 승낙하여야 했으며, 신부대금(新婦代金; bride-price)을 받을 수 있었지만, 반면 남자의 유산에 대한 권리는 자매의 아들에게 있었다. 기니아(Guinea)의 앵글로에웨족(the Anglo-Ewe)은 모계 아저씨에게 아이들의 아버지보다 더 강한 권위를 부여해 주었다. 남자의 법정 추정상속인인 조카는 모계 아저씨를 위해 일하였으며, 여행시 모계 아저씨와 동행해야 하였다. 아마도 동아프리카의 함어계 난디족(the Hamitic Nandi) 사이에서도 어머니의 남자형제는 남자아이가 할례를 받기 전에 동의하여야 한다. 또 그의 조카가 성공적으로 기습을 성공한 때에는 암소에 대한 권리를 받게 된다. 뿐만 아니라 외숙의 분노를 초래하는 것보다 더 무서운 것은 아무것도 없었다.

이들 유사점 가운데 몇몇은 결코 우연이라 할 수 없을 정도로 명백하다. 하지만 숙권제(叔權制; avunculate)는 원시생활의 일정한 다른 현상과 매우 밀접한 관계가 있기 때문에, 그 의미에 대한 검토는 뒤로 미루기로 하고, 여기서 기술하지는 않았다. 흥미로운 것은 우리가 숙부의 어깨에서 아버지의 권위를 고려하는 예상치 못한 변수와 그리고 마찬가지로 조카를 모계 아저씨(maternal uncle)의 동반자 내지 법정상속인으로 삼는 주목할 만한 경향이다. 가족생활 상당부분이 이러한 조건하에서 서로 다른 면을 당연한 것으로 여겨야 하며, 이는 증명을 요하지 않는다.

마찬가지로 부계친족(父系親族; paternal kin)과 관련된 일정한 관습도 있다. 리버스 박사(Dr. Rivers)의 덕택으로 우리는 오세아니아(Oceania)의 공동사회에서 아버지의 여자형제(father's sister)가 상당히 중요하다는 사실을 알게 되었다. 뱅크스제도(Banks Islands)에서는 어머니를 따르는 것보다도 더욱 강한 경의를 그의 모계 아주머니(maternal aunt)에게 표할 뿐만 아니라, 혼인을 조율하는 것과 예정된 신부를 반대할 수 있는 것 역시 바로 모계 아주머니이다. 아버지의 여자형제는 조카가 그녀의 남자형제(her brother)로부터 재산을 승계 받는 한 그 조카의 재산을 취할 수 있고, 조카 역시 그녀의 재산은 무엇이든 전용(專用; appropriate)할 수 있었다. 혼인의 반대나 승낙에 대한 그녀의 힘은 멜라네시아(Melanesia)에서는 거의 공통적이며, 심지어 폴리네시아의 통가(Polynesian Tonga)에까지 확장되었다. 이곳은 이러한 친족에게 아버지와 부계 아저씨보다 더 존경심을 갖도록 하였다. 여성친족과 관련하여 서아프리카의 통가(Thonga of South Africa)에서는 거의 들은 바 없지만, 여성친족은 매우 존중받는 것으로 다루어지고, 반면 토다족(the Toda) 사이에서 그녀는 갓 태어난 조카딸의 이름을 지어준다. 호피란드(Hopiland)에서 이러한 역할은 부계 할머니에 의해 모든 어린이에게 당연한 것으로 여겨졌다. 크로우족(the Crow)은 아버지의 형제(father's siblings)와 그의 좀더 먼 친족과 심지어 그의 형제나 자매처럼 낯선 이방인에 대하여도 다양한 관습을 갖고 있다. 이 모든 것은 중요하게 보인다. 일반적인 사람은 그들의 나이나 성별을 불문하고 모계 아주머니 앞으로 걸어 다니지 않는다. 조카가 적으로부터 전리품을 획득하면 모계 아주머니는 선물을 받으며, 다음으로 아버지의 남자형제(father's brother)가 숙소에서 그의 조카를 칭찬하였다. 명예에 따른 명칭은 부계 혈연자로부터 나오고, 별명 역시 그들의 업적보다는 각각의 사람의 업적을 기초로 하여 붙여진다. 더구나 앞서 말한 것과 관련하여 히다차족(the Hidatsa)은 사람의 미래는 부계친족에 의해 결정되어야 한다는 규율을 가지고 있었다.

실제로 혈족(血族; blood kin)에 대한 경외심을 바탕으로 형성된 이러한 규칙은 사회적 관계에도 영향을 미쳤기 때문에, 그들은 인척관계(姻戚; relatives by marriage)에 대한 보다 더 엄격한 행동규율과 중요성, 특히 양부모(parents-in-law)와 관련된 것에 의해 그 특성이 가려지게 되었다.[15]

제 2 절 의부모 금제

상당히 많은 원시종족들 사이에서 남편은, 드물게는 아내도, 의부모(義父母; parents-in-law)와 관련된 특별한 사회적 관련성을 전적으로 당연시한다. 그들 중 한쪽이나 양자 사이의 모든 직접적인 왕래가 완전히 끊어지거나, 오랜 혼인생활 때문이든, 특별한 행동에 의해, 사회적 관린성이 완화되든 안 되든 제재를 받으면서 구속된다. 다음의 몇 가지 구체적인 서술은 이러한 문제를 명확하게 밝혀줄 것이다.

유카기르족(the Yukaghir)의 며느리는 시아버지나 남편의 형의 얼굴을 쳐다보아서는 안 되며, 사위도 장인이나 장모의 얼굴을 보아서는 안 된다. 남자가 아내의 가족과 같이 생활하는 것을 고려한다면, 장인이 사위에게 지시할 경우 간접적으로나 암시적으로 전달해야 한다. 며느리는 시아버지나 시집식구들 앞에 자신의 몸을 노출해서는 안 되며, 비슷한 규칙이 아내와 남편의 형에게도 강제된다. 다른 시베리아 종족들(Siberian tribes)도 이와 유사한 관습을 가지고 있다. 오스타크족(the Ostyak) 기혼여성은 시아버지 앞에 나서서는 안 되며, 신랑 역시 아내가 임신하기 전에는 장모와 마주해서는 안 된다. 우연히 마주치게 되면 얼굴을 감싸고, 여성은 일생동안 얼굴을 가리고 살아야 한다. 신부대금(新婦代金; bride-price)을 지불하기 전에, 신랑이 정혼자(定婚者)의 집을 방문하는 경우, 우연히라도 신부의 아버지를 만나면, 뒤로 돌거나 그의 얼굴을 가려야만 한다. 부랴트족(the Buryat)의 아내는 시부모의 이름을 불러서는 안 되며, 그녀의 얼굴을 시아버지나 남편보다 연장의 혈족 앞에서 결코 드러내서는 안 되며, 그들 앞에서 옷을 벗어서도 안 되고, 같은 막사에서 잠을 자서도, 그들이 가는 길을 가로지르거나 같은 마차를 타서도 안 된다. 반면 시아버지나 남편보다 연장의 혈족은 그녀의 면전에서 옷을 입지 않거나 옷을 벗을 수 없고, 그녀의 앞에서 음탕한 말을 해서도 안 되며, 그녀가 옷을 단정하게 고쳐 입을

15) Lowie, 1919 (a): 35-40; id., 1912: 201; id., 1917 (a): 40. Rivers, 1914 (b): I, 38, 367; 11, 160; id., 1906: 332. Junod: 1, 223.

수 있도록 자신들의 접근을 알려야만 한다. 칼무크족(the Kalmuk)에게서도 알타이산맥의 터키인(Altaian Turks)과 키르기즈족(the Kirgiz)에게 관찰되는 것과 같은 유사한 제재가 관찰된다. 키르기즈족 여성은 시아버지나 시집식구 중 연장자의 얼굴을 쳐다봐서는 안 되며, 심지어 공공의 대상을 호칭하는 단어라 할지라도 그들의 이름을 불러서는 안 된다. 시집 식구의 이름에 들어간다는 이유만으로 새끼 양, 늑대, 물, 골풀 등 평범한 단어를 사용할 수 없었던 키르기즈 여인에 대한 다음과 같은 일화도 있다. 물 건너편 골풀 사이로 새끼 양을 늑대가 채가려는 것을 남편에게 얘기하기 위해 아내는 다음과 같은 억지스러운 문장을 사용해야 했다. "저쪽을 보세요, 울부짖는 것이 반짝반짝하는 것 너머 찰랑거리는 것 사이에서 매매하는 어린것을 낚아채고 있어요!"라고 말이다.

친밀한 문화적 관련성을 갖고 있는 인접 영토를 점령한 시베리아종족 중 한 집단에서 정착된 금제를 공유하게 만드는 것은 명백하게 전파되었기 때문이다. 하지만 시베리아에서 멀리 떨어진 실론(Ceylon)섬에서 이와 유사한 관행이 발견되는 경우에도 이렇게 말할 수 있을까? 베다인(Vedda) 중 남성은 장모와 스치거나 그 옆에 접근조차 할 수 없다. 만일 그가 장모를 정글에서 만난다면, 가던 길을 피해서 가야 한다. 남자는 혼자서 그녀가 정주하고 있는 석굴에 들어가지 않고, 제3자를 통해서나 아니면 장모로부터 음식을 받지도 않을 것이고, 다른 사람들 앞에서 그녀의 안녕을 이야기하지도 않을 것이다. 상당히 유사한 금제가 시아버지와 며느리 사이에서도 지켜진다. 더욱이, 이들 모두는 친족들 각자의 이름을 불러서는 안 되고, 그 대신 친족용어를 사용하도록 되어 있다.

어쨌든 회피(回避; avoidance)의 이러한 특별한 유형은 전세계에 널리 퍼져 있다. 뱅크스제도(Banks Islands), 멜라네시아(Melanesia)에서도 사위는 장인·장모의 이름을 부르지 못하며, 며느리도 시아버지의 이름을 지칭해서는 안 된다. 실제로, 장인·장모나 시아버지의 이름에 들어가는 단어는 그것을 암시하는 다른 단어로 대신하여 사용해야 한다. 나아가 남자는 장인과 농담할 수 없으며, 친밀하게 지낼 수도 없고, 아내의 아버지의 머리 위로 물건을 건네주거나 받을 수도 없다. 장모에 대하여도 마찬가지로, 심지어 그녀가 문 가까이에 있다면 집에 들어갈 수도 없으며, 만일 숲 속에서 장모를 만난다면 걷던 길을 벗어나서 그녀를 피하여 우회하여야 한다. 다른 한편 장모는 사위가 올라간 나무를 지나쳐서는 안 되며, 그가 대나무통에 길어 온 물을 마셔서도 안 되고, 만일 사위의 도움을 필요로 한다면 딸을 통하여 부탁하여야 한다. 이러한 규칙을 위반하면 현금지불의 방법을 통해 속죄해야 한다. 유사한 규율이 여자와 그녀의 시아버지 간의 친족관계에서도 적용된다.

오세아니아(Oceania)의 다른 지역을 보면, 우리는 뉴기니(New Guinea)의 휴온만(Huon Gulf)의 부카우아족(the Bukaua)에서 처부모와 사위는 서로 살짝 스치거나 각자 서로의 이름을 부르는 것이 금지됨을 알게 된다. 장인이 사위의 앞에서 식사를 하려면 얼굴을 가려야만 한다. 만일 사위가 그의 입이 벌어지는 모습을 본다면 장인은 창피함을 느끼고 숲 속으로 뛰어들 것이다. 그리고 노인이 젊은 남자에게 베텔 라임(betel lime)을 선물로 주고자 한다면, 그의 손에 직접 주어서는 안 되고, 나뭇잎에 싸서 주어야 한다. 서부 토레스해협(Western Torres Straits)에서는 여성이든 남성이든 의부모의 이름을 입에 올려서는 안 된다. 사위는 아내를 통하는 경우를 제외하고 장인과 대화할 수 없다. 그리고 사위는 매우 급박한 사정으로 장인과 대화를 하는 경우에도 들리지 않을 만큼 작은 목소리로 대화를 하여야 하며 그 이외의 경우에는 장인과 대화할 수 없다. 여자는 음식을 직접 시아버지에게 드려서도 안 되며, 오로지 그녀의 시어머니를 통해서 드려야 한다.

아마도 모든 오스트레일리아(Australia) 지역에서 이와 유사한 제재가 있었던 것으로 생각된다. 장모와 사위는 서로 피해야 하고, 일부지역에서는 심지어 장모는 누가 사위의 이름을 부르는 것을 들어서도 안 된다. 두 사람이 우연하게라도 마주하게 된다면, 그 부부가 젊은 나이라면 이혼해야 한다. 이 금제를 위반할 경우 남자는 추방되며, 어떤 종족들은 심지어 사형에 처하기도 한다. 카리에라족(the Kariera)은 통나무와 잡목을 남자와 장모 사이에 경계로 쳐 놓아 서로 볼 수 없도록 하였다. 하지만 세월이 흐르면서 이러한 금제는 깨졌다. 이렇게 되면서 아마도 오스트레일리아에서는 보편적으로 여성이 시아버지를 피할 필요가 없어졌던 것으로 보인다.

이 두드러진 점은 아프리카(Africa)에서도 찾아볼 수 있다. 줄루족(the Zulu) 남자는 우연히 장모와 마주치게 되면 방패로 얼굴을 가려야 했고, 식사 중에 장모가 우연히 지나친다면 입에 든 음식을 뱉어야 한다. 그리고 장모의 이름을 결코 불러서는 안 된다. 어떻든 시간이 지나면서 이러한 규칙의 엄격성은 눈에 띄게 완화되었다. 프레이저(Frazer)는 반투족(Bantu tribe)과 마사이족(the Masai)에 대한 설명에서 이와 유사한 관습을 서술하였다. 서아프리카(West Africa)에서의 매트스에웨족(the Matse-Ewe)의 규율은 장인·장모가 사위의 집에서 음식을 먹는 것을 금하고 그 반대의 경우도 그러하지만, 이에 위반하는 행동을 수치스럽게 여기거나 어린아이의 탄생을 방해하는 것으로 간주하지는 않았던 것으로 보인다.

아메리카인(American)들은 이에 관하여 풍부하게 설명한다. 크로우족(the Crow)의 남자는 장인·장모의 이름을 말해서는 안 되며, 그 반대도 마찬가지이다. 장인에 대한 금제는 비록 덜 가혹하지만, 장모에 대한 규율은 여전히 엄격해 보인다. 남자는 오로지 아내를 통해서만 아내의 어머니를 부를 수 있지만, 장모의 이름을 구성하는 단어로 이루어지는 말을 할 수는 없다. 후자의 금제도 어시니보인족(the Assiniboin) 사이에서 칼(knife)은 "날카로운 물건"이라고 돌려 말하고, 말(horse)은 "우리가 타는 동물"이라고 돌려 말해야 한다. 장인의 이름을 부르는 경우가 간혹 있지만, 그것은 예의에 어긋난 것으로 간주된다. 예전에는 의부모(義父母; parent-in-law)에게 상당한 선물을 형식상 증정하여 이 금제를 없애는 것도 가능하였다. 히다차족(the Hidatsa)과 만단족(the Mandan) 사이에서는 적의 머릿가죽(enemy's scalp)를 가져옴으로써 이 금제를 없앨 수 있었다. 더 나아가, 크로우족의 장모는 딸이 죽은 뒤에는 사위를 아들이라 부름으로써, 모든 제재에서 벗어날 수 있었다. 크로우족과 히다차족 사이에서 여자와 시아버지간의 이에 상응하는 금제는 없지만, 다코타족(the Dakota), 어시니보인족(the Assiniboin), 카이오와족(the Kiowa), 아라파호족(the Arapaho) 그리고 오마하족(the Omaha) 사이에서 이러한 금제는 사위와 장모 사이의 금제와 함께 발견된다.

지금까지 말한 것과는 반대로, 우리가 기피의 주관적인 양상에 대한 자료를 얻을 수 있는 곳은 어디든지, 금제가 존재하는 친족들 간에 적대적 경향은 찾아볼 수 없고, 전적으로 서로가 금제를 지켜야 한다는 의무적인 측면만이 드러나 보였다. 히다차족 출신의 통역자(Hidatsa interpreter)는 아리카라족

(the Arikara) 출신의 여성과 혼인하였는데, 여기서 이러한 관습이 보이지 않았다. 그의 히다차족 친구들은 장모와 그가 이야기하는 것을 보고, "조, 너와 장모 사이에 무슨 문제가 있니? 너에게 어떠한 관심도 보인 적이 없었잖아!"라고 놀라서 소리쳤다.

아주 광범위한 의부모기피로부터 발생한 이러한 규율의 절대적 보편성은 아마도 기록되지 않았던 관습은 단지 사람들의 관심에서 잊혀져 버린 것이라는 점을 바탕으로 하고 있음이 분명하다. 이 규칙의 폭넓은 보편성은 기록되지 않은 관습이 단지 주목받지 못하였던 것이라는 점에 의거하여 추측되기도 한다. 이처럼 주장되는 내용은 단순히 없었다거나 심지어 반대로 뛰어나게 설명한 것조차도 이 주제를 명확하게 해결하지 못한다는 것은 사실이다. 어떻든, 북아메리카(North America)의 금제에 대한 연구는 계속하여 후대에도 연구되었으며, 종국적으로 상당수의 종족들이 철저하게 그 관습을 실천하였던 것으로 보인다. 누트카족, 아리카라족, 주니족, 호피족, 다양한 고원의 쇼쇼니인들(Plateau Shoshoneans)과 대다수의 캘리포니아의 사람들(Californian peoples)이 이에 속한다. 다른 한편 기피(忌避; avoidance)는 평원인디언들(Plains Indians) 사이에서 널리 퍼져 있고, 남동쪽 지역에서, 남서쪽의 유목민, 많은 캘리포니아의 종족들 사이에서 보이며, 그리고 북부 브리티시 컬럼비아(northern British Columbia)지역에서도 발견된다.

해결을 위해 우선 살펴보아야 할 문제는 분포의 문제이다. 상당히 친숙하고 매우 널리 퍼져 있는 관습을 우리는 어떻게 이해해야 할까? 일정한 범위 내에 확산된 관습에 대해서 우선은 문제삼을 필요가 없다. 하지만 시베리아에 관한 여러 자료를 통하여 아주 넓은 지역에서 매우 섬세한 유사점이 미치고 있음을 발견할 수 있다. 이는 관습이 하나의 근원에서 발생하였다는 가설을 가능하게 하는 유일한 증거이다. 반면 고원 쇼쇼니인들들이 이러한 금제를 실천하고 있는 북쪽 평야지대의 종족들과 접한 유일한 사람들이라는 것을 알게 된다면, 그들은 이웃의 제도를 모방하였을 것이라는 추측은 논리적인 것이다. 그러나 우리가 중앙아시아의 키르기즈족(the Kirgiz)과 몬타나(Montana)의 어시니보인족(the Assiniboin)의 이름금제(name taboo) 사이의 유사성을 쉽게 부연하여 설명하려면 어떻게 해야 할까? 필자의 생각에는 그러한 유사성이 독립적으로 발전하였음을 증명하는 것이 훨씬 올바르다고 생각한다. 금제 그 자체가 놀라울 정도로 비슷하게 되는 동안 서로 다른 종족들 사이에까지도 금제가 보급되었다. 키르기즈족의 며느리는 시아버지의 이름에 사용되는 단어를 다른 말로 바꾸어 사용해야 한다. 반면 어시니보인족은 사위가 장인의 이름을 입에 올려서는 안 된다. 이러한 금제가 계속적으로 차용되는 한, 지구 곳곳에서 이는 전혀 다른 것으로 만들어질 것이다. 이처럼 관습이 보급되었던 것은 어떠한 과정에 의해서 가능했던 것일까? 중국(中國)이 변발(辮髮; pigtail)을 강요했던 것처럼, 정복자의 수장이 정복된 부족에게 관습을 강요하는 것과 같은 방법을 통한 것은 확실히 아닌 것 같다. 전혀 모르는 사람들이 이해하기에 이러한 관습들의 특징은 너무 섬세하고 난해한 것이기 때문이다. 그리고 또 다른 이유는 그들 간의 친족관계가 조금도 관련이 없다하더라도, 또한 이러한 관습을 그의 민족에게 전달할 가능성이 없다고 하더라도, 일정한 관련성이 있는 무리들 간에는 서로 피한다는 것이다. 만일 여성이 혼인에 의해 남자 친척과 단절되는 현상을 보았더라도, 그는 자신의 종족에 대해 남자는 장모나 장인을 피해야 한다거나 새로운 친족관계가 형성된 자들에게 이름금제라는 관습을 전달하여 신세도를 창설하도록 자극받지 않았을 것이다. 관습은 진밀한 접촉 없이는 충분히 이해될 수 없는 것이다. 그리고 관습이 단순히 원시인의 특징으로서 정착된 것이 아니라면, 그것은 발견된 당시와 마찬가지로 그대로 채택되었을지도 모른다. 필자는 이러한 관습의 보급은 대부분 공통적으로 족외혼(族外婚; intertribal marriage)의 결과였음을 의심하지 않는다. 장모(wife's mother)나 여성의 쪽에서의 외손자(daughter's son)는 금제되어야 하고, 만일 금제가 엉뚱한 것이 아니라면 그에 위반하는 행위는 어리석은 행위라는 생각을 가지고 주의를 살펴보면, 이방인은 아마도 그 자신 스스로가 종족적 관습에도 영향을 미칠 것이다. 그러므로 이러한 사례와 유사한 경우는 이전에 그러한 금제가 발견되지 않는 곳에서 발생하겠지만, 전혀 다른 관습이 원시인의 마음에 확고히 자리잡고 있는 경우에는 발생할 수 없을 것이다. 따라서 필자는 지리적으로 매우 떨어져 있는 지역의 관습이더라도 시베리아인의 관습에 있을 법한 내용을 바탕으로 한 것이므로, 키르기즈족과 평원인디언의 금제 사이에 역사적 관련성이 있을 것이라는 가설을 주저하지 않고 부인한다.

아프리카인, 오스트레일리아인, 멜라네시아인과 아메리카인의 자료들을 비교할 때, 사안은 다소 달라진다. 왜냐하면 이들의 규율들은 동일한 개체들과 관련이 있으며, 또한 실제로 상당히 유사하기 때문이다. 어쨌든 만일 독특한 몇몇 항목에 대해 매우 엄격한 기피가 존재한다면, 우리는 일정한 형태의 관습을 염두에 두어야 할 것이다. 예컨대 남자가 우연히 장모와 마주치게 된다면, 장모를 피해 우회하여야 하는 것과 같은 금제들을 기억해야 한다. 마찬가지로 만일 뱅크스제도인(Banks Islander)과 크로우족은 의부모(parent-in-law)의 이름이 들어가는 단어를 사용해서는 안 된다고 한다면, 해당 단어에 대한 말바꾸기는 필연적인 것이다. 따라서 정확히 일치하는 점은 처음 나타났던 것처럼 결코 그렇게 강제적인 것인 아니다. 바꾸어 말하면, 이 문제는 동일한 친족관계의 개인들 사이에 존재하는 회피에 대한 적나라한 진실이 필연적으로 하나의 근원에서 유래한다는 것에 대한 증거이다. 왜냐하면 그러한 관습이 많이 존재하는 지역에서는 아마도 그럴듯하게 존속하는 것으로 간주된다는 조건으로부터 나왔다면, 관습의 독립적 발생이라는 가정은 상당히 강화될 것이기 때문에, 이에 대한 대답은 전적으로 관습의 해석에 의존할 것이라 생각된다. 당장 이것을 주장하면서, 필자는 이 특징에 대한 차용과정상 가능한 절차와 일정한 지역에서 그러한 관습이 전적으로 존재하지 않는 것은 멀리 떨어져 있는 본토 밖으로 확산의 가능성을 부인하는 것이라는 양자를 관철하고자 한다. 관습(慣習; usage)의 전파는 특히 친밀한 접촉을 포함하는 것처럼 보이지만, 어떤 접촉이 심지어 오세아니아와 아프리카 사이에서 또는 멜라네시아와 아메리카 사이에서 있다고 인정된다고 할지라도, 이를 쉽게 단정할 수 없다. 캘리포니아로 전파되거나 혹은 히다차족(the Hidatsa)으로부터 그 이웃의 아리카라족(the Arikara)에게, 그리고 오마하족(the Omaha)으로부터 그 이웃의 파우니족(the Pawnee)에게 전달되지 못한 관습이 태평양을 가로질러 전파될 것이라는 가정은 거의 불가능한 것이다. 그러므로 필자의 결론은 관습의 확산은 의부모금제와 관련된 역사에 있어서 한 부분을 담당하였지만, 그 독립적 발전은 아마도 서로 다른 지리적 환경에서 인정된 것이라는 점이다.

다음의 해석문제로 관심을 돌리면, 우리는 프레이저 박사(Dr. Frazer)에 의해 주장된 이론에 그 결점이 있음에도 불구하고 쉽게 전적으로 무시될 수 없는 것임을 알 수 있다. 프레이저 박사는 정확히 회피의 규율은 의부모에 대한 규제라기보다는, 아마도 형제와 자매 같은 혈족에게 적용되었던 것이라고 주장하였다. 그가 주장한 바에 따르면, 모든 적절한 규제는 하나의 주요한 주제 하에 놓일 것이며, 이는 "혼인결합이 어떤 이유에서 공동체의 도덕심에 반하는 사람들 간의 성교에 대한 유혹을 없애기 위하여 고안된 방지책"이라고 설명될 수 있을 것이다. 비록 그의 생각에는 치명적인 것은 아니지만, 이러한 설명은 동성들 간의 사회적 관계를 통제하는 금제로 인하여 심각한 타격을 받을 것이라고 그는 생각하였다. 그리고 이것은 한때 유일하게 이성의 친족에게 적용되었던 규율들 중 두 번째 확장에서 기인한 것이라고 하였다. 그러나 다양한 다른 친족관습(親族慣習; kinship usage)을 고려하지 않고, 프레이저 박사의 주장을 공평하게 판단하는 것은 불가능하다. 어쨌든 이러한 부분과 관련하여 다음과 같은 의견이 제안된다. 가령 금제가 개인간의 성적결합이 근친상간(近親相姦; incest)이 되는 자들을 규제한다 할지라도, 그 목적은 오로지 이들 개인간의 성교를 방해하기 위한 것이라는 결론에 도달하는 것은 아니다. 경험적인 상관관계를 인정하는 것은 가능한 것이지만, 이는 일정한 논리적 해석을 거부할 수도 있다. 이와 관련된 주제에 대해서는 뒤에서 나시 한 번 살펴보기로 한다.

의부모 금제(義父母 禁制; parent-in-law taboo)에 대한 해설은 비슷하게 행해지고 있지만, 프로이트 박사(Dr. Sigmund Freud)에 의해 제안된 정신분석학적 욕구(精神分析學的 欲求; psycho-analytic motivation)와 더불어, 이러한 관점들은 그 자체가 가지는 가치 때문이 아니라 사회적 사실에 대한 어떠한 정신분석학적 해석을 대표한다는 점에서 고려될 가치가 있다. 프로이트는 장모회피에 대한 사례들을 양의성(兩義性; ambivalence)의 개념에 적용하였다. 즉 그는 애정과 증오의 결합에 기초를 둔 것이라 확신하였다. 경우에 따라서 그가 주장한 적대적 동기는 명백한 것이다. 예컨대, 딸에게 넘겨주는 것에 대한 여성의 저항감, 이방인에 대한 의심, 가정에서 존재하는 지배적 지위를 유지하기 위한 그녀의 갈망 등이 그것이다. 그리고 다른 이방인에 대한 종속으로 인한 남자의 적대적 반감, 자신보다 우선하여 아내의 사랑을 받는 사람들에 대한 질투, 여전히 젊고 아름다운 매력을 가지는 여성에 대한 성적 환상이 평범한 아내의 실재에 의해 무너지게 되는 것에 대한 저항 등이 그것이다. 이 구성요소들에 대해 프로이트는 특별히 정신분석학적 본성(精神分析學的 本性; psycho-analytic nature)의 잠재적 요인들을 첨가하였다. 나이 든 장모는 성급히 그녀의 성심리생활(性心理生活; psycho-sexual life)을 단축하고, 유일하게 그녀의 자녀의 영혼(靈魂; psyche)과 일체화됨에 의해 자신의 감정적 요구를 안정화할 수 있었다는 것이다. 하지만 딸과의 일체화는 쉽게 딸이 사랑하는 남자에 대한 애정을 야기할 수도 있게 되고, 적대감의 충돌이라는 결과로 감정이 지나칠 경우 근친상간(近親相姦; incest)이라는 개인감정의 금제를 좀더 강하게 제재하기 위하여 사위에게 직접 강제하기도 한다. 다른 한편, 사위 역시 유사한 충동에 의해 감정이 끓어오르게 될 수 있다. 정신분석학적 이론은 이러한 것까지 포함하여, 남자는 그의 어머니에 대한 유아적 감정에 정복되어 어머니의 모습과 유사한 비혈연관계의 여성을 어머니로 대체시켰다고 한다. 장모의 출현으로 남자는 유아기 때로 빠져드는 경향이 있다. 그들은 남자의 신부선택이라는 근친상간의 근원이 의식(意識; consciousness)으로부터 제외된 채 남아있음을 요구하기 때문에, 이는 그의 근친상간적 감정에 충격을 준다. 자신의 어머니의 모습과 장모의 모습이 차이가 있다면, 유아기적 감정이 일어나지 않을 것이다. 그러나 어머니의 모습이 오랫동안 변함 없이 잠재의식(潛在意識; subconsciousness) 속에 변화하면서도 실재 계속하여 남아 있기 때문에, 비교적 쉽게 그 유혹에서 벗어날 수 있다. 따라서 장모회피라는 규율의 목적은 근친상간의 예방에 있다.

프로이트(Freud)의 설명과 모순되는 첫 번째 문제는 단순한 사실의 문제와 관련되어 있다. 우리의 현대가족생활에 물든 우울한 분위기를 배경으로 한 사위와 장모의 종속적 상태는 어려운 문제였지만, 이는 전적으로 원시적 친족관계를 잘 알지 못하였기 때문이다. 앞서 살펴본 것처럼 우리가 혼인에 의해 발생한 친족관계를 잠시만 고려해 본다면, 결코 적대감이라는 감정이 존재하지 않음을 알게 된다. 존경은 상호감정(相互感情; mutual sentiments)에 따른 변함 없는 지배적 정감의 표시이며, 흥미위주의 주간지에서 끊임없이 다루어지는 그런 역할을 하는 사람들의 감정과는 전적으로 다른 성격을 갖고 있다.

금제들과 관련된 다른 자료에 대한 견해는 프레이저 박사(Dr. Frazer)와 프로이트 박사(Dr. Freud)가 동일하다. 하지만 프로이트의 심리학적 동기(心理學的

動機; psychological motivation)는 문화적 자료에 있어서 모든 심리학적 해석이 포함된 사항에 치명적 약점이 존재한다는 지적을 받는다. 프로이트가 호소한 심리학의 실태는 공공연하게 보편적 타당성을 갖는 것이므로, 그것들은 매우 다양한 모든 사회에 있어서, 인종적 차이가 있을 수 있는 경우를 제외하고는 동등하게 적용되어야 할 것이다. 하지만 의부모금제(義父母禁制; parent-in-law taboo)는 매우 불규칙적인 분포를 가지고 있음을 알 수 있다. 북아메리카 나바호족(the Navaho)은 장모를 피하는데, 이웃의 호피족(the Hopi)이 볼 때 그 관습은 단지 나바호족의 특징일 뿐이다. 렘히쇼쇼니족(the Lemhi Shoshoni)은 장모에 대해 남자가 이야기를 할 경우 그를 정신이상자로 여긴다. 코만치족(the Comanche)은 렘히쇼쇼니족과 같은 인종일 뿐만 아니라 심지어 같은 언어를 사용하는데도, 금제에 대한 관철이 그들보다 대단하여 필자는 정보제공자를 확보하는 데 큰 어려움을 겪기도 하였다. 호피족 남성의 유아적 감정(幼兒的 感情; infantile sentiment)이 나바호족의 유아적 감정에서부터 거의 대부분 분기히였다고 할 수 있을까? 호피족과 나바호족의 장모에 대한 감정적 반응이라는 것이 매우 동떨어진 특성인가? 실제로 그러한 사실에 대해 이 이론을 적용하기 위하여 우리는 뱅크스제도인, 오스트레일리아인, 줄루족, 나바호족, 렘히쇼쇼니족에 대한 어떤 심리상태를 가정하여야 하고, 또 호피족, 코만치족, 아리카라족에 대한 또 다른 심리형태를 가정해야 한다. 하지만 이러한 가정은 불합리성을 막아주기도 한다. 정신분석학적 이론(精神分析學的 理論; psycho-analytic theory)은 심리학적 이론(心理學的 理論; psycho-logical theory)의 일부이기 때문에, 그리고 우리가 단순히 심리학적 사실들로 다루지 않고 심리학적 사실을 사회적으로 판단하였기 때문에 실패로 끝나기도 했다. 왜 나바호족의 장모가 사위를 피해야 하는가는 그녀가 개인적으로 사위에 대해 이런저런 것을 느꼈을 뿐만 아니라 그녀가 혼인에 의한 일정한 친족간의 성교를 금하는 사회의 구성원이기 때문이다. 자신이 처한 상황에서 발생할 수 있는 어떠한 갈등은 사위에 대한 일련의 감정과 또 다른 감정들 때문에서가 아니라 받아들여야 하는 사회규범(社會規範; social norm)에 대한 어떤 개인 간의 상호작용과 맹목적인 복종의식 사이에서 발생하는 갈등일 것이다. 문제는 왜 사회규범은 각각 다른가 하는 것인데, 이는 오로지 사회질서의 사회적 차이와 다른 차이를 관련시킴으로써 답변될 수 있을 것이다.

이러한 문제에 있어서 타일러 박사(Dr. Tylor)의 해석은 현대 과학적 요구에 훨씬 더 부응한다. 왜냐하면 의부모기피를 규제의 규율로부터 끌어낸 것, 즉 하나의 사회적 특징을 다른 사회적 특징으로부터 끌어냈기 때문이다. 그가 모측거주혼(母側居住婚; matrilocal marriage)에 대하여, 남편은 침입자로 간주되어 단순히 부측거주사회(父側居住社會; patrilocal community)에서 아내에게 할당되는 처우와 상응하는 지위로 인식되지는 않지만, 반면 양자(兩者)와 같은 금제의 유형은 일시적인 모측거주(matrilocal residence)를 매개조건으로 하여 발생한다고 설명한다. 그는 통계원리를 바탕으로 만일 모측거주와 장모기피의 양자가 상호 독립적이라면, 이 두 현상간에 원인관계가 입증될 수 있는 것보다 더 흔하게 결합되어 있음을 밝히는 것이기도 하다.

인류학적 탐구(人類學的 探究; anthropological inquiry)를 엄격한 방법으로 소개한 타일러 박사의 시도는 줄곧 가장 최초의 명령에 대한 영웅적이고 선구자적인 성공으로 평가되었지만, 그의 통계적 결과는 세밀하지 못한 연구로 간주되어 받아들여지지 않았다. 불행히 그것의 검증을 뒷받침할 자료는 끝내 공표되지 못하였고, 따라서 연구의 결과들을 만족스럽게 검증하는 것 자체가 불가능하였기 때문이다. 어쨌든 타일러 박사는 통계적 단위로 삼을 만한 관련 사실들이 기록되어 있는 몇몇 종족들을 선택하였음은 그의 주장에서 보면 명백하다. 하지만 이것은 변론으로 삼기에는 적합하지 않은 방법이다. 예컨대, 시베리아의 종족들(Siberian tribes) 사이에서 대략 며느리금제에 대한 12개의 사례를 들어 보자. 만일 각자 부측거주(patrilocal residence)와 회피의 독립적 결합이 인과관계(因果關係; causal nexus)에 있다면, 인과관계에 대한 주장은 엄청나게 강화된다. 하지만 우리는 이러한 독립성을 당연한 것으로 여길 수 없다. 기피규율(忌避規律; avoidance rule)은 이미 일정한 전통적 시베리아의 종족들의 독특한 특징으로 인식되었던 것으로, 다시 말하면 각자의 요소가 관련이 있는 한, 그리고 전통적 종족이 파괴되어 몇 개의 분파로 단지 계속되는 한, 처음을 제외하고 이는 그대로 시작되었다. 추가적으로, 오로지 하나의 혈통에 대하여 엄격하게 적용되는 것으로부터 다른 혈통의 종족들이 단지 완전히 갖추어진 관습을 차용한 것임은 한층 더 쉬운 일이다. 하지만 이것은 완벽한 논리적 사실을 뒤바꾸는 것이다. 단순하게 하기 위하여, 12개의 시베리아에서의 사례(dozen Siberian cases)와 그 반대가 되는 사례가 어딘가에 있다고 가정해보자. 부측거주의 블랙풋족(the patrilocal Blackfoot)과 같이 어떤 아메리카의 종족(American tribes)이 시베리아의 규율이 결여되어 있고, 타일러 박사의 계획 위에 모측거주의 민족 특유의 금제를 실천하고 있다고 가정하자. 만일 시베리아의 경우 전례의 부측거주로부터 독립적으로 발생한 금제의 12개 예로서 대표된다면, 우리는 동시에 그것들이 완전히 블랙풋족의 자료에 대한 부정적 고증을 메우기에 충분할 것이다. 하지만 만일 역사적 연관이 있다면, 12개의 시베리아의 집단은 우리의 의도를 위하여 하나로 축소하여 타일러 박사의 이론과 조화를 이루며 연관이 있는 하나의 사례와 그것에 반하는 하나의 사례를 남기게 된다. 즉, 그 이론은 여전히 증명되지 않은 채로 남아 있게 된다.

이는 타일러 박사의 결론이 수학적 원리를 바탕으로 하였음에도 불구하고, 잘못된 전제 즉, 적절하지 않은 집단선택 때문에 그 실효성이 결여되었음을 보여 주는 것이다. 사실, 우리가 더 큰 집단을 선택하여 분석해 보자면, 그 관계는 부적격한 형태로서 그 가설에 거의 적합하지 않을 것이다. 확실히 시베리아는 부측거주(patrilocal residence)와 며느리와 시아버지 간의 금제라는 두 가지를 가지고 있다. 하지만 오스트레일리아나 남아프리카의 자료 어느 것이든 그 이론과 맞아떨어지는 것은 없다. 두 지역에서 비록 아내는 남편의 부족민에 복종하지만, 이는 시베리아인의 금제가 결여된 것이 아니라 그 반대의 규율 즉 사위금제(son-in-law taboo) 역시 결여된 것이고, 이전의 가설은 오로지 모측거주사회에서 발전될 수밖에 없다. 나아가, 명백하게 주니족과 호피족과 같은 모측거주 종족들(matrilocal tribes)은 서로 관련성이 있는 기피규율(忌避規律; avoidance rule)이 결여되었다는 것은 더욱 주목할 만한 것이다. 반면 히다차족(the Hidatsa)처럼 단지 일시적으로 모측거주를 하는 부족민들에게도 부측거주의 블랙풋족에게서 발견되는 것과 같은 기피규율이 관찰되는데, 이는 확실히 타일러의 이론을 바탕으로 하여 그들 사이에서 널리 전파될 며느리금제가 없는 것임이 분명하다.

여전히 타일러의 해석에 대한 다른 관점도 존재한다. 그는 왜 처부모와 사위 양자가 모측거주의 종족 사이에서 서로 피해야만 하는지, 그리고 시부모와 며느리는 왜 부측거주 종족 안에서 서로 피해야만 하는지를 설명한다. 하지만 기록된 대다수의 사례에서 금제는 이성의 개인들을 제재한다. 몇몇 오스트레일리아 종족들(Australian tribes)에게서 시아버지와 사위 간의 왕래나 시베리아에서 시어머니와 며느리 간의 왕래에는 어떠한 제재도 발생하지 않았다. 그리고 전반적으로 이러한 사례들은 무시될 만큼 너무 흔한 것이다.

그럼에도 불구하고, 모든 사례들을 추측하여 생각해 보면, 필자는 여전히 가치 있는 요소가 존재하는 타일러의 이론을 신뢰한다. 거주(居住; residence)는 의부모 금제를 강제하는 유일한 원인이 아님은 틀림없이 명백한 것이지만, 그 결정요소 중 하나이거나 방해요소를 제거하는 원인으로서 작용하는 것이다. 지금까지 시도된 분석보다 더 우수한 분석은 그 범위에서 부정적 결론으로 도달한 것 이상을 수정할 수 있을 것이다. 여기에서 단순한 제안이 충족된다. 앞에서 열거한 부측거주를 행하는 시베리아 종족들은 남편의 아버지에 대한 기피나 남편의 친족보다 연장의 남자 친족들에 대한 기피가 곁들여져 있음을 보여 준다. 하지만 모측거주를 하는 유카기르족(the Yukaghir)은 확산의 효과로서 전적으로 이해될 수 있는 사실인 부측거주의 시베리아인의 금제를 공유하지 않을 뿐만 아니라, 실제로 사위금제에 따라붙는 갖가지 다른 사항과도 다르다. 독특한 형태의 거주와 그 독특한 금제 사이에 어떤 연관성이 있다는 추론은 이끌어내기 쉽지 않을 것이다.

프레이저(Frazer)의 합리적 제안의 관점에서 의부모(義父母; parent-in-law)에 대한 기피는 많은 속(屬; genus) 중에서 오로지 어느 한 종(種; species)만을 대표하는 특징이며, 그 이해는 우리가 다른 친족관계에 영향을 주는 금제를 조사하고 나서야 비로소 알게 될 것이다.[16)]

16) Jochelson, 1910: 75 seq. Czaplicka: 120, 122, 127, 128. Radloff: 314. 480. Seligmann: 68. Rivers, 1914 (b): 1, 41. Lehner: 426. Reports, V: 142. Howitt: 199, 208, 256, 266. Brown: 157. Junod: 1, 230. Frazer, 1912: 77-81, 84, 95. Spieth: 744. Lowie, 1912: 213; id., 1917 (a): 48, 91. Freud, 1912: 30 seq. Tylor, 1889: 246.

제 3 절 기타의 금제

친족간의 금제(禁制; taboo)를 기록한 모든 자료를 다루는 것은 불가능하기 때문에, 우리가 알아보고자 하는 관습에 대해 충분하게 연구된 몇몇 종족들과 그 제약들을 각각의 경우 부과되는 사회적 관계로 한정시킬 수밖에 없다. 오늘날 가족생활에 있어서 이러한 일정한 규율의 결과는 쉽게 상상이 될만한 것이다.

이러한 측면에서 유카기르족(the Yukaghir)보다 더 나은 종족은 아마도 없을 것이다. 사위와 며느리의 금제는 어디에서나 보인다. 이에 덧붙여 다른 금제가 있는데, 형과 남자동생의 아내, 사촌형과 사촌남동생의 아내, 형과 남자동생의 아들의 아내, 사촌형과 사촌 남동생의 아들의 아내, 남자형제와 여동생의 아들의 아내, 남자형제와 여동생의 남편 사이의 대화를 규율한다. 그리고 혈족(blood-kindred)은 동일하게 이러한 제약에 복종하여야 한다. 남자형제들은 서로 기리낌 없이 사귀어서는 안 되며, 남자형제들과 여자형제들, 여자형제들 서로 간도 마찬가지이며, 이 규율은 사촌 사이에도 마찬가지로 적용된다. 뿐만 아니라 일정한 친족관계가 사람들은 서로의 앞에서 옷을 벗어서는 안 되며, 심지어는 동성의 친족들 간에도 마찬가지이며, 동거와 관련된 어떠한 논의를 해서도 안 된다. 서로 직접적으로 이야기해서도 안 되며, 서로 쳐다봐서도 안 되고, 서로 이름을 부르거나 친족간의 호칭을 불러서도 안 된다.

안다만제도(Andaman Islands)에서 필자는 의부모 금제(義父母 禁制; parent-in-law taboo)의 기록을 발견하지 못했을 뿐만 아니라 그와 유사한 금제도 발견하지 못했다. 중세까지 남자들은 동생의 아내 앞에서 매우 수줍어했고, 결코 중간에 매개자를 통하지 않고는 그녀와 대화를 나눌 수조차 없었다. 다만 형수(兄嫂; elder brother's wife)에 대해서는 이러한 사회적 관계에 대한 이러한 금제가 존재하지 않았다.

멜라네시아인(Melanesian)은 상당히 다양한 친족관계로 인해 조심스럽게 행동을 해야 하는 것으로 규정한다. 그들 사이에서는 남자형제들과 여자형제들

간의 상당히 널리 알려진 금제가 있다. 레퍼스아일랜드(Lepers' Island)에서는 사춘기 소녀가 문신한 다음에 형제자매가 결코 서로 쳐다봐서는 안 되는데, 왜냐하면 여자형제는 집을 떠나서 모계의 아저씨(maternal uncle)와 함께 살아야 하기 때문이다. 만일 형제자매가 우연히 만난다면, 여자형제는 그 길을 피해야 하고 둘 다 서로 쳐다보지 말아야 한다. 그들은 서로 말할 수도 없고, 각자의 이름을 불러서도 안 된다. 만일 남자형제가 그의 조카를 보려면, 혼인한 여자형제는 남자형제가 집 안으로 들어오기 전에 그 집에서 나와야 한다. 옛날에는 피지인(Fijian)들도 유사한 규율을 지켜왔다. 남자형제와 여자형제끼리도 서로 말해서는 안 되며, 같이 놀아서도 안 되고, 같이 밥을 먹어서도 안 되며, 의사소통은 매개자를 통해서만 해야 했다. 더구나 서로 각자의 이름을 불러서도 안 되었다. 뉴아일랜드(New Ireland)에서는 이성의 종형제(從兄弟; cross-cousin)가 친형제(親兄弟; sibling)로 분류되어, 같은 제약이 그들에게도 적용된다. 뱅크스제도(Banks Islands)에서는 친형제간의 금제는 상호농담(mutual jesting)에 인해 규율이 완화되었지만, 대다수의 다른 규칙들이 보고된 바 있다. 즉 아버지와 아들은 함께 식사해서는 안 된다. 남자는 그의 모계 아저씨의 머리 위로 물건을 건네주거나 받을 수 없을 뿐만 아니라 그 아저씨가 지나갈 때까지 기다려야 한다. 아버지의 여자형제(father's sister)는 앞서 설명한 바와 같이 특별한 존경심을 가지고 대접해야 할 뿐만 아니라, 그녀의 이름은 함부로 입에 올려서도 안 되며, 고모들도 조카의 이름을 불러서는 안 된다. 남편은 아내의 이름을 부를 수 있지만, 그와 반대로 여성이 남편의 이름을 부르는 것은 매우 예의 없는 것으로 여겨진다. 의형제(義兄弟; brother-in-law) 사이에서 서로의 이름을 부르는 것도 금지되며, 의자매(義姉妹; sister-in-law)의 경우도 마찬가지이다. 이러한 친족 간에 서로가 농담하는 것은 예의에 반하는 것으로 여겨진다.

아메리카(America)에 이와 관련한 좋은 예가 있다. 크로우족(the Crow)에서도 미개종족들 간에 공통적으로 발생하는 것과 같은 사위금제(son-in-law taboo)가 있는데, 각각 장인과 장모의 형제자매(mother-in-law's and father-in-law's sisters and brothers)뿐만 아니라 아내의 할머니들(wife's grandmothers)까지도 구속한다. 그리고 남편의 형제들 역시 남편의 금제에 복종하여야 한다. 다시 말하면, 아내에 의해 형성된 친척들에 대해서까지 심지어 그들이 그녀의 부모라 할지라도 이 규제가 확장되는 경향이 있으며, 남편의 지위에 의해 형성된 친척들 사이에서도 마찬가지로 이러한 규제가 확장되곤 한다. 나아가 남자는 아내의 남자형제의 아내(妻嫂; wife's brother's wife)를 피해야 하는 경우도 있다. 의형제의 친족관계(relations of brothers-in-law)는 특별하다. 그들은 매우 돈독한 우애를 지니고 있는 사이이며, 농담을 하면서 좋은 기분에 빠지는 사이이기도 하다. 그러나 전적으로 사사로이 외설스럽게 보인다면, 이는 그들만의 문제가 아니며, 만일 그 규율을 위반하는 경우에는 의형제(義兄弟; brother-in-law)가 그를 때릴 수도 있다. 남자는 의형제 앞에서 음탕한 말을 해서는 안 되며, 심지어 그가 다른 개인들과 말할 때도 마찬가지이다. 형제와 자매는 실제 완전히 대화가 차단되는 것이 아니라, 사춘기 이후에는 더 이상 서로에 대해 어떤 감정을 품고 대화해서도 안 되며, 오로지 단둘이 함께 있자고 해서도 안 된다. 만일 우연히 남자가 막사에 들어갔는데, 누이 혼자만 있음을 발견하면 곧 나가야 한다. 크로우족의 통역관은 도덕적으로 해이한 인디언을 꾸짖지 않은 카프카스인(Caucasian)의 무례함을 필자에게 이야기하면서 비웃었는데, 반면 그들 자신은 자매들과 자유로이 말하는 것에 대해 결코 부끄러워하지 않았다. 마지막으로, 남편과 아내는 일반적으로 혼인 후에도 서로 이름을 부르는 것을 피했다.17)

제 4 절 친밀의 특권

회피개념과 정반대인 사교(社交; social intercourse)는 다음과 같은 여러 가지 관습들로 나타난다. 즉 서로에 대한 친숙은 특별한 친족관계에 있는 개인들 사이에서 항상 그러한 것은 아니지만 시시하거나 거친 농담을 다양한 형식으로 인정하고 있으며, 대부분 이를 규정화하고 있다. 친족과 관련 있는 다른

17) Jochelson, 1910: 75. Man: 68. Rivers, 1914 (b): 1, 35-43, 213, 291; 11, 508. Lowie, 1912: 213 seq.; id., 1917 (a): 69, 71, 74.

관습들과 같이 이러한 관습들 역시 최근까지 고의적으로 훼손되지 않은 채 누적되어 생각보다 상당히 많은 정보가 남아 있다. 우리가 제시한 대부분의 자료는 멜라네시아(Melanesia)와 북아메리카(North America)에서 나온 것이다.

숙권제(叔權制; avunculate)는 상당히 중요한 것이면서도, 이러한 각도에서도 관심을 끄는 관습이다. 피지(Fiji)에서의 여자형제의 아들(sister's son)은 단지 그 삼촌의 재산을 아버지의 재산처럼 다룰 수 있을 뿐만 아니라, 쓸데없이 삼촌 소유의 돼지를 죽이거나 그냥 재미로 삼촌의 농원을 파괴할 수도 있다. 다른 한편 삼촌의 종족과 다른 집단 간의 물물교환시, 삼촌의 아들들보다 훨씬 우월한 지위에 있곤 한다. 삼촌의 아들들은 자유롭게 그를 때릴 수 있지만, 그의 재산을 회수해서는 안 된다. 위네바고 인디언(Winnebago Indians) 사이에서도 역시 이러한 행동이 가능하며, 조카는 그의 외삼촌(his maternal uncle)의 소유물을 범접할 수 있다. 통가족(the Thonga) 여자형제의 아들은 외삼촌이 먹을 음식을 먹고, 호텐토트족(the Hottentot)은 필요할 경우에만 외삼촌이 그의 조카의 재산을 이용할 수 있는 반면, 반대로 조카는 자유롭게 외삼촌의 손상되지 않은 재산을 가지고 그 스스로를 위하여 사용할 수 있다.

특권적 친밀에 대해 입증 가능한 사례 중 하나는 플랙풋족(the Blackfoot)과 크로우 인디언(Crow Indian) 중에서 의형제(義兄弟; brother-in-law)와 의자매(義姉妹; sister-in-law) 사이의 친밀이다. 그들 사이에서 친족관계를 이유로 음탕한 언어사용이 자유로웠으며, 이에 대한 규제도 없다. 행동과 관련하여, 중년의 크로우족의 남자가 그의 처형과 처제들 사이에서 예의를 갖춰 장난치는 것을 보았는데, 그들은 체면을 생각하지 않아서 필자에게는 충격이었지만, 서로가 남자의 아내와 성인아들의 존재에 대해 거의 개의치 않았다.

좀 유별난 특징은 크로우족(the Crow)과 히다차족(the Hidatsa)의 농담관계이다. 여기에 포함되는 사람은 더 이상 친족관계(kindred)에 있지 않은 사람이거나, 단순히 동일 종족 내 일파에 포함된 조상의 자녀들이다. 이들 집단 내부에서 승낙 여부는 혼란스럽다. 어떤 구성원은 다른 사람에게 속임수를 쓰기도 하고, 어떤 구성원들은 완벽한 면책을 즐기기도 한다. 그러나 친족관계는 좀더 다양한 기능을 가지고 있다. 농담하는 남자(man's jokers)는 또한 그의 도덕적 검열관(道德的 檢閱官; moral censors)이기도 하다. 만일 어떠한 방법에서건 윤리적 혹은 예법적인 부족규칙을 어기는 농담을 하였다면, 그러한 농담을 한 사람은 대중 앞에서 갑자기 곤경에 처해 큰 비웃음거리가 된다. 그러면 너무 부끄러워 고개를 들 수 없게 될 것이다. 그에게는 그것을 만회할 기회조차 주어지지 않는 것이 보통이다.

특권적 자격(特權的 資格; privileged license)은 다른 친족관계와 관련하여 멜라네시아(Melanesia)에서 보고된 바 있다. 피지에서도 마치 조카가 외삼촌(maternal uncle)의 재산에 대해 접근하는 것과 같이 한쪽 종형제가 상대편 종형제의 소유물을 무단으로 사용할 수 있다. 소유물의 소유자인 사촌은 무례하게 사용하는 사촌을 꾸짖을 수는 있지만, 자신의 소유물을 회수하는 것은 불가능하다. 왜냐하면 이와 같은 것은 교양 없는 행동으로 취급되기 때문이다. 심지어 이성의 사촌 간에도 서로 버릇없이 행동할 수 있으며, 그들의 성적 교제도 묵과되기도 하였다. 사촌 간에 서로 욕을 하는 것도 허용되었으며, 이는 괘씸한 것으로 여겨지지는 않았다. 뱅크스세도(Banks Islands) 곳곳에서는 의형제(義兄弟; brother-in-law)와 의자매(義姉妹; sister-in-law)가 비록 평원인디언(Plains Indians)이 보여주는 정도까지는 아니지만, 다소 난잡한 장난에 빠지더라도 일정한 성적 관계는 회피된다 어쨌든 뱅크스제도인 사이에서는 아버지의 여자형제의 남편(father's sister's husband)에 대한 권위가 가장 높았으며, 계속적으로 그를 받들고 그가 하는 대로 따라 한다.[18)]

제 5 절 금제와 허가

전세계의 여러 지역에서 수집하여 인용된 금제의 예와 허가의 예를 통한 프레이저 박사(Dr. Frazer)의 주장, 즉 모든 규제들과 의부모 제재(義父母 制裁; parent-in-law restriction)를 구별하여 논의하는 것이 부당하다는 주장을 충분히 정

18) Hocart, 1915; 641; id., 1913: 101. Lowie, 1912: 204, 215; id., 1917 (a): 42, 79. Rivers, 1914 (b): 1, 40, 45 seq.

당화하였다. 분명 이러한 금제는 단지 혈연(血緣; blood)이나 혼인(婚姻; marriage)에 의해 형성되는 친족간의 사회적 행동을 규율하는 관습보다 더 넓은 범위에서 작용하는 특별한 형태 중 하나이다. 모든 금제나 특권적 지위는 공통적인 심리적 기초를 갖고 있는데, 그것은 거의 있을 수 없는 불가능한 가정을 기초로 한다. 의자매(義姉妹; sister-in-law)의 친밀함을 허락하는 크로우족(the Crow)의 관습은 심각하면서 재미있는 요소가 포함된 친족관계라는 현상과는 근본적으로 다른 것이라는 점은 이미 논의할 필요조차 없을 만큼 명백한 것이다. 이번에는 확실히 인용되었던 모든 자료를 포함하는 이 이론을 그만두려고 한다. 특정지역의 규제는 전체적 문화에 대한 결과로 보일 수 있을 것이며, 이러한 조사에서부터 나온 해석이 어떤 것이든 간에 다른 지역으로부터 발생하는 결과와 일치하는지를 비교해 보기로 한다. 우리가 확보한 자료가 여전히 충분하지 못하기 때문에, 정확한 설명을 하는 것은 현재까지도 어려운 실정이다. 그럼에도 불구하고 어떤 추론은 상당히 단호하게 결정될 수 있을 것이다.

미세하게 얽힌 것에 대한 일반적 원리를 도출할 때, 우리는 최선을 다해 단순한 사례들을 가지고 풀어나가기 시작할 것이다. 대다수의 규율에 대한 경쟁을 강요하지 않았던 곳은 아마도 다양한 동기 때문이기는 하지만, 그 곳에서는 금제사항들이 거의 없었고, 몇 가지 남아 있는 것들조차 대부분 관습과 관련될 수 있는 것들이다. 이러한 예는 안다만제도(Andaman Islands)에서 찾아볼 수 있다. 금제와 관련한 기록에서 남자와 그의 동생의 아내 사이에서의 사회적 관계에 대한 금제를 찾아볼 수 있지만, 남자와 그의 형의 아내 사이의 근친상간(近親相姦; intercourse)에 대한 금제는 발견되지 않았음을 알 수 있었다. 이러한 예는 시동생형제연혼(媤同生兄弟緣婚; Junior Levirate)으로 알려진 현존하는 혼인형태와 직접적인 관련이 있는 것이다. 이와 관련하여 적어도 스턴버그의 미출판 길랴크족의 자료(Sternberg's unpublished Gilyak Data)에 기초한 골든와이저 박사(Dr. Goldenweiser)와 오세아니아(Oceania)에 대한 조사결과로서 리버스 박사(Dr. Rivers)에 의해 채택된 좀더 일반적인 형태의 결론과 보조를 맞추는 사회적·성적 제재(社會的·性的 制裁; social and sexual restrictions)라는 원리로 소개할 수 있다. 필자는 "자격이 부여된 친밀감은 주로 잠재적 배우자간에서 획득되는 것이다"라는 말로 이를 보충하고 싶다.

이제 우리는 몇몇 멀리 떨어진 지역에서 발견되는 증거를 가지고 이러한 제안을 검증해보기로 하자. 크로우족은 친형제(親兄弟; sibling) 간의 친밀에 있어서 일정한 제재가 있는데, 그들 간의 혼인은 두말할 필요도 없이 불가능하다. 그리고 남자와 그의 남자형제의 아내 간에는 자유로이 표현할 수 있으며, 형제연혼(兄弟緣婚; levirate)에 의해 그녀를 상속받을 수 있다. 또한 남자와 그의 아내의 여동생 간에도 자유로운 교제가 허용되는데, 그 역시 자매연혼(姉妹緣婚; sonorate)에 의해 아내의 여동생을 취할 수 있었기 때문이다. 멜라네시아(Melanesia)에서도 그와 유사한 관계로 인해 당사자들이 원하거나 그러하지 않거나 그들을 구속하였다. 즉 이성의 친형제들 간에는 서로 피해야 했지만, 의형제나 의자매는 가깝게 지냈다. 남아프리카(South Africa)에서 그러한 규제의 금제는 아직 확실히 보고된 바 없으나, 그를 인정할 수 있는 확정적인 증거가 있었다. 통가족의 여성(Thonga woman)은 언젠가는 혼인할 남편의 남동생과 자유로운 관계에 있었지만, 남편의 형과는 결코 혼인을 할 수 없었기 때문에, 자유롭게 지낼 수 없었다. 안다만제도(Andaman Islands)의 경우 이보다 더 단순하다. 하지만 아내는 자매의 아들이 상속받았고, 조카는 그의 외숙모(his maternal uncle's wife)와 심지어 외삼촌이 살아있는 동안에도 자유로이 접촉할 수 있었다. 결국 통가의 남자는 처형은 자신의 배우자가 될 수 없기 때문에 기피하여야 했지만, 제2의 아내가 될 수 있는 처제와는 매우 자유롭게 지낼 수 있었던 것이다.

이와 관련하여 필자는 시베리아인들(Siberian)의 의부모 금제(義父母 禁制; parent-in-law taboos)에 대한 사례를 덧붙여 설명하고자 한다. 이곳의 특별한 금제에 따르면, 남편의 아버지와 남편의 형을 비슷하게 취급하였다. 여성은 이들과 우연히 만나게 되면 피하거나 우회하여 돌아가야만 했다. 나아가 유카기르족(the Yukaghir)을 제외하고는 장모와 사위 사이에는 금제가 존재하지 않았으며, 며느리와 시어머니 사이에도 어떠한 규제도 존재하지 않았다. 만일 우리가 '의부모 금제'를 본질적으로 시동생형제연혼에 바탕을 둔 의형제 금제(義兄弟 禁制; brother-in-law taboo)와 같다고 생각한다면, 많은 시베리아의 종족들이 안다만제도의 관습을 공유하는 것이라 할 수 있다. 시아버지에 대한 규제는 다른 시베리아의 종족에게서도 공통적으로 보이는데, 이는 친족분류에 있어서 순수하게 손위라는 것에 대한 중요성이 같은 세대에서는 그 차이가 무시된다. 따라서 보탸크족(the Votyak)은 말하는 사람보다 나이가 많은 남자 친족을 지칭하는 용어가 하나였으며, 유카기르족 역시 시아버지와 남편의 형을 동일한 명칭으로 표시한다. 필자의 가설을 바탕으로 왜 시베리아인은 세계 곳곳에서 쉽게 찾아볼 수 있는 금제가 존재하지 않는지를 충분히 설명할 수 있을 것이다. 시어머니는 남편의 형제에 의한 며느리의 상속이 존재하는 곳에서 중요하지 않다. 뿐만 아니라 형제연혼은 사위와 장인이라는 친족관계의 위치에 영향을 미치지 않는다.

시베리아인의 예는 다른 각도에서 보면 흥미롭다. 즉 상근진화(相近進化; convergent evolution)의 가능성을 알게 해 준다. 시베리아에서 그 원인이 이어지는 것은 형제연혼은 의자매와 남편의 형 사이에서의 금제, 시아버지를 남편의 형과 동일시하는 것으로 회피의 범위가 그 이전보다 확대된다. 어시니보인족(the Assiniboin)에게서는 며느리와 시아버지의 회피 역시 보고된 바 있지만, 이들의 시동생형제연혼도, 남편의 형과 시아버지를 동일시하지 않았다. 따라서 금제에 대한 역사로 말하자면 키르기즈족의 금제와는 구별되는 것이었다. 따라서 다양한 발전의 양상을 취하면서 동일한 결론에 다다르게 된 것이라고 보아야 할 것이다.

주된 주장으로 되돌아가 다시 한번 검토해보기로 하자. 상호관계의 진실성 위에 자리하는 것, 즉 사회적 그리고 성적 금제들 간 또한 사회적 허락과 성적 관계가 가능한지에 대해 알 수 있을 만한 증거를 찾아볼 수 있다. 하지만 동일한 성별의 구성원들에 대한 금제로 다음과 같은 것이 있었는데, 이는 우리가 경험하는 모든 현상을 충분히 설명할 수 없다. 시베리아인의 경우와 같이, 일정한 규율은 한 사람이 다른 사람과 친족관계를 맺는 것으로부터, 그 주장을 뒷받침할 만한 특별한 증거가 존재하는 때에 확장되는 것이라는 주장은 가능하다. 어찌되었건 같은 성별을 가진 구성원들 사이에 존재하는 모든 금제는 이성의 사람에게 영향을 미치는 금제의 범위 밖에서 발생하는 것이라는 프레이저 박사의 노동집약적 가설(Frazer's labor-saving assumption)에 만족할 수 없으며, 이러한 가설은 확실히 파슨스 박사(Dr. Parsons)에 의해 부인되었다. 전체적인 해석은 도덕적·문화적 상황에 있어서 특별한 종족의 모든 금제에 대한 철저한 연구를 좋아하는 역사가에게는 관심 밖의 일이었다.

이와 관련된 부분은 일시적으로 그의 머리에 떠오르기 전에 잊혀졌다. 만일 사회적 그리고 성적 금제들 간의 경험적 상관관계가 존재한다면, 왜 그것이 존재하는 한 그러한 관계에 대한 프레이저의 심리학적 해석(Frazer's psychological interpretation)이 그대로 들어맞지 않는 것일까? 왜 사회적 친족관계에서 제재를 받는 개인들 간의 성적 교섭은 하지 말아야 하는 것으로 확신되는 것일까? 이 물음에 대해 필자의 대답은 근친상간(近親相姦; intercourse)은 금제보다는 근본적 본성이라는 다른 요소들에 의해 금지된다고 생각한다. 만일 형제와 자매 간 근친상간의 두려움이 본능적인 것이라면, 홉하우스(Hobhouse)와 더불어 필자가 확신한 바와 같이, 어떠한 사회적 제재도 본질적인 혐오에 대해 강요를 요구할 필요까지는 없기 때문이다. 하지만 가설이 필요하다면, 근친상간을 금하는 매우 기본적인 사회규범을 들 수 있을 것이다. 필자는 오스트레일리아에서 혼인법(婚姻法; matrimonial law)이라는 것을 발견하였는데, 이 법을 위반한 경우에는 비록 복잡한 근친상간이라고 간주할 만한 것이 없는 경우에도 사형(死刑)에 처해졌다. 또한 남자는 오로지 특정한 집단에 속하는 여성, 말하자면 외삼촌의 딸과 혼인하여야 했다. 멜라네시아 대부분 지역에서는 종족이 이족집단(異族集團)으로 분류되면, 모든 동기간(同氣間)들은 동일한 집단에 포함될 수 있다. 이와 같은 조건에서 남자가 그의 여자형제와 혼인하는 것은 결코 용납될 수 없는 것이다.

지금까지 논의된 대부분의 경우 시동생형제연혼(Junior Levirate)이나 자매연혼(sororate)에 의해 영향을 받았으며, 그 심리적 해석은 단순한 것이라 생각된다. 관습은 생물학적으로 가능한 배우자이자 사회학적으로 배우자가 될 수 있는 자와 생물학적으로는 가능하지만 사회학적으로 배우자가 될 수 없는 자로 나누어 규율하였다. 그러므로 자연히 그 태도에 있어서 차이점이 존재할 수밖에 없다. 전자는 허가여부에 따라서 변화될 것이고, 후자는 회피를 비약하여 고상한 것처럼 여길 것이다. 어떠한 친족 사이에서는 확실히 근친상간으로 확립된 규제가 있으면, 계속적으로 금제를 강요하지 않을 뿐만 아니라 이는 인위적으로 확대된 근친상간의 두려움에 대한 자연적인 부산물이라고 생각할 수 있다. 심지어 동떨어진 어떠한 논설을 성적 결합이 양산하는 혐오감과 이 마음의 형태가 완전한 근친상간의 단절을 이끌 것이라고 제안하기도 한다.

하지만 필자는 더 이상 의부모 금제(義父母 禁制; parent-in-law taboo)는 항상 또는 간혹 이성의 구성원들과 동세대의 구성원들에게만 영향을 미치는 금제를 가지고 있는 범주에서 동일하게 발생하는 것이라고 확신하지 않는다. 예컨대, 크로우족(the Crow)은 장모와 사위뿐만 아니라 장인과 사위, 그리고 두 명의 의형제들 간에도 근친상간을 금하기 때문이다. 사람들은 조금도 그들의 신화 안에 깃들어진 총체에 대항하지 않았고, 일상대화에서도 아내의 자매들에 대해서 집단적으로 강요되는 행동을 함에 있어서 신중하여야 한다. 이러한 특징은 또한 블랙풋족(the Blackfoot)과 아라파호족(Arapaho) 사이에서도 발견된다. 이는 우리가 가진 빈약한 자료로부터 상상되는 것보다 더욱더 공동적으로 발견되는 것으로 판명되었다. 북아메리카(North America) 지역에 대하여, 우리는 다음과 같은 것을 발견할 수 있었다. 충분히 보유할 수 있는 것 중의 하나인 기본적 감정은 나이 여부를 불문한 것으로, 장모기피에 있어서 자연적으로 그 감정이 증대되는 세대와 성별에 있어서 차이점으로 아내의 가족의 구성원에 대해 주장되는 것이다.

어떤 지역에서 모든 금제에 대한 관찰의 필요는 특히 이름금제(name taboo)와 관련하여 명백하다. 원시사회에서 미신에 의존하여 이름을 짓는 것을 살펴보면, 주로 일상적으로 사용하는 혈족용어(血族用語)를 활용하였다. 혈족관계와 관련한 이러한 금제의 존재가 큰 곤란을 주는 것은 아니지만, 그 이름이 금제되는 것을 주의해야 함은 당연한 것이다. 토다족(the Toda)의 경우 남자는 결코 장인과 장모의 이름을 불러서도 안 되며, 그 조부모의 이름을 말해서도 안 되고, 오로지 아내의 이름만 불러야 했다. 이러한 금기는 특별한 의부모 금제라고 말할 수 없고, 성적 규제와도 관련이 있다고 할 수 없다. 이와 같은 해석은 크로우족에 대해서도 마찬가지이다. 부부는 서로 당연히 이름을 부르지 말아야 했다. 멜라네시아인들 사이에서 남편은 그의 아내의 이름을 부르는 것이 허용되지만, 그 반대로 아내가 남편의 이름을 부르는 것은 허용되지 않았다. 리버스 박사(Dr. Rivers)의 정보제공자에 의하면 이는 여성폄하(女性貶下; female inferiority)의 징표로서 그럴듯하게 설명된다. 특히 친족간에 이름을 부르는 것을 금지하는 것은 자칫하면 완벽한 오역이 발생할 수도 있다. 만일 단지 그것이 금제를 따랐기 때문이라면, 우리는 지구의 반대편에서도 동일한 사회에서 다른 친족들 간의 이름을 사용하는 데 있어서, 그에 상응하는 또 다른 제약이 있을 것임을 예상할 수 있다. 이것은 특별한 지역에 대한 철저한 연구와 그 다음에 서로 다른 지역을 되는 대로 현재 비슷한 비교가 아니라 실제로 비교함으로써, 회피의 규율들의 의미를 밝히는 것을 기대할 수 있을 것이다.

조사를 이처럼 철저히 한 것은 또한 합리적으로 기대되는 금제가 존재하지 않았음을 설명해 줄 수 있을 것이다. 예컨대 왜 카리에라족(the Kariera)에서는 사위와 장인 사이에 금제가 존재하지 않는가와 같은 문제를 설명할 수 있을 것이다. 필자는 그 이유를 완전히 안다고 단언하지는 못하지만, 그 설명을 구하는 방향은 언급될 만한 가치가 있다고 본다. 남자의 장인은 보통 그의 모계 아저씨(maternal uncle)이고, 카리에라족의 백숙부(伯叔父; avuncular)의 유대관계라는 개념은 회피를 불가능하게 한다는 사실을 알게 할 수 있는 것이다. 이 설명은 물론 카리에라족과 혈족에 대한 그들만의 개념을 포함하는 이러한 종족들에 의해 제한될 것이다. 어쨌든 우리가 금제의 근원을 알려고 한다면, 금제를 계속하여 철저히 지켜온 그 민족문화의 뿌리를 알아야 함은 명백하다. 그리고 만일 그 금제를 모든 지역의 문화로부터 찾으려 한다면, 신중하게 이를 조사를 하여야 한다. 문화적 현상의 이해에는 왕도가 없다.[19]

제 6 절 매개호칭

에웨족(the Ewe)의 어린 아이가 태어나면, 부모는 더 이상 그들의 이름으로 부르지 않고, 누구의 아버지와 어머니로서만 불리게 된다. 예컨대, "코플라

19) Goldenwiser, 1910: 251. Rivers, 1914 (b): 1, 223 et passim; id., 1906: 494. Junod: 1, 228-236. Parsons: 282.

(Komla)의 아버지나 어머니"라고 불린다. 자녀의 이름으로 부모(또는 다른 친족)의 이름을 명명하는 것에 대한 관행은 처음에는 타일러 박사(Dr. Tylor)에 의해 개념화되고 알려졌는데, 그는 그리스어의 파생어인 테크노니미(teknonymy)라는 말을 이 신기한 현상에다 붙였다. 앞서 살펴보았던 통계적 방법을 적용하여, 다음과 같은 사실 즉 매개호칭(媒介呼稱; teknonymy)은 모측거주(matrilocal residence)의 규칙과 관련 있을 뿐만 아니라 사위금제(son-in-law taboo)와도 관련이 있다고 추측하였다. 그가 판단하기에 사위는 이방인이기 때문에 아내의 가족으로부터 소외되었으나, 아내와의 사이에서 태어난 아이의 아버지이기 때문에 아내의 가족으로서 지위를 얻는 것이고, 따라서 그는 아이의 이름을 따서 불린다는 것이다.

타일러 박사는 자녀의 이름으로 부모를 명명하는 예로 단 세 종족 즉 남아프리카의 베추아나족(the Bechuana of South Africa), 아삼의 카시족(the Khasi of Assam), 캐나다 서부의 크리족(the Cree of Western Canada)을 들었다. 매개호칭(媒介呼稱; teknonymy)이 지구상에 널리 퍼져있음은 명백하다. 그리고 프레이저 박사(Dr. Frazer)에 의해 오스트레일리아와 뉴기니(New Guinea)에서, 멜라네시아, 중국과 북시베리아에서, 아프리카의 다양한 반투 종족들(various Bantu tribes of Africa) 간에서, 북브리티시 콜롬비아(Northern British Columbia)에서, 과테말라(Guatemala)와 파타고니아(Patagonia)에서도 그 존재가 증명되었다. 심지어 그가 작성한 목록은 부분적으로 누락된 점이 있는데도 불구하고, 사용가능한 보고서에서 찾아볼 수 있었기 때문에 두드러져 보였다. 예컨대, 안다만제도의 신할리스족(the Sinhalese) 농부들과 헤네베다베다족(the Henebedda Vedda) 사이에서 그 관습은 눈에 띄는 것이었으며, 아무르강(Amur)의 골드족(the Gold) 여성들은 항상 남편을 "누구누구 아빠"라고 불렀다. 매개호칭은 피지와 멜라네시아의 다른 지역에서도 발견되었으며, 아메리카의 여러 지역에서도 발견되었다. 쥬니족(the Zuñi)과 호피족(the Hopi) 사이에서 그와 같은 용어사용의 유행은 비할데 없다. 호피족 여성들은 그녀의 시어머니를 "누구누구의 할머니"라고 불러주었고, 그녀의 시아버지 역시 그렇게 불렀다. 남자는 그의 의부모에 대한 호칭을 이와 같이 할 수 있다. 필자의 해석으로는 아내를 "누구누구의 어머니"라는 자격에서 제외하고, 그녀의 자식들 중 누군가의 이름으로 부르려는 것은 결코 아닌 것 같다. 이번에는 그녀가 그에게 매개호칭을 주었던 것이다. 즉 종종 아이가 없는 남자는 "누구누구의 삼촌"이라고 불리던 것이 바로 그것이다.

현재 지식을 바탕으로 조명해보자면, 타일러 박사(Dr. Tylor)의 해석은 지지될 수 없는 것으로 보인다. 왜냐하면 아버지는 물론이고 어머니도 그녀의 아이의 이름으로 불릴 것을 예상하지 못하였기 때문이다. 만일 모측거주(母側居住; matrilocal residence)와 관련이 있다고 가정한다면, 오스트레일리아인이나 멜라네시아인, 그리고 오로지 몇 개의 보기로 인용된 골드족(the Gold)은 부측거주(父側居住; patrilocal residence)라고 할 수 있다. 다른 한편, 모측거주(母側居住; matrilocal residence)의 쥬니족(the Zuñi)과 호피족(the Hopi)에게서 매개호칭을 사위금제의 대안으로 취급하는 것은 불가능하다. 왜냐하면 여기서는 어떠한 금제도 존재하지 않을 뿐만 아니라 아버지 주변의 다양한 친족관계는 그 아이들로부터 명명되어지기 때문이다. 따라서 두 가지의 가정 중 그 어떠한 것도 적당한 것이라고 할 수 없다.

어떻게 하면 좀더 합리적인 가설로 발전시킬 수 있을까? 우리는 포괄적 이론을 부인하고, 우리 스스로가 매개호칭(媒介呼稱; teknonymy)을 그 발현에서 이해하는 것이 좋을 것이다. 무엇보다도 중요한 것은 누가 누구에게 매개호칭을 주는가 하는 것이다. 골드족의 아내는 남편을 매개호칭을 사용하여 불러야 했지만, 반면 남편은 아내의 이름을 부를 수 있었다. 아이가 태어나기 전이라면 그녀는 남편에 의해 지칭될 수밖에 없다. 이러한 현상과 관련하여 우리는 다음과 같은 사실을 알 수 있다. 형제는 그의 여자형제 이름으로 부르고, 그녀에게 그와 유사한 특권이 없는 한, 골드족 사이에서는 여성이란 성은 매우 낮은 위치를 차지하고 있었던 것이다. 이들 종족에서 매개호칭은 여성의 낮은 사회적 지위를 반영하는 것이며, 여성이 그녀의 이름으로도 친족용어로도 그녀의 남편에게 속하지 않는 것은 어쩌면 이러한 곤란함에 대한 당연한 해결책이다. 명백히 매우 다른 사례를 호피족 사이에서도 찾아볼 수 있다. 매개호칭에 대한 풍부한 활용은 특히 인척에 의한 친족관계에 있어서 뚜렷하다. 그리고 호피족의 어휘에서 정확하게 이러한 친족관계에 대한 단어의 두드러진 결핍이 나타나는 일은 거의 일어나지 않는다. 그러므로 여기서 매개호칭은 다른 표현이 결여된 개인에 대한 표현 제공의 필요성에 맞추어 발전되었다고 할 수 있으며, 그 다음으로 어떠한 특별한 상황으로 바뀌게 된 것이다. 간단히 말하면, 매개호칭은 상근진화(相近進化; convergent evolution)의 경우에 다시 붙여지며, 그의 다중적 원천은 특별한 조건에서 찾아야 할 것이다. 아직까지도 다른 해석이 앞서 언급한 현상과 관련하여 제시되고 있다.[20]

20) Tylor, 1889: 248. Spieth: 217. Frazer, J. G., 1911: 331-334. Man: 61. Seligmann: 65. Laufer, 1900: 320. Rivers, 1914 (b): 1. 230, 279. Lowie, 1917 (a): 92. Kroeber, 1917: 72.

제 6 장

혈 족

어디에서나 볼 수 있는 가족 외에 우리는 흔히 원시사회(原始社會, primitive society)에서 다음과 같은 단위체형태(單位體形態; type of unite)를 발견할 수 있다. 그것은 혈족관계(血族關係; kinship)에 기초하여 형성된 가족과 유사하지만 다른 한편 일반적인 가족과는 근본적으로 차이가 있는 그러한 유형의 집단이다. 필브릭 교수(Professor Philbrick)와 마찬가지로 필자는 이 집단을 제법 괜찮은 앵글로색슨의 말인 혈족(血族; sib)으로 부르고자 한다. 왜냐하면 우리의 주제와 괴리된 명명법(命名法; nomenclature)에 있어서 무의미한 혼란은 단호히 새로운 단어를 요구할 뿐만 아니라 이 단어는 그 유혹적인 간결함과 음성적 상징에 의해 유사한 것으로 기억되기 때문이다.

혈족(血族; sib)(영국의 인류학자들이 말하는 'clan')은 매우 간단히 말하자면 부모 중 한쪽의 혈족만으로 구성된 집단으로 정의된다. 가족은 쌍방적인 면을 갖고 있으며, 다음과 같이 말할 수 있다. 어떤 가족에 속한 개인은 아버지로서의 일정한 사람과 어머니로서의 일정한 사람과 맺어진 친족관계를 그가 인식하는 것이다. 혈족은 양쪽을 서로 완전히 배제하고, 부모 양자를 통한 친족관계(親族關係; kinship)를 규명하는 것이다. 만일 종족(宗族; tribe)이 어머니의 혈족으로 구성된 것이라면(대부분의 아메리카 인류학자들은 이를 clan으로 부른다), 성별을 불문하고 모든 자녀는 어머니의 혈족의 구성원에 포함되고, 자녀는 모계혈족의 이름(maternal sib name)을 취하게 된다. 만일 그 종족(宗族; the tribe)이 아버지의 혈족으로(대부분의 아메리카 인류학자들은 이를 'gentes'로 부른다) 구성되었다면, 모든 자녀들은 아버지의 혈족에 따르고 부계혈족의 이름(father's sib name)을 취하게 된다. 부모 중 다른 일방의 혈족은 아무런 의미가 없기 때문에, 마치 스페인을 제외한 나머지의 유럽국가처럼, 어머니는 단지 그 가족이름의 매개자로서 간주되고 경시된다. 만일 어떤 남자와 여자가 조상 대대로 공통적으로 부성제(父姓制; patronymic)를 취하여, 스미스(Smith)라는 이름을 물려받고, 모든 브라운이라는 이름을 가진 자들과 존이라는 이름을 가진 자들과 구분되는 일정한 사회집단에 소속되었다면, 그들은 당연히 혈족을 형성하고 있다고 할 수 있다. 만일 다른 이들이 그러한 이름으로 불리는 것이 거절된다면, 그 이유는 혈연에 의해 맺어진 사람들인 스미스 집안과 관련된 어떤 연결이 없기 때문이다. 상속에 있어서도 가장 가까운 친족인 스미스라는 이름을 가진 자들이 브라운이라는 이름을 가진 자보다 우선할 것이다. 설명을 위해서 우리는 스미스라는 혈족은 확실한 혈연적 친족관계(血緣的 親族關係; blood relationship)에 바탕을 둔 사람들이라고 가정할 수 있다. 이처럼 혈족은 모든 그의 아들들과 혼인을 하지 않은 딸들, 그리고 아들의 아들과 혼인하지 않은 딸들, 그리고 기타 등등 무한할 뿐만 아니라 스미스의 모든 조상을 포함하는 것이다. 이러한 집단을 전형적인 기초적 혈족으로 전환하기 위해서 단 하나의 조건이 요구된다. 즉 전적으로 출생에 근거하고, 혼인에 의해 좌우되지 않고 혈족에 가입되는 것이다(입양의 경우는 제외). 그러므로 부계혈족은 남자 조상과 그의 아들과 딸 그리고 그 남계자손(男系子孫)을 포함한다. 마찬가지로, 모계혈족은 여자 조상과 그녀의 아이들과 그녀의 여계자손(女系子孫)의 아이들로 구성되는 것이다.

앞서 본 바에 의하여 가족과 혈족 간의 커다란 차이가 발생한다. 가족은 자유로운 집단이지만, 혈족은 고정적 집단이다. 이혼(離婚; divorce)과 이주(移住; migration)로 인하여 가족은 뿔뿔이 흩어지게 되었지만, 혈족유대(血族紐帶; the sib bond)는 영속적이다. 이와 같은 특징은 물론 앞장에서 후파족(the Hupa)에 대해 기술한 부분에서 충분히 설명한 바 있다. 부측거주(父側居住; patrilocal residence)를 통하여 자녀는 아버지의 고향에서 자라지만, 딸은 혼인을 하면 그곳을 떠나야 한다는 사실을 알 수 있었다. 그러므로 딸들이 혼인하기 전까지 그 자녀들이 구성원이 되는 것은 부계혈족(父系血族; patrilocal sib)의 핵심을 이루는 것이며, 동시에 이러한 관계는 공동생활을 통해 유지된다. 하지만 족외혼(族外婚; local exogamy)때문에, 집단의 결속력을 강화시켰던 이러한 규율이 소녀들의 혼인에 의해 그 불완전한 해체를 발생시켰다. 여성은 혼인을 하면, 그녀의 생각이 어떻든 간에, 남편이 사는 곳으로 옮겨가게 되는데, 그 이후에는 더 이상 예전과 동일한 사회집단의 구성원이 아니었다. 다른 한편, 남편이 아내에게 복종하는 이례적 경우는 보통의 경우와 달리 자녀들이 어머니의 촌락에 소속되었다. 그러나 만일 후파족이 부계혈족으로 구성되었다면, 혼인한 여자도 아내에게 복종하는 남자의 자녀들도 그들의 부계혈족과의 관계를 상실하게 될 것이므로, 거주라는 사실은 따라서 무의미하게 된다. 그리고 아이가 출생하면 자동적으로 아버지의 이름을 받게 되고, 죽을 때까지 그리고 만일 남성이라면 그것을 그의 자식에게 물려줄 때까지 아버지의 이름을 계속 유지할 것이다.

결론적으로 혈족은 혈연관계(血緣關係; blood-kin)인 친족 가운데 반을 제거한 뒤에 인정되는 친족관계로 본다면, 가족보다도 더 넓은 범위를 포함한다고 할 수 있다. 우리의 사촌 중 1/3이니 1/4은 아마도 가족의 구성원으로서의 역할을 담당하지 못할 것이다. 하지만 혈족유대의 불변성(血族紐帶의 不變性; fixity of the sib bond)에 의해 심지어 매우 먼 친족(親族; kinsman)이라 할지라도 여전히 동일한 혈족집단의 구성원으로 인정되며, 이는 모든 구성원이 탄생에 따른 호칭부여에서 상당히 공통적으로 의도하는 바이다. 따라서 혈족으로서의 자격 인정여부는 의심의 여지가 없는 것이다. 공동체의식의 확립은 친족용어(親族用語; terminology of kinship)에서 반영된다. 보통 동일한 세대의 혈족동기간(血族同氣間; sib-mates)을 혈족일원(血族一員; siblings)라고 부르고, 이름에 대한 본질적 태도가 그들에게 부여된다. 이로 인해 혈족동기간의 혼인은 근친상간(近親相姦; incestuous)이 된다. 따라서 우리는 혈족의 가장 공통된 특징 중 하나로서 족외혼(族外婚; exogamy)의 법률을 발견하게 된다. 혼인은 다른 혈족과 해야 한다는 감정적 강박은 매우 다양하게 나타난다. 오스트레일리아(Australia)에서 족외혼의 규율은 너무나 당연한 것이어서, 이에 위반하는 남성 혹은 여성은 단호히 죽음에 처해졌다. 비록 멀리 떨어진 곳에 살고 있는 이방인이라 하더라도 비슷한 이름을 사용하는 종족과는 혼인할 수 없었는데, 이는 확실한 혈연의 여부가 의문시되는 경우에도 마찬가지이다. 전반적으로 북아메리카(North America)에서는 이러한 시원적 반응이 좀더 완화되어 있다. 크로우족(the Crow)은 이러한 규율을 위반한 자를 개와 비교하며 조롱하지만, 직접적인 처벌을 가하지는 않았다. 마찬가지로, 이로쿼이족(the Iroquois)은 근친상간(近親相姦; sib incest)에 대한 어떠한 두려움도 명시하지 않지만, 그것을 위반한 경우 사람들로부터 조롱당하는 것보다 더 고통스러운 것은 없었다. 반면 미워크족(the Miwok)은 스스로 혈족내부에서 족내혼(族外婚; marrying within the sib)의 부당함을 지적하는 정도에 만족할 뿐이었다. 그러나 비족외혼집단(非族外婚集團; non-exogamous unions)이 일깨우는 영벌(永罰; Reprobation)이라는 특징을 무시한다면, 우리는 족외혼은 가장 보편적인 혈족의 특징 중 하나라고 말할 수 있을 것이다.

이미 설명한 것처럼, 혈족동기간에 친족이라는 감정은 특별한 형태의 친족명명법(親族命名法; kinship nomenclature)에 의해서 이루어지고, 한 세대의 가장 멀리 떨어진 친족들조차도 서로를 혈족일원(血族一員; siblings)으로 여기게 된다. 혈족으로 구성된 종족들의 친족명명법은 필자가 실제로 매우 빈번히 다코타식(the Dakota type)이라고 불렀던 형태와 일치한다. 그 상호관계는 타일러 박사(Dr. Tylor)에 의해 주장되었고, 좀더 실질적으로 리버스 박사(Dr. Rivers)에 의해 주장되었다. 그들은 이러한 친족체제(親族體制; system of kinship)가 어떻게 혈족조직(血族組織; sib scheme)과 일치하는지를 잘 보여주었다. 족외혼의 요건에 따라 남자는 다른 혈족의 여성과 혼인하여야 했고, 그의 형제들과 그의 몇몇 사촌들은 그녀, 그녀의 자매, 그녀의 여자 사촌들에 대해 동등한 혼인적격자(婚姻適格者; eligible mate)가 되었다. 하지만 형제들과 자매들, 그리고 매우 멀리 떨어져 사는 동일한 혈족의 친족은 족외혼에 의해 혼인이 금지되었다. 따라서 아버지와 아버지의 혈족동기간은 함께 분류되며, 어머니의 혈족동기간들과는 구별되는 것이 매우 당연하였다. 혈족 안에서 일가친족의 정렬이라는 것은 용어법(用語法; terminology)에 있어서 그 정렬과 일치한다. 그러므로 기능적 관계가 원인적 관계로 전환하는 것도 가능하다. 이는 결국 혈족조직(血族組織; sib organization)이 다코타용어법을 낳았다고도 말할 수 있다.

어쨌든 이전에, 이러한 관점을 받아들이는 입장에서, 필자는 이러한 친족

분류방식을 만들 수 있는 다른 원인이 있는지 없는지를 생각해 보았다. 여기서 필자는 다코타식 정렬(the Dakota alignment)이 형제연혼(兄弟緣婚; levirate)과 자매연혼(姉妹緣婚; the sororate)과 조화를 이루고 있음을 발견하였다. 따라서 양자택일적 가설(兩者擇一的 假說; alternative hypothesis)이나 족외혼이 가능하게 되고, 이 두 가지의 우선적 결합형태는 그들 자신을 기초로 하여 연결되어 있었다. 여기서 우리는 뒤로 거슬러 올라가야 한다. 하지만 설명에 따라서 자격이 만들어지든 만들어지지 않든 간에, 경험적 사실 즉 족외혼의 혈족들로 구성된 종족(宗族; tribe)들은 다코타식 명명법(Dakota type of nomenclature)을 가진다는 점은 여전히 존재하는 것이었으며, – 부계측이나 모계측의 방계나 직계의 친족들은 각각 그 근접성에도 불구하고 결합이 가능하였던 것이다. 이는 리버스 박사(Dr. River)에 의해 고무되었으며, 필자가 그의 견해를 북아메리카의 자료를 바탕으로 실험해 보았다. 그 결과 실제로 족외혼을 취하는 모든 종족들이 다코타식의 체계를 갖고 있음을 알게 되었다. 그리고 혈족으로 구성되지 않은 종족들도 차용에 의해서든 아니면 다른 영향에 의해서든지 간에, 이러한 명명법(命名法; nomenclature)을 갖고 있었다. 그러나 많은 혈족으로 구성되지 않은 종족들은 방계와 직계친족으로 구분되었다. 또한 개별적 연구로부터 다음과 같은 사실 즉 하나의 혈족으로 조직된 쇼쇼니인(Shoshonean people)인 호피족(the Hopi)이 다코타용어법을 갖는 유일한 종족이었음을 알게 되었다. 다코타식 명명법이 혈연조직과 관련이 있다는 것은 확고하게 수립된 주장이다. 비록 형제연혼과 자매연혼의 영향에 대한 더 많은 연구 없이 단정될 수 없는 것이라고 하더라도 그러하다.

혈연집단의 다른 면으로 주위를 환기시켜 보자. "한번 혈족구성원이면, 영원히 혈족구성원이 된다"는 규율은 혼인의 결과로서, 어떠한 예외도 인정되지 않는다. 필자는 이전에도 남자가 아내의 혈족에 들어간 경우를 본 적이 없다. 그리고 그 반대의 가능성은 토다족(the Toda)의 경우가 그 좋은 예인데, 아내는 그녀의 남편의 혈족에 의해 선택되었다. 고대 아테네인(ancient Athenians)은 여성을 남편의 형제단(兄弟團; phratria)에 입적하였지만, 그리스인(Greeks)은 그다지 원시적이지 않았고, 그들의 규칙은 오늘날 우리의 현대법을 예상한 것처럼 보였다. 다른 한편, 입양(入養; adoption)은 좀더 중요한 역할을 담당하였다. 만일 남자가 어린아이를 입양한다면, 부계사회(父系社會; patrilineal community)에서는 그 아이가 자동적으로 아버지의 혈족의 구성원이 되었고, 만일 모계사회(母系社會; matrilineal community)라면 아내의 혈족공동체는 마치 친자식과 같이 취급하였다.

어떻든, 이러한 개별적 입양(入養; adoption)은 혈족조직에 깊은 영향을 미치지 못했다. 보편적인 방법으로 보통의 혈족에 대해 연구하면, 한 조상으로부터 모든 구성원을 추출하는 것은 불가능한 것임을 일반적으로 알게 된다. 다만 우리가 알 수 있는 것은 일련의 독립적 계보인데, 이는 단지 이론적으로 공통 조상의 결합에 지나지 않는다. 원주민 정보제공자가 단순히 좀더 이전 세대의 조상들과 관련된 결합을 잊어버렸다는 것은 물론 가능하지만, 이와 같은 설명이 모든 경우에 적용할 수 없다. 따라서 호피족(the Hopi)의 인구조사를 행함에 있어서 몇몇 매우 소규모의 모계혈족(母系血族; mother-sib)은 전적으로 혈연으로 서로 맺어진 개인으로 구성되지 않고 두세 개의 먼 모계집단(母系集團; matrilineal group)으로 즉 그들 스스로가 단지 법적 의제(法的 擬制; legal fiction)에 의한 친족집단으로 분리될 수 있다. 근본적인 논리를 통해 알 수 있는 사실은 이러한 모든 입양이 매우 명료하다는 것이다. 만일 두 남자가 서로를 형제로 입양하는 어리석은 행위에 협력하였다면, 그들의 여자형제들은 마찬가지로 자매들 상호간 친족관계(親族關係; mutual relationship)를 형성할 것이고, 결과적으로 '자매들'의 후손들은 비록 친자매들에 의해 친족관계가 형성되었음에도 불구하고, 이론상으로는 한 조상으로부터 나온 자손과는 구별된다.

앞에서 고려된 바와 같이 퍼즐처럼 그 반대의 현상이 나타난다면, 이는 충분히 해결할 수 있을 것이다. 만일 쌍방적 가족(雙方的 家族; bilateral family)이 어디에나 있다고 한다면, 어떻게 혈족이라는 것이 이전에 공존할 수 있을까? 부모 양쪽을 인식하는 것은 동시에 이루어지지만, 그들 중 한쪽을 무시하지 않고 사회를 설명하는 태도는 법에 반하지 않는 것인가? 물론, 인식과 무시는 사회생활에 있어서 엄청난 차이를 제공할 것이다. 우리가 가족성(家族姓; family name)의 결정이라는 면에서 어머니를 무시하지 않고 인정하고 있는 것처럼, 원시종족들 간에도 다양한 방법으로 부모 양쪽을 인식하며, 특별한 목적을 위하여 그들 중 어느 일방을 무시하지도 않는다.

지금까지 혈족을 주로 어형론적 측면(語形論的 側面, morphological angle)에서 고려하였다. 그리고 우리는 지금 그 기능적인 측면으로 관심을 돌려보려고 한다. 이 문제는 다음 선택된 여러 혈족조직(血族組織; sib organization)에 대한 설명으로 충분히 설명될 것이다.[21)]

제 1 절 혈족조직의 유형

간단한 예를 가지고 시작해보자. 크로우 인디언(Crow Indians)은 족외혼(族外婚; exogamous)을 취하는 모계혈족들(exogamous mother-sibs)을 15개로 나누었다. 이들 집단은 각각 다음과 같은 별칭으로 불린다. 하나는 '그들은 슈팅없이 게임을 한다(They-bring-game-without-shooting)', 다음은 '나쁜-전쟁-명예(Bad-War-honors)', 세 번째는 '배드 레깅스(Bad-Leggings)' 등등이다. 혈족배우자들은 심지어 서로 친족관계가 아니더라도 마치 서로를 혈육(血肉; blood-kindred)처럼 부를 뿐 아니라, 실세로 서로에게 그처럼 행동하고, 도움이 필요한 때에는 기꺼이 도와주곤 하였다. 그들의 친족관계는 사회적 신분(社會的 身分; social sphere)에 따라 제재를 받았으며, 종교적인 영역에 대해서는 서로 절대로 간섭해서는 안 되었다. 크로우족(the Crow)은 지역적으로 남과 북으로 분리되지만, 각각에서 모든 혈족의 사람들이 발견되었다.

우리가 관심을 크로우족에게서 북애리조나(northern Arizona)의 호피족(the Hopi)에게로 돌릴 때, 한 때 매우 다른 일련의 특징을 볼 수 있었다. 크로우족처럼 호피족도 족외혼(族外婚; exogamous)의 모계혈족(母系血族; mother-sibs)이라는 점과 혈족(血族; sib)의 구성원들을 결합시키는 밀접한 사회적 유대(社會的 紐帶; social bond)가 존재한다는 점이다. 어떻든, 이러한 추론은 훌륭히 끝났다. 많은 혈족들의 이름들이 전부 서로 다른 특징을 갖고 있다는 것을 알게 되었다. 이와 같은 것들은 결코 별칭이 아니고, 대부분 자연현상에서 비롯된 것이다. 즉,

21) Philbrick: 114. Rivers, 1914 (a). Lowie, 1915: 223 seq.; id., 1917 (b), Chap. V.

뱀 혈족(Snake sibs), 모래 혈족(Sand sibs), 도마뱀 혈족(Lizard sibs), 미루나무 혈족(Cottonwood sibs)이 그 전형적이 예이다. 이러한 것은 날마다 버펄로를 사냥하면서 유랑하는 크로우족에게서보다 정착민(定着民; sedentary people)에게서 많이 나타난다. 그리고 혈족에 의해 지켜지고, 혈족에게 세습되었다. 각 혈족은 특별한 지역에서의 독수리사냥에 대한 권리를 가졌으며, 혈족 내부에서 계승되는 일정한 제사절차에서 가장 중요한 특권은 어머니를 통한 혈연친족(blood-kinsmen)에 의해 유지되었다. 여기에서는 일반적 상속규율의 범위를 벗어난 것도 볼 수 있다. 호피족은 모성제(母姓制; matronymic)이고, 족외혼을 취하였으므로, 아버지와 아들은 결코 동일한 혈족이 될 수 없었다. 그리고 아버지는 자신의 의례적 특권(儀禮的 特權; ceremonial privilege)을 자식들에게 물려줄 수는 없었지만, 자식들을 그의 가장 가까운 친족인 혈족 즉 그의 형제들과 여자형제의 아들들에게로 줄 수 있었다. 지도자의 지위는 이를테면 이런 식으로 뱀족의 형제 사이에 물려주거나 받음으로써 계속 유지되었던 것이다. 호피족 사이에서 의식주의(儀式主義; ritualism)의 대단한 역할은 혈족의 특징을 이루며, 크로우족과 구별되는 기준이 되기도 하였는데, 이 때 혈족과 의식(儀式; ceremony)은 당연히 분리되었다.

혈족이 부여하는 다양한 기능과 이러한 형태의 조직에서 가능한 복잡성은 위스콘신(Wisconsin)의 위네바고족(Winnebago)에게서 잘 나타났다. 여기서 우리는 우선 이원적 조직(二元的 組織; dual organism)이라는 것을 접할 수 있다. 모든 종족(宗族; tribe)은 부성제(父姓制; patronymic)의 두 개의 혈족으로 나뉘어진다. 이들 두 부계혈족들(父系血族; father-sibs)은 크로우족과 호피족 그리고 더 많은 혈족들과 마찬가지로 족외혼을 취한다. 이는 하늘과 땅의 상징적 결합과 관련이 있는데, 한 집단은 '천상의 사람(Those above)'이라 불리고, 다른 집단은 '지상의 사람(Those on earth)'이라고 불린다. 족외혼의 규율을 통해 혼인을 통제하는 이외에도, 이러한 혈족들은 구기종목에 있어서 서로 겨루고, 종족의 축제 중 하나에서는, 각각의 기회마다 개인들은 두 혈족의 소속자격에 따라 모였다.

어쨌든, 매우 중요한 분쟁원인 중의 하나는, 위네바고족 사이에서 두 개의 부계혈족(父系血族, father-sibs)들은 한 집단은 1/4씩, 다른 집단은 1/8씩 혹은 그보다 더 적은 소집단으로 분리된다는 사실에서 발생한다. 이들 각각의 소집단도 두 개로 나뉘는 부계혈족과 동일한 부계혈족이기 때문이다. 명명법(命名法; nomenclature)은 종속적 의미를 갖는 것에 불과하기 때문에, 이러한 소집단을 소혈족(小血族; sub-sibs)이나 혈족소분체(血族小分體; sections of sibs) 혹은 기타의 매우 특별한 용어로 불러야 할 것이다. 편의상 필자는 이러한 소집단을 '부계혈족'이라고 부를 것이고, 좀더 큰 위네바고 집단(Winnebago groups)은 반족(半族; moieties)이라 부를 것인데, 이 용어는 오래 된 셰익스피어시대의 말로서 프랑스어인 'moitié(절반)', '1/2(one-half)'에서 나온 말이다.

부성제(父姓制; patronymic)를 취하는 위네바고 반족(Winnebago moieties)이 분리되어 성립한 혈족은 흥미롭고 다양한 특징을 가진다. 그들은 족외혼을 취하지만, 위네바고 반족이나 호피족의 모계혈족과 크로우족의 모계혈족의 족외혼과는 의미가 다르다. 이들 후자의 집단은 말하자면 본래 족외혼을 취하는 집단이었기 때문에 족외혼의 규율을 따르지만, 반면 위네바고족이 족외혼을 취하는 이유는 그들이 소속된 대집단(大集團; larger units)이 족외혼을 취하기 때문이므로, 파생적으로 족외혼을 취하는 것이다. 족외혼의 특징은 실제로 그들을 구분하는 것이 아니라 더 큰 반족(半族; moiety)을 구분하는 것이다. 다른 한편 다수의 새로운 개념들이 나타났다. 각 혈족은 뱀이나 독수리, 천둥새, 곰과 같은 동물의 이름을 빌릴 뿐만 아니라, 더 나아가 동물종족(動物種族; animal species)에서 그들이 유래하였다고 주장한다. 그리고 비록 그것을 숭배하는 증거는 어디에도 없지만, 혈족구성원들은 그 혈족상징동물(血族象徵動物; sib animal)을 바위에 새기거나, 꾸미거나 조각을 하기도 한다. 각각의 혈족과 더욱 밀접한 관련이 있는 것은 특유한 개인이름(personal names)들이다. 이와 관련해서는 다른 종족을 검토한 내용을 대조해 보면 두드러지게 나타난다. 크로우족 사이에서 어린 아이의 이름과 혈족이름 사이에는 특별한 관련성이 존재하지 않는다. 종족인(宗族人; tribesman)들을 구별하는 이름을 부여하는 명명자(命名者; name-giver)는, 그의 업적이나 경험을 생각나게 하는 이름으로 어린이를 부른다. 만일 그가 예전에 전쟁에서 3명의 적들을 쓰러드렸다면, 아이는(여자아이든 남자아이든 간에) 3명의 적을 쓰러뜨린 자(Strike-three-enemies)라는 이름으로 불릴 것이다. 호피족에 있어서 아이들의 이름은 마찬가지로 이름을 부여하는 여자에게 의존하지만, 그 이름을 부여하는 여자의 혈족에게도 의존한다. 단 이 모성제종족(母性制宗族;

matronymic tribe)에서도 아이들의 혈족은 이름을 부여하는 혈족과 동일하지 않다. 왜냐하면 그녀는 부계혈족에 소속되어 이름을 수여받았고, 흔히 기이한 형태로 그녀의 혈족의 이름을 수여받았기 때문이다. 위네바고족의 관습은 각각의 개인은 그들이 소속된 혈족의 일련의 명칭으로부터 이름을 얻는 것이다. 그리고 이름들은 흔히 그 신비로운 기원에 대한 이야깃거리를 제공하였다. 호피족과 같이, 위네바고족은 그들의 혈족들에게 의례적 기능(儀禮的 機能; ceremonial functions)을 부여하였다. 각각의 집단은 성물(聖物; sacred bundle)을 가지며, 게다가 그것과 관련된 의식을 거행한다. 마침내 새로운 특징으로서 정치적 활동을 포함하는 집합체의 연맹이 제시되었는데, 이것은 다른 단체들과 혈족들을 식별하는 것이었다. 이러한 베어족(the Bear)은 경찰권을 행사하였고, 종족의 족장은 천둥새족(the Thunderbirds) 사이에서 늘 선출되는 반면 공공의 임무를 수행하는 자는 항상 버펄로 혈족(Buffalo sib)이었다.

또 하나 예를 더 들자면, 아메리카인(American)들의 예로 충분할 것이다. 중앙 캘리포니아(central California)의 미워크족(the Miwok)은 족외혼제의 부계반족(patrilineal moieties)인 물과 관련 있는 황소개구리족(the Bullfrog)과 육지와 관련이 있는 큰어치족(the Bluejay)으로 구성된다. 위네바고 반족(Winnebago moieties)과는 달리 미워크 반족(Miwok moieties)은 소혈족(小血族; lesser sibs)들을 가지고 있지 않았다. 모든 자연현상은 땅과 물 사이에서 좀더 자의적인 형태로 구분되며, 이러한 우주의 이론적 양분법(理論的 兩分法; theoretical dichotomy)은 개별적인 이름을 지정하는 데 있어서 그 실제적인 부분을 담당하였다. 지위를 가진 자들의 반족(bearer's moiety)에게 직접적인 것이 아니라 상징적으로 제시하고 있는 것은 주목할 만하다. 의식상에서는 미워크족의 반족은 호피족과 위네바고족의 혈족정도로 중요하지는 않다. 그럼에도 불구하고 장례식과 사춘기 이행에 있어서 순서는 반족의 순서에 따른다.

서부 시베리아(western Siberia)를 살펴보면, 오스탸크족(the Ostyak)은 엄청난 수의 족외혼제의 부계혈족(exogamous father-sibs)으로 나누어져 있으며, 각자는 엄청난 수의 남성들과 그들의 자녀들로 이루어졌음을 알 수 있다. 혈족은 흔히 수백 명 정도가 아니라 수천 명 정도의 사람을 포함하고, 그 혈족원의 대부분은 그들 각자 사이에 어떠한 혈연관계가 있는지 추적할 수 없지만, 궁극적으로 기원이 공통이라는 것은 분명히 믿고 있다. 남자혈족배우자들(male sib-mates)은 이주를 통해 한데 모이며, 우애(友愛; brotherliness)라는 정신은 부자로 하여금 그가 생산한 것을 가난한 자와 공유하는 것을 당연한 것으로 여기도록 하였다. 혈족은 단지 사회적 단위일 뿐만 아니라 정치적 단위(政治的 單位; political unit)이기도 하다. 각각은 그들의 수장(首長; headman)을 가지고 있으며, 수장의 임무는 그의 아들 혹은 그 다음의 혈족에 의해 계속해서 세습되었는데, 그들의 중요한 기능은 논쟁을 중재하는 것이다. 몇몇 혈족들은 군주(君主; prince)에 의해 지배되는 일종의 연맹으로 구성되기도 하였다. 오스탸크혈족의 사회정치적인 부분 위에는 신앙적 기능도 존재한다. 각각은 그들의 특별한 우상(偶像; idols)을 갖고 있는데, 그것은 예언자나 무속인에 의해 지켜지며, 구성원들은 산제물을 바치거나 다른 의식을 거행하였다.

지구의 반대편으로 건너가면, 우리는 멜라네시아(Melanesia)에서 매우 발전된 형태의 혈족제도를 찾아볼 수 있다. 솔로몬제도(Solomon Islands)의 부인(Buin) 지역에서, 투른발트 박사(Dr. Turnwald)는 8개의 족외혼의 모계혈족(exogamous matrilineal sibs)을 발견하였는데, 각각은 부엉이나 앵무새와 같이 어떤 새와 관련이 있었으며, 그 혈족의 구성원들은 그러한 새들을 죽이지도 잡아먹지도 않았다. 실제로 부엉이혈족(Owl sib)은 다른 혈족들이 부엉이를 죽이면 분개하여 피의 복수(blood-feud)를 준비할 것이며, 따라서 성스러운 동물들은 그 어느 것도 어떠한 종족에 의해서도 사냥되어서는 안 되었다. 원주민은 그 새들로부터 그들의 후손이 나온다고 생각했을 뿐만 아니라 어떤 특별한 방법을 통해 신비로운 혈족관계(血族關係; kinship)를 확신하였다. 앵무새혈족(Parrot)도 마찬가지로 여자 조상이 앵무새와 혼인을 하여 앵무새가 탄생하였다는 전설이 전해진다. 애드미럴티제도(Admiralty Islands)에서 신성한 동물들과 그의 혈족들 사이에서의 책임은 상호적인 것으로 인식되어, 악어혈족(Alligator)의 남자들은 악어의 위협으로부터 안전하다고 믿었다. 위네바고체제(Winnebago system)와 부인체제(Buin system)를 비교해 보면, 일반인들의 정치적 조직에 있어서 확실한 차이가 있다. 한 가지 사실을 제외하고 말한다면, 대장(隊長; chieftaincy)의 지위계승은 아버지로부터 아들에게로 이어졌는데, 이것은 혈족에 의해 움직이는 모계체제(母系體制; matrilineal scheme)에 직접적으로 위배된 것이다.

이러한 잠정적 개관에 대하여 하나의 실례를 들어보면, 서부 오스트레일리아(Western Australia)의 카리에라 종족(the Kariera tribe)은 반족(半族; moieties)과 약 20개의 특별한 이름이 없는 부계혈족(父系血族; patrilineal sibs)들로 이루어지는데, 각각은 양도할 수 없는 권리를 바탕으로 일정한 영역을 지배하였다. 나아가 각 혈족은 다양한 종류의 동물들, 식물들 및 자연현상과 관련이 있었다. 무지개, 흰 앵무새, 털파리, 두 종류의 물고기, 그리고 조가비 등이 그것이다. 이러한 각각의 종류들 혹은 대상들과 서로 관련 있는 혈족의 지역 내에서, 그들은 자신의 의례적 기반(儀禮的 基盤; ceremonial ground)을 가지게 되었고, 이 특별한 의식은 그 동물들과 식물들의 번성이라는 목적을 위하여 남성과 여성인 혈족 구성원들에 의해 이행되었다. 이것들은 대부분은 먹을 수 있는 것이고, 그러한 동물들을 죽이거나 혹은 혈족배우자가 그러한 동물과 식물들을 먹거나 하는 것을 통제하는 것을 무시해서는 안 된다는 점을 주의해야 할 것이다. 일반적으로 혈족들은 족외혼(族外婚; exogamy)을 하고, 부계거주(父系居住; patrilocal residence)였으며, 소년은 아버지의 혈족이 거주하는 지역에서 자라며, 그리고 모계 아저씨의 딸(maternal uncle's daughter)과 혼인할 것으로 기대되기 때문에 그의 신부는 다른 혈족과 다른 지역출신일 것이다.

이러한 예들은 혈족제도(血族制度; sib system)와 관련이 있는 것으로, 그 기능의 다양성을 충분히 설명할 수 있다. 따라서 혈족(血族; sib)은 극도로 변화할 수 있는 사회적 단위로서 나타난다. 보통은 족외혼이었지만 때때로 파생적으로 그러한 경우도 있었다(위네바고족). 동물이나 식물과 관련이 있는 것으로 이에 대한 일정한 태도는 정해져 있기도 하다(부인족). 이러한 것은 전적으로 어떠한 관련성으로부터 분리되곤 한다(크로우족). 지역적 단위이거나(카리에라족) 혹은 비지역적 단위(크로우족)일 것이며, 정치적이거나(오츠타크족) 혹은 비정치적(부인족)인 사회의 영역일 것이다. 이러한 다양성은 주요한 문제를 제시한다.[22)]

22) Lowie, 1912: 182-246. Radin, 1915. Gifford, 1916: 140-148. Castrén, 1853: 286 seq. Thurnwald, 1912: 316, 327. Brown: 145, 160.

제 2 절 기원의 유일성 혹은 다양성

모건(Morgan)에 의하면, 혈족조직(血族組織; sib organization)은 매우 완전한 개념에 의존하는 것으로 나타났는데, 그는 모든 기록된 혈족들이 하나의 기원을 가진다고 확신하였다. 모건은 제도(制度)를 한 곳에서 존재했던 것이 아주 멀리 광대한 곳으로 퍼져나가는 것이라고 가정하였다. 이는 특별히 주목할 만 하다. 왜냐하면 모든 인류는 한 단계에서 다른 단계로 발전하였다는 모건의 사회진화법칙이론(社會進化法則理論; Morgan's theory of a law of social evolution)은 많은 유사한 제도와 관습들이 독립하여 창안되었을 것이라는 가설을 가능하게 하였기 때문이다. 만일 원시인(原始人; primitive man)이 친족(親族; kindred) 중 누군가를 구분하기 위하여 다른 친속들을 배제하는 것에 대해 임의적으로 정교하게 계획을 세웠다면, 이러한 집단들은 빠르게 재창조되기 때문에 이것은 불가능한 것일 것이다. 그렇지만, 우리는 혈족에 고유한 친족분류(親族分類; classification of relatives)는 일성한 소선하에서는 매우 낭연한 것이어서, 평행독립적인 혈족형태는 불가능하다는 가정이 올바르지 않다는 것을 알 수 있다. 현재 이러한 점을 바탕으로 우리는 세계 여러 곳의 혈족들의 유사성은 하나의 기원에 의한 것이라는 가설에까지 충분히 미치고 있는지의 여부에 대해 토론해보고자 한다. 앞에서 열거한 다양성은 이러한 가정에는 거의 효과적이지 못하다. 만일 우리가 북아메리카(North America)처럼 일정한 지역을 제한하여 살펴본다면, 거기에서 혈족확산의 몇몇 독립적 중심축이 있음을 알 수 있으므로, 전 세계가 하나의 기원을 둔다는 점에 대한 의문은 가능할 것이다.

북아메리카에서, 4개나 5개의 서로 관련이 없는 지역에서 혈족조직이 융성하여 — 미시시피 동부의 우드랜드(Woodlands east of the Mississippi), 북서평원지역(Northwestern Plains), 남서와 북서해안지역(Southwest and Northwest Coast) — 이에 대해 중앙과 서부 캘리포니아지역(Central and Southern California)은 아마도 별개의 지역으로서 추가할 수 있을 것이다. 비록 어떤 것은 중요한 혈족범위(血族範圍; sib scheme)로 포함될 수 있지만, 남서지역체제(South-western system)에서는 단지 파생적인 것에 불과하다. 따라서 다음과 같은 문제 즉 이러한 몇 개의 조직이 독립적으로 전개하였는지 아닌지 — 심지어 각각의 연속된 지역 안에서조차, 혈족들의 발전에 대한 몇몇의 명확한 중심축들이 포함되었는지 그렇지 않은지 — 본토의 모든 혈족들이 하나의 근본에서 나왔는지 아닌지에 대한 문제에 직면하게 된다.

미시시피의 동쪽과 심지어 서부에서부터 남부 평원을 포함하는 곳에서는 다양한 혈통(血統; stock)의 종족들이 광대하고 넓은 지역에 분포하고 있다. 그들 중 몇 종족들은 모성제(母姓制, matronymic)이고, 나머지 종족들은 부성제(父姓制; patronymic)를 취하였지만, 실제 모두가 혈족제도를 가지고 있었다. 이로쿼이족(the Iroquois)으로부터 메노미니족(the Menomini)과 오마하족(the Omaha)이나 촉토족(the Choctaw)에 이르기까지, 우리는 그 혈족체계가 거대하게 유사한 형식을 취하고 있음을 분명히 알 수 있다. 혈족들은 공통적으로 동물의 이름을 취하거나, 흔히 다른 부족들과 차이를 떠올릴 수 있는 동일한 종을 이름으로 삼았다. 각각의 혈족은 일련의 독특한 그 혈족구성원의 이름을 갖고 있다. 그리고 대부분의 혈족조직(血族組織; sib system)은 운동경기에서 인원을 정렬하는 일을 항상 계속적인 임무라고 생각하여 반족을 모이도록 하는 것과 밀접한 관련이 있다. 심지어 그 지역의 경계 안에 있는 가장 멀리 떨어진 특정 지역의 종족들이라 할지라도 공통적으로 매우 독특한 성질을 갖고 있다. 따라서 미주리(Missouri)에 있는 오세이지족(the Osage)은 전쟁과 평화와 관련이 있는 반족(moiety)을 각각 가지고 있고, 앨라배마(Alabama)의 크리크족(the Creek)도 마찬가지이다. 족외혼(族外婚; exogamy)은 보편적인 것이며, 때로는 소수혈족의 의무로서 취해지지만, 또한 그것으로부터 대혈족(大血族; major moiety sib)인 반족(半族; moiety)과도 관련되어 있다. 유사한 점이 너무 많아서 확실히 우연이라 설명하는 것은 어렵지만, 그 전파(傳播)에 의해 설명할 수 있다. 다른 한편, 상속법칙(相續法則; rule of descent)은 그 지역의 혈족조직을 두 개의 범주로 구분하는데, 만일 우리가 다음과 같은 이론 즉 이로쿼이족(the Iroquois)은 원래 남부의 종족이라는 것을 가정한 설명을 수용한다면, 그것은 또한 종족의 지형적 집단과 밀접한 관련이 있는 것이다. 따라서 이로쿼이족은 모계제의 크리크족, 촉토족, 치카소족(the Chickasaw)과 유치족(the Yuchi)과 공통으로 하나의 연속적인 지역을 점유하였다고 생각되지만, 다른 한편 중부의 알곤키안스족(the Central Algonkians)과 남부의 수언족(the Southern Siouans)은 1개의 일정한 지리적 영역을 대표하고 있다. 앞서 언급한 유사점에서부터 우리는 확실히 각각의 지역에 있어서 일방혈통(一方血統; unilateral descent)의 개념에 대한 하나 이상의 중심점을 고려하는 것은 힘들다. 그것은 혈통에 있어서의 차이점이 두개로 분리된 혈족을 창조하는 것을 요구하거나 전 지역에 대하여 유일한 혈족의 창조를 요구하거나 하는 단순한 문제이다. 어떠한 경우에 있어서 우리는 전파(傳播)에 대하여 인정하지 않으면 안 된다. 만일 오로지 하나의 중심점만 인정된다면 이것은 명백할 것이다. 하지만, 모계제의 이로쿼이혈족(matrilineal Iroquois sib)과 부계제의 오마하혈족(patrilineal Omaha sib)이 궁극적으로 독립적인 두개의 혈족(血族; sib)으로 대표된다고 하더라도, 직접적으로든 간접적으로든 공통적 특징이라는 성질 때문에, 거기에서는 반드시 모방이 따른다. 하나를 살펴보면, 혈족을 구별하는 일련의 개인적 이름들은 그 중심 아래서 그 지역의 서쪽으로 수백 마일이나 떨어진 곳에서는 발생하지 않았으므로, 부계적으로 그리고 모계적으로 미시시피강 동부 및 서부 평원의 사람들을 조직한 양자 사이에서 그들의 기여는 모방관계의 확실한 증거이다. 지금 여기서 동부의 혈족지역(eastern sib area)이 혈족의 일원적 발달에 부합하였는지 이원적 발달에 부합하였는지를 결정하는 문제는 필요하지 않다. 그러므로 필자는 이 문제를 해결하지 않은 채 지나칠 것이다.

이 문제는 동부평원의 혈족과 북서부평원의 혈족을 비교해 본다면 포함되어 있는 문제가 충분히 단정적으로 해결될 수 있기 때문에 아마도 철회될 것이다. 북서평원에서는 5종류의 부족 — 즉 히다차족(the Hidatsa)과 북다코타의 만단족(Mandan of North Dakota), 몬타나의 크로우족(the Crow of Montana), 그로스벤트르족(the Gros Ventre)과 몬타나의 블랙풋족(the Blackfoot of Montana)을 고찰할 필요가 있다. 그 가운데 블랙풋족은 초기의 혈족제도보다 상당히 발달된 혈족체계를 가지고 있다. 즉 주로 부계제이지만 고정적인 제도가 없기 때문에, 따라서 자신은 물론이고 자신의 아이들의 소속을 변경하는 일이 가능하였다. 족외혼은 절대적인 것은 아니고, 단체구성원이 아마도 혈연에 의해 연결되었다는 가정에 의존할 수 있다. 이 종족은 겨울에는 몇 개의 집단으로 해체되는데, 이는 경제적 동기에 의해 분산된 것이고, 여름에 수렵을 할 때나 의례적인 목적을 위하여 결집되었다. 이 조직은 그로스벤트르족 사이에서도 대부분 중복되는 것이지만, 하나의 중요한 변형을 가져왔다. 명백한 부계상속(父系相續; patrilineal descent)의 습속과 완고한 족외혼(族外婚; exogamy)의 구속에 따라서 혈족은 상당히 발전되었다. 다른 3개의 종족들 즉 수언계통(the Siouan family)에 속하는 모든 구성원들은 보편적으로 그 어머니를 통한 상속을 따랐다.

지금 만일 우리가 동족의 혈족제도가 단 하나의 기원에 근거한다는 가정을 하고, 유사한 가정을 북부평원의 혈족제도에 적용한다면, 두 지역에 있어서 그 혈족 특색의 두 개의 합성사진은 상당히 다른 것이다. 동쪽의 혈족들은 대부분 변함 없이 동물의 이름을 취하고 있고, 가끔 후손들에 의한 그들 이름의 시조(始祖; eponyms)와 연결되기도 하고, 일정한 종교적 의무와 결합되기도 한다. 북부평원지역에 있어서 동물명은 거의 이전에 포획했던 것이고, 거기에서는 이름의 시조와 혈족구성원들 간의 신비적 결속이라는 것은 전혀 관계가 없는 것이다. 무엇보다 이러한 혈족들의 명칭의 가장 공통적인 점은 그 별칭이 다양하다는 것이다. 예를 들면 혈족원은 추한 사람(Ugly-ones)이나 이기적인 사람(Those-who-do-not-give-away-without-return)이나 생포의 명수(Bring-game-without-killing)라는 별칭으로 불렸다. 마찬가지로 중요한 점은 이미 언급한 바와 같은 차이점 역시 존재한다는 것이다. 동쪽의 혈족들은 특별한 형태의 개인이름을 가지고 있지만, 이러한 형태는 북부평원지역의 혈족들 사이에서 전혀 발견되지 않는 것이다. 마지막으로 반족(半族; moiety)은 흔히 동부에서 의례적인 집단이나 족외혼제의 집단이며, 운동경기와 관련되어서 존재하는 것으로 오로지 만단족과 히다차족 사이에서만 발견되며, 중대한 임무를 가지지 않는 비교적 중요하지 않은 혈족단체이다. 따라서 동부의 혈족제도와 북부평원지역의 혈족제도는 전반적으로 두 가지의 특별한 형태를 보이고 있으므로, 양자를 공통의 기원에서 추출해 내는 것은 결코 합리적인 것이 아니다.

하지만 확립된 토속학적 지식을 적용한다면, 좀 더 나아가는 것은 가능하다. 특히 어떠한 확신을 가지고 그로스벤트르족의 체제(the Gros Ventre system)에 대한 역사를 추적할 수 있을 것이다. 그로스벤트르족은 좀더 남쪽의 아라파호족(the Arapaho)보다 비교적 새롭고 작은 분파인데, 구성원들은 혈족성(nature of sibs)이 결여되어 있다. 그들의 새로운 정착에 있어서 그로스벤트르족은 블랙풋족과 매우 밀접하게 교류하였고, 아라파호족의 기원과 블랙풋족과의 접촉이라는 이중적 결과는 그들 문화에서 확연히 드러났다. 이미 설명한 바와 같이, 그로스벤트르 혈족은 확고한 결집을 제외한다면, 상당한 영역에서 블랙풋족의 단체와 유사하다. 만일 이것을 두 종족 간의 이미 알려진 관계와 병존하여 생각해 보면, 블랙풋족의 단체들과 그로스벤트르 혈족과의 사이에 역사적인 관계가 있음을 의심하지 않을 수 없다. 지금 그로스벤트르족은 그들이 부모의 종족에게서 나뉘어 져서 어떠한 혈족도 포함하지 않고 있고, 수적으로 블랙풋족보다 열세이기 때문에, 그들이 모방자(模倣者; borrowers)이고, 주변의 새로운 이웃들 사이에서 발견되는 개념을 완성하는 일을 통하여 순수혈족제도가 발달했을 것이라는 추측은 충분히 가능한 것이다. 모든 사건에 있어서, 그 혈족제도의 맹아는 두 종족 가운데 일방이나 쌍방이 공동으로 발달하였다는 것이다. 만일 그 지역의 다른 혈족제도와는 무관하게 발생하였다면, 북아메리카(north America)의 기원은 다원적이라는 것은 확증되었다고 할 수 있다.

블랙풋 그로스벤트르족(the Blackfoot-Gros-Ventre sib)의 체제는 독립적 발달로 대변된다. 지리적 이유 때문에 만일 어떠한 다른 북평원체제와 연관되었다면, 그것은 크로우족(the Crow)과 관련이 있을 것이다. 그리고 사실상 사회석 난위에 대한 별칭의 커다란 발전, 즉 히다차족과 만단족 사이에서 보다 이들 세 부족에게서 나온 독립적 특징은 특별한 기질이 실제로 전파되었음을 시사하는 것이다. 하지만 거기에는 유사점이 그것뿐이다. 크로우족은 모계제이지만, 그로스벤트르 혈족과 블랙풋족은 부계제이다. 그리고 가장 중요한 점은 그로스벤트르 혈족의 집합체(集合體)는 지역적인 것이 아니라 그 종족의 지역적 소구분의 각각에서 모두 발견되고 있다는 것이다. 블랙풋족과 그로스벤트르족은 조직의 기초를 크로우족에게서 가져온 것이 아니다. 왜냐하면 그러한 기초는 크로우족에 존재하지 않았기 때문이고, 이와 반대로 말하는 것도 마찬가지이다. 그러므로 이처럼 제한된 지역에서 적어도 두 개의 혈족형태가 각각 발전하였으며, 로키산맥(the Rockies)의 동쪽에서는 적어도 세 개의 혈족형태가 함께 만들어진 것이다. 세 개의 혈족체제의 다원성과 관련하여 일반적인 문제점에 대해서는 한층 더 확실한 해답이 나왔지만, 북아메리카의 기타 지역을 고찰하는 것으로 충분할 것이다.

남서부의 상황들은 크로버(Kroeber)의 날카로운 분석에 의해 상당히 분명해졌는데, 그 분석은 민족학적 연구의 걸작 중 하나로 필자는 본질적인 사실들로 요약할 생각이다. 주니 혈족(Zuñi sibs)은 족외혼제이며 그들의 이름을 동물, 식물, 자연현상으로부터 가져왔다. 그러나 그들은 부인(Buin)지역에서 따르는 것과 같은 어떠한 금제(禁制; taboo)도 갖지 않았으며, 이름의 시조(eponym)에 대한 일정한 숭배가 널리 퍼져 있었다. 혈통(血統; descent)은 모계주의(母系主義; matrilineal)였다. 혈족(血族; sib)과 의식(儀式; ceremonies)은 결합되었는데, 이는 제사단(祭祀團; rites as units)으로서 형성되었다는 의미가 아니라 특별한 제사적 임무가 특정 혈족의 사람들에 의해 행해져야 했다는 것이다. 본질적 특징들은 모든 푸에블로 인디언(the Pueblo Indians)에게서 찾아볼 수 있는데, 그들은 주로 소혈족(小血族; lesser sibs)의 위에 위치하는 반족(半族; moieties)이 있는지 없는지에 따라서 차이가 있었다. 리오그란데(Rio Grande)에서는 족외혼에 의한 결합이 아니라, 중요한 의례적·정치적인 기능에 의해 결합하는 두 양분조직이 있는데, 서부에서는 이와 같은 분리는 발생하지 않았다. 어떻든 이러한 차이는 모든 푸에블로 종족들(Pueblo tribes)에게서 공통적으로 나타나는 매우 복잡한 혈족조직(scheme of sibs)이라는 점에서 볼 때 그다지 중요한 것은 아니지만, 처음 크로버의 노력에 의해 나타난 것이다. 이 지역의 4개의 모든 어족은 동일하며, 전적으로 관습적 의도에 따라 거대한 총체에서 혈족과 결합되어 있다. 따라서 호피족(the Hopi)은 바저족(the Badger)과 베어 혈족(Bear sibs)과 함께 하고, 쥬니족(the Zuñi)도 케레산족(the Keresan)과 타노안족(the Tanoan)의 촌락에서 함께 한다. 마찬가지로 파이어족(the Fire)과 코요테 혈족(Coyote sibs)은 어디서든 결합하여 있다. 이러한 유사성은 가능한 한 그 기대가 되는 곳에까지 미친다. 변화가 발생하는 곳에서, 주로 그 변화는 호른 혈족(Horn sib)을 디어 혈족(Deer sib)으로 대신하거나 혹은 하나의 버드 혈족(bird sib)을 다른 버드 혈족으로 대신하는 것과 같은 대체를 포함하는 것으로 이는 아주 명백한 특징이라 할 수 있다. 크로버 교수의 표현처럼, "하나의 정확한 계획이 모든 푸에블로족의 조직에 …… 널리 보급되었다." 이것과 비교할 수 있는 것은 그 지방 이외에는 발견되지 않는데, 따라서 이 지방의 제도는 앞서 언급한 여러 혈족조직과는 상이한 역사적 존재로서 나타났다.

어떻든, 이것은 기포드(Gifford)도 언급한 바와 같이 남부 캘리포니아의 혈족조직이 푸에블로체제의 일분파(一分派; attenuated outpost)라는 것은 결코 확실하다고 할 수 없다. 애리조나(Arizona)와 인접한 부분에서 혈족의 지리적 집중은 그와 같은 생각을 취하는 것이 유리하겠지만, 이러한 생각은 또한 별개의 사실에 의존하여도 지지될 수 있다. 다른 면에서도 문화적으로 푸에블로지역과 관련이 있는 것은 바로 캘리포니아지방으로서 도기의 발생을 통해 확실히 알 수 있다. 물론 기포드의 가설에 대해 하나의 중대한 문제점이 존재한다. 캘리포니아의 혈족들은 공통적으로 부계주의(父系主義; patrilineal)지만, 푸에블로족의 경우에는 모계주의(母系主義; matrilineal)라는 것이다. 캘리포니아주의 여러 종족이 푸에블로족 특유의 혈족조직을 포함하고 있다는 것에 대한 확실한 증거가 있다면, 상호 역사적 관련성이 있어서 혈통법칙(血統法則; rule of descent)에 변화가 생긴 것이라고 생각할 수도 있다. 사실이 어떠하든 그 증거는 결론적이기보다는 암시적인 것이고 그 문제는 현재 해결되지 않은 채로 있다.

알래스카 남단(southern tip of Alaska)에서 브리티시 컬럼비아의 북부 연안(northern coast of British Columbia)과 그와 인접한 여러 지방 사이에는 가장 특징적인 틀링깃족(the Tlingit), 하이다족(the Haida), 그리고 심시안족(the Tsimshian)에 의해 대표되어 온 마지막 혈족중심이 있다. 틀링깃족은 족외혼제의 라벤족(the Raven)과 울프족(혹은 이글족)(the Wolf or Eagle) 반족으로 나뉘어진다. 심시안족은 족외혼제의 사분족(exogamous quarters)으로 나뉘고 있고, 그들 중 둘은 독수리와 늑대로 불리고, 반면 남은 두 베어족은 비록 그들이 비교적 곰과 까마귀와 관련이 있다 하더라도 동물을 의미하지 않는 이름으로 불렀다. 혈통은 물론 모계주의이다. 이들 각각은 편의상 '문장(紋章; crest)'이라는 문장학상 용어가 포함되고, 특히 일정한 동물이나 물건을 나타내는 모양을 독점적으로 이용할 수 있는 권리를 포함하고, 매우 중요한 의식에서의 특권이 결합되어 있다. 문장을 중요시하는 현상은 서북연안지방의 혈족조직에게 명확한 특징을 부여하고 있다. 흔히 초자연적 관계가 이들 동물들과 공히 나열되어 인용되지만, 금제(禁制; taboo)와 신앙숭배(religious veneration)는 주목할 만큼 결여되어 있다. 반족(半族; moieties)이나 사분족(四分族; quarters)의 주된 문장이 유래한 곳에서부터 항상 이름의 시조(eponym)가 나온 것은 아니다. 따라서 하이다 라벤족(the Haida Ravens)은 그 주된 문장(紋章; crest)으로서 범고래(killer-whale)를 가지며, 같은 종족인 이글족(the Eagles) 가운데 비버족(the beaver)이 중요하게 독수리문양에 맞선다. 따라서 이 세 부족의 족외혼제 분족의 역사적 관계를 역추적하면, 명칭보다는 문장이 중요하다는 것을 알 수 있다. 심시안 라벤족(the Tsimshian Ravens)은 하이다 이글족(the Haida Eagles)과 결국 마찬가지임을 알게 된다. 나아가, 한 종족의 모든 구성원들이 같은 문양을 공유하지도 않는다. 부계제 특유의 문장을 가지는 모계제 소분족들(matrilineal subdivisions)도 있다. 사실, 엄격한 의미에서 혈족으로 간주될 수 있는 것은 반족이나 사분족보다 이들 소집단(小集團; lesser groups)이다. 왜냐하면 실제로 혹은 추정적으로 혈연친족의 현저한 형태는 바로 그들이며, 반면 대부분의 족외혼제 집단들은 하이다족(the Haida)을 제외하고는 같은 조상으로부터 나온 것이 아니기 때문이다. 각각의 소분족(小分族; subdivision)이나 혈족은 지역적 단체이며, 처음에는 모계제 촌락공동체였지만 지금은 몇 개의 촌락으로 나누어졌다.

북서연안지방의 조직은 다른 지방의 그 어떤 조직과도 유사하지 않다. 북부평원지방의 제도로부터 처음부터 상당히 다르고, 만일 유사한 점이 발견된다면 아마도 그것은 지역적으로 근접하였기 때문이다. 북부평원의 제도가 이번에는 가까운 동부의 모든 종족과 푸에블로지역의 모든 종족들과는 근본적으로 차이가 있음을 이미 보았다. 이러한 조건하에서 어떻게 모방작용이 행해졌는지는 이해할 수 없다. 예전부터 보편적인 혈족관념이 북아메리카에 넓게 분포하고, 그 이후 널리 퍼져나갔다고 생각하기 어렵다. 왜냐하면 후에 증명하려고 했지만, 혈족은 앞서 언급한 여러 지방 이외에는 존재하지 않았기 때문이다. 그러므로 혈족은 북아메리카에서도 네 단계로 발전된 것이고, 따라서 세계에서 다양한 기원을 가지고 있다는 결론은 피할 수 없다. 다음에서 필자는 일방적 친족의 독립적 발전에 대한 유리한 조건이 널리 퍼져 있는 것을 지적하고자 한다.[23)]

23) Morgan, 1877: Pt. 11, Chap. XV. Skinner: 8-21. Fletcher and La Flesche: 38, 134-198. Dorsey, J. O.: 252. Swanton, 1912: 593 seq. Lowie. 1912: 186-207; id., 1917 (a): 7-22. Wissler, 1911: 18. Kroeber, 1908: 147 seq.. id., 1917 (a): 91-150. Gifford, 1918: 155-218. Boas, 1916 (a): 478-530.

제 3 절 상위단계의 혈족

상술한 혈족제도를 관찰한 결과 동일 종족 내에서도 다른 지위의 혈족이 있다는 것이 명확해졌다. 위네바고족(the Winnebago)은 두 개의 부계혈족(父系血族; father's sibs)으로 나뉘고, 이들 각각의 반족은 부계소혈족(父系小血族; lesser father-sibs)으로 세분화된다. 브리티시 콜롬비아(British Columbia)의 틀링깃족(the Tlingit)과 심시안족(the Tsimshian)의 족외혼집단(族外婚集團; exogamous groups)은 각각 모계혈족의 구성원으로 조합되며, 허용되는 한 광의의 언어를 사용한다면, 확실한 친족의식이 있기 때문에 혈족이라고 부르는 것에 대한 의심을 하지 않았다. 흔히 우위집단(優位集團; higher unit)은 그 특징이 덜한 편이다. 13개의 혈족으로 이뤄진 크로우 혈족(Crow sibs)은 5개의 양분제(兩分制)와 1개의 삼분제(三分制)로 구성되는데, 이름이 없는 이러한 대집단의 기능은 극히 미약하다. 그들은 족외혼제를 취하지도 않으며, 조직을 구성하는 혈족은 친족관계에 있다고 하기보다 단지 우호적인 것으로 보인다. 간단히 말하면, 주니족(the Zuñi)의 집단은 혼인에 영향력을 미치지 아니하고, 의식적(儀式的)인 일과는 별개로 사회생활에 거의 영향을 주지 않는다.

이러한 대소단위(大小單位; lesser and greater units)가 병존하는 곳에서, 불가피하게 양자의 관계에 대한 의문이 생긴다. 대단위(大單位; greater units)는 분열에 의해 원혈족(原血族; original sib)으로부터 발전하였음은 명백하며, 소단위(小單位; lesser units)는 여전히 이전의 단결의식을 가지고 혈족집단(血族集團; sib-aggregation)의 혈족으로서 응집한다고 생각된다. 이는 반족(半族; moiety)의 경우도 있지만 그렇지 않은 경우도 있다. 마찬가지로 별개의 사회적 집단이 일정한 목적을 위하여 단결하는 것과 같지만, 이전의 개별적인 의식을 당연히 가지고 있다고 생각된다. 다시, 근본적으로 차이가 있는 두개의 조직형태(組織形態; plans of organization)가 병존하고 있고, 한 조직의 집단이 다른 조직의 여러 집단을 포함하는 형태가 되는 것이 가능할 것이다.

모건(Morgan)은 전적으로 첫 번째의 발달경로만을 주장했지만, 그의 학설에 유리한 사실이 상당수 있음을 인정해야만 한다. 거기에는 선험적으로 그럴듯한 증거가 다수 존재한다. 증가하는 하나의 혈족이 일정한 단결을 가지는 단계에서 분열하는 것은 당연한 사실이다. 나아가 모건과 같이 주장한다면, 대집단(大集團; larger aggregate)이 그의 소집단들(subdivisions) 중 하나의 이름을 갖을 수 있고, 몇몇 소혈족(小血族; lesser sibs)들이 그 대분체(大分體; greater division)를 형성하는 속명(屬名) 중 종종 다른 종명(種名)을 대표하고 있는 경우도 가능할 것이다. 예컨대, 모히간족(the Mohegan)의 삼분조직(三分組織; tripartite organization)에 의하면 1/3은 터키라 불리고, 다른 1/3은 대표적으로 터키족(the Turkey), 크레인족(the Crane), 그리고 치킨족(the Chicken)이라 불리는 소혈족(小血族; lesser sib)으로 구성되며, 나머지 1/3은 리틀 터틀족(the Little Turtle), 머드 터틀족(the Mud Turtle), 그레이트 터틀족(the Great Turtle) 및 엘로우 일 혈족(Yellow Eel sibs)으로 구성된 터틀족(the Turtle)으로 불렀다.

동부 인디언들은 혈족의 고유한 이름을 대단히 중요하게 생각하는 것을 알 수 있다. 보다 더 정확한 실례를 보면, 오논다가 이로쿼이족(the Onondaga-Iroquois)은 빅 스나이프족(the Big Snipe)과 리틀 스나이프족(the Little Snipe)으로 구성되어 있지만, 이 양자는 명칭이 유사해서가 아니라 일정한 개인이름을 공유하는 사실에 의해 분열체라고 한다.

그렇지만, 분열의 발생을 시도할 준비를 충분히 하는 반면, 우리는 성급히 대안적인 설명들을 배척할 수 없다. 어쨌든 한 집단과 분명히 다른 집단의 합성간에 왜 서로 다른 장소에서 서로 다른 시대에 발생하지 않았는지에 대한 근거는 없다. 합성에 대한 증거는 하나 이상의 경우이어서 확정적이지만, 기타의 경우에 대해서는 적어도 암시적이다. 대집단(大集團; larger aggregates)이 거의 전적으로 무기능하다는 관점에서 크로우 혈족(the Crow sib)은 그들의 사회조직의 기초집단이라는 것에 대해 그 누구도 의심하지 않는다. 따라서 시간이 경과하여 관련이 있는 혈족(血族; sib) 사이의 유대(紐帶)가 긴밀해진다는 것은 가능한 것이다. 양분혈족(兩分血族; sib couples)이나 삼분혈족(三分血族; sib trio)이 혈족의 기능을 하나로 인수하는 형태가 되는 것도 쉽게 가능한 것이다. 호피족(the Hopi)에 대해 필자는 한 때 의식적 목적을 위하여 단결하였기 때문에 어떠한 혈족은 이와 관련성이 있다고 말할 수 있었다. 여기서, 혈족의 기계적 결합에서부터 더 우위의 혈족으로의 혈족의 유기적 종합에 이르는 단계는 쉽게 취합할 수 있는 것이다. 친족호칭(親族呼稱; kinship terms)을 새로운 집단에 확장한 것은 흔히 의식적으로 통합의 작업에 기여하였다고 할 수 있을 것이다.

요컨대, 이 문제의 일반적인 해결은 회피되었고, 대소계급(大小階級)이 병존하는 혈족들은 그들의 장점을 가지고 논의할 수밖에 없다.

세 번째 가능성은 학문적 방법에 있어서 매우 흥미롭다. 같은 종족 내에서 서로 다른 지위의 혈족과 다른 종족의 혈족을 비교하는데, 이 원리를 이용하여, 그들이 전혀 다른 성질의 집단임을 증명하기는 쉽다. 예컨대 가장 중요하고 보편적 기능으로서 족외혼제를 살펴보고자 한다. 만일 대집단이 족외혼제이면, 그 부분집단은 논리적 필연으로 족외혼제를 취해야만 한다. 그러므로 소집단이 실제로 족외혼제가 아니면, 따라서 그 기원에 있어서 대집단으로부터 본질적으로 다르다는 주장은 가능한 것이다. 반대로 대집단이 족외혼제라는 점에서 흠결이 있는 것이 발견되면, 족외혼제의 혈족과는 다른 현상으로서 예외라고 할 수 있을 것이다. 이러한 주장이 흔히 거부되는 것은 부당하며, 또한 그들이 소혈족(小血族; lesser sib)과 대혈족(大血族; greater sib)의 역사적 다양성을 세우는 것 역시 불가능하다. 왜냐하면, 예컨대 만일 분열과정이 모건(Morgan)의 관점에 따라 발생한다고 말할 수 있어도, 그 결과는 불가피하게 소혈족은 오로지 파생적으로 족외혼제가 될 것이기 때문이다.

그리고 다른 요소가 존재한다. 그것은 소혈족과 대혈족과의 역사적 관련성을 모호하게 하려는 것으로 생각할 수 있다. 기능은 한편에서 다른 한편으로 변화한다. 따라서 골든바이저 박사(Dr. Goldenwiser)는 이로쿼이족의 반족(the Iroquois moieties)은 한 때 족외혼제였지만, 이 기능은 오늘날 더 많은 혈족을 제재하고 있음을 주장한다. 반대로, 소단위의 기능이 대집단에게까지 미치며, 그리고 만일 그것이 철저하게 행해진다면, 그와 같은 경우 정확한 역사의 재건은 불가능한 것이다.

지금까지의 대혈족 중 가장 흥미로운 형태는 반족(半族; moiety)이다. 비록 그것은 중앙 캘리포니아의 미워크족(the Miwok)과 야쿠트족(the Yokuts)의 경우와 마찬가지로 단순한 단일혈족(單一血族; undivided sib)으로 나타난다고 할지라도 말이다. 다시 한 번, 반족은 족외혼제일 필요는 없다는 것에 대해서 기억할 필요가 있다. 히다차족의 반족(the Hidatsa moieties)은 혼인과 아무런 관련성이 없으며, 그리고 토다족의 반족(the Toda moieties)은 심지어 적극적으로 족내혼을 하기도 하였다. 그럼에도 불구하고 가장 흔하게 따라서 특별한 주의를 요하는 것은 족외혼제의 양분조직(exogamous dual organization)이다.

오로지 2개의 족외혼제의 분족이 있는 곳에서는 논리적 필요성에 의해 양분조직을 2개 이상의 족외혼제 혈족을 갖는 조직으로 첨예하게 구분하는 일정한 결과가 수반된다. 족외혼제의 혈족의 수가 2개 이상인 경우(특별한 법규에 의해 강요되지 않는 한), 남자는 자기 쪽의 혈족을 제외하고는 어떤 혈족의 여성과도 혼인할 수 있다. 따라서 크로우족(the Crow)은 12개의 혈족 중 하나의 혈족의 여성과 혼인할 수 있었다. 혼인이 가능한 여성 13명 중 12명은 자기종족의 배우자가 될 수 있다는 것이다. 하지만 오로지 두 개의 족외혼집단과 더불어 위네바고족(the Winnebago)은 그 종족의 여성 중 1/2과는 혼인할 수 없다. 이것이 바로 주목할 만한 차이점이다. 거기에는 여전히 사회적 중요성의 다른 결과가 있다. 크로우족 사이에서 남자는 두 개의 혈족의 구성원들 즉 그의 아버지의 혈족의 구성원과 그의 어머니의 혈족의 구성원들과 특별한 관계를 갖는다. 그러나 양 혈족에 속하는 개인의 인구수에 비하여 상대의 수는 적은 편이다. 반족제도(半族制度; moiety system)가 존재한다면, 남자는 모든 종족들과 특별한 관계는 갖는데, 왜냐하면 종족원 전체의 1/2은 자기 쪽의 반족에 속하고, 그 나머지는 부모 쪽의 반족이기 때문이다.

반족의 현저한 특징은 상호간의 봉사(service)의 발달이다. 이로쿼이족(the Iroquois)의 장례위원(葬禮委員; burial the functionary)은 항상 사자(死者)의 자손이 선택하는 것이 아니라 그 상대 반족 중에서 선택하는데, 남캘리포니아(southern California)에서 떨어진 지역에 거주하는 차후일라족(the Cahuilla)에게서도 이러한 현상을 찾아볼 수 있다. 브리티시 콜롬비아 북부연안(coast of northern British Columbia)에 어떠한 축제는 상대 반족을 위해서가 아니면 결코 거행하지 않았다. 이러한 상호봉사를 어떻게 해석할 것인가는 매우 곤란한 문제이다. 그것은 근본적으로 반족의 문제이지만, 어떠한 반족이든 부모 중 일방을 포함하는 것이기 때문에 그 결과로서 단순히 부수적으로 반족의 문제일까? 히다차족(the Hidatsa)의 경우에는 그러한 암시를 부여하고 있다. 왜냐하면 그들의 장례식에서 그러한 기능이 비족외혼제의 반족에게는 없고, 사망한 사람의 아버지의 혈족에게는 있음을 우리는 알 수 있기 때문이다. 따라서 이로쿼이족(the Iroquois)과 북서해안지방의 현상이 동일한 범주에 속하며, 이들 모계제종족(母系制宗族; matrilineal tribes)에게 있어서 상호봉사는 단지 아버지의 사회적 인식을 의미한다. 반족의 기타의 기능은 이미 서술했던 바이다. 이로쿼이족의 이러한 기능은 동부 인디언 특유의 것이다. 라크로스(lacrosse)와 같은 경기에 있어서 반대편 반족의 구성원들은 상호간에 대항한다. 제사나 의식을 제외하고도, 유사한 지역적인 분류가 행해진다. 하나의 반족은 다른 반족과 대면하면, 각각은 1인의 발언자로 대표된다.

다코타식 친족호칭법과 혈족조직과의 관계에 특별한 적응성은 위에서 보았던 바와 같이 찾아볼 수 있다. 하지만 이 적응관계는 특히 혈족이 반족의 형태로 나타나는 경우는 특히 두드러진다. 다코타식 매개호칭법(the Dakota terminology)의 어떤 형태는 그 집단의 구성원을 불문하고 어떠한 혈족체제에서나 동일한 정도로 일치한다. 예를 들면 만일 아버지의 형제들과 심지어 그의 가장 최근친의 사촌까지 동일한 혈족에 속한다면, 50개의 혈족을 가진 종족에게서 그 아버지를 부르는 것과 같이 오로지 두 개의 혈족을 가지는 종족에게서도 마찬가지이다. 하지만 이러한 특징들이 복합적인 혈족조직을 충분히 설명할 수 있는 것은 아니다. 예를 들면, 어머니의 남자형제와 아버지의 여자형제의 남편이 동일한 분류에 속하는 경우를 생각해 보자. 족외혼제의 반족 그리고 모계제라면, 나는 어머니의 A반족에 속하고, 어머니의 형제도 마찬가지이다. 다른 한편, 나의 아버지와 그의 자매들은 B반족에 속하며, 후자(즉 아버지의 자매)는 A반족의 남자와 혼인을 한 것이다. 따라서 아버지의 자매의 남편과 어머니의 형제는 같은 반족에 속하고, 만일 명명법(命名法; nomenclature)이 주된 사회조직을 반영한다면, 양자를 공통의 용어로서 호칭하는 것이 당연하다.

종형제(cousins)를 평행종형제와 교차종형제로 나누는 분류는 좀더 보편적이다. 타일러(Tylor)의 지적과 마찬가지로 양분조직에 보다 일치하는 것이다. 다음과 같이 가정해 보자. 한 남자가 A반족에 속한다면, 그의 형제 역시 그 곳에 속할 것이다. 그리고 양자는 B반족의 여성과 혼인할 것이고, 그들의 자녀는 모두 B반족이 될 것이다. A반족의 두 자매가 B반족의 남성과 혼인하면, 그들의 자녀는 모두 A반족이 될 것이다. 말하자면 평행종형제자매 즉 수인의 형제의 자녀와 수인의 자매의 자녀는 반드시 동일한 사회집단에 속한다. 또한 교차종형제자매에 대해서는 그렇지 않다. 만일, A반족의 형제와 자매가 모두 반대의 반족의 사람과 혼인하여야 한다면, 형제의 자녀는 모계제에 의하여 B반족의 일원이 되고, 한편 자매의 자녀는 그 어머니의 소속을 유지한다. 따라서 교차종형제자매는 서로 다른 반족에 속하게 된다.

하지만 만일 우리가 오로지 하나의 혈족만 추가하여도 상황은 달라질 것이다. A혈족의 A남자는 B혈족의 여성이나 C혈족의 여성과 혼인할 것이다. 그러므로 아내에 따라 형제의 자녀들 중 일부는 B혈족에, 일부는 C혈족에 속할 것이고, 그들을 모두 구분하기 위한 배열에는 어떠한 이유도 없을 것이다. 그러므로 두 혈족 이상이 현존하는 것은 다코타식 호칭법의 가장 보편적인 형태로 설명할 수 없을 뿐만 아니라 반족양분조직을 설명할 수도 없다. 왜냐하면 어떠한 학자들이 반족은 혈족의 가장 최초의 형태라고 주장하고 있기 때문이다.

이러한 이론은 매우 설득력이 있다. 다코타식 명명법에 대한 설명은 별론으로 하고, 양분조직은 확실히 매우 단순한 것이다. 물론 이러한 가정에 대해서는 커다란 이론(異論)도 있다. 첫째, 반족의 분포는 결코 그들과 일치하는 친족호칭법의 유형으로서 널리 퍼지지 않았다. 아프리카, 아메리카와 아시아의 여러 종족에 족외혼제의 양분조직이 없기 때문에, 우리는 반족을 모든 혈족조직 가운데 가장 초기의 형태라는 가설을 취하는 것에 대해 주저한다. 이러한 설명은 오스트레일리아(Australia)와 멜라네시아(Melanesia)에 관하여 가능하지만, 전 세계의 다른 모든 지방에 대해서는 증명되지 못했다. 물론 현재 많은 혈족이 존재하는 곳에 예전부터 반족이 존재했었다라고 생각하는 것은 가능하다. 하지만 이것은 잔혹한 사실의 맹습으로부터 가장 단순한 해석을 구하기 위해 근거 없는 보조적 가설을 가지고 그 이론을 임의로 복잡하게 하는 것이다. 따라서 우리는 양분조직이 정말로 원시인에게는 가장 단순한 것이었는지 아닌지에 대한 합리적 의심을 가져야 할 것이다. 논리적으로도, 그리고 별다른 의구심 없이, 역사적으로 만일 원시인의 종족은 항상 분열에 의해 혈족을 발달시켰다면 그것은 가능하다. 하지만, 만일 우리가 많은 경우에 대해, 대단한 가능성을 가지고 확신하는 것처럼 족외혼제의 조직들이 본래 다른 단체의 융합에 의해 생성되었다면, 혼인관계(婚姻關係; matrimonial relations)는 일방의 외부집단에 의해 제재되는 것이 아니라 다수의 외부집단의 모든 결합에 의해 세워지는 것이 더욱더 가능한 것인데, 그것은 무수한 족외혼제와 근친혼의 혈족으로 조직된 특징적 공동체를 발생시키고, 후에 상대적 작용으로 처리될 것이다.

이것은 전혀 가설적 상황이 아니다. 토다족(the Toda) 사이에서 반족은 족내혼제이지만, 족외혼제의 부계혈족으로 세분되기 때문에, 각각의 토다족의 반족(the Toda moiety)은 족외혼의 종족 전체에 상당하다. 6개의 혈족을 포함하고 있는 테이밸리올족의 반족(the Teivaliol moieties) 중에서, 쿠드르족(the Kuudr)이라는 이름의 한 혈족은 수적으로 압도적이며, 족외혼제의 유지를 위하여 그 구성원 모두는 다른 혈족의 혼인가능자들 대부분과 혼인하였고, 그들 중 소수만이 서로 근친혼을 하였다. 리버스 박사(Dr. Rivers)는 다른 5개의 족외혼단체에 속하는 구성원들 사이의 16쌍의 혼인에 대하여, 쿠드르 사람들과 테이밸리올족의 나머지 사람들 사이의 161쌍의 혼인을 기록하였다. "한 혈족의 비상한 발전을 위하여 테이밸리 분족(the Teivali division)은 거의 이중적 혼인조직과 너불어 공동체의 위치에 있어야만 했다. 한 집단의 모든 구성원들은 다른 집단의 구성원과 혼인해야만 했지만, 그것이 구성원들 사이에서 한 혈족의 과도한 발달 이외의 다른 이유에 기인한다고 생각할 이유는 거의 없다".

토다족에 의해 근접한 상태, 즉 두 개의 완전한 단체의 2차적 편성은 보아스 박사(Dr. Boas)에 의해 아메리카의 북서해안의 하이다족(the Haida)을 통하여 달성되었다. 보아스 박사는 이 지역의 몇몇 종족들이 삼분조직(tripartite organization)을 그 특징으로 가지고 있다고 주장하였다. 따라서 몇몇 지방의 틀링깃족(the Tlingit)은 엄격하게 반족으로 구성된 것이 아니라, 나머지 두 개의 혈족과 자유롭게 혼인하는 세 개의 족외혼의 단체를 가진다고 하였다. 따라서 틀링깃족과 하이다족의 반족은 결과적으로 본질적 단체의 구성원 수는 감소하여, 두 개의 동등한 종족적 분족으로 남게 된 것이다.

마지막으로 마사이족(the Masai)에 대한 자료도 인용될 수 있다. 영국령의 동아프리카(British East Africa)에서, 홀리스(Hollis)는 아이저족(the Aiser), 멩가나족(the

Meñgana), 몰렐리안족(the Molelyan), 그리고 모케센족(the Mokesen)이라는 4개의 혈족을 발견했다. 마지막에 언급한 것을 제외하고, 이들은 또한 게르만의 영토에서 머커 선장(Captain Merker)에 의해 발견된 종족이기도 하다. 어떻든, 아이저족과 몰렐리안족은 후에 멩가나족에 대항하여 결집하는 경향을 보였는데, 식이금제(食餌禁制; dietary taboo)의 전설적인 저항 때문에 '글루톤(Gluttons)'이라는 별명이 붙었다. 확실히 이러한 모임은 혼인법(婚姻法; marriage law)의 기초도 아니고 혼인법에 영향을 미치지도 않았다. 그럼에도 불구하고 어떻게 이러한 양분조직이 조직의 원형이 아니라 차후에 발전하였는지 설명할 필요가 있을 것이다.

이러한 구체적 자료에 상술한 일반적 고찰을 더해 보면, 반족이 필연적으로나 일반적으로 혈족조직 중 가장 오래된 형태라는 설은 부정될 것이다. 혈족조직 중에서도 양분조직이 보다 다코타호칭법과 일치한다는 것은 분포상 사실이고 분족이 이차적으로 발생한 것이라는 확증이 있음에도 양분조직도 마찬가지로 가장 오래된 형태라고 간주할 이유는 없다.24)

제 4 절 토템숭배

혈족조직에 관한 우리의 관찰은 간단하지만, 혈족은 주로 동식물의 이름을 붙여 사용하고 아주 드문 경우지만 다른 자연현상을 이론으로 사용하는 것을 명확하게 설명할 수 있다. 이러한 명칭형식은 이름의 시조(eponym)에 대하여 신앙이나 관습을 수반하는 경우가 상당히 많다. 때때로 부인족(the Buin)에서와 같이 동물을 신성시하는 혈족은 그것에 대하여 강한 친족의식을 느끼기도 한다. 카리에라족(the Kariera)은 어디에서든 단체(單體; group)를 일정한 식물이나 동물의 이름으로 부르지는 않는다. 그럼에도 불구하고 그와 관련이 있는 동물군과 식물군(fauna and flora)의 신비한 증식을 위한 의식의 실천(performance of rite)

---

24) Goldenweiser, 1912: 464 seq. Gifford, 1918: 187. Rivers, 1906: 507. Boas, 1916 (a): 478-530. Hollis, 1905: 260. Merker: 16-18.

을 통하여 살펴보면, 그들과 어떤 명확한 관련이 있음을 알 수 있다. 흔히 이름의 시조로부터 혈족의 계통에 대한 믿음도 발생한다. 이와 유사한 관습은 토템숭배(totemism)라는 이름하에 총괄되고, 숭배하는 동물, 식물이나 어떤 물건은 토템(totem)이라고 부른다. 아룬타족(the Arunta)의 동물이나 식물과 관련이 있는 단체의 회원자격은 부모 어느 쪽에 의한 것도 아니다. 이는 혈족이 아니라 숭배에 대한 어머니의 믿음 즉 이것과 이러한 자녀는 특별한 토템정신의 화신이라는 어머니의 믿음에 의존한다. 따라서 혈족형제가 다른 토템단체에 속하는 것은 흔한 일이다. 그럼에도 불구하고, 일정한 단체는 이웃 종족의 토템단체와 매우 유사하게 활동하는데, 그곳의 토템단체는 바로 혈족이다. 따라서 토템의 범주로부터 아룬타족을 배척하는 것은 정당하지 않다.

토템숭배는 매우 다양하게 분포되어 있으며, 아메리카, 오스트레일리아, 멜라네시아, 아프리카, 아시아의 대부분에서도 발견된다. 처음 이와 관련된 자료를 연구하려는 학자들은 이 광대한 분포에 대하여 깊은 인상을 받으며, 항상 이론적 편견에 따라 그들은 의문의 여지없이 다음과 같은 사실을 주장한다. 즉 토템이라고 불리우는 모든 현상은 동일한 심리적 과정으로 나타나는 것이며, 독립적으로 서로 다른 지역에서 인류의 심리적 일치감을 통하여 발생하는 것이라고 주장하였다. 최근 일정한 영역에서 문화의 독립적 창조의 가능성이 부인되는 경향이 있다. 이에 의해 우리는 엘리엇 스미스 교수(Professor Elliot Smith)가 다음과 같은 가설 즉 토템숭배는 북동부 아프리카에서 또는 그곳에 대해서 발달하여 세계의 사방으로 퍼져 나갔다는 가설을 창안하였음을 알 수 있다.

이러한 해석은 언뜻 보아 반대의 양상으로 보였지만, 그들은 하나의 뿌리 즉 토템숭배는 어디서든 본질적으로 같다는 확신에 의해 결집되었다. 이것은 주로 어떻게 토템숭배가 발생하는지를 설명하기 위한 즉 변화가 여기서 발생하는 것을 발견하고 거기서 어떻게 무시되는 것으로 다루어지는 것인지에 대한 일련의 가설을 이끄는 소박한 가정이다. 예컨대, 토템숭배는 동물별칭의 관행으로부터 발전되었다는 이론이다. 이 호칭(呼稱; appellation)은 별명을 채택한 사람을 이름의 시조의 자손으로 하고 그것을 만들고, 그것으로부터 그 많은 종류의 동물을 살해하거나 먹는 것을 금지하는 제도가 생겼다는 전설을 설명하기 위해 제안되었던 것으로 생각된다. 한편 이러한 금제(禁制; taboo)는 흥미를 유발한다. 토템숭배는 종교라든가, 종교적 발달에 있어서 필연적으로 발생하는 단계라는 것을 유도하는 것일 수도 있다. 다른 한편, 어떻든 공통의 토템선조 안에서 그 구성원의 믿음으로부터 직접적으로 도출할 수 있는 것은, 그 현상을 '사회적인 면'으로써 강제하는 것은 토템혈족의 족외혼적인 특징이라는 것이다.

1910년에 골든바이저 박사(Dr. Goldenweiser)는 바로 이러한 관점에서 토템숭배를 접근하였다. 보아스 교수(Professor Boas)는 거듭하여 단순한 인류학적 현상(人類學的 現象; ethnological phenomena)이 실제 일차 집단의 결과가 아니라 이차적 결합체의 결과임을 보여주었다. 따라서 원시종족(原始宗族; primitive tribes)이 동물이름을 통하여 기하학적인 형상으로 불릴 때, 항상 그 종족의 예술가들이 그 동물을 대표하도록 노력하였던 것은 아니며, 그들의 스케치는 부수적으로 마름모나 삼각형으로 양식화하였다. 이러한 형상은 때로 독립적인 기원을 가지고 있고 이후 시대에 편리한 명칭을 가질 수 있다. 나아가 보아스 교수는 멀리 떨어진 종족 사이에서 주목할 만한 유사점이 흔히 혼돈되었음을 증명하였다. 그리고 분석학상의 상동관계(homologies of the anatomist)와 비교할 때 그들 사이에 근본적인 유사점이 존재하지 않고, 표면적 유사성에 상당한 것일 뿐이라는 점을 증명하였다. 말하자면, 배우지 못한 사람이 고래를 물고기로 분류하고, 박쥐를 새로 분류하는 것과 같은 오류에 빠지는 것처럼 인류학자(人類學者; ethnologists)들이 오류에 빠진 것이다.

동일한 복합적 특징으로서 여겨 이러한 원칙을 적용하는 것에 대해, 골든바이저 박사는 토템숭배는 어디서든 같은 것은 아니고 상당한 차이가 있음을 발견하였다. 예를 들면 그 주요성과 더불어 중앙 오스트레일리아(Central Australia)의 토템숭배는 의식적 실행을 통한 토템의 신비한 증가에 대해, 브리티시 콜롬비아(British Columbia)의 토템숭배와는 전적으로 완전히(toto coelo) 다른데, 거기에 토템의 예술적 표현과 수호신의 관념은 원주민의 의식 속 최전면에 있기 때문이다. 토템숭배의 주장적 기준(alleged criteria) 서로를 다시 관찰하여, 이 주장자가 그들 중 누구든지 대체적으로 보편성을 가지고 있음을 발견했다. 족외혼제가 다른 특징을 수반하든 하지 않든, 그것을 실천하는 단체는 토템적 금제와 토템적 이름은 별개이고, 토템으로부터 자손이 그것을 요구하든 하지 않든, 그것을 별개라고 하는 것 등등이다.

따라서 어떠한 특징은 토템숭배에서 필연적이며 고유한 것이지만, 그 어느 것도 심리학적 의미나 역사적 의미에 의해 본질적인 것으로 주장되지 않는다. 만일, 다양한 사람들의 토템적 일치와 일정한 관련성이 존재한다면, 어떠한 특징의 공유가 존재하는 것이 아니라 이들 특징의 다양성이 존재하는 것이다. 여기서 골든바이저 박사는 이 현상의 사회적·신앙적 단계로 구분하는 것으로 복귀하였다. 그의 연구결과로 신앙적 요소가 흔히 극적인 특징이 된다는 것이 밝혀졌다. 그의 최종요약집에서 과장적인 용어가 완화되어 대체되었고, 토템숭배는 "일정한 사회집단의 중요한 객체와 감정적 가치의 상징을 결집하려는 경향"이나 "감정적 가치의 상징과 중요한 객체의 특별한 사회화의 과정"이라고 정의되었다. 일정한 방법으로 혈통을 이어가는 집단 안에서 감정적 가치의 사회화는 토템숭배에 따른 표어로부터 어떠한 진실에 응하지 않도록 배척한다. 심리적 통일성이 그 현상에 따라서 옹호되는 한편, 그의 역사적 다양성도 주장된다. 토템적 복잡성의 이질적 특징과 역사적 발달의 혼재에 의해, 골든바이저 박사는 다음과 같은 결론을 내었다. 즉 마치 존재하듯 한 이러한 유사성은 구심적 발달의 결과라는 것이다. 다시 말하면, A지역에서 A라는 특징은 그 출발점이 되지만, B지역에서는 B와 다른 특징이 출발점이 된다는 것이다. 따라서 후자는 이러한 요소가 결합되어 처음부터 토템적 복합체가 인정되는 것과 같은 유사점을 보여준다는 것이다. 어떠한 특별 요소의 부수적 결합을 위하여 준비된 설명은 금제, 동물의 이름 등등과 같은 이러한 특징의 광범위한 분포에서 발견되는데, 그것은 그들의 융합가능성을 수학상의 가능성으로 만들었다.

이와 같은 견해를 설명하기 전에, 우리는 어느 정도 규모 있는 동시대의 프레이저 박사(Dr. J. G. Frazer)의 저서를 제시하는 것이 좋을 듯 싶다. 책에서는 토템숭배에 대해 매우 다른 견해를 가진 사람들에 의해 공들여 수집된 관련자료들이 있다. 약간의 구체적 결론에 관하여는 확실히 두 사람 모두 일치하고 있다. 골든바이저 박사와 마찬가지로 프레이저도 토템적 복합체의 본질적인 요소로서의 족외혼을 인정하지 않았던 것이다. 프레이저 박사가 족외혼제를 배제한 토템적 복합체의 유래를 만일 하나의 심리적 바탕으로부터 이끌어 낸다면, 중앙 오스트레일리아인(Central Australian)들의 다음과 같은 믿음, 즉 모든 어린이는 토템신의 환생이며, 그의 어머니가 처음에 임신한 그 지점에서 존재한다는 믿음에서 구해지는 것이며, 그 때 그는 그의 연구방법으로부터 중요한 출발을 배치했던 것이다. 앞서 언급한 믿음은 프레이저 박사에게 금제, 혈통에 대한 믿음 등등에 대하여 충분히 설명한 것처럼 보인다. 골든바이저 박사는 이러한 나머지 현상을 족외혼제도가 이들 전부의 현상과 무관계한 것과 같이, 상호간에 무관계한 것으로 보았다. 다른 한편 프레이저 박사는 토템숭배의 몇몇 특징들 간에는 내적 관련성이 있음을 확신하였고, 그들 중 하나 즉 토템구성원과 토템의 동일성을 근본적인 것으로 간주하였다. 골든바이저 박사는 그 상징 중 어느 것도 본질적인 것으로서 고려하지 않았다. 그들의 조합은 그에게 있어서 유기적 종합이라기보다는, 그˙용어의 흄적인 감각(Hume's sense), 특징의 경험적 조합간의 결합이라고 생각했다. 각자 서로에 대한 요소의 단순한 관련성에 대한 그의 강조는 특별한 특징을 고수하는 프레이저의 지지자들에 의해 심하게 배척되었다. 나아가, 프레이저 박사가 모든 토템숭배의 맹아로서 중앙 오스트레일리아인들의 관심을 선택한 것을 골든바이저 박사는 매우 어리석은 것으로 생각하였다. 그는 프레이저의 임신설(Frazer's conceptional theory)이 중앙오스트레일리아에서 확실치는 않지만 어떤 응용이 있었음을 인정할 수도 있지만, 그와 비교 가능한 신앙이 존재한다고 보고되지 않은 다른 곳에 대해서는 정확하게 존재한다고 생각하지 않았을 것이다.

혈족조직의 조사에 있어서 토템자료에 대한 우리의 임의적 선택은 골든바이저 박사의 정확한 분석의 부정적 결과를 확인하는 것으로 충분하다. 카리에라족의 토템과 부인족의 토템은 어떠한 관련성이 있는 것일까? 카리에라족 토템집단은 다양한 토템과 함께 이름이 없는 지역적 혈족으로 구성된다. 그러나 거기에는 숭배되거나 금제는 없고 오로지 신비로운 증식만이 있을 뿐이었다. 부인족의 토템구성원은 각각의 혈족에 대하여 단 하나의 동물을 취한다. 만일 다른 혈족이 그것에 가해를 한다면 그에 복수를 할 정도로 신성시하였지만, 그 종의 증식을 위하여 어떠한 의식을 행하지는 않았다. 전자에 있어서 토템과 혈족사이에 어떠한 관계도 존재하지 않지만, 후자에 대해서는 비록 세습에 대한 믿음은 없지만 일정한 감정에 대한 전설적 근거가 존재하고 있다. 다른 한편 위네바고족(the Winnebago)은 토템적 세습, 사람들뿐만 아니라 집단에 대한 토템적 이름, 토템의 예술적 대표물을 가지지만, 어떠한 금제나 의식행위를 갖고 있지는 않다. 그렇게 이질적인 현상은 역사적으로나 심리학적으로 공통적인 기원을 가지고 있다는 것을 확신하는 것에 대해서는 아무런 이유도 없다. 그리고 만일 그들 모두가 토템적인 것으로 표시된다면, 구체적 특징의 공통에 대한 것이 아니라, 골든바이저 박사에 의해 한정된 것과 같이 높은 추상적·형식적 유사성에 대한 것일 것이다.

그런데 골든바이저 박사의 토템적 개념에 대한 정의는 모든 경우를 충분히 밝히는 데 있어서 부족한 것일까? 그것은 납득할 수 없는 것이다. 부인족(the Buin)의 토템은 확실히 감정적 가치를 대변하고 있다. 위네바고족의 토템도 아마 그러할 것이다. 오로지 용어의 확장에 의해 카리에라족의 토템 역시 흑(黑; black)을 백(白; white)으로 전환할 수 있을 것이다. 한 종족에 속하는 여러 개의 사회적 집단이 공통적으로 생물계(生物界; organic kingdoms)로부터 빌린 이름이나 유사한 기원을 가진 문장학적 문장(紋章學的 紋章; heraldic devices)에 의하거나 독특한 금제(禁制; taboo)에 의해, 혹은 무엇인가에 의해, 구별되는 것이 부존재와 더불어 왜 우리 스스로는 만족하지 못하는 것일까? 그리고 작명제도(作名制度; system of naming), 문장제도(紋章制度; system of heraldry), 그리고 신앙적 혹은 신비적 의식에 대한 제도를 하나의 강제적 획일화된 제도(one Procrustean bed)로 추진하려는 헛된 노력을 우리는 왜 멈추지 않는 것일까? 이러한 각각의 것들은 분리하여 연구되는 것이 유리할 것이며, 물론 그들의 이론적 해석을 하는 이유 역시 연구되어야 할 것이다. 그러나 이것이 각각 다른 현상이라는 사실은 '감정적 가치(感情的 價値; emotional values)'라고 하여 현혹시키는 제목에 의해 가려지지는 않을 것이다.

후자의 논문에서 골든바이저 박사는 이로쿼이형 토템숭배(Iroquois totemism)에 대한 분석을 통하여 이 문제를 매우 명확히 하였다. 이로쿼이 혈족들(Iroquois sibs)은 새나 짐승의 이름을 붙였으며, 비록 형식적으로 아마도 대집단이나 반족의 분류라는 기능을 담당하지만 족외혼의 집단이다. 그러나 혈족을 대표하는 동물을 죽이는 것에 대한 금제도 없고, 실제로 이러한 금제에 대한 강한 강조는 인디언(Indians)에게는 마치 어리석은 것처럼 보여지기도 하였다. 이름의 시조가 된 종(eponymous species)으로부터 혈통(血統; descent)에 있어서 어떠한 믿음의 기미도 없고, 그들 간의 친족유대(親族紐帶; sense of kinship)에 대한 어떠한 의식도 없다. 이로쿼이제도(the Iroquois system) 가운데 가장 두드러진 특징 중의 하나는 개인이름이 존재한다는 것이며, 각각의 혈족이 독특한 일련의 이름을 가지고 있다는 것이다. 하지만 이러한 이름은 그 동물들과 어떠한 관련도 없다. 이름의 시조(eponyms)를 조각한 것은 서로 관련이 있는 혈족들이 장악한 가(家)의 문 위에 놓여졌다. 그러나 이러한 조각에 대한 권리는 혈족원에게만 있다는 것에 대해서는 명확한 증거가 없다. 이로쿼이 혈족(the Iroquois sibs)은 토템족으로 간주할 수 있는 것일까? 이로쿼이 족은 토템적 복합체를 가지고 있는 것일까? 골든바이저 박사의 대답은 부정적이었다. 동물이름을 붙이는 것은 원시사회에서는 너무 흔한 특징이고, 한 동물과 그것의 이름을 취하고자 하는 집단의 특별한 관계를 추측하는 것은 어렵다. 오로지 그 이름이 "그 동물과의 심리학적 관련성을 그 이름의 증여자나 수증자, 또는 양자의 심중에" 포함된 때나 족외혼제가 이러한 결합에 대하여 추적이 가능할 때는 비로소 토템숭배라고 말할 수 있을 것이다. 다른 한편, 동물 문양을 가진 혈족들은 별칭이나 지명, 혹은 인류조상으로부터 나온 명칭을 가지는 혈족과 같이 토템족이라 불리울 수 있는 자격이 없다.

골든바이저 박사의 정확한 언급처럼 문제는 단순히 학술적인 것이 아니다. 그것은 동물의 이름을 취하는 집단이 이름시조와 관련된 신앙과 그 실천을 한정하는 것이 동등한지 그렇지 않는지 하는 것이다. 토착민의 정신에 있어서 이름의 중요성은 의심할 바가 아니다. 하지만, 그 결과 필연적으로 토템적 복합체가 생기는지 아닌지는 경험적 연구에 관한 문제이다. 골든바이저 박사가 부인하는 것은 매우 합리적인 것으로 보인다. 실제 아마도 다양한 신앙과 의식이 있었더라도 그러한 분류를 거부함으로써, 이를 보충하는 것으로 보인다. 식용동식물의 증식에 대한 의식을 행하는 것은 미신적인 경외를 가지고 동식물을 취급하는 것과 같이 않고, 또한 단순한 금제와도 다른 것이라 생각된다.

이 주제에 대해 골든바이저 박사가 한 가장 최근의 기여는 토템숭배는 매우 특수한 현상이며, "혈족제도와 함께하는 우상숭배의 내용의 결집"이라고 특징을 지은 것이다. 이것은 역사적·지리학적 관점에서의 소개에 근거한 것을 바탕으로 한 주장이라고 이야기된다. 골든바이저 박사는 현재 다음과 같이 즉 혈족과 토템복합체는 분리되지 않으며, 따라서 혈족 없는 토템복합체 그리고 토템복합체가 없는 혈족은 '거의 드물다'라고 주장하고 있다.

이는 골든바이저 박사의 초기 연구 가운데 가장 가치 있는 결과 중 몇 가지를 부적절하게 만들어 버린 것이다. 자료 즉 그 자신이 비판적 연구에서 인용하였던 많은 자료를 어떻게 조명할 것인지에 대해 필자는 거의 상상조차 할 수 없지만, 골든바이저 박사는 매우 놀랄 만한 그의 개요에서 역사적 그리고 지리학적인 면에 대해 주장하였다. 크로우족(the Crow), 히다차족(the Hidatsa), 그로스벤트르족(the Gros Ventre), 아파치족(the Apache) 모두는 토템적 명칭을 가지고 있지 않는 혈족을 가졌다. 그리고 골든바이저 박사는 다음과 같은 주장 즉 명칭 그 자체는 토템을 형성하는 것이 아니라는 주장을 포기하지 않았다. 우리는 이로쿼이족(the Iroquois)이나 푸에블로 인디언(Pueblo Indians)의 최소한의 몇 가지만을 추가할 수 있을 뿐이다. 토템적 혈족에 의해 조직되었다고 알려진 시베리아의 종족(Siberian tribe)은 어떤 종족인가? 그리고 아룬타 토템(Arunta totem)이 혈족을 구성하였다는 것은 무슨 의미일까? 토템은 "모든 혈족조직 나아가 전 세계적인 부가물"이라는 결론은 단순히 사실과 반대되는 거북한 무지에 도달하고 말았다. 매우 날카롭고 박식한 이 사상가는 역사적, 인류학상의 논리적이고 제한된 방침으로부터, 그의 마지막 결론이 너무 많이 벗어나 버렸다.

토템숭배(totemism)라는 주제에 대해 필자의 입장을 다음과 같이 요약해 보자. 필자는 모든 통찰력과 학식을 토템현상의 실제 확립된 그 주제에 다 쏟아 붓지는 못하였다. 정확하게 보아스 교수(Professor Boas)가 "인종적 행위의 어떠한 유형"과 결합을 위한 친족집단의 경향을 주장할 때 그것은 옳았다. 하지만 이것은 말하자면 당연한 것으로, 제한된 사회집단은 어디에서도 존재하지 않으며, 그것은 어떠한 기능 혹은 기타의 기능에 의해 특징이 부여되는 것이다. 이러한 의문은 어떠한 것이 결합되는 한 결합행위의 본질인지 아닌지의 여부와는 문제되지 않았으므로, 이 점을 필자는 공정한 것으로 받아들일 수 없다.

토템숭배의 문제는 그 자체가 서로 관련이 없는 일련의 특별한 방법에 의해 풀리는 것이라 생각한다. 혈족과 동물명칭의 결합이라는 하나의 문제는 미국 동부지역과 같이 연속적인 지역에서 그 역사적 관계를 명백히 찾아볼 수 있는데, 그 곳에 혈족명칭의 방식이 전파되었던 것이다. 이것은 식용동식물의 번식이라는 카리에라족(the Kariera)과 아룬타족(the Arunta)의 풍습과는 무관한 것이지만, 이러한 관습이 오스트레일리아의 중앙과 서부지역 종족에게도 있다는 것은 명백한 역사적 관계를 갖는다는 것으로 중요한 사실이다. 혈족이 흔히 토템을 이름시조동물(eponymous animals)로 한 것은 충분히 연구할 만한 가치가 있는 것이며, 심리적으로 매우 흥미로운 현상이다. 하지만 유일한 혼돈은 하나의 주제하에서 분리되는 것을 관찰하는 것-으로부터 도출될 수 있을 것이다.[25)]

25) Smith: 33. Goldenweiser, 1910; id., 1913: 370; id., 1918: 280. Boas, 1911: Chap. Ⅷ; id., 1916 (b): 319. Frazer, J. G., 1910: Ⅳ, 3-71.

Primitive Society

제 7 장

혈연의 역사

쌍방적 가족(雙方的 家族; bilateral family)이 완전히 보편적인 제도인 반면, 일방적 혈족(一方的 血族; unilateral sib)은 그 분포가 제한적이긴 하였지만 상당히 널리 분포되어 있다. 실제로 그리스인(the Greeks)처럼 한층 높은 단계로 문명화되었던 여러 민족의 대부분은 혈족으로 나누어져 조직되었던 시대를 지나왔다는 것은 사실이다. 그러나 이와 같은 경우 일정한 단계에 이르면, 혈연제도는 항상 함께 공존하던 가족(家族)에 그 자리를 넘겨주고 없어져 버렸다는 것을 지적해 주는 것에 불과하다. 따라서 결코 혈족이 가족보다 더 오래 되었음을 증명해 주는 것은 아니다. 자료를 살펴보면 모든 문화적 단계마다 가족이 동시에 어디에나 있었음을 알 수 있다. 고도의 단계에서는 종종 혈족조직(血族組織; sib organization)을 수반하였으며, 더 높은 단계가 되면 혈족이 사라져 버렸음을 분명히 알 수 있다.

제 1 절 가족의 선행

이러한 사실에 대한 단순한 설명은 모건(Morgan)의 추론 중 가장 일반적으으로 인정되는 것 가운데 하나를 거스르고 있을 뿐만 아니라 그것을 제대로 지탱해주지 못하고 있다. 왜냐하면 모건은 가족은 후기의 산물이고, 마찬가지로 그 이전에 혈족이 있었다고 주장하였기 때문이다. 그의 연구구도(硏究構圖; scheme)에서 족외혼제(族外婚制)의 혈족(血族; exogamous sib)은 혈연친족(血緣親族; blood relatives)의 잡혼(雜婚; intermarriage)을 저지하는 눈에 띌 만큼 주목할 만한 개혁운동(改革運動)의 대표였다. 또한 생물학적으로 유익한 족외혼제의 결과에 발판을 마련하게 되었으며, 따라서 더욱 널리 퍼지게 되었다는 것이다. 이 이론에서는 두 가지의 요소, 즉 그가 내세운 혈족제도의 결과와 날조에 가까운 그 분포상태(分布狀態)를 음미해 볼 필요가 있다.

첫 번째의 문제점은 그 답을 간단히 찾을 수 있다. 오늘날의 생물학계(生物學界)가 근친번식(近親繁殖; inbreeding)이 필연적으로 나쁜 결과를 발생시킨다는 것에 대해 그 의견이 일치하지 않고 있음은 차치하고서라도, 모건의 해석방법에는 아주 명백한 오류가 있다. 족외혼은 모계사회(母系社會)에 있어서의 아버지와 딸의 혼인 및 부계사회(父系社會)에 있어서의 어머니와 아들의 혼인을 막을 수 없다는 점에 대하여 이의를 붙여 반대하는 것은 옳지 않다. 왜냐하면 모건은 친자 사이의 근친상간관계(近親相姦關係)는 일찍이 없어지고, 혈족은 다만 혈족자녀(血族子女; sibings)의 혼인을 방지함으로써 혼인상의 제한을 증가시켰다고 믿고 있었기 때문이다. 그렇지만 모건이 마땅히 비판받아야 할 점은 족외혼이 형제와 자매 사이의 혼인을 금지시키는 이외에 훨씬 더 많은 기능을 하고 있음을 몰랐다는 점이다. 즉 족외혼은 가장 촌수가 먼 일정한 종형제자매들, 심지어 전혀 친족관계가 없는 혈족원(血族員)들의 성적 관계를 금지하였을 뿐만 아니라, 다른 한편 동일한 혈족에 속하지만 않는다면 종형제자매들의 성적 관계도 결코 간섭하지 않는 것이다. 교차종형제자매(交叉從兄弟姉妹; cross-cousin)들의 혼인은 족외혼과 전혀 모순되지 않지만, 일정한 평행종형제자매(平行從兄弟姉妹; parallel cousin)들의 혼인도 마찬가지이다. 예를 들면 세 부분으로 나누어져 있는 한 모계종족(母系種族; tripartite matrilineal tribe)에서 A혈족의 두 명의 형제는 각각 B혈족의 여자와 C혈족의 여자와 혼인할 수가 있고, 그 자녀들도 혈족을 어떻게 정하느냐에 따라서 혼인에 있어 방해받지는 않는다. 이때 혈족이 실제로 하는 것은 특정의 가까운 친족의 결합과 함께 촌수가 멀어서 추정만 할 수 있는 친족의 결합을 부수적으로 금지하고, 다른 한편 기타 특정의 가까운 친족의 혼인은 그대로 허용해 준다.

모든 원시사회에 혈족이 존재한다는 억측에 대해서는 좀더 광범위한 검토가 있어야 할 것이다. 필자는 혈족은 좀더 원시적인 종족에는 예외 없이 존재하지 않는 반면, 대체로 재배농업(栽培農業)이나 유목활동(遊牧活動)이 경제생활의 기초로서 수렵(狩獵)에 부분적으로나 전체적으로 갈음하여 들어서는 경우에 비로소 나타난다는 역명제(逆命制)를 세우려고 노력하고자 한다. 여기에서 필자는 바로 가족이 연대적으로 앞서서 생겨나게 됨을 주장하는 바이다. 그러나 이러한 주장이 설득력을 얻도록 하기 위하여는, 이에 반대하는 비난을 막아내야 할 필요성이 있다.

세계의 여러 종족이 다양한 문화영역(文化領域; departments of culture)에서 똑같이는 발달할 수 없다는 것은 명확한 사실이다. 에스키모인(Eskimo)들은 그들의 기술적인 재능으로 우리들을 감동시키지만, 그 정치적 내지 사회적 생활은 가장 원시적이다. 건축기술 쪽으로 말하면 유카탄반도의 마야족(the Maya of Yucatan)은 아프리카의 니그로족(the Negroes of Africa)보다 우월하지만, 야금술(冶金術)을 모르기 때문에 다른 관점에서 보면 니그로족보다 낮은 수준이라고 할 수 있다. 따라서 극히 수준이 낮은 종족도 사회조직에 관하여는 그 동류층을 능가할 수 있고, 모건의 학설에서 가족으로 표현된 아찔한 높이까지 재빠르게 올라가게 되는 것도 생각할 수 있다. 그러므로 물질적 진보는 사회적 진보의 지표가 될 수 없다는 주장도 있고, 또한 일반적 문화로 보아서는 가장 원시적인 종족이 동시에 사회조직의 가장 오래 된 형식을 대표한다고 단정하는 것 또한 잘못이다.

그러나 이것은 확실한 점을 명백히 불합리하게 만드는 일이다. 의심할 바 없이 문화의 한 영역이 다른 영역을 절대적으로 결정하는 것은 아니고, 또한 어느 한 영역의 활동에 있어서의 후퇴성(後退性; backwardness)이 때로는 다른 영역에서의 전진성(前進性; progressiveness)에 의하여 보충되는 것도 예상할 수 있다. 그렇지만 조금만 생각해 보더라도, 그 상관관계가 절대적이지는 않지만 강한 영향력이 있다는 것을 잘 알 수 있다. 페루인(people of Peru)이나 유카탄족(the Yucatan)에 비교될 만한 건축적 위대함에 도달하였다는 수렵민에 대한 기록은 없다. 그도 그럴 것이 과학적·예술적 진보를 위하여는 일정한 단계의 기술적 지식 — 그것은 다시 사회적 분업을 필요로 한다 — 이 필수적 조건(sine qua non)이기 때문이다. 그러므로 매우 투박한 문화와 변태적일 만큼 복잡한 사회구조가 때로는 병행할 수도 있음을 인정하는 것은 어렵지 않다. 그러나 일반문화의 단계에서 최하위에 있는 모든 종족이 가족생활과 같은 문화의 한 영역에서 높은 수준에 도달할 수 있고, 다른 한편 한층 더 발달된 단계에 있는 종족이 이러한 문화영역에서 오히려 뒤떨어져 있을 수도 있다. 이와 같은 것을 확실히 생각해 내어, 단순히 시시한 일로 배척해 버리는 것은 기괴한 명제이다. 그러므로 만일 가장 낮은 문화단계에서 거의 예외 없이 가족만 있고 혈족(血族)은 존재하지 않는다고 하면, 우리는 이성(理性)이 명하는 대로 가족이 더 오래 전부터 존재하였고 혈족은 후기에 생겨난 것이라는 결론을 따르지 않을 수 없다. 이 추론은 근본적으로 중요한 것이므로, 그 경험적 기초를 충분히 밝혀내지 않으면 안 된다.

단도직입적으로 문화감정(文化鑑定)의 원칙을 적용하여 당시 유행하고 있던 독단론(獨斷論)에 철퇴를 가한 최초의 사람은 스완톤 박사(Dr. John R. Swanton)였다. 그는 그의 이론을 북아메리카(North America)의 자료에만 국한시켰지만, 필자는 이 영역에서 모든 학생이 그의 입장에 찬성하였다고 알고 있다. 스완톤은 거의 모든 미개 인디언의 문화(Indian cultures)에 혈족조직(血族組織; sib scheme)이 빠져 있지만, 좀더 풍부한 경제적·산업적·의식적 및 정치적 시설을 갖추고 있는 종족에서는 그것을 찾아볼 수 있음을 단정하였다. 이렇게 하여 북부 캘리포니아(northern California), 오레곤(Oregon), 워싱턴(Washington), 아이다호(Idaho), 네바다(Nevada), 유타(Utah) 및 좁은 해안지대나 그에 인접한 오지(奧地)를 제외한 북서부 캐나다(northwestern Canada)의 전부를 포함하는 지역은 혈족 없는 거대한 지역으로 이 대륙에서의 인류생활의 최저단계를 보여준다. 먹을 수 있는 풀뿌리를 찾으러 네바다 사막(Nevada desert)을 방랑하는 파비옷소족(the Paviotso)은 정착하고 있는 이로쿼이족(the Iroquois), 호피족(the Hopi), 틀링깃족(the Tlingit)과 일반문화상태에서 도저히 비교될 수가 없다.

그렇다면 무엇 때문에 이렇게 넓은 지역이 왜 혈족이 없는 채로 그렇게 오랫동안 사람들에게 알려지지 않았고 그리고 지금도 모건의 학파에 속하는 사람들이 모르고 있을까하는 질문이 제기될 수 있다. 그 이유는 놀랄 만큼이나 단순하다. 모건은 뉴욕사람이었기 때문에, 연구를 이로쿼이족(the Iroquois)으로부터 시작하였고, 그리고 나서 서부의 혈족조직(血族組織; sib organization)이 지배적이던 지역으로 옮겨갔다. 모건이 살았던 당시는 극서부지방의 인디언은 민속학적 목적과 관련해서는 거의 전혀 알려져 있지 않았기 때문에, 북아메리카의 모든 종족은 혈족(血族)을 가지고 있었다는 그의 귀납적 결론은 받아들일 만한 것이기도 했다. 만일 그가 오리곤나 아이다호(Idaho)에서 연구를 시작하였더라면, 그의 모든 이론체계는 아마도 다르게 전개되었을 것이다. 그렇지만 1877년에 용서받을 수 있었던 것이라고 하여 40년이 지난 지금에도 그렇다고는 할 수 없다. 또한 모건이 부분적이긴 하지만 자료를 잘못 이해하여 조급한 결론을 내렸던 것은 용서할 수 있는 오점이라고 하더라도, 오늘날까지도 거기에 끈질기게 집착하는 것은 그 추종자(追從者; epigonoi)의 과학적 명성을 빛바래게 하는 것인에 틀림없다.

그러나 북아메리카의 자료가 반드시 다른 지방에서 관찰되는 여러 현상과 그대로 일치하지는 않는다. 그러므로 우리는 그 확실한 증거(證據)를 다른 대륙에서 찾지 않으면 안 된다. 우선 신세계(新世界; new world)의 남반부(南半部; southern half)에 눈에 돌리면, 가장 하위의 문화 즉 푸에고군도인(Fuegains)의 문화에는 혈족조직이 없는 것이 특징이다. 아시아(Asia)의 실례는 특히 시사적이다. 혈족은 아주 발달된 가축사육방식을 가지고 야금술사(冶金術師)로서 잘 알려진 튀르크인(Turkic people)의 특징이다. 그렇지만 추크치족(the Chukchi)이나 코략크족(the Koryak) — 저급문화(低級文化; marginal culture)는 아주 최근에 부분적으로 순록사육의 특징을 구체화한 것이고, 이전에는 바다표범을 수렵하는 에스키모인(seal-hunting Eskimo)의 수준이었다 — 사이에서는 그것이 결여되어 있었다. 재배농업을 하는 종족으로 고도문명의 정치사상(政治思想)으로 물들어 있는 아삼(Assam)의 카시족(the Khasi)은 혈족이 있지만, 말레이반도(Malay Peninsula)의 야만수렵족(野蠻狩獵族)인 사카이족(the Sakai)이나 세망족(the Semang)은 그렇지 않다. 이들 가운데 가장 좋은 예를 들어 보면, 안다만제도인(Andaman Islanders)의 경우일 것이다. 이들 네그리토계(Negrito Stock)의 안다만제도인은 벵갈만(Bay of Bengal)에 고립되어 지내고, 멀고도 먼 필리핀 사람들에게까지 철기나 곡물재배의 기술을 전파시킨 문명의 파고에 접하지도 않고 살아 왔는데, 이들은 혈족제도를 갖고 있지 않았다.

아프리카에 관한 우리들의 사회학적 지식은 유감스럽게도 충분하지 못하다. 그러나 필자가 아는 한 일반적 명제에 반하는 증거는 없다. 혈족은 반투종족(Bantu tribes)이나 수단종족(Sudanese tribe)에서는 복잡한 정치조직과 관련하여 생겨나고, 또한 아마도 햄족(Hamitic strains)의 혈통과 그 밖의 혈통이 혼합되어, 여러 면에서 비교적 높은 수준에 맞추어 살아가는 마사이족(the Masai)과 같은 유목종족에서도 보고되고 있다. 이보다 더 미개하고, 재배농업은 하지도 않는 채 구세계(舊世界; old world) 유목족의 줄어드는 마지막 분파임을 보여주는 호텐토트족(the Hottentot)은 분명히 혈족을 갖고 있지 않다. 적어도 아버지의 이름을 딸에게로, 어머니의 이름을 아들에게 전해주는 것으로 보고된 사실은 자녀들이 모두 부모 중 어느 일방의 이름을 따라야 한다는 일면적인 혈통추적(血統追跡)과는 일치하지 않는 것이다. 마지막으로 필자는 훨씬 더 원시적인 수렵종족인 부시맨(Bushmen)이나 피그미족(the Pygmies)에 관한 설명에서는 혈족에 대하여 언급하고 있는 것을 찾아보지 못했다.

이제 오스트레일리아(Australia)에 관한 고찰이 남아 있다. 오스트레일리아 대륙 전체에서 혈족은 널리 분포되어 있는 제도이고, 아마도 오래된 제도일 것이다. 그렇다고 하여 이것이 가족보다 혈족이 더 오래 되었음을 인정하는 것은 아니다. 그도 그럴 것이 다른 곳에서와 마찬가지로 이 곳에서도 가족이 없는 혈족은 찾아볼 수 없었고, 두 제도가 병존하여 존재하고 있음을 알 수 있었기 때문이다. 그러므로 우리가 최대한 알 수 있는 바는 오스트레일리아에서는 우선(優先)여부의 문제가 불확실한 채 그대로 남아 있다는 점이다. 설령 그렇지 않다 하더라도, 오스트레일리아의 자료는 다른 지역에서의 문화의 각 단계의 순서에 관하여 설명해 주는 정도밖에 되지 않는다. 왜냐하면 오스트레일리아의 문화는 결코, 파비옷소족(the Paviotso)이나 안다만제도인(Andaman Islanders)들의 문화보다 더 원시적이지는 않기 때문이다.

요컨대, 유일하게 오스트레일리아인 중 한 종족만 특별히 제외한다면, 가장 저능한 문화는 혈족은 갖고 있지 않으면서도 가족은 보유하고 있으며, 혈족이 항상 이에 부수하는 가족보다 더 우선 발생한 것이라는 증거는 찾아볼 수 없다.

그렇지만 여기에서 우리는 다시 반대론(反對論; hostile objection)에 부딪치게 된다. 만일 혈족이 없는 종족으로 예거되었으면서도 실제로는 혈족으로 조직되어 있고 단지 눈에 띄지만 않았다면 어떻겠는가? 현장탐사연구가에게 있어 그 의견은 한낱 탁상공론으로 비칠 따름이다. 혈족조직에 관하여 특별히 알려지지 않은 것과는 아무 관련도 없다. 혈족조직이 존재한다면, 연구자가 구석구석에서 그것과 마주칠 수밖에 없을 정도로 사회생활은 변모하였을 것이다. 영리한 탐방자(探訪者; visitor)라도, 크로우족(the Crow) 또는 호피족(the Hopi)과 같은 사람들과 함께 여러 주일을 보낼 수도 없으며 또한 세습적이고 일방적인 파족(派族; divisions)이 있음을 밝혀낼 수도 없다. 그러므로 오랜 연구를 하면서도 제도의 자취를 찾아낼 수 없게 되는 때, 유일하게 허용될 수 있는 추론은 제도가 존재하지 않는다고 하는 것뿐이다. 많은 개개의 연구가들이 이를 확증하였다면, 이러한 결론은 실제로 절대적인 확실성을 지니게 된다. 그리하여 북부애서배스카족(the Northern Athabaskans)에 대해 누구와도 비길 수 없는 관찰가인 사무엘 헤른(Samuel Hearne)이나 오늘날의 학자 중에서는 고더드 박사(Dr. P. E. Goddard), 프랑크 러셀(Dr. Frank Russell), 메이슨 박사(Dr. J. A. Mason), 그리고 필자 등이 그 종족을 탐방해 왔는데, 그 가운데 누구도 혈족과 비슷한 것을 기록으로 남긴 바 없다.

반면 혈족제도(血族制度; sib system)를 찾아내지 못한 것은 기록자의 재능 여부에 달려 있는 것이 아니며, 다만 문명의 충돌에 의하여 파괴되어 버려 더 이상 존재하지 않기 때문에 관찰되지 않았을지도 모른다는 주장이 있을 수 있다. 이 주장도 역시 열심히 고심한 흔적이 엿보인다. 그들은 아무런 근거도 없이 혈족은 카프카스인(Caucasian)의 관념과 접촉하게 되면 쉽게 소멸해 버리는 경향이 있다고 생각한다. 그러나 이러한 생각은 옳지 않다. 호피족은 1540년에 스페인 사람들(Spaniards)과 접촉하기 시작하였지만 아직도 모계혈족(母系血族; mother-sibs)으로 나뉘어 있다. 마찬가지로 이로쿼이족(the Iroqouis)의 예전 사회제도는 뉴욕주(New York State)의 한 중앙에서 프랑스, 영국, 미국의 영향을 받으면서 감내해 왔다. 마찬가지의 다른 예로, 노스다코타(North Dakota)에 지금도 잔존해 있는 소수의 만단족(the Mandan)은 그 혈족에 관한 지식이나 오래 된 모계제(母系制)의 전통을 유지하고 있다. 캘리포니아의 자료도 마찬가지로 좋은 문제를 던져 준다. 동일한 연구자가 어느 지방에서는 혈족을 발견하였지만 다른 지방에서는 혈족을 발견하지 못했다. 그러므로 이러한 점에서 적어도 개인적 편견은 금물이다. 더구나 혈족이 없다고 보고된 종족이 옛날 풍습을 알아볼 수 있는 잔상을 모두 잃어버렸다고 하는 것은 결코 사실일 수 없다. 후파족(the Hupa)은 아직까지도 남편은 겨울에는 처가에서 결코 잠을 자지 않는다는 이상스러운 남녀분리의 제도를 유지하고 있으며, 20년 전의 마이두족(the Maidu)은 여전히 의식이나 비밀단체(秘密團體)에 관하여 말해 줄 만한 많은 것을 지니고 있었다. 모든 캘리포니아인들이 옛날에 혈족제도를 갖고 있었다는 가설에서 보면, 현재 그 제도가 캘리포니아의 중부 및 남부의 일정한 지역에 국한하여 남아 있는 것은 도대체 납득할 수 없는 일이다. 오늘날의 여러 상황이 혼돈의 시기에 접어든다고 생각되는데, 어째서 지리적 연속론(地理的 連續論)을 고수하는 것일까? 그렇지만 이와 반대되는 가설에서 보면, 어렵지 않게 캘리포니아의 좀더 남부의 종족을 아주 치밀한 사회조직(社會組織; social structure)의 첨단기지(尖端基地)로 생각하여 뉴멕시코(New Mexico)와 애리조나(Arizona)의 원주종족을 구별할 수가 있다. 그렇지 않으면 캘리포니아에서는 혈족이 지방별로 발달하여 어느 정도까지 확산되었던 것에 지나지 않았다고 생각할 수 있다.

혈족을 가지고 있지 않은 경우에도, 원주민의 풍습이 소멸해 버렸기 때문에 그렇게 된 것은 아니라고 하는 입장은 친족호칭법(親族呼稱法; kinship nomenclatures)의 도움에 의하여 난공불락으로 되어 버렸다고 할 수 있다. 경험적 결과로서, 혈족조직과 다코타식 친족용어사용례 — 이 경우 양친대(兩親代)에서는 모계친족(母系親族)과 부계친족(父系親族)을 구별하지만, 친족관계의 원근(遠近)을 따지지 않고 친족을 똑같이 다룬다 — 의 상관관계가 결정된다. 또한 이와 다른 여러 지방에서는 다코타식 분류법(the Dakota classification)이 좀더 포괄적인 것으로 되어 세대(世代)를 제외한 모든 조건을 무시한 채 친족이 분류된다는 예도 지적된다. 이러한 사실은 필자가 지금 공격하려고 하는 이론에 유리한 것이다. 그리하여 리버스 박사(Dr. Rivers)는 오세아니아(Oceania)에서는 폴리네시아인(Polynesians)이 일찍이 혈족조직과 다코타식 제도를 가지고 있었는데,

그것이 오늘날에도 멜라네시아(Melanesia) 여러 곳에서 발견되며, 이러한 특징이 하와이식 명명법(Hawaiian nomenclature)에 길을 터 주었던 것으로 생각하였다. 따라서 하와이식 용어사용례(the Hawaiian terminology)는 혈족제도와 일치하지는 않지만, 그 종족에도 일찍이 혈족조직이 존재하였다고 하는 가설에 맞추어 해석할 수도 있다. 그러므로 무혈족종족(無血族種族; sibless tribe)이 다코다식 호칭법을 사용하는 것으로 드러나도 당연히 이러한 생각이 떠오를 것이다. 그렇지만 이것은 결코 혈족이 가족보다 먼저 존재하였다는 것을 설득력 있게 해주는 증명은 아니다. 왜냐하면 다르게 설명할 방법도 있기 때문이다. 즉 그 용어사용례(用語使用例; terminology)는 다른 곳에서 전파한 것이라고 할 수도 있고, 아니면 다른 사회적 원인에 의거한 경우일 수도 있기 때문이다. 그렇지만 이 주장은 어쩐지 그럴싸한 유사성을 가지고 있다.

그러나 용어사용상 방계혈족(傍系血族; collateral kin)과 직계혈족(直系血族; lineal kin)을 합체시키지 않고 부(父)와 부모의 형제자매(parent's sibling)를 엄격하게 구별하는 경우 무슨 근거로 모건의 학파에 남아 있다고 하는 것일까? 이러한 결과는 바로 부(父)와 모(母)가 좀더 먼 친족과 엄격하게 다른 특별한 지위를 차지하고 있다고 할 수 있는 가족소식에서 그대로 예기(豫期)할 수 있는 귀결이다. 이 경우 옛날의 풍습이 최근에 없어져 버렸다든지, 백인(白人)의 영향 때문에 개혁되었다는 것에 대한 의문은 있을 수 없다. 왜냐하면 친족호칭은 그것을 발생시킨 사회조직보다도 더욱 고정적인 것으로 사회조직이 분열되고 난 다음에도 오랫동안 남아 있게 된다는 것이 모건 철학의 주된 논리이기 때문이다. 그러므로 친족용어사용례가 혈족이 없는 조직과 연결되어 있다는 사실이 이전에 혈족이 있었음을 밝혀주는 증거가 되지 못한다면, 즉 종족이 일찍이 혈족으로 나뉘어 있었다고 생각할 이유는 전혀 없다. 왜냐하면 가설적이긴 하지만, 용어사용례는 그것과 관련되는 사회구조보다도 소멸하는 것이 늦기 때문이다.

이론적 논쟁에서 이기고자 하여 필자가 이 점을 강조하는 것은 결코 아니다. 이 점에 관하여는 모건이 그 기본태도를 벗어나지 않았다고 본다. 친족(親族; kinship)이라는 용어는 언어학적 현상이고, 언어(言語; language)는 꽤나 보수적이다. 우리는 태양이 지구의 주위를 돈다고 생각하지 않고, 그렇게 고정되어 있다고 말한다. 새로운 여러 조건의 충격은 전통적 친족호칭법을 교란시키지 않았지만, 원시인의 사회를 크게 변형시키거나, 아니면 파괴할지도 모를 일이다. 식민지통감(colonial administrator), 예를 들어 인도통감(印度統監)은 인신공양(人身供養; human sacrifice)을 금지시키고 개량된 경작방법을 보급시키려 하였다. 그러나 피지배자들이 부(父) 및 부계(父系)의 아저씨들을 부르는 방법을 하나로 하거나 열두 가지로 하거나 하는 것은 지배자들의 관심 밖의 일이었다. 따라서 직계친족(直系親族; lineal kin)과 방계친족(傍系親族; collateral kin)을 구별하는 현상은 혈족제도의 결여에 있음에 관하여 연구자들에게 확실한 증거가 되는 것이다.

이제 구체적인 자료로 눈을 돌려보면, 가설(假說)로서 위에 제시했던 조건이 다시 한번 실제로 존재하였음을 알 수 있다. 캘리포니아의 샐리시족(the Salish)이나 쇼쇼니족(the Shoshonean) 사이에서나, 에스키모지역(Eskimo territory)에서는 직계친족과 방계친족을 구별하는 친족제도를 접하게 된다. 아메리카 이외에는 안다만제도인(Andaman Islanders), 추크치족(the Chukchi) 및 코랴크족(the Koryak)에게도 발견된다. 그런데 이들 모든 실제 — 이것은 배가(倍加)되었을 것임에 틀림없다 — 에서, 무혈족종족(無血族種族)에 관한 적당한 자료는 한층 풍부하고, 보고기록(報告記錄)에서도 혈족이 없는 사례는 그것이 최종적인 것이라는 소인(消印)을 받게 된 것이다. 원시공동사회(原始共同社會; primitive community) 도처에 혈족이 있었다는 독단론(獨斷論)은 이렇게 하여 파괴되고 말았다.

지금까지 서술된 견해의 편에 맞추어 주장될 수 있는 다른 계통의 논증이 있다. 야만의 관념에서 이름이 차지하는 역할의 중요성에 걸맞춰 원시적 친족용어(primitive kinship terms)의 포괄성은 일반적으로 단순한 용어사용례보다는 훨씬 다른 문제이다. 즉 비슷한 명칭(名稱; designation)은 유사한 사회관계를 의미한다. '부(父)'나 '모(母)'가 12명이나 함께 살고 있거나, 형제자매가 수십 명이나 있는 곳에는 개별적 가족이나 개별적 친족관계는 존재하지도 않았다는 착각을 왕왕 조작하며, 이 사실을 잘못 이해한 것이다. 이 오류는 이것에 관하여 유사한 즉 동일하다고 생각한 사람들에게 있었다. 그렇지만 우리들은 이미, 여러 대사(大事)에서 우선권(優先權)을 가지는 것은 적정한 계급의 가장 가까운 친족이라는 것을 알게 되었다. 형제연혼(兄弟緣婚; levirate)의 규정에 의하여 사망한 남자의 과부(寡婦)는 그 친형제 중 한 사람이 상속하고, 다른 친족은 그 보결자(補缺者; substitutes)일 따름이다. 아주 잘 정리·보고된 실례에서 종형제자매의 교차혼(交叉婚)은 주로 어머니의 형제의 딸이라든가 혹은 아버지의 자매의 딸과 하는 혼인을 뜻하는 것으로 되어 있다. 크로우 인디언(the Crow Indians) 사이에서 의형제(義兄弟; brother-in-law)인 남자는 모두 특별한 존경을 받을 수 있었지만, 이에 관하여 친형제(親兄弟; real brother-in-law)는 불가침의 우선권(優先權; preeminence)을 가진다. 오스트레일리아에서 혈족개념의 광범위한 분포를 생각하면, 이와 같은 결과가 오스트레일리아에 대한 연구가 중에서도 가장 유능한 사람에 의하여 아주 명쾌하게 확인되었음은 더더욱 기뻐해야 할 만한 일이다. 브라운(Brown)도 그가 적절하게 표현한 것처럼 사회적 기능은 질적으로는 같지만 정도로 보아서는 다르고, 이 정도의 차이는 친소(親疎)의 정도와 다르다는 것을 알 수 있다. 요컨대 기본적인 것은 좁은 가족권 내의 친족관계이고 그것이 약화된 형태이긴 하지만 실제적이고 추정적 친족보다 넓은 권역으로 제2차적으로 확산해 있음에 지나시 않는다는 점이다. 종래 그 의미가 뚜렷하게 정해지지 않은 채 지나온 오스트레일리아의 여러 현상은 이렇게 하여 다른 여러 지방의 자료와 부합한다. 다른 곳과 마찬가지로 오스트레일리아에서도 가족이 기초적이며 제1차적이고, 혈족은 비교적 그 중요성이 낮고 제2차적인 산물이었다. 전래의 존속순서를 뒤엎은 것은 현대의 인종학(ethnology)이 이룩한 가장 안전한 결론의 하나이다.[26)]

제 2 절 혈족의 기원

그렇다면 혈족(血族; sib)은 그보다 오래 된 가족개념(家族槪念; family concept)을 기초로 하여 어떻게 발생한 것일까? 이 질문에 답함에 있어 우리는 혈족이

26) Morgan, 1871: 484, 490; id., 1877. Swanton, 1905 (b): 663; id., 1906: 166. Martin: 861. Skeat and Blagden: Ⅰ, 65; Ⅱ, 62, 258. Man: 58 seq., 202. Schultze: 305. Rivers, 1914 (a): 67-70. Lowie, 1915: 231. Bogoras: 538. Jochelson, 1908: 759. Brown: 157.

란 과연 무엇인가를 상기해 보지 않으면 안 된다. 혈족은 선택된 친족집단(親族集團; group of selected kin)이지만, 문제는 선택의 원리가 어디에서 생겨나는가이다. 어째서 일정한 친족은 함께 모여 살며 다른 친족을 배제하면서까지 사회단위(社會單位)를 형성하는 것일까? 이에 대한 해답을 구함에 있어, 우리는 일방적 친족원리(一方的 親族原理)의 발달에 도움을 준 여러 요소를 찾아보기 위하여, 무혈족종족 사이에서 발견되는 사회환경을 음미해 보아야 한다. 그리고 혈족조직을 만들어 내고 이것으로 하여금 작용하도록 도와 준 매개체(媒介體)를 찾아내기 위하여 혈족조직(血族組織)의 부대사항도 검토해 보지 않으면 안 된다. 필자가 생각하기로는 재산소유권(財產所有權)의 양도나 혼인 후의 거주양식(居住樣式)이 일방적 계통원리를 확립하는 데 가장 유효한 방법으로 영향을 주었던 것 같고, 이에 따라 필자는 그것이 어떻게 하여 부계공동사회(父系共同社會; matrilineal community)의 기원을 이루게 되었는지를 밝혀내고자 한다.

후파족(the Hupa)의 자료를 다시 한번 상기해 보기로 하자. 그들에게 있어 거주제(居住制)는 원칙적으로 아버지 쪽이지만 결코 모두 다 그러한 것은 아니다. 즉 거의 대다수 남자는 부계측 조부·부·아들·손자가 같은 촌락의 토착주민이고, 그들의 처는 다른 곳에서 맞아들인다. 바꾸어 말하면 후파족의 제도는 거주에 의하여 부계혈족으로 구성된 남자친족으로 통일된다. 여기에서 우리는 쉽게 부계혈족으로 자라날 수 있는 싹을 발견할 수 있다. 다만 두 가지의 제한이 고려될 필요가 있다. 첫 번째는 모든 가족이 동일한 분거원칙(分居原則)을 지키지 않으면 안 될 정도로 부측거주제(父側居住制)가 엄격해야 한다. 두 번째는 한 가족의 남자와 마찬가지로 여자의 소속이 정해지는 방법이 존재하여야 한다. 이 두 번째의 결과는 분거한 남자들에게 여자의 성(姓; name)은 사용하게 함으로써 쉽게 실현되는데, 그 성은 당연히 그 부락에서 태어난 남자이든 여자이든 모든 어린애들에게 출생시에 붙여지게 되며, 이와 같은 남자애나 여자애가 부계의 성을 따라 살아가게 된다. 여자가 출생 지역을 떠나가는지의 여부는 문제가 아니다. 왜냐하면 여자의 소속을 정하는 것은 성만으로 충분하기 때문이다. 마찬가지로 일단 이러한 방식으로 부계에 의한 분류가 확립되고 나면, 거주제는 이 부계제도를 변화시키지 못한 채 소멸해 버리고 말기도 한다. 왜냐하면 어느 사람의 소속이 집단명(集團名; group appellation)에 따라 정해지면 그대로 고정되어 버리기 때문이다.

이와 일치하는 공동거주(共同居住; common residence)의 영향이 남아메리카 종족(South American people)에게서 분명하게 드러나 있다. 북서 아마존족(the North-west Amazons)에서는 2백명이 넘을 정도의 가족공동체(家族共同體)가 사회단위이다. 부부생활은 부측에서 이루어지기 때문에 후파족의 경우 보통 남자친족 쪽으로 그 분류가 이루어지고, 따라서 전형적 친족의 발달은 여자쪽이 아이들을 영구히 그 태어난 가족집단과 일체를 만들 필요가 있었던 것이다. 부수적인 사항 중 하나가 이 점에 관하여 매우 시사적이다. 다른 사항에서와 같이 이 점에서도 육친(肉親)과의 원근(遠近)이 특별히 근친의식(近親意識; sense of close relationship)을 고취시켜 왔다. 형제의 자녀들은 어쩔 수 없이 한 집안에서 자랄 수밖에 없기 때문에 매우 가까운 근친끼리는 혼인을 할 수 없었지만, 자매들의 자녀들에 관하여는 이와 같은 제한이 적용되지 않는다. 가족공동체는 확실히 족외혼제 부계혈족(族外婚制 父系血族; exogamous patrilineal sib)을 인정하기도 하고 금지하기도 하였던 동열종형제자매들의 혼인을 인정하거나 금지하는 족외혼제 단위(族外婚制 單位; exogamous unit)로 작용한다.

북동부 알곤키안족(northeastern Algonkian people)에 대한 스펙 교수(Professor Speck)의 철저한 연구는 가까이 사는 사람들의 공동작업(共同作業; joint action)이나 재산공유권(財産共有權; common proprietary rights)에 대해 충분히 설명해 준다. 수렵지역은 확실히 아버지로부터 아들에게로 승계되고, 아내는 그 남편과 동일한 곳에 거주해야 하고, 형제들 간에는 어느 정도까지 경제적 특권을 공유하였다. 이 결과, 전형적인 부계혈족과 유사한 친족분류(親族分類; alignment of kindred)가 생겨나게 되었음은 명백하다.

부계혈족의 분거현상(分居現象)에 관한 설명은 모계친족의 집중현상에도 그대로 적용된다. 이 점에 관하여 타일러(Tylor)는 이미 모측거주제(母側居住制; matrilocal residence)의 중요성을 강조한 바 있다. 사위가 그 처가에 와서 오랫동안 살게 되면, 그 자녀들은 그 아버지 쪽의 사람들보다 그 어머니 쪽의 사람들과 친해지게 되는 것은 당연하다. 이러한 현상은 후파족에서와 같이 주로 부측거주적 종족에서까지 변태적 모측거주적 부부생활의 당연한 결과로 나타나는 곳도 있다. 뿐만 아니라 호피족이나 주니족에서와 같이 모측거주제가 행하여지고 있을 뿐만 아니라 가(家)가 어머니로부터 딸에게로 세습적으로 상속되는 곳에서도 모측거주제의 영향이 가장 뚜렷하게 나타난다. 이렇게 하여 조모(祖母), 모(母), 딸들이 사회단위의 중심을 구성하고, 그 가(家)에게 태어난 모든 아이들은 당연히 이 영구적 집단(永久的 集團; permanent group)에 결속되었던 것이다.

그렇지만 이러한 방식의 모측거주제(母側居住制; matrilocal residence)가 모계친족집단(母系親族集團; matrilineal kinship group)의 발달을 설명해 준다 하더라도, 이를 일반론으로 받아들이려면 두 가지의 크나큰 장애가 있다. 그 하나는 모계족속(母系族屬)이면서 적지 않은 수의 족속이 부측거주제를 따르고 있는 것이다. 오스트레일리아 종족과 멜라네시아족 그리고 몇몇 아프리카 종족 및 아메리카 종족이 그것이다. 물론 모든 모계종족이 처음에는 모측거주제였었다는 보조적 추정으로 이 이론을 뒷받침할 수는 있지만, 그것은 무위도식적 억측에 지나지 않는다. 두 번째로는 모측거주제는 흔히 영구적이지 않은 경우가 많다. 만일 어느 젊은 부부가 1년쯤이 지나 분가한다면, 그들의 자녀들 중 적어도 둘째 이하 아이들을 아버지의 친족보다도 어머니의 친족에 편입시켜야 하는 근거는 무엇이겠는가?

그러므로 모측거주제 및 여자의 주택소유권(住宅所有權; house ownership)같은 요소는 비슷한 친족분류를 발생시키는 부가적 요소와 부합시키는 것이 바람직하다. 여기에서 성별분업(性別分業; sexual division of labor)에 관하여 우리가 아는 바를 고찰해 보는 것도 무익하지 않으리라 생각된다. 한(Hahn)의 덕분에 우리는 원시적 수준에서는 경작이 흔히 여성의 일이었음을 잘 알게 되었다. 필자는 이 사실이 한층 더 중요한 의의를 갖는 것으로 생각한다. 성장하면서 여자아이들은 어머니로부터 여성이 익혀야 할 기술을 배우는 것과 같이 토양(土壤)을 가꾸는 방법을 익히게 된다. 경우에 따라 그녀들은 독점적으로 곡물재배에 종사하기 때문에, 재산소유권(財産所有權; proprietary title)이 발생하고, 그것이 어머니로부터 딸에게로 전해지며, 이런 식으로 모계제 여자친족집단(母系制 女子親族集團; matrilineal set of female kin)이 확립되는 것이다. 이것이 옛날 히다차족(the Hidatsa) 사이에서 벌어졌던 행태이다. 채소밭은 부인이나 딸 및 손녀딸이 공동으로 경작하였고, 그 재산소유권은 그에 따라 상속되었다. 자매들의 여성후손은 이렇게 하여 재산공유권(財産共有權; common property rights) 및 경제상의 협동작업에 의하여 실제로 결합을 이루었던 것이다. 만일 예를 들어 스펙 박사(Dr. Speck)의 연구대상인 알곤키안 종족(the Algonkian tribes)에서처럼 수렵구역의 상속에 의하여 이에 상응하는 부계친족의 분거가 생겨난다면, 부계원칙(父系原則; patrilineal principle)이 잔존하게 될지도 모르고, 또한 양 제도의 충돌에 의하여 일정한 상속원칙의 발생이 방해받을지도 모를 일이다. 그러나 히다차족(the Hidatsa)은 수렵상의 개별적 특징이 아들에게 상속되지도 않았고, 또한 그 거주제도도 엄밀하게 부측거주나 모측거주가 아니었다. 그러므로 적극적 모계주의에 대응할 만한 부계주의도 없었다. 그렇다 보니 채원소유자(菜園所有者; garden-owners)가 가장 확실한 집단을 형성하였고, 어린아이들은 태어나자마자 그 채원집단과 관계를 맺음으로써 소속을 분명하게 하는 것이 당연한 일이었다. 요컨대 이렇게 하여 모계제(母系制)와 모계혈족(母系血族; mother sib)이 생겨났던 것이다.

부측거주적 집단(父側居住的 集團; patrilocal group)에서 여러 대(代)의 여자들이 결속할 수 있었겠는가라는 의문이 생겨날 수도 있다. 그 답은 흔히 부측거주제 및 모측거주제라는 것이 그 부부가 속하는 공동사회를 다르게 할 필요없이, 다만 그 공동사회 내에서 부부 중 어느 쪽의 주거를 옮기면 되느냐를 포함한다라는 사실에 들어 있다. 포니족(the Pawnee)은 명확하게 족내혼(族內婚)을 취하였고, 반면 카이족(the Kai)은 여자가 남편의 가(家)에 들어가는 것은 허락하였지만, 다른 부락에 가는 것은 거의 허용해주지 않았다. 그 밖의 많은 실례에서도 대부분 혼인은 같은 지역집단에 속하는 구성원끼리 이루어졌다. 그러므로 앞의 어느 장에서 지적한 바와 같이, 이러한 경우 주택의 배치는 가족생활에 반작용을 일으킬 수밖에 없다. 그렇다고 하더라도 그것이 모계친족 또는 부계친족이 기술한 방식으로 분거하는 데 영향을 주지는 않는다. 카이족의 여자는 그 딸이나 손녀와 다른 집에 살게 되어 있지만, 그들은 모두 한 부락의 주민이기 때문에 일상적인 일에서 그들과 함께 상의하는 데 아무런 어려움도 없기 때문이다.

히다차족에 관하여 약술한 일련의 사례는 물론 진실된 역사적 사실을 보여주는 것이라고 단정해서는 안 되고, 이는 단지 하나의 해석에 불과한 것이라고 하여야 한다. 그렇지만 이 해석은 여자가 농업에 종사하는 모계종족(母系種族; matrilineal tribes)에서는 그 개연성이 매우 높고 또한 음미할 가치가 있을 것으로 생각된다. 다른 경우라도 이와 유사한 생각을 할 수 있다. 오스트레일리아인들(Australians)은 부측거주제인데, 적어도 이따금씩이라도 처가 남편이 집단에 옮겨가 산다는 의미에서는 그러하다. 남편이 그 집단의 지역 내에서 수렵하려고 돌아다니는 동안, 아내는 동일 지역 내에서 야채식물을 채집한다. 그런데 퀸즐랜드(Queensland)의 일부 지역에서는 아내가 일정한 채원을 소유하였다면, 그 특권은 딸에게 넘겨졌다. 만일 오스트레일리아에서 가끔 생겨나는 것처럼, 남자가 토지에 대한 공유권(共有權; communal ownership)을 확보하였다면, 부측거주제의 종족 내에서 모계제를 조장하는 조건이 발생하게 되는 것이다.

이러한 관점에서 추정해 보면, 어째서 많은 종족이 혈족제도를 갖추고 있지 못한가가 명료하게 드러난다. 왜냐하면 일방만을 친족으로 생각하는 풍습은 보통 있을 수는 있지만, 보편적이지 않은 일정한 거주제도(居住制度)에 의존하는 것으로 되어 있으며, 더구나 서로 양립하는 일이 생겨나지는 않는 일방주의(一方主義; unilateral principles)로 인해 어느 쪽에도 양보하지 않고 서로 각축하는 경우도 있기 때문이다. 다른 한편 혈족제도(血族制度; sib institution)의 빈도수는 대체로 이제까지 살펴본 여러 원인이 널리 분포되어 있는 것과 상응하는 것처럼 보인다. 마지막으로 혈족의 기원이 다양한 것 – 전에는 이를 다른 근거에 맞추어 논한 바 있다 – 은 만일 혈족의 기초에 거주제(居住制; residence rule)나 상속법(相續法; inheritance law)과 같은 현상이 결쳐 있다면 한층 더 그 가능성이 높아진다고 할 수 있다. 왜냐하면 이들 제도 중에는 무수히 많은 부계제(父系制) 및 모계제(母系制)의 가능성이 깔려 있기 때문이다.[27]

27) Whiffen: 63, 66. Speck, 1918: 143; id., 1915 (a) and (b). Tylor, 1889: 258; id., 1896: 81. Wilson: 9 seq., 113 seq.

제 3 절 혈족제도와 다코타식 용어사용례

앞서 서술한 바와 같이 족외혼제 혈족제도(族外婚制 血族制度; exogamous sib system)와 다코타식 용어사용례(Dakota terminology)와의 경험적 상관관계는 경우에 따라 인과관계적으로 해석될 수 있다. 즉 혈족이라면 특이한 친족편제를 구성하게 된다. 일단 혈족조직이 확립되면 친족지칭에 반작용하는 것에 대해 거의 의심을 하지 않는다. 대체로 자기와 같은 세대, 같은 혈족에 속하는 자는 자기의 혈족형제(血族兄弟; siblings)로 생각하고, 아버지의 혈족형제는 모두 아버지라고 부르는 등의 예가 있다. 그러나 잘 발달한 혈족조직에 관하여 이것이 사실이더라도 덜 발달된 혈족에 관하여는 그렇지 않을 수도 있다. 왜냐하면 그것은 단순히 특수한 친족편제이기 때문이다. 그리고 그것이 다코타식 분류법(Dakota system of alignment)과 일치한다면, 양자의 관계는 원인과 결과의 관계가 아니라 동일한 것이기 때문이다. 따라서 그 분류법을 이해하려고 한다면, '혈족(血族; sib)'이라는 단어가 무엇인가 특수한 효과가 있는 주문(呪文; abracadabra)처럼 되뇌는 데 만족하지 말고, 그것이 뜻하는 개념을 꿰뚫어 파헤쳐 보지 않으면 안 될 것이다. 앞 절에서 필자는, 어떤 조건에서는 아버지와 그 형제가 그들의 아들 및 그 손자들과 함께 특정한 사회집단으로 나누어지기도 하고, 또 다른 조건에서는 이에 상응하는 어머니와 그 자매 및 그들의 모든 딸과 손녀들의 집단이 어떻게 발생하였는가를 밝힌 바 있다. 그럼에도 불구하고 혈족으로 나뉘어 있는 종족 사이에는 아주 드문 일이지만, 아버지와 그 형제가 동일한 사회집단에 속해 있으면서도 호칭상 구별되는 경우도 있다. 그러므로 이 친족분류와 이에 대응하는 친족분류법이 어떻게 하여 생겨나게 되었는지를 밝혀내는 것은 바람직한 일이다.

무엇보다 먼저 부계친족과 모계친족의 구별은 혈족제도로서만이 아니라 가족제도에 의하여서도 그러하다는 것을 지적하는 것은 그렇게 무익하지 않을 것으로 생각된다. 예를 들면 어머니의 남자형제 등도 서로 마찬가지로 부계의 백숙부의 집단과 다른 사회집단을 구성한다. 따라서 많은 무혈족종족(無血族種

族; sibless tribes)이 명확하게 이를 구별하고 있음을 알게 된다. 흔히 호칭법(呼稱法; nomenclature)이 다코다식과 다른 곳에서는 부(父)와 백숙부, 그리고 모(母)와 이모의 구별을 그대로 유지하고 있었다. 만일 이 구별이 어떻게 하여 소멸하였는가를 분명하게 밝힐 수 있다면, 어떻게 하여 혈족배우자(血族配偶者; the sib-mates)가 하나의 집단을 이루게 되었는지뿐만 아니라 혈족조직 고유의 상호관계를 맺게 되었는지를 분명하게 밝힐 수 있을 것이다.

필자는 형제연혼(兄弟緣婚; levirate) 및 자매연혼(姉妹緣婚; sororate)은 혈족제도보다 오래 된 제도이고, 그 공동작용에 의하여 혈족 특유의 다코다식 친족분류법 자체를 발생시킬 수 있고, 또한 때때로 발생시켜 왔다고 생각한다. 실제로 양자가 이러한 결과를 발생시킬 수 있었음은 앞에서 설명한 바 있다. 그러나 필자가 주장하는 연대적 귀결(連帶的 歸結; chronological sequence)은 증명을 필요로 한다. 왜냐하면 형제연혼 및 자매연혼은 혈족이기 때문이 아니라 그 결과 때문에 발생한 것이기 때문이다. 즉 기본적으로 혈족이어서가 아니라 어떤 구성원이 사망한 배우자의 지위를 대신하는 것은 형제자매가 가족관계이어서가 아니라, 그들이 혈족배우자로서 기능을 하기 때문이다. 그렇지만 무엇보다도 먼저 이러한 추론은 형제연혼 및 자매연혼에 관하여 이미 알려져 있는 사실에 의하여 논박된다. 앞서 말한 바와 같이 이 두 제도는 주로 친형제나 친자매한테만 적용된다. 그들의 우선권은 혈족성원(血族成員; sib-members) 중 유일하게 친형제자매만이 대신할 수 있는 것으로 침해받지 않는다. 둘째로 형제연혼 및 자매연혼의 분포는 혈족의 분포보다는 훨씬 더 광범위하고, 더군다나 이들 양자는 적지 않은 미개문화의 무혈족종족에서도 나타난다. 이 사실은 그 상대적 선행(先行)을 드러내 보이는 것일 뿐만 아니라 몇몇 무혈족종족이 유혈족종족(有血族種族; tribes with sibs)의 다코타식 용어사용례를 채택하고 있는 이유로 설명될 수 있다. 이러한 명명법이 비록 혈족제도와 일치한다 하더라도, 그 소산물이 아니라 그보다 더 오래된 혼인풍습의 결과라고 한다면, 이 혼인풍습은 혈족과 병존했는지의 여부를 떠나서 그것이 있었던 곳에서 그 용어사용례를 발생시켰을 수 있었을 것이다.

필자의 이론은 모든 다코타식 용어사용례가 이 두 혼인형태의 결과라는 독단론(獨斷論; dogma)을 포함하지는 않는다. 특수한 경우에는 이와 전혀 다른 해석원리가 인정될 수도 있으며, 또한 실제로 필요하기도 하다. 예를 들어 호피족(the Hopi)은 형제연혼이나 자매연혼의 관례는 없지만, 혈족제도 및 간혹 세대의 차이를 무시하는 특징을 가지는 흥미로운 다코타식 친족명명법의 한 변형을 가지고 있다. 그리하여 아버지의 여자형제의 아들이 아버지와 구별되지 않고, 아버지의 여자형제의 딸이나 손녀가 아버지의 자매와 같이 분류된다. 그러나 이들 다코타식 표준의 변형이나 표준 그 자체는 혈족을 발생시킨 호피족의 혈족 이전의 생활상태로부터 추론할 수 있다. 모측거주제(母側居住制; matri-local residence)나 여성의 주택소유권(住宅所有權; tenure of dwellings)은 그러한 현상을 충분히 설명해 줄 수 있다. 아버지의 여자형제의 아들은 아버지와 같은 가(家)에 속하고, 아버지의 남자형제들은 모두 본래 그 동일한 세대의 동거인이다. 마찬가지로 모든 여자형제들은 가족구성원이고, 아버지의 자매, 그 딸 및 여계(女系)로 이어지는 후손도 마찬가지이다. 호피족식 용어사용례의 균등화는 이와 같이 공동거주(共同居住; common tenancy)에 기초한 것이고, 따라서 형제연혼이나 자매연혼을 빼고는 이해할 수 없다. 주된 점은 모든 경우 명명법이 조금이라도 사회적 풍습에 의존하는 한, 앞에 말한 명명법을 완성시키는 데 관련이 있는 관습(慣習)은 그것이 혼인규칙(婚姻規則; rule of marriage)이거나 거주규칙(居住規則; rule of residence)이거나를 불문하고 탐구하지 않으면 안 된다는 사실이다.

앞에 설명한 여러 원칙에 비추어 보면 분명하게 알 수 있는 중요한 점이 있다. 어떠한 이유로 일반적으로 동항렬사촌(同行列四寸) 사이의 혼인이 금기시되었는지를 쉽게 이해할 수 있다. 만일 아버지의 형제와 아버지가 같은 분류에 속하게 된다면, 동항렬사촌들은 당연히 혈족형제자매(血族兄弟姉妹; siblings)가 된다. 원시인(原始人)은 이름을 아주 중요시하기 때문에, 그들은 보통 서로 혼인하는 것을 꺼려한다. 양분사회(兩分社會; dual division of society)만을 제외하고는, 동항렬사촌의 절반만이 혈족의 규칙에 의하여 결혼을 하지 못하게 되는 것이다. 모건(Morgan)이 분명하게 밝혀 준 바와 같이, 모계사회(母系社會; matrilineal society)에서는 자매의 어린아이들만이 필연적으로 동일단위체(同一單位體; same unit)에 속하게 되지만, 동항렬사촌은 모두 혈족형제자매로 불린다. 이 점은 형제연혼과 자매연혼 혹은 다른 여러 조건이 혈족조직과 함께 발견된 친족명명법을 취한 후에, 동항렬사촌의 도래가 있었고, 그 중의 절반만이 분리되어 혈족의 일부를 이루게 되었음을 보여 주는 것이다. 이 과정은 이미 혈족의 기원을 논할 때 설명한 바 있다. 즉 아마존족(the Amazons)은 부측거주의 전형적인 예이다. 부측거주제에 의하여 동항렬사촌 중의 절반만이 남게 되고, 형제의 자녀들은 한 가(家)에 모여 살았던 반면, 자매의 자녀들은 그렇지 않았다. 여기에서 우리는 육체적 접근(肉體的 接近; physical contiguity)이라는 사실에 의하여 혼인규칙이 심각한 변화를 일으키게 된다는 것도 알 수 있다. 즉 형제의 어린 자녀들과는 혼인할 수 없지만, 자매의 자녀들과는 혼인할 수도 있다는 것이다. 어떻든 이러한 결과의 발생여부와 상관없이, 동항렬사촌들을 각각 그 혈족성원 및 다른 혈족성원이라고 하는 두 집단으로 구별한 것은 후파족(the Hupa), 북동 알곤키안족(the Northeast Algokian) 및 푸에블로족(the Pueblo)의 여러 현상에 의하여 충분히 설명되었다.

종합하여 보기로 한다. 혈족(血族; sib)은 자연 특징적 분류와 일면적 친족 분거를 빚어낸 많은 과정을 거쳐서, 그것보다 오래된 가족(家族; family)으로부터 발생한 것이다. 이와 결부되어 있는 다코타식 명명법(the Dakota nomencIture)은 대체로 형제연혼(兄弟緣婚) 및 자매연혼(姉妹緣婚)이 그보다도 먼저 작용한 것에서 연유한 것으로 생각된다. 그러나 이것만으로는 복합적인 혈족조직(血族組織; sib organization)에 수반하는 동항렬사촌의 구별을 생겨나게 하기에는 충분하지 않다. 그렇다고 하더라도 이 구별은 당연히 일면적 친족계통을 확립하게 한 거주제도(居住制度)나 재산권이전(財産權移轉; trasmission of property rights)과 같은 사실에서 유래하는 것으로 생각된다.[28)]

제 4 절 모계혈족과 부계혈족

이제 또 하나 검토해야 할 것으로 이론적으로 아주 중요한 역사적 문제가

28) Lowie, 1919 (b): 28. Morgan, 1871: 475.

남아 있다. 즉 모계제(母系制; matrilineal descent)와 부계제(父系制; patrilineal descent)의 연대적 관계는 어떻게 되는 것인가? 이에 관하여는 갖가지 추상적 가능성이 제시될 수 있다. 모계혈족(母系血族; mother-sibs)이 부계혈족(父系血族; father-sibs)으로부터 생겨났는지 또는 그 반대인지도 모를 일이다. 그렇지 않다 하더라도 어느 한쪽의 혈족이 그 이전의 형태로부터 생겨난 것이 아니면서도 뒤늦을 수도 있고 아니면 어떤 규칙적 순서가 없었을지도 모를 일이다.

이 마지막 가능성은 당연히 사회학적 법칙의 확립을 목표로 하는 사람들에게는 모순된 것이다. 따라서 모건(Morgan)과 추종자는 불변의 발달순서를 가정한 것이다. 그들에 의하면 고대에는 아직 일부일처혼이 없고, 따라서 부권(父權; paternity)이 있었는지 의심스럽기 때문에 따라서 고대의 혈족은 필연적으로 모계제였다고 말한다. 이렇게 하여 친족관계는 모계집단에서 형성되고, 기존의 재산은 모계혈족의 내부에서 형제로부터 형제에게로, 또는 외숙(外叔)에게서 그 지매의 아들에세로 불려졌지만, 결코 아버지로부터 아들에게로 상속되는 경우는 없었다. 그러나 재산의 증가와 더불어 재산소유자의 자녀들을 재산상속에서 배제시키는 상속형식(相續形式)에 대하여 당연히 반론이 제기되었다. 그리고 이러한 동기들은 부권(父權)이 성장하면서 모계제를 뒤엎고 부계혈족을 태동시키기에 충분했다. 모계제가 부계제로 옮겨가는 것뿐만 아니라 부계혈족이 예외 없이 모계혈족으로부터 생겨났다고 생각하는 것은 이 이론의 핵심부분이다. 예를 들면 그리스인(the Greeks)의 유명한 씨족(氏族; genos)이나 로마인(Romans)의 씨족(氏族; gens)은 부계제였다. 그런데도 모건은 보편연대적 계기원칙(普遍連帶的 繼起原則; principle of uniform chronological succession)을 적용하여 이들 제도도 아주 오래 전부터 모계혈족이었다고 단정한다.

이렇게 주장하는 입장에서 모든 기초적 요점은 인류학상 실증에 반하는 것으로 배척될 수도 있다. 무엇보다도 먼저 가장 미개한 여러 종족 사이에서도 일부일처혼은 어느 곳에서나 예외 없이 있었던 것이고, 또한 고대 난혼상태(亂婚狀態; promiscuity)를 가정할 만한 근거는 아무것도 없다. 실제로 아무리 낮은 문화수준에서라도 빅토리아 중기(mid-Victorian)의 도덕가(道德家; moralist)들이 모범적으로 평가했던 부부관계를 자주 접하게 된다. 안다만제도인(Andaman Islanders)에게서는 "죽을 때까지 정조를 지키는 것이 예외가 아닌 법칙"이었고, 그 밖에도 아주 야만적인 종족에 관하여 똑같은 보고가 있었다. 그러나 부계이었는지는 다소 의심스럽고, 그렇다고 하여 그것이 모계제의 필연성을 증명해 주는 것이라고도 할 수 없다. 생물학상의 부계와 사회학상의 부계는 별개의 문제이다. 일처다부제의 토다족(the Toda)은 전자에 관하여는 별로 어렵게 생각하지 않고 순수한 전래의 의식에 맞추어 후자를 결정한다. 안다만족(the Andamans)이나 토레스해협(Torres Straits Islands)에서와 같이 입양제도(入養制度; adoption)가 중요한 기능을 담당하는 곳에서는 생물학상 부계는 그다지 중요시되지 않고, 양부(養父)가 선조로서의 의무를 모두 이행한다. 이 방면의 연구가에 의하면, 성교와 임신의 관계가 많은 오스트레일리아 종족에서는 알려져 있지 않지만, 적어도 그 중의 몇몇 종족은 토다족(the Toda)이나 토레스해협인(Torres Straits Islanders)처럼 부계제(父系制)를 취한다.

좀더 나아가 재산상속이 일방적 친족집단의 형성에서 담당하는 역할로부터 생겨나는 것과 같이 상속규율(相續規律; rule of inheritance)과 족계규율(族系規律; rule of descent) 사이에 어떤 상관관계가 확실히 존재한다. 그러나 이 상관관계는 부분적인 것이다. 대체로 말하면, 모계사회에서는 자(子)에 의한 상속보다 모계(母系)에 따른 상속이 많았고, 부계제에서는 자(子)에 의한 상속이 많았다. 그러나 그 예외가 너무 많아 이것이 무시되곤 한다. 크로우족(the Crow)이나 히다차족(the Hidatsa)과 같이, 어떤 종류의 재산은 모계가 상속하고, 다른 어떤 종류의 재산은 부계가 상속하는 모계제의 종족도 있고, 와라문가족(the Warramunga)과 같이 유산(遺産; legacy)이 외가의 숙부들이나 피상속인의 사위, 즉 피상속인의 자(子)가 아니라 그의 어머니의 반족(半族; moiety)에게 돌아가는 부성제(父姓制)의 종족도 있다. 물론 전자의 경우는 부계혈족이 발생중이고, 후자의 경우에는 원시적 모계상태가 아직 남아 있다고 가정함으로써, 이들 자료를 전통적 체계와 꼬아 맞추려는 일도 생겨날 수 있을 것이다. 그러나 난처한 사실은 언제나 충분한 수의 부가적 가설을 만들어 냄으로써 회피할 수 있다. 그런데 이와는 달리 크로우족의 부계적 특징은 이전의 부계시대로부터 존속하는 것이고, 와라문가족은 지금 모계조직의 발전단계에 있다고 하는 설명도 또한 합리적이다.

마지막으로 필자가 주장하는 것처럼 재산의 발달·확충이 무혈족의 조직에 갈음하여 부계제가 확립된다는 데 그치지 않고, 부계제(父系制)에로의 변화가 발생한다는 점에 관하여는 어떠한 증거가 있는가? 물론 그 가능성이야 있겠지만, 이미 잘 알려진 많은 역사적 사실은 기계적인 필연성의 부존재를 보여준다. 예를 들면 북부 애리조나의 나바호족(the Navaho of northern Arizona)은 17세기의 일정 시기만 하더라도 남서부지방에 양을 수출하는 목축종족(牧畜種族)으로 번영을 누렸다. 그런데 남자가 양의 무리를 전파하고 번창시켰음에도 불구하고, 그들은 모계제(母系制)를 고수하였던 것이다. 마찬가지로 말의 수입은 확실히 히다차족과 크로우족의 재산개념을 크게 변화시켰다. 그러나 그들은 여전히 어머니를 통한 족계(族系)를 생각하고 지냈으며, 필자가 크로우족을 탐방하였을 때 부동산(不動産; real estate)의 부계적 상속이 행하여지고 있던 것은, 자연적 발달에 의한 것이 아니라 정부의 포고에 의한 것이었다. 실제 몇몇 원시종족의 재산소유는 그렇게 많지 않았기 때문에 모건까지도 족계상의 모든 변화를 자녀들을 위한 아버지의 재산배려로 생각하였고, 최근의 카프카스인(Caucasian)의 영향이라고 설명했다. 그렇지만 이 견해는 호피족(the Hopi)이나 이로쿼이족(the Iroquois)이 오랜 기간에 걸쳐 카프카스인과 접촉한 현존하는 종족 중에서 가장 전형적인 모성제 종족(母姓制 種族; matronymic tribes)이고 반면 그 접촉관계가 그렇게 긴밀하지도 않았고 오래되지도 않은 블랙풋족(the Blackfoot)이 주로 부계제라는 점을 생각해보면 아주 터무니없는 것으로 생각된다.

결국 모건의 이론은 여러 가지 관점에서 보아 타당하지 못하다. 이를 증명하려면, 예를 들어 크로우족이나 히다차족과 같이 족계를 변경시키지 않으면서 일정한 종류의 재산을 아버지로부터 아들에게 양도하는 것이 아무렇지 않게 가능하다는 것을 보여주기만 하면 그것으로 충분하다.

그렇지만 모건의 이론을 반박하더라도 그것에 의하여 쌓아 올려진 발달순서(發達順序)를 논박하여서는 안 된다. 어떻게 되었든 그의 설명의 빈약함에도 불구하고 그의 결론은 올바른지 모른다. 그리고 기타의 논의도 다시 한번 따져보지 않으면 안 된다.

타일러는 그의 인류학 문헌상 하나의 고전으로 되어 있는 논문에서 다른 사실을 언급하면서, 부계제종족(父系制種族; patrilineal tribes)이 모계제 단계(母系制段階; matrilineal stage)를 거쳐왔음을 적시한 바 있다. 그는 스스로 지질학적 논증으로 꾸민 것을 내세우면서, “인류제도라고 하는 것은 그가 살아가는 대지와 마찬가지로 명료한 단층을 가진다. 이러한 제도들은 계속하여 야만, 미개, 그리고 문명생활로의 환경변화를 통하여 비슷한 인간본성의 작용에 의해 형성된 비교적 피상적으로 생각되는 인종과 언어상의 차이와는 상관없이 서로 지구상에서 대체로 통일된 형태로 지속되었다”라고 주장하였다. 그는 이 원리를 현재 논란이 되고 있는 문제에도 적용한다.

타일러(Tylor)는 처음부터 각각 모계제도(母系制度), 모-부계제도 및 부계제도에 상응하는 세 가지의 가정을 세우고 시작하였다. 첫 번째 제도와 관련하여서는 “족계(族系)는 어머니를 기준으로 시작되고, 권력은 주로 어머니에게 속하며, 어머니의 남자형제인 외숙은 언제나 아이들의 후견인이 되었다. 지위에 따른 직무의 승계나 재산의 상속도 똑같은 방식으로 형제라든지 자매의 아들에게 넘겨진다.” 부계시대에서는 “족계는 아버지를 기준으로 하고, 아버지는 아내나 자녀들에 대하여 권력을 가지며, 상속은 그로부터 그 자녀 누군가에게로 행하여진다.” 양자를 연결시켜 보면, “각 특징이 다양하게 결합할 수 있는 전통적인 과도기”가 있다. 타일러도 그 자체를 통틀어 이 분류의 애매함을 인정하고 있는데, 그와 달리 이 분류가 어떻든 역사적 판단에 대하여 확고한 기초를 주고 있는 것과 같이 그 분류에 따라 동시에 이론을 구성하고 있다. 그의 주장을 설명하기에 앞서 이 점을 좀더 상세히 관찰해 보고자 한다.

논리적으로 보아서는 타일러의 분류는 비난할 만한 점이 없다. 문제는 다만 사적 사실이 그의 논리적 범주에 상응하는지의 여부이고, 또한 이러한 내용은 전체의 논의를 거의 무가치하게 할 수도 있다는 조건부로만 승인될 수 있는 것이다. 타일러가 모계제와 부계제의 간단하면서도 명백한 별개의 차별에 갈음하여 모계복합체(母系複合體; matrilineal complex)와 부계복합체(父系複合體; patrilineal complex) 사이의 복잡하면서도 애매모호하고 확정할 수 없는 차별로 메꾸어 넣은 것은 주의할 필요가 있다. 즉 일정한 관련성이 있는 풍습을 불가피하게 또는 적어도 흔히 족계제도(族系制度)와 결부되어 있고, 그 풍습의 모든 것이 유기적인 일체(一體)를 이루고 있다고 가정하게 되고, 따라서 그들 특징 중의 몇 가지만 드러나는 경우는 중간적 상태라고 주장한 것이다. 예를 들어 고대 로마인이나 중국인과 같이 순수한 부계제도를 취했던 몇몇 종족의 경우가 있었음을 인정할 수도 있다. 그러나 세상에 알려져 있는 대부분의 종족은 분명히 쌍방적인 가족과 일방적인 혈족단위의 병존에서 예상할 수 있는 타일러의 소위 모-부단계(母-父段階; maternal-paternal stage)에 속한다. 카시족(the Khasi)의 부(父)는 아내의 가(家)에서 일시적으로 거주하는 동안에도 존경받고 이후에 확실한 주도권을 장악하고 살아간다. 심시안족(the Thimshian)의 부(父)는 모계제를 무시하고 그의 아들의 이익을 위하여 적극적으로 앞장서는 것이 가능했다. 푸에블로족(the Pueblo)의 부(父)는 부양자(扶養者; provider)로서 인정되고, 자녀들에게 이름을 붙여주고 그들의 동맹을 이루는 것은 아버지의 친족들이지 자녀의 혈족동맹(血族同盟; sib affiliation)이 아니다. 그러나 이러한 것은 '모계(母系; maternal)'상태의 극단적인 예일 뿐이다. 한 걸음 더 나아가 우리는 확실하게 순수한 모계종족은 거의 없다고까지 단정할 수 있다.

또 하나 좀더 근본적이면서 반드시 짚고 넘어가야 할 문제가 있다. 타일러는 어떻게 모계복합체(母系複合體; matrilineal complex)를 이끌어 내었는가? 그가 모계사회의 특징으로서 열거한 현상이 항상 존재하는 경험적 사실이거나 혹은 그럴싸하지만 확실한 지금에 근거하지 않는 이론적 추리에 지나지 않는 것인가? 이 두 가지가 동시작용한다는 것이 옳다. 모계제를 취하여도 숙권(叔權; avuncular authority)과 관련이 있는 종족이 몇 있는데, 추상적 관점에서 이는 영구적인 사물의 조화와 들어맞는 것처럼 보일 것이다. 이 특별한 종족은 모계종족이라 자부할 수 있는 표본으로서, 더 뛰어난 모계종족으로 선정되었다. 그렇지만 앞에서도 지적한 바와 같이, 이것은 허용하기 어려운 방법이다. 모계제가 박호펜(Bachofen)에 의하여 처음으로 발견되었을 때 이러한 관습은 옛날 여성(女性)이 주도권을 장악했음을 의미하는 것으로 그럴듯하게 여겨졌다. 그러나 요즘에는 이와 같은 생각은 인류학의 폐물로 여겨진다. 따라서 우리는 추상적 개연성에 지나치게 매달려서는 안 된다. 숙권제(叔權制; avunculate)와 모계제(母系制; matrilineal descent)가 과연 결합하였는지의 여부, 또는 어느 정도까지 결합되었는지를 결정하려고 한다면, 어느 한쪽의 풍습을 주된 것으로 생각하고 다른 풍습이 어느 정도 그에 근접하였는지 밝히지 않으면 안 된다. 그러나 이러한 연구는 백숙부권력제가 모계제의 충분한 규준(規準; criterion)이라고 하는 설에 치명적인 것이다. 왜냐하면 첫째로 그러한 풍습을 갖고 있지 않은 모계제종족도 있었고, 둘째로 그와 유사한 풍습을 갖고 있는 부계제종족도 있었기 때문이다.

오래된 인류학파에서는 이 두 번째 부류의 실례를 모두 이전의 모계상태의 잔존들로 취급하는 것이 보통이었고, 하틀란드 박사(Dr. Hartland)도 최근 대단한 이론과 학식을 가지고 이 해석을 옹호한 바 있다. 즉, 이 견해의 지지자는 처음에는 치명적인 모순으로 여겨졌던 것을 자신들의 주장에 유리한 논거로 탈바꿈시킨 것이다. 물론 그들 오마하족(the Omaha)은 지금도 부계제이다. 그러나 오마하족이 숙권제를 유지하고 있는 것은 그들이 옛날 어머니를 통하여 족계를 이어 왔음을 입증하는 것이고, 다른 설에 의해서는 이러한 관습을 설명할 수 없기 때문이라고 말할 것이다. 반대론자들을 주춤거리게 하는 것은 이 마지막 주장이다. 왜냐하면 숙권제는 쉽게 모계상태 이외의 것에 기인하는 것으로 생각할 수 있기 때문이다. 우선 첫째로 우리는 전파의 가능성을 생각하지 않으면 안 된다. 가령 숙권제가 모계조직과 결합하여 자연적으로 발생한 것이라고 인정하더라도, 그것이 나중에 부계종족에 채용될 수도 있고, 이 경우 숙권제가 있다고 하여 그 종족이 옛날에는 모계제였다는 증거로 삼을 수 없을 것이다. 실제의 예를 들어 보기로 하자. 이웃해 있는 포니족(the Pawnee)과 오마하족은 모두 숙권제의 관습을 가지고 있는데, 전자는 모계제이고 후자는 부계제이다. 우리는 타일러나 그 추종자들과 같이 이 풍습이 포니족에서 생겨났다고 생각할 수는 있다. 그러나 그 가정에 맞추게 되면 오마하족의 사회에 그것이 있었던 것은 오마하족이 포니족의 제도를 모방한 것을 증명하는 것이고, 그들 자신이 일찍이 그에 상응하는 모계시대(母系時代)를 거쳐왔음을 부정하는 증거라고는 할 수 없다. 발달순서의 단일성 일반에 관하여는 다음에 논하기로 한다.

둘째로 때때로 숙권제는 아주 평범한 종류의 교차종형제자매들의 혼인을 수반한다. 이 경우 그와 관련이 있는 풍습이 직접 생질과 백숙부의 관계에서 비롯되었는지의 여부는 전혀 확실치 않다. 대체로 혼인에 따라 예견되는 관계의 결과라고 보는 것이 옳을 것이다. 예를 들면 부계제의 카리에라족(the Kariera) 젊은 남자는 그 허혼(許婚)의 아버지에 대하여 일정한 의무를 부담하고 같은 정도는 아니지만 자기에 대하여 이와 같은 관계에 있는 남자 즉 어머니의 오빠·동생 모두에 대하여 의무를 지는 것으로 되어 있다. 브라운(Brown)에 의하면 이 경우 친족관습을 결정하는 것은 혈연이라기 보다는 도리어 혼인관계라는 것을 거의 의심할 바 없으며, 유사한 사례가 많은 경우에 언급되고 있다. 이와 같이 숙권제는 흔히 모계친족과는 어떻게든 직접적으로 연결되어 있지 않음이 밝혀진다.

이러한 사실은 우리로 하여금 좀더 일반적인 점에로 접근하게 만든다. 친족관습을 논할 때, 우리는 원시종족(原始種族; primitive tribes)이 모계이든지 부계이든지 또는 혈연친족이든지 인척이든지 모든 친족에 대하여 일정한 임무를 부여받고 있음을 알았다. 시야를 좀 넓혀 보면, 숙권제는 친족관습의 특수형식에 지나지 않는다. 어머니의 남자형제가 그 자매의 어린애들에 대하여 어느 정도의 권력을 행사하는 것은 아버지의 여자형제가 그 조카의 정혼을 거부하거나 모계공동사회에서 아버지의 혈족원들이 증여품에 참여할 수 있는 자격이 있는 것과 마찬가지로 그렇게 이상한 일이 아니나. 오마하족의 숙권제가 모계시대의 잔존물이라고 한다면, 멜라네시아인(Melanesians)이나 크로우족에서 부계친족이 우세한 것은 오늘날 살펴볼 수 있는 모계상태에 선행하는 일시적 부계제의 잔존물이라고 할 수 있다. 이는 물론 순수한 논증석 추적에 지나지 않는다. 실제로 어느 주장도 설득력 있다고 할 수 없다. 즉 여러 관습들이 모두 정확히 동일한 단계에 있고, 가족의 어느 쪽 계통을 바탕으로 하여 친족규정의 범위를 예증하는지 그리고 족계에 대한 어떤 필연적 관련성도 갖지 않는다는 주장들은 설득력이 없다.

간단히 말하여 부계사회의 숙권관행(叔權慣行)의 사례로 든 것들을 오래된 모계시대의 증거로 다루는 것은 부당하다. 왜냐하면 그들의 관행은 매우 다른 기원에서 나온 것이기 때문이다. 다른 한편 모계종족에서 숙권제의 결여가 상당하였다는 것은 사실이다. 모계제의 오스트레일리아인(Australians)은 전형적인 숙권제를 이행하지 않았으며, 또한 크로우족이나 히다차족과 같이 확실한 모계종족도 그 행적을 찾아볼 수 없다. 결국 숙권제의 발생을 위해서는 모계제 이외에 부가적인 여러 조건이 필요한 것으로 드러난 셈이다. 그 최고의 형태는 흔히 정주생활(定住生活)이나 일정한 모측거주제(母側居住制)와 함께 하는 것이고, 아마도 이 두 번째의 특징 또는 이들 모든 촉진조건이 그것을 발생시키는 데 필요한 것 같다. 모든 사례에서 숙권제가 모계사회의 한 특징이라고 하는 타일러의 설은 공정하다고 할 수 없는 자료의 선택에 근거하고 있다. 모든 상관관계를 부정해야 하려는 것은 아니지만, 숙권제는 분명히 훨씬 더 착잡한 문제이다. 사실을 가장 무난하게 정식화(定式化)하기 위하여는 아마도 모계제의 발생을 도와 준 일정한 조건은 동시에 숙권제에도 유리한 것이지만, 그 결과는 불가피한 것이 아니라 다른 경로를 통하여도 발생가능한 것이라고 해야 할 것이다.

지금까지 모계복합체(母系複合體; matrilineal complex)의 한 요소로서의 백숙부권력제에 관하여 말한 것은 비록 좀 낮은 정도일지 모르지만 상속법에도 마찬가지로 적용된다. 그러한 것들은 또한 족계제도와 절대적인 상관관계에 있다고는 생각되지 않는다. 왜냐하면 한편에서는 자매의 아들의 권리를 인정하는 부계종족도 있고, 다른 한편 부인족(the Buin)과 같이 직책이 남계로 이어져 승계되는가 하면, 혹은 크로우족(the Crow)과 같이 특정한 재산에 한하여 아버지로부터 아들에게로 상속되는 모계종족(母系種族)도 있기 때문이다. 요컨대 모계제도, 모-부계제도 및 부계제도의 분류법은 경험적 기초가 전혀 없는 것은 아니지만 원시사회의 정상적인 현실을 나타내 주는 것이라기보다는 차라리 추상적·논리적 가능성을 보여 주는 것이라 할 수 있다.

한편 타일러의 이른바 지질학적 논증(地質學的 論證; geological argument)을 돌이켜 보기로 하자. 그는 이 삼단계설을 적용하면서 원시인의 일정한 관습을 이 삼단계와 비교하고, 이러한 관습이 어느 경우에는 있고, 어느 경우에는 없는데도 모계제(母系制)의 선행이라는 폭넓은 결론을 이끌어 내고 있다. 두 가지의 예만 들어도 그의 방법을 반박함에 충분할 것이다. 타일러는 형제연혼(兄弟緣婚)은 삼단계에 공통이지만, 모-부계제에 있어서는 또 하나의 특징 즉 아들은 친생모가 아닌 한 아버지의 생존배우자를 상속하는 현상이 있음을 찾아낸 바 있다. 즉 형제연혼의 부수물로서 자녀들이 생존모친상속(生存母親相續; widow-inheritance) 현상은 혼합적 부계단계 및 순수 부계단계에만 국한된다. 그러므로 타일러도 모계제는 이 양자보다 선행함에 틀림없고, 만약 그렇지 않다면 모계단계에서도 자녀들의 상속이 발견되었지 않겠느냐고 주장한다. 마찬가지의 논증을 적용할 수 있는 다른 하나의 풍습은 아버지의 출생재계(出生齋戒;

couvade) 즉 어린아기가 태어나면 그 아이의 안전을 위해 어머니보다도 아버지가 드러나지 않는 여러 엄격한 금제를 지켜야 하고, 몇몇 지방에서 행하여지는 특이한 풍습이다. 아버지의 출생재계도 모계단계에서는 나타나지 않고, 모-부계단계에서 그 발달의 정점에 달하고, 부계단계에서는 현저하게 줄어든다. 타일러는 이 분포상황으로부터 전술한 예에 기초한 귀결과 똑같은 결론을 이끌어 내고 있다. 그는 요약하여 "석탄기의 생물과 심지어 화석까지도 이첩기(二疊紀; Permian)에 존재하였던 것으로 추측할 수 있지만, 이첩기의 생물과 화석은 그것들이 생기기 전에 형성된 석탄기층(石炭紀層)에서는 발견되지 않는 것처럼, 모계제가 부계제 이후 발생하였다면, 모계제는 계속 존속되어 유처상속(遺妻相續; widow-inheritance)과 의만(擬娩; couvade)은 계속 지속되었을 것이므로, 그러한 것들을 찾아볼 수 없다면 모계제가 부계제보다 선행하였음을 입증하는 것이다"라고 주장하였다.

타일러(Tylor)의 명제를 충분히 증명하기 위해서는 좀더 광범위한 귀납적 근거가 필요한 것이 아니냐는 이론도 부당한 것은 아니다. 생존모친상속과 아버지의 출생재계(出生齋戒)는 계기설(繼起說)의 시금석으로 뽑힐 수 있는 아주 많은 관습 중에서 단 두 개에 지나지 않는데, 그렇다면 다른 여러 특징이 그에 모순되는 결과를 낳지 않는다는 근거는 무엇인가? 그러나 이러한 의문은 다른 문제를 풀기 위하여 유보시켜도 괜찮을 것이다. 결국 타일러의 직접적 논거는 무엇인가? 연대적 연속(年代的 連續; chronological succession)이 아니고 앞에 말한 바와 같은 지질학자들이 말하는 이른바 지층중첩(地層重疊)을 뜻하는 단계도 아니라면, 긍정적이면서도 부정적인 상관관계에 지나지 않는다. 즉 부계제의 특징은 자녀의 생존모친상속이나 아버지의 출생재계와 결부되어 있는데, 이는 모계제의 특징이라고 할 수 없다. 직접적 관찰은 동시적 관계의 인식 이상으로는 넓힐 수 없는 것이다. 순수한 부계시대에서 아버지의 출생재계가 감소하는 현상은 사회진화의 바로 드러난 모습이라고 생각할지 모르지만 그것은 잘못이다. 만일 중간적 상태에서 아버지의 출생재계가 보다 더 일반적이었다면, 이는 정확하게 완전부계제도(完全父系制度; full paternal system)의 일정한 특징이 이 풍습의 발달을 돕는 다른 어떤 부계제의 특징을 방해하는 일면을 보여주는 것에 지나지 않는다. 양 제도에 따른 현상 사이에는 함수적 관계가 있지만 연대적 순서는 어느 곳에서도 찾아볼 수 없다. 다만 사회진화법칙의 획일성이라고 하는 타일러 및 모건의 생각을 공리(公理)로 받아들일 때만, 이 연대적 순서를 승인할 수 있는 것이다. 또한 이 설에 따라야만 모든 차이가 순서적 의의를 지니게 된다. 명백하게 모든 종족이 동일한 단계를 거쳤다면, 모계제의 종족은 부계시대(父系時代)가 되었거나, 아니면 부계시대로 발전해 가는 중이라고 할 수 있을 것이다. 이와 같이 타일러의 논증은 오로지 일정한 순서관계가 존재한다고 하면, 모계시대가 부계시대에 선행한다고 하는 쪽으로 기운다.

이제 우리는 이 주장에 대해 우선 모방(模倣; borrowing)에 의한 문화적 특징의 광범위한 전파는 순차적으로 일정한 단계를 밟아온 공동사회의 어떤 가설적 경향을 엉망으로 만들어 버린다는 메이틀란드(Maitland)의 충고에 관심을 가져야 한다. 외부의 강력한 영향력 아래서 당연히 부계제의 발달을 도모한 문화적 요소를 가진 민족은 모계제를 채용하였을 것이고, 그 반대의 경우가 있었을 것이다. 주목할 만한 많은 민속학상의 실례가 곳곳에 남아 있다. 북부 애서배스카 종족(Northern Athabaskan tribes) 대부분은 무혈족이지만, 권력과 상속에 관한 한 타일러의 부계형과 일치한다. 어떻든, 해안지방의 여러 종족과 직접적으로 접촉하는 애서배스카족은 모계제의 규율을 차용하여, 인접한 종족의 편제를 그들의 편제로 만들었다. 호피족(the Hopi)은 유타(Utha)와 네바다(Nevada)의 쇼쇼니족(the Shoshoneans)과 같은 어족(語族)에 속하는 것으로 알려져 있지만, 그들 모든 종족들은 무혈족이며 심지어 모계체제에 대한 어떠한 맹아도 찾아볼 수 없었다. 따라서 현재의 호피족의 선조는 아마도 남서부지방의 선조 종족으로부터 모계제도이든지 아니면 그것을 만들어 냈던 여러 조건을 받아들임으로써 오늘날과 같은 편제를 만들었던 것이다. 무혈족의 아라파호족(the Arapaho)의 한 분파이면서 비교적 최근에 생겨난 숫자적으로도 그렇게 많지 않은 그로스벤트르족(the Gros Ventre)은 블랙풋족(the Blackfoot)과 접촉하여 그들의 관념에 융화되면서 한층 더 발전된 부계혈족(父系血族)을 발생시켰다. 이와 같이 외부의 영향은 때로는 무혈족상태를 모계상태로, 또한 어느 경우에는 무혈족상태를 부계상태로 변화시켰는데, 둘 중 어느 것이 다른 것에 선행한다고 할 수 없다. 인간의 사회조직의 역사는 그 주변의 상호관계에 의해 다양하게 변화할 것이다.

혈족의 기원에 대해 역시 모계제를 차용하였는지 부계제를 차용하였는지를 별론으로 한 이 제안들은 직접적으로 무혈족상태에서 나왔을 것이다. 이 견해는 아주 어려운 난점 즉 어느 한 족계제도(族系制度)로부터 따른 족계제도에로의 변천을 설명하는 데 따르는 곤란함을 없애준다. 앞에서 밝힌 바와 같이 모건도 재산이 미미한 종족에 대해 소유의 원리를 적용하는 것을 주저하였다. 더구나 전통적으로 허용되었던 상속제도가 왜 갑자기 반대에 부딪치게 되는지를 알아내기는 쉽지 않다. 왜냐하면 특히 아버지로부터 상속받는 경우보다 모계의 아저씨(外叔; maternal uncle)로부터 상속받는 경우, 어려움이 따르긴 하지만 때로는 유리한 점도 있기 때문이다. 만일 어떤 알코키안 종족들이 정확히 사냥특권의 부계양도(patrilineal transmission of hunting-prerogatives)로부터 부계혈족을 발전시킨 반면 주니족(the Zuñi)은 여성의 주거소유권을 수반한 부계거주의 형태로부터 모계혈족을 발전시켰다면, 그 어떤 족계의 규율도 다른 형태에 대한 필연적 선행물로 나타난 것이 아니라면 이러한 곤란한 문제는 사라진다. 필자는 대다수의 경우 모방에 의해서든 혹은 자연발생적인 발달이든, 모계혈족(母系血族)과 부계혈족(父系血族) 모두는 무혈족조직에서부터 직접 발생한 것이라고 주장하고 싶다.

시베리아(Siberia)는 오늘날 어떤 사회학적 이념을 시험하기 위한 이상적인 지역으로 제공되었음은 이미 잘 알려져 있다. 그러면 혈족조직의 역사에 대해 이 지역에서 무엇이 제시되었던 것일까? 이 광대한 지역 전반에 걸쳐 모계제의 종족은 단 하나도 없었다는 사실은 주목할 만한 일이다. 가장 뒤떨어진 문화수준을 가진 추크치족(the Chukchi)이나 코략크족(the Koryak)은 무혈족이다. 상속규율을 부계이든 모계이든 잠재적 발달을 나타내는 것으로 취한다면, 그들은 부계종족의 탄생을 제안한다. 우리는 가장 귀중한 재산인 순록이 수입된 결과, 부계친족의 의미가 강화되었지만, 명확한 부계혈족의 발생까지는 도달하지 못했다고 생각할 수 있다. 이와 같이 추크치족 및 코략크족의 사회사는 어디를 가나 부계를 중요시하는 무혈족상태를 보여주는 것일 따름이다.

시베리아 문화단계의 다른 쪽에서는 야금술(冶金術)에 뛰어날 뿐만 아니라 말기르기에 뛰어난 키르기즈족(the Kirgiz)이나 야쿠트족(the Yakut)과 같은 종족이 있다. 이들 종족도 퉁구스족(the Tungus)이나 오스타크족(the Ostyak), 사모예드족(the Samoyed)과 마찬가지로 확실한 족외혼의 부계혈족으로 구성된다. 나아가 우리는 이들 종족민 사이에서 분명한 신부매매의 풍습(bride-purchase)과 부측거주의 풍습, 나아가 어디서나 동일하게 여성을 노예로 간주하여 취급하는 풍습은 상당한 상관관계가 있음을 알게 된다. 이러한 복합요소들은 끊임없는 지역에서 몇 번이고 되풀이되어 발전된다는 것은 생각할 수 없는 일이다. 부연하자면, 부계 좀더 정확히 하자면 부계제의 특징들은 발달되었고, 현존하는 분포범위보다 더 널리 퍼졌을 것이라는 것이다. 심지어 모계제의 특징들이 좀더 먼 곳에서 넌지시 보인다 하더라도, 거기에서는 그 흔적을 찾아볼 수 없다. 이 종족민집단의 부계혈족들은 추크치-코랴크족 형태(the Chukchi-Koryak pattern)의 무혈족상태에서 직접 발전된 것이라는 생각은 크게 잘못된 것이 아니라고 여겨진다.

그러나 추크치-코랴크족과 야쿠트족 및 퉁구스족의 중간에 위치한 유카기르족은 모측거주를 취한다는 점에서 이 지역의 다른 종족과 다르다. 코랴크족은 신부를 위하여 노역을 제공해야 하고, 드물게는 신부의 집에서 영주하는 하는 예도 있었지만, 유카기르족 사이에서는 완전한 모측거주제가 지극히 당연한 것이었다. 그렇지만 이 특징은 모계친족집단(母系親族集團; matrilineal kin-group)을 활성화시키지 못하였고, 재산은 아버지에게서 아들에게로 상속되었으며, 유혈반목(流血反目; blood-feud)은 부계의 친척들에 의해 행해졌다. 사실 유카기르족은 의심할 바 없이 퉁구스족의 영향을 받아서 비록 족외혼의 규율은 없었지만, 부계혈족을 만들어냈다. 그런데 한층 더 흥미로운 것은 일부 유카기르족의 단체가 퉁구스족의 풍습을 따라서 하고, 또 반대의 상황도 벌어졌다는 것이다. 유카기르화된 퉁구스족은 더 이상 족외혼을 행하지 않고, 퉁구스화된 유카기르족은 부측거주제(父側居住制)를 수반한 신부매매혼의 풍습을 받아들여 혈족을 매우 중요시하였다. 따라서 사회의 발달은 모든 종족들 사이에서 동일한 단계를 거치는 대신 동일지역에서조차도 반대방향으로 진로를 바꾸곤 하는 것이다. 한 집단이 비족외혼 종족과 접촉한 결과, 혈족유대가 어색해졌는가 하면, 반면 다른 집단은 부계혈족과의 접촉결과, 부계조직체로 될 만한 배아가 발생하기도 하였다는 것이다.

요컨대 시베리아의 자료는 사회진화법칙고유설(社會進化法則固有說; doctrine of inherent laws of social progress)의 근거가 될 만한 자료를 제도해 주지 못했다. 그 자료들은 모측거주제가 모계제를 발생시킨 것이 아님을 보여준다. 모계혈족이든 부계혈족이든지 간에 이전에 혈족제도의 흔적을 전혀 좇지 않았다. 그리고 자연발생적으로 일정한 부계제도는 분명 알게 모르게 발전시킨 무혈족종족임을 보여준다. 무엇보다도 그것들은 외래문화와의 접촉이 상당 수준의 영향력임을 보여준다.

물론 타일러(Tylor)와 모건(Morgan)의 이론에 의하면 족계의 변화도 일어날 수 있음을 부정하는 것은 독단적이라 할 수 있다. 예를 들면 모계혈족이 상대적으로 우선하는 것과 관련하여 적절한 사례를 오세아니아(Oceania)의 여러 지역에서 찾아볼 수 있다. 무엇보다 먼저 멜라네시아(Melanesia)의 여러 종족에서 모계혈족을 찾아볼 수 있는 현상이 조금도 이상하지 않다. 따라서 한때 부계제에 의하여 이와 관련된 여러 종족이 전에는 모계제였다는 가정은 멜라네시아인의 일정한 생활상태를 고려해 보면 훨씬 더 그럴싸하게 느껴질 것이다. 대다수 모계제의 집단과 마찬가지로 멜라네시아인도 곡물을 재배하였고, 그 재배는 흔히 여자가 하는 일로 되어 있다. 이러한 현상은 앞서 모계혈족의 발달을 돕는 조건으로 인정된 바 있다. 숙권제(叔權制)는 상술한 이유만이 결정적 증거가 되는 것은 아니지만, 이 경우에는 확실한 증거가 될 수 있다. 왜냐하면 숙권제와 모계제 사이에는 일정한 상관관계가 있는 것으로 생각할 수 있고, 또한 일부 오세아니아 종족에서는 백숙부의 권력이 강한 것으로 인정되었기 때문이다. 부계제를 취하는 서부 토레스해협인(Western Torres Straits Islanders) 사이에서는 아버지의 바람을 거스를지언정 외가의 백숙부의 명령이 있으면 바로 싸움을 그칠 것이다. 더구나 우리가 이 지방의 모계종족(母系種族)을 돌이켜 보면, 바로 무혈족공동체에서 부계제를 세우려는 것과 같은 종류의 일련의 조건이 있음을 알게 된다. 부측거주제(父側居住制)는 보편적이고, 또한 조상 대대로 내려온 과수원은 자매의 아들을 통해서 전래되는데, 남자 자신의 노력으로 개척된 토지는 특정한 재산인 수목과 마찬가지로, 그의 자녀들에게 상속된다. 카이족(the Kai)의 자료는 특히 주목해 볼 만하다. 자녀들은 분명 외가의 친족으로 분류되고, 모계상속이 행해진다. 그렇지만 추장직(酋長職; Chieftaincy)의 상속은 아버지로부터 아들에게로 세습되고, 오로지 차순위로 백숙부에게서 그 자매의 아들에게로 상속된다. 거주제도는 신부가 신랑의 가(家)에 따라와서 산다는 뜻에서는 실제 부측거주제이다. 그러나 앞에서도 지적한 바와 같이 카이족의 아내는 남편의 집에서 생활해야 하지만, 그녀의 친족은 그녀의 노동력을 조금도 잃고 싶어 하지 않기 때문에, 멀리 떨어진 촌락으로 옮겨가 사는 것은 허용되지 않았다. 이러한 사실로부터 오세아니아에서 모계제로부터 부계제도의 이행이 행하여지고 있다는 리버스 박사(Dr. Rivers)의 가설은 인정될 수 없는 것으로 이를 배척할 만한 이유는 없다고 본다. 다만 필자의 주장은 기타 다른 지역에서, 예를 들면 오스트레일리아나 시베리아 또는 아메리카에서도 모계제의 선행이 입증된 바 없고, 또한 오세아니아에서도 모계상태가 부계상태로부터 순차적으로 이어져온 경우가 있다는 사실이다.

지금까지 모계제와 부계제 어느 것이 우월한 문명형태와 결부되는 것인지에 대한 문제는 제기되지 않았다. 전통적 입장은 당연히 모계혈족을 낮은 단계로 인식하였고, 심지어 모계시대의 보편성을 인정하지 않았던 홉하우스 교수(Professor Hobhouse) 같은 온건한 학자까지도, 개략적으로 말하면 모계제는 비문명인 사이에서 부계제는 문명인 사이에서 찾아볼 수 있고, 비문명인 중에서도 모계제는 대개 비교적 낮은 문화 단계에서 존재하는 것임을 알게 된다. 최고라고 알려진 문명은 혈족을 배제한 것으로 본질적으로는 부계형(父系型)이라는 것은 물론 사실이다. 또한 우리들은 고대 그리스인이나 로마인이 한때 부계혈족으로 구분되어 있었음을 이미 알고 있다. 그렇다고 하여 부계제가 고급문명의 일반적 특징이라고 하는 것은 아니다. 오스트레일리아에서는 디에리족(the Dieri)과 같은 모계종족이 부계제의 아룬타족(the Arunta)보다도 빈약한 문화를 지녔다는 것에 대한 흔적은 적지 않게 많다. 모계혈족을 가지는 니그로 종족(Negro tribes)은 산업과 정치조직에서 부계제의 대등종족으로 뒤쳐지지 않는다. 스완톤 박사(Dr. Swanton)가 지적한 바와 같이 멕시코 북부 아메리카(America north of Mexico) 지방에서는 모계혈족을 가지는 종족이 부계혈족을 가지는 종족보다도 일반적으로 높은 수준의 문명을 가졌다. 스완톤보다도 10년 전 쿠노(Herr Cunow)는 ― 유치한 투쟁을 하는 정력적인 학자이고 독립적 사상가로서의 그의 업적에 대해 우리가 맹목적으로 신임하지 않을 것이다 ― 집약적 경작을 하고 사는 북아메리카인은 주로 모계제이며, 반면 아버지로부터 족계를 계산하는 종족은 하등한 경제상태를 보여준다. 더 나아가 단순한 문명 단계에 있는 일정한 혈족을 가지는 공동사회뿐만 아니라 무혈족의 종족도 관찰의 범위에 포함시킨다면, 대개의 경우 현존하는 일방적 족계의 배아는 부계적이다. 즉 혈족을 가지지 않는 하등의 문명은 앞에 말한 여러 방법에 의하여 일방의 친족을 분리하는 경향이 있는 한, 부계친족을 분리시킨다. 이와 같이 부시맨(the Bushman)은 택지를 아버지에게서 아들에게로 또 그 아들에게로 물려준다. 순록사육 추크치족뿐만 아니라 이 종족의 원시적 상태를 그대로 보여주는 해안지방의 분족(分族)도 자녀가 재산을 상속한다. 브리티시 콜럼비아의 톰슨강 인디언(the Thomson River Indians)이나 캘리포니아의 섀스타족(the Shasta)은 낚시터(fishing-stations)에 대하여 소유권의 부계상속을 인정하고 있다. 이미 후파족(the Hupa) 및 북동부 알곤키안족(the Northestern Algonkian)의 생활 및 부측거주(父側居住)의 영향에 관하여는 충분히 논의했다. 의심할 나위도 없이 무혈족종족 사이에는 모측거주제가 행하여지고 있다. 그러나 부측거주제와 교차적으로 행하여지는지도 확실하지 않고, 혹은 혼인 후 처음 어느 정도의 기간에 한하기 때문에 일방적 혈족의 기초로 삼을 수는 없다. 따라서 수렵종족 사이에는 모계혈족이 아주 드물다.

요컨대 홉하우스 교수(Professor Hobhouse)의 결론은 전혀 사실과 들어맞지 않는다. 예를 들어 중국인, 고대 그리스인, 그리고 우리 자신과 같은 높은 수준의 문명단계는 주로 부계제이다. 그러나 어느 한쪽의 족계(族系)가 전적으로 강조되면 하등한 문화에 관련하여 이야기되는 것이고, 모계종족의 지위는 중간쯤에 해당한다. 앞에 말한 바 있음에도 불구하고 의외이긴 하지만, 이 일을 단계적 순서설에 찬성하는 것으로 오해하는 사람이 있을지도 모르겠다. 그러므로 필자는 구체적인 한 예를 가정하여, 진화가능한 가계로 받아들일 수 있는 것을 개략화함으로써, 그리고 일정한 경제적·사회적 현상 사이에서 받아들인 상관관계가 모계제는 인류역사상 보편적인 단계가 아니라고 하는 입장과 상당히 일치하고 있음을 보여줌으로써, 서둘러 이러한 가능성을 일소시켜 버리고자 한다.

가족의 어느 측면도 편중적이지 않은 안다만제도인(Andaman Islanders)은 부계혈족이든 모계혈족이든 필연적인 발생없이도 어떤 문명의 단계를 성공적으로 모방함으로써 향상되었다고 생각한다. 이러한 가정적 상황 아래에서든 그렇지 않든 간에, 그들은 이러한 집합체를 발달시켰을 것이며, 외부와의 접촉의 성질·강도·기간에 상당히 의존하였을 것이다. 지금 가정하고 있는 바와 같은 산업적 진보가 사회조직에 아무런 영향도 주지 않았다고 주장하는 것은 아니다. 다만 반드시 일방적 친족집단을 만들어 낼 필요는 없음을 말하는 것이다. 예를 들어 안다만제도인이 제철기술(blacksmith's art)을 받아들여 익혔다면, 이 산업적 진보는 직업조합(職業組合; professional guild)의 사회적 발달을 수반하거나 아니면 적어도 그것을 고취시켰을 것이다. 마사이족(the Masai)에 실제로 있었던 것처럼, 이러한 현상은 세습적 신분제도(世襲的 身分制度; hereditary caste)로 발전하기도 하는데, 이러한 발전이 필연적인 것은 아니다. 다만 한 방면에 취향이 있는 자가 다른 사람들과 구분되어 실제로 하나의 직업조합을 발생시켰고, 그 결과 사회가 복잡하게 되기는 하였지만, 세습적 혈족(世襲的 血族; hereditary sib)은 만들어지지 않았다. 더구나 직업이 세습되더라도, 그 종족의 나머지 사람들 전부가 마찬가지로 편성되지 않는 한, 결코 혈족조직을 만들어 내지는 못할 것이다. 즉 안다만 제도인은 석기시대(石器時代; Stone Age)에서 철기시대(鐵器時代; Iron Age)에 이르기까지 어떤 사회적 재편성도 없었을 뿐만 아니라 일방적 친족(一方的 親族; unilateral kinship) 원리의 채택도 없이 도약하였을 것이다.

전반적인 인류사회사(人類社會史; social history of mankind)를 묘사함에 있어서 끊임없이 성별분업(性別分業)과 관련된 여러 현상들이 끊임없이 기억될 것이다. 필자는 이미 부인이 괭이를 가지고 경작하는 정주적 공동사회(定住的 共同社會; sedentary community)에서 어떻게 모계제가 발달할 수 있었는지를 밝힌 바 있다. 그렇기는 하지만 아직도 다소 수준이 높은 아메리카 종족 중 원시적인 도구를 사용하며 집약적 경작을 하는 곳에서는 일반적으로 남자가 적어도 대부분의 노동을 떠맡아서 하고 있다는 점에 주의할 필요가 있다. 그리고 그러한 조건 아래에서 부계혈족의 발생은 그리 어렵지 않게 이해될 수 있다. 푸에블로 인디언(Pueblo Indians)의 모계제는 히다차족(the Hidatsa)의 모계제와 같은 원리로써는 설명될 수 없다. 왜냐하면 푸에블로족은 남자가 곡물을 심고 가꾸는데, 그들의 모계제는 여성지주권(女性地主權; female landlordship)을 수반하는 모측거주제라는 독특한 요소에 기초하기 때문이다. 이러한 요소가 없었다고 한다면, 호피족(the Hopi)은 아마도 일방적 친족집단이 없는 채로 남아 있든지, 아니면 부계혈족으로 구성되었을 것이다. 즉 곡물재배단계(穀物栽培段階; gardening stage)가 반드시 모계제를 뜻하는 것은 아니다. 왜냐하면 남자가 대부분이나 일부분을 경작한다 하여도 (아메리카나 멜라네시아의 여러 지방에서와 같이) 모계친족으로의 분리를 위한 조건이 갖추어져 있지 않은 경우가 있기 때문이다.

이제 한(Hahn)이 우리에게 가르쳐 준 바와 같이, 발달된 문명사회에서의 농업은 쟁기의 사용과 소(또는 그 대용품)의 사육에 의존하는데, 이러한 문명적 소유물은 확실히 남성과 관계가 깊은 것들이다. 가축의 사육은 분명 남성취향의 일이고, 가장 발달된 유목종족에게서 여자는 당연히 낮은 지위에 놓인다는 것 역시 중요한 사실이다. 축용농업(畜用農業)과 가축사육이 경작농업보다도 뒤늦게 출현하였음은 의심의 여지가 없는 사실이다. 그러고 만약 그것이 경작농업에서 발달한 것이라면, 우리는 다시 이 유명한 학설의 소위 모계제로부터 부계제로라는 관계와 상응하는 단계적 순서설(段階的 順序說)을 만들어 낼 수도 있을 것이다. 그러나 이러한 가정이 꼭 필요한 것은 아니다. 앞에서 설명한 바와 같이, 집약적 재배가 때로는 남자가 해야 하는 일로 인식되었던 것과 별도로 방법에 있어서 재배농업과는 크나큰 차이가 있는 축용농업이 전자로부터 발달하였다는 것을 입증할 만한 것은 아무것도 없다. 어떻든 서아시아에서 발달한 대로의 축용농업조직은 남자의 노력에 의한 재배농업조직과는 별도로 발달해 왔고, 따라서 역사상 위대한 문화의 소유자는 모계시대를 거쳐왔다고 간주해야 할 이유는 없다. 이것은 어느 정도 그러한 문화가 모계제를 거쳐왔다고 하는 것이 아니라, 어떻게 보면 특수한 경우로서는 외부의 영향의 결과로서 그러한 것도 있으므로, 다만 반드시 한번은 모계제를 경험하였다고 하는 독단론의 부정에 지나지 않는다. 예를 들면 고대 그리스인이 부계를 중시하는 무혈족상태로부터, 바로 씨족(氏族; genos)나 부족(部族; phratria)과 같은 확실한 부계상태로 옮겨가지 못할 이유는 없다고 생각한다.

세계각지의 여러 현상을 관찰해 보면, 특정의 부계제도가 결여된 사례가 많기 때문에, 부계세력의 편중은 아주 일반적임을 지적할 수 있겠다. 비교해서 말하면 모계요소의 편중은 부계적 특정에 대치한다기보다는, 오리어 그것에 덧붙여진 아주 특수한 현상이라 할 수 있다. 이것이 아주 명백히 모계사회였더라도, 아버지와 그 친족이, 중국이나 튀르크(Turkic)의 유목민처럼 분명한 부계사회 안에서의 어머니 및 모계친족보다도 통상 유력하게 인정되는 이유이다. 이러한 견지에서 보면 특수한 경우, 예를 들어 오세아니아(Oceania)에서와 같은 경우 모계제도의 불안정성이 존재한다. 모계요소가 부계요소로 말미암아 소멸하기 쉬운 고유의 경향이 있는 것이 아니라, 오리어 억압당한다기보다는 특수조건 아래에 압제되어 있던 부계요소가 이들 조건이 더 이상 지배력을 갖지 못하게 되면 다시 활기를 띄게 되는 것이다. 그렇지만 이러한 발전은 모두 다른 것과 마찬가지로 불가피적인 것이 아니라, 근접한 여러 문화의 영향에 의하여 이렇게 저렇게 꾸며지는 것이다.

종합해보기로 한다. 모계제와 부계제의 계기성(繼起性; fixed succession)이라는 것은 없다. 무혈족종족이 바로 모계상태로 들어갈 수도 있으며, 혹은 부계상태로 들어갈 수도 있다. 가장 높은 수준의 문명이 가족의 부계측을 중요시한다면, 수준이 낮은 대부분의 문명도 마찬가지다. 그리고 특정 종족의 사회사는 어떤 보편타당한 진화이론(進化理論)에 맞추어서 구성될 수 있는 것이 아니고, 다만 이미 잘 알려져 있거나 가능하다고 할 수 있는 이웃 종족과의 문화적 관계에 비추어서만 꾸며낼 수 있는 것이다.[29]

---

29) Morgan, 1877: Pt. 11, Chaps. 2 and 14. Man: 67 seq. Spencer and Gillen, 1904: 524. Tylor, 1889: 245. Lowie, 1919 (a): 29. Hartland: 1 seq. Reperts, V: 144. Rivers, 1914 (b): I, 55; II, 126. Keysser: 42, 85, 100. Hobhouse: 162. Cunow, 1894: 138 seq. Bleek and Lloyd: 305. Bogoras: 679. Teit, 1900: 293. Dixon, 1907: 452.

Primitive Society

제 8 장

여성의 지위

원시사회(原始社會; primitive society)에서 여성의 지위에 관하여는 소위 안다는 사람들 사이에도 서로 상반된 견해가 오고 가곤 한다. 여자를 노예 또는 물건이나 나르는 짐승과 다름없이 여기거나, 고된 허드렛일을 시키거나, 물건처럼 생각하여 사고 팔기도 하였으며, 주인의 학대에도 한 마디 대꾸도 못하는 것으로 생각하였다. 그런데 반세기 전에 모계제의 종족이 있었다는 것을 알고 권위 있는 인류학적 학설(人類學的 學說)을 조금이라도 접했던 사람들은, 원시사회의 여자를 물론 공동생활에서는 아닐 수도 있지만, 그 일가의 명백한 주부(主婦; mistress)라고 생각하는 경향이 많다. 아무리 많은 사람들이 그러한 생각을 하였다 하더라도, 그렇게 생각하는 자체는 우스꽝스러운 일에 지나지 않는다. 또한 여성과 사회의 관계는 상당히 다양하였기 때문에, 이와 관련하여서는 조심스럽게 언급하여야 한다. 그리고 어렴풋한 결론을 내리기에 앞서, 여러 측면에서 이 문제에 접근해야 할 필요가 있을 것이다.

제 1 절 이론과 실제

무엇보다도 여자의 대우나 그 법률상 지위, 공적인 일에 참여할 수 있는 기회는 각각 별개의 문제였고, 또한 그 노동의 성질과 정도 역시 서로 다른 범주에 속한다는 사실을 주의해야 할 필요가 있다. 이들 두 측면 중의 양자에 걸쳐 있는 상관관계는 모두 경험적인 것이다. 개념적으로는 각각 다른 것이지만, 그렇다고 당해 사실을 무시한다면 그 결과 혼란만이 뒤따르게 된다. 이것은 잘 알려진 한 현상을 살펴보면 바로 명백히 드러난다. 아내(harem)가 미모를 갖췄다면 심부름 같은 하찮은 일을 하지 않아도 되었지만, 그렇다고 하여 그 지위가 우리들이 말하는 인간존중의 관념과 일치하는 것이라고는 할 수 없다. 또한 정도의 차이는 있겠지만, 기사도(騎士道)가 풍미했던 중세 유럽의 귀부인(貴婦人; lady of quality)에 관하여도 비슷하게 말할 수 있을 것이다. 이와 매우 다른 환경에 있는 토다족(the Toda)의 여자들은 상당한 대우를 받았지만, 가장 큰 문화행사의 의식에서는 제외되었다. 실제로 아주 사소한 일밖에 할 수 없었으며, 우유를 첨가한 음식을 요리할 때에는 참여조차 할 수 없었다. 이에 반하여 안다만제도(Andaman Island)의 여자들은 상당히 많은 일을 해야 했지만, 사실상 남편과 대등한 위치에 있었다. 중앙 아시아의 키르기즈족(the Kirgiz)과 알타이족(the Altaian)의 경우를 비교해 보는 것은 매우 시사적이다. 양 종족은 모두 여자에게 현저히 낮은 지위를 부여한다. 뿐만 아니라 대체로 이슬람교의 세력하에 있다고 생각되는 키르기즈족은 알타이계의 투르크족(the Altaian Trurks)보다도 여자를 훨씬 가혹하게 취급하였다. 라들로프(Radloff)의 책을 피상적으로 읽으면, 양 종족에서 여자의 법적 지위는 대략 비슷할지 모르지만, 알타이족 여성의 생활상이 훨씬 더 편안하였음을 바로 알 수 있다. 그렇지만 좀더 자세하게 음미해 보면, 법적 관념이 종교상 규정에 의하여 보강되기는 하였지만, 키르기즈족의 여자들의 형편이 나았다는 것이 명확하게 드러난다. 반면 알타이족의 남성과 혼인한 그녀의 자매는 아침 일찍부터 저녁 늦게까지 일을 하며, 그것도 가정내의 일만 하는 것이 아니라 가축을 기른다거나 땔나무를 해온다거나 소나 양이나 산양의 젖을 짠다거나 모든 도구를 만들거나 심지어 보리밭을 경작하는 일까지 하였다. 남자는 하는 일이 거의 없고, 다만 땔나무를 쪼갠다든지, 말의 우유를 짠다든지, 가재도구를 만들 때 옆에서 거들어 주는 것이 고작이다. 키르기즈족에서는 훨씬 더 평등한 분업이 이루어졌던 것이다. 그 이유는 남자가 가축을 기르고, 땔감을 해오며, 옹기를 만들고, 토지경작까지 하였기 때문이다. 실제로 그렇게까지 할까 하는 생각도 되지만, 키르기즈족 여자가 알타이족 여자보다 훨씬 자유롭다. 즉 시제에 참가하고, 마음대로 다른 사람을 만나기도 하며, 경기나 집회에 참여하거나 노래부르는 시합에 참가하기도 한다. 요컨대 종래 보고되었던 푸대접의 고통을 만회할 만한 충분한 보상책이 갖추어져 있었던 것이다.

이러한 사례는 특정한 사회에서의 여성의 지위를 결론지을 때 크게 주의해야 할 점들을 보여준다. 남녀관계 사이에 포함된 여러 조건들은 다양하기 때문에 그 가운데 특정한 부분만을 지나치게 평가하는 것은 금물이다. 무엇보다도 이론을 과대평가해서는 안 된다. 이론은 실제에 영향을 줄 수도 있고 실제로 주기도 하지만, 때로는 소극적인 것에 그치고 말기도 한다. 이론적으로는 이슬람교를 믿는 키르기즈족은 마음대로 아내와 이혼할 수 있지만 실제 그렇게 하는 경우는 아주 드물다. 중국철학에서는 우주에서 음의 원리(female principle)를 해악(害惡; evil)에 결부시키고, 여성의 법적 지위를 미천한 것으로 보았다. 그렇다고 하여 상당수의 여자가 단순한 인격의 힘에 의하여 일가 내의 우월권을 장악하거나, 문학이나 정사에서 적절한 역할을 하는 데 지장을 받지는 않았다. 이러한 극단적인 사례 대신 최근 백인의 문명시대로 눈을 돌려보면, 아메리카의 여성은 선거법개정 이전에도 학대를 받지 않았었고, 재산의 소유능력(所有能力)이나 관리능력(管理能力)이 없었다고 하여 남편의 의사에 복종하여야만 하는 것도 아니었으며, 또한 해방의 외침소리가 그다지 많이 들리지 않았을 즈음에도 파리식의 살롱(salon) 지도자들은 무제한의 사회적 세력을 갖고 있었다. 바꾸어 말하면 관습법 내지 성문법 및 철학사상이 여성의 권리와 의무에 관하여 어떻게 주장하는지를 확인하는 것은 중요하다고 할 수 있다. 그런데 사회의 실제가 이론과 일치하는지 아니면 흔히 그러한 것처럼 이론을 뒷전으로 밀쳐있게 하는지를 알아내는 것은 더욱 중요하다. 흔히 그래온 것처럼 추상적인 명제나 법령 등을 과중하게 평가하는 것은 인류의 제도 및 심리를 연구하는 사람들을 자주 어리둥절하게 만들곤 했던 잘못된 합리주의의 한 측면이다.30)

제 2 절 여성족장제

앞에서도 언급한 바와 같이, 모계제도(母系制度)란 여자가 가족만이 아니라 원시국가의 상당부분까지 지배하는 것임을 의미하는 것처럼 한때는 해석하기도 했다. 이러한 단정이 전적으로 무가치하다는 것은 오늘날의 인류학자 모두가 완전히 일치하는 바이고, 이 점에 관하여 이의를 제기하는 사람은 아무도 없다. 민속학상의 증거자료는 직관적 사고(直觀的 思考)에 의하여 일축해 버릴 수 있을 만큼 너무나도 명료하다. 오스트레일리아족 중에는 모계종족(母系種族)도 있고 부계종족도 있는데, 모계종족 중에서 많은 여자들이 조금이라도 좋은 대우를 받거나 존경받고자 한다. 멜라네시아(Melanesia)에서도 마찬가지이다. 브리티시 콜럼비아(British Columbia)의 틀링깃족(the Tlingit) 및 그 인근 종족들이 모계제를 따르고 있는데, 자녀들에 대하여 어머니가 행사하는 권력은 실제 어머니가 행사하는 것이 아니라 그 오빠나 동생이 행사하는 것으로 되어 있다. 이곳에서는 일정한 종류의 재산이 아주 소중한 것으로 되어 있는데, 이러한 것들은 여자가 소유하는 것이 아니라, 기계적·규칙적으로 어머니 쪽의 백숙부로부터 조카에게 넘겨진다. 아프리카에는 여자지배자가 있는 것으로 알려져 있는데, 그 출현은 족계제(族係制)와 관계가 없으며, 또한 그것이 일반적인 니그로족 여성들(the average Negress)에게 영향을 주지 않았음은 캐서린 여제(Catherine the Great)의 치정이 러시아 농노부녀자의 지위에 영향을 주지 못했던 것과 마찬가지이다.

---

30) Radloff: 295, 313, 462, 484.

여성이 많은 재산권을 행사하거나, 공적인 일에서 눈부신 역할을 하였던 것처럼 되어 있는 모계공동사회의 예가 다소 있기는 하지만, 그것도 다섯 손가락 안에 들어갈 정도에 지나지 않는다. 가장 잘 알려져 있는 예는 아삼의 카시족(the Khasi), 이로쿼이족(the Iroquois), 그리고 푸에블로 인디언(Pueblo Indians)이다.

카시족에서는 여성의 독자적 특권이 인정된다. 이곳에서는 가옥이나 부동산, 귀중한 가보는 브리티시 콜럼비아에서 행해지는 것처럼 모계상속에 따르고, 모계에 속하는 여성이 이를 소유한다. 즉 어머니로부터 딸에게로 대물림한다. 어떤 지방에서는 교주(教主; pontiff)의 지위까지 여자가 차지하고, 후사는 그녀의 여계혈족의 집단에서 선발된다. 그렇지만 만일 카시족의 공동체사회에서 남자를 무가치한 것으로 여겼다고 단정한다면, 그것은 너무나 크나큰 잘못이다. 각 세대에서는 여자가 호주임에도 불구하고, 그녀의 큰오빠가 일가의 우두머리 자리를 차지하였고, 또한 남편도 처음에는 어머니 쪽에 거주하였다가 후에 분가하면 아무 문제없이 호주가 되었으며, 더구나 아내가 간통하는 현장이 발각되면 남편에게 그녀를 살해할 수 있는 권리가 관습법에 의하여 인정되었기 때문이다. 정치적인 점에서 주권은 모계를 따라서 상속되지만, 남자로부터 남자에게로 전해지는 것이고, 남자의 후사가 없는 경우에 한하여 여자가 이를 이어가고, 다시 그 여자를 이어갈 사람은 그 딸이 아니라 아들이 된다. 이러한 제도는 분명 체제상으로만 부녀족장제(婦女族長制; matriarchate)라고 할 수 있을 것이다.

부녀족장제에 가장 가까운 예는 아마도 이로쿼이족에서 찾아볼 수 있다. 이곳에서는 여자가 혼인을 주선하고, 또한 대부분 가옥이나 토지의 소유자는 여자였다. 가장 중요한 몇몇 의식단체도 여자로 구성되어 관리되었으며, 각각의 혈족에서 선출된 6명으로 구성되는 의식주재관(儀式主宰官; ceremonial officials) 중 3명은 여자였다. 여자는 추장평의회(酋長評議會; council of chiefs)에서 결원된 후보자를 추천할 수 있었고, 또한 부정한 추장선거를 경고하거나 비난할 수 있는 권리를 가지고 있다. 그렇지만 이로쿼이족에서조차 여자는 전혀 이로쿼이 동맹최고평의회(同盟最高評議會; supreme council of the league)에 참가할 수 없었던 것이 사실이다.

푸에블로족의 촌락에서 여자의 지위는 분명히 이로쿼이족에서보다 좋지 못하다. 크로버 교수(Professor Kroeber)는, "주니족(the Zuñi)의 이른바 부녀족장제의 중심이 되고 활동거점이 되는 것은 여호주권(女戶主權; woman's ownership of the house)에 있다"라고 이를 잘 표현하였다. 정치에는 여자의 발언권이 없었다. 의식(儀式; ritualism)에 참가할 수는 있었지만, 보조적인 역할밖에 하지 못하였다. 또한 집안에서조차 여자들은 동거자일 뿐이고, 남자가 사실상의 주인이었다. 이러한 관찰내용은 호피족(the Hopi)에서 내 자신이 조사한 것과 광범위하게 일치한다.

위에서 살펴본 여러 사례는 순수한 부녀족장제(婦女族長制)는 어느 곳에서도 찾아볼 수 없다는 결론에 확실한 기초를 제공해 주는 것이다. 비록 두서너 지방에서는 일정한 측면에 걸쳐 두드러지게 여성의 특권이 보장되고 있지만, 이러한 특권이 몇몇 실례에서 모계제(母系制)와 결부되어 있다는 사실이 모계제의 유력한 원인이라고 할 수 있는 단정을 확실하게 보증해 줄 수 있는 것은 아니다. 그도 그럴 것이 오스트레일리아, 멜라네시아 및 브리티시 콜럼비아의 현상이 고작 이점에 관한 결정적인 것일 따름이기 때문이다. 우리는 모계제를 보아 근본적인 조건, 예를 들면 거주제도(居住制度; residence)나 경제행위(經濟行爲; economic performance)의 결과라고 인정하기 때문에, 모계제보다도 오히려 이들 조건이 여성의 활동과 지위에 영향을 주어온 것이 아닌가를 검토해 보고 싶다. 바꾸어 말하여 만일 어떠한 인과관계가 있다고 한다면, 그 관계는 아마도 모계제가 행하여지기 때문에 모측거주제(matrilocal residence)가 행하여지거나 여자의 법적 지위가 어느 정도 잘 유지될 수 있었다고 할 수 있는 것이 아니고, 오히려 모측거주제가 행하여지기 때문에 여자의 지위가 잘 유지되거나 모계제도 될 수 있었던 관계라고 할 수 있을 것이다. 또한 기타의 근본적 현상에 관하여도 사정은 마찬가지이다.[31]

---

31) Gurdon: 66 seq., 76 seq. 82, 93. Goldenweiser, 1912: 468. Kroeber, 1917 (a): 89.

제 3 절 모측거주제

모측거주제(母側居住制; matrilocal residence)가 여자의 지위에 미치는 결과에 관하여는 간단하게나마 이미 설명한 바 있다. 다른 곳에서도 마찬가지이지만, 우리는 용어에 현혹된다든지 근거가 확실치 못한 사실로부터 극단적인 결론을 이끌어내서는 안 된다. 모측거주제의 직접적 결과는 여존남비(女尊男卑)가 아니다. 다만 아내의 친족적 지위를 높이는 것이었다. 중앙 에스키모인(Central Eskimo) 사이에서 아내가 남편의 식구들과 사는 가정과 신랑이 아내의 부모의 집에 가서 생활하는 가정과의 사이에서는 커다란 차이점이 존재한다. 하지만 이러한 차이가 부인으로서 여성의 지위에 영향을 미치는 것은 아니다. 전자의 경우 여성은 시어머니(mother-in-law)에게 종속되는 반면, 후자의 경우 친어머니에게 종속된 채로 계속 남아 있다. 그리고 양자 모두, 호주는 남자이며, 그녀의 아버지나 혹은 시아버지(father in law)가 된다. 당연히 여성이 주변에 자신의 친족들이 없을 때에는, 남편이 아내의 부모와 주인노릇을 하는 사람들의 눈치를 보아야 하는 곳에서보다도 더 잠재적으로 학대받기 쉽다. 카이족 사이에서는 분명히 여성열등과 더불어 모측거주의 일관성이 확실히 나타난다. 카이족은 신부가 신랑의 거주지에 가서 살아야 하기 때문에 형식적으로는 부측거주(父側居住)인 반면, 아내의 친족들은 그녀가 그들의 영향권 밖에 놓이게 되는 것을 바라지 않기 때문에 실질적으로는 모측거주제임을 앞에서도 살펴보았다. 남자는 아내에 대한 지나친 학대 또는 아내의 재산을 축내면 아내의 친족에 대해 이를 책임져야 했다. 하지만 아내인 여성은 그녀의 오빠든 외숙부이든 혹은 조부이든 간에 일정한 남성의 후견(後見; ward)하에 있는 피후견인(被後見人)이었다. 모측거주제가 일부다처혼(一夫多妻婚)을 제한함으로써, 일부다처혼의 가정에서 때로 여자들이 남편의 편애로 인해 겪어야 하는 그런 어려움을 제거하기도 한다는 사실은 좀더 명백하다. 따라서, 실제 여성이 자신의 부모의 가(家)에서의 계속적인 거주로 인해 이익을 받고 있음에는 의문이 없다. 하지만 외부의 의지의 구속으로부터 완전히 벗어났다고는 할 수 없다. 또한 유카기르족(the Yukaghir)에서와 같이, 남편이 가정의 지배권을 갖는 곳이라면, 여자는 처음부터 남편의 가(家)에 동거한 경우와 똑같은 처지에 놓일 것이다.

여자가 가옥을 소유하고 있는 곳에서는 근본적인 조건이 분명히 다르다. 이러한 조건 아래에서는 푸에블로 종족(Pueblo tribes)과 같이 아내가 남편을 집에서 내쫓을 수 있다면, 모측거주제(母側居住制)는 여성에게 우월한 지위를 부여할 것이다. 이러한 조건은 분명 부부관계에서는 확실히 유리한 것이지만, 얼굴을 붉힐 만큼 심각한 영향을 남편에게 주지는 못한다. 분명 이것은 부부관계에 있어서 이로운 점이 있다. 하지만 남자가 항상 어머니나 누이 등으로부터 환대를 받은 이래 쭉 그의 가옥은 소유한 여자친족에게 인정된 요구를 통하여 피난처를 갖게 되므로, 얼굴을 붉힐 것처럼 그렇게 심각한 영향이 남자에게 미치지는 않을 것이다. 조금도 다르지 않다.

제 4 절 경제적 해석

경제적 요소(經濟的 要素)는 무엇보다도 최근의 문명에 상당한 부분을 형성하였고, 또한 해석방법에서 경제적 요소가 해내는 역할은 조금 과장되어 나타나기도 하였다. 경제적 요소가 어떤 식으로 또는 어느 정도로 여성의 지위를 자리매김해 왔는지의 문제는 다루기 어렵기 때문에, 우리가 다루고자 하는 문제만을 분명하게 짚고 넘어가려고 한다. 광범위하게 미친 경제적 변화는 다른 일은 차치하고서라도, 여성의 삶이나 그녀가 하는 일에 직접적인 결과를 빚어내지는 않더라도 다소 영향을 주는 것임에는 틀림없다. 또한 흑룡강가에서 살고 있는 어부들, 농·어업을 주로 하는 종족, 말타기를 잘하는 목축민인 투루크족(the Turkic) 및 순진하기로 소문난 오스탸족(the Ostyak), 이들 모두는 본질적으로 똑같은 여성관을 가지고 있다. 비록 이들 종족이 그 생활방식이 다르다 할지라도 여성이 음식물을 제공하는 데 별다른 기여를 하지 못한다는 중요한 특징에 관해서는 이론(異論)이 없다. 다만, 남아프리카나 남아메리카에서 간혹 눈에 띄는 곳이 있기는 하다. 이 곳에서는 여자가 곡식의 씨를 뿌리거나 수확을 해야 했는데, 실상은 더 굴욕적인 처지이며, 심하게 말하면 종속적 지위에 있다고 할 수 있다. 다른 한편 베다족(the Vedda)이나 안다만제도인(Andaman Islanders)처럼 수렵종족이더라도, 여자가 요리라는 소극적 행위를 하지만 사회적으로 남자와 대등한 지위가 인정되는 지역도 있다.

그럼에도 불구하고 경제적으로 많은 도움을 주고받으며 그것이 끊임없이 강조되는 상호관계도 존재한다. 목축종족에서의 여자의 지위는 거의 동일하게 결정적·절대적인 남존여비(男尊女卑)의 상태이다. 이와 관련하여 홉하우스 교수(Professor Hobhouse)는 경작민 중에서는 여자의 사회적 지위가 낮은 경우가 73%를 차지하고, 유목민은 87.5%에 달한다는 사실을 적시한 바 있다. 경제적 근거에 맞추어 따져보면, 이 사실은 쉽게 설명될 수 있다. 동물을 길들이고 기르는 것은 확실히 남성적인 일이고, 거의 모든 곳에서 동물을 맡아서 키우는 일은 남자의 일로 인식되어 왔다. 또한 이대로라면 여자가 점차 생산적 노동에서 배제될 수밖에 없고, 결국 여자로 하여금 낮은 사회적 지위를 차지하게 만드는 결과가 될지도 모른다. 필자가 생각하기로 이러한 관념이 농축겸업(農畜兼業; 재배농업과 구별됨)을 하는 종족에게 살려 있는 것 같다. 한(Hahn)이 지적한 바와 같이 문화사적으로 남성적인 노동과 결부되어 있는 것은 가축을 길들여 키우는 것 외에도 논밭을 갈고 경작하는 것도 있기 때문이다. 이와 같이 우리는 문화의 바탕이 되는 고대 세계문명의 여러 중심지를 통하여 남녀 양성의 관계에 관한 그럴싸한 설명을 많이 찾아볼 수 있다. 경제적으로 종속적 지위에 있는 중앙아시아와 인도의 여성들이 남존여비의 지위에 놓일 수밖에 없는 것은 자명한 일이다.

그렇지만 필자는 필연적 인과관계는 겉으로 보기와는 달리 그렇게 강고하다고 생각하지 않는다. 밀·피·보리의 경작이나 소나 말을 잘 길들여 키우는 것, 쟁기나 마차사용 이후에 아주 널리 퍼졌다는 사실은 어느 누구도 의심하지 않는다. 따라서 경제적 발달에 따른 사회적 부수물 즉 남존여비(男尊女卑) 역시 역사적 유물에 지나지 않는다고 생각한다. 즉 일정한 시기와 지역에서 경제적 종속의 결과 여성이 낮은 지위에 놓이게 되었지만, 그렇다고 하여 이것이 필연적 결과라고는 할 수 없고, 적당한 윤리적 또는 기타의 이데올로기의 복합으로 생기게 된 것 같다. 그리고 이러한 이데올로기가 우연히 빠져 진보되어야 할 경제조직과 결부되지 못함으로써 남존여비가 경험적으로 결합한 것은, 덩어리 채 잊혀지고 전파되었다.

필자 자신은 암시성과 정신적 타성이 아주 강하기는 하지만, 우연히 생겨난 한 복합체의 보급과 유지가 전적으로 가능하리라는 것도 인류학상의 실증이 나타내어 줄 수 있는 것으로 믿는다. 또한 전파의 광범위한 파장과 유지되는 기간이 상당하였다는 사실이 이미 전파와 유지되는 결합체 사이에 고유한 적응성이 있다는 것을 밝혀주는 것이기도 하다. 이러한 상당부분은 인정될 것이다. 다른 한편 호텐토트족(the Hottentot)은 유목생활이 남녀의 평등과 잘 맞아 돌아가는데, 그 인근에 여자가 경작을 담당하는 반투족(the Bantu)은 여자의 지위가 미천하다. 이와 같은 사실은 경제행위(經濟行爲)가 여자의 지위를 떨어뜨릴 수 있음을 적시하는 것이 아니다. 즉 다른 요소 때문에 여자의 세력이 축소되는 경우도 있다는 것이다. 예를 들어 확실한 종교적 교의(宗敎的 敎義)가 있다면, 호텐토트족이 목축조직의 경제적 요소를 좋아한다 하더라도, 여자의 사회적 종속이 완화되거나 혹은 저해되는 경우도 있을 수 있지 않을까 생각한다.

지금까지 필자가 생각한 바는 어느 한 종족이 전파시키려고 하는 조직의 작동원리에 끼어 있다는 것이다. 아울러 조금이라도 일부분이 다른 부분과 다르게 유포된 것은 경제적 요소뿐만 아니라 다른 요소의 영향 때문이라고 생각한다. 이러한 점에 비추어 보면 경제적 생활과 여성의 지위의 인과관계는 앞에서 본 여러 현상에서 궁극적 적응관계가 있다면, 그 직접적 이유는 아시아 대부분 지역에서 그 여성관(女性觀)을 가지고 있는 하나의 종족이 동일한 여성관을 가지고 있는 다른 여러 종족과 접촉했었기 때문이다. 이러한 일은 우리가 문제삼으려고 하는 남존여비가 아니고, 남존여비가 있었다는 자체를 아는 것만으로도 족한 것이다. 키르기즈족(the Kirgiz)의 예가 보여주는 바와 같이, 그와 같이 생각하는 것은 세계의 다른 여러 지방에서 찾아볼 수 있는 바와 같이 일종의 별거제(別居制; seclusion)를 의미한다. 여자는 종속자(從屬者)이고, 유체재산이기 때문에, 가장 높은 가치를 매기는 사람에게 팔거나, 남편의 친족이 그를 상속할 수 있고, 그 재산 자체로 보유할 수 없는 근원이 된다는 것이다.

이와 같은 식의 관념이 시리아족(the Syryan), 오스탸크족(the Ostyak), 알타이족(the Altaian), 키르기즈족 및 기타 인접한 지역의 종족에서 찾아볼 수 있는 것이라면, 우리가 조사하려고 하는 대상이 이 지역에 산재해 있다고 하는 민속학적인 특징이 있음은 분명하다. 이런 일은 동부 시베리아의 옛날 아시아 종족의 여자는 지금도 남자보다 낮은 지위에 있다는 남존여비(男尊女卑)의 점에서 서부 시베리아 여성과 유사하다는 확신이 있다고 본다. 이와 같이 추크치족(the Chukchi)의 여자는 남편에게 팔려 가는 것은 아니고, 또한 남편으로부터 함부로 취급받지도 않는다. 재산취급을 받지도 않는 것으로 되어 있다. 나중에 좀더 설명하겠지만 순록이 유입된 뒤 추크치족의 여자의 운명에 다소의 변화는 있더라도, 결코 오스탸크족의 여성의 수준에까지는 영향을 미치지 않았다. 왜냐하면 추크치족 여성의 지위는 주로 추크치족 및 그 근처 종족의 종래 문화에 따라서 결정되고, 그 지위는 새로운 경제적 요소와 관련하여 간단하게 소멸되지 않기 때문이다.

특정 종족에서의 여성의 지위가 실제로 이 종족의 역사적 관계사실과 함수관계라는 것은 오세아니아나 오스트레일리아를 보면 분명해질 것이다. 이 지방에서의 남존여비의 두드러진 특징은 시베리아에서의 감정적인 특징과는 크나큰 차이가 있는 멜라네시아(Melanesia)나 뉴기니(New Guinea)의 여러 부족과 마찬가지로 오스트레일리아의 여러 지방에서는 남자와 여자를 분리하는 — 때로는 밥을 먹을 때 따로 먹게 한다든지 또는 어떤 의식을 치를 때는 매우 엄격하다 — 경향이 있다. 그 결과 여자를 공적인 일에서 배제시키는 것은 키르기즈족의 여자가 축제에 참가할 수 있는 점에 비추어 현저한 대조를 이루는 것이며, '남존여비'라는 표현의 내용에 큰 차이가 있음을 보여준다. 그렇지만 이렇게 명확한 생각이 남태평양에도 보급되어 있는 것은 그리 우연한 일이라고는 생각되지 않는다. 이러한 현상이 어느 지역 중 특정 지방에서만 찾아볼 수 있는 것은 확실히 그 지방이 그러한 특징을 전파한 지역의 일부라고 보아도 괜찮을 것 같다. 풍습의 기원은 어떻든지 간에 그 이차적 원인에 따라서 합리적 설명이 될 수 있는 것은 경제적 요소에 의해서가 아니라 역사적·지리적 관계에 의해서 하게 된다.

북아메리카(North America)의 자료는 이와 관련하여 확실한 증거를 제공해

준다. 북아메리카 대륙의 대부분 지방에 살고 있는 인디언은 여성의 지위가 어떻든지 간에, 남태평양에서는 어느 정도 엄격하게 행하여지고 있는 남녀분리가 행하여지고 있지 않다. 이로쿼이족(the Iroquios)의 여자들이 의식에서 차지하는 중요한 일에 관하여는 이미 서술한 바 있다. 부인의 지위가 훨씬 낮게 책정되어 있던 종족에서도 부인은 의식에 참가하였고, 또한 어느 평원인디언(Plains Indians)에서는 의식을 치를 때는 부부일체(夫婦一體)라는 관념이 성물(聖物; sacred objects)의 운반과 보살핌에 분명하게 나타나 있다. 성별이분(性別二分; sexual dichotomy)의 여러 현상이 태평양 연안지방에서 보고되는 것은 우연한 일이 아니다. 알라스카에서는 에스키모 남자는 여자가 출입할 수 없는 집을 소유하고, 북부 애서배스카인(the North Athabakans)들은 남자아이들과 여자아이들이 떨어져 살게 하고, 여인은 춤추는 데 끼지 못하게 되어 있다. 또한 캘리포니아(California)에서는 여성을 배척함에 있어서 철저한 멜라네시아의 단체(organization of Melanesia)에 비교될 만한 남자의 단체를 찾아볼 수 있다. 후파족(the Hupa)의 남자가 여자와 함께 자지 않는 이유는 아마도 그들이 이 제도를 인정하고 있는 다른 캘리포니아의 여러 종족과 문화관계를 맺고 살아 왔기 때문일 것이다. 널리 전파된 어떤 현상을 만들어 낸 한 종족을 제외하고 모든 종족에 있어 그 유력한 원인은 이러저러한 경제적 요소가 아니라 모방관계(模倣關係; borrowing)에 지나지 않는다. 흔히 그 발상지(發祥地)를 알 수 없는 곳에서는 경제적 요소가 작용하였던 것으로 생각된다. 그렇지만 그 밖의 다른 곳에서는 경제적 요소의 힘이라고 하더라도 대부분 선택적인 것에 지나지 않았다. 즉 창조적 힘으로 작용하지 못하고 전파를 촉진하거나 아니면 저지하는 힘으로 작용하였을 것으로 생각된다. 이 견해는 바로 생활방법을 전적으로 달리하는 여러 종족이 유사한 여성관(女性觀)을 가지게 되는 — 이는 경제설(經濟說)로서는 도저히 설명할 수 없는 사실이다 — 이유를 설명해 준다.

이와 같이 경제적 자료를 광범위하게 관찰해 보았지만, 경제적 요소와 부인의 지위와의 사이에 특별히 밀접한 상관관계가 있음을 밝혀내지는 못하였다. 그것보다 좀더 중요한 몇 가지 사실을 되짚어 보기로 하자. 멜라네시아와 남아메리카와 같이 부녀자가 밭을 경작하는 재배농업의 공동사회에서는 여성의 권위가 베다족이나 안다만제도인과 같은 수렵종족보다 낮다. 유목생활을 하더라도 호텐토트족의 여왕의 지위는 낮지 않았다. 도처에서 종족간의 문화적 관계의 영향이 지대하였음을 잘 보여주는 것이라 하겠다.

그렇기는 하지만 경제적 관습의 영향이라고 생각되는 것을 좀 더 정밀하게 연구해야 할 필요성은 매우 절실하다. 많은 중요한 문제가 민속학자(民俗學者; ethnographer)들에 의하여 제기되고는 있지만, 그 해결을 위한 구체적 지식은 결여되어 있는 상태다. 예를 들면 반투족(the Bantu) 중에서 헤레로족(the Herero)만이 순수한 목축종족이다. 따라서 헤레로족의 여성의 지위를 목축과 재배를 함께 하는 그 이웃 종족 오밤보족(the Ovambo)의 여성의 지위와 비교하는 것은 흥미있는 일이라고 생각한다. 그렇지만 필자는 이 문제를 밝혀줄 만한 충분한 논거를 알지 못한다. 또한 나바호족(the Navaho)은 스페인 사람들이 왕래하고 나서부터 잘사는 유목민족으로 바뀌게 되었는데, 우리들은 16세기에서의 그들의 여성의 사회적 지위에 관하여 아무것도 아는 바가 없다. 평원인디언은 순수한 수렵종족과 재배농업과 수렵을 잘 겸비하고 있는 실례를 보여주기는 하지만, 이들 모두는 들소(buffalo)에 의존하여 살아가고 있기 때문에 곡물(穀物)의 있고 없음은 사회적으로 크나큰 변화를 만들어 낼 수 없었다는 반론도 제기될 수 있다. 확실히 반쯤 정주(定住)하며 살아가는 히다차족(the Hidatsa) 여성의 지위와 그들의 가장 가까운 친족(親族; kin)이 되는 유목종족인 크로우족(the Crow) 여성 지위 사이에는 그다지 의미 있는 차이는 없다. 멜라네시아에서는 재배농업의 성별분업(性別分業)에 관하여 지방에 따른 차이에 관한 보고가 있기는 하지만, 특히 그것과 상관관계에 있는 사회학적 풍습에 관한 자료는 아직 적절하게 활용할 수 있는 것은 아니다.

우리들의 연구 목적에 가장 잘 들어맞는 실례는 아마도 추크치족(the Chukchi)의 경우인데, 이에 관하여는 보고라스(Bogoras)의 민속학의 대표작에 상세히 서술되어 있다. 추크치족은 원래 일반적 생활양식에서 에스키모인(Eskimo)과 비슷한 어렵족(漁獵族)이었다. 그런데 그 일부가 순록사육을 하게 되고, 그 결과 오늘날에는 같은 문화적 전통을 지니고 있으면서 경제생활만을 달리하는 같은 혈통의 부족(部族; branch)이 함께 살고 있다. 그러므로 이 곳에서는 경제적 요소를 다른 원인에서 가장 완벽하게 분리시킬 수 있다. 그렇다고 하더라도 해안지방 추크치족의 사회와 순록사육 추크치족의 사회에서의 여성의 지위를 어떻게 비교할 수 있을까? 애매한 표현으로 넓은 범주의 사실을 포섭하려고 하면 아무런 차이점도 찾아낼 수 없을 것이다. 그도 그럴 것이 양쪽 어느 집단에서나 여자는 남자에 대하여 확실하게 종속적 지위를 차지하는 것으로 되어 있기 때문이다. 어쨌든 차이점에 관심이 있는 것이 사실이다. 어렵족의 원양항해는 뼈를 다치기도 하고 위험스러운 일이다. 그렇기 때문에 자연히 여자들은 아주 특별한 필요가 있는 경우에만 이와 같은 남성적인 일을 담당한다. 순록사육 추크치족(the Reindeer Chukchi)의 여자아이들이 목동으로서 남자를 대신하여 일을 하고 비슷하게 독립하여 생활하는 경우가 많이 있다. 또한 처는 보통 박피(剝皮)나 도살(屠殺)을 하는 이외의 동물사육을 담당한다. 순록을 키우는 목축족은 어쨌든 혼인의 필요성이 있다. 즉 "남자는 별도로 자신의 가(家)를 가지고 그것을 돌볼 여자가 없으면 상당한 생활을 해 나갈 수 없다." 남자라면 누구든지 그의 옷을 수선해 주거나 맞추어주며, 가축을 돌봐줄 사람이 필요하였고, 정주적인 동업자가 아니면서, 그의 야영천막을 맡아서 챙겨줄 여자가 있어야 한다. 그러므로 어업족의 경우에는 독신생활자가 다소 많지만, 유목단체(遊牧團體; nomadic bands)에서 여자의 필요성이 여자가 맡아서 해야 할 일의 격증과 궤를 같이한다는 것은 그렇게 이상스러운 것이 아니다. 여자의 가정에 대한 의무는 배가되고, 그와 함께 경제적 노동이 늘어나게 된 것이다. 수렵족은 1인 이상의 처를 먹여 살릴 수 없는 것이 보통이지만, 유목민족에서는 일부다처(一夫多妻)의 가족이 비교적 많고, 또한 실제로 돈 많은 목축업자가 되면, 각 가축무리에 맞추어 여자를 하나씩 갖고 싶어한다. 어업 추크치족(the Maritime Chukchi)에서는 여자는 거의 수종자(隨從者; dependent)에 불과하지만, 순록사육 추크치족의 과부는 그 자녀들이 미성년인 한, 남편의 가축무리를 관리할 수 있게 되어 있으며, 만일 자녀가 없으면 자기가 가질 수 있는 유산(遺產)의 몫으로 두 번째 남편에게 넘겨줄 수도 있다.

순록의 유입으로 추크치족에서 일어나는 여러 가지 변화는 여자의 지위를 끌어내리거나 끌어올리는 것으로 불문에 붙일 수 없기 때문에 한층 더 중요하다. 어렵족 공동사회(漁獵族 共同社會; Maritime community)의 여자는 생활을 꽤 즐겁게 해 나가지만 모두 다 남자에 의하여 부양되는 비생산자(非生產者; non-producer)이며, 순록사육 추크치족의 여자는 경제적으로 적극적이며 대체로 힘든 운명에 처해 있지만, 독립을 해서 살아나갈 수 있는 좋은 기회를 가지고 있다. 이러한 추크치족의 예는 경제현상이 여성의 지위 향상에 있어서 중요한 원인임을 입증해 주는 것이다.

그렇지만 경제적 동기를 지나치게 평가하려고 하는 오늘날의 경향에 비추어 보건대, 경제적 동기가 하나의 인자(因子; co-determinant)가 됨에 지나지 않는 것이라는 주장도 무익한 것만은 아니다. 순록사육 추크치족과 오스크족을 비교해 보면, 경제적 조건으로는 설명할 수 없는 차이점이 있다. 왜냐하면 이들 두 종족의 경제적 조건은 동일하기 때문이다. 순록사육 추크치족은 아내를 사서 맞아들이거나 하지 않고 또한 오스크족의 남편과 같이 절대권력(絶對權力)을 갖고 있지도 않다. 아내는 남편을 떠날 수도 있었고 혼인 전에 남편으로부터 노역을 받았다 하더라도, 그녀의 가족이 데려갈 수도 있었다. 또한 오스크족의 풍습으로는 과부는 재산을 소유할 수 없기 때문에, 순록의 무리를 상속할 수 없고, 따라서 여자들은 한 평생 부속물(附屬物)일 수밖에 없다. 바꾸어 말하면 주로 새로운 경제적 요소가 여자의 지위에 어떠한 영향을 주느냐 그렇지 안느냐 하는 것을 결정하는 것이 종래의 문화이다. 추크치족은 종래 여자는 재산을 소유하지 못한다는 관념을 가지고 있지 않았기 때문에 새로운 요소가 오스크족의 이데올로기상으로 금지되었던 결과를 만들어낼 수도 있었던 것이다. 만일 추크치족이 여자를 구매할 수 있는 상품으로 생각해 왔더라면 신부맞이 노역(bride-service)에 갈음하여 순록을 제공할 수도 있었을 텐데, 그들의 문화적 전통이 그러한 결과가 생겨나지 못하도록 금지시키고 있었다. 또한 시간적 요소도 고려되어야만 할 것이 아니냐는 의견이 제기될 수 있는데, 만일 추크치족이 충분히 오랫동안 순록을 소유하고 있었다면 순록사육으로 인한 갖가지 결과는 훨씬 더 폭발적일 것이라는 생각도 있을 수 있다. 그러나 그것은 일정한 증거에 의하여 뒷받침되기 전까지는 한낱 무책임한 주장에 지나지 않는다. 또한 만일 추크치 족의 여자가 오스크족 여자의 수준까지 이따금 떨어진다면, 그 원인을 공통의 경제적 요소에서 찾아야 할 것인가, 아니면 오히려 필자가 맨 처음 가정하였던 것처럼, 그보다 서시베리아 여러 지방에서 찾아볼 수 있는 사회적 관념이 서서히 이식·확대된 데서 찾아야 할 것인가는 중요한 문제가 아닐 수 없다.

요약해 보면 경제적 요소는 매우 중요해 보이지만, 그것은 아주 제한적인 힘이고, 다른 여러 요인에 의하여 상쇄되거나 또는 부정되어 버리는 것이기도 하다.[32)]

제 5 절 문명단계와의 상호관련성

지금까지 여성의 우월한 지위와 높은 문명단계와의 상호관련성에 관하여는 한 마디도 하지 않았다. 그렇지만 위에 열거한 여러 가지 사실에 비추어 보건대, 여성의 지위가 문명적 발달의 확실한 지표라고 하는 일반적인 견해에 대하여 인류학자(人類學者)들이 어떠한 태도를 취하리라는 것은 따져보지 않아도 명백하다. 이 명제는 민속학상의 자료에 비추어 보아 전적으로 모순된 것이다. 안다만제도인(Andaman Islanders)이나 베다족(the Vedda)에서의 상당히 미개한 수렵공동체(狩獵共同體)에서도 여자는 사실상 남자의 동료이기 때문이다. 그런데 대체적으로 이보다 수준이 높은 원시족, 예를 들어 보통 반투족의 촌락(the average Bantu village)에서는 그렇지 않다. 이곳에서 여자는 단순히 노예라고는 할 수 없지만, 모든 분야에서 남자와 동등하지 못했다. 마지막으로 이보다 한층 수준 높은 중앙아시아와 중국에서의 여자는 확실히 열등한 지위를 갖는 사람으로 인식되었다. 다른 각도에서 보아 조지 엘리엇(George Eliot)이나 레카미에 부인(Mme. Récamier)은 그들의 사회적 영향력이 있음에도 불구하고, 이로쿼이족(the Iroquois)의 평민 여성의 법적 지위에도 미치지 못했다.

이러한 여러 사실은 우리로 하여금 성문법(成文法; codified law) 또는 적어도 합리화된 관습법(慣習法; rationalized customary law)이 획일적으로 믿을 수 있는 사회현상의 규준은 아니라고 하는 본질적 명제로 되돌아가게 한다. 만일 최고의 도덕기준(the most advanced ethical standards)을 적용한다면, 원시문화(原始文化) 및

32) Seligmann: 88. Man: 107. Hobhouse: 177. Theal: 1, 49, 117. Castrén: 297 seq.

이보다 복잡한 대분분의 문화에서 여자는 남자에 비하여 낮은 지위에 있다. 그러나 백인 여자들에 비하여 보통 그들이 모욕을 당하거나 노예취급을 받으면서 살아간다는 통설은 사실의 왜곡이다. 북부 애서배스카족(the Northern Athabaskans)과 같은 몇몇 지방에서는 가장 어려운 일을 여자에게 맡겼던 것이 사실이고, 또한 주인(主人; masters)으로부터 동물취급을 받기도 하였다. 그러나 그 근거가 이처럼 확실한 실례는 매우 드물다는 것은 아무리 강조해도 지나치지 않다. 그것보다는 보통의 원시상태와 가깝다고 생각할 수 있는 것은 스펜서(Spencer)와 길렌(Gillen)의 중부 오스트레일리아에 관한 보고내용이다. 즉 "모든 일을 고려하건대, …… 다소나마 생활을 즐겁게 하기 위한 요건이라는 관점에서 판단한다면, 이들 야만인 여자들의 생활이 흔히 묘사되는 바와 같이 애처로운 삶은 아니다"라는 것이다. 분업(分業)은 평등하게 행해졌다. 하지만 확실히 말하자면, 아내는 계속적으로 바쁘게 지내고 있음에 반하여, 남편은 상당히 긴 휴식시간을 즐기며 지냈나. 그러나 그에 상응하여 남편의 일은, 예를 들어 에스키모인(Eskimo)에서와 같이 훨씬 힘든 일이고, 때로는 생명이나 수족을 잃게 되는 위험에 빠지기도 하는 일이다. 재산소유권(財産所有權)에 관하여 말하면, 신부를 사들이는 종속에서조차 그 필연적 결과가 엄격히 생겨나지는 않았다. 아주 드문 경우를 제외하고, 여자는 재산을 소유하고 임의로 이를 처분할 수 있었다. 필자는 북아메리카의 민속학적 참고자료에서, 아내의 소유물을 팔아 버리거나 아내와 의논하여 그 소유물의 가격을 매기는 인디언을 만나본 적이 없다. 남아메리카를 여행한 사람도 비슷한 경험을 말한다. 이론적인 것은 제쳐놓고, 원시인의 여자는 그 인격상 아마도 우리의 경우와 마찬가지로 한 가(家)의 주재자(主宰者)로 되는 예가 많이 있다. 앞에서 말한 바와 같이, 이것은 자기나라 철학자들이 날조한 남존여비(男尊女卑; feminine depravity)운운하는 추상론(抽象論)에도 불구하고, 복잡한 중국문명(中國文明)에서도 받아들여지는 사실이다.

여자가 해서는 안 되는 일에 관하여는, 널리 알려져 있는 원시인의 심리적 한 특징인 월경기피증(月經忌避症; horror of menstruation)에 대하여 언급할 필요성이 있다. 이로 인해 월경기간 중 여자를 별도의 오두막에 격리하여 생활하도록 하였는데, 이러한 관습은 오래도록 지속되어 내려왔으며, 필자는 1906

년경에 아이다호(Idaho)의 쇼쇼니족(the Shoshoni)에게서 이 관습을 생생하게 볼 수 있었다. 대체로 신성한 분위기 아래에서 치러지는 여러 행사에서 여자를 배제하는 현상은 이에 대한 불결기피의 두려움에서 생겨나는 것이라는 설명은 거의 의심의 여지가 없다. 실제로 때로는 그것이 명백히 특정한 성스러운 물건 가까이 여자를 근접시키지 않는 이유가 되기도 하였다. 교육을 받은 인디언조차 이러한 감정이 여전히 존재한다고 하는데, 이것이 야만적 여성관을 만들어내는 데 미치는 영향을 결코 과소평가해서는 안 된다. 매달 여성이 별거하는 것이 원시공동사회(原始共同社會; primitive community)에서의 남녀차별(男女差別)의 증거라고 일반적으로 인정하고 있지만, 오히려 이 인과관계(因果關係; causal sequence)는 거꾸로 따져져야 하는 것이다. 즉 여자가 일정 지역에서 배제되어 자유스럽지 못하게 되는 것은 이 주기적 현상에 대한 기피감정의 결과라고 할 수 있다.

이 미신적 감정도 남자의 육체적 우월성도 원시인에 있어서 훨씬 그 이상의 여자금제의 관습이 발생하지 않았던 사실, 여자는 일반적으로 좋은 대우를 받고 있으며 여자의 열등성 또는 불결성에 관한 갖가지 이론에도 불구하고 남자의 판단에 영향을 미칠 수 있다는 사실 및 여자가 남편과 거의 평등하다는 것은 아주 적은 몇몇 가장 야만적인 종족만의 일이라고 하는 사실 ― 이러한 사실은 자료를 편견 없이 관찰하여 얻어낼 수 있다고 생각되는 결론이다. 때로는 이에 반하는 주장이 아주 강렬하게 제기되기도 하지만, 그것은 치페완족(the Chipewyan)과 같이 예외적인 종족과 관련되어 있거나 오해의 결과일 수도 있다. 즉 가장 일반적으로는, 중세의 유산(heritage of the middle ages)으로서 우리들에게 남아 있기는 하지만 진보적인 여성 본인들은 인간으로서의 자기들의 품위를 깎아 내리는 것이라 하여 배척하는 그러한 감상적 용맹성을 원시적 남자들은 지니지 못하였다고 보는 관찰에서 나온 것이다.[33)]

33) Spencer and Gillen, 1904: 33.

제 9 장 재 산

재산관념은 사회생활의 모든 측면을 반영한다. 혼인은 예물을 교환함으로써 보충되고, 아내가 되는 여자는 그 자체가 유체재산(有體財産; chattel)으로 간주되었다. 이러한 정황은 여성의 가정에서의 지위에 반영되는 관념이기도 하다. 일부다처제(一夫多妻制; polygamy) 아래서 아내는 남편의 재산에 의존하도록 되어 있으며, 또한 와후마족(the Wahuma)의 경우 전혀 아내를 살 수 있는 경제적 능력이 없는 경우도 있어서 일부에서는 일처다부의 상태가 생겨난 바도 있다. 이 책에서 인용한 논설이 그다지 틀린 것이 아니라고 생각한다면, 재산상속은 혈족조직의 형성에 있어서 유력한 요소라 할 수 있다. 이 장에서 필자는 부유함이 지위나 계급에 미치는 영향을 살펴보고자 한다. 그리고 재산의 여러 사회적 기능만을 문제로 삼더라도 충분히 어렵지 않게 한 권의 책을 쓸 수 있을 것이다. 이 장에서는 특히 재산의 소유 및 상속의 방법과 원시종족(原始種族)에서의 재산의 형태에 관하여 논하려고 한다. 뿐만 아니라 오랫동안 문제로 남아 있는 것, 즉 원시종족은 도대체 어느 정도까지 개인적 소유(個人的 所有; individual ownership)를 인정하였는지, 원시종족은 단순히 공산제(共産制; communism)를 취했었는지에 관한 문제를 고찰해보고자 한다.[34]

제 1 절 원시공산제

현재 문명상태에서 보게 되는 사회 상태가 현재와 아주 다른 어느 상태로부터 일련의 과도적 단계를 거쳐서 진화해 왔음이 틀림없다는 진화론적 독단설(進化論的 獨斷說)에서 출발한 사람은 당연히 오래전에는 현재 우리가 알고 있는 아주 발달된 재산관념이 존재하지 않았고, 그 직접적인 대립물이 되는 모든 종류의 물건에 대한 공산제(共産制)가 그 시작이었다는 가설을 믿고 있다. 이 가설은 분명히 잘못된 것이다. 그렇지만 야만인이나 초기의 인류가 사적 소유권의 관념(notion of private ownership)을 갖지 못했다는 주장을 하는 사람들에 대해 답해 줄 만한 것은 아무것도 없다.

무엇보다 첫째로 모든 개인적 권리를 배제하는 공산제(共産制; communism)는 절대로 탄생하지 못하였을 것이다. 하지만 공동사회(共同社會) 전체는 아니더라도 단체적 소유(團體的 所有; collective ownership)가 보편적이다. 앞에서 말한 것처럼 혼인(婚姻)은 친족집단에 속하는 사람들이 모여 결정해야 하는 것과 같이 재산(財産)도 개인보다는 한 집단과 결부되어 있는 경우가 많았다. 훌륭하고 뛰어난 역사적 감각을 지녔던 헨리 메인 경(Sir Henry Maine)은 인도에서 목격한 어느 한 장면에서 강한 감명을 받아 일반적으로 사적 소유권(私的 所有權; personal property rights)보다 단체적 소유이론(團體的 所有理論; theory of collective ownership)이 먼저 발생한 제도라는 견해를 취하였다. 그의 저서 『고대법(古代法; Ancient Law)』에서 "개별적 소유(個別的 所有; separate ownership)가 아니라 합유(合有; joint-ownership)가 고대의 제도이고, 이를 알 수 있는 것은 가족과 친족 및 친족집단의 여러 권리를 결집시키는 재산형식(forms of property)이다"라고 하였다. 이미 앞에서 말한 바와 같이 합유가 반드시 공동체적 소유(communal ownership)를 의미하는 것은 아니다. 즉 공동권리자(共同權利者; co-proprietors)는 한 쌍의 부부(夫婦)일 수도 있고, 한 가족이어도 괜찮고, 또한 한 집단이나 종교

34) Keysser: 92 seq. Cranz: 1, 234. Boas, 1888: 582. Nelson: 294. Jochelson, 1908: 769. Bogoras: 633.

적 우의단체(宗敎的 友誼團體), 일정한 혈족 또는 혈족 내의 부계나 모계의 근친(近親)만을 포함하더라도 상관없다. 하지만 일정한 부계혈족(父系血族)에 속하는 사람들이 촌락을 형성하고 생활하면서 경작지나 황무지를 공유한다는 조건이 존재한다. 이와 같은 경우 토지소유단체(土地所有團體; landowning corporation)와 공동체(共同體; commune)가 일치하고, 따라서 그 촌락의 범위 안에서 진정한 공산제가 존재하게 되는 셈이다.

둘째, 공산제의 법적 상태(legal state of communism)는 흔히 사회이념과는 전혀 다른 범주에 속하는 여러 현상으로 다소 다른 의미로 평가되기도 한다. 우리의 복잡한 문명 속에서 때로 법률이 적용되지 못하는 경우가 있다. 왜냐하면 배심원(陪審員; jurors)은 여론이 법령보다도 더 높이 평가하는 도덕관념에 의해 지배되기 때문이다. 성문법(成文法)은 없지만 가능한 여러 종족원이 서로 개인적 유대를 맺는 곳에서, 이러한 감정의 실제적 효과는 그에 비례하여 더욱 커진다. 그러나 비록 법적인 관점에서 흐려질 수는 있지만, 이것이 완전히 없어지지는 않을 것이다. 그리고 다수의 경우 그 경계선(境界線; line of demarcation)이 분명히 나타나 있다. 따라서 환대(歡待; hospitality)는 평원인디언의 예법(禮法) 중 중요한 요소이다. 만일 어떤 가(家)의 주인이 낮이든 밤이든 찾아온 손님을 자기가 할 수 있는 만큼 최선을 다해 식사대접하지 않으면 구두쇠라고 비난을 받을 뿐만 아니라, 그 공동사회에서의 그 자신의 지위를 상실하게 된다. 그렇지만 도덕기준과 예법에 맞는 이러한 환대(歡待)와 손님에게 자발적으로 음식을 접대하도록 하려는 공산사상(共産思想; communistic theory)의 사이에는 현격한 차이가 있다. 이러한 사상은 견지되더라도 실시될 수 없기 때문에, 사적 소유권(私的 所有權; rights of private ownership)은 침해되지 않았다. 많은 원시사회에서는 생활필수품을 특별한 범주에 속하는 소유물로 인식하였는데, 따라서 아주 궁박한 상황이라 하더라도 사회구성원 중 한 사람이 먹을 것을 제공할 수 있다면, 그 누구도 굶어죽지는 않았다. 그러나 이것은 이러한 다수의 사람들에 의해 야기된 위험한 상황으로부터, 그리고 제1차 세계대전에서 우리가 식량배급카드(ration cards)에 익숙해짐으로써 의심의 여지없이 알 수 있는 것이고 또 이해될 수 있는 점이다.

동일한 인디언 집단 사이에서도 도덕과 법률의 차이가 있다는 것을 설명하기 위하여 다른 한 예를 들려고 한다. 크로우족(the Crow)의 용감한 장수는 원정(遠征; martial expedition)을 치르고 개선하더라도 병사의 사상(死傷)에 대하여 전적으로 책임을 져야 하는 것과 마찬가지로 전리품(戰利品; spoils)에 대해서도 엄밀히 말하면 유일한 지배자였다. 그러나 그가 자신의 법률상 특권을 행사하여 실제로 모든 전리품을 자기의 물건으로 만든다면 틀림없이 그 지나친 욕심은 비난을 받게 될 것이며, 다음 원정에는 그와 함께 할 동료들이 모이지 않게 될 것이다. 전리품을 그릇되게 나누어 가지는 것은 크로우족의 감정에 크게 어긋나는 것이므로, 이런 식으로 일을 처리하여 대중으로부터 비난받는 장수(將帥; captain)는 거의 없었을 것이다. 그렇지만 원주민의 말에 의하면, 만일 장수가 전리품을 자신만이 독점하도록 하였더라도 병사들은 아무런 구제책을 내놓을 수 없었음을 알 수 있다. 병사들은 그 장수 밑에서 목숨을 건 위태로운 상황에 처하지만, 공산제에 따른 특권은 거의 인정되지 않았고, 따라서 그들이 협력하여 모은 재산을 장수가 처분하더라도 그냥 참고 지낼 수밖에 없었던 것이다.

미개인(未開人; ruder peoples) 사이에서 사적 소유(私的 所有; private ownership)가 존재하였는지의 여부는 너무나 중요한 문제이기 때문에 몇몇 불확실한 증거만으로 인정할 수는 없다. 실제로 이 장에서 상당한 부분을 이 문제에 할애하여 설명해 나가고자 한다. 그리고 그 예비적인 방향설정을 위하여 두세 가지의 실례를 들어 보려고 한다.

총명한 선교사이자 연구가인 어떤 총명한 사람은 뉴기니(New Guinea)의 카이족(the Kai)을 공산적 종족(共産的 種族; communistic people)이라고 말한 바 있다. 그런데 그 다음의 서술에서, 다른 사람의 들에서 도둑질을 하다 붙잡힌 도둑은 즉시 사형에 처해졌고, 범인을 처형한 사람은 처형된 범인의 친족들로부터 복수를 당하지 않을까 걱정을 하지 않았던 일, 멧돼지의 뻐드렁니나 개의 이빨과 같은 귀중품을 훔친 사람은 목숨을 보전하기 위해서 도망쳐야만 했으며, 그리고 과수(果樹; fruit-tree)는 모두 주인이 있다는 사실 등을 적고 있다. 원주민은 다른 사람의 토지에 과수를 재배할 수 있었던 반면, 허가를 받지 않고 다른 사람의 토지에 집을 짓지 못하였다. 수렵물의 소유권은 그 동물을 처음 발견한 사냥꾼에게 속하고, 마찬가지로 새의 둥지를 발견한 사람은 정당한 소유자로 간주된다. 카이족이 나무를 베려고 하였지만 베어낼 수 없는 상황이 발생하면, 소유의 표찰을 붙여 그 소유권을 분명히 명시하였는데, 다른 사람은 이를 보고 그 나무에 손대지 않았다. 이러한 사례와 함께 다음에 설명하게 되는 무형물소유(無形物所有; intangible possessions)의 예를 덧붙이면, 카이족은 확실히 사적 소유관념(私的 所有觀念; private ownership)을 지니고 있었음이 분명하다. 비록 그들이 공산제(共産制)를 취하였다고 주장하고는 있지만, 그것은 공동체적 연대(共同體的 連帶)의 관념이 아니라 처를 살 때 친척들이 서로 도와준다든지 한 사람의 힘으로는 하기 어려운 일을 도와주는 가족연대(家族連帶)의 관념이다.

상당히 많은 북극 사람들(Arctic populations)의 풍습을 엄밀히 따져 보면 실제 공산제의 느낌을 갖게 하는데, 이것은 비판적 검토를 하기 위해서 상당히 좋은 사례이다. 그린란드(Greenland)에서 큰 고래는 포경자(捕鯨者)의 독점적 소유물이 아니라, 단순히 쳐다보기만 했던 수백 명의 사람들 모두가 고래를 공유(共有)하였다. 사냥도구의 주인이 기간을 정하지 않은 동안에는 누구든지 그 사냥도구를 사용할 수 있었으며, 그 도구의 주인은 도구를 사용하여 얻은 수렵물에 대한 대가를 요구할 수 없었다. 배핀랜드(Baffinland)에서는 먹을 것이 없으면 수렵꾼이 바다표범의 고기나 고래기름을 촌락의 모든 주민에게 나누어주었다. 이와 같이 사유재산권(私有財産權; individual property rights)에 관한 무관심한 사례는 베링해협(Bering Strait) 부근의 에스키모인(Eskimo)에게서도 쉽게 찾아볼 수 있다. 즉 "다른 사람에게서 물건을 빌리고 그것을 돌려주지 않았더라도 이를 변명할 필요는 없다. 이는 어느 정도 다른 사람에게 빌려줄 수 있는 재산을 가지고 있는 사람은 필요 이상의 재산을 가진 것이라는 일반적인 관념을 바탕으로 한 것이다. 따라서 물건을 빌려준 사람은 그 반환을 재촉하려고 하지 않을 뿐만 아니라 빌려간 사람이 알아서 돌려주기만을 기다린다."

이처럼 사유재산권에 무관심한 관습의 바탕에 깔린 기본 관념은 에스키모인과 가장 유사한 생활양식을 따르고 있는 아시아의 여러 종족 사이에서 상당히 비슷하게 존재하고 있다. 오래 전 코랴크족의 재치 있는 사냥꾼은 "물가에 그 수렵물을 쌓아놓고 부락의 모든 주민들로 하여금 수렵물을 나누어 갖게 한 뒤 남은 나머지만을 자신이 가져가곤 하였다." 추크치족(the Chukchi)에서도 해마(海馬; walrus)를 잡아죽인 사람은 그 노동의 소산물을 자기 혼자서 차지하지 못하고 옆에서 지켜본 사람들과 함께 나누어 가져야 했다.

그러나 여러 가지 자료를 자세히 들여다보면, 이와 같이 특이한 공산적 사회에서도 개인소유의 욕구가 전혀 없었던 것은 아니었고 다만 잠재적으로 존재하였던 것이다. 또한 이는 단지 그와 함께 공산제가 지배적이었다는 사실을 우리에게 전달하고자 하였음을 알 수 있다. 미신적 이유나 그 밖의 이유에서 때로 개인적 권리(個人的 權理; individual rights)가 불가침적인 문제로 인정되기도 하였다. 추크치족은 고래가 해안가 수면위로 떠오르면, 실제 그 곳에 있던 사람들 모두가 나눠가졌던 반면, 고래 뼈만은 고래를 발견한 사람이 어린이인지 어른인지를 따지지 않고 독점적으로 가질 수 있었다. 그러므로 추크치족 사이에서 고래를 개인이 독점한다는 것은 범죄행위이며, 또한 이러한 행위를 행한 자는 사형에 처해지기도 하였다. 중부 에스키모인이나 남부 그린란드인 사이에서도 이와 유사한 관념에 대한 기록이 있다. 허드슨만(Hudson Bay)의 서쪽에서는 해마를 처음 공격한 수렵꾼이 해마의 뻐드렁니와 네다리 중 하나를 가질 수 있었다. 코랴크족이나 유카기르족은 최소한의 의복이나 장신구에 대해서는 개인소유를 인정하였지만, 기타 일정한 물건들은 개인적 소유나 공동체 소유로 하지 않고 그 세대(世帶; household)에 속하는 것으로 하였다. 추크치족의 풍습 중 하나가 우리를 이러한 문제의 핵심에 다가서게 해 줄 수 있다. 즉 여분의 배를 가지고 있는 사람은 이웃 사람에게도 그 배를 사용할 수 있도록 해 주어야 했다. “이웃의 배를 사용하려는 수렵꾼이 있음에도 좋은 배를 해안에 띄워 놓는 것은 원주민의 정의관념(正義觀念; sense of justice)에 반하는 것이다.” 그리고 이 배를 사용하여 특별한 대어(大魚)를 잡아 올린다 하여도 배의 이용과 관련하여 사용요금을 내지 않아도 되었다. 바꾸어 말하면 북극 여러 지방의 사회는 식품의 호혜적 분배 및 현재 존재하는 경제적 생산수단을 유효하게 사용할 필요성이라는 두 가지의 원칙을 인정하고 있었던 것이다. 이처럼 북극지방의 공산제는 순전히 경제적 가치에 집중되었다. 그리고 기타 개인적 소유의 가능성을 주장할 수 있는 여지는 역시 여전히 남아 있다.

상술한 바를 통하여 우리가 “공산제 대 사유재산제”라고 하는 단순한 대치에 절대로 만족할 수 없음을 알게 된다. 사람들은 누구나 다 일정한 재화에 대해서 공산제하에 놓이지만, 그 밖의 재산에 관하여는 개별적 소유가 인정되었기 때문이다. 더 나아가 공산적 원리(共産的 原理; communistic principle)는 정도의 높낮이를 따지지 않고 모든 정치단위에 대해 적용되었던 것이 아니라, 상당히 소규모나 별도로 구성된 개인집단의 범위 내에서 실시되었던 것에 지나지 않았음을 알게 된다. 그리고 어떠한 상황이든지 실제로 집산주의(集産主義; collectivism)가 있게 마련이고, 본래적 의미로서의 공산주의(共産主義; communism)란 존재하지 않음을 알 수 있다. 부동산과 동산 및 무형의 재산 및 상속에 관한 원시인(原始人)의 법률을 고찰함에 있어서 이러한 몇 가지를 반드시 염두에 두어야 할 것이다.

제 2 절 토지소유

원시인의 부동산법(不動産法; real estate law)은 여러 가지 사정에 의해 영향을 받았다. 종족원의 정치적 상태나 그들의 추장관(酋長觀)과 일정한 상관관계를 가지는 경우도 많다. 경제상태는 두말할 나위 없이 중요하고, 지리적 요소 역시 그 자체만으로는 그다지 큰 영향을 미치는 경우가 아니지만 그 지역주민의 문화와 연결되는 부분에 있어서는 상당한 영향을 미치는 경우가 있다. 그러므로 생활수단에 의하여 각 종족을 분류하고, 대표적으로 수렵민(狩獵民), 목축민(牧畜民) 및 농경민(農耕民)의 토지소유의 형태를 간략하게나마 검토해보는 것이 좋을 것 같다.

수렵에 의존하여 생활하는 종족 사이에서 수렵지의 공동체적 소유(共同體的 所有; communal ownership)는 필연적이라고 할 수 있다. 그렇지만 이 문제는 아주 복잡하게 다루어져 왔을 뿐만 아니라 특정한 많은 지역의 여러 증언에 의하여 무효화된 바도 있다. 북아메리카의 평원지방(North American Plains)의 종족이나 캘리포니아의 마이두족(the Maidu of California) 그리고 브리티시 콜롬비아(British Columbia)의 톰슨강 유역에 사는 인디언(Thompson River Indians) 등등의 종족에 관하여는 타당하겠지만, 이러한 현상이 일반적인 것은 아니다. 앞서 기술한 두 가지 예는 그 종족원과 관련해서는 사실상 공산제(共産制)로 보이지만, 결과적으로 다른 종족을 강하게 배척하고 있음을 알 수 있다. 즉 일정한 지역은 그 촌락의 주민이면 누구든지 이용할 수 있는 세습적인 토지로 여겼지만, 다른 종족의 침범은 절대적으로 용인되지 않았다. 톰슨강 인근의 토지에 침범한 자는 목숨의 보존이 어려웠고, 마이두족은 철저한 경계근무의 제도에 의하여 지역경계선을 지켰다. 이러한 종족적 사회주의(種族的 社會主義; tribal socialism)는 지상의 일정한 설비의 개량에 대해서는 제한이 가해졌다. 즉 톰슨강 유역의 인디언이든지 마이두족 사람이든지 간에 누군가 사슴우리나 낚시터를 만들었다면 그에게 개인적 노력의 결과물을 독점적으로 사용할 권리를 부여했다. 그리고 이러한 권리는 대물림할 수 있었다. 북동부의 알곤키안의 집단(northeastern Algonkian groups)에 관한 스펙 교수(Professor Speck)의 훌륭한 연구 덕분에 이제 북아메리카의 여러 곳에서는 이러한 조성지(造成地) 뿐만 아니라 수렵지(狩獵地)까지도 개별가족(個別家族; individual family)의 재산이라는 것이 확고한 사실임이 밝혀졌다. "모든 지역 내에서 별개의 소유권이 인정되는 곳은 아주 오랜 옛날부터 일정한 가족이 소유하는 영역으로 나뉘었고, 그 대부분은 상속되었다. 이러한 영역의 상당수는 매우 정확히 그 경계가 구분되었고, 드물기는 하지만 그러한 경계를 넘어가는 사람도 있는데, 발각되면 그 즉시로 처벌되었다." 티미스카밍(Timiskaming)에서는 그에 해당 처벌을 마법(魔法)에 의뢰하는 경우가 보통이지만, 사형에 처해지기도 하였다. 의례적으로 일정한 지역에 대한 수렵권(狩獵權)이 다른 가족원에게 부여되기도 하였는데, 이는 일시적인 것에 불과하다. 불가항력적으로 경계를 침범하게 된 경우에는 그 수렵꾼은 손해를 입은 토지소유자에게 적어도 모피(毛皮; pelts) 정도는 넘겨주어야 했다. 만일 그 영역에 대한 소유권을 가지는 남자들이 모두 사망하였다면 생존한 가족에게 분배되었다. 경계의 설정이 아주 명확하게 이루어져 있었기 때문에 스펙 박사는 각 가족이 점유하는 영역을 지도에 그려 넣을 수가 있었다. 지난 날 여행자의 말을 인용하여 스펙 교수가 동부 및 중부 캐나다 인디언(Eastern and Central Canadian Indians) 사이에서 수렵지 사유권(狩獵地 私有權)이 어느 정도 보편적으로 인정되고 있다고 해석한 것은 타당하지만, 브리티시 콜롬비아 해안지방에서 유사한 실례로 삼을 만한 일이 제시되고 있다. 즉 이 곳에서는 각각의 가족집단은 연어의 출입구역이나 그 일부분을 소유한 반면 개별가족은 별도로 그들만의 넙치나 조개 잡는 구역, 알을 낳거나 뿌리를 캐내는 구역을 소유하였다.

여기에서 주의를 기울여야 할 것은 이 분야의 권위자들이 개별가족(個別家族; individual family)을 언급하면서도 그 정확한 의미는 밝혀내지 못하였다는 것이다. 오늘날까지도 사용하고 있는 개별가족이라는 것은 부모를 포함하는 것이지만, 다른 사람들은 몰라도 적어도 스펙 교수는 그가 언급하는 내용에서 개별가족이 쌍방적 집단으로 구성되는 것이 아니라 남자가장과 남자자손으로 구성되는 것임을 명확히 밝혔다. 왜냐하면 수렵은 남자가 담당하는 일이었고, 원시사회는 이용(利用)과 소유(所有)를 결부시키는 경향이 있는데, 이러한 정황에서 자동적으로 여자가 배제되는 것은 당연하기 때문이다. 또 다른 문제로 다수의 형제가 영역의 합유를 할 수 있는가이다. 그리고 이러한 공동소유는 어느 정도까지 개인소유와 대립되었던 것인가이다. 이와 관련된 자료에 의하면 모든 사람에게 다 적용되는 것은 아니지만, 다음의 사실만은 분명히 밝히고 있다. 즉 토지영유권(土地領有權; territorial rights)은 전적으로 부계(父系)의 근친혈연친족(近親血緣親族)의 집단에 부여되었고, 이보다 좀더 포괄적인 실제적 친족(實際的 親族)이나 추정적 친족(推定的 親族)의 단체 또는 규모가 큰 정치적 집단(政治的 集團)에게는 결코 주어지지 않았다. 이는 어느 모로나 용어의 합당한 의미에서는 공동체적 소유(共同體的 所有; communal ownership)는 배제되었다. 여전히 의문시되는 점은 세습적 토지(世襲的 土地)가 어떤 개인 한 사람에게만 속했던 것인지 아니면 그의 아들이나 형제와 함께 합유가 가능하였던 것인지 하는 것이다. 스펙 교수의 자료에 대한 필자 개인적 해석은 합유(合有; joint ownership)는 오로지 아버지로부터의 공동상속(共同相續)에 기초하여 존립하였던 것이며, 적어도 경우에 따라서는 각각의 아들들에게 특별한 지역을 줌으로써 순수한 개인적 소유를 바탕으로 이에 맞추어 일을 처리하는 경향이 있었다는 것이다.

토지와 관련한 오스트레일리아의 원주민들의 태도는 아주 흥미롭다. 반드시 종족 전체가 정착집단인 것이 아니라 부계혈족만 정착집단인 카리에라족과 같은 정착집단(定着集團; local group)은 일정한 영역을 차지하였으며, 계속하여 그

곳과 결부되었다. 전쟁도 있었지만 정복민은 피정복민(被征服民)을 수탈하려는 등의 생각을 전혀 하지 않았다. 그러므로 다른 집단에 귀화하려고 하지 않았던 것은 전혀 이상스러운 일이 아니다. “마치 그 토지가 카리에라족 사람에게 속하는 것처럼, 그 역시 그 토지에 소속되었다.” 일정한 영역의 경계를 침범하는 일은 아주 드물었고, 서부 오스트레일리아의 백인 이주민들은 흑인의 목동들로 하여금 그 조상 전래의 토지 이외의 지역에서 양떼를 기르도록 하는 것이 어렵다는 것을 알게 되었다. 특정지역의 토지에 대한 애착이 이처럼 신비스러운 이유는 특히 조상들이 살았던 곳이라는 점에서 비롯하는 것이고, 다른 지방으로 옮기게 되면 이들 신화적 존재와의 접촉을 단절해야 하는 것은 말할 나위도 없는 것이었다. 일정한 집단의 특정지역과의 결합과는 별도로 중요한 지역적 차이점이 존재한다. 카리에라족은 각 영역을 공동개척하기 때문에 동일한 부계혈족(父系血族)에 속한 사람은 언제든지 그 공유지(共有地; common territory)에서 사냥을 할 수 있고, 또한 특별한 소유권의 제한 없이 그 수확물을 사용할 수 있었다. 스펙 박사의 견해에서의 개별가족은 풀뿌리나 씨앗을 채집하고 특정 지역을 사냥할 수 있는 권리가 퀸즐랜드(Queensland)에서는 인정되지 않는다. 종족원들이 밀렵을 하는 경우에는 심한 범죄로 생각되지 않았음에도 불구하고 자주 행하여지지는 않았다. 대체로 말하여 앞에 말한 여러 특권은 형제나 아들에게 전해져 온 것인데, 어떤 지방에서는 야채밭이 여자들 사이에서 분배되고 그 딸이 그것을 상속하였다.

마지막으로 실론섬의 베다족(the Vedda of Ceylon)은 특히 세심한 소유의식을 지닌 수렵민족으로 인용되곤 하는데, 이 곳은 17세기 초기의 백인관찰자들에 의해 주의를 기울였던 지역이다. 마이두족과 마찬가지로 각각의 집단은 철저히 궁수들로 하여금 영역의 경계를 지키게 하고, 누군가 경계를 넘는 경우에는 유혈의 참사(慘事)가 빚어지기도 했다. 그렇지만 마이두족과는 달리 베다족은 좀더 적은 범위의 소유도 인정하였기 때문에 셀리그만 박사(Dr. Seligmann)는 각각의 헤네베다족(the Henebedda) 가족의 영역을 지도(地圖)로 그려낼 수 있었다. 심지어 형제의 영역이더라도 허락을 받지 않으면 사냥을 할 수 없고, 또한 사냥감이 타인의 토지로 들어가 버리면 그 토지의 주인이 포획물의 일부분을 차지할 권리가 있다. 토지상속(土地相續)의 여러 조건은 우리들로 하여금 베다족의 소유의 본질을 알 수 있게 해 준다. 이와 같은 언덕이나 저수지의 상속은 보통 어린애들이나 사위들(婿; sons-in-law)에 대하여서만 이루어졌던 것인데, 성년남자인 가족 모두의 동의를 얻어야 하는 일이었다. 이 가족이 성년이 된 아들 모두를 의미하는 것인지 그렇지 않고 소유자의 토지에서 사냥할 수 있는 생득권(生得權; birthright)을 거부하는 형제도 포함하는지는 분명하지 않다. 어쨌거나 부동산에 대하여 집단적이지만, 비공동체적인 권리가 가까운 혈연친족(血緣親族; blood-kindred)에게 있었던 것은 사실이다. 증여자(贈與者; the donor)는 넘겨준다는 것을 상징시키고 인식시키기 위하여 새로운 소유자에게 한두 개의 돌을 건네주거나, 또한 거기에 자신의 치아를 하나 덧붙여 주는 경우도 있었다. 보통 토지의 경계는 자연적 표상에 의해 경계가 만들어졌고, 반면 그렇지 않으면 남자가 경계선상의 나무의 줄기에 활을 쏘아 그것을 표시로 새겼던 것이다.

따라서 우리는 수렵종족은 흔히 종족의 영역 가운데 특정지역에 대해서는 비공동체적이면서도 상속가능한 권리를 인정하고 있었던 것에 대한 명백한 증거를 찾아볼 수 있다.

유목민족 사이에서 보통 가축에 관하여는 아주 진보적인 사적 소유의 관념을 가졌지만, 지금 우리가 문제삼고 있는 토지에 관하여는 완전히 절대적이거나, 그 정도는 아니더라도 거의 절대적인 공산제가 행하여지는 예가 많다. 마사이족(the Masai) 사람은 그들이 사는 지역의 다른 모든 사람들과 함께 목초지를 공유하였으며, 그 목초지의 풀이 모두 없어지게 되면 그들과 함께 그 곳을 떠났다. 이 초원지역은 방목하기에 아주 적절하여서 목자들(牧者; herders)은 그들의 지휘하에 충분히 이용하였다. 토다족(the Toda) 사이에서도 혈족에 해당하는 지역집단이 집단적으로 목초지를 소유하고 있다. 호텐토트족(the Hottentot)도 방목지에 대해 종족적 공산제를 실시하였는데, 오래 전에는 적절한 지역을 획득하기 위하여 자주 종족들간 전쟁이 발발하기도 하였다. 그럼에도 불구하고 개별가족과 결부된 부동산의 한 형태로 사람들은 숲에서 나라조롱박을 채취한다. 만일 나라 밭을 같은 종족원이 침범한 경우에는 족장 앞에서 잘못을 진술하여야 하지만 다른 종족원이라면 경우에는 무자비하게 사살된다.

양, 산양, 소 및 말과 같은 많은 가축을 기르는 키르기즈족(the Kirgiz)에서는 훨씬 더 복잡한 제도가 행해진다. 낙타는 소규모로만 사육해야 하고, 그 목축에는 일반적으로 공동체적 원리(共同體的 原理; communal principle)가 지켜진다. 그러나 현존하는 지리적 조건하에서 다른 종류의 동물들에 대해서는 유용지역(有用地域)의 세밀한 분할이 필요하다. 여름철에 가축의 무리는 심한 곤충 피해를 입지 않으면서 물이 잘 빠지는 평원이 필요했고, 겨울의 목축지는 심한 추위를 피할 수 있고, 땔감과 물이 풍부하면서도 눈이 많이 내리지 않는 피난처를 공급할 수 있어야 했다. 겨울철에 좋은 목축지를 미리 확보하는 것은 어렵기 때문에 키르기즈족 유목집단의 초기의 역사는 주로 가장 좋은 겨울 목축지를 얻기 위한 분쟁의 역사였다. 이와 같은 분쟁은 오래 전에 종식되어, 1860년대에는 각 가족이 세습적인 겨울 목축지를 가지고 있었다. 토지에 대한 수요가 사육동물의 규모에 따라 다르기 때문에, 이 제도는 어쩔 수 없이 상황의 변화에 따라서 토지의 양도와 결부된다. 가축의 수가 증가하면 사육자는 목축지를 사들이지 않을 수 없고, 만일 사육동물이 줄어들게 되면 거대한 토지는 쓸모 없이 되므로 그에 맞추어 팔게 된다. 겨울 목축지는 보통 개천, 산 또는 호수와 같은 자연물을 기준으로 경계를 삼고, 만일 그렇게 할 수 없는 경우에는 징표가 될 수 있는 장대나 돌로써 경계를 삼는다. 각각의 보유지(保有地; preserve)의 경계가 일반적으로 알려지고 난 뒤 침범을 받으면 모든 혈족원(血族員)은 이를 막아내기 위하여 서로 협력한다. 이러한 겨울철의 목축지의 분할과 두드러지게 대조를 이루는 것은 여름철의 목축지에 관한 키르기즈족의 관습이다. 여름철의 목축지는 공동사회 전체가 공유하는 것으로 되어 있기 때문에, 전혀 사유지(私有地)로 될 수 없다. 거듭하여 편의를 위해 무의미한 용어를 쓰는 것이 얼마나 무익한가를 밝혀주는 두드러진 사례가 여기에 있다. 키르기즈족은 토지소유에 관하여 절대적 의미에서의 공산주의자(共産主義者)도 아니고 개인주의자(個人主義者)도 아니고, 단지 1년에 어느 한 계절에는 전자에 속하고, 다른 계절에는 후자에 속할 뿐이다.[35]

---

35) Teit, 1900: 293. Dixon, 1905: 224. Speck, 1915 (a); id., 1915 (b): 289. Swanton, 1908: 425. Malinowski: 150. Spencer and Gillen, 1899: 590; ei., 1904: 13. Fraser, J.: 36. Brown: 146. Roth, 1906: 8 seq. Seligmann: 106-115. Merker: 28, 176, 212. Rivers, 1906: 557. Schultze: 197, 318. Radloff: 414-420, 452.

경작지에 의존하는 여러 종족의 부동산법(不動産法)에 관하여 우리가 아는 바는 그다지 충분하지 못하고, 더더욱 큰 문제는 과거의 선입견으로 인한 그릇된 인식이다. 이는 북아메리카에 대해 살펴봄으로써 알 수 있는데, 이는 실로 우리가 통탄할 정도이다. 그것은 부분적으로 이 대륙 전반에 걸쳐 원시적 관습이 소멸해 버렸다는 점에서도 그 이유를 찾을 수 있겠지만, 그보다는 혈족이념(血族理念; sib dogma)의 마취적 요소에 기인한 바가 더 크다. 혈족을 소유단위(所有單位; proprietary unit)로 보는 문헌상의 주장은 모두 이를 면밀한 검토의 대상으로 삼고 있다. 그도 그럴 것이 대체로 관찰된 사실 자체가 아니고, 관찰된 사실로부터의 부적절한 추측이기 때문이다. 이와 같이 혈족 내부에서의 재산보유(財産保有; retention of property)와 혈족의 재산소유(ownership by the sib)는 혼동해서는 안 된다. 호피족(the Hopi)의 여자가 사망하면 그 딸이나 모계(母系)의 혈족원이 가(家)를 상속했다. 종래 그렇게 되어 온 적이 없는 것처럼 혈족이 재산으로 되지 않는다. 우선 첫째로 호피족의 법률에 의해 남자가 주택소유권(住宅所有權)을 가질 수 없기 때문에 혈족의 절반 가량은 소유자가 되지 못하는 셈이다. 둘째로 혈족의 여자 전부에 의한 주택의 단체적 소유권이 존재하지 않았고, 가장 최선의 방법이 사망한 사람의 여계를 통한 합당한 여자손(女子孫)만이 소유할 수 있었던 것이다. 필자가 주장하였던 바와 같이 상속법(相續法; law of inheritance)이 혈족관념(血族觀念)과 결부되는 경우가 있기는 하지만, 그것은 먼 친족뿐만 아니라 단순한 추정친족(推定親族)도 포함하는 아주 확장된 혈족이 단체로서 재산을 소유한다는 주장과는 전혀 다르다.

주니족(the Zuñi)은 토지를 혈족이 결코 소유하지 않았다고 하는 점에 관하여 논쟁의 여지가 없는 증거가 있다. 황무지, 도로나 우물 등은 주니족 누구에게나 개방되지만, 전답(田畓, fields), 가축우리(corrals), 주택(住宅) 및 유체재산(有體財産; chattels)은 개인 또는 혈연친족(血緣親族; blood kindred)인 가집단(家集團; household groups)의 물건으로 되어 있다. 이러한 크로버(Kroeber)의 견해는 실로 “전답은 씨족(氏族; clans)[혈족(血族; sibs)]이 소유하지 않고, 주니족 사람들도 옛날부터 전답을 그들이 소유하지 않았다”고 하는 스티븐슨 여사(Mrs. Stevenson)의 초기의 주장을 확증시켜 주는 것이다. 소유권(所有權; title)은 단순한 점유(占有; appropriation)나 경작(耕作; tillage)에 의하여 획득되지만, 양도(讓渡; alienation)의 예도 생겨나게 됨을 신중하게 주목할 필요가 있다. 여자들이 자기들의 손으로만 가꾸어오던 작은 채소밭은 그 딸들에게 상속되지만, 이것은 명백히 혈족소유와는 관계없고, 수렵지를 아버지에게서 아들에게 물려주도록 하는 원칙과 관계가 있을 따름이다.

옛날부터 전해 내려오는 정황과 상당한 정도로 문명의 영향과 저촉을 불러일으키는 곳에서는 적극적으로 주장을 펴나갈 수 없다. 그리하여 스펙 박사는 유치족(the Yuchi)의 경작지를 개인이 가지는 것인지 혈족이 가지는지에 관한 의문을 남겼다. 그럼에도 불구하고 점유나 이용이 소유권을 확립한다고 하면서 임의적인 문양(文様)을 갖춘 모퉁이 돌이 재산상징이 된다고 말한 것을 보면, 그의 추론은 사적 소유권을 인정하고 있는 셈이다.

아메리카의, 멕시코의 북부지역에서의, 재배농업에 관한 가장 정확한 자료에 대해 우리는 히다차족(the Hidatsa)에 관한 윌슨 박사(Dr. G. L. Wilson)의 연구로부터 도움을 받고 있다. 그의 자료는 이미 재배농업상 모든 일이나 소유지를 여자에게 속하게 함에서부터 당연히 모계혈족의 관념이 생겨나게 된다는 것을 밝히기 위하여 인용한 바 있다. 공동경작을 하는 자매나 그 자손이 함께 그 농산물을 공유하였던 것은 의심할 바 없고, 이러한 의미에서 히다차족 사이에서는 집단적 소유(集團的 所有; collective proprietorship)의 원칙이 존재하였다고 할 수 있다. 그렇지만 윌슨에게 보고한 사람들은 토지를 경작, 소유하고 있는 사람들이 거대한 모계혈족이 아니라 확실히 모계(母系)의 실제의 혈연친족(血緣親族)이었다는 점에 의심의 여지를 두고 있지 않다. 미주리강(Missouri) 유역의 비옥한 저지대에서는 가(家)의 여자 즉 조모, 그 딸 및 손녀가 개간을 하였으면, 그 개간지는 바로 나무말뚝, 돌이나 낮은 둑(little mound)으로 경계지어졌다. 때때로 이들이 바라는 바가 상충되기 때문에 문제가 생기기도 하지만, 토지와 관련하여 다투는 것을 대단히 꺼려하였고, 또한 양도된 토지에 대하여는 보상(補償)이 행하여지기 때문에 원만하게 해결되었던 것이 보편적이었다. 여자가 사망하면 그 친족이 토지를 상속받지 못하는 경우도 있었다. 이와 같은 경우에는 다른 가(家)의 여자가 사용할 수도 있었지만, 소유주였던 사망한 여성의 가족으로부터 허락을 받지 않고는 할 수 없었다.

고대 멕시코에 관하여 반델리어(Bandelier)는 역사적 자료를 모건(Morgan)의 혈족이론에 맞추어 해석하려고, 그 박학한 지식의 전부를 그에 소진하였다. 그는 초기 스페인의 연구가들에 의하여 통속화된 멕시코 군주제의 관념을 전적으로 부정하고, 멕시코 중부를 실제로 다른 종족이 정복하기는 하였지만 군신관계(君臣關係)까지는 맺지 않았던 독립된 여러 종족의 동맹(同盟)이라고 생각하였다. 즉 정복민은 피정복민의 토지를 점령지로 삼지 않고, 그렇게 넓지 않은 일정한 영역을 분할하여 자기들에게 바칠 곡물을 심도록 하는 것으로 만족하였다. 지배종족(支配種族) 또는 실제로 다른 토착종족(土着種族)의 세습적 토지(世襲的 土地)와 관련해서는 부계혈족(父系血族; father-sib)(이것은 반델리어<Bandelier>가 칼풀리<calpulli>라는 원주민의 용어를 혈족을 지칭하는 것으로 생각하였기 때문이다)이 기타의 종족적 분파(種族的 分派; tribal subdivisions)와 전혀 다르게 소유단위를 이루고 있었던 것이다. 할양(割讓)은 불가능하였다. 한 혈족이 멸망하면 그 토지는 그다지 광대한 점령지를 갖고 있지 못한 다른 혈족에게 편입되든지, 아니면 나머지 혈족들에게 분배되었다. 혈족영지(血族領地; sib tract)는 남자들에게 분배되고, 이들은 그 분유지(分有地; allotment)를 경작하거나 아니면 적어도 다른 의무를 수행해야 하기 때문에 곡물을 재배하지 못한 경우에는 대납품(代納品)을 제공하지 않으면 안 되었다. 그렇게 하지 않으면 그 지면(地面)은 2년이 다 되어 가면 혈족에게 반환되어 재분배되었기 때문이다. 토지분배를 감시하는 역할을 장로회의(長老會議)의 후원을 받고 있는 그 혈족의 족장이 하게 되어 있다. 반델리어는 그 종족 내의 족장들도 봉건적 의미에서의 영지(領地)를 갖지 않았으며, 혈족원과 마찬가지로 일정한 지면을 가지고 있는 데 지나지 않았고, 직무상 필요를 충족시키기 위하여 일정한 족장의 소유라고 하는 관념 없이 다른 일정한 지면을 보유하고 있을 따름임을 강조한다. 요컨대 반델리어의 견해는 족장의 소유라든가 국유(國有)라든가 하는 추상적 소유관념은 멕시코의 원주민이 알고 있지 못했으며, 혈족이 그 토지에 대하여 양도해 줄 수 없는 소유권을 가졌으며, 다른 한편 개별가족(個別家族; individual family)은 혈족점령지 내에서 일정한 지면에 대하여 세습적 용익권(世襲的 用益權; hereditary usufruct)만을 가졌던 것이 불과하다는 것이다.

불행히도 반델리어의 후계자 중 그 누구도 스페인연구가들의 기록을 철저히 재검토하지 않았고, 따라서 이 논의는 종료되지도 못했다. 멕시코에는 봉건

군주가 없었다는 반델리어의 주장은 아마도 그대로 유지되었으며, 개별가족에게 단지 용익권(用益權; usufruct)만 인정되는 칼풀리(calpulli)에 의한 토지의 집단적 점유는 이 문제와 관련하여 최근 학자들에 의해 인정된 것이다. 반면 칼풀리가 부계혈족을 기초로 한 것인지의 여부는 상당히 의문스럽다. 스핀든 박사(Dr. Spinden)는 그것을 도리어 "종족의 모든 남성을 단원으로 하는 군사조직"이라고 풀이한다. 그러므로 고대 멕시코의 토지소유를 충분히 이해하기 위해서는 이론적 선입견을 떨쳐버리고 모든 고전(古典)을 철저하게 연구할 필요가 있다.

남아메리카의 상황을 구체적으로 언급한 자료는 그다지 많지 않다. 고대 페루와 같이 일종의 국가사회주의(國家社會主義; state socialism)를 실시하고 있던 지방에서는 토지사유(土地私有)는 거의 없었다고 생각된다. 토지의 3분의 1이 승려나 정부의 공용에 제공되고, 그 나머지는 일반 주민의 생활에 제공되었다. 부계혈족(父系血族; father-sib)<ayllu>이 여러 구역을 소유하였고, 그 안에서 여러 가족이 각각 충분히 이용할 수 있을 만큼을 분할받아 나누어 가졌다. 치브차족(the Chibcha)은 부동산을 사유하고 있다고 아주 간단하게 서술되어 있다. 즉 "치브차족에서는 토지사유(土地私有)가 인정된다. 그리고 부동산(不動産)은 사망자의 처 또는 자녀들이 상속함으로써 이전된다." <"La propiedad individual de las tierras existía entre los chibchas, y los bienes raíces se transmitían par herencia á las muíeres y á los hijos del difunto."> 이는 다소 상당히 세밀한 부분까지도 수긍될 만한 것이다. 미개한 종족 사이에서 사적 소유와 단체적 소유가 모두 보고되고 있다. 아마존 강 북서부지역에서는 종족의 영토가 족장의 소유물이었지만, 이는 족장이 그 토지에 대해 추상적인 소유권을 행사하고 있기 때문이 아니라, 공동체에 거주하는 모든 미혼여성이 그에게 속한다는 실질적 이유로부터 그가 전답(田畓)을 경작하기에 가장 적합하기 때문이다. 이러한 사실이 결코 숲 속에 자신소유의 집을 가지는 인디언들이 특별한 그들만의 마니오크나무밭을 소유할 수 없도록 하는 것은 아니다. 종족간의 경계는 대체로 잘 지켜졌다. 바케리족(the Bakairi)은 그 경계 내에서 공동으로 나무를 키운다 하더라도, 슈미트(Schmidt)는 쿨리세후 강(the Kulisehu) 유역에서 공동작업의 결과 개인의 개간지가 생겨나고 개인에게 소유권을 인정하게 되었음을 알아낸 바 있다.

이처럼 적은 자료를 바탕으로 어떤 일반적 판단을 할 수밖에 없는 경우, 신대륙의 원주민(the New World aborigines)은 토지소유에 관하여 여러 가지 제도를 따랐던 것으로 드러나고 있다. 공동체적 소유(共同體的 所有; communal ownership)는 특히 남반구에서 확실히 생겨났으며, 그럼에도 집단적이긴 하지만 비공동체적인 혈족소유는 소수이지만 강력하게 주장되고 있으며, 다른 한편 모계(母系)의 가까운 혈연친족(血緣親族; blood-kin)의 소유는 히다차족(the Hidatsa)에서 발생하고 주니족(the Zuñi)에서는 사유(私有; individual ownership)가 행하여지고 있다.36)

아메리카의 사회는 비교적 예외 없이 민주주의적 기초 위에 조직되었다. 다른 여러 대륙으로 눈을 돌려보면, 여타의 정체(政體)가 토지소유에 미치는 영향을 아주 명쾌히 볼 수 있다. 아프리카나 오세아니아와 같이 강한 왕권(王權; monarchical power)과 약한 왕권이 병존하는 곳에서는 특히 두드러지게 나타난다.

정치적 이념의 결과로 아프리카의 원주민들은 토지를 보통 왕이나 족장의 재산으로 생각한다. 따라서 토지매매는 불가능한 것으로 인식되었지만, 분할의 제한은 별도로 하고 토지를 분양받은 사람은 그 토지의 완전한 주인이 될 수 있었을 것이다. 통가족(the Thonga)이 행하는 방법을 예로 들어 설명해 보겠다. 족장은 왕으로부터 광대한 토지를 물려받아 촌락민에게 나누어주었다. 촌락민은 분유지(分有地) 중 가장 비옥한 부분부터 경작하기 시작했다. 새로 온 이주민이 그 곳에 정착하려고 하면 경작되지 않은 땅을 차지하고 살아야 하는데, 그 경계는 나무, 호수 또는 개밋둑(ant-hill)과 같은 자연적 지표로 이루어진다. 이로 인해 그는 그 지역의 정식 촌락민이 되기는 하지만, 만일 그가 토지나 이웃사람과의 사이에서의 곤란함 때문에 그 곳을 떠나려 한다면 그 토지는 매매되는 것이 아니라 분양을 해 준 사람에게로 복귀한다. 다른 한편 사안이 정상적인 경우에는 소유권은 분양받은 사람의 상속인에게 넘겨진다. 이와 마찬가지로 족장의 권한도 그가 부락을 떠난다면 그 통치기간의 장단을 묻지 않고

36) Stevenson: 290, Kroeber, 1917: 178. Speck, 1909: 18. Wilson: 9, 10, 108-114. Bandelier, 1878: 385. Spinden, 1917: 184. Markham: 35. Restrepo:121. Von den Steinen: 285. Schmidt: 439. Whiffen: 103.

없어져 버린다. 그러나 소작인(小作人; tenant)이 그 토지를 점유하고 있는 한, 지배권을 다툴 여지는 없으며, 토지소유자는 다시 토지를 그 친족에게 양도할 수도 있다. 상당히 특이하게도 만일 소작인이 소작하는 토지가 양도되면 토지의 양수인은 그 범위 내에서 권리가 제한되어 양도받은 토지에서 비록 썩은 과실을 줍더라도 소작인의 허락이 있어야 했다. 이런저런 세세한 점에서 비록 반투족(the Bantu) 사이에서는 지역적 차이점이 존재한다. 족장이나 지배자의 개인적 세력에 의존성은 의심의 여지가 없지만, 전체적으로 토지소유는 비교적 안정적이라는 느낌이 든다. 따라서 몇몇 남부의 종족들 사이에서는 실제로 다른 족장을 위하여 족장이 자신의 영역에서 어느 한 토지공유자(土地共有者; commoner)를 내쫓고 경작물을 빼앗을 수 있지만, 나머지 다른 토지공유자의 소유권을 박탈하는 것은 불법이었다. 소유권포기의 사례에 있어서 통가족의 관습과 다른 흥미로운 예는 남부에 사는 그들의 동족이 상당히 유명하다. 즉 소유권을 포기한다고 하여 소유권이 없어지는 것은 아니었다. 비록 분배된 땅에 대한 권리를 가지고 있지 않고 새로 온 이주민에 의해 경작되었더라도 이전소유자는 전에 그가 이용한 경지를 되찾을 수 있었다.

그러므로 남부의 반투족(the Southern Bantu) 사이에서 가끔 정치적 범죄를 제외하면 비록 일반적으로 그의 토지의 안정적 점유에 있어서 양수인이 토지를 이용함으로 양도인이 빈곤해지거나 어느 누군가 간섭할 권리가 있다 하더라도 경작자가 계속하여 소작인이었다. 따라서 필자가 아는 한 소유권은 사유(私有)였다.

토골란드(Togoland)의 에웨족(the Ewe) 사이에서 족장들은 줄루족(the Zulu)이나 그들의 친족들 사이에서 보다 좀 무력한 편이다. 그런가 하면 개인은 그 부계친족의 집단에 비하여 덜 중요시되었던 것 같다. 이 두 가지의 조건이 에웨족의 부동산법(不動産法; real estate law)을 각기 다른 특징을 갖게 만들었다. 각각의 종족이나 각각의 촌락은 그들이 점유한 영역을 일반적으로 이용되는 일종의 나무들을 가지고 이웃하는 동급의 단위체가 차지하는 영역과 세심한 경계선을 만들었다. 촌락(村落) 내부에서 각각의 부계가족이 그들만의 토지를 가지고 있는데, 이 역시 적절하게 경계를 두고 있다. 원칙적으로 소유권은 조상대대로 계속적으로 점유하고 그에 따른 관습상 권리취득을 바탕으로 인정되는 것이다. 종족과 촌락의 토지에 관한 한, 모두 공유이다. 통치자(統治者; administrator)로서 활동하는 가부장까지 포함되는 부계의 혈족집단이 촌락지역의 분할지를 소유했다. 한 집단의 우두머리는 다른 구성원들이 어렵게 생활을 하면 그를 도와주어야 했으며, 친족이라면 누구나 세습토지(世襲土地; hereditary soil)의 일부분을 경작할 수 있도록 허락해주어야 했다. 만일 구성원의 수가 감소된 가(家)가 있을 경우 그들이 소유한 일정 부분의 토지를 경작하는 것만으로도 충분하였는데, 그들의 소유권은 행사하지 않는다고 하여 경작하지 않는 부분에 대한 소유권이 소멸하지는 않았다. 이러한 경우에는 지대(地代; rent)를 내지 않고 다른 가(家)가 그 구역을 이용하도록 허락되지만, 그들은 휴일에 관한 각 지방의 관습을 지켜야 하고, 언젠가는 지주의 소유지에 야자 숲이 이루어지도록 야자의 종자를 심어서 키워야 한다. 부계가족집단(父系家族集團; paternal family group)의 내부에서는 사적 소유(私的 所有; individual ownership)가 거의 인정되지 않았다. 그렇기 때문에 한 구성원이 일정한 구역을 점유하더라도 그 토지와 관련된 동료의 이익을 침해하지 못하였고 또한 그 구역 이외의 세습지에 대한 경작자의 권리 역시 방해하지 못하였다. 사적 소유권이 인정되는 한, 그들은 경작된 야자나무만을 갖는 것으로 보여진다.

에웨족(the Ewe)의 생활 자체가 밭의 소유에 의존하기 때문에, 조상 전래의 소유지 전체를 파는 것은 생각할 수도 없는 일이었는데, 예전에는 채무를 질 경우 그러한 채무를 발생시킨 계약을 한 가족원을 팔아 치우든가 또는 그를 담보로 삼기도 하였다. 그렇지만 그 집단의 주재자(主宰者; administering head)의 동의를 얻어서 특정한 밭을 파는 경우도 있었다. 그러한 경우에는 그 구성원들이 갖가지 노력을 다하여 되돌려 삼으로써 그 세습지의 소유권을 회수하는 예가 많다. 그렇게 하지 못하면 양도된 소유지가 관습상의 상속법에 의하여 매수인(買受人)의 후손에게 상속되어 버리고 만다. 양도를 하는 데 아무런 절차가 없는 것은 아니다. 매수인이 약정가격을 지불하면 매도인은 일정량의 자색조개(cowrie shell)의 조가비를 가지고 와서 그것을 자기와 매수인이 나누어 가진다. 그 다음에 한 줄로 이어진 자색조개를 양분하여 한 가운데를 자르고, 바로 각 당사자가 조가비가 달려 있는 의자나 바구니에 붙여 맴으로써 정당한 매매의 증서에 갈음한다. 마지막으로 매수인과 매도인 두 사람은 증인을 데리고 양도한 토지에 가서 봉화(烽火)를 세 번 쏘아 올린다. 이것이 매매의 공인(公認)이 되는 셈이고, 후에 소송이 발생하면 재판하는 사람이 가장 먼저 확인하게 되는 것도 바로 이 점이다. 관습상 봉화가 들판에서 쏘아 올려지는 것을 다른 사람들이 볼 수 있으면, 소유권은 확정된다. 토지소유권(土地所有權; land ownership)을 둘러싼 분쟁은 계속적으로 있었던 것인데, 이전에는 족장과 2인의 평의원으로 구성되는 위원회가 이를 판정하고, 쌍방의 소송인은 그들 앞에서 이전의 소유자의 이름을 외워야 했고, 분쟁 토지의 경계선을 밝히지 않으면 안 되었다. 어느 한쪽이라도 제대로 하지 못하면 불리한 결정을 받게 되었다. 때로는 신적 판단(神的 判斷; ordeal)에 맡겨지기도 하고, 소송중 소송당사자 일방이 사망하면 그가 잘못된 요구자로 간주되곤 하였다.

위에서 기술한 부동산법은 다호미 왕국(kingdom of Dahomi)에서는 그대로 들어맞는 것이 아니었다. 왜냐하면 여기에서는 독재군주(獨裁君主; autocratic ruler)가 원칙적으로 국토 전부의 절대적 소유자였고, 각각의 경작자에게는 그 용익권을 허용하든지 아니면 그렇게 할 수 있게 해 주었던 것에 지나지 않았기 때문이다. 따라서 점유자를 자기 마음대로 내쫓고 자기가 좋아하는 사람에게 점유권(占有權)을 주는 것은 일반적으로 행사하지는 않았던 것이지만 그의 특권이었다.

고도로 조직화된 우간다(Uganda)에서의 토지소유원칙은 다호미 왕국의 경우와 마찬가지로 봉건제도(封建制度)와 유사하다. 모든 국토의 주인은 국왕이고, 조상대대로 내려오는 혈족공동묘지를 제외하고는 임의적으로 토지를 처분할 수 있었는데, 묘지는 비록 과세는 되었지만 그 소유권의 변동은 발생하지 않았다. 국왕이 족장에게 토지를 나누어주면, 족장은 촌락민들에게 소구역(小區域)으로 분할하여 나누어주었고, 촌락민들은 그 대가로 노동을 제공하든가 아니면 병역(兵役; military services)의 의무를 이행해야만 하였다. 토지의 매매는 국왕의 토지소유권을 침해하는 것이므로 불가능하였고, 묘지 역시 양도할 수 없는 것으로 간주되었다.

이와 같이 아프리카에서는 토지소유와 관련한 모든 문제가 좀 다른 국면을 보여 준다. 즉 토지소유와 관련하여서는 왕권의 통치범위와 그 성질과 완전히 관련되어 있고, 때로 토지보유자의 소유권을 군주의 뜻에 따라 단순한 소작인의 권리로 축소시키려는 경우도 있었다. 에웨족(the Ewe)에서와 같이 친족연대(親族連帶)가 토지의 개별소유(個別所有)와 상당히 상충하는 곳에는 또 다른 요소가 첨가되었을 것이다. 채소나 과일 등을 심고 가꾸는 일이 상당부분 여자들을 발전시킨 것을 생각한다면, 여자들이 훨씬 더 토지소유권과 근접하여 있음에 틀림이 없음을 알 수 있다. 또한 사실 키쿠유족(the Kikuyu)의 여자는 자기가 경작하는 밭을 소유하고, 바쿠바족(the Bakuba)의 토지는 추장의 것이지만 그 농산물은 씨를 뿌려 가꾼 자에 귀속한다. 그러나 아프리카에서 여자를 유체재산(有體財産)으로 생각하는 것이 일반적으로 여성의 소유권자로서의 지위에 대한 선입견을 불러일으켰다는 것은 관련이 매우 적다.[37)]

폴리네시아인(Polynesian)의 영향을 받은 곳을 제외하고 오세아니아(Oceania)의 멜라네시아인(Melanesians)은 민주주의적 상태에 근접해 있다. 폴리네시아인은 어디서나 혈통을 중요시하였지만, 일정한 집단을 제외하고서는 독재국가에서 산다기보다는 신사의 나라에서 산다고 할 수 있다. 그렇지만 하와이(Hawaii)나 미크로네시아(Micronesia)의 일부에서 주민 대부분은 귀족계급(貴族階級; patrician caste)의 사람들 앞에서 꿇어 엎드려 생활한다. 이러한 등차는 어쩔 수 없이 토지법에 영향을 주게 된다.

일반적으로 멜라네시아에서는 봉건적 토지소유의 증거를 거의 발견할 수 없다. 이와 달리 코드링턴(Codrington)은 토지를 갖고 있지 않은 족장에 대한 흥미로운 사례를 보여준다. 폴리네시아인의 영향을 받아서 족장에게 높은 지위를 인정하는 피지섬(Fiji)에서 조차도 개인으로서 지배자의 직책은 오로지 특별한 조건에 의해 발생하였던 것으로 보인다. 톰슨(Thomson)에 의하면 종족의 대표인 족장은 보호를 요청하는 망명자에게는 토지를 줄 수 있었고, 그가 받은 공물(貢物; tribute)은 우선적으로 평민에게 분배해 주었다. 그러나 본래 그에게 속해 있지 않았던 여러 특권을 끌어들여 특별한 과세를 할 수 있었고, 심지어 소작인이 개인적으로 복종하였던 사람에 대한 대군주로서의 행태로 소유의 본질적 형태를 흐리게 할 수 있었다.

다시 한번 일반적으로 말하면, 황무지는 종족원 누구나 아직 독점적으로

---

37) Junod: 11, 6 seq. Maclean: 149. Spieth: 111-115. Ellis, A. B.: 162. 216. Roscoe: 14, 133, 238, 268, 424. Routledge: 121. Torday and Joyce: 91.

지배되지 않은 지역을 소유하거나, 개척하거나, 경작하는 것이 허락된다는 의미에서 종족재산(種族財産)이었다. 뱅크스제도(Banks Islands)와 멜라네시아 인근의 여러 지역에서는 옛날부터 전해오는 세습지와 최근에 개간되고 있는 토지 사이에 상당히 중요한 차이점이 보인다. 전자는 모계혈족(母系血族; mother-sibs) 아니면 적어도 외가(外家; maternal family)를 구성하는 사람에게 속하였으므로, 남자가 사망하면 그가 소유하였던 채소밭은 그의 여형제의 아들들이 소유하며, 그들 모두는 그 재산을 공유하고 각각 상속받은 토지 안에서 일정한 구역을 차지한다. 한편 최근에는 남자가 자신의 노동만으로 경작한 구역은 그 자신의 것으로 귀속되어 자신의 아들들에게 상속되었지만, 아들들은 이를 공유하지 않고, 토지를 분할하여 각각의 소유자가 되었다.

오세아니아의 부동산법에서 아주 흥미로운 것은 과수는 나무가 심어진 토지와는 별개의 소유권으로 인정하는데, 이로 인해 식민지행정관(植民地行政官)이 크게 혼돈하기도 하였다. 피지섬, 뱅크스제도 및 뉴기니 일부에서는 값비싼 나무에 대하여 다른 사람의 토지에 옮겨 심는 것을 통상적으로 요구만 하면 허락을 받을 수 있기는 하지만, 만일 이에 대한 허락을 얻지 못하더라도 불가침적 소유권이 인정되었다. 따라서 유럽인인 정착자는 지주(地主; landowner)뿐만 아니라 그들이 획득한 소유토지의 과수의 소유자인 원주민도 보호하지 않으면 안 되었다.

토지매매는 결코 일반적인 것이 아니었다. 피지의 레와국(Fijian state of Rewa)에서는 9가지의 양도방법(讓渡方法; methods of transfer)이 있었는데, 이 가운데 6가지 방법은 비록 본래 소유자의 혈통(血統)으로 자동적으로 복귀하는 것은 아니더라도 특별한 의식에 의해 토지가 회수되도록 하는 일정한 규정이 있었다. 따라서 남편이나 아들이 사용할 수 있는 혼인지참금(婚姻持參金; dowry)으로 신부의 가족이 토지를 제공하는 예도 있었다. 아들을 낳지 못하면, 그 증여자는 적당한 증여품으로 이를 메워 나갈 수 있다. 하지만 이러한 절차가 완료될 때까지 비록 양도권(讓渡權; right of transfer)은 없지만, 계속하여 남편이나 그의 대리인은 그 토지를 경작하거나 빌려줄 수 있었다. 제소기간(提訴期間; statute of limitations)에 관한 특별한 규정은 존재하지 않지만, 만일 증여자의 일가(一家)가 3대(代)나 4대(代) 동안이나 사건을 방치해 두고 지나친다면, 양수인(讓受人;

grantee)의 자손들은 일반적인 통념에 의하여 상환증여물의 차후 제공의 거절을 확정할 수 있을 것이다.

피지인의 토지소유는 지방에 따라 각각 다르고, 아마도 종족적 차이를 고려한다면, 이에 관한 권위자인 톰슨(Thomson)의 주장은 공산제의 문제와 관련하여 전적으로 일치하는 것은 아니다. 그렇지만 적어도 일정한 지역에서 사유(私有)가 인정되고 있는 것은 분명하다. 이러한 점은 레와국(Rewa)의 경우에 두드러지게 나타난다. 즉 이 곳에서의 토지는 모두 개인의 노력에 의하여 강이나 바다를 개척하여 조성되어야 하였고, 그 결과 사적 소유권(私的 所有權; personal proprietary rights)이 확립되었다. 이른바 피지의 공산제(共産制; communism)에서는 도덕관념(道德觀念)이 법률관념(法律觀念)을 지배하고 있는 것처럼 보인다. 즉 어느 사람이 토지를 경작하고 나무를 심어 기르면, 법률상 권리에 의하여 그것은 그의 물건이 되지만, 실제로 친족이 윤리적 요구가 있으면 토지소유자가 얻는 이익은 그 친족이 얻는 이익과 같은 수준에까지 이른다.

우리가 생각하는 바와 같은 사적 소유권이 토레스해협(Torres Straits Islands)에서 보다 더 발달한 지방은 아마도 오세아니아(Oceania)에는 없을 것이다. 바위면 바위, 우물이면 우물 모두 다 주인이 있고, 유일한 공유지(共有地)는 마을길뿐이었다. 채소밭은 남에게 빌려줄 수 있고, 첫 수확한 과실은 일종의 임차료로 지불되었다. 보편적인 원시인의 관습과는 반대로 토지매매나 유언에 의한 처분이 가능하였다. 아버지를 화나게 하면 그의 자식들은 폐적(廢嫡; disinherit)시킬 수 있고 또한 아버지 임의로 그의 재산을 나누어 줄 수 있었다. 이것은 토지에 대한 양도할 수 없는 생득권(生得權; brithright)이라는 것도 심지어 혈연친족(血緣親族; blood-kindred)에 의한 공유도 없었음을 입증하는 것이다.

멜라네시아(Melanesia)의 민주주의적 정체(民主主義的 政體; democratic polity)와 예리하게 대립되는 것으로 마셜군도(Marshall Islands)의 계급제도(階級制度; plebeian caste system)가 있다. 이 곳에서는 상하의 귀족계급(貴族階級; nobility)이 절대적인 지배권을 가지고 있으며, 그 농노계급(農奴階級; plebian serfs)을 극도로 멸시하였고, '전문적 직업인(專門的 職業人; professional men)'인 중간계급(中間階級; middle class)에 대하여는 훈공(勳功)의 대가로서 일종의 봉건적 토지소유(封建的 土地所有; feudal tenure)를 허용해 주고 있을 따름이다. 그러므로 토지소유권을 행사하는 것은 일부의 귀족계급뿐이고, 따라서 그 지배력은 절대적인 것이다. 귀족의 토지소유권은 상속(相續; inheritance)이나 정복(征服; conquest)에 근거하였다. 그리고 비록 추장이라 하더라도 지위가 낮은 추장은 자신보다 지위가 높은 추장에게 공물(貢物; tribute)을 상납하여야 했기 때문에, 그 토지를 임의로 포기하거나 팔 수도 있었다. 토지는 주인의 갖가지 변덕에도 복속해야 했던 농노(農奴)가 경작하였다. 이들 노비의 가족 중 몇몇 가족은 몇 대(代)에 걸쳐서 같은 토지에서 살아온 경우도 있지만, 이러한 결부가 결코 소유권을 안전하게 보유하도록 해 주는 것은 아니다. 농노는 그 주인을 위하여 토지를 경작하고, 주인은 전적으로 농노에 의하여 양식을 제공받으면서 부가적으로 해마다 공물을 징수한다.

다른 한편 뉴질랜드(New Zealand)에서는 정치적 지위의 일반적 평등(一般的平等; general equality)이 고위 족벌(高位 族閥; noble lineage)에 대한 높은 존경과 일치하는 것임을 보여 주고 있다. 대다수의 인구가 지주계급이라고 할 수 있으며, 종족 내에서의 그들의 지위는 결코 미크로네시아(Micronesia)의 농노(農奴; surf)에서 볼 수 있는 바와 같이 미천한 수준까지 떨어질 수는 없었다. 족장들이 분할하여 나누어 준, 각 종족원이 보유한 토지에 대하여 세세한 특권(特權; prerogative)을 인정하는지의 여부는 분명하지 않다. 뿐만 아니라 사적 소유권이나 단체적 소유권 역시 때때로 판단하기 어려울 정도로 공존하고 있다. 일반적으로 공동체적 권리(共同體的 權利; communal claims)는 아직 명백히 점유되지 않은 종족령(種族領; tribal area)과 관계된 것이지만, 어느 사람이 나무를 베어 통나무 배를 만들려고 나무에다 자기의 재산(財産)이라는 표시를 만들어 놓으면, 나무에 대한 그의 소유권은 불가침적인 것이 된다. 오스트레일리아인과는 달리 마오리족(the Maori)은 피정복민의 토지는 정복자(征服者; Victor)에게 속한다는 원칙을 이행하고 있다. 실제로 그러한 토지는 정복군의 전사자를 위한 보상으로 생각되었다. 그 토지소유가 봉건제적 형태(封建制的 形態; feudal pattern)와 일치하는지 여부는 아직 의문인 채로 남아 있다. 족장에 대한 존경이나, 특정인에게 전유되지 않은 지역에 대해서는 그들이 적절하다고 생각하는 대로 분배하였다고 하는 구체적 기록은 정복지도 봉건제도에 맞추어 분배할 수 있었음을 보여주는 것이라고 할 수 있다. 이와는 달리 전쟁으로 차지한 토지는 누구든 실질적 점유(實質的 占有; active possession)에 의해 소유권을 획득할 수 있었고, 적대적 답사자(踏査者; prospector)를 만나기 전까지 순시(巡視)를 하여 돌아본 만큼의 토지를 소유할 수 있다는 것도 알 수 있다. 그러므로 자신의 창(槍)을 꽂아 놓는 것만으로도 그 지역에 대한 점유의 징표로 삼기에 충분하였다. 이 답사여행(踏査旅行; prospecting tours)은 지위가 높은 특권층만이 할 수 있었던 것임은 두말할 필요도 없다.

소유권(所有權; title)은 정복(征服; conquest)이나 상속(相續; inheritance)과 같은 경우 외에 여러 가지 상황에 기초하여 인정되었다. 예를 들어, 분쟁 중인 땅에 고발인(告發人)의 조상이 매장되어 있다든가, 어머니가 자신을 그 곳에서 출산하였다든가, 아니면 거기에서 부상을 당했거나 저주를 받았다는 등의 이유를 근거로 하여 토지의 소유권을 주장할 수도 있다. 이와 같이 복잡한 문화로서의 부동산법(不動産法)은 순수한 종교적 관념 내지 상상적 요소가 깃들어 있는 것이다. 비록 대다수의 마오리족(the Maori) 사람들이 토지경작자(土地耕作者; tillers of the soil)였지만, 토지는 상당한 경제적 가치를 갖는 것이므로, 특별한 특권(特權)에 의하는 경우 개인이나 가족이 토지를 소유할 수 있었다. 혹자는 여기저기서 조개나 딸기를 모아들였을 것이며, 다른 어떤 사람들은 일정한 지역에서 수렵을 할 수 있는 독점권(獨占權)을 가지기도 하였을 것이다. 특히 복합적 토지소유(複合的 土地所有; multiple seisin)의 존재는 매우 흥미로운 것이다. 즉 어떤 가족은 일정한 곳에서 양치류(羊齒類)의 뿌리를 캐낼 수 있는 권리를 가지는 반면 동일한 지역의 다른 가족은 쥐를 잡을 권리도 가지고 있었기 때문이다.

사모아(Samoa)의 정치상황은 대체로 뉴질랜드의 정치상황과 유사하다. 토지소유에 관하여는 비록 알려진 내용이 풍부하지 못하지만, 논점(論點)을 갖고 있음을 확실히 알 수 있다. 각각의 구역은 이웃에 있는 정착자의 침입에 대비하여 개별적으로 그 경계를 지켰다. 각각의 구역 내부에서는 가장에 의하여 대표되는 개별적인 가족이 각각의 토지를 소유하게 되어 있었다. 가장은 높은 지위에도 불구하고 가족과의 협의를 거치지 않고서는 토지를 매도할 수 없었다. 만약 이를 위반하면 가장은 다른 가(家)의 소유로 여겨지는 땅을 임의로 관리한 사람으로 여겨져서 면직처리하곤 하였다.

가족에 의한 합유(合有; joint ownership)는 루손섬(Luzon) 북부의 이푸가오족

(the Ifugao)의 부동산법의 가장 큰 특징이다. 이것은 미개인(未開人)들 사이에서의 토지소유를 최종적으로 설명해 주는 것일 수도 있다. 그 어떤 사람들보다도 이푸가오족은 원시인의 인격이 가족 안에 흡수되어 버린다는 헨리 메인 경(Sir Henry Maine)의 견해와 잘 들어맞는 것일 것이다. 이 경우 가족은 정확하게 부계나 모계의 친족 모두를 포함하는 것이다. 논과 어느 정도의 임야는 완전한 소유자보다도 도리어 관리자가 계속하여 점유를 한다. 바톤(Barton)은 "보통 밭이나 법정상속동산(法定相續動產; heirloom)이 가족의 소유가 되기 위해서는 일반적으로 수십 내지는 수백 년이 걸려야 하는데, 이러한 세월에 비교해 보면 현재의 소유자가 소유권을 취득하기에 충분한 시간을 갖지 않았다면 일시적이고 과도적인 소유권만을 갖는데, 이는 차라리 점유라고 하는 편이 나을 것이다"라고 말한 바 있다. 밭은 하나뿐인데 상속인이 다수인 경우에는 가장 연장자가 소유한다. 왜냐하면 실질적인 분할의 곤란함은 별도로 하더라도, 밭을 작은 토지로 분할하여 공동사회에서 영향력이 별로 없는 사람들에게 각각 점유하도록 하는 것보다는 가족 중 세력이 강한 대표자 한 사람에게 토지를 주어서 나머지 사람들은 그에게 원조를 받는 편이 더 낫다고 생각하였기 때문이다. 관리자로서 토지를 소유하는 사람은 임의로 그 소유권을 처분할 수 없었고, 다만 그 친족들과 적절한 협의를 거친 후에야 가능하였다. 또한 가구성원 중 생명이 위독한 자의 회복을 기원하기 위해 제물(祭物)이 필요하였던 것과 같이 긴급한 경우가 아니면 양도하려고 하지 않았다. 그리고 그 양도는 사유물(私有物)의 매매에서는 볼 수 없을 만큼 엄숙한 방법에 의해 행해졌다.

가족 이외의 사람에게 양도하는 방법은 입질(入質; pawning)과 매매(賣買; sale)의 두 가지 형식이 있다. 예를 들어 토지소유자가 장례식의 비용을 갚기 위하여 돈을 빌릴 필요가 있는 경우에는 채권자(債權者)에 대한 담보로서 자기의 논을 제공할 수 있었고, 채권자는 빌려간 돈을 되돌려받을 때까지 담보로 제공한 땅에 나무를 키우거나 수확을 할 수 있다. 빌려간 돈 ― 보통은 담보로 제공된 밭의 가치의 약 절반 정도 ― 을 반환하면, 토지는 소유자인 입질자(入質者)에게 반환되지만, 작물을 수확할 때까지는 채권자가 그대로 당해 토지를 점유한다는 조건이 붙은 채로 반환된다. 그 양수인(讓受人; transferee)이 다시 그 토지를 다시 입질하는 것도 가능하였는데, 이 때 차용금을 지불하면, 부수적으로 발생할 수 있는 불필요한 마찰 없이 원소유자에게 그 토지가 되돌아갈 수 있도록, 양수인은 자신이 원소유자인 입질자에게 빌려 준 액수 이상은 절대로 입질하지 못한다. 입질(入質)은 모두 차입금약정(借入金約定)의 중개인이 그 증인이 된다. 그 수수료는 채권자가 빌려주고, 채무자는 차입금과 함께 환불해야 하는 것이었다.

토지의 매매는 이보다 훨씬 성대한 의식(儀式)으로 행해진다. 똑같은 금액으로 10등분으로 나눈 뒤, 각각은 막대기에 새겨진 눈금이나 실의 매듭으로 나타낸다. 처음 2회의 지불을 가장 많이 하고, 일정 기한 내에 나머지를 지불하여야 했기 때문에 잔액의 지불에 대한 기한은 정해지지 않는 것이 보통이다. 최초 1회의 지불로 인해 소유지(所有地)는 양도된다. 증인으로 매도인의 먼 친족이나 필요불가결의 중개인이 포함되는데, 이들은 거래 전체를 주선하며 그에 따른 수수료를 받을 수 있다. 소유권의 양도는 연회(宴會)가 없으면 불가능하다. 그러나 매수인이 연회에서 음식을 먹기 시작하면 그가 부담하는 지불의무가 모두 해소되어 버리므로, 때로는 매수인은 매도인을 속이려고 때 이른 향연에 초청하기도 한다.

지주(地主; landholder)가 전답(田畓; fields)을 방치한 채 버려 두어서, 다른 사람이 그 방치된 땅을 차지하고, 어떠한 세습지주(世襲地主; hereditary occupant)의 간섭조차 받지 않은 채 전답을 정리하고 식재(植栽) 등의 행위를 하였다면, 후자 즉 세습지주는 자신이 전답을 이용하지 않고 방치한 기간과 같은 기간 동안 그 토지에 대한 모든 권리를 상실하게 된다. 이러한 기한이 만료되면 전답은 원래의 지주에게 돌아가지만, 좀더 빨리 토지에 대한 소유를 되찾으려면 소유권을 다시 매입해야 했다.[38]

위에 서술한 여러 종류의 토지소유제도를 검토해 보면, 헨리 메인 경(Sir Henry Maine)이 그처럼 강한 인상을 받았던 원시공유제(原始共有制; primitive joint ownership)의 실재성은 의심의 여지가 없이 명백하다. 그러나 공유자(共有者)가 언제나 같은 유형의 사회단위를 이루고 있다는 것은 결코 사실이 아니다. 우

38) Codrington: 60. Thomson: 70, 354-386. Reports, v: 284-291; VI: 162-168. Erdland: 99-113. Tregear: 127-136. Turner: 177. Stair: 83. Barton: 39-60.

리는 일반적 종족의 지역에서 벗어난 단체의 소유가 상당히 특이한 사례를 접할 수 있는데, 이러한 곳은 부계혈족(父系血族; father-sib)이 지역적 특색을 이루고 따라서 공동생활체가 공존하게 된다. 더더욱 흔히 독점적 소유권은 에웨족(the Ewe)과 같이 일면적이든 아니면 이푸가오족(the Ifugao)과 같이 확실한 양면적이든 간에 가까운 혈연친족집단(血緣親族集團)처럼 다른 형태의 조직에 의해 공유되었다. 즉 엄격하게 제한된 실질적 친족의 단체를 제외하고 지역적 단체에 관한 한 토지공유제는 존재하지 않았다. 더구나 합유(共有; joint ownership)는 흔히 존재하였지만, 보편적인 것은 아니었다. 우리는 토레스해협(Torres Straits)과 레와(Rewa)에서처럼 사적 재산권을 찾아본 바도 있다. 반면 키르기즈족(the Kirgiz)의 목축지에서와 같이 공유제(共有制; communism)와 사유제(私有制; individualism)가 공존하는 곳도 있다. 그러므로 토지사유제에 앞서서 보편적 토지공유제가 있었다고 믿는 사람들은 이를 확실히 입증해야 하는 의무가 남아 있는 것이다. 또한 그들에게 한번 토레스해협에서 토지를 공동체적으로 소유하였던 것인지에 대해 증명해 보라고 하면 좋겠다. 그리고 어느 특정한 시기에 알곤키안족(the Algonkians)이 사적 수렵지(individual hunter's domain)를 인정하지 않았는지, 어느 특별한 시기의 베다족(the Vedda)이 개별적 소유를 몰랐다는 것에 대한 증거를 요구해 보고 싶다.

다행히도 우리는 소극적 회의론자(懷疑論者)와 같은 태도를 취할 필요는 전혀 없다. 인디아(India)에서의 바덴-파월(Baden-Powell)의 조사연구 덕택에 이 지방은 사변적 인류학자(思辨的 人類學者)들이 경솔하게 가정한 것과는 전혀 다른 부동산법이 발달하였음을 알 수 있고, 이를 적극적으로 취할 수 있었다. 바덴-파월은 촌락공동체(村落共同體; joint village)가 지배하는 지역은 토지의 사유가 인정되는 지역이 절반에도 미치지 못함을 지적하고 있다. 무엇보다 후자의 경우 확실히 하위문명을 가지는 종족들 사이에서 생겨난다. 오리사의 칸드족(the Kandh of Orissa)은 중요한 설명 자료가 풍부하다. 이 곳에서는 가장만이 주택과 그 부속지(附屬地)를 소유한다. 아들들은 혼인 후에도 여전히 가장과 함께 생활하지만 그의 아버지가 사망할 때까지는 재산에 대한 어떠한 권리도 취득하지 못하였고, 아버지가 사망하고 나면 비로소 아들들이 토지를 균등하게 상속하였다. 공유(共有; common ownership)의 자취도 없을 뿐만 아니라 촌락지(村落地)를 가족별로 분배하였던 흔적도 없다. 각각의 가족들은 곤궁하게 되면 남아 있는 황무지를 개간하여 이를 점유한다. 이런 식으로 점유된 토지는 매매가 가능하였고, 상속가능한 재산이 될 수 있다. 이러한 농업에 종사하는 원주민에 의한 개별적 소유권의 형태에 덧붙여서, 일정한 지방에서는 촌락공동체의 원리가 흔히 비농업적 정복집단의 형태 안에 있는데, 이들은 토지를 지배하면서 원래의 소유자를 단순한 소작인으로 격하시킨다. 이러한 경우 지주들은 단위소유지(單位所有地; unit estate)로서의 황무지까지 포함하는 촌락지(村落地; village area)를 소유하는 동족체(同族體; brotherhood)를 형성하였다. 몫은 한 사람씩 기초로 하여 할당되고, 각 가족은 그 인원수에 상당하는 몫을 받게 되지만, 조상의 몫은 계보(系譜)에 따라 분배되어 계산되었다. 따라서 어떤 원래의 양수인(讓受人)에게 단독상속인만 있다면 상속인이 3명이 있는 경우보다 더 넓은 토지를 차지하게 되기도 한다. 엄밀한 의미에서 바덴-파월은 친족관념(親族觀念; sense of kinship)나 상호부소(相互扶助)의 의무가 있었음에도 불구하고 결코 대집단에 의한 토지공유는 전혀 인정하지 않았고, 아울러 공유제는 혈연친족의 일정한 한계를 넘어서까지 확산되지 않았다는 점을 밝혀낸 것이다. 마찬가지로 중요한 것은 공유제가 행하여지는 한, 그것은 "고유한 것이 아니고, 촌락의 창립자(創立者), 양수인(讓受人) 등이 가지고 있던 사유권(私有權; single title)의 결과이고, 그 공유제도 한 사람의 창립자에 대한 (조상전래의 몫에 대한) 공동상속의 결과였다"라고 하는 결론에 이른다.

이와 같이 광범위한 단일지역에서 면밀히 연구해 보면 태고적부터 토지공유제(土地共有制)가 있었다고 하는 사회논리학상 독단론에 직접적으로 상반되는 역사의 회고를 이끌어낸다. 이러한 태고의 토지공유제는 보편적인 예로서가 아니라 극히 특수한 예로, 더구나 초기의 산물이라기보다는 후기에 나타난 것이다.[39]

---

39) Maine: Chap. Ⅷ. Baden-Powell: 1-37, 171 seq, 398-423.

제 3 절 유체재산

동산에 대한 원시법(原始法; the primitive law)은 부동산에 대한 것보다는 훨씬 단순하기 때문에 좀더 간략하게 서술하여도 될 것 같다. 일반적으로 동산에 대한 순수한 사적 소유권은 토지의 경우보다는 훨씬 명쾌하게 확립되어 있다고 할 수 있다. 임야(林野)의 공유제는 유체재산(有體財産; chattels)에 대한 완전한 사유제(私有制)와 병존하기도 한다. 예컨대 어디서든 남자나 여자 모두 사유재산을 가질 수 있는 바케리족(the Bakairi)과 같은 경우에 적용되는 것이다. 이러한 소유물에 대한 여자의 권리는 남존여비사상(男尊女卑思想)이 지배하는 곳에서도 침해되지 않았다는 것은 주목할 만하다. 에웨족(the Ewe)의 여자는 남편이 구입한 것으로 취급되고, 토지상속(土地相續)도 할 수 없었지만, 예를 들어 산양이나 갖가지 새와 같은 동산을 소유할 수 있고, 여자의 힘으로 키워 거둔 목화는 아무런 대가 없이 남편에게 제공할 필요는 없었고, 자신이 소유할 수 있었다. 그리고 때로는 어린 자녀들의 재산권까지도 불가침적인 것으로 여겨졌던 것이 두드러진 특징이다. 네바다(Nevada)의 파비옷소족(the Paviotso)의 보호구역에서 한때 필자는 어떤 남자아이에게서 모포를 사기로 한 적이 있었다. 그의 부모는 정당한 소유자로서 그 소년의 요구를 들어 주었을 뿐만 아니라 필자가 생각하기엔 좀더 비싸게 팔아야 할 것 같지만 소년이 아주 낮게 제시한 가격으로 판매하도록 기꺼이 해주었다. 슈미트 박사(Dr. Schmidt)도 브라질에서 11세의 소년이 파는 깔판을 사려고 할 때 이러한 경험을 한 적이 있다. 당시 그 소년의 아버지는 아들의 승낙이 없이는 팔 수 없다고 하여 판매를 거절해 버렸다.

흔히 동산소유권(動産所有權)은 개인적 노력에 따라서 정해지는데, 이 때문에 여자가 자신이 만든 토기를 가지게 되는 이유이기도 하다. 또 다른 하나의 원칙은 효용(效用; effective utilization)과 관련되어 있다. 유카기르족(the Yukaghir)은 각각 자신만의 의복을 소유하였고, 사냥꾼은 자기소유의 총을 가지며, 여자는 자기의 옷 만드는 도구를 소유하였다. 그렇지만 이러한 관념 자체는 재산에 대한 사유제보다 오히려 집단적 소유(集團的 所有)를 만들어 내는 수도 있다. 예를 들어 작은 배, 가옥이나 그물을 가족 전원의 공유재산으로 여겼던 것이다. 그러나 이와 같이 널리 퍼져 있었던 원칙도 정치사회의 구조에 의하여 완전히 뒤집혀 버리기도 한다. 마셜군도(Marshall Islands)의 특이한 계급제도(階級制度; caste system)가 존재하였던 곳에서는 추장의 재량에 따라 노동자는 좌지우지 되었으며, 노동자가 생산한 농산물뿐 아니라 모든 동산들까지도 착취할 수 있었다. 이러한 경우 사회조직(organization of society)은 농노(農奴)나 노예(奴隷)라는 특별한 형식의 재산을 만들어 내었는데, 이들의 지위에 관하여는 다른 곳에서 논하기로 한다. 아프리카의 서해안에서는 일시적으로 노예를 차용금 지불을 위한 인질(人質)이나 담보(擔保)로 삼기도 한다.

또 다른 종류의 유체재산은 가축(家畜)이다. 유목종족에서의 양이나 염소떼나 소나 돼지의 무리는 유일한 재산이거나 가장 대표적 형태의 재산이며, 혼인과 명예를 얻는 쉬운 방법이기도 하나. 따라서 사유재산권의 관념이 아주 중요시되고, 추크치족(the Chukchi), 키르기즈족(the Kirgiz) 및 마사이족(the Masai)과 같은 종족에서 행하여지는 소인(燒印)의 방법에 의하여 인정되었다. 주로 목축에 종사하는 종족에서는 자주 가족유대적 소유(家族紐帶的 所有)에 대해서까지 사유권(私有權; individual ownership)이 강하게 주장되기도 한다. 마사이족의 연장자는 자신의 가축들 중 일부를 각각의 처에게 나누어 줄 수 있었으며, 아내들은 그 용익권(用益權)의 대가로서 가축을 돌보아야 했지만, 여전히 가축들은 남편의 재산으로 남아 있게 되어 있다. 다만 아내에게 10세 내지 12세 된 아들이 있고 아버지 쪽의 가축무리를 기르는 데 그들의 노역이 필요치 않은 경우, 소년은 자신의 어머니가 돌본 가축의 소유자가 된다. 그러나 그 어머니와 아들은 아버지의 가축무리와 아들의 가축무리가 축사에서 뒤섞여 아버지의 가축무리가 손상을 입지 않도록 수 킬로미터나 떨어진 먼 곳에 자기들의 축사를 짓지 않으면 안 된다. 추크치족에서는 가축을 잃어 버려 빈곤에 처해지면, 실제 그 형제나 종형제(從兄弟)에게 도움을 청하여 순록 사육을 맡을 수 있도록 간청하는데, 이는 친족에 대한 법적 권리가 아니라 도덕적 권리에 지나지 않는다. 또한 나이 든 목축자는 그 아들들에 대하여 꼼꼼하게 그의 완전한 재산권을 지켜간다.[40)]

즉 유체재산(有體財産; chattels)에 관하여는 개별적 소유권(私有制; separate proprietorship)이 지배적으로 인정되었다.

제 4 절 무체재산

우리가 생각할 수 있는 바와는 달리, 하등의 문명에서도 특허(特許; patents)나 저작권(著作權; copyrights)의 관념이 잘 발달되어 있으며, 어느 종족에서 이러한 관념이 두드러지게 나타난 것은 확실한 모순에 대하여 보편적 원시공산제(普遍的 原始共産制)의 원리를 감소시켰다. 초기의 학자들이 이를 충분히 이해하지 못했던 것은 부분적으로 모든 역사적 연구의 파멸요인이 되고 있는 합리주의적 선입견 때문이다. 산업혁명기(産業革命期; industrial era)의 정신에 깊이 빠져 있는 사람들로서는, 명백한 공리(功利)가 수반되지 않는 특권을 높이 평가하고 때로는 특히 부(富; wealth)로 인정하는 것을 이해하기는 어려운 일일 것이다.

안다만제도(Andaman Islands)에서와 같이 수준 낮은 환경에서도, 법률적으로 말하면, '준점유동산(準占有動産; choses in action)'이 전혀 없지는 않았다. 이러한 사실은 예를 들어 취사도구와 같은 도구에 관하여는 실제로 공산제(共産制; communism)에 가까운 관대함을 보여주기 때문이다. 즉 "사유재산권(私有財産權; rights of private property)은 그 누구의 승낙도 없이 친구나 그 이웃에 속한 물건을 옮길 수 없다"라는 것이다. 그러나 그러한 상황이 종족적 집회를 위하여 작곡된 노래에까지도 그랬던 것은 아니다. 갈채를 받은 노래는 소집회에서도 다시 부를 수 있지만, 그 인기가 있고 없음에 관계없이 작곡가 이외에는 부를 수 없었다.

코랴크족(the Koryak)은 사상(事象; events)의 과정은 병마를 내쫓거나, 몽상에 빠지거나, 주술을 숭배하거나, 마귀를 몰아내는 신비스러운 교의에 의해 이루

40) Spieth: 116, 191. Von den Steinen: 285. Schmidt: 316. Merker: 28. Bogoras: 677.

어졌을 것이다. 모든 주문(呪文; incantations)은 그 자체가 창조주(創造主; Creator)에게서 나온 것이라 생각하였다. 그것들은 지금 나이 든 여자들만이 알고 있으며, 그녀들은 그것들을 거래상의 기밀(機密)로 생각하여 중요시 여긴다. 실제로 그들은 그 주문을 누설하면, 그 효험이 무너진다고 믿는다. 주문을 읊조림으로써 그 소유자는 그녀의 고객들로부터 커피로 만든 과자나 여러 상자의 담배 또는 순록 한 마리 등을 받는다. "여자가 주문(呪文)을 팔 때, 그녀는 그것을 완전히 포기한다는 것과 그 매수인이 그 마력(魔力)의 유일한 소유자가 된다는 것을 서약하여야 한다."

동부 토레스해협(Eastern Torres Straits)의 한 섬에서 해든 교수(Professor Haddon)는 자료제공자가 결코 다른 지역과 관련된 이야기를 말하려고 하지 않았기 때문에 지방전통(地方傳統; local legends)의 독특한 소유관념이 있음을 알게 되었다. 이러한 경험은 북아메리카의 인디언에 관하여 연구가들이 다수 경험한 바이다. 저작권에 또 다른 예는 카이족(the Kai)에서 찾아볼 수 있다. 안다만인과 마찬가지로 이들 사이에서도, 시인은 그가 지은 작품의 절대적 소유자이다. 어느 사람도 그의 동의를 얻지 않고는 시를 읊을 수 없으며, 또한 보통 자기의 시를 읊어도 된다는 허락을 하면 그에 대한 사용료를 받는다. 이와 마찬가지로 주문 역시 소유자가 있었으며, 다른 사람에게 이를 가르쳐 줄 때에는 그에 대한 보답을 받을 수 있던 것이다. 특정한 조각(彫刻)도 별도의 허락을 받지 않았으면 모조할 수 없다. 어떤 의미에서는 인명(人名; personal names)조차도 일종의 특허소유물(特許所有物)이기 때문에, 이미 다른 사람이 사용하고 있는 이름을 따서 쓰려고 하는 젊은 사람은 이름을 사용하기 전에 동명자(同名者)에게 타협책으로 일정한 선물을 하여야 했다.

브리티시 콜롬비아(British Columbia)의 원주민 중의 누트카족(the Nootka)은 무체재산의 수나 그 종류가 두드러지게 많았다. 사피어 박사(Dr. Sapir)가 보내준 자료에 의하면, 누트가족의 특허권(特許權; patent rights)은 반드시 아버지로부터 장남(長男)에게로 상속되어야 하는 이른바 토파티(topati)라는 것과 보통 아버지가 그 아들에게 넘겨주기는 하지만 강제성이 없는 두 가지 부류로 나누어진다. 어느 한 가(家)의 전통에 관한 지식은 장남의 생득권(生得權)이기 때문에 물려주지 않을 수는 없었다. 이에 반하여 고기를 잡는 방법과 같은 비법에 관하여는 아버지도 어느 정도의 재량권을 행사할 수 있다. 만일 아버지가 자기의 아들이 적임이 아니라고 생각하면, 그에게 필요한 비법을 전수하지 않을 수도 있었다. 토파티(topati)는 상당히 많았다. 그 중에는 이름 — 당사자 자신을 지칭하는 이름뿐만 아니라 그 사람의 노예나 가옥, 통나무배나 작살에 이름을 붙일 수 있는 독점적 권리로서의 이름도 포함한다 — 과 묘지 팻말이나 금제의 장대에 일정한 조각을 할 수 있는 권리, 자장가를 포함하여 일정한 노래를 부를 수 있는 권리, 일정한 춤을 출 수 있는 특권 및 기타 여러 가지 특권이 있다. 그 중에서도 아주 특별한 것이 있다. 예를 들면 늑대의식(Wolf ritual)에서 일정 역할을 담당하는 사람들은 특별하게 색칠하고 장식할 수 있는 사제자(司祭者)의 조상전래의 특권이다. 또한 늑대로 분장한 사람을 잡기 위하여 덫을 놓을 수 있는 권리 역시 특정한 혈통(血統)과 관련되어 있다. 늑대로 분장한 사람이 특별한 방식으로 절뚝거리며 걷고 소리질러 우는 것도 전래의 특권에 의하여 그렇게 하는 것이다. 특정한 사람이 부르는 성가(聖歌), 수업하는 사람을 밧줄로 낚아채는 것, 연극의 일정 시점에서 북을 시끄럽게 빨리 치는 것, 북의 어느 한쪽을 곰의 가죽으로 씌우는 것, 그리고 모든 관객의 얼굴을 검게 색칠하는 것 역시 마찬가지다. 다른 의식에서도 이와 유사한 토파티(topati)가 특색을 이룬다. 또한 여자의 성년의식에서 의례상 횃불을 넘겨받을 수 있는 권리 역시 엄격하게 지켜지는 세습적 특권이다.

누트카족(the Nootka)은 무체재산의 세습적 특징을 중요시하는데 — 이것은 그 특권을 한 집단의 공유재산으로 여기는 것과 유사하다 —, 무체재산의 사유적 특징은 대체로 평원인디언 사이에서 강하게 나타난다. 이 지방에서 찾아볼 수 있는 여러 현상을 이해하기 위해서는 순수한 사회학적 자료의 영역을 벗어나 종교적 영역과 관련시켜 보아야 할 것이다. 평원인디언의 종교의 중심교칙(中心敎則)은 환상적인 체험과 관련된 관념(觀念)이나 관습(慣習)이 주가 되어 있다. 이러한 환상은 신령(神靈; supernatural beings)의 시은(施恩)을 받은 운 좋은 사람에게는 생각지도 않게 나타나지만, 보통은 사람의 왕래가 없는 산꼭대기에서 여러 날 단식을 하면 나타나는 것으로 알려졌다. 흔히 그 계시(啓示)로 인하여 당사자가 장래 성공할 수 있는 방향이 결정되기도 한다. 예를 들면 들소가 상처의 치료를 위하여 어떤 풀뿌리의 혼합사용을 추천하는 것을 꿈에서 보았다면, 그는 개업하여 성공하고, 명예와 부를 얻는 것과 같은 것이다. 만일 어떤 사람이 일정한 노래책과 휘장을 얻을 수 있는 새로운 무용단(舞踊團; dancing society)을 만들라는 지시를 받았다면, 그는 바로 무용단의 창립자가 되거나 어쩌면 자기의 위신을 높이고, 그 밖의 이익을 얻을 수도 있다. 만일 말을 타고 싸우는 병사가 기묘한 장식을 한 방패를 가지고 있는 적으로부터 피해 달아나는 꿈을 꾸었다면, 그는 앞으로 어떠한 어려움에 부딪치더라도 평온을 유지할 수 있고, 끝내는 용맹한 이름을 드날리게 될 것이라는 것 등이다.

그러나 환상적 체험(幻想的 體驗; visionary experience)은 계시를 구하기 위하여 한번도 모험을 해 본적이 없는 다른 사람들이나 신의 가호(加護)를 받기 위해 노력했지만 실패한 사람들에게도 유익한 영향을 미쳤을 것이다. 그리고 그들은 환상적 체험을 한 사람에게 치료받은 환자나 환상적 체험을 한 사람이 창립한 무용단의 참여자로서 단지 부차적으로 은총을 공유할 뿐 아니라 그들 자신이 신(神)의 축복을 누리는 것처럼 안전한 의미에서의 은총을 공유할 것이다. 이는 신이 부여한 특권은 양도될 수 있다는 관념에 의해 가능한 것이다. 또한 이러한 관념은 특권(特權)은 매매에 의하여서만 할양될 수 있다는 보수적 관념에 의하여, 환영(幻影)을 본 사람의 소득원천이 되었다. 왜 이러한 권리를 여러 종족의 사람들은 중요한 것으로 여겨지는가에 대해서는 누트카족(the Nootka)의 경우처럼 항상 그렇게 명백하지는 않다. 중요한 사실은 이러한 권리가 귀중하게 여겨지기 때문에 소유자(所有者; possessor)의 사회적 지위를 높여준다는 점, 어느 누구도 그 특권을 침해할 수 없다는 점, 그리고 특권을 나누어 가지려고 하거나 전부를 사고 싶어하는 사람은 어마어마한 많은 재산을 들여야 한다는 점 등이다. 증여(贈與; gift)에 의한 양도는 심지어 아주 가까운 친족지간이라도 배제된다. 예를 들면 자기의 어머니로부터 특별한 종류의 의식용 염료(儀式用 染料; ceremonial paints)를 사용할 권리를 산 크로우인의 사례를 필자는 알고 있다. 또한 히다차족(the Hidatsa)의 주술꾸러미(medicine bundles)는 모두가 조상의 환영에서 비롯된 것으로 일정한 가족이 상속해야 했기 때문에, 아들은 아버지로부터 사야만 했다. 앞서 언급한 사례와 마찬가지로 대다수의 경우 유체물(有體物; tangible commodities)도 양도할 수 있었다. 하지만 중요한 물건은 피리나 깃털, 딸랑이와 같은 유체물이 아니고, 관련 노래에 대한 교시(教示)

와 성물(聖物)을 취급하는 방법 혹은 예언자의 특권(visionary prerogative)과 불가분적으로 연결되어 있는 금제(禁制; taboo)에 관한 주의 등을 포함하는 비물질적 특권(非物質的 特權; immaterial privilege)이다. 눈으로 볼 수 있는 물건은 그다지 중요하게 여기지 않고 환영을 본 사람 자신이 상징물로 취급한다. 아니 매수인 자신이 이러한 물건을 가져올 수도 있다. 매수인이 매도인이 파는 토끼의 다리, 담비의 모피나 독수리의 깃털을 받아서 가지게 되었거나, 아니면 그것을 자기의 방법으로 획득하였는지는 문제시되지 않는다. 즉 매수인의 대상(對象)은 관계되는 노래나 행사에 대한 권리를 포함하고 그것과 병존하는 행위상의 여러 가지 의무와 제한까지도 포함하는 이 특정한 물상의 결합체를 사용하는 권리이다.

여러 가지 제례(祭禮)와 관련된 법규는 당연히 정도의 차이는 있지만 다르기 마련이다. 매도인이 그 소유권 전부를 넘겨주지 않고, 매수인에게 보수로서 그 이익에 참여하기만 하는 경우도 있는데, 이 때 소유자는 이 권리를 네 번 이상 행사할 수 없고, 네 번째까지 나누어 팔게 되면, 그 소유권이 정지하게 된다는 조건이 붙는 경우도 있다. 이 외에는 매수인이 그 특권을 매수하는 단 한 번의 양도로써 매도인의 소유권은 완전히 빼앗기게 된다.

이와 같은 일반원칙(一般原則)은 구체적 사례를 통해 실증적으로 설명하는 것이 가장 좋은 방법일 것이다. 필자는 크로우족(the Crow)의 성초(聖草)인 담배를 심을 수 있는 권리와 히다차족(the Hidatsa)의 군사단체의 회원권매수(會員權買收; purchase of membership)의 두 예를 가지고 설명하려고 한다.

성초인 담배의 재배에 참가하는 권리를 얻기 위한 요건으로는 담배단체(the Tobacco society)의 회원으로부터 재배법을 전수받고, 그의 '아들(son)'로 입양되어야 한다. 이 특징은 절차의 개인적 속성을 강하게 띄는 것이다. 어느 누구도 전체로서의 단체에 의하여 회원으로 받아들여지는 것이 아니라, 마치 그 사람은 자기를 소개시켜 준 사람의 양자가 되고, 또한 단체의 창립자가 자기로 하여금 자기와 단체의 복지를 위하여 담배를 심을 수 있게 해준 신령(神靈; supernatural being)의 양자가 된 것과 마찬가지로 자기의 개인적 후원자(後援者)의 양자가 되는 것이다. 한 집단 안에서 재배의 특권을 공유하는 사실은 크로우족의 입장에서는 흔히 있는 일이다. 즉 담배의 경우 같은 효험제(效驗劑;

medicine)를 산 사람들이 예를 들어 같은 방호부적(防護符籍; war medicine)을 산 사람보다 한층 강한 유대성을 보이고, 동일한 특권을 가지는 단순히 아무런 관련이 없는 개인으로서가 아니라, 하나의 단체를 형성하게 되었던 것이다. 각 신입회원은 담배를 재배하는 일반적인 특권 이외에 특수한 효험제를 얻게 되는데, 그것을 단체 안에서 자기를 입양시킨 분파(分派)가 자기 앞에 펼쳐 놓은 것 가운데서 선택할 수 있게끔 되어 있다. 이 밖에 누트카족(the Nootka)의 여러 가지 특권도 생각해 볼 수 있는데, 이들은 그 세습적 특성이 다를 뿐이다. 각 효험제와 각 특권에 대하여는 각각 일정한 비용을 지급하여야 한다. 그리하여 감시받는 노새의 유형(Cuts-the-picketed-mule)이라고 불리는 여자는 담배 한 포대에 대하여 말 한 마리를, 가슴의 장식에 대하여는 수달의 가죽과 말 한 마리를, 문 옆에 앉는 특권에 대하여는 말 한 마리를 지급하였다. 이와 같은 지급액수는 '아버지(father)'에게 지급하는 입단비(入團費; initiation fee) 이상이고, 자기가 속하는 분파의 부원 중 그 특권을 가지는 사람에게 지급된다. 신입자(新入者; novice)는 친구나 친족들의 도움을 받고, 자기가 구하던 주요한 특권을 공유하게 되므로 집단적 매수와 비슷한 겉모습을 띄고 행하여지지만 그것은 거래의 본질과는 전혀 관련이 없다. 입단식 때 훌륭하게 해야 할 일을 해내는 것은 긍지의 문제이지만, 후보자는 많든 적든 그의 친족, 친구 및 그의 소속집단(所屬集團; club)으로부터 후하게 보조를 받는다. 다른 한편 예를 들어 말 50마리를 받은 '아버지(father)'는 만일 그 분파원(分派員)을 위하여 충분한 분배를 하지 않고 그 입단비를 착복해 버리면, 탐욕스러운 사람이라는 비난을 받게 된다. 그렇지만 이러한 것들은 보상(補償; compensation)을 하지 않으면 안 되는 어느 한 개인 B에 대하여 개인 A가 그 재배특권에 참여하게 한다는 순수한 법률절차를 위반한 단순한 인격적 내지 도덕적 동기일 따름이다.

히다차족(the Hidatsa)의 군인소속집단(軍人所屬集團; military clubs)에는 집합적 요소(集合的 要素)와 개인주의적 요소(個人主義的 要素)의 혼합이 두드러지게 나타나 있다. 이 조직체의 다른 여러 가지 특징은 다음에 해당하는 장에서 설명하기로 하고 오로지 여기서 주의를 기울여야 하는 것은 구성원의 자격을 재산으로 취급한다는 점이다. 히다차족의 관념에 의하면, 노래나 휘장과 직능을 가지고 할 수 있는 단체는 예언자에게 계시되고, 나중에 그가 신(神)의 교시에 따라서 그것을 되찾아내는 것으로 되어 있다. 그렇기 때문에 히다차족의 어느 사람이 그 단체의 기초를 이루는 환영(幻影)의 전설을 모르면, 그는 바로 단체의 기원을 달리한다는 의심을 받게 된다. 바꾸어 말하면 여기에서도 우리는 그 이익향수자(利益享受者; beneficiary)에게 양도할 수 있는 특권을 수여하는 개인적 계시(個人的 啓示; individual revelation)의 관념을 접하게 된다. 예언자는 한 단체를 창립하도록 가르침을 받았기 때문에, 정상적인 상황에서는 집단적 특징을 띠는 것이 불가피하다. 그렇지만 원칙적으로 한 집단이 공유하고는 있지만, 일정한 개인도 취할 수 있는 소유권만을 다투고 있다. 이러한 점은 어느 한 시점에서 한 단체의 모든 소유자들이 다만 한 사람만 제외하고는 모두 질병에 걸려 죽어버리게 되면, 이 생존자는 사실상 단독 소유자가 되고, 그의 회원자격(會員資格; membership)을 얻고 싶어하는 일단의 청년들에게 팔았다는 사실에 의하여 증명된다. 담배재배의 특권(Tobacco-planting privilege)과 비교하여 군인소속집단(軍人所屬集團)의 회원자격은 명백하게 양도된다는 점에서 다르고, 그렇기 때문에 '아버지(father)'가 '아들(son)'을 위하여 그의 지위를 완전히 포기할 수 있다는 점에서 다르다.

보통 집단적 특징(集團的 特徵; collective feature)은 매수인의 집단이 매도인의 집단으로부터 공동으로 회원자격을 매수한다는 점이다. 집단적 절차를 밟는 이유는 나중에 밝히기로 한다. 여기에서 우리가 관심을 갖게 되는 것은 재산의 양도가 본질적으로 개인적이라는 사실이다. '아들들(sons)'이 하나가 되어서 처음으로 재산을 모으고, 이 재산을 가지고 그들은 회원자격권(會員資格權)의 소유자에게 그것을 매도할 것을 생각해 보라고 회유한 적도 있다. 그러나 매매가 시작되고 나면, 매수인은 제각기 자기 아버지의 혈족에 속하는 매도인을 그의 개별적 '아버지(father)'로 선택하고, 그 후에 개인적으로 양도가 되었다. 이러한 단체 중 무엇을 사는 때에는 자기의 처를 넘겨주는 것이 관습으로 되었다. 그러나 매수인들이 그 처들을 한 집단으로 하여 매도인에게 넘겨주는 일은 없었고, 각자가 그 처를 각각의 '아버지'에게 데리고 갔었다. 이렇게 하게 되어 있으면서도 만일 '아버지'가 그 단체 내에서 어느 특수한 직무를 맡고 있거나 휘장을 가지고 있으면 그것도 그대로 그 '아들'에게 넘겨졌다. 전체적인 거래는 실제로는 어느 한 단체로부터 다른 단체에로의 소유권의 이전이 아니라 개인적 소유권의 복합적·동시적인 이양으로 변형되고 만다.

이와 같이 예언자의 체험에 기초한 소유권의 개인적 특성은 그 소유권이 일단의 개인들에 의하여 공유되고 있는 경우에도 똑같이 주장된다. 방호부적(防護符籍)이나 효험제(效驗劑)의 경우와 같이 개인 두 사람 즉 매도인과 매수인 사이에서만 거래논의가 이루어지면, 그것은 언제든지 의심할 나위 없는 것으로 인정할 수밖에 없다. 이와 같이 어느 종류의 무체재산권은 그 흠이 있고 없고를 떠나서 미개문명의 시대에서도 사유(私有)를 가능하게 만들었던 것이다. 아버지가 자기의 아들에 대하여 보상을 받지 않고는 얼굴을 색칠하는 방법이나 심지어 일련의 세습적 의례(世襲的 儀禮)까지 물려줄 수 없는 곳에서는 확실히 이와 같은 것은 전적으로 명백하다 할 수 있다. 물론 우리는 누트카족(the Nootka)에서와 같이 무체재산(無體財産)이 그대로 상속되고, 그러한 의미대로 공유재산(共有財産; joint property)이 되는 경우도 있음을 잊지 않고 있다. 요점은 안다만제도인(Andaman Islanders), 키이족(the Kai), 코랴크족(the Koryak) 및 평원인디언(Plains Indians) 사이에서는 물질적 재산에 관한 어떠한 법규가 있더라도, 사유할 수 있는 자격이 없는 사람은 한 손가락으로 잡아볼 수 없는 특허권(特許權)이나 독점권(獨占權)도 있다는 것이다.[41)]

하지만 무체재산(無體財産; incorporeal property)은 단지 시각적 측면에서만 보아서는 안 된다. 미개종족(未開種族) 사이에 그것이 존재한다는 것은 무엇보다도 흥미 있는 일이다. 그리고 유리한 조건 아래에서도 변화무쌍한 현상으로 나타나는 것은 마찬가지로 주목할 만한 현상이다.

제 5 절　상　속

유언집행(遺言執行; testamentary disposition)에 관하여 각 사회가 개인에게 할애

41) Man: 120, 169. Jochelson, 1908: 59. Reports, VI: 167. Keysser: 100. Sapir, 1911: 15; id., 1913: 67: id., 1915: 355. Lowie, 1913: 225 seq.

하는 자유(自由)의 다양성만큼 재산의 개인적 지배와 집단적 지배의 차이를 명료하게 보여 주는 것은 그다지 많지 않다. 부모가 자신의 자녀 중 한 사람에게 자신의 소유지를 상속하는 경우에 제외시킬 수도 있었던 토레스제도인(Torres Straits Islander)과 소유물이 관습법에 따라서 기계적으로 처리되는 카이족(the Kai) ― 이들은 장례잔치(funeral feast)에 쓰기 위해 돼지를 잡았고, 멧돼지의 이빨이나 개의 이빨을 담은 포대는 형제나 외가의 삼촌들이 가졌으며, 아들들은 아버지가 직접 심은 과목(果木; fruit-trees)을 상속받았다 ― 간의 차이는 상당히 뚜렷하다.

후자는 메인(Maine)의 탁월한 식견으로 이미 밝혀진 중요한 원칙을 설명해준다. 그는 『고대법(古代法; Archaic law)』에서 이미 멜라네시아(Melanesia)와 관련하여 지적해 놓은 것처럼, 상속소유물(相續所有物)과 획득소유물(獲得所有物)의 구별을 하는 경우가 많았다. 이러한 구분이 정립되어 있는 곳에서는 획득소유물에 관하여 더 많은 자유를 인정해 주고, 개인적 노력으로 일구어낸 물건에 관하여 그러한 노력을 한 사람이 주인으로 인정되곤 하였다. 이러한 생각은 물론 다른 원칙에 따른 요인에 의하여 뒤집혀질 수 있는 것이다. 평원인디언은 단식에 의한 환상적인 체험으로 얻게 된 권리에 대해서, 이러한 권리는 비슷한 환영(幻影; visions)이나 매매에 의하여 획득할 수 없다는 원칙 때문에, 단순히 상속해주는 것은 어려웠다. 또한 히다차족 때문에 밝혀진 것처럼, 앞에서 말한 바와 같은 의식은 아주 확고하기 때문에 세습적 특권(世襲的 特權)까지도 정식으로 일정한 사람의 아버지로부터 구입한 것으로 되어야만 비로소 유효한 것으로 인정된다.

상속규칙(相續規則; rules of inheritance) 가운데 몇 가지는 피상속인의 모든 동산을 파묻어 버려야 한다든가 파괴해 버려야 한다는 풍습에 의해 그 적용영역이 크게 감소하기도 한다. 따라서 실제 마이두족(the Maidu)은 피상속인의 대부분의 소유물을 태워버리거나, 사소한 물건들은 주된 상속인인 장남과 다른 자녀들이나 친족들에게 나누어주었으며, 낚시터와 사슴떼의 소유권은 직접적으로 남계친족에게 상속된다. 어시니보인족(the Assiniboin)에서는 피상속인의 무기나 의복, 기타 여러 가지 도구는 신성한 방패(防牌; shields)와 피리와 마찬가지로 시신(屍身)의 곁에 놓아두게 하였다. 평원지방의 여러 곳에서는 피상속인의 생전에 소유하였던 훌륭한 말들을 풀어주거나 죽여 버리고, 아주 적은 물건들만 생존자들을 위하여 남겨 두곤 하였다. 이러한 사실을 통하여 우리는 상속인이 피상속인이 숨을 거둔 바로 그 가옥을 포기하거나 부숴버렸던 예가 있음을 듣곤 하는데, 이것은 죽음에 대한 병적인 공포관념에 기초한 풍습이다. 이와 같이 애리조나의 피마족(the Pima of Arizona)은 피상속인의 소유물 가운데 가축들은 죽여 버리거나 먹어치워 버렸으며, 개별적인 사유물(私有物)은 파괴해 버렸을 뿐만 아니라 때로는 가장(家長)의 집조차도 태워 버리곤 하였다.

앞서 언급한 여러 가지 소유권에 관한 원칙들은 당연히 상속에도 적용된다. 그래서 여자가 만들어 입었던 의복이나 토기와 같은 수공예품(手工藝品)은 일반적으로 여자들만이 적절하게 사용할 수 있기 때문에, 피상속인의 딸이나 다른 여자 혈족에게 상속하고, 한편 남자의 무기는 남자들만이 이를 상속할 수 있다. 다른 상속원칙과 함께 과부(寡婦)를 남편의 상속인에 포함시키지 않는 상속원칙은 가장 흔한 상속원칙임에는 의심의 여지가 없다. 여자의 무능력(無能力)은 여성의 열악한 지위만으로 충분히 설명될 수 없다. 그도 그럴 것이 여자의 무능력은 여자가 사회적으로 공정한 자위를 차지하고 있는 곳에서도 그렇게 간주되고 있고, 또한 이는 남편이 처로부터 상속할 수 없는 현상과 평행관계를 이루고 있기 때문이다. 그러므로 오스탸크족(the Ostyak)의 과부는 사망한 남편의 순록을 차지할 수 없었던 것으로 기술되어 있으며, 이러한 문제는 다음과 같이 생각될 수 있다. 남자가 순록을 기르기 때문에 남자와 순록과의 사이에 경험적 관계가 발생한다고 생각했으므로, 여자가 순록을 소유하는 것은 마치 남자가 여자의 옷을 상속하는 것과 마찬가지로 부자연스럽게 생각하였다. 따라서 가축 무리는 남자의 가장 가까운 친족들이 상속하였으며, 여자가 이에 참여하는 것은 금지되었던 것이다. 여자는 그 무능력을 보완하기만 하면 소유권을 가질 수도 있었기 때문에, 이 자체가 여자의 지위에 영향을 주었다고는 할 수 없다. 그렇지만 경험적으로 보아 유목종족(遊牧種族)에서는 이와 같은 보상적 특권은 없고, 다만 그들 사이에서는 상대적인 여자의 격하가 자리잡고 있다고 할 수 있다.

이와 관련하여 또 하나 고찰하여야 할 요소는 혼인을 서로 다른 친족집단(親族集團) 간의 계약으로 보는 것이다. 즉 부부는 결연체(結緣體)이면서도 여전히 그 인격은 따로따로 존재하는 것이고, 그들이 각각 표칭하는 친족집단의 인격에 포함되어 있기 때문에 그들의 재산은 그 태어난 친족집단에 귀속하게 되어 있다. 그러므로 어떤 카이족(the Kai) 남자의 상속인이 남자의 형제이거나 외가의 삼촌들이라면, 아내의 귀중품은 그 여자의 자매든지 어머니의 언니나 동생이 이를 차지한다. 그 집단이 혈족인 경우 다시 말하여 상당히 친밀한 친족집단인 경우에는 이러한 요소가 아주 두드러지게 나타난다. 알타이계의 투르크족(the Altaian Turks)에서는 아들이 재산을 상속하고, 남자자손이 전혀 없으면 아버지 쪽의 형제나 남자친족이 재산을 상속하였으며, 이러한 사람들조차도 전혀 없는 경우에는 딸이 상속인이 되었다.

그러나 상속규정을 만들 때 혈족적 요소의 중요성을 인식하기는 하지만, 그 중요성을 지나치게 확대하지 않도록 주의를 기울일 필요가 있다. 무엇보다도 일단 확립된 혈족조직이 흔히 재산법과 충돌을 야기하는 과정에서, 우리는 근본적으로 혈족관념의 바탕에 놓인 것이 흔히 상속규정(相續規定)이라는 사실이라고 생각해야 할 이유를 찾아낸 바 있다. 혈족조직(血族組織; sib organization)이 할 수 있는 것은 피상속인의 혈족에 속하는 먼 친족을 혈족이 아닌 가까운 친족보다 우선하도록 하는 것이다. 그러나 혈족을 소유단위(所有單位; proprietary unit)라고 하는 것은 엄밀하게 말한다면 정확하다고 할 수 없을 것이다. 왜냐하면 혈족은 남녀를 모두 포함하지만, 이전부터 계속되어 온 남녀의 분업에 의하여 발생한 어떠한 소유권이든지 보통은 남자 쪽의 혈족과 여자 쪽의 혈족이 이를 가지는 것이 아니라 남자나 여자 어느 한쪽의 혈족이 이를 소유하게 되어 있기 때문이다. 좋은 예로 호피족(the Hopi)의 경우를 들 수 있다. 예외 없이 주택의 소유자는 여자였으며, 따라서 어머니에게서 딸에게로 상속된다. 반면 호피족의 뱀 사제의 지위(position of Snake priest)는 혈족 내부에 국한된 것이긴 하지만, 형제로부터 형제에게로, 또는 삼촌들로부터 그 자매의 아들들에게 상속되었다. 혈족이 주거지나 의례식장(儀禮式場; ceremonial office)을 소유한다는 것은 짐짓 오해를 불러일으키기 쉬운 말이다. 실질적 공동소유자는 여성혈족원인 경우도 있고 남성혈족원인 경우도 있다. 더 나아가 모든 남성혈족원이나 여성혈족원이 모두 공동소유자라고 주장할 수 없는 경우도 많았는데, 이는 실질적 소유자가 혈족 내의 혈연친족(血緣親族; blood-kin)이기 때문이다. 마치 형제연혼(兄弟緣婚; levirate)의 경우와 마찬가지로 다른 소유권의 경우에도 상속은 혈족 중의 가장 가까운 친족에게 계승되고, 그 이외의 다른 어느 혈족원에게 넘어가는 경우는 없다. 요컨대 혈족조직(血族組織; sib organization)은 상속에서 배제되는 일정한 근친과 다소 멀거나 추정적인 친족을 상속권 내에 끌어들이는 것을 포함하는 의미를 갖는 것으로, 이는 현존하는 성별분업관념(性別分業觀念)과 친족들의 멀고 가까움에 기초하여 우선권과 결부시키는 역할을 하는 것이다.

이와 더불어 중요한 점은 혈족으로 구분되는 공동사회에서의 재산은 반드시 혈족의 내부에서만 상속되는 것이 아니라는 사실이다. 최근 크로우족(the Crow)은 부동산의 형태로 된 새로운 종류의 재산의 처리와 관련하여 토지상속에 모계상속의 태도를 적용한 바도 있다. 그러나 상속가능한 성물(聖物; sacred possessions)에 대해서는 일반적으로 부모에게서 아들에게로, 그리고 형제로부터 형제에게로 상속되는 좀 다른 상속원칙을 적용하였다. 이러한 점은 크로우족이 채소밭을 모계로 계승하게 하고, 성스러운 꾸러미(sacred bundles)를 부계로 상속하게 하는 히다치족(the Hidatsa)과 유사하다. 물론 이러한 예는 어느 한 상속제도로부터 다른 상속제도로 바뀌는 과도기(過渡期; transitional stage)를 보여주는 것이라는 반론도 있을 수 있다. 그러나 그것은 상속제도가 모든 종류의 재산에 대하여 모순 없는 일정한 한 형식을 취하지 않으면 안 된다고 하는 가정에서 가능한 것이다. 그러나 안타까운 일은 여러 역사과정 가운데 그와 같은 논리적 정밀성을 갖추고 있는 경우가 없다는 점이다. 설령 한 종류의 재산에 관하여 어떤 종족이 일정한 상속제도를 따르기로 하였다 하더라도, 다른 종류의 재산형태가 유입되면 전혀 다른 일련의 상속규정(相續規定)이 만들어져야 하기 때문이다. 이 새로운 법(法; code)은 자연발생적으로 생겨날 수도 있고, 아니면 재산 자체와 함께 받아들여졌을 수도 있다. 따라서 필자는 구체적인 자료에 기초하지 않는 한, 상속제도의 혼합이 모계제(母系制)로부터 부계제(父系制)로, 또는 그 반대의 상속제도에 있어서의 변화의 표징이라는 설을 받아들이고 싶은 생각이 없다. 예를 들어 과수(果樹)는 부계를 통하여 상속하고 토지는 모계를 통하여 상속하게 하는 멜라네시아의 풍습(Melanesian custom)은 이 두 종류의 재산의 유래가 서로 다른 점에서 비롯된 것이다. 또한 실제 야만적 법관(野蠻的 法官; savage jurist)의 정신은 구체적으로 수목과 토지를 규합할 만한 추상적인 부동산관념(不動産觀念)을 도출시키지 못하고, 단순히 수목과 토지를 각각 다른 것으로 생각하기 때문에, 양자를 종합하지 못했던 것이다. 필자가 이러한 생각을 한 이유는 크로우어(語)로 된 문학작품을 번역하려는 대담한 시도를 할 때 그 작품 속 어린 소녀는 손에 한 조각의 빵과 걸치고 있는 옷가지밖에 아무것도 갖고 있지 않다는 이야기이다. 필자는 크로우족의 관념에서는 이 두 가지의 소유물이 하나로 인식되지 않는다는 것, 즉 음식물과 의복 사이에는 아무런 관련성도 없다고 여기고 있음을 알게 되었다. 따라서 하나의 문장으로 영어식 사고의 표현은 불가능하였기 때문에, 하나는 음식물의 양을 제한하는 것과 관련되는 문장, 다른 하나는 의복과 같은 범주의 동산에 관련되는 문장으로 나누어 표현함으로써 문제를 해결할 수밖에 없었다.

바꾸어 말하면, 부적절한 논리적 관점을 대신하여 심리학적 및 역사적 관점을 취하게 되면, 다른 종류의 재산에 대하여 다른 형태의 상속제도가 병존할 수 있음을 쉽게 이해할 수 있다. 혈족개념(血族概念; sib concept)을 야기할 수 있는 상속법규(相續法規; inheritance laws)는 물론 상당히 발달한 혈족조직(血族組織)과 병존하는 경우가 대다수이겠지만, 이와 비슷하게 오래 되었거나 훨씬 더 오래 된 그 밖의 상속법규가 특수한 종류의 재산에 대하여 그대로 적용되는 경우가 있는가 하면, 새로운 소유물과 관련하여서 별도의 법규가 덧붙여지는 경우도 있다는 것이다.

이제 필자는 여기에서는 숙권제(叔權制; avunculate)는 단지 언급하는 것에 그치고 — 왜냐하면 숙권제에 관하여는 이미 논하였기 때문에 — 일정한 상속규칙에 관하여 좀더 상세하게 논하고자 한다.

원시사회에서는 비록 피상속인의 혈족자매보다 장자(長子; the eldest child)가 보다 우선적 지위를 차지하고 있는 곳에서도 장자상속제(長子相續制; primogeniture)가 행하여지기는 하였지만, 이것은 비교적 드물었다. 때로 형제자매(兄弟姉妹; siblings) 사이에 특별한 구분을 하지 않았던 곳도 있다. 예를 들어 베다족(the Vedda)은 재산을 성년이 된 아들들에게 균등하게 나누어 준 반면, 딸의 몫은 명목상이지만 그의 남편에게 주었다. 오리사의 칸드족(the Kandh of Orissa)은 수장으로서의 지위는 비록 장자에게 계승되었지만, 토지는 모든 아들들에게 균등분할해 주었다. 이푸가오족(the Ifugao)은 장자에게 대부분의 소유지를 물려주지만, 실제 장자는 단지 친족집단(親族集團) 전체의 관리자에 지나지 않음을 우리는 충분히 알고 있다. 해안가의 추크치족(the Chukchi) 사이에서도 장자가 아버지의 무기나 여러 가지 도구를 가장 많이 물려받지만, 형제들도 그들 중 일부분씩을 나누어 물려받았고, 거주지까지도 분할하는 경우가 많이 있었다. 일부다처제(一夫多妻制)의 공동사회에서 장자상속제는 아들들의 나이와 관계없이 피상속인의 아내들 중 한 사람 — 보통은 첫 번째 부인이겠지만 반드시 그러한 것은 아니다 — 의 높은 지위에 의하여 상당히 제한되었다. 마사이족(the Masai)에서는 아버지의 가축 대부분을 상속하고, 한 가(家) 내의 딸들을 통제하는 것은 정처(正妻; principal wife)의 장자이다. 그러나 다른 아들들도 모두 이전에 각각 자기의 어머니가 사용·수익할 수 있도록 나눠받은 부분의 가축떼를 상속한다. 실제 갖기지의 복잡한 관계가 생겨날 수도 있다. 피상속인에게 주어진 유언권(遺言權; testamentary powers)은 관습법에 의한 재산처분의 방식까지도 변경하곤 한다. 키쿠유족(a Kikuyu)에서 사람이 사망하면 그의 여러 아들들에게 애정의 순위에 따라서 많기나 적은 가축의 무리를 나누어 줄 수 있다. 성년의 아들 중에서 가장 나이 많은 사람이 유산(遺産; legacy)의 소유권을 가지게 되기는 하지만, 그는 유언자(遺言者)의 유촉(遺囑)에 따라 소유지를 관리하는 집행인(執行人; executor)에 불과하다. 상속인이 유아(幼兒; infant children)밖에 없는 경우에는 그 재산은 피상속인의 바라는 바에 따라서, 그 동생 중의 한 사람 또는 몇몇의 사람에게로 계승된다. 그러나 이들 역시 피상속인의 유처들의 엄중한 감시를 받는 관리인에 지나지 않고, 사망자의 아들들이 성년에 달하면 유산상속(遺産相續)을 요구한다. 남아프리카의 카피르족(the Kafir tribes) 중 일정한 종족 사이에서는 두 사람의 처 즉 “큰 마누라(the great consort)”와 “오른쪽의 마누라(the right-hand consort)”가 있었는데, 이들은 공공연하게 다른 배우자들보다 피상속인의 재산에 대한 우선권(優先權)을 갖는 것으로 알려져 있다. “정처”의 장자는 그 아버지의 지위와 별도로 “오른쪽의 마누라”의 아들들에게 떼어 주지 않은 모든 재산을 상속하였다. 아버지는 다른 배우자들의 장자를 위하여 재산의 일부를 따로 떼어놓을 수 있지만, 부적절한 우선권이라는 것이 그들에게 드러나게 되면 그 결정은 아버지의 사망 후에 무효로 되었다. 아들이 없으면 형제들이 소유지를 상속하고, 또한 형제가 없으면 추장이 그것을 차지하게 되어 있기 때문에 딸들은 유산상속에서 제외된다.

키쿠유족과 카피르 종족은 우리에게 방계상속(傍系相續)의 규칙을 알게 해 주었는데, 이것은 곳에 따라서는 아주 크나큰 중요성을 가지는 것이고, 적어도 소유권적 의미(所有權的 意味; possessory sense)에서 형제들은 아들을 배제한다든가 불이익을 보게 되는 정도에서는 주된 상속인(相續人)이 된다. 이 풍습은, 가(家)의 한 분파(分派)에서의 우위나 형제들에 의한 재산의 집단적 소유(集團的 所有)라고 하는 다른 두 원칙의 조화를 위하여 힘쓰고 있는 통가족(the Thonga)의 직무상속법(職務相續法; law regulating succession to office)에 명백하게 나타나 있다. 수장(首長; headman)이나 추장(酋長; chief)이 사망하면, 정처(正妻; principal wife)의 장자가 법정상속인(法定相續人; rightful heirs)으로 간주되어, 피상속인인 지배자의 모든 동생들이 차례대로 그 직무를 맡았지만 사망할 때까지는 그것을 상속할 수 없다. 이 제도는 마찬가지로 테노치티틀란(Tenochtitlan)의 아스텍족의 군사추장(Aztec war chiefs)의 상속을 규제하였다. 마오리족(the Maori)의 예도 이와 유사한 것으로 상당히 흥미롭다. 지위에 관하여는 장자상속제가 지배적이었고, 예를 들어 제사장(祭司長; priest chief)은 신(神)의 후예라고 자칭하는 혈통의 장자의 장자 또한 그 장자였다. 그러나 토지상속에 관하여는 장자상속제에 방계친(傍系親)의 특권이 첨가되어, “가령 어느 아버지에게 A, B, C, D의 아들이 있는 경우, 그 아버지가 사망하게 되면 재산은 A에게 넘겨지는데, A가 사망하는 때의 재산은 A의 아들이 상속하는 것이 아니라, B에게 상속되며, B가 사망하면 C에게 상속되는 것과 마찬가지로 D에게까지 물려지는데, D가 사망한 때에는 A의 아들에게 도로 넘겨지는 것으로 되어 있었다.” 때로는 방계상속인(傍系相續人)의 권리가 좀더 강한 경우도 있었다. 아라파호 인디언 사이에서는 최근 대부분 말(馬; horses)로 구성된 많은 재산은 사망자의 혈족형제자매(血族兄弟姉妹; siblings of the deceased)가 차지하고, 그 성년 아들은 상속권을 박탈당하고 마는 것으로 되어 있었다. 토지 및 말에 관하여는 크로우족에서도 유사한 관습을 찾아볼 수 있었다.

모계조직(母系組織; matrilineal organization)이 상속법규(相續法規; rules of inheritance)

에 영향을 미치고 있는 곳에서는, 토지나 직책 모두 우선순위(優先順位)에 의하여 형제 중의 한 사람에게 상속되고, 이차적으로만 자매의 아들들에게 상속되는데, 물론 어떠한 방법을 취하더라도 재산은 혈족(血族) 내부에 남아 있기 마련이다. 이러한 사실로부터 어느 학자는 일정한 종족에서의 형제상속(兄弟相續; fraternal inheritance)은 이전의 모계상속제(母系相續制)의 유물이라는 결론을 이끌어 내고 있다. 이 학파에 의하면 혈족이 없는 것으로 표현되는 아라파호족(the Arapaho)은 옛날에는 모계제(母系制)이었을 것이라고 분류한다. 그러나 바람직하지 않은 주장을 뒷받침하기 위하여 더 이상 빈약한 논증을 내세우는 것도 어려운 것이다. 물론 모계제(母系制)라고 하면 형제는 모두 모계혈족(母系血族)에 속하는 사람이겠지만, 부계제(父系制)인 곳에서는 형제들이 부계혈족의 사람들이라는 것도 똑같이 사실이다. 이와 같이 형제상속이라는 특수한 사실은 모계제나 부계제를 결정할 수 있게 해주는 것이 아니다. 다른 한편 방계제도(傍系制度; collateral rule)는 형평에 기초한다는 점을 근거로 하여, 이러한 점에서 확실히 장자상속제보다 훨씬 뛰어나다. 이와 달리 소유권을 효용이라는 근거에 맞추어 결정한다면, 성년의 형제는 확실히 청소년의 아들들보다는 우선권을 가져야 한다. 또한 만일 한 단위의 소유지를 아버지와 네 명의 아들이 함께 마련하였고 그 분할이 불가능하다면, 그 관리권을 장자에게 넘겨주고, 그로부터 점차로 기타의 사람들에게 각각 상속케 하는 것이 가장 공평한 방법임에 틀림없다. 따라서 방계상속이 부계사회에 있다고 하여 조금도 우스운 일이 아니다.

장자상속제(長子相續制; primogeniture)와 대립하는 것은 '막내아들상속제(borough-english)'라고 하는 이름으로 영국의 각 지방에서 지배적이었던 한 풍습이다. 이러한 상속권은 인류학적으로 이른바 막내아들상속권(junior-right)이라고 지칭되는 것이다. 왜냐하면 이 제도에 의하여 막내아들이 주요한 상속인이거나 적어도 우선적 상속인이 되기 때문이다. 인도(India)에서도 이러한 관습이 있었다. 토다족(the Toda)의 이웃에 있는 바다가족(the Badaga)은 가(家)의 아들은 혼인을 하면 아버지의 가(家)를 떠나서 분가하여야 했는데, 다만 막내아들만은 부모의 곁에 남아 있으면서 노후에 부모를 봉양하도록 하였으며 아울러 부모가 사망하면 그 집의 소유권은 그대로 막내아들이 가지게 되는 것이다. 토다족에서는 이보다 낮은 수준의 막내아들상속권이 인정된다. 아버지의 들소는 그대로 모든 아들들 전체의 공유재산(共有財産)이었지만, 그 분할이 필요하면 장자와 막내아들에게 들소를 한 마리씩 더 주고 나머지는 균등분배된다. 아들이 두 명밖에 없는 경우에는 각각 가축무리를 절반씩을 차지하게 된다. 아들이 네 명이고 들소가 열여섯 마리인 경우에는 장자와 막내아들이 네 마리씩 가지고 둘째 아들과 셋째 아들은 각각 세 마리씩 갖게 되고, 그 나머지는 이를 팔아서 그 금액을 균분해 가지든가 아니면 아들 중의 한 사람이 그 말을 갖고 나서 다른 사람에게는 들소(buffalo) 가격의 4분의 3을 나누어줌으로써 이를 갚는 식으로 하는 것이다. 마니푸르(Manipur)의 나가족(the Naga)에는 대체로 제한적 장자상속이 행해지는 경향이 있다. 일정한 지방에서는 막내아들상속권이 인정되고 있어서, 막내아들은 아버지의 집과 아버지 소유의 동산 중에서 가장 값비싼 것을 상속할 수 있었다. 가장 관심을 끄는 것은 여성의 특권과 막내아들 상속권을 뒤섞어 놓은 카시족의 상속법규이다. 이 곳에서는 막내딸(the youngest daughter)이 가족의 제사(祭祀)를 맡아서 치르고, 주택 및 그에 속한 부속물들에 대한 소유권을 상속받았고, 가족용 장신구 중에서 가장 좋은 것을 차지하였지만, 막내딸은 자매 전원의 동의를 얻지 않고는 주택을 처분할 수 없다. 그 여자가 사망하면 또 다른 막내딸이 사망한 여성의 재산을 물려받고 하는 식이다. 자매가 없으면 유산(遺産)은 자매의 막내딸에게 물려지고 그 후에도 그 막내딸들이 상속해간다. 자매의 딸이 없게 되면 소유지는 어머니의 자매에게 돌아가게 된다. 그러나 직무상속(職務相續; succession to office)을 규정하는 법규(法規)는 이와 다른 원칙에 기초하고 있다. 족장직(族長職; chief)은 그 동모이부(同母異夫)의 자매 중에서 가장 나이가 많은 사람의 아들이 연령의 고하에 따라 상속하고, 만약 그 아들이 없으면 두 번째 자매의 아들이 이를 상속한다. 여자가 제사장(祭司長)의 지위를 가지는 어떤 지방에서는 그 직위를 물려받는 사람은 그녀의 장녀였다. 이보다 높은 수준의 힌두(Hindu) 문명에서도 막내아들 상속의 흔적이 눈에 띈다. 그도 그런 것이 마누법전(Laws of Manu)에서는 장자에게 많은 몫을 주는 것으로 하고 있으면서도, 막내아들을 위하여 특별한 몫을 규정하고 있기 때문이다.

지금의 법률관념과는 대체로 상반되는 이러한 관습은 좀더 북쪽 지방에서도 찾아볼 수 있다. 키르기즈족(the Kirgiz) 사이에서는 아버지가 생존하는 동안에 아들이 독립적인 가축사육자가 될 수 있도록 힘쓴다. 장자에게 가축무리의 대부분을 물려주고, 필요가 있으면 겨울목축지(winter-quarters)를 사서 주든가, 아니면 자기 터전의 일부분을 그에게 넘겨준다. 이와 비슷하게 다른 아들들도 나누어진 몫을 받게 되지만, 막내아들은 그대로 아버지의 목축지와 기타 소유물의 상속인이 되었다. 아들이 여러 명 있으면, 가축무리가 균등하게 분할되고, 겨울목축지는 공동으로 사용하든지 아니면 공동의 협정에 의하여 그 전부를 분할하게 되는데, 이 때 막내아들에게 불리한 분할은 할 수 없다. 왜냐하면 키르기즈법(Kigiz law)에 의하면, 가축무리가 상속지(相續地)나 할당지(割當地)에 수용할 수 없을 정도로 많아졌을 경우에는 바로 새로운 겨울목축지를 확보하여야 하는 것이 장자(長子; the eldest brother)의 의무였고, 그 분가 후에도 계속적으로 가축이 증가하게 되면 새로운 방목지를 찾아내야 하는 의무 역시 그대로 남아 있는 형제 중에서 가장 나이가 많은 사람에 돌아갔으며, 마지막에는 막내아들이 그 아버지 토지의 소유자가 되었던 것이다. 유카기르족(the Yukaghir)에서도 원인은 다르지만 마찬가지의 결과를 빚어내고 있다. 모측거주제(母側居住制)가 보편적인 경우, 형은 아버지의 집에서 분가하여야 했기 때문에, 그에 따라 아버지의 집은 다른 재산과 함께 막내아들이 상속하였던 것이다. 어머니에게서 막내딸에게 물려지는 독특한 여성용 물품에 대하여 막내아들상속제가 적용되는 것은 이 근본적 풍습의 연장임에 틀림없다. 툰드라지대(tundra)에 살고 있으면서 퉁구스족(the Tungus)의 신부매매(bride-purchase) 풍습을 따라 하고 있는 유카기르족은 당연히 부측거주제(父側居住制)를 취하지만, 그들의 경우 대부분의 재산은 모든 형제들이 함께 공유하였고, 생존해 있는 어머니가 가사(家事; household)를 관리하는 반면 장자는 순록무리를 관리하였다. 그러나 예전의 관습은 그 아버지의 총과 의복을 막내아들의 몫으로 할 수 있을 만큼 아주 강고하다.

에스키모인(Eskimo)의 상속법규는 막내아들상속권에 관하여서나 원시적 재산관념(原始的 財産觀念; primitive property concepts) 일반에 관하여서도 시사하는 바 있다. 언뜻 보아서 원칙적으로 크게 다른 점은 아버지의 총이나 가장 귀중한 상속동산(相續動産; heirlooms)을 막내아들이 상속하는 베링해협(Bering Strait) 인근의 알라스카인(the Alaskans)의 관습과 대체로 재산을 장자에게 상속시키는 그린란드인(Greenlanders)의 관습으로 나누어 보아야 할 것이다. 하지만 자료를 좀더 세밀하게 읽어보면 그 정황이 분명하게 드러난다. 실제로 그린란드인은 효용에 기초하는 소유권의 원칙에서 생겨난 제도에 수정을 가하고 있다. 그렇다 보니 북극의 환경(Arctic conditions)에서는 어느 누구도 두개의 천막이나 두 척의 작은 배를 제대로 관리할 수 없기 때문에, 이미 장자가 그러한 재산을 가지고 있으면, 더 이상의 쓸모없는 유산을 소유하려고 하지 않을 것이다. 형제가 미성년이라면 그 유산을 전혀 모르는 사람에게 넘겨줘 버리고, 그 형제가 성년이 되더라도 그에 대한 권리를 가지지 못하는 것으로 되어 있다. 따라서 그린란드의 장자상속제(長子相續制; primogeniture)는, 이것이 존속하는 한 장자(長子)에 관하여 이상스러운 부추김을 포함하는 것도 아니고, 또한 중앙 에스키모인에 있어서 주된 상속인이 되는 사람은 부모와 동거하는 장자이고, 분가한 아들이나 딸은 배제된다고 하는 확실한 서술을 접하게 되더라도 전혀 이상스럽게 생각되지 않는다. 다만 우리는 베링해협의 알라스카인은 성년이 된 아들의 분가(分家)에 관한 유카기르족이나 키르기즈족의 풍습을 본받아 지키고 있으며, 따라서 아버지의 소유지의 막내아들에게 이전되는 것은 당연한 귀결이라고 할 필요가 있을 따름이다.

아주 다양한 문화현상(文化現象)과 마찬가지로 막내아들상속권은 전파에 의한 것인가 단독기원에 의한 것인가 하는 문제를 다시 한번 생각해 볼 수 있다. 어느 정도까지 모방(模倣; borrowing)이 있었다는 결론을 피하는 것은 불가능하다. 막내아들상속이 좀더 우월한 문화수준을 지닌 지방에 살고 있는 나가족(the Naga) 사이에서 산발적으로밖에 찾아볼 수 없다는 것은 그것이 그들에게 있어서는 다만 이웃한 여러 종족의 특징을 별스럽지 않게 반영하는 것임을 적시하는 것이다. 또한 마누법전(Laws of Manu)이나 토다족(the Toda)의 상속법에서 찾아볼 수 있는 바와 같이, 장자와 막내아들이 이중의 우선권을 가지고 있는 것 역시 그 역사적 관련성을 암시하는 것이기도 하다. 이에 반하여 아시아의 풍습과 막내아들상속 사이에 어떠한 관련이 있을 것이라는 증거는 전혀 없다. 그리고 막내아들상속권은 그 형들이 아버지의 가(家)에서 분가해 나가는 현상과 연결되어 있는 경우가 많기 때문에, 그러한 분가를 조장하는 것과 같은 조건은 이러한 상속모형을 생겨나게 한 하나의 요인이라고 할 수 있을 것이다. 즉 알라스카인의 관습의 원인을 유카기르족에게서 찾는다거나, 유카기르족의 관습의 원인을 키르기즈족에서 끌어낼 필요는 없다.

이 자료는 다른 관점에서 보게 되면 이론적으로 관심을 유발하는 것이다. 선행적 조건으로서의 형들의 분가는 그 결과로서 멀리 떨어져 있는 곳에서 막내아들상속제를 만들어 내기도 한다. 그러므로 그 정도에서 평행적 발달을 해온 것이다. 그러나 이 평행관계는 엄격하게 제한되어 있다. 아주 다른 여러 현상을 찾아내기 위해서는 그저 한 발짝만 물러나 키르기즈족의 막내아들상속과 유카기르족의 막내아들상속의 발생을 비교해 볼 필요가 있다. 유카기르족의 분가제도(分家制度)에 선행하고 또한 그 원인이 되었던 것은 모측거주제(母側居住制)였지만, 키르기즈족에게서는 이러한 원인이 작용하였을 리 만무하다. 이와 같이 부분적 평형관계의 배후에서 여러 가지의 발전선향(發展線向; lines of evolution)은 가각 다른 결정인자(決定因子)에 섭속되어 있다. 바꾸어 말하면, 여기에서 우리는 집중적 발달의 한 예를 다시 한 번 다루게 되는 셈이다.

아주 개략적인 원시상속제도(原始相續制度)에서는 복잡하기만 한 이 문제에 관하여 겨우 그 일부분만을 언급하는 것 이상의 작업은 할 수 없다. 결론적으로 관습법(慣習法; customary laws)이 적용되어 효력을 가지게 되는 이 개론(槪論)에서는 설시할 수 없을 정도로 다양하다는 것을 독자(讀者)들에게 상기시켜 주고 싶다. 예를 들면 통가족(the Thonga)의 무법적인 통치자는 자기 형의 계통으로부터 자기 계통 쪽으로 상속계통을 바꾸려고 모색하기도 하였다. 기타 귀중한 유산(遺産)을 남겨두고 자녀가 없고 전체 혈통이 끊어져 버린 경우에는 야만인(野蠻人)의 법관은 새로운 해결방법을 찾아내어서 독창적인 판례(判例)를 만들기도 하였다. 마지막으로 앞에서 논거로 삼은 여러 예는 종류가 다른 재산은 상속의 원칙을 달리한다는 것, 즉 신성한 물건은 아버지에게서 아들에게로 상속되지만, 말은 사망자의 형제가 그것을 차지하며, 족장(族長)의 지위는 부계(父系)로 상속되지만 부동산(不動産; real estate)은 자매의 아들이 상속하고, 직책(職責)은 장자에게로 상속되지만, 동산(動産; movables)과 부동산(不動産; immovables)은 막내아들상속제(junior-right)에 의하여 막내아들이 상속하게 됨을 알아보기에 충분한 것이다. 인종학(人種學; ethnology)의 모든 점에서와 마찬가지로 여기에서도 현실을 명백하게 이해하는 데 걸림돌이 되는 것은 간결한 술어의 마력(魔力)이라 할 수 있다.[42)]

42) Dixon, 1905: 226. Russell: 194. Merker: 200. Seligmann: 118. Baden-Powell: 172, 305. Routledge: 143. Maclean: 11, 116. Junod: 1, 303, 383. Spinden, 1917: 185. Tregear: 122-129. Kroeber, 1904: 11. Lowie, 1912: 188. Rivers, 1906: 559 seq. Hodson: 103. Gurdon: 68, 83. Radloff: 416. Jochelson, 1910: 109. Cranz: 1, 247. Boas, 1888: 580. Nelson: 307.

제 10 장

협동단체

모건(Morgan)과 그의 제자에 의해 묘사된 바와 같이 원시사회(原始社會; Primitive Society)는 많은 구성요소로 이루어진 집합체이다. 종족(宗族; tribe)은 혈족관념에 의하여 단일한 단위로 형성되며, 모든 혈족은 그 기능이 보편적으로 유사하며, 권력의 평등 역시 비슷하다. 그리고 혈족(血族; sib) 내부조직의 구성원은 민주적 평등으로 구성된다. 만일 모건의 생각이 옳았다면 이와 같은 것을 다른 말로 표현하자면, 하위 문명의 개인은 오로지 A라는 혈족의 구성원 혹은 B라는 혈족의 구성원과 같이 사회적으로 서로 다른 차이만을 가지고 있었을 것이다. 이러한 체제는 적절하지 않음을 이미 살펴보았는데, 그 이유는 쌍방적 가족(雙方的 家族; bilateral family)을 무시하였기 때문이다. 하지만 여기서도 마찬가지로, 집합체가 일방적이든 쌍방적이든 간에 친족관계에 의존하지 않는다는 점에서 분류의 기준을 만드는 것을 실패하였다는 치명적 결함을 지적받고 있다. 원시종족(原始宗族; primitive tribes)은 연령, 성별과 혼인유무에 따라 별개의 계층을 형성하였으며, 구성원이 그 중 어느 한 집단과 관계가 있다는 것은 혈족구성의식보다도 더욱 강하게 개인의 생활에 영향을 미쳤다. 쿠노(Herr Cunow)는 아마도 원주민사회에서 연령에 따른 계층구분이 담당하는 역할을 인식한 최초의 이론가였지만, 모든 협동단체(協同團體; association) — 필자는 친족관계라는 요소를 바탕으로 하지 않는 사회적 단위로 불리기를 바란다 — 에 대한 체계적 논문에서 도움을 받았던 것은 바로 그 이후의 슐츠 박사(Dr. Schurtz)의 것이었다. 그로부터 한참 뒤 휴톤 웹스터 교수(Professor Hutton Webster)는 이와 유사한 범위의 자료에 대해 가치가 있는 편집물에 기술하였지만, 혈족조직에 집중한 인종학자들을 구하고 그들의 관심을 맹목적인 관점에서 벗어나게 하기 위하여 다루어진 모든 현상의 관찰에 대해 그들을 움직였던 영광은 슐츠 박사에게로 돌아갔다. 비록 다른 개척자들처럼 그가 틀렸고 그의 해석의 대부분이 아주 잘못되었을지라도, 협동단체의 중요성을 주장한 그의 이론은 원시사회를 연구함에 있어서 가장 중요한 출발점 중의 하나로 인정되었다.

협동단체의 유형을 설명하기 위해 일련의 계층적 분류로 구분하는 것은 그다지 어렵지 않았을 것이다. 하지만 이러한 범주는 사회적 조직에 대한 종합적 이해의 발달을 더욱 방해하였다. 예를 들면, 우리는 하나의 주제하에서 성별양분조직(性別兩分組織; sex dichotomy)을 다룰 수 있었고, 다른 연령계급(age-classes)에 대해서 다룰 수 있었을 것이다. 하지만 이러한 방법은 전적으로 부자연스러운 결과를 가져왔다. 오스트레일리아에서 성은 보통 엄격하게 의식행사에서 구분된다. 한편 특별한 순간에 실질적 구분은 남성으로 그리고 그 종족의 기타 구성원으로 시작하는 것이기 때문에 여성의 장애는 젊은 남성에 의해 나뉜다. 또한 어디서든 기혼부부(旣婚夫婦; married couples), 미혼남(未婚男; bachelor), 미혼녀(未婚女; spinster)의 세 가지로 구분되므로, 성별양분제(性別兩分制; sex dichotomy)는 오로지 미혼인 자에게만 적용되었다. 또한 미혼남성의 기숙사와 남성단체회관(男性團體會館; men's clubhouse)은 남성이 혼인 후에도 계속적으로 오락을 위해서나 일을 구하기 위하여 혼인 전에 다니던 곳에 출입하기 때문에 발생부터 연결된다. 하지만 논리적 분류는 이러한 관련 있는 제도간의 구별을 쉽게 이끌 수 있다. 지금 살펴보는 장에서, 필자는 서로 다른 지역으로부터 다수의 종족을 선택하는 것이 좋을 것이며, 그리고 각각의 사례에서 혈족과 가족으로부터 떨어진 그들의 사회적 조직을 설명하는 것이 나으리라 생각한다. 이 선택에서 필자는 유용한 문헌과 협동단체의 주된 종류의 바람직한 제시를 바탕으로 서술해 나가고자 한다. 이하에서는 많은 이론적 흥미를 포함하여 제목별로 다룰 것이다.[43)]

제 1 절 안다만제도

안다만제도(Andaman Islands)에는 혈족이 존재하지 않았으며, 모건의 이론을 바탕으로 하면 이들 각각의 공동체사회는 그 자체가 개인들의 비조직적 군집(非組織的 群集; unorganized horde of individuals)이지만, 그들은 스스로가 혈족관념이나, 아니면 어떤 의미에서는 실제적으로 친족관계와 무관한 단체로 구성되었다고 주장할 수 있다. 모든 야영지는 미혼남, 미혼녀, 혼인한 부부를 위한 3개의 막사로 배치되는데, 혼인한 부부의 막사는 미혼남과 미혼녀의 막사 사이에 위치한다. 가정에서조차도 성별이 다른 미혼의 형제자매는 서로 구분하여 거주하여야 하는데, 그들 사이에는 혼인한 자들이 위치한다. 이처럼 기혼여부와 성별에 따른 구분방법은 어디서든지 쉽게 찾아볼 수 있는 것이며, 단순한 연령에 의한 구분과는 차이가 있는 것인데, 왜냐하면 심지어 중년의 과부들조차도 미혼녀들이 거주하기 위해 만들어진 막사 중 하나에서 생활하여야 하기 때문이다. 원시종족들의 규칙 가운데 간접적으로 연령과 관련이 있는 것은 여성의 생리적 성숙기가 지난 이후 오랫동안 혼인을 미루지 않았던 것인데, 안다만제도에서는 남자의 조혼이 경제적 궁핍을 제공하는 것이라고 생각하지 않았던 것으로 보인다. 사실 혼인은 원주민의 의식 속에서 연령과 관련한 부부와 부모의 지위는 확실히 그와 관련된 많은 용어로부터 드러난다. 그리고 이는 성별에 관계없이 명백한 정의를 연령 및 혼인조건으로 제안하도록 하는 것이 허락되었다. 따라서 아이가 태어나면 처음 첫해는 A라는 호칭으로 불리다가, 이듬해에는 B라는 호칭에 의해서, 그 후 3년 혹은 4년간은 또 다른 호칭으로 불리는데, 다음 4년에서 10년까지, 11년부터 12년까지는 또 다른 특별한 단어로 불린다고 규정되었다. 수개월 동안 혼인관계를 지속하였던 남편은 며칠동안 혼인상태에 있었던 남성과는 구별하여 불리웠고, 장래의 아버지(父)는 현재의 아버지(父)와는 별개로 구별하여 불리웠고, 아내들

43) Schurtz: 1-82. Webster.

이나 어머니들에 대하여도 그와 마찬가지의 유형으로 상세한 호칭법이 행해졌다. 사회적으로 가장 중요한 지위호칭(地位呼稱; status trems) 가운데, 종족원의 지위를 가질 수 있는 소년과 소녀의 시작과 관련이 있는 것이 있는데, 이와 관련되는 의식(儀式)에 대해서는 특별한 관심을 기울일 필요가 있다.

소년과 소녀가 약 11세가 되면 시범적으로 단식기간(斷食期間)을 가져야 하는데, 이 기간 동안에는 바다거북, 꿀, 돼지고기, 그리고 다른 맛있는 음식을 먹는 것이 금지된다. 이처럼 사치스러운 일을 금지하는 이유는 신참자의 자제력을 시험하려는 것으로, 그 기간은 오로지 추장(酋長)의 제안에 의해 시작되고 끝이 난다. 모든 단식기간은 3분기로 구분되며, 각 분기마다 그 금지를 해제하는 정식적인 의식을 수반한다. 이와 같은 금지에는 바다거북, 꿀, 그리고 돼지의 비계와 신장을 완전히 배제하여야 한다.

바다거북단식을 해제하는 것이 허락되면, 추장은 많은 양의 바다거북기름을 끓이고 나서 차갑게 식히게 한 뒤, 사람들 앞에서 그것을 신참자(新參者; novice)의 머리 위에 붓고, 그의 몸에 문지르는데, 이튿날 해가 저물 때까지 그는 머리와 몸을 씻어서는 안 되었다. 그러한 의식이 행해진 뒤, 비로소 그는 신선한 바다거북요리를 먹고, 그의 막사로 인도되어 조용히 정좌하였다. 그와 동갑내기집단은 필요한 것을 공급하고 노래를 불러서 그가 계속 깨어 있도록 하여야 한다. 그는 부수적인 여러 시련을 겪으면서 인생에 있어서 중요한 시기로 진입하는 중이므로, 어머니와 여자친족은 이를 심히 애도하였다. 그들은 그의 신체에 그림을 그리거나 다른 치장을 하고, 비처럼(broom-like) 나뭇잎묶음을 손에 들게 하면, 그는 여성의 장단에 맞춘 반주에 일어서서 격렬하게 춤을 추고, 남자들도 그와 같은 행위를 쳐다보거나 같이 춤을 추었다. 기운이 다하여 지치면, 그 젊은이는 춤추기를 멈추고, 마치 소위 말하는 성년 제1기의 일원으로서 그의 친구들과 섞이게 된다. 소녀들도 이와 유사한 의식을 치르고 사회적으로 동등한 지위에 이를 수 있다.

이러한 의식이 끝나면, 부수적 금제인 콩팥기름으로 구운 생선을 먹지 못하는 것은 추장에 의하여 배제되지만, 그 경우 수련자는 엄격한 침묵을 행해야 하고 그 이외 다른 의식 없이 단식을 마친다. 반면 꿀에 대한 절제는 오로지 형식적인 순서에 따라 멈출 수 있었다. 추장은 신참자에게 모든 맛있는 음식을 먹는 것을 금제하는 행위에 대해 도움을 주었고 그의 몸에 꿀을 발라주었다. 어쨌든 이러한 것들은 개미의 공격에 대항하기 위해서는 씻어버려야 했다. 침묵하라는 명령이 다시 내려지기는 하지만, 이 때에는 어떠한 금제도 요구되지 않는다. 다음날 아침 소년은 나뭇잎으로 장식한 뒤, 걸어서 바다를 건너고, 스스로가 물을 튀기며 또한 그의 머리를 물 속에 담그는데, 소년의 행동을 바라보는 사람들은 이러한 모든 행동이 뱀에 대항하기 위한 신비로운 방어행위라고 생각하였다. 젊은 여성 역시 이와 비슷한 과정을 거치지만, 이는 다만 그녀가 첫 아이를 출산한 뒤에야 행해졌다.

일반적으로 바다거북단식이 끝난 후 1년이 경과하면 돼지콩팥기름을 금제하였던 의식이 행해지고 나면 비로소 마지막 의식이 행해졌다. 신참자의 친구들은 돼지우리를 만들어, 청년을 위해서는 수돼지를, 처녀를 위해서는 암돼지를 잡았다. 의식에 참가하는 자는 지금까지 먹을 수 없었던 음식물을 받게 되고, 돼지기름을 몸에 붓고, 침묵한 채 정좌하여 눈을 뜬 채로 있어야 한다. 다음 날 아침이 되면 그는 가장 먼저 춤을 춘다.

이러한 일련의 행위와 관련된 사실들을 주의 깊게 살펴볼 필요가 있다. 힘든 과정을 시작하는 시점은 사춘기와 일치한다. 좀 더 정확히 여성의 성숙은 '화명(花名; flower name)' 등으로 그녀를 인식시킴으로써 시작되는데, 화명은 처음 월경을 시작할 때 만개한 꽃에서 비롯되는 것으로, 여성이 첫 출산할 때까지 사용되었다. 다음으로 의무적이지는 않지만 남자는 혼인하기 전에 세 가지의 의식을 치러야 한다. 대부분의 남자는 몇 단계를 통과하기 전까지 혼인을 연기하였는데, 일찍 의식을 통과하는 것은 혼인 후에도 명예의 문제로 여겨졌다.

안다만사회(Andaman society)를 전반적으로 살펴볼 때, 우리는 구성원들이 다양한 방법으로 구분되었음을 알 수 있다. 가장 뚜렷한 구분은 기혼자, 미혼남, 미혼녀로의 분류이며, 이는 그 거주지 내의 배치에서도 마찬가지로 구분되었다. 이러한 분류를 종족의 성적 양분제(性的 兩分制; sexual dichotomy)라고 이야기하는 것은 과장이라고 생각된다. 면도를 시키거나, 물을 떠오거나, 땔감을 나르는 것과 같은 이러한 일들은 분명 여성의 몫으로 간주되었고, 사냥을 하고 낚시를 하거나 카누를 만드는 일들은 남자에게 맡겨졌는데, 이러한 노동의 분업이 다른 지역에서 볼 수 있는 것과 마찬가지로 특별한 계층적 분리를 의미하는 것은 아니었다. 다른 한편 성숙한 여성에게 화명(花名)을 부여하는 것은 사춘기에 도달한 여성과 그렇지 않은 여성들을 객관적으로 확실히 경계지어 주었다. 지위에 대한 호칭의 다양함은 다소 안다만의 공동사회의 보다 나은 계층분류를 증명하는 것이다. 왜냐하면 동일한 영역에 속하는 남성이나 여성은 공동의 목적 아래 결집될 필요는 없지만, 약간은 비슷하고 조화로운 평행관계를 포함하고 있기 때문이다. 시간을 거슬러 올라가, 이와 관련하여 엘시 클루 파슨스 박사(Dr. Elsie Clews Parsons)에 제안된 매개호칭(媒介呼稱; teknonymy)에서 그럴 듯한 부분적 설명을 마쳤다. 한 개인의 사회적 지위는 그가 부모가 되는 것과는 달리, 부모로 불림으로써 그 복잡한 지위는 어느 정도 정리가 되었다. 물론 단식기간은 개인의 지위분류와 일정한 관련성을 갖고 있었다. 요컨대 그 시점이 청년기의 시작과 일치하는 것으로 생각되지만, 신입기(新入期; initiatory period)의 세부적 구분은 분명 어떠한 생리적 조건과 관련이 있는 것이 아니었다.

전반적으로, 안다만제도(Andaman Islands)의 원주민의 단체들은 다른 지역의 여러 종족들의 단체에 비해 다소 덜 엄격하게 조직되었다. 그럼에도 불구하고 친족관계와 관련이 없는 일정한 제한적 규칙에 따른 그들 공동사회의 구분은 부정하기 힘든 사실이다.[44)]

제 2 절 오스트레일리아

안다만제도의 원주민들은 무혈족사회(無血族社會; sibless society)의 상태로 협동단체를 갖추고 있음에 반하여, 오스트레일리아(Australia)에서는 협동체와 혈족이 공존하는 모습을 보여주는데, 이 경우 협동단체는 혈족과 같이 중요한 역

44) Man: 40, 60 seq, 108, 207. Parsons: 282.

할을 담당하는 경우가 많다. 흔히 전자는 후자에 비하여 좀더 중요한 역할을 담당하였다. 오스트레일리아의 환경이 통속적인 서적과 반통속적인 서적에서 반복적으로 묘사되어 왔기 때문에, 개괄적 취급이 가능했던 것으로 보인다. 안다만제도의 원주민에 대한 몇 가지 특징을 기록한 바에서처럼 오스트레일리아의 원주민의 특징도 이와 유사하다. 노인지배권(老人支配權; hegemony of old men)과 여성무능력(女性無能力; feminine disability)이라는 개념을 추가적 원리로 취함으로써, 그들 사회에서의 협동단체를 목적에 따라 확실히 구분하였다.

무엇보다도, 가까운 모든 오스트레일리아의 종족들 가운데에는 성과 관련하여 특이한 방법으로 사회적 활동을 구성하는 경우가 많았다. 여자로 태어나는 것은 단지 산업적 경제적인 역할을 결정하였던 것이 아니라 남존여비사상(男尊女卑思想; theory of feminine inferiority)에 의해 여자의 중요성이 무시되었다. 앞서 살펴본 바와 같이 키르기즈족(the Kirgiz)의 여성들은 실제 남성에게 종속될 뿐만 아니라 남성보나 훨씬 열등한 지위에 있었지만, 종족적인 축제가 있으면 여성들이 제외되지 않았고, 서로 평등하게 참여하였다. 오스트레일리아의 여성에 대해서 남성의 공무(公務; public activity)는 한 여인에 대한 전설적 이야기에 신비스럽게 가려진 채 전반적으로 금지가 되었다. 여성의 무능력은 미입단청년(未入團靑年; uninitiated lad)의 무능력과 같이 인식되지만, 단체의 가입은 각각의 남성의 천부적 권리로서, 결국 순수한 성적 양분제(性的 兩分制; sex dichotomy)가 존재하였다. 즉 남성은 여성의 가입이 거절되는 비밀단체를 만들었던 것이다. 이러한 사실은 혈족동맹(血族同盟)에 대한 자료와는 대비된다. 성적 양분제는 혈족의 모든 남성과 여성 구성원의 결집이라는 유대감을 확실히 산산조각내어 버린다. 왜냐하면 종족적 협동단체에서 모든 남성조직에 의한 혈족동맹, 즉 웹스터 교수(Professor Webster)가 '성적 동맹(性的 同盟; sexual solidarity)'이라고 부름으로써 그것을 대신하였기 때문이다. 이글 호크족(the Eagle-hawk), 배트족(the Bat), 크로우족(the Crow)과 프로그족(the Frog)의 남성들과 함께 의례적인 관행과 정치적 유사성을 교류하였던 에뮤족(the Emu)의 남성은 모든 혈족 남성에게 단순히 에뮤족의 남성과 여성 사이에서는 불가능한 계급의식을 고취시켰다. 사실, 모든 에뮤족의 전부나 대부분은 그들이 숭배하는 동물의 고기를 먹지 않았지만, 여성은 단지 여성이라는 이유로 이와 유사한 음식섭취의 제재를 받았다. 호윗트 박사(Dr. Howitt)는 유알라로이족(the Yualaroi) 여성은 에뮤새고기와 그 알을 먹으면 안 되었고, 중부지방 종족들은 어느 혈족에 속하는 여성이든 간에 홍매(brown hawk)를 먹으면 안 되었다고 하였다. 따라서 음식과 관련한 문제에서 성별은 혈족적 목적과 대립관계에 있었다. 실제로 여자라는 사실보다 그녀가 어떤 토템단체에 속하는가가 더욱 중요하였다.

하지만 오스트레일리아의 원주민들이 안다만제도의 원주민들보다 사회적으로 성별을 중요시여겼을 뿐만 아니라 연령과 계급 역시 상당히 중요한 역할을 담당하였다. 카리에라족(the Kariera)과 쿠르나이족(the Kurnai)은 거주지내의 다른 사람들과 미혼남을 일반적으로 구별하였지만, 그와 유사한 구별이 미혼녀에게는 존재하지 않았다. 또한 일반적으로 사회적 단계의 진입에 대한 구분이 매우 정밀하였다. 쿠르나이족의 유아는 8-9세의 소년들과는 별개의 호칭으로 불렸고, 부모와 함께 생활하는 미입단청년(未入團青年; uninitiated youth)과 신참자(新參者; novice), 미혼남과 성년의 가장 역시 각기 별개의 호칭으로 불렸다. 어떻든 입단의 단계는 매우 세세하게 구분되었다. 무엇보다도 중요한 특징은 나이 든 여성에 대한 음식금제가 엄격하게 존재한다는 것이다.

오스트레일리아 원주민의 입단의식(入團儀式)은 사춘기에 행해지는 안다만제도의 원주민의 의식과 유사하지만, 이들 양자 사이에는 매우 다른 차이점도 존재한다. 안다만제도인 대부분은 성공적인 음식금제로부터의 자유라는 단계에 이르기 위한 시범적 단식기간을 거쳐야 하는데, 그러한 단식기간을 거쳤는지의 여부가 혼인을 위한 필수적 예비단계로 간주되지는 않았다. 반면 오스트레일리아에서는 그 누구도 일정한 의식을 통과하기 전까지는 아내를 맞이하는 것이 허락되지 않았으며, 심지어 중부지방에서는 여성에게조차도 혼인적령의례(婚姻適齡儀禮; nubility rite)가 있었다. 안다만제도인의 입단의식은 신비스러운 것도 아니고, 오스트레일리아에서처럼 여성에게만 한정되었던 것도 아니었다. 다시 말하면, 오스트레일리아 원주민의 입단의식은 명백히 혼인과 남성의 독점적 지배를 위한 것으로 준비된 의식을 치러야 했다. 혼인적령의례가 발생하는 곳에서 이와 같은 의례는 많은 남성들이 보는 앞에서 남성에 의해 행해졌지만, 여성은 그러한 의식을 지켜볼 수 없었으므로, 중요한 입단과정에서 배제되었다. 마지막으로 입단의식의 특징 그 자체는 상이하다. 카리에라족처럼 전통적인 풍습에서 신참자 스스로가 자신을 치장하는 것 예컨대 각각의 팔뚝 주변에 단단히 끈을 매는 것과 같은 치장을 하는 것에 만족해하는 종족이 있다. 반면 더욱 공통적인 사항은 오스트레일리아 원주민들 사이에서 무수히 많은 혹독한 시련을 통과하여야 하였다. 예컨대 어떤 지역에서는 치아를 빼거나, 어떤 지역에서는 할례(割禮; circumcision)와 요도절개(尿道切開; subincision) 등을 통하여 소년을 청년의 지위로 승격시켰다. 또한 다른 지역에서도 입단의식을 치러야 할 소년들은 외딴 지역에 고립되어, 먹기 어려운 음식물을 제공받거나 어른인 남자에게 모질게 맞거나 채이기도 하고, 상당히 많은 시련을 겪어야 했다. 뿐만 아니라 무거운 통나무를 베고 굴리는 것을 강요당하거나 다른 종류의 힘든 육체적 노동의 수행을 강요당하기도 하였다. 이러한 시험을 좋은 성적으로 통과할 때 비로소 장로는 각각 신참자에게 은밀한 장소에 숨겨둔 신성한 곤봉('bull-roarer')을 나누어주었다. 간단히 말하면 오스트레일리아 원주민에게 있어서 입단의식은 젊은이의 자기통제에 대한 엄격한 시험이라고 할 수 있다. 하지만 안다만제도에서의 이러한 통과의례는 좀더 엄숙한 것이었다. 이는 종족적 지식과 윤리를 받아들이는 성실한 준비과정이었다. 수련자는 그의 연장자의 가르침에 절대적으로 복종하도록 배웠으며, 그가 알게 되는 비밀에 대해 미입단자 앞에서 내뱉어서는 안 된다. 그리고 어떤 음식을 먹어서는 안 되는지, 또한 그의 고생을 통한 인생을 발견함에 있어서 어떠한 노력을 해야 하는지를 듣게 된다.

오스트레일리아 원주민과 관련된 상세한 입단의식은 상당한 칭송을 받는다. 수련자에게 전달하는 비밀 중에 호기심을 자극하는 웅성거리는 소리의 진정한 목적은 사전에 입단식에 대한 경고를 함으로써 여성과 아이들에게 의례적인 통과의식(ritual of initiation)을 넘어 정신을 관장하는 목소리로서 인식하도록 가르치기 위함이다. 그는 지금 그것이 신성한 곤봉 즉, 편평한 막대기이나 석판의 회전에 따라 끈의 맨 끝까지 공기를 통하여 단순하게 생산되는 것임을 배우게 된다. 너무 이상한 것은 가장 큰 심리적 억압이 신성한 곤봉의 본질을 무시한 채 여성에게는 보여주면 안된다는 것으로, 여성들이 그것을 보는 것은 결코 허락되지 않는다. 실제 형식적으로 몇몇 종족들은 만일 남성이 여성에게 신성한 곤봉을 보여준다면, 둘 다 사형에 처하도록 하는 규율을 가지고 있기도 하다. 이 특징을 선택한 것에 대한 이유는 다음에 나타날 것이다. 이러한 부족을 제외하고 신성한 곤봉은 실제 입단의식과 관계가 있는 것이지만, 그것을 여성으로부터 숨기기 위하여 그 어떤 시도도 행해지지 않았다.

입단의식(入團儀式; initiation)이 혼인과 다른 사회적 기능으로 젊은이들의 자격을 부여하지만, 조직에서 미입단청년에게 장로와 동등한 지위를 부여하도록 하지는 않는다. 조직에서 미입단청년의 지위는 다가오는 많은 시간동안 실제 매우 하찮은 것이다. 미입단청년은 정치적 결정에 참여한다고 결코 말할 수 없고, 심지어 음식과 관련하여서도 마지막 제재로부터 자유로워지기까지 스스로 그 고통을 감당하여야 할 것이다. 슐츠(Schurtz)와 그에 앞서서 쿠노(Cunow)가 위에서 협동단체와 혈족조직(血族組織; the sib organization)과는 별개임을 주장한 것과 마찬가지로 오스트레일리아 원주민은 그것을 개인의 생활에 있어서 그다지 중요하지 않은 사회단위로 세분화하였다. 모든 사람들은 태어나면서 남성반족(男性半族; male sex moiety)이든 아니면 여성반족(女性半族; female sex moiety)에 속하게 될 것인지, 그리고 특권계급에 속할 것인지 아니면 권력을 갖지 못하는 계급에 속하게 될 것인지가 결정된다. 그리고 그의 인생에 있어서 일련의 사회적 단계를 거치면서 발전하는데, 각각의 단계에서 그는 일반적인 양식에 따라 행동하여야 한다. 와라문가족(the Warramunga)의 남자가 와일드캣 혈족(the Wild-cat sib)에 속한다면 혈족의 규칙을 지키는 동안은 자유롭게 에뮤새고기를 먹을 수 있다. 그렇지만 그가 중년이 되기 전까지는 에뮤새음식을 절제하여야 한다. 그는 양자 중 어느 한쪽의 반족에 속할 것이고, 어떤 혈족이나 가족에 속하겠지만, 만일 그가 미혼이라면 거주지의 다른 독신남성들과 함께 생활하며 가족이나 혈족 그리고 반족과는 떨어져서 살아야 했다. 그래서 일상생활에 있어서 성별과 연령이 결합된 영향력은 친족집단의 영향력을 충분히 능가하였을 것이다.

오스트레일리아의 협동단체의 특징 중 하나에 대해 지금까지는 조심스레 그 언급을 자제하였다. 알려진 바와 같이 4개나 8개로 나뉘는 각각의 분류체제가 섬대륙 전체를 지배하였다. 전자에 대한 우리의 관심을 위하여 앞에서 충분히 살펴보았다. 필자는 이미 오스트레일리아에서의 이중조직(dual organization)의 발생에 대해 언급하였다. 반족(半族; moiety)은 종족(宗族; tribe) 내에서 각각 2개로 나뉘고, 동시에 4개로 구성된다. 최근까지 우리의 권위자들은 일반적으로 다음과 같이 혼인을 통제하였던 부부집단(matrimonial groups)으로서 4개의 분류를 기술하였다. 즉 부계제의 카리에라족(the patrilineal Kariera)을 예로 들면, 먼저 A와 B라는 족외혼의 반족으로 구분한 뒤에, 전자인 A반족은 1계급과 2계급으로, 후자인 B반족은 3계급과 4계급으로 구성된다 할 수 있으며, 여기서 숫자들은 발음상 어려운 토착의 이름(native names)을 대신하여 보자. 그런 뒤 카리에라족의 규율에 따라서 살펴보면, 1계급에 속하는 남자는 자신의 계급과 2계급에 속하는 사람과 혼인할 수 없었는데, 왜냐하면 양자는 A반족의 세부조직이기 때문이었다. 뿐만 아니라 3계급에 속하는 사람과는 혼인하여서도 안 되었는데, 그는 사분체제(四分體制; four-class system)에 의하여 제약을 받고 있기 때문이고, 유일하게 그와 혼인이 가능하였던 선택할 수 있는 계급은 4계급에 속하는 사람이었다. 어떻든 개별적 계층구분이 결정되는 방법에 의해 여기서 이 체제의 가장 특이한 부분이 발전된다. 즉 1계급에 속하는 남자의 자녀들은 당연히 부계반족에 소속되는데, 왜냐하면 카리에라족은 부계혈통주의(父系血統主義)를 채택하고 있기 때문이다. 그럼에도 불구하고 그의 계급에 소속될 수 없는 것이 아니라, 다음의 부수적 계급 즉 2계급에 들어가야 했던 것이다. 마찬가지로, 4계급에 속하는 남자가 1계급의 여성과 혼인을 한다면 자녀들은 3계급이 되는데, 왜냐하면 자녀들은 아버지의 반족에 소속되어야 하고 반면 아버지의 계급에는 속할 수 없기 때문이다. 만일 카리에라족 대신에 어떤 모계제의 4분체제 종족을 예로 든다면, 역시 이와 유사한 원리가 적용될 것이다. 즉 모든 자녀들은 어머니의 반족에 소속되고, 그녀의 반족 안에서 그녀의 소속계급과 달리 그 나머지의 계급에 소속될 것이다. 이러한 체제가 갖고 있는 흥미로운 점은 동일한 계급 안에서 조부모와 손자녀 사이의 친밀감의 존재이다. 카리에라족의 경우 남자가 1계급에 속한다면 그의 자녀나 아버지는 2계급에 소속될 수 없는데, 왜냐하면 아버지와 아들은 동일한 반족에 속하여야 하기 때문이며. 그럼에도 불구하고 동일한 계급이어서는 안된다. 그러므로 아버지의 아버지와 아들의 아들은 동료일원(同僚一員; fellow member)이기도 하다.

앞에서 언급한 오스트레일리아의 혼인제도의 체제는 최근 몇 해까지만 유지되었다. 왜냐하면 오늘날 브라운(Brown)의 연구가 사분체제(四分體制; four-class system)는 형식적으로 옳은 반면 현상의 핵심에 대해서 통찰하지 못하였다는 것을 지적하였기 때문이다. 처음의 설명으로부터 이미 알 수 있는 바와 같이, 한 계급에 속하는 사람은 나머지 3계급의 사람들 중 오로지 한 계급의 사람과 혼인을 할 수 있었지만, 1계급의 구성원이 4계급의 사람과 혼인하는 것은 허용되지 않았으며, 거기에는 여전히 강력한 제재가 존재하였다. 브라운은 이 제도의 본질은 단순히 남자는 외삼촌의 딸(혹은 토착의 명명법에 따라 이와 같이 불리는 여성)과만 혼인해야 하는 것이라고 보았다. 사분체제는 단지 그 자료와 혼인이 가능한 사람은 반대편의 반족에 속하여야만 하고 유력한 부모의 계급과는 다른 계급에 속하여야 내용에 딱 들어맞는 것이다. 하지만 실제 혼인에서는 오로지 혈족관계(血族關係; consanguinity)의 여부에 의해, 그리고 특별한 종류의 교차사촌 간의 친족관계(cross-cousin relationship)의 존재에 의해 규율되는 것이므로, 단지 우선혼(優先婚; preferential mating)라는 제목 아래서 필자가 앞에서 언급한 것은 그 이유에 대한 것이다.

브라운은 왜 계급별 혼인통제가 교차사촌의 친족관계에 의존한 뒤 실제로 개인들의 결합을 결정하는 데 적용되지 못하였는지에 대해 매우 훌륭한 해석과 설명을 해주고 있다. 하지만 만일 그들의 혼인점유(婚姻占有; matrimonial occupation)가 없었다면, 계급의 기능을 설명하는 것이 쉽지는 않았을 것이다. 그들이 어떤 종류의 사회단위로 존재하고 있음은 다수의 관찰자들에 의해 입증되었던 것이며, 주로 반족이 없는 곳에서는 일정한 호칭법을 갖기도 하였다. 어떤 학자들은 계급들을 단지 반족 중 1/2일 뿐이라고 주장하고 있지만, 이상하게도 그들이 행하는 간접적인 것 대신에 동일한 세습규칙(rule of descent)에 따르곤 하기 때문에, 이는 결국 우스운 억측일 뿐이다.

비록 필자가 오스트레일리아 원주민의 계급들에 대해 충분한 이론을 접한 것은 아니지만, 쿠노(Cunow)의 기여로 아마도 사회조직이론(社會組織理論; theory of social organization)에 관한 본질적인 개념의 충분한 근거와는 동떨어진 것을 암시적인 부칙으로서 언급할 것이다. 쿠노는 계급(階級; classes)을 연령층(年齡層; age-strata)으로 표시하는 것이고, 동일한 계급의 구성원들만이 잠재적 배우자라는 사실을 확신하였고, 반족은 본질적으로 두 개로 분리되었지만 혼인이 가능한 지역적 집단들이라고 하였다. 자녀는 부모와 더불어 동일연령집단(同一年齡集團; same age-group)에 소속될 수 없기 때문에, 왜 계급세습규칙(階級世襲規則; rule of class descent)이 관찰되는 변칙적 유형의 하나인지를 좀더 알기 쉽게 설명될 수 있었다. 자녀는 부모의 반족의 구성원이지만 그 (또는 그녀의) 계급에 속하는 것은 아니다. 왜냐하면 계급체제는 실제에 있어 정확히 서로 다른 연령층과 관련된 수단이기 때문이다.

쿠노의 이론은 수많은 비판을 받아야 했다. 만일 계급이 연령에 따른 단계라면, 계급가입(class affiliation)은 당연히 연령에 따라 다양해야 할 것이지만, 실제에 있어서 각각의 오스트레일리아 원주민들은 태어나면서 죽을 때까지 오로지 한 계급에만 소속되었기 때문이다. 쿠노는 계급가입에 대해 남자가 다른 단계에 속하는 두 명의 아내를 거느림으로써 단계가 변경되는 것을 막도록 하는 것이라고 확신했다. 쿠노의 이론에 따르면 세 단계로 구분이 되는데, 유년단계(幼年段階; grade of childhood), 신입단계(新入段階; grade of an initiate), 장년단계(長年段階; grade of an old person) 즉 신입집단 중에서 자녀를 가진 사람이 단계가 바로 그것이다. 쿠노가 오로지 동년배(同年輩; age-mates)들만이 혼인하는 것이 허락되었다고 주장하였을 경우, 그는 남편과 아내는 신입단계나 장년단계에 속하게 됨을 의미하는 것이었다. 이와 같은 가정을 바탕으로 하여 혼인한 지 10년이나 15년이 지난 남성들은 두 번째 부인을 취할 수 있었으며, 둘째부인의 지위는 남편이나 첫째부인의 지위와 같을 것이며, 비록 남편과 첫째부인이 더 높은 지위를 취득한 후에도 둘째부인은 여전히 그 지위에 머무를 것이다. 즉 둘째부인은 첫째부인이 낳은 장남과 같은 지위에 있어야 할 것이다. 이러한 상황을 방지하기 위하여, 쿠노는 혈족명칭(血族名稱; sib designations)과 같이 영구적인 계급명칭(階級名稱; class names)을 부여할 필요성이 있다고 주장하였다. 쿠노의 주장이 독창적이라는 사실을 부인할 수는 없지만, 무엇보다 그것은 단순한 추측에 의존하는 것 이상이 되지 못한다는 점을 지적받았다.

더욱이 이 구상에 의하면 각각의 반족의 3단계에 의해 요구되는 6개의 계급명칭 대신에 4개의 계급명칭만이 존재하기 때문에, 쿠노는 동일계급명칭

(同一階級名稱; same class name)에 의해 만들어진 서로 다른 세대의 구성원들은 동일계급의 구성원도 아니고, 서로 다른 계급의 구성원도 아니었다. 단지 편의를 위하여 이처럼 명명된 것이라는 가정을 만들었는데, 이것 또한 독단적인 해석처럼 생각된다. 쿠노는 오스트레일리아의 많은 친족관계명명법(親族關係命名法; kinship nomenclature)에서 조부모와 손자녀 상호간에 사용되는 용어가 하나의 용어에 의해 만들어졌다는 사실에 대해 관심을 가졌다. 이러한 현상은 그가 설명할 수 없는 것인데, 어떻든 이것은 조부모와 손자녀에 대하여 동일한 계급이름을 쉽게 사용할 수 있도록 짜여져 있었다. 그러나 또 다른 해석도 가능하다. 즉 사분계급체제(四分階級體制; four-class scheme)에 의하면 조부모와 손자는 표면상 하나 혹은 동일한 계급의 구성원이기 때문에, 조부모와 손자녀는 확실히 하나의 용어에 의해 만들어지는데 이러한 계급과 연령계급은 동시에 발생하지 않을 것이다. 이와 같이 쿠노의 이론은 약점이 있음에도 불구하고 애매한 계급계통의 특징에 관하여 간명한 해석을 함으로써, 우리는 그의 이론을 인정하고 여러 난점이 제거될 것이라고 기대하며 그 핵심을 계속 다루고자 한다.

요약하자면 오스트레일리아의 경우 모든 가정에 관련된 것은 아니지만, 거의 모든 종족에 있어서 모든 개인들은 동시에 다양한 사회단위의 구성원이라는 것을 발견하였다. 이러한 현상은 성별, 반족, 토템혈족과 계급에 따라 단체가 결성되고, 단체에의 가입은 항구적인 것으로 생각되었다. 또한 오스트레일리아 원주민이 특별한 의식을 통하여 보다 발전된 위치에 진출한 것으로부터 그리고 당사자의 연장자의 그것으로부터 대수롭지 않게 여겨지는 단계의 일정한 지위를 차지하게 된다. 오스트레일리아 원주민의 인생의 어느 시점에서나 의무와 특권은 그의 친족관계뿐만 아니라 협동단체적 관계에도 의존한다.[45)]

45) Cunow, 1894: 25 seq., 144 seq. Spencer and Gillen., 1904; 257, 328, 498, 611. Howitt: 509 seq.

제 3 절 마사이

오스트레일리아 원주민들 사이에서는 혈족과 협동단체가 똑같이 중요하게 여겨진 반면, 마사이족(the Masai) 사이에서는 전자 즉 혈족보다 협동단체를 더 중요시 여겼다. 그것을 무시하는 것은 상당히 어려운 일이다. 처음에는 단순히 혼인을 규제하였으나, 현재는 종교적 역할을 담당하고, 특히 특수한 가축의 품종화는 대친족집단(大親族集團; major kinship groups)과 소친족집단(小親族集團; lesser kinship groups)과 친밀한 관련이 있다. 무엇보다 추장(酋長; chief)이나 주술사(呪術師; medicinemen)는 단일 혈족의 최고계층에서만 선택되었다. 물론 혈족집단에 의존하는 대부분의 행사들은 다른 집단에의 소속에 따라 좌우되는 모든 행사와 비교하면 얼마 되지 않는다.

무엇보다도 미혼남(未婚男; bachelor)과 그들의 애인, 미성숙한 소녀들은 공동사회의 다른 구성원들과 분리되어 거주하여야 했다. 이와 같은 조건은 안다만제도에서의 거주방식과 확실히 구분되는 것으로, 안다만제도에서는 미혼남과 미혼녀 사이에 혼인한 부부가 거주하여 서로를 엄격히 격리시켰기 때문이다.

두 번째로 남성과 여성은 당연히 그 지위에 따른 소집단에 소속되었다. 오스트레일리아 지역에서와 같이 모든 남성들은 사춘기의 고통(할례; 割禮; circumcision)을 경험하지 않으면 안 되었으며, 이러한 과정을 거쳐야 전사라는 지위를 획득할 수 있었다. 입단의식(入團儀式; initiation)을 치르는 동안 그리고 상처가 나을 동안 남자는 더 이상 소년이 아닌 수련자(修練者; neophyte)로서(문언적으로 말하면 '은둔자')의 지위를 가졌는데, 처음 2년간은 견습생(見習生; shaved one)으로 불리웠다. 28세 내지 30세에 이르면 성인용사의 지위를 갖게 되며, 혼인을 하게 되면 독신자의 합숙소에서 나오고, 남은 여생동안은 장로(연장자)의 권위(dignity of an elder)를 갖게 된다. 입단과 징병기간은 명백한 준비기간이기 때문에, 우리는 오로지 남성의 3시기 즉 소년기(少年期; stages of boy), 병역기(兵役期; stages of warrior), 장년기(長年期; stages of elder) 만을 알면 되고, 미혼의 용사는 이 호전적인 민족 사이에서 매우 확실한 역할을 담당하였다. 소년이 할례를 하는 것과 마찬가지로 소녀는 첫 월경 이후에 음핵절제술(陰核切除術; clitoridectomy)을 받아야 했는데, 이후 상처가 아문 후에는 비로소 신참자(新參者; novice)로 인정되었다. 그런 뒤 여성들은 월경이 멈출 때까지 별도의 또 다른 지위를 유지하게 된다. 이 때 새로운 단어로 그 지위를 지칭하게 되고, 이는 백발이 될 때까지 바꾸지 않는다. 남성이나 여성의 친족관계에 속하지 않는 사람들은 각각 그들의 상대적 지위에 의존하는 호칭에 의해 불려졌다.

이러한 기간은 일정한 풍습과도 관련된 것이다. 혼인한 여성은 철로 만든 목걸이와 귀걸이를 함으로써 미혼인 여성들과 구별이 되며, 실제로 부인은 귀걸이를 하지 않고서 감히 남편 앞에 서 있을 수조차 없었다. 그들은 오래 전부터 내려오는 의관(衣冠; garment)에 의해 식별될 수 있었던 것이다. 소년과 소녀는 거대한 나무조각들을 그들의 귀에 밀어 넣는 반면, 미혼남과 장로들은 귀걸이와 팔찌를 귀와 팔목에 걸었다. 할례 후에 미혼남은 검, 창, 곤봉, 그리고 방패로 그의 지위를 지니고 다니면서 나타냈으며, 또한 특수한 컵이나 타조의 깃털로 만든 머리장식, 망토, 발목장식, 팔집게, 송아지가죽으로 만든 외투, 허리에는 한 벌의 염소가죽을 두르고 다녔다. 그들은 머리카락을 땋았고, 고기와 우유, 동물의 피를 먹었으며, 술을 먹어서는 안 되었다. 할례 이후 회복되기 전, 신참자는 여성의 옷과 귀걸이 등을 걸침으로써 여장을 하기도 하였는데, 만일 그들이 주저없이 험한 경험을 하였다면, 작은 새를 총으로 쏘아서, 그것을 머리위에 얹히는 것도 가능하였다.

전사의 숙소에 입소하는 자와 나머지의 정착하여 생활하는 자들로 사회를 양분하는 것, 그리고 지위에 따라 모든 남성을 3분하는 것 이외에도 또 다른 구분이 존재하였다. 남성인구의 3분 체제는 30세의 기혼남성과 80세의 기혼남성을 하나의 단계에서 서로 관련시키고 있음을 확실히 알 수 있다. 이 단계의 묵시적 분할은 아들을 할례시킨 장로들이 어떤 종류의 귀걸이를 착용할 수 있는지는 특권에 의해 구분됨으로써 발생하였다. 어떻든 장로들은 어떤 연대의식에 의해 결집되는 것처럼 보이지는 않는다. 이러한 장로들 사이에서는 거대한 가축무리를 거느리는 주인과 마찬가지로 많은 자녀를 거느린 사람은 부의 상징으로서 코끼리의 뼈드렁니나 소의 뿔로 만든 팔찌를 착용하였다. 그러나 이러한 불확실한 기준은 일정한 사회적 집단을 발생시키는 것은 불가능하였다. 그리고 원주민의 일반적 분류방법에는 어떠한 방법이 있는지를 나타내는 것으로써 흥미로운 현상이다. 또 다른 구분은 입단의 시기에 기초하여 나뉘어지는 것인데, 이는 상당히 광범위하게 인식되었다. 할례의식(割禮儀式; circumcision rite)은 단지 소년과 전사를 분류하는 것이 아니라 공동사회 내에서의 분류를 좀더 명확히 하는 것이었다.

같은 나이에 속하는 모든 소년들은 같은 시기에 4년 동안 할례를 받았다. 어떠한 입단도 발생하지 않은 동안 3년 반이라는 시간이 지난다. 이후 이 간격은 소년들이 할례를 받는 동안 나머지 4년이라는 시간이 돌아온다. 확실히 상당히 독선적이면서 잘 알려지지 않는 시기에서 시작되지만, 마사이족(the Masai)은 할례를 받은 자들을, 처음의 4년간 할례의식을 행한 자들을 우측할례수행자(右側割禮修行者; right-handed circumcision)라고 하고, 다음의 4년 동안에 할례의식을 행한 자들을 좌측할례수행자(左側割禮修行者; left-handed circumcision)라고 하여 구별하였다. 즉 동일한 연령계급 사이에서 서로에 대해서 상대적으로 우측이나 좌측으로 구분하는 것이 아니라, 단지 출발점에서 부여된 그들의 지위에 따라 전적으로 그와 같이 구분하게 되는 것이었다. 우측연령에 있는 자(right-handed age)와 그 직후 따르는 좌측연령에 있는 자(left-handed age)는 '일세대(一世代)'를 구성한다고 이야기하게 된다. 한 연령계급이 전임자를 전사계급의 대표자로서 대신하도록 함으로써 그리고 그와 관련 있는 단계의 구성원들에 의해 한 세대를 밀착시키는 모든 과정은 세밀하게 기술되어야만 할 것이다.

입단 후 건강을 회복하면, 즉시 수행자(修行者; apprentice)는 매우 발전된(full-fledged) 전사로서, 특별한 지위에 서게 되는 그들 자신을 발견하게 된다. 진정한 용사임을 상징하는 것을 얻기 위해 초보자들은 우선 그들의 계급에 어울리는 이름과 자신의 방패를 장식하기 위한 특별한 도안과 별도의 숙소를 확보하여야 했다. 전자와 관련하여서는 별다른 어려움이 없었는데, 그 이름은 한 무리의 가축에 대한 보답으로서, 종족의 우두머리에 의해 부여받았기 때문이다. 하지만 방패의 도안은 그다지 쉽게 얻어지는 것이 아니었다. 검정 도안은 가장 유명한 장로에게 쓰여졌지만, 전사의 위엄에 대한 특징으로서 강조되는 것은 붉은 색의 방패였다. 어떻든 신참자는 그의 방패에 빨간색을 칠하고 숙소를 축조하자마자, 전사들이 급습하여, 새로 지은 숙소를 파괴하고, 만일 가능하다면 신참자가 칠한 방패마저도 훔쳐버렸다. 만일 연장자가 승리를 하였다면, 신병(新兵; recruit)은 그들에게 기회가 주어지기만을 참고 기다려야 하며, 그 동안이라도 적에 대한 급습을 계속하여야 했다. 만일 신병들이 이러한 급습에서 눈에 띌 만한 용감한 행위를 보여주었다면, 전사들은 그 신병을 동료로서 인정하는 데 동의할 것이다. 반면 젊은이들은 무력으로 장애를 정복하여야 한다. 마침내 그들이 성공하면 그 지역에서는 비록 모두에게 군사적인 과업이 주어짐에도 불구하고 두 개의 특징적인 미혼남의 숙소가 생길 것이다. 하지만 이것은 본래의 규칙에 따르면 이례적인 것이자 유동적인 조건이다. 나이든 전사가 떠나기를 결정하면 적절한 대접을 받으며 떠나게 되고, 혼인을 하여 그 자신만의 가정에 정착하여 생활하였다. 그 연령계급의 모든 구성원들은 혼인을 하면 독신남자의 숙소를 버리고, 그들은 그와 상응하는 장로의 계급으로 승격되며, 그들의 후계자들에게 전사의 토지에 대한 독점적 소유권을 부여하였다.

무엇보다 중요한 것은 동시에 행해지는 입단의식은 동등한 계급사이에서 나오는 결속력을 초월하는 특별한 유대감을 낳았다. 비록 두 연령계급이 일시적으로 미혼남의 계급에 포함된다 하여도, 그들은 독특한 집단인 채로 남게 된다. 마찬가지로 기혼남의 새로운 단체는 결코 단순히 장로들의 사회로의 이주가 아니었다. 혼인 직후의 시기에 형성되는 친밀한 유대는 좌측단계의 부부와 우측단계의 부부 사이에서 형식적으로 '세대(generation)'를 형성하고, 공통의 명칭을 받고, 낙인이 찍힌 특별한 화살(distinctive arrow brand)을 받음으로써 발생하게 된다. 하지만 전후로 이러한 연령단계 내의 집합체는 각각의 명칭과 개인성을 보존하고, 그 구성원의 역할을 결정한다. 무엇보다도 이와 같은 것은 성적 관계를 조절하는 기능을 담당하였다. 일정하게 4년 동안 입단을 한 소녀들은 그 기간동안 할례를 받은 같은 또래의 소년들의 연령단계에 속하는 것으로 간주되었다. 그리고 마사이족은 결코 아버지의 연령단계에 속하는 여성과의 성적 결합을 갖는 것을 허락하지 않았다. 다른 한편, 자신이 속한 단계의 여성과의 간통(姦通; fornication)은 처벌되지 않았으므로, 과부나 이혼한 여성도 남편의 동료와 교제할 수 있었다. 한때는 다른 일정한 지역에서 온 손님이 동년배(同年輩; age-mate)의 숙소를 방문하면, 그들은 그의 손님과 아내를 잠자리를 같이 하도록 하고, 자신의 숙소에서 나왔다. 이를 지키지 않는 남자에 대해서는 두말할 것 없이 그 동료들의 비난이 따랐다. 만일 남편으로부터 아내가 매를 맞았다면, 그녀는 남편의 동료들 중 한 사람에게 가서 은신처의 제공을 구할 수 있었으며, 남편이 아내를 그 평화로운 은신처에 그대로 두지 않는다면, 그 구성원들로부터 질책을 받았다.

필자가 주장하는 자료를 바탕으로 장로집단은 분명 친족집단으로부터 형성되는 것이 아니라, 앞서 언급한 더 작은 협동단체, 세대와 특별한 연령단계에 의해 부여되는 지위 안에서의 모든 사회적 관계를 바탕으로 형성되는 것이다. 마사이족의 혈족조직을 포함한 마사이족의 협동단체들을 비교해 본 결과, 양자의 상대적 중요성에 대한 초기적 평가가 있어야 할 것으로 생각된다. 혼인규제기능(婚姻規制機能; marriage-regulating function)과 같이 혈족의 기능이 너무 특별한 것이라면 심지어 그 특징은 여기서 연령계급과 매우 밀접한 관련이 있을 것이다. 만일 마사이족의 공동사회에서 혈족구분이 배제된다면, 아마도 사회적 관계의 광대한 잔재에 대해 여전히 우리는 관심을 가져야 할 것이다. 하지만 미혼남의 숙소도, 입단의 기반도, 연령계급도 없다면, 마사이족의 공동사회는 평범하고 단조로운 모습일 것이다.[46]

제 4 절 뱅크스제도

마사이족(the Masai)과 마찬가지로 뱅크스제도(the banks Islands)에서도 혈족조직은 협동단체에 의해 가려지지만, 두 지역에서 본질적으로 다양하게 나타났다. 그리고 실제에 있어서 멜라네시아의 원주민들은 우리에게 매우 기발한 집단의 원리를 보여주었다. 그럼에도 불구하고, 오스트레일리아를 관찰하는 데 있어서 우리가 관심을 갖는 특징 중 하나가 마찬가지로 매우 뚜렷한 형태로써

46) Hollis, 1905: XVI, 260 seq., 280 seq. Merker: 16, 67 seq.

뱅크스제도에서도 반복되고 있었다. 성별에 따른 반족으로의 사회구분은 이곳에서 정점을 이룬다. 즉 여성을 의례적인 의식으로부터 제외시킬 뿐만 아니라, 심지어 모든 생활에 있어서 거의 완벽한 남녀구별이 존재하였다. 남성은 아내와 같이 먹지도 않고, 잠자리를 같이 하지도 않았을 뿐만 아니라 소년들은 그 분리된 조직에 가장 먼저 들어가기 위해 노력하였다. 따라서 남성들은 오스트레일리아에서와 마찬가지로 종족적 비밀결사(種族的 秘密結社; tribal secret organization)의 형태로 조직되었다. 하지만 다음과 같은 점에서 양자는 중요한 차이가 있다. 즉 그 승인은 사춘기라는 시기에 의존하는 것이 아니라 어떤 일정한 시기에 획득할 수 있다는 것이다. 그리고 그 자격은 개인적 시련을 포함하여 육체적 손상이나 고행을 통해서가 아니라 입단비의 지불에 의해 얻어졌다. 나아가 남성사회는 그 최상의 형태가 단일한 형태 혹은 다소 권위의 세세한 정도의 차이에 따라 엄격히 나이가 많은 남자와 어린 신입자 사이를 구별하는 형식이 아니라, 계층별로 만들어진 분회(分會; division)를 포함하는 것이다.

남성독점이 구체적으로 나타나는 것은 바로 마을회관과 관련해서이다. 마을회관은 낮에는 식당으로 사용되었지만, 밤에는 남자들의 숙소로 이용되었던 일종의 사교장이다. 마을회관은 이후에는 비교적 고위계급의 구성원의 개인실로 세분화되었는데, 각각은 마찬가지로 동급의 구성원을 위한 집회장소로써 이용되었다. 이 집단에 가입을 실패한 사람은 사회적으로 볼 때 변변치 못한 사람을 의미하는 것이었으며, 따라서 입단승인이 지연된다면, 이러한 것은 항상 즉각적으로 발생하였다. "만일 남성이 스퀘(the Sukwe; club)에 가입하지 못하였다면, 그는 여성과 같이 음식을 먹어야만 하였는데, 이와 같은 것은 때로 너무 가슴 아픈 일로 친구들의 동정을 사기도 하였으므로, 그는 많은 비용을 들여야 한다는 사실을 알면서도 주선인(周旋人; introducer)처럼 행동을 해야만 할 것이다." 하위계급에서 주선인들은 흔히 후보자의 모계아저씨(maternal uncle)인 경우가 많았으며, 대부분의 비용을 지불하였다. 고위계급에서는 신참자, 그의 친족과 친구들이 부담하였다. 입회행위는 신참의 새로운 회식동료들에 의한 의례적인 음식을 먹는 행위로 이루어졌다. 하지만 모든 참여단체의 구성원들은 그 지위에도 불구하고 수수료를 지불함으로써 가능하였던 것으로 보인다.

공동사회에서 존경을 받는 지위는 참여단체에 가입하지 않고 얻어질 수 없는 것과 마찬가지로 특권을 차지하는 것 역시 그 사회에 있어서 승진에 직접적인 혜택을 부여하는데, 여기서는 항상 더 많은 재물(pecuniary sacrifice)을 필요로 하였다. 따라서 가장 높은 사회적 지위에까지 오르고자 하는 남자는 실제 생활에 있어서 추장(酋長; chief)으로서 인식되었으며, 전설적 영웅과 같은 모습으로 여겨졌다. 따라서 그 자신은 유명해지기 위해 사용한 이자를 포함한 재산을 만회할 수 있는 지위에 서게 된다. 왜냐하면 그는 명예를 위한 차기 후보자들(候補者; aspirants)로부터 엄청난 사례비를 받아낼 수 있었기 때문이다. 일반인들은 결코 이러한 명성을 원하지 않았다. 설사 소년시절에 참여단체에 가입한다 하더라도, 조직의 중간계급까지 올라간다면 아마도 행운이라고 생각할 것이다. 비록 마을회관에서의 배치에 이러한 구분이 반영된다 하더라도, 각각은 명확하게 상대적인 지위가 부여되었던 것이 사실이므로, 이론적으로는 그 사회에서 한층 더 높은 지위에 등록되는 것도 가능하다. 그러나 실제로 이 이론을 적용시키기에는 그 사례금이 너무도 지나친 것이었기 때문에, 지위상승을 위한 모든 노력은 수포로 돌아갔다. 따라서 일부 촌락에서는 신분상승의 기회가 감소되었다. 게다가 이론상 가능한 기회에서조차도 하나의 제한이 있었다. 즉, 참여단체에서 일정한 지위를 뛰어 넘어 도약하기 위해서 남자는 서로 상관관계가 있는 별개의 조직에 또한 가입해야만 하였는데, 그것에 대해서는 다음에서 다루려고 한다.

뱅크스제도(Banks Island)의 원주민단체는 소유권에 구속되어 있는 것처럼 보인다. 오로지 부유한 남자만이 가장 최고의 지위에 오를 수 있었으며, 특권을 획득할 수 있었다. 하지만 원주민의 생각은 탐욕스럽게 부를 축적하는 것이 아니라, 그의 위대함을 재물로 과시함으로써 보여주는 것을 의미하였다. 따라서 그 참여단체에서 가장 낮은 지위에 있는 사람은 여전히 일정한 축제와 관련하여 풍부한 여흥을 제공함으로써 그의 명성을 떨쳤으며, 이러한 기회가 제대로 주어지지 않고 제한된다면 그의 영향력은 감소되었을 것이다.

그 참여단체는 몇몇 등급으로 정확히 엄격하게 구분되는데, 자신이 소속된 단계보다 높은 단계로 들어가는 것은, 경우에 따라서는 죽음을 초래하기도 하였다. 그러나 다양한 등급에 대해 특별한 특징이 존재하지는 않았다. 그들은 특별한 상징이나 모자들을 쓰거나, 어떤 다용도로 사용할 수 있는 특별한 푸딩용 칼을 소지하였고, 오로지 좀더 높은 지위에 있는 자들만이 토속주인 카바(kava)를 마시는 것이 허용되는 정도였다. 그러나 앞서 제시된 것과 관련있는 정도의 기능과 특권에 대한 언급은 어려운 일이다. 본질적인 생각은 단순해 보인다. 새로이 입단을 하면 그 추가로 인한 희생양을 만듦으로서 구성원들에게는 더욱 높은 명예가 주어졌으며, 이러한 사실은 공간적으로 확연히 구분·배열하기 위해 확실한 용어를 통해 표시되었다.

뱅크스제도체제의 중요한 특징은 마사이족의 조직과 비교할 때 더욱 뚜렷이 나타난다. 동아프리카의 체제는 절대적으로 민주적인 반면, 마사이족의 체제는 본질적으로 금권정치적(金權政治的; timocratic)이다. 모든 마사이족은 소년시절에서부터 독신시절에 이르고, 그리고 독신시절에서 장로의 지위로 전개되었으며, 장로들 사이에서 연령계급의 차별은 우등한 지위와 열등한 지위라는 개념을 수반하지 않았다. 비록 윤택하고 부유한 장로에 대한 외적 상징에 대해서 보고된 바이지만, 이러한 차이는 실제적 결과에 비하면 하찮은 것이다. 지위(地位; status)는 대개 유사한 연령대의 사람들이 결집하여 집단적으로 획득하였던 것은 물론 일반적으로 민주적 개념의 일부분이다. 뱅크스제도에서는 점차 금지하는 입단비(入團費; admission fee)의 강요는 필연적으로 같은 연령대 사이에서 동등한 속도로 그 지위를 획득하는 것을 방해하였다. 아마도 매우 낮은 단계를 뛰어 넘은 단계에서, 우리는 다양한 연령층의 사교모임(commensality)과 상당히 다른 사회적 기대를 대면할 준비를 해야할 것이다. 곤란한 사정 때문에 자신이 있는 힘껏 버틸 수밖에 없는 수준 이상으로 나갈 수 없는 출세가 늦은 중년의 남자와 가문적인 뒷받침을 배경으로 거침없이 출세해 나가서 원초적 열망의 절정에까지 오르기를 바라는 젊은이들이 화덕의 주변에 둘러앉아 있는 모습은 일반인의 시각에서는 일시적으로 평등하게 보이는 것일 뿐이다.

지금까지는 뱅크스제도의 복잡한 협동단체생활에 대해 서술한 것에 불과하다. 이를 보충하는 것은 주로 다수의 비밀결사(秘密結社; secret organization), 즉 그들이 일반적으로 말하는 '영혼단체(靈魂團體; Ghost society)'로, 모타섬과 같은 작은 섬에서조차 적어도 77개나 되었다. 마을회관과는 다르지만 이에 상응하는 영혼협동단체(靈魂協同團體; Ghost associations)의 집회소는, 오두막이든지 개간지든지 간에, 촌락에 위치하는 것이 아니라 한적한 숲 속에 있었던 것으로, 비회원이 그 곳을 찾아가는 것은 금제되었다. 이러한 주제에 상당한 기여를 하고 주목할 만한 것이 코드링턴(Codrington)과 리버스(Rivers)의 논문이 있지만, 이 조직단체의 복잡함을 완전히 해결하였다고는 할 수 없고, 다만 이 장에서는 가능한 한 매우 확실하다고 판단되는 것에 한하여 언급하는 것으로 만족해야 할 것이다.

비밀결사는 상호 엄청난 질적 차이점을 갖고 있지만, 보통 그것들은 상당히 다수의 부수적 조직(附隨的 組織; additional clubs)으로 나타난다. 서로 간에 그리고 남성조직(男性組織; men's club)과 더불어 그들은 다음과 같은 특징, 즉 그 가입은 입단과 입단비의 지불에 의존하는 특징을 가지고 있다. 하지만 어떤 종류의 단체(團體; society)는 아직 조직(組織; club)에 가입하지 않은 소년들도 입단이 가능하였던 반면, 다른 단체에 있어서는 그것을 간단히 생각할 문제가 아니었다. 일정한 결사(結社; organization)의 경우 몇몇의 남성들이 함께 입단할 수 있었고, 가입비를 공동으로 지출할 수도 있었다. 하지만 이와 같은 절약은 좀더 중요한 단체에서는 허락되지 않는 것이었다.

실제로 모든 단체들은 특별한 가면이나 물건을 손에 지니고 다녔다. 이 물건들은 단원들이 오로지 단 한번 섬을 활보할 때에 단체에 가입하지 않은 자들에게 보여지는데, 비록 그 때에도 가까이 다가가서 볼 수는 없었다. 그 외의 경우에는 단원이 아닌 자들과 특히 여성들은 어떠한 일이 있어도 그 성물(聖物; sacred articles)을 볼 수도 없었고 접근할 수도 없었다. 단체의 대부분은 거의 확실히 구분되는 휘장(徽章; badge)을 가졌는데, 입단을 갈망하는 이유는 대부분 휘장을 갖기 위해서이다. 이러한 표장(標章; emblems)들은 파두나무(croton plant)의 잎사귀로 만들어진다. 단원들이 표장을 땅에 세우면, 그들은 자신의 우애단체(友愛團體; fraternity)에 소속되지 않는 모든 종족원의 습격에 대항하여 그 재물을 보호한다. 이러한 금제(禁制; taboo)를 위배한 자는 누구든지 그가 모욕한 단체에 돼지 한 마리를 갖다 주어야 하며, 만일 비단원(非團員; non-member)이 어떤 단체가 휘장으로 사용하는 특별한 종류의 파두(巴豆; croton)를 자르거나 사용한다면 이와 비슷한 벌금을 물어야 했다. 여성은 모든 우애단체에 대한 피선거권이 없기 때문에, 이러한 종류의 식물을 훼손하여서는 안 되었다. 특정 결사에의 가입은 어느 정도 재산의 손실에 대하여 일종의 보험을 드는 것과 마찬가지였다. 왜냐하면 방어는 오로지 비단원에 대항하여 하는 것으로, 매우 작은 결사들은 당연히 이러한 관점에서 볼 때, 가장 효과적이며, 이는 교체의 빠른 순환을 낳았다. 결사체 중 하나는 그 보호력에 의하여 인기를 얻어 회원수가 증가하면, 자동적으로 그 희소성이 상실한다. 따라서 전체적 평가가 뒤떨어져서 단원들이 감소하는데, 그리고 나서 또 다시 번성하게 될 것이다. 어떤 우애단체들은 입단하려고 애쓰는 이유가 전적으로 재산의 보호와 관련한 목적이 아니기 때문에 이러한 순환은 발생하지 않았다. 예를 들면, 타마트 리와 단체(Tamate liwoa organization)에의 입단은 그 단체에 있어서 좀더 높은 지위를 얻기 위하여 필요한 예비절차로서 요구되는 것이었다.

비밀단체(秘密團體; secret society)의 고유한 특징은 미입단자(未入團者; uninitiated)에 대한 탄압을 시도하는 것이다. 남성은 자신을 분간할 수 없도록 얼굴과 몸을 검게 그을리고, 왼손에는 지팡이를 들고, 오른 손에는 장갑을 끼고 힘차게 걸어 나간다. 그는 그 집단과 함께 그 길을 비키지 않은 사람들을 때리고, 계속해서 그의 지팡이를 움직여서 결국 그 누구도 그것을 정확하게 볼 수 없도록 한다. 이따금 거기에서는 또한 단원의 집단적 연대행동에 의해 운 나쁜 사람의 재산이 무자비하게 파괴되거나 강탈당하는 일이 발생하기도 한다. 그러므로 후보자(候補者; candidate)가 타마트 리와 단체의 입단이 허락되면, 반드시 그 신참자의 아버지에 의해 선택된 가옥은 헐리게 된다. 부분변장을 한 단원들이 다수가 급조하여, 여성과 미입단자를 겁주어 쫓아내고, 선택된 가옥을 파괴한다. 입단의식(入團儀式; ritual of admission)의 맨 마지막 단계에서는 후보자뿐만 아니라 아직 단체에서 높은 지위에 이르지 못한 자로 우애단체와 만난 어떤 사람도 매를 맞았다.

타마트 리와(Tamate liwoa)에의 입단과 관련된 몇 가지 과정은 오스트레일리아에서의 종족가입(種族加入; tribal initiation)을 떠올리게 한다. 멜라네시아에서는 우애단체에의 입단에 의해 하나의 비밀을 알게 되는데, 그것은 바로 돌을 지팡이로 비벼서 신기한 소리를 내는 방법이다. 비록 세밀하게까지 닮은 것은 아니지만, 이것은 나무로 만든 악기(bull-roarer)에 대한 오스트레일리아 원주민의 태도를 강하게 보여주는 것이다. 또한, 비록 신체의 손상은 없었지만, 신참자는 100일 동안의 수련기간 중 모든 종류의 시련을 겪는다. 사람들은 그의 음식을 불 가운데 던지거나, 그의 칼을 부수는데, 만일 그가 불평을 한다면 그에게 벌금을 부과한다. 어려운 과업이 주어지고, 그의 노동에 따른 산물을 제공할 때, 그것이 경멸되었다. 여기서 유사성은 특이성보다 좀더 일반적인 것이지만, 미개단계의 문명에서 종교단체로의 형식적 승인이라는 공통적 기본개념의 사례로서 알려진다.

만일 우리가 지금 개별적인 뱅크스제도의 원주민의 다양한 사회적 관계를 제시함으로써 그들의 지위를 다시 살펴본다면, 그들이 다수가 될 잠재성은 놀라울 것이다. 성별의 중요성에 대해서는 이미 충분히 언급하였다. 또 양분조직(兩分組織; dual organization)의 발생으로부터 또 다른 관계가 발생하기도 하였다. 모든 사람들은 따라서 족외혼의 반족에서 출생하고, 그 반족은 특별한 금제에 의하여 또 나시 나뉘어지므로, 그는 자동적으로 또 다른 집단에 소속된다. 남성조직에 가입하자마자, 그는 계속하여 조직의 9단계나 10단계에 소속될 것이다. 하지만 부수적으로 그의 재산을 보호하기 위해서나 그의 사회적 지위를 향상시키기 위하여 6개 성노의 비밀우애단체(秘密友愛團體; secret fraternity)의 회원이 되곤 한다. 혈족구분(血族區分; sib division)에서 사회적 단체를 축소하는 것은 진실로 독특한 뱅크스제도의 사회제도 모두를 제거할 것이라는 점은 증명할 필요도 없는 것이다.[47]

제 5 절 푸에블로 인디언

푸에블로 인디언(the Pueblo Indians)의 제사단체의 다양성은 그들의 사회구조를 미궁 속으로 빠뜨렸다. 다행히도 크로버(Kroeber)의 지침서의 출간으로 상당

47) Rivers, 1914 (b): 1, 60-143. Codrington: 101 seq.

부분 미궁에 빠졌던 문제를 해결할 수 있는 상당한 희망이 보였다.

주니족(the Zuñi)의 종교적 협동체(宗敎的 協同體; religious corporation)는 크게 두 가지로 구분될 수 있다. 하나는 반드시 모든 남성이 그 구성원이 되어야 하며, 여성의 가입이 거절되는 가면무용수단체(假面舞踊手團體; Masked Dancer society)이다. 다른 하나는 선택적으로 가입이 가능한 것으로, 남성이나 여성 모두 그 가입이 가능한 일종의 사교단체(社交團體; fraternity)이다. 가면무용수단체의 기능은 우신(雨神; Rain priest)의 지휘하에서 신비로이 비를 내리게 하는 것에 집중되어 있다. 반면 사교단체는 환자를 치료하거나 신비로운 힘을 보여준다.

가면무용수단체의 조직으로부터, 우리가 그것을 다른 지역의 종족단체와 같은 것으로 이해하고 있는 것처럼 보인다. 하지만 그 곳에서는 비록 그 단체의 최고 지도자가 있음에도 불구하고, 이는 엄격히 말하면 오스트레일리아에서와 같은 독신남성조직(獨身男性組織; single men's organization)이 아니라 각각이 뚜렷한 제례적 영역과 관련이 있는 6개의 조직체로 구성된다. 이들 6개의 소단위는 방위(方位; cardinal direction)를 상징하는데, 천상(天上; zenith)과 지하(地下; nadir)도 그 범주로 분류되었다. 멜라네시아의 원주민들이 식사를 함께 하는 사람들의 모임으로 생각될 수 있는, 공간적으로 구분된 집회소의 이러한 배열은 남서부지역에 있어서 계급의 부존재를 위한 것이 아니다. 주니족의 단체들은 서로 동등한 사회집단으로 보인다. 특별한 집단의 회원자격은 출생에 의해 결정된다. 유아는 가장 먼저 접촉한 산파(産婆; obstetrician)의 남편의 집회소에 소속된다. 이 남자는 이처럼 어린이의 초기의 비자발적 가입과 그 이후의 자발적 가입, 다시 말하면 12세 혹은 13세 때 행해지는 가입 등에 대한 전적인 후원자(後援者; sponsor)로서의 역할을 담당하였다. 두 번째의 가입시 소년은 신격화된 구성원에 의해 격려된다. 소년들 중 몇몇은 같이 입단이 승인되며, 각 신참자는 비를 만드는 사람의 가면(rain-maker's mask)을 받는데, 이것은 개인소유로 죽으면 함께 매장되었다. 이 때 그 소년들은 처음으로 가면을 벗은 상상의 신이 오로지 인간임을 알게 된다. 신의인자(神擬人者; god-impersonator)가 수련자에게 가면을 씌우고, 그들의 채찍을 내어주면, 소년들은 즉시 전에 자신을 괴롭히던 사람들을 채찍질한다. 마지막으로 무속인은 그들의 머리 위에 가면을 다시 올려놓고, 신참자는 돌칼로 그들의 머리를 자르는 신비스런 입회의식(入

會儀式; initiatory mystery)의 비밀을 누설하지 않도록 다짐을 받는다. 매우 드문 일이기는 하지만, 노년에 남자는 임의로 그의 합동집회소를 바꿀 수도 있었는데, 그럼에도 불구하고 그는 언제든지 소년시절에 거주했던 곳으로 되돌아갈 수 있었다. 나아가 동료의 아내와 간통한 것이 확실한 남자는 추방되어 다른 분회로의 가입을 구하지 않으면 안 되었지만, 심지어 극한 상태에서도 추방에 대해 강한 반감이 보여졌다.

푸에블로 인디언은 특히 잘 발달된 혈족조직을 가지고 있기 때문에, 혈족소속이 몇몇 의례적인 집단에의 회원자격에 영향을 미칠지 미치지 않을지 그리고 어떤 범위에 영향을 미치는 것인지에 대한 의문이 생긴다. 조직집회소에의 가입형태로부터, 남성조직의 분회에 있어서 단순한 회원자격은 혈족과는 무관하다는 것이 명백하다. 하지만 가면무용수의식(假面舞踊手儀式; Masked Dancer's ritual)에서 특별한 사무는 다소 혈족과 관련이 있다. 즉 그 조직의 총지휘자는 반드시 사슴혈족(Deer sib)의 사람이고, 어떤 가면들은 반드시 독수리족의 사람(Eagle man)이 보관하여야 하며, 4년마다 있는 의식의 맨 마지막인 비노래(the rain songs)를 부르는 것은 개구리족 사람(Frog man)이 이를 담당해야 한다. 그러나 의례적 직무를 결정하는 이러한 규칙으로부터 상당한 이탈이 있었는데, 이것은 확실히 어떤 혈족의 구성원과 그 혈족의 아들 사이에서, 모계상속(母系相續; maternal descent) 및 족외혼(族外婚; exogamy)과 더불어 누가 그의 아버지의 혈족을 제외한 어떤 혈족에 당연히 소속될 것인가를 자주 바꾸기도 하였다. 종족조직(宗族組織; tribal club)의 우신(雨神; rain priests)은 이론적으로 일정한 혈족과 관련이 있지만, 성직의 실제적 임원에 있어서 동일한 출발은 다른 권위적 지위의 경우에 있어서와 마찬가지로 기술되었다. 추정상속인과 성직에 있는 다른 협동단체원의 지위는 아마도 동일한 혈족원이 되는 것이 불가능한 그의 자식에게 물려질 것이다. 때로 그들은 형제와 자매의 아들, 달리 말하자면 혈족동기(血族同氣; sib-mate)들이다. 그리고 때로 그들은 어떠한 친족관계도 존재하지 않는 자들인 경우도 있다. 다른 한편, 성직자의 각 직분에 의해 다루어지는 주물(呪物; fetiches)이 있으며, 이것들은 특별한 장소에 보관되고 일정한 혈족과도 관련이 있었다.

보편적으로 조직의 계급과 종렬(縱列; file)은 혈족소속에 의하여 분류되는 것이 아니라 혈족기능과 관련이 있는 것으로, 제사단(祭祀團; ceremonial club)의 직무를 취득하였다. 경우에 따라서 모든 성직자들(聖職者; priesthoods)과 그들의 주물들(呪物; fetiches)은 특별히 주목되기도 하였다.

우애단체(友愛團體; fraternity)와 혈족조직(血族組織; sib organization) 사이의 유대는 이보다는 중요하지 않았다. 왜냐하면 한때 입단형식에 있어서 직접적 판단의 기준이 되었기 때문이다. 가입에 대한 보편적 근거는 우애단체에 의한 보살핌의 효과였다. 만일 환자가 치료자의 치료행위에 대해 적절한 사례를 하여야 한다면, 환자는 가입을 강요받았던 것이 아니라, 일반적으로 그 단체에 들어가기를 원했다. 전형적인 우애단체에 42명 중 36명의 구성원들이 이러한 형식으로 가입하였다. 사람이 우애단체의 집행부의 모임에 다가갔을 때 다른 방법은 강제적 가입이다. 한두 사람을 제외하고는 한 우애단체의 구성원은 다른 우애단체로 그 소속을 변경할 수 있었으며, 이 경우에는 정규입단식 대신에 단순하고 형식적인 의식적 임무가 부과되었다. 가입규칙의 규정대로 혈족의 독립성은 거의 동등한 정도로 의례적인 임무에도 적용되었다. 크로버 교수(Professor Kroeber)는 중요한 우애단체의 경우 오로지 하나의 기능은 필연적으로 특별한 혈족의 구성원에 의해 집행되고 있음을 발견하였다.

크로버 교수는 다행히도 그의 관심을 주니족(the Zuñi)에게만 집중하였던 것이 아니라, 호피 우애단체들(Hopi fraternities)에 대한 분석 역시 끝냈다. 이론적으로 볼 때 이들은 특별히 중요하다. 왜냐하면 이전의 저자들은 우애단체를 혈족에서 자연히 발생하는 것으로 다루었기 때문이다. 뿐만 아니라 기본적으로 이를 혈족관념의 의례적인 면을 대변하는 것으로 다루었기 때문이다. 이러한 관점은 호피 우애단체들의 다음과 같은 사실에서 지지되어 나온 것처럼 보였다. 흔히 호피 우애단체들은 혈족과 동일한 이름을 가졌으며, 그 본래의 의의는 명칭의 창조나 어떤 다른 특별한 혈족은 조직의 기초덕분이라고 생각하였다. 호피 우애단체들의 혈족구성자격에 대한 확고한 구체적 이용가능성을 정리해 보면, 크로버 교수는 결론적으로 대부분의 경우 추측하였던 유대는 존재하지 않았다고 보았다. 스네이크 우애단체(Snake fraternities)의 35명의 구성원 중 오로지 7명만이 스네이크혈족에 속하였다. 앤텔로프 우애단체(Antelope fraternity)의 구성원 10명 중 오로지 3명만이 호른혈족(Horn sib)의 구성원이다. 고작 6명에 불과한 토끼혈족사람(Rabbit sib people)은 상상적 협동우애단체(想像的 協同友愛團體; supposedly associated fraternity)에서 발견되었다. 이 범위에 있어서 필자의 개인적 생각은 크로버의 결론을 매우 확고히 해 주었는데, 비록 제한적이기는 하지만 공통적으로 의례적 직무(儀禮的 職務; ritualistic office)는 그 혈족에게서 세습되는 것이었다. 그러므로 미소노비 지역(village of Mishongnovi)의 뱀춤(Snake dance)은 옥수수족(the Corn), 앵무새족(the Parrot), 곰족(the Bear), 오소리족(the Badger), 수리족(the Eagle), 구름족(the Cloud)의 구성원들과 마시퀴이혈족들(Masiqwai sibs)이 추기는 하지만, 다른 지역의 뱀혈족(Snake sib)의 대표인 도마뱀혈족(Lizard sib)이 지도자지위를 유지한다. 스네이크 우애단체에 가입하는 방법은 일반적으로 주니족(the Zuñi)의 어떤 우애단체에 가입함에 있어서 그들이 행하는 방법과 매우 흡사하다. 스네이크 구성원(Snake member)이 치료를 해준 자는 사례비를 지불하는 대신에 우애단체에 가입한다. 이름이 같다는 것을 분석하려는 접근은 그다지 중요하지 않다는 것은 명백하다. 시파울로비 지역(village of Shipaulovi)에는 스네이크혈족이 살지 않으며, 스네이크 우애단체의 관리자는 곰족사람(Bear man)이었는데, 그들로부터 그의 누이나 여동생의 아들 즉 다른 곰족 사람에게 세습되었다. 한 가지 면에서 크로비는 하나나 두 개의 소식이 우애단체 회원자격에 대해 일정한 혈족의 구성원의 생득권(生得權; birthright)으로 인식하는 것처럼 보이는 것과 같은 사례를 과장하여 다루려 하였을 것이다. 그럼에도 불구하고, 일반적으로 이야기되는 바와 같이, 그의 해석의 타당성은 지지되고 있다.

다른 표현으로 하자면, 푸에블로 사회(Pueblo society)는 다른 지방의 사회와 마찬가지로 혈족 단위의 원자적 구조라고 간주할 수 없다. 성적 계보(性的 系譜; sex lines)를 바탕으로 한 양분(兩分; dual division)은 모든 남성이 강제적으로 집합체에 가입함으로써 발생되는 것으로, 이 종족적 조직(種族的 組織; tribal organization)의 내부에서 특별한 집회소에의 가입은 또 다시 혈족과는 별개의 것으로, 그것은 의례적 의식에 대한 세습규칙이 있든지 없든지 상관이 없다. 주니족(the Zuñi)의 의료단체(醫療團體, curative fraternity)는 혈족의 영향력으로부터 상당히 광범위한 범위에서 자유로우며, 호피족(the Hopi)의 이와 필적할 만한 단체에 대해서도 이와 마찬가지로 말할 수 있다. 따라서 친족관계모임의 부수물과 같이 협동단체적 모임의 중요성은 매우 명백한 것이다. 크로버 교수(Professor Kroeber)가 지적한 바와 같이 A혈족의 개인은 B가족에 소속될 수 있으며, C혈족의 아버지를 가지며, D우애단체에 소속하며, E성직을 가지며, F라는 곳에 거주할 수 있을 것이다. 그의 혈족동기(血族同氣; sib mate)는 D가족이며, E혈족의 아버지를 가지며, F우애단체에 가입하고, A성직과 B지역에 머무를 수 있다. 혈족에 의해 대변되는 하나의 유대는 어떠한 희생을 치르더라도 모든 다른 사회적 관계보다 우월하여야만 한다고 가정하는 것은 불합리한 것이다. 공화국의 공천후보(Republican ticket)로 선출된 자는 그의 종교적 모임에서, 그의 노동조합집회(勞動組合集會; assembly of his labor union)에서 공화주의자로서 행동하여야 하지만, 가정적 사생활에서 확실하게 우세한 지위에 있는 어떤 사회적 역할을 할애할 필요는 없다. 개인은 보통 그 모임의 구성원으로서 그 당시 그가 가입한 것과 같이 행동하고, 이러한 몇몇 모임이 서로 일치하는지 혹은 대립하는지의 여부와 관계없으며, 반드시 부합해야 하는 것은 아니다.[48]

제 6 절 크로우족

재산을 언급한 장에서 남녀를 불문하고 양부모에 대한 부양료를 지불함으로써 가입이 가능했던 크로우족(the Crow)의 토바코 조직(Tobacco society)에 대해서 이야기한 바 있다. 아마도 신참자는 준비기간 동안 적당한 훈련을 받았고, 그의 아버지 즉 후견인이 그를 위해 선정한 일정한 노래를 배웠으며, 그리고 공공의식(公共儀式; public solemnity)이 행해지는 과정에서 계속하여 신성한 토바코를 재배하는 특권과 함께 완벽한 구성원으로서의 지위를 얻었다. 토바코 집단(Tobacco order)은 다양한 분회(分會; chapter)가 많고, 신참자는 당연

48) Kroeber, 1917 (a): 150-188. Stevenson: 62-107.

히 그의 '아버지'의 분회에 가입하였다. 그렇지만 많은 분회에는 애단심(愛團心; esprit de corps)이 크기 때문에 모든 분회의 사람이 그 절차에 참가할 수 있다. 단 도덕적으로 입양된 사람에게만 입단비(入團費; initiation fee)의 일정부분에 대한 권리가 주어지고, 신참자에게 성물(聖物; sacred objects)의 선택권을 준다. 토바코 가입(Tobacco initiation)에서는 후보자에 대한 매질이나 신체훼손의 시도는 결코 없었다. 과중한 비용의 요구에 대하여 이번에는 그가 받을 적당한 교육과 의례적 노래, 훈장과 특권에 집중되어 있다. 처음에 이것은 주로 입회(入會; admission)에 적용되었지만, 나중에 구성원들이 그들의 양자녀의 수를 바탕으로 자신들을 자랑하고 가입을 위하여 개인들을 재촉하곤 하였다. 또한 어려운 환경에 처한 사람 즉 그 자신이나 친족의 생활이 곤란한 경우, 그가 원하면 물품을 원조하여 가입을 담보하는 것도 관습적인 것이다. 또 다른 차이점이 현재의 관습으로부터 과거의 관습을 서로 구별한다. 처음 회원자격은 비교적 적은 수의 중년부부로 제한되었고 종교적 특징도 뚜렷하였다. 비교적 최근에 그 집단에 소속되는 것이 사회적 특권의 문제가 되어서, 거의 모든 성인들은 단원이고 심지어 어린아이들까지도 단원이 되었다. 그럼에도 불구하고, 그 조직의 의례적 성격(儀禮的 性格; ceremonial character)이 결코 말살된 것은 아니었다. 종족의 보존은 행운을 상징하는 신성한 토바코를 계속적으로 심어서 가꾸는 것을 조건으로 한다고 여전히 믿었다. 엄격하게 사회적 관점에서 볼 때, 토바코 조직은 아버지와 자녀의 의례적 관계에 있어서 완전히 특별한 유대가 서로를 지지하는 사람들을 연결하기 때문에 중요한데, 그들은 서로 진정한 친족간의 애정 어린 호의를 가지고 대할 것이다. 또 다른 주목할 만한 특징은 부부를 동시에 가입시키곤 한다는 것이다.

오늘날 또한 종족생활에 있어서 뚜렷하게 나타나는 4개의 비종교적 동호회(非宗敎的 同好會; secular clubs)가 있는데, 나이트 핫 댄서(Night Hot Dancers), 빅 이어 홀즈(Big Ear-Holes), 라스트 핫 댄서(Last Hot Dancers)와 수 댄서(Sioux Dancers)가 그것이다. 이들 집단은 정열적인 춤(Hot Dance)을 추는 동일한 일을 하는데, 이것은 전세기의 70년 동안에 히다차족(the Hidatsa)에 의해 전래된 것이다. 실제로 모든 남성은 지금 그 동호회 중 하나에 소속되어 생활하고 있다. 토바코 분회와 달리, 이들은 가입비를 받지 않으며, 형식적 가입에 대한 어떠한 권유도 하지 않는다. 각 동호회는 상당히 많은 회원수를 확보하기를 원하므로, 회비강요는 하지 않았고, 회원들은 동호회회원으로 적합한 남성들에게 그들이 가입하도록 대폭적인 선물을 줄 것으로, 후하다고 알려진 개인들은 특별히 원하는 회원들을 즐겁게 해주려고 할 것이다. 심지어 유명한 사람들은 이 점에 있어서 재물을 주겠다고 유혹하여 그들의 회원자격을 양도하도록 하는 부추김을 당하기도 한다. 이들 동호회는 거대한 상부상조적 협동단체(相扶相助的 協同團體; mutual benefit association)로 간주되기도 한다. 만일 빅이어홀즈(Big Ear-Holes) 동호회의 회원이 상당한 노동력의 제공을 필요로 한다면, 그 동호회의 모든 회원이 서로 도와준다. 한 남자가 토바코 집단에의 가입을 원하면, 모든 동호회회원은 가입비지급을 위해 필요한 경비를 모은다. 이 경우 후보자의 동호회는 혈족과 같이 성실하게 행동한다. 때때로 동호회가 주체가 되어 잔치를 열기도 하는데, 특별한 모임장소를 설정하는 것이 아니라 동호회의 회원 중 한 사람의 막사에서 만난다.

어떻든 이들 동호회는 초기의 협동단체의 형태에서 단지 외설적 부분을 제거한 것으로 표현될 뿐이었으며, 여전히 19세기 말까지도 그 활동이 계속되었다. 1833년에 비트-노이비트(Wied-Neuwied)의 맥시밀리안 황태자(Prince Alexander Philip Maximilian)는 8개도 채 되지 않는 이들의 조직을 발견하였다. 이후 4개의 조직으로 즉 머디 핸드(Muddy Hands), 빅 도그(Big Dogs), 폭시스(Foxes), 럼프우드(Lumpwoods)로 감소하였고, 1970년대에는 맨 나중의 두 개의 조직만이 계속적으로 활용하였다. 한편 이들 동호회는 전쟁에서 명성을 얻기를 원하는 군사적 협동단체(軍事的 協同團體; military associations)이므로 남성으로 구성되었지만, 엄격히 여성을 배척하지는 않았다. 그리고 여성은 함께 동호회의 축제와 소풍에 참여하였다. 종족의 족장에 의해 매해 동호회들 중 하나에게 맡겨졌던 공공적 기능은 버펄로공동사냥시 질서유지를 하는 것이다. 나아가 각 조직은 각자의 춤과 노래를 가졌지만, 종교적 특징은 모든 종류의 현상에 종교적 마력을 부여하는 잘 알려진 평원인디언의 성향에서 볼 때 놀라울 정도로 없었다.

군사적 동호회(軍事的 同好會; military club)의 가입방법은 오늘날의 동호회와 마찬가지로 비공식적인 것으로, 거기에는 어떠한 공천(公薦; adoption)도, 어떠한 엄숙한 과정도, 어떠한 취득도 없었다. 만일 회원이 사망하면, 동료들은 사망한 회원 대신 그의 형제나 가까운 친족이 맡아주기를 원하고, 그와 같은 사람들의 동의를 얻기 위하여 선물을 주기도 하였다. 그러나 사망한 회원의 가족 중 몇몇 형제에 대해 동일한 동호회에의 가입을 강제하는 것은 없었으며, 그 동호회에서 모든 종류의 가족과 혈족들이 대표되었다. 심지어 공석이 없을 때에도 회원들은 유명용사(有名勇士; renowned warrior)에게 그가 이미 다른 동호회에 가입되어 있는지 여부를 불문하고 동호회의 회원이 되도록 하기 위하여 선물을 주기도 하였다. 개인적인 불만은 입회의 간헐적 변화를 이끌었을 것이다. 어떤 사람들은 단순히 동호회의 노래나 춤이 좋아서 가입하곤 하기도 하였다.

현대적 동호회와 마찬가지로, 군사적 협동단체(軍事的 協同團體; military associations)는 평등한 집단이다. 각각 젊은이와 노인을 포함하며, 차례로 시민의 의무를 이행하며, 동등한 일련의 노래와 공연을 가지는데, 이 모두가 하나의 양식을 바탕으로 그들의 내부구조를 형성하였다. 물론, 신분(身分; status)의 평등은 소년들에 의한 성인조직의 모방에 대해서까지 확대되지 않았는데, 대장장이 사회(Hammer society)라는 이름 아래 그들은 연장자의 행동을 흉내내지 않았다.

크로우 체제(the Crow scheme)에서의 군사적 협동단체를 상당부분 이 장에서 할애하는 것은 불가능한 것이며, 심지어 그들의 정신과 관련한 상당히 명료한 묘사는 하나의 예를 들어 다소 세밀하게 서술하지 않는다면 전혀 불가능한 것이다. 그러므로 이를 위해 필자는 폭스조직(Fox organization)을 선택하고자 한다.

폭스조직은 연령에 따라 몇 개의 하위 집단으로 세분화되지만, 의상이나 노래 그리고 명예로운 지위에 대한 적격성에는 아무런 차이가 없다. 조직원들이 착용하는 여우가죽망또를 제외하고는, 그 계급이나 지위에 대한 특별한 상징의 방법은 거의 없다. 다만 조직의 관리자들 중 몇 사람만이 특별한 표장(標章; emblem)에 의해 구분될 뿐이다. 본질적으로 언급하자면 그들의 권위는 오늘날 우리의 조직에서 대통령직이나 장관직에 권위가 부착되어 있는 것처럼 어떤 지위와의 관련성은 찾아볼 수 없다. 이들의 사무에 상응하는 기능은 연장의 조직원에 의해 비공식적으로 이행된다. 크로우족의 관료들에 대한 것과 마찬가지로 그들의 명성은 나중에 가능하거나 혹은 전쟁에서의 용맹과 관련되어 있다. 해마다 봄이면, 그 조직의 장로들은 나머지 조직원들을 집회소로 소집하여, 그들의 단체에 영광을 안겨 준 8-10명 정도의 용사를 선출하였다. 이들 중, 가장 본보기가 되는 4명은 매우 확실한 의무를 부여하였다. 그들 가운데 두 명에게는 완만한 곡선의 지팡이를 주었고, 나머지 두 명에게는 곧은 지팡이를 주었다. 경쟁자의 관점에서 볼 때, 그들은 조금의 미동도 없이 심지어 그들의 생명에 위협이 느껴지더라도, 그 땅에서 이들 표장을 세우고 그들의 군기를 지킬 것으로 예상되었다. 그들이 살든 죽든지 간에, 이러한 규칙이 지켜지는 것은 그 사회와 그 종족에서 명예를 획득하는 것임을 의미하는 것이다. 포기하는 것은 계급을 상실하는 것이며, "월경하는 여자(menstruating woman)"라는 조롱을 받게 된다. 의무를 받아들이는 것은 위험을 초래하는 것이기 때문에, 대다수는 위협에 따른 공포로 위축될 것이지만, 필요한 경우 장로들은 입술에 파이프담배를 문 채 비밀스럽게 접근하여 특정인에게 위임을 강제할 수 있었다. 심지어 가장 가까운 친족들조차도 젊은 용사가 장교(將校; officer)가 되기를 강요하였는데, 왜냐하면 그들은 그를 나쁘게 하려는 것이 아니라 그가 명성을 갖는 것을 간절히 원했기 때문이다. 그 해 첫눈이 내리면, 그 지위에 부여되었던 험한 의무가 끝나고, 다음해 봄에는 새로운 재임자(在任者; incumbent)가 그 피할 수 없는 창(fatal lance)을 받아야 할 것이다.

이 조직과 관련된 가장 주목할 만한 현상 중 하나는 폭스 조직과 럼프우드 조직(Lumpwoods) 등의 활기찬 경쟁의식으로, 이 두 조직들은 결국 크로우족의 군사적 조직들 사이에서 주도권을 획득하였다. 이들 관계에서 개인간의 원한에 대한 어떠한 흔적도 찾아볼 수 없는데, 이는 매우 뚜렷이 알 수 있었다. 일정한 경기에 있어서 폭스 조직은 그들의 아내와 함께 럼프우드 조직과 그들의 아내들과 맞서 싸웠다. 전쟁에서 각각의 단체는 적에 맞서 처음 공격에서 승점을 얻으려고 하였다. 그리고 봄이 시작될 무렵, 폭스 조직 사람이 럼프우드 조직 사람들의 아내들을 납치할 수 있는 짧은 기간이 있었는데, 그녀는 일찍이 폭스 조직원의 애인이었어야 했으며, 혹은 그 반대의 경우도 마찬가지이다.

마지막 언급한 풍습은 여러 면에서 특별했다. 상호간 도전신호(相互間 挑戰信號; mutual signals of defiance)에 의하여 납치기간이 선언되자마자, 양 조직의 남성들은 현재 경쟁조직의 조직원과 혼인을 한 옛 애인을 빼앗아 납치하려고 하였다. 필요하다면 무력이 동원되기 때문에 저항은 헛된 것이 된다. 남편은 분노의 기미를 조금도 보여서는 안 되었으며, 만일 그렇게 하였다면 완전히 그 종족 내에서 자신의 사회적 지위를 상실하게 되고 웃음거리가 되었다. 여성이 납치되지 않기 위한 단 한 가지의 방법은 그녀 스스로 전 애인의 관대함에 몸을 맡기는 것이다. 그리고 이상적인 남편의 행동은 철면피(鐵面皮; brazen face)가 되어, 아내의 전 애인에게 조력하는 것이다. 폭스 조직의 남성이 럼프우드 조직의 여성을 납치하자마자, 그녀를 그들의 집회소 중 하나에 데리고 가는데, 거기에서 그녀는 정부(情夫; paramour)의 친족으로부터 보통의 혼례에 의례적으로 사용되는 모든 장신구를 받았다. 다음 날 장대한 행렬을 하여, 그 조직원들은 그들의 포로(捕虜; captive)를 내중이 볼 수 있도록 전시한다. 그녀는 뛰어난 전쟁에 기록되어 폭스 조직의 구성원과 함께 말을 타야 했지만, 반대로 럼프우드 조직은 그녀와 그녀의 동반자를 그들이 탄 말에서 떨어뜨렸다. 이와 별개로 럼프우드 조직원은 단지 흥미로운 방관자로서, 가식적인 무관심을 과시해 보이기도 하였다. 납치된 여성은 곧 그녀의 애인에게서 버림받았지만, 여성은 별다른 조건 없이 전 남편의 막사로 되돌아갈 수 있었다. 납치된 아내가 되돌아오면, 남편은 스스로 치욕을 느낄 뿐 아니라 그가 속한 조직에서 무시당했고, 상대 조직은 그 모든 구성원의 모포를 자유로이 잘라버릴 수 있었다.

이와 마찬가지로 아주 특이한 사실은 이 풍습이 군사적 경쟁(軍事的 競爭; martial competition)과 관련이 있다는 것이다. 만일 폭스 조직원이 납치기간 내에 선수를 쳤다면, 럼프우드 조직은 그들 조직의 노래를 부를 수 있는 권리를 박탈당하고, 이것은 그 한 해 동안은 상대조직의 재산이 되었다. 모든 경쟁은 초봄부터 첫눈이 내릴 때까지로 한정되었고, 그 기간이 자동적으로 멈추면, 그때부터 두 조직은 완전한 교류를 통하여 공존하며 생활하였다.

지금까지 설명한 것을 요약을 해 보면, 혈족으로의 분류는 한 형태의 사회적 집단을 제외하고 구성하는데, 그것은 동등한 그리고 아마도 좀더 중요하

기까지 한 다른 구분에 의해 교차되었다.[49)]

제 7 절 히다차족

히다차족(the Hidatsa) 역시 군사조직(軍事組織; military organizations)을 가지고 있다. 그들 중 대다수는 이름의 부분적 일치성에서 예상되는 바와 같이 크로우족(the Crow)의 군사조직과 매우 유사하였다. 따라서 폭스 조직(Fox)과 럼프우드 조직(Lumpwoods), 해머 조직(Hammer)과 도그 조직(Dog society)은 양 종족 사이에 공통적인 것이며, 매우 세밀하게 작은 부분에까지 유사하다. 크로우족 폭스 조직의 갈고리창잡이 장교(hooked-spear officer)는 히다차족에게서도 같은 임무를 수행하는 것으로 드러났다. 그리고 양 종족 사이에서 도그조직 남자는 특별히 나뭇가지로 개의 며느리발톱(dewclaws)을 묶은 것을 지니고 다녔으며, 일정한 장교들은 견장을 둘렀다. 하지만 상응하는 조직들은 근본적으로 비슷하였고 의심의 여지없이 구성원들에게 유사한 사회적 기능을 제공하였던 반면 그 가입 형식은 전적으로 차이가 있었다. 이미 설명한 바와 같이, 히다차족은 상당한 선물공세에 유혹을 받는 것은 두말할 것도 없고 개인적으로 그리고 무상으로 가입이 되었던 것이 아니라, 집단적으로 회원권의 구입하여야 했다. 그 이후에 이전의 소유자에 의해 포기하였으므로, 모든 거래는 재산소유권의 양도(transfer of property rights)와 비슷한 것이었다.

그러나 두 체제 간에는 회원자격의 획득방법에 대한 이러한 차이점뿐만 아니라 근본적으로 다른 상이한 점이 존재하였다. 크로우족의 성인남성의 모임(adult men's clubs)은 규칙으로서 남성들을 영구적으로 결합한 상호 평등한 조직체이다. 히다차족 사이에서 군사조직은 계층적 배열을 형성하고, 그들의 생애에서 남성들은 한 등급에서 다른 등급으로 진행하였다. 구입은 그 배열에

49) Lowie, 1913: 147-211.

있어서 너무 결정적인 역할을 담당하기 때문에, 이것은 단지 뱅크스제도체제(Banks Island scheme)를 모방한 것에 불과한 것으로 추측되었다. 하지만 이러한 체제들 간에도 확실한 차이가 존재한다. 멜라네시아(Melanesia)의 원주민들 사이에서는 개별적 승진(昇進; promotion)이 있었기 때문에, 부유한 젊은이들은 빈곤한 노인들을 뛰어넘어 지나칠 수도 있었다. 히다차족의 승진은 통일하여 공동적으로 하였으며, 그리고 회원자격을 구입한 자들은 모든 동년배(同年輩; age-mates)들이었다. 즉, 히다차족은 회원자격에 대한 두 가지 조건, 즉 구입과 연령을 인정하였다. 어떠한 집단의 그 누구도 일정한 연령에 도달하면, 자동적으로 폭스 조직이나 도그 조직의 구성원이 될 수는 없었다. 그들은 오로지 요구되는 가입비를 지불함으로써 조직원이 되었다. 다른 한편, 그 어떤 남성도 혼자서 폭스 조직이나 도그 조직의 조직원이 될 수 없었고, 오로지 그들 연령대의 모든 총체적 신참자와 함께 해야 했다.

이 이중주의(二重主義; dualism)의 해석은 다음 장에서 언급할 것이다. 지금 우리의 관심은 히다차 체제에 의해 완성된 조직의 층화(stratification of society)에 있다. 서로 다른 시기에 있어서 미세한 변이가 있었기 때문에, 필자는 예증을 위해 히다차의 역사 중에서 일정한 시점을 취할 것이다. 1833년 맥시밀리안 황태자(Prince Maximilian)는 모든 남성인구를 매우 어린 소년들을 제외하고 10개로 나누었다. 최연소 단체는 스톤해머 조직(Stone Hammers)으로 10살부터 11살까지의 남자아이들로 구성되었다. 14세에서 15세에 이르는 남자들은 럼프우드 조직(Lumpwoods)을 구성하였다. 17세에서 18세의 젊은이들은 그 다음의 상위 단체를 가졌다. 그리고 맨 마지막단계가 그 종족에서 가장 나이가 많은 남성들로 이루어지는 레이븐 조직(Raven club)이다. 엄격히 말하면, 종족의 남성들은 10개의 조직으로 나누어진다기보다는 10단계의 연령별로 나뉜다고 할 수 있다. 이 조직들은 실제로 등급에 따르며, 그리고 자동적 승진을 금지하는 히다차족의 체제에 따르면, 한 연령계급이 그 회원자격을 구입하면 언제나 일정한 등급은 비워져야 할 것이다. 왜냐하면 그 구성원들은 다음 단계를 구입하기 전에 아주 오랫동안 기다려야 했기 때문이다. 달리 말하면, 각각의 연령계급은 영구적인 집합이긴 하지만, 그 배열에 있어서 항상 일정한 지위를 차지하는 것은 아니었다. 어쨌든 연령계급을 말하자면, 우리는 다음을 회상하여야 한다.

이들 인디언들은 결코 해(years)에 따른 그들의 나이를 알지 못하며, 그 모임은 오로지 대략적인 연령을 바탕으로 한 것이다. 물론 이런저런 면에서 마사이족(the Masai)의 연령계급과 비교하여 본다면 이해될 수 있을 것이다. 양 종족에 있어서 엄격한 연령집합의 관점에서부터 일정한 폭이 존재한다. 몇몇 마사이족 사람들은 다른 사람들보다 일찍 조직에 가입하곤 하는데, 이는 오로지 일정기간 동안에 경제적인 이유나 할례를 한 것 때문이다. 연령집합은 따라서 비슷한 연령대의 사람들로 구성되지만, 임의로 어떤 사람을 포함시키거나 배제시킬 수도 있는데, 그들은 아마도 특별히 달리 분류되는 사람들일 것이다. 히다차족 사이에서 연령집단은 조잡한 원리를 바탕으로 한 것과 다를 바 없다. 또래놀이집단은 첫 번째 조직을 함께 취하기로 결정하였지만, 회원자격의 구입에 협력하자마자 이 연합의 경험은 그들을 일정한 사회집합체로 바꾸어버렸다. 그러므로 마사이족이나 히다차족의 개별적 연령계급의 동맹은 그 혈족적 친족관계(血族的 親族關係; sib relationship)와 같이 변경할 수 없도록 하였다.

교체된 히다차 연령계급 간에 다소 재미있는 동맹이 존재한다. 제2연령집단이 제3연령집단에 의해 유지되는 회원자격을 구입하려고 할 때, 제4연령집단의 조력에 의존할 수 있으며, 실제로 심지어 다른 집단들의 도움에 의존할 수 있었다. 반면 유사한 연계가 나머지 집단들을 연결시켰다. 이러한 대체에 대한 근거는 인접한 등급들 간의 상호관계에서도 볼 수 있을 것이다. 이들 사이에 필연적으로 '계급투쟁(階級鬪爭, class struggle)'이 존재하는데, 왜냐하면 판매하고자 하는 사람들은 항상 가능한 한 최고의 가격을 받으려고 하기 때문이다. 그러므로 대체집단(代替階級; alternate class)은 그들의 매개집단(媒介階級; intermediate class)에 대한 그들의 공통 적의에 의해 단결될 것인데, 이는 더 낮은 집단이 장차 나아갈 단계이고, 좀더 우위집단의 경우 장차 발생할 손실이다.

크로우족(the Crow) 여성은 그들만의 단체를 가지고 있지 않지만, 히다차족의 자매들은 작지만 그와 유사한 일련의 단체들을 갖고 있는데, 이는 이웃의 만단족(the Mandan)으로부터 차용되어 확대되었다. 자격취득방법은 남성조직과 같았으며, 심지어는 직접 남성조직에 가입하기도 하는데, 여성의 일정한 집단은 그 나머지 집단 그리고 심지어 남성집단들조차도 원조하였다. 당연히 이들

조직은 전적으로 군사적인 것은 아니지만, 간접적으로 상호 협동단체로 기록되었다. 스컹크족(the Skunk)의 여성들은 적의 학살을 축하하였을 것이지만, 반면 그 적의 여성은 근래의 교전에서 전사한 용사를 기리기 위한 기념식에서 춤을 추었다. 일련의 상위집합체(上位集合體; higher units)인, 유명한 암거위조직(Goose)과 하얀들소조직(White Buffalo Cow)에 있어서, 실제로 세속적 측면이 사라지는데, 가장 중요한 활동은 마법적 성질을 가지는 것이다. 암거위조직의 여성은 옥수수의 빠른 성장을 사명으로 하고, 반면 하얀들소조직은 궁핍할 때에 부락으로 들소떼를 유인하는 임무가 주어졌다. 이들 조직들은 따라서 배열상 낮은 지위의 조직원과 대다수의 군사조직으로부터 양자(兩者)에 전적으로 존재하지 않는 엄숙한 분위기를 내뿜었다. 여성조직에서 연령요소는 요구되지 않았지만, 이는 확실히 덜 부각된 것이었다. 다른 한편, 하얀들소조직과 암거위조직의 장로집단에 한 명 혹은 두 명의 유아를 들이는 것은 관습적인 것이었다. 다음으로, 모든 여성들이 이들 조직으로 단체를 형성할 것인지의 여부는 의문이다. 이 자료로부터 볼 때, 다음과 같은 것이 가능할 것이다. 이 자료 즉 동료들은 일반적으로 비슷한 연령대의 동년배인 반면, 많은 여성들은 일정한 연령집단, 다른 말로, 전체로서의 성별은 연령에 의한 구분이 아니다.

연령집단과는 별개로, 여전히 다른 각도에서 이는 나중에 다루어질 것이며, 히다차족은 뚜렷이 성스러운 선물꾸러미와 연관된 불가침적 신체를 가져왔다. 모든 히다차족 남자들은 아버지의 성물꾸러미와 의례적 특권에 대한 생애권(生涯權, birthright)을 가지지만, 잠재적 특권이 실질적인 것이 되기 이전에, 그것은 부모로부터의 구입에 의해 유효하게 되어야만 할 것이며, 친족집단인 혈족원은 일반적으로 거래를 통해 연결가능할 것이다. 다른 가족들에 의해 공유되는 의식과 성물꾸러미가 없다면, 이러한 집단은 만들어지지 않고, 친족집단에서 강화된다. 그래서 완전히 관계없는 개인은 동일한 의식상 특권과 의식수행에 의해 함께 불러모아지는 것이다.

이처럼 히다차족의 전형적인 개인은 하나의 혈족에서 태어나지만, 소년시절에는 연령계급의 형성을 돕고, 그의 동료들과 함께 공동구매권(共同購買權; joint purchase)을 통해 다음 등급이나 단계로 나아간다. 또한 이들의 소속과는 달리 재산으로서의 성물꾸러미를 매입함으로써 그 촌락의 제사단체 중 하나의 구성원이 된다. 여성은 반드시 연령계급과 관련되지 않지만, 흔히 남편의 집단과 매우 친밀한 관계에 있으며, 또한 일정한 관계를 유지한다.[50]

제 8 절 요 약

지금까지 개략적으로, 혈족으로 구성되지 않은 공동체와 혈족에 의해 구성되는 공동체 사이에서 협동단체의 중요성과 다양성에 대해 살펴보았다. 성별 반족(性別 半族; sex moiety), 부부의 신분에 기초한 분할, 사회적 집단, 비밀결사, 가족과 혈족 사이에 얽혀 있는 모든 유대, 개인의 사회적 존재를 위한 무한한 중요성의 새로운 단일체의 창조 등이 그것이다. 무엇보다도 슐츠(Schurtz)의 원시사회에 대한 견해는 매우 논리적이지만, 모건학파(the Morgan school)에 대한 기술은 불충분한 것으로 이해된다.

50) Lowie, 1913: 225-354.

제 11 장

협동단체론

앞의 장에서는 원시인(原始人)의 사회조직에 있어서 협동단체(協同團體; associational groups)의 중요한 지위만을 지적하는 데 그쳤다. 이러한 자료에서 발생하는 역사적, 사회적 문제를 해결하기 위한 노력은 전혀 없었다. 이러한 문제를 검토하기 위해서는 이론적 고찰을 쉽게 해주는 슐츠 이론(Schurtz's scheme)의 설명에서부터 시작하는 것이 좋을 것으로 생각한다.

제 1 절 슐츠의 이론체계

슐츠의 이론(Schurtz's theory)에 따르면 양성에서 심리적인 크나큰 차이는 친족집단(親族集團; kinship)과 협동단체의 다른 점에 근거하고 있다. 세속적인 견해와는 달리 여자는 특히 비사교적인 존재이고, 이해관계에 기초하여 동맹을 이루려고 하지 않고, 성관계(性關係; sexual relations) 및 생식기능(生殖機能)에 근거한 친족집단으로만 남아 있게 된다. 남자와 동등하게 여자들이 창립하거나 가맹하는 협동단체는 아주 드물며, 만일 협동단체가 있더라도 남자의 독점적인 협동단체의 빈약한 모방이라고 할 수밖에 없다. 이에 반하여 남자는 성적 관계를 우스갯소리로밖에 생각하지 않는 경향이 있고, "유유상종(類類相從)"이라는 순진한 사회적 요소를 만들어 냄에 지나지 않을 뿐이다. 그렇기 때문에 남녀간의 심리적 차이는 사회학적인 구별을 만들어 내는 쪽으로 이어진다. 가족이라는 영역 내에 또 하나의 구별이 있는데, 그것은 사회적 유대(社會的 紐帶; social ties)를 파괴할 뿐만 아니라 때로는 사회적 유대를 만들어 내기도 한다. 친자(親子)를 구분하는 윗 세대와 젊은 세대의 차이점은 연배별분류(年輩別分類)의 시초라 할 수 있는데, 그렇기 때문에 슐츠는 이것을 가장 오래된 협동단체적 분류의 형식으로 간주한다.

슐츠(Schurtz)는 미개문화(未開文化; simpler cultures)에서 찾아볼 수 있는 연배별분류가 전적으로 자연적인 근거를 가지고 있는 것이라고는 주장하지 않는다. 오히려 그것은 생리적 요소(生理的 要素; physiological factors)와 계약적 요소(契約的 要素; conventional factors)의 혼합이다. 그 전형적인 상태는 공동사회(共同社會; community)가 어린애들, 혼인가능한 젊은 남녀 및 부부의 셋으로 나누어져 있다. 이 경우 처음 두 분류집단의 구별은 자연적 차이에 기초하는 것이지만, 두 번째와 세 번째의 구별은 인위적인 것이다. 슐츠는 그 존재이유(存在理由; raison d'être)가, 젊은 사람에게는 자유연애(自由戀愛; free love)를 할 수 있게 하고, 그 후의 생활에서 부부로서의 결합을 확정시키는 마사이족(the Masai)의 방법에서 성적 관계를 조절하려고 하는 노력 중에 있다고 본다. 그러한 사회에서는 독신자(獨身者; bachelors)가 매우 두드러지고 조직적인 집단을 형성하며, 미혼여자(未婚女子)는 여성의 비사교적인 특성 때문에 그 소극적인 점을 보여주는 것으로밖에 여겨지지 않는다. 사춘기에 독신자의 주된 단체에 들어가게 되면, 복잡한 의식에 의하여 그것이 무난하게 알려지게 되지만, 여자가 성인(成人)의 지위에 들어가는 의식은 미혼여자의 계급조직이 그다지 뚜렷하게 갖추어져 있지 못한 점과 상응하여 비교적 소홀하게 치러진다.

슐츠(Schurtz)는 연령계급이 많이 생겨나는 곳은 모두 삼분제(三分制; tripartite division)의 수정의 결과라고 상정한다. 그러므로 그는 동시에 입단하게 되면 거기에 하나의 통일적 유대(統一的 紐帶; bond of union)가 생겨난다는 가능성을 인정하면서도 또한 그 나머지 연령계급이 단순한 조직에 부가되어 왔다고 주장한다. 그가 특별히 논하는 히다차족(the Hidatsa)과 그 관련된 제도의 경우에는, 그러한 것의 부차적인 기원을 연령계급이 많다는 데서 찾을 뿐만 아니라 입단자격에서 구하기도 한다. 그도 그럴 것이 생리학상의 연령 및 기혼·미혼의 분류가 다른 모든 분류에 선행하지만, 한 사회단위에 들어가는 요소로서의 구매권(購買權; purchase)은 후기의 진화된 단계에 속한다고 하는 것이 그가 주장하는 공리(公理)의 하나이기 때문이다.

연령계급에 밀접한 관계가 있고 특히 조직된 독신자들이 하는 지배적인 역할과 관련하여 남성회관(men's house)이 생겨난다. 이 남성회관은 성년이면서도 독신자인 사람이 먹을 것을 요리하고, 자기 할 일을 하며, 즐기고, 또한 숙박까지 하는 — 그런가 하면 혼인한 남자는 그 가족과 떨어져 거주한다 — 건물로서의 특징을 지닌다. 여성들이 그 구내에 들어오는 것이 보통은 금지되지만, 성년의 여자는 그 거주지와 자유롭게 교제할 수 있다. 슐츠는 이것을 이 제도의 원형(原型)이라고 하면서도 앞에 말한 대표자는 자기가 상정해 놓은 규범을 일탈하는 경우가 있음을 인정한다. 이러한 상위점(相違點)은 틀림없이 후기에 생겨난 차이라고 해서하고 또한 여러 가지의 발전방향이 추급될 수 있음을 인정한다. 그 하나로는 독신자의 숙소가 혼인한 남자도 받아들일 수 있고, 그렇기 때문에 일반적인 조직으로 변형되거나 심지어 성년남자 모두의 거처소로 되기도 하였던 것이다. 다른 한편 만일 그 설비가 연회장소나 무용을 위한 장소로 부각되면 독신자의 가옥은 그 본래의 특성을 잃게 되고, 그리고 나서는 여자도 입회할 수 있는 것으로 되어버리기도 한다. 그렇지만 그 밖의 발전방향에 의하여 — 몇 가지의 예만 들어보면 — 한증막, 회의실, 병기고나 숙소나 일하는 장소로도 되고 있다. 슐츠는 남성회관이 일정한 상호관련이 있는 족속(族屬; stocks of mankind)에게만 고유한 것이고, 그 분포는 사회학적 법칙의 결과로서보다는 오히려 역사적 관련의 결과로서 설명될 수 있다고 하는 다른 견해를 부정하지 않는다. 실제로 그는 그 가장 전형적인 형식은 말레이족(the Malaysian family)에 한정된다는 것을 인정하고 있다. 그러나 전체로서의 민속학상의 실증은 그로 하여금 다음과 같은 결론에 이르게 하고 있다. 즉 사회에서는 남성회관을 발전시켜야 한다는 경향이 있지만, 그것은 단지 "간단명료한(눈앞에 있는 그대로의; nach liegenden) 연령계급에로의 분류라는 외부적인 측면이고, 또한 이러한 의미에서 그것은 고도의 사회조직의 발생에 있어서 거의 불가피한 과도기(過渡期)이다"라고 하는 점이다.

그러나 성별(性別)과 연령차이(年齡差異)가 단체형성의 유일한 요소는 아니다. 좀더 발달된 사회에서는 독점의 경향이 감지되고 이전의 연령계급을 폐지한 집단체(集團體)가 생겨난다. 지위(地位) 및 부(富; wealth)에 관한 차이에 의하여, 이러한 경향은 더 커진다. 노예와 극빈자는 연령계급에서 배제되고, 따라서 이 연령계급은 당연히 집단체 같은 특성을 띠게 된다. 입회료(入會料; entrance fees)를 내야 하는 곳에서는 연령에 따른 신분제(身分制)와 계급제가 사라지고, 그 대신 뱅크스제도(Banks Islands)의 조직을 특징짓는 등급제(等級制; system of society)가 생겨난다. 집합체는 두 가지의 발전방향 중 어느 한 쪽을 택하게 된다. 즉 제례단체(祭禮團體)로 되어 특수한 종교단체(宗教團體)가 되거나, 아니면 처음부터 남자의 단체에 특유한 친목도모의 분위기를 중요시하여 그 결집이 정겨운 친목관계의 유지 이외에 더 중요한 목적을 갖고 있지 않는 연회단체(宴會團體; group of banqueters)로 되거나 그 어느 한 쪽이다.

비밀단체(秘密團體; secret societies)는 남성의 집단성에 기초하여 생겨난 마지막 형식의 협동단체이다. 비밀단체는 원초적 연배별분류로부터 사회적으로 발달해 온 협동단체에 있어서 필연적인 단계도 아니고, 모든 비밀단체의 기원을 연령계급에서 직접 찾아낼 수도 없다. 그렇지만 간접적인 관계는 있으리라고 생각된다. 비밀단체의 활동영역은 다양하다. 그 하나의 두드러진 특징은 부인 및 노예를 복속하게 만드는 일인데, 이것은 슐츠가 생각한 협동단체의 근본적 특성에 비추어 보면 이해할 수 있다. 비밀단체의 형식적 절차에 관하여 말하자면, 시련적인 입단식을 거치게 되어 있는 예전의 연배별분족(年輩別分族; age-divisions)에서 찾아볼 수 있는 여러 현상에까지 거슬러 올라간다. 많은 비밀단체가 실행하고 있는 조상숭배(祖上崇拜; ancestral cult)의 처음 발생도 이와 관련된 관념과 흔히 관계되어 있는 종족적 입단식에서 찾아볼 수 있다. 비밀단체는 가면(假面; masks)을 뒤집어쓰는 것, 두개골숭배(頭蓋骨崇拜; skull-worship) 및 재산보장을 위하여 금제규칙(禁制規則; taboo rules)을 채용하는 것과 같은 특별한 요소와 함께 이 조상숭배의 기초를 조성해 왔던 것이다. 이들 단체는 때때로 그 상상적인 신비력(神秘力; mystic powers)에 도움을 이끌어 내어 단원이 아닌 사람에게 폭력을 가하거나 약탈을 하는 모리배(謀利輩; gangs)로 되는 경우까지 있다. 그러나 그들은 적어도 재판을 하는 단체와 같은 형식을 갖추고 있기도 하다. 단원이 신뢰를 위반하거나 비슷한 위반을 하면 처벌하게 되고, 단원이 아닌 사람이 그들의 이해(利害)에 반하는 경우에는 형벌을 가한다. 또한 정치적 권리를 행사하는 유일한 단체로 되기도 하였으며, 이러한 단체로서 영국의 식민지참정자(植民地參政者)에 의하여 이용되기도 하였다. 비밀단체로 존재할 수 있는 가능성은 언제나 갖추고 있지만, 이러한 종류의 구체적인 사례는 아주 불안정한 단위일 수밖에 없다. 한 사례를 들어 슐츠는 결국 어떠한 암호(暗號)나 그 밖의 신비성을 지니는 비밀을 보존한다는 것은 불가능하다고 믿고 있다. 그는 어느 종족은 전적으로 여성을 춤추는 자리에 들어오지 못하게 하고, 다른 종족은 그다지 근엄하지 않은 의식에는 여자를 들어오게 하고, 또한 어느 지방에서는 예식용 악기(bull-roarers)를 결코 여자들이 보아서는 안 되는 것으로 하여 남성회관에 신중하게 보관하고, 그런가 하면 그 인접한 지방에서는 이를 아무렇지도 않게 일반에게 공개하는데, 중부 브라질(Central Brazil)에서 찾아볼 수 있는 발전양상은 그 대표적인 것으로 보고 있다. 그 밖의 지역에서는 신비(神秘)의 느낌이 사라지고, 사회적으로도 단순한 집합체로만 여겨지며, 또 다른 지방의 비밀단체는 추장을 도와주는 경찰력(警察力; constabulary force)이나 여자까지 받아들이는 종교적 집단으로 변형되고 있다.

이 간단한 설명은 슐츠의 사상이 어떠한 것인지를 밝혀주기에 충분하다. 그의 이론체계를 모건(Morgan)과 비교하고, 좀더 면밀하게 검토해 보면 근본적인 유사점이 드러난다. 슐츠는 모건이 전적으로 무시한 여러 현상을 고려하면서 또한 모건과 마찬가지로 그 자료에서 보편적 타당성을 찾으려 하고, 그렇게 함으로써 사회학적 법칙을 정식화하려는 진화론적 도식(進化論的 圖式; evolutionary scheme)을 그리고 있다. 어쨌든 슐츠가 사회제도의 복잡성을 날카롭게 파악한 것은 사실이고, 그리하여 예를 들면 남성회관과 같이 동일한 표준상태로부터도 여러 가지 발전의 방식이 있음을 인정하고 있다. 그렇기는 하지만 이러한 사실이 그로 하여금 주된 발전방향에 관한 한, 소위 연대적 순서(年代的 順序)를 고집하는 것을 막지는 못하였다. 그는 마치 모건의 모계제의 필연적 선행성을 확신하고 있는 것과 마찬가지로, 집합체나 비밀단체에 비하여 선배계급이 일률적으로 선행적임을 확신하고 있다. 슐츠가 흔히 전파원칙(傳播原則; principle of transmission)을 존중한 것만은 틀림없지만, 실제로는 입으로만 그렇게 말하였을 뿐이다. 그는 사회학적 연구에서는 전파의 문제를 아주 중요하게 다루지 않았다.

이제 앞에서 지적해 온 바를 정리해 보면, 전파의 문제는 결코 사소한 것이 아님을 알 수 있다. 어느 한 종족이 다른 종족으로부터 일정한 특징을 어떻게 모방하였다는 단순한 지식만으로는 그것을 이해하는 핵심요소(核心要素; key)가 된다고 주장할 수 없을 것이다. 물론 모방의 증명은 해석에서 중요한 관계를 가진다. 왜냐하면 그 증명은 모방한 사회에는 자연발생적으로 그 특징이 생겨나지 않고, 거기에서 생겨난 것은 불가피하게 발달하지 않으면 안 되었던 사회학적 법칙의 작용에 의존하는 것이 아니냐는 증명이기 때문이다. 물론 그것이 독자적으로 발생하였다고 주장할 수도 있지만 그것은 한낱 주장에 지나지 않는다. 그러므로 미개의 브리튼인(aboriginal Britons)이 글쓰는 기술(art of writing)을 발달시켰다거나, 알래스카 에스키모인이 끝까지 자기들의 노력만으로 순록사육을 하려는 생각을 관철하려고 하였다는 주장이 제기될 만하다. 이러한 주장은 실제로 미리 조작된 것이라고 할 수는 없지만, 조작되지 않은 것이라는 논증도 그다지 쉽지 않다. 이 원리를 지금 논의하고 있는 점에 맞추어 보면, 아삼(Assam) 및 뱅크스제도의 남성회관에서 개별적으로 생겨났는지, 아니면 이것 및 이와 유사한 인도네시아의 제도가 여러 지역에서 생겨났는지의 여부는 결코 쉽게 문제삼아 답이 나올 만한 것이 아니다. 첫 번째의 가설에 기초하면 인류사회가 특별한 조직에 의하여 남자인구를 구별하려고 하는 적지 않은 경향을 부정하기 어렵다. 두 번째의 가설에 따라서 보게 되면 그러한 경향의 힘은 현저하게 줄어들고, 이에 필연적으로 광대한 지역에 퍼져 있는 동일한 현상이 그 이상 퍼져나가지 못하였는지, 요컨대 다른 곳에서 발견되는 남성회관의 예라도 하나의 예에서 유래한 것이 아닌가라는 의문이 생겨나게 된다. 이 논란이 확정되면 남성회관이 어떻게 하여 생겨났는지에 관한 사회학적 주장은 그 기반을 잃고 만다. 세밀하게 주장되었던 내용이라도 어느 제도가 모방된 것으로 드러나면 그것에 관하여는 모방하는 경향이 있는 것으로 되고 만다.

슐츠는 이와 같이 실로 명백한 사실을 묵과하고 있고, 따라서 역사적 관계를 따지는 방주(傍註)를 붙이고 있기는 하지만, 문화사의 적극적 원리로서의 전파를 알고 있음을 보여주기는 하면서도 자기 자신이 유용하게 활용하지는 못하였으며, 또한 논리적으로 그의 방법론과 모건의 방법론의 구별을 제대로 할 수 없었다. 경우에 따라서 모건 자신이 역사적 관계(歷史的 關係; historical connection)에 관하여 호언장담하는 것도 최근 전파론자의 심한 허세를 부끄럽게 만드는 것이므로, 특히 그러한 점이 계속적으로 인정을 받는 셈이다. 그렇지만 모건의 견해에서 혈족(血族; the sib)은 단일한 기원을 가질 뿐이고 친족관계의 제도에 관하여는 전파까지도 아무런 영향을 주지 못하였다. 또한 인종적 유사성(人種的 類似性; racial affinity) 이외의 어느 것도 줄루족(the Zulu)이나 하와이인(Hawaiians)의 친족분류법(親族分類法; classification of kin)과의 동일한 점을 설명하고 있지 못한 것이 아니겠는가! 이러한 모든 사실이 결코 그의 이론체계의 본질적 단선발달설(本質的 單線發達說; essentially unilineal evolutionism)을 저해하는 것은 아니다. 그런데 실제로 모건과 슐츠는 동일한 구도에 따른 입장을 취하고, 동일한 개념기틀을 채용하고 있다. 그리고 슐츠의 특징은 새로운 개척의 방도를 보여주려고 하지 않고 오히려 사회학 연구의 영역을 현저하게 확대시켰다고 하는 점이다. 투르게네프(Turgenev)의 말을 빌려보면, 과학의 선구자는 처녀지(處女地; virgin soil)의 땅을 호미로 조금씩 헤집어 갈 뿐이고, 그 땅을 깊이 갈아 일구는 것은 뒷일이다.

이 일반적 설명을 마치고, 다음으로 협동단체(協同團體; associations)와 관계있는 한층 중요한 일반적 문제(一般的 問題)를 살펴보고자 한다.[51]

51) Schurtz: 83-109, 125-128, 202-213, 318-333, 347-367.

제 2 절 성별양분제

슐츠(Schurtz)는 남자는 협동단체(協同團體)를 만들게 되지만 비사교적인 여성은 남자가 만들어 놓은 원형(原型)을 조심스러워하며 모방하는 예도 드물고, 또한 이성인 남성의 단체에 가입하는 것도 그다지 많지 않은 원인을 근본적으로 정신적 차이에 의한 것으로 지나치게 강조하고 있다. 그러나 이러한 종류의 추리를 거부함에는 반드시 열광적인 여권론자(女權論者)일 필요가 없을 것이다. 대체로 어느 단체에 들어가기 위하여는 단순히 단원이 되겠다는 의사 이상의 어떠한 것이 있어야 한다. 오스트레일리아인의 입단식을 행하는 지역에 가까이 가보려고 하였던 여자가 잔인하게 사형에 처해졌던 것을 생각해 보면 그렇게 위험한 곳에 직접 간 사람이 거의 없었다는 것은 전혀 이상하지 않다. 여기에 어떠한 방법으로든지 독립적인 단체의 조직을 언제나 남자들이 만들 수 있게 허용했다는 것도 결코 확실치 않다. 어느 지방에서 적어도 여자들의 집합체가 형성되어 있지 못한 것은 대체로 남자가 잠묵의 태도를 취하였기 때문이기도 하다. 그러나 이러한 요소까지 경험적 사실을 설명하는 데 필요한 것은 아니다. 이미 다른 장에서 인용한 알타이족(the Altaian) 및 키르기즈족(the Kirgiz)의 자료는 지금의 논점과 관련해서 특히 시사적이다. 알타이족의 가정 내에서의 어려운 일은 남편이 아내의 사교적 활동을 허락해 주든 않든 간에 그러한 교제를 할 수 있는 시간을 가질 수 없다는 점이다. 이와 달리 분업을 하게 되어 있는 키르기즈족의 아내는 추상적인 이슬람(Islam)의 교리를 무시하고, 다른 여자나 남자들과 자유롭게 교제를 하며 지내고, 이성인 사람들과 함께 활기찬 노래경연대회에 참여하기도 한다. 어떠한 심리적 차이가 양성을 구별하더라도 — 필자는 이러한 사실을 부인하려고도 하지 않는다 — 여성의 집단성(集團性)이 미약한 것은 그러한 협동단체적 행동에 관하여 그에 갈음할 만한 상당히 확실한 설명이 뒷받침되지 않는 한, 이를 여성의 선천적 무능력이라고 보기는 어려울 것이다.

이러한 해석 중 가장 유력한 것은 칼 폰 덴 슈타이넨 교수(Professor Karl

von den Steinen) 및 폴 라딘 박사(Dr. Paul Radin)가 제시한 것이다. 전자는 바케리족(the Bakairi)의 성찬례(聖餐禮; mysteries)를 수렵의 결과 즉 수렵의 축제 – 당연히 이 행사에는 여인의 참여가 허용되지 않는다 – 로 생각한다. 마찬가지로 라딘은 군인회(軍人會; soldier's society)는 여자를 받아들이려 하지 않고, 재봉일을 하는 집단은 남자를 받아들이려 하지 않는다고 적시하고 있다. 각각의 경우에서의 배제는 거의 자연적이다. 우리는 흔히 여자들의 일은 예를 들어 군인들이 하는 일과 같이 집중적인 노력을 필요로 하는 성질의 것이 아니라는 점을 덧붙이곤 한다. 토기(土器)를 굽는 여자는 동료일꾼 없이도 그대로 토기를 만들어 낼 수 있다. 다른 한편 무니(Mooney)는 샤이엔족(the Cheyenne)의 여성들이 예를 들어 천막절단(tent-cutting), 깃촉자수(quill embroidery), 전통신발(moccasin)의 장식 그리고 가죽염색(rawhide painting) 같은 갖가지 종류의 여성적 직업의 기술을 드높일 수 있는 여러 조합으로 나뉘어 조직화되어 있는 것을 확인한 바 있다. 입회(入會)는 비싼 입회료를 내야만 가능하지만, 이러한 보는 단체를 우리 사회의 노동조합(勞動組合)과 유사하게 다루는 것은 좀 지나친 것 같다. 여기에서 시도하고자 선정된 영역에서 전문가의 조언이나 추천을 받아야 한다는 요구조건은 여자의 비사교성설을 무색하게 만들 정도로 많은 단체를 만들어내는 결과를 빚어냈다.

사실 북아메리카의 자료는 슐츠의 주요원리의 무근거성(無根據性)을 충분히 입증한다. 크로우족(the Crow)의 타바코단체(Tabacco society)에서는 여자가 남자보다 현저하게 적어도, 보통은 남편과 함께 입단하는 것을 허용하고, 부부가 하나의 일정한 단위가 된다. 히다차족에서도 이와 마찬가지의 관념이 보인다. 즉 히다차족에서는 주술꾸러미를 아내를 통하여 매수인에게 양도하기 때문에, 아내가 최초로 주물(呪物)을 만진다. 특히 히다차족에서 여성적 단체가 있는 것은 이미 서술한 것이지만, 그것은 그것과 비교해야 할 남자단체보다 적지만 질적으로 한층 더 신성한 단체이다. 라딘(Radin)도 지적한 바와 같이 중부 알곤킨족의 큰 비밀단체인 미드위윈(Midewiwin)단체는 남녀가 함께 주술사를 통해 입단한다. 오마하족(the Omaha)의 많은 단체에서는 예를 들면 천둥신이나 들소신과 같이 일정한 신령의 영교(靈巧)가 입단의 선결조건이고, 환영(幻影)을 본 남자와 마찬가지로 여자도 환영을 본다면, 피선거의 자격이 있었다. 서남부 지방의 남자는 분명히 의식상으로 여자보다 적극적이지만, 여자도 독자적 단체와 무용을 가진다. 대분지에 있는 쇼쇼니족(the Shoshonean)에서는 단체가 없지만, 다양한 무용과 축제에 있어서는 남녀가 평등하다.

북아메리카에서의 여자의 집단성의 예에서 적은 정도의 암시는 다른 여러 대륙에서의 남성회관이나 종족적 단체와 비슷한 보고가 있었다. 앞에서 적시한 바와 같이 이들 단체는 태평양 연안에 한정되어 있지만, 공통의 중심지로부터의 전파가능성을 보여주는 현상이다. 그렇지만 지금 특별히 우리들의 관심을 끄는 것은 아메리카의 제도(American institutions)가 대체로 오스트레일리아나 멜라네시아에서의 표면적으로 유사한 제도와 전혀 다르다는 점이다. 뱅크스제도에서는 순수한 성별양분조직(genuine dual organization on the basis of sex)이 있고, 이에 의하여 입단 후의 남자는 모두 여자와는 다른 곳에서 생활한다. 오스트레일리아인은 그다지 엄격하게 구별하지는 않지만, 종교적 생활이나 공공적 생활에 적용하고 있다. 이 양자의 어느 지역에서도 남자는 누구나 입단할 수 있지만, 여자는 입단할 수 없게 되어 있다. 그렇다면 본질상 비인디언적(un-Indian)인 것으로서 아메리카인을 놀랍게 하고 또한 북아메리카에서는 거의 유사한 현상을 찾아볼 수 없는 것은 바로 여자의 지위·임무 및 무능력에 관한 근본사상 바로 그것이다.

예를 들어 캘리포니아 북부에서는 남성회관과 남자의 비밀결사(秘密結社)를 찾아볼 수 있지만, 그 근본사상은 다른 여러 대륙에서 보고된 것과 매우 다르다. 후파족(the Hupa)의 남자는 겨울이 되면 여자와 같이 자지 않고, 마을의 한 증막숙소(sweathouse)에 있게 되는데, 그런데도 식사는 1년 내내 아내와 함께 하고, 여름에는 삼림거처에서 함께 지낸다. 이와 같이 남자의 별거는 부분적인 것에 지나지 않는다. 더구나 여자는 제례행사(祭禮行事; ceremonial activity)에 참여할 수도 있다. 즉 여자인 무술사(巫術師)도 있고, 고더드 박사(Dr. Goddard)가 머무르는 동안 '마법치료(魔法治療; medicine)'에 능통한 유일한 사람인 한 노파가 삼림춤(Brush dance)을 추기도 하였다. 동일한 지방 일대의 섀스타족(the Shasta)은 남자들의 겨울 기숙사와 공동숙소를 갖추고 있으며, 남자들은 그 곳에서 땀을 흘리거나, 생활하면서 도박을 하기도 한다. 섀스타족의 의식행사(儀式行事; ritualism)는 거의 전부가 무술(巫術)의 공연으로 꾸며져 있고, 여기에서 우리는 무술이 대체로 여자들의 일이라는 점에 크게 놀라지 않을 수 없었다. 즉 남성회관이 있음에도 불구하고, 제례행사는 대부분 여자들이 행하는데, 이것은 분명히 처음과 끝이 뒤바뀐 상황의 절정으로서 오세아니아인(Oceanian)을 어렵게 하는 일침일 것이다. 마이두족(the Maidu)에서 눈을 돌리면 이와 다른 상태를 접하게 된다. 겉으로 보아서는 섀스타족의 남성회관에 상응하는 큰 건물은, 그 역할상 부분적으로만 일치한다. 그것은 한증막(汗蒸幕; sudatories)이지만, 집합소라고 하기보다는 일종의 제례각(祭禮閣; ceremonial chambers)이라고 해야 할 것이다. 뿐만 아니라 여자는 언제든지 이들 무용실습소(舞踊實習所; dance lodges)에 출입할 수 있게 되어 있고, 많은 의식에 적극적으로 참가하고 있다. 섀스타족의 경우보다 숫자적으로 적지만 여자주술사가 생겨나고, 여자가 한증막에서의 연례 무술축제(巫術祝祭)에도 참가하는 예가 있다.

그런데 지금까지 캘리포니아의 자료는 오세아니아식 원칙(Oceanian principle)과 같은 엄격한 남녀분리를 보여주지는 않는다. 한 세절 중 남자의 별거는 전혀 공동식사(共同食事; common meals)와 어긋나게 되어 있지 않으며, 어느 정도까지는 공동제사(共同祭祀; common ceremonies)와도 모순되지 않는다. 그렇기는 하지만, 유키족(the Yuki), 포모족(the Pomo) 및 미이두족(the Maidu)에는 보는 여자를 엄격하게 배제시키고 있기 때문에 언뜻 보아서는 다른 여러 대륙의 종족적 단체를 강하게 떠올리는 비밀단체가 있다고 생각할 수 있다. 실제로 앞의 두 종족에서의 몇몇 무력단(武力團; Powers)에 관한 시사적인 보고는 여자를 협박하여 복종시키고 정조를 지키게 하는 악령(惡靈; evil spirits)으로 분장한 광대를 묘사하는 가운데 그러한 종족의 단체에 분명히 서아프리카(West African) 내지 멜라네시안적(Melanesian)인 경향을 지니고 있다. 그러나 캘리포니아의 여러 현상의 중요성을 평가함에 있어서는 아주 중요한 하나의 사실을 잊어서는 안 된다. 즉 비밀단체는 남자 전부를 포함하는 집단이 아니고, 입단식은 개인의 생활상 어느 모로든지 필요한 단계도 아니고, 혼인자격을 얻는 선결조건(先決條件)도 아니었다. 이 특징은 그것과 오스트레일리아인의 종족적 단체를 구별하는 데 충분한 기초가 된다. 또한 그것은 뱅크스제도의 영혼단체(靈魂團體)와도 비교할 수 있는데, 그렇지만 그 사이에 걸쳐 있는 유사점은 지금의 어디에도 즉 성별반족(性別半族; sex moieties)의 존재에 관하여는 중요한 점이 아니다. 바렛 박사

(Dr. Barrett)의 보고에서 찾아볼 수 있는 것처럼, 대개의 무용에는 일정한 수의 남녀가 참가할 수 있지만, 다른 두 무용행사에는 남녀의 수가 규정되어 있기 때문에, 이들 성별반족은 포모족(the Pomo)으로까지도 돌아갈 수 없는 것으로 되어 있다. 이와는 별도로 남자만이 참가할 수 있는 무용행사가 다섯 가지가 있는데, 이 가운데 두 가지의 행사에는 여자가 참관할 수 있으며, 남자의 출입장이 금지되어 있는 여자의 무용행사가 두 가지가 있다. 따라서 어느 비밀의식(秘密儀式)에 여자(아울러 입단하지 않은 남자)를 들어오지 못하게 하는 것은 성별양분제(性別兩分制)라는 제목 속에 포함시킬 수 없다. 마이두족(the Maidu)의 경우도 비슷한 것으로 생각할 수 있다. 이 종족에서의 여자무술사의 지위는 대등한 퀸즐랜드(Queensland)의 의사와 비교해 보면 특히 흥미롭다. 오스트레일리아인의 여자의사는 특정한 비술(秘術; tricks)을 부릴 줄 알지만, 결코 정식 의사의 판매물인 주문을 모방하여 해서는 안 되고, 또한 "표면상 어떠한 일이 있더라도 다른 의사들의 비밀논의에 참가해서도 안 된다."

캘리포니아에 관하여 예로 든 것은 푸에블로(Pueblo) 지방에 관하여도 똑같다고 할 수 있다. 보통 남자들이 일하는 장소나 노는 장소로 사용된 지하의 제례실(祭禮室; ceremonial chambers)은 예전에는 독신자의 숙소 및 한증막사로도 사용되었던 것으로 알려져 있다. 그럼에도 불구하고 일상생활에서 남녀가 자유롭게 사귀는 것에 지장을 주지는 않았다. 어느 남자의 종족적 단체의 특징도 이 목적을 달성하지 못하였고, 여자를 제례상 행사에 참가하는 것을 막지는 못하였다. 최북단의 알래스카인(the Alaskans)은 집합체회관, 공회당(公會堂; town hall), 무용회관(舞踊會館; dancing pavilion) 및 선술집(tavern)의 여러 특징을 겸비하여, 특히 독신자숙소를 갖추고 있는 점에서 다른 에스키모인과 다르다. 실제로 특정한 기간에 여자의 출입이 금지되지만, 항상 여자의 출입을 금지하고 있지는 않다. 이와 반대로 여자들은 하루에 두세 번 남성회관에 음식물을 가져다 주고, 식사하는 동안 그 친척의 곁에 앉아 있거나 또는 때때로 연기를 보살펴 줄뿐만 아니라 적극적으로 그 연기에 참가하기도 한다. 이러한 사실에 비추어 보면 매켄지강(Mackenzie River) 유역의 취페완족(the Chipewyan)은 모든 무용행사에 여자를 참여하지 못하게 하며, 영국인 여교사의 감독을 받고 있는 소년이나 소녀까지도 분리시키려고 노력하였다는 헤른(Hearne)의 관찰은 특수한 경우라고 할 수밖에 없다. 이렇게 보는 시각은 일종의 '유희(遊戲; sport)'이고, 북아메리카 인디언 일반에 관하여뿐만 아니라 북부 애서배스카족(the Northern Athabaskans)의 전형적인 행태와도 다른 것이다. 왜냐하면 예를 들어 도그립스족(the Dogribs)과 같이 이 종족의 다른 족속은 남녀 모두 무용에 참가하는 것을 허용하고 있기 때문이다.

요컨대 북아메리카 인디언은 한 종족을 성별반족(性別半族; sex moties)으로 나누려고 하는 남자독점의 상태가 드러나 있지도 않고, 그 부인들은 허락받은 경우 남자와 어울릴 수 있으며, 드물지 않게 독자적인 협동단체를 만들 수 있었기 때문에 집단성을 회피하려고 하지도 않는다. 여자의 협동단체가 남자의 협동단체보다 수가 적은 것은 신비적인 사교본능결여설(社交本能缺如說; absence of an instict of sociability) 등에 의거하지 않더라도 앞에 말한 방법으로 쉽게 설명될 수 있는 것이다.

전반적으로 아프리카의 여러 현상은 북아메리카의 현상들과 일치한다. 보통 남존여비(男尊女卑)임에도 불구하고 대체적으로 남녀의 자유로운 교제가 행하여지고 있다. 특히 서부해안지방에는 여자를 참여시키지 않는 비밀단체가 있지만, 라딘(Radin)이 지적한 바와 같이, 그것과 유사한 여자단체의 수도 상당히 많다. 어느 남자단체는 군사적 임무와 재판상의 임무를 맡고 있지만 어느 단체는 주로 간통한 처를 징벌하는 일을 하게 되어 있으므로 여자를 배제하는 것은 당연하다. 이보다 훨씬 더 의미 있는 것은 여자의 단체가 숫자적으로 상당할 뿐만 아니라 사회적으로도 적극적이면서 중요하다는 사실이다. 그리하여 시에라 레오네(Sierra Leone) 지방의 멘디족(the Mendi)의 남자단체인 포로단체(men's Poro society)에 대하여 여자단체인 분두단체(women's Bundu)가 대립해 있다. 후자가 전자와 평등한 지위에 있다고 주장하는 것은 과장일지는 모르겠지만, 그 신성성(神聖性; sacred character)은 남자들도 인정한다. "어떠한 생각을 해서라도 남자는 '분두의 숲(Bundu bush)'에는 접근하지 못한다. 그도 그럴 것이 위반자에 대한 '분두의 특효술(Bundu medicine)'의 신비스러운 효험을 아주 강한 것으로 믿었기 때문이다. 그리고 이 믿음은 확실하게 사람들의 마음에 뿌리를 두고 있기 때문에 분두단체의 소녀는 분두특효술의 보호를 받고 있을 동안에는 자신은 어떠한 적은 고통도 받지 않을 수 있다고 믿고, 영역 내에서는 그저 혼자서라도 걸어다닐 수 있다.” 이 보다 조금 남쪽지방에서는 여자의 성찬례(聖餐禮; female Mysteries)에 침입한 남자는 마치 남자의 비밀회의의 사실을 누설한 여자가 사형에 처해지는 것과 마찬가지로 사형에 처해졌음을 킹슬레이 여사(Miss Kingsley)가 보고한 바 있다. 여자단체는 사춘기(思春期; age of puberty)를 입단식과 관련시키는 경우가 많다. 아프리카 소녀의 성년식이 그와 같은 나이의 소년의 성년식과 마찬가지로 장엄하게 치러졌던 것은 주목할 만한 일이다. 오스트레일리아에서도 그렇지 않고 필자가 아는 한에서는 멜라네시아에서도 마찬가지다.

아프리카에서는 엄격한 남녀분리(男女分離; separation of the sexes)를 찾아볼 수 없다. 그리고 의식상 남녀구별은 있지만, 여자들은 반드시 비조직적인 개인의 모임만을 만드는 것이 아니고 때로는 독자적인 종족적 단체나 좀더 제한된 단체를 만들기 때문에, 오스트레일리아 및 멜라네시아에 관하여 보고된 것과는 근본적으로(toto coelo) 차이가 있다. 아시아의 아주 넓은 지역에 걸쳐 슐츠(Schurtz) 자신은 남자의 종족적 단체나 그 밖의 어떠한 협동단체(協同團體)도 발견할 수 없으리라는 것을 생각하면, 여성의 두 번째 성적 특징으로서 거의 빠짐 없는 비사교성(非社交性)을 운운하는 것은 허황된 것으로 배척하지 않으면 안 된다. 슐츠는 지리적으로 그 분포가 한정된 하나의 현상을 보편적인 현상으로 잘못 이해하고, 그의 견해에 유리한 지역 내에서까지 제도적 결과와 유기적 무능력(有機的 無能力; organic disability)의 구별을 인정하지 않고 있다. 오스트레일리아에서의 남자장로정치(男子長老政治; gerontocracy), 또는 뱅크스제도에서의 남성회관의 역할과 결부되어 있는 분업(分業)의 영향이 여자의 협동단체(協同團體)의 형성에 유리하거나 적어도 모순되지는 않는다는 것이 밝혀질 때, 비로소 실제로 여성결사(女性結社; sororities)가 적다는 것을 집단성의 많고 적음과 직결되는 직접적 심리학적 관계(直接的 心理學的 關係)로 해결할 수가 있을 것이다.

협동단체(協同團體; associations)에 관한 성별(性別)의 문제를 마치기 전에, 아주 두드러지게 중요하지는 않지만 민속학상 매우 흥미로운 문제에 관하여 간단하게나마 논하지 않을 수 없다. 오스트레일리아인의 입단식(Australian initiation)에 관하여 언급할 때 여자에게는 금제시되는 소리를 내는 악기에 관하여는 서술한 바 있다. 입단하지 않은 사람이 듣기에 불가사의한 소리를 내는 간단한 방법을 그들에게 가르쳐주지 않으려고 하였다. 그러면서도 모든 신비스러운 진수(眞髓)가 되풀이하는 소리를 내는 곳에 모이는 것처럼, 아마도 원주민의 생각에서는 소년들이 공중에 조그만 판자를 던지면서 어떻게 돌아오게 하나 하면서 지르는 소리를 내는 방법을 가르칠 때가 오래오래 지나오면서 의식에서 보듯 어수선함의 최고봉인 것처럼 되어 버렸다. 그 신비를 발견한 여자가 그것을 흘려 내보내고, 그가 사형에 처해진 것은 주목할 만한 일이다. 그러나 더욱더 유의해야 할 것은 동일한 사상을 세계 여러 곳에서 찾아볼 수 있다는 점이다. 다음에 소개하는 여러 예는 그러한 점을 예증하기에 충분할 것이다.

중부 오스트레일리아의 우라부나족(the Urabunna)에서 단체에 가입하지 않은 사람은 어느 일정한 소리가 "남자애들 데려다가 그 내장을 모두 잘라내고 그에게 새로운 내장을 넣어 주고 나서 입단한 청년이라고 맞아들여야 한다. 그 소년은 무슨 일이 있더라도 여자나 어린애들한테 그 나무를 보여주어서는 안 된다. 만약 보여주게 되면 자신이나 어머니나 자매 모두 죽은 석상(石像)으로 변할 것"이라는 것을 신의 소리라고 배워 왔다. 이보다 북쪽에 사는 카펜타리아만(Carpentaria Gulf)의 아눌라족(the Anula)은 여자들에게 예식용악기(禮式用樂器; bull-roarer)의 윙하고 도는 소리는 남자애를 삼키고 입단 후에 청년으로서 토해내는 신(神)이 만들어 내는 괴성이라고 가르쳐 왔다. 뉴기니(New Guinea)의 후온만(Huon Gulf) 부근에 살고 있는 부카우아족(the Bukaua)의 입단식에서는 신참자(新參者)의 어머니들은 나뭇잎모양의 판에서 나는 소리는 젊은 애를 집어 삼켰다가 내뱉는 욕심 많은 괴물의 소리라고 들어 알고 있다. 솔로몬군도(Solomons)나 프랑스군도(French Islands)에서도 예식용악기는 여자들이 볼 수 없도록 은폐되어 있고, 또한 여자들은 그 묘한 소리를 신이 내는 소리라고 믿고 있다. 또한 뉴브리튼(New Britain)의 술카족(the Sulka)은 이보다 심하게 이 신이 때로는 입단하지 않은 사람을 잡아먹는다고 주장한다. 이와 같은 여러 사례는 오스트레일리아 및 오세아니아에 관한 문헌에서 찾아 적은 것이다. 그러나 아프리카의 여러 지방에서도 유사한 관념을 찾아볼 수 있다면 우리는 무엇이라고 말해야 할까? 남나이지리아(South Nigeria)의 에코이족(the

Ekoi)은 여자로 하여금 예식용악기를 보지는 못하게 하고 소리의 원인을 가르쳐 주지도 않으며, 동아프리카(East Africa)의 멀리 떨어진 곳에 있는 난디족(the Nandi)에도 똑같은 규칙이 있음이 보고된 바 있다. 요루바족(the Yoruba)의 여자들은 실제로 예식용악기를 보거나 심지어 만질 수 있게도 되어 있기는 하지만, 그것을 돌리고 있는 동안에는 볼 수 없다. 예식용악기를 공중에서 돌려 소리를 내려고 하는 것을 암시하는 프로베니우스 박사(Dr. Frobenius)의 몸짓은 그 자체 여자들을 섬뜩하게 만들기에 충분하고, 또한 보고된 바에 의하면, 옛날에는 남자단체가 행렬하는 동안 이 악기를 돌리고 있는 때 얼굴을 내민 여자들은 무자비하게 사형에 처했다고 한다. 마지막으로 남아메리카(South America)의 실례 하나를 인용하여야 하겠다. 브라질 중부의 보로로족(the Bororo)은 장례식 때 예식용악기를 흔들어 돌리는데, 이것은 여자들로 하여금 죽음을 당하지 않도록 숲 속으로 도망치거나 집에 들어가 숨거나 하라는 신호였다. 이 곳에서는 예식용악기를 보기만 하여도 여자들은 바로 사형에 처해진다고 남자들 모두가 생각하고 있으며, 폰 덴 슈타이넨 박사(Dr. von den Steinen)는 사서 가져온 견본을 여자나 어린애들에 보여주지 않음으로써 흉사(凶死)를 피하려고 조심하기도 하였다.

이것들의 유사점은 그저 무시해버릴 성질은 아니다. 이에 흥미를 갖게 된 앤드류 랑(Andrew Lang)은 "같은 목적을 위하여 단순한 수단으로 표현된 같은 정신"의 결과라고 설명하고, "이 보편적인 신성한 목적물을 설명하기 위하여 기원동일설(起源同一說; hypothesis of common origin)이나 모방설(模倣說; hypothesis of borrowing)을 내세울 필요는 전혀 없다"고 밝혔다. 이 해석방법의 후계자는 폰 덴 슈타이넨 교수(Professor von den Steinen)인데, 그는 끈으로 매어진 판자와 같은 단순한 방안(方案; contrivance)으로는 문명사를 통하여 그 기원은 하나일 수밖에 없다고 하는 가설을 필요로 할 만큼의 인지(人智)에 대한 중압감이 있었던 것으로는 생각하지 않는다고 서술하고 있다. 그러나 이것은 문제를 잘못 이해한 주장이다. 문제는 예식용악기가 한 번에 아니면 여러 차례에 걸쳐서 발명되었는지의 여부가 아니고, 이 간단한 장난감이 한 번에 아니면 여러 차례에 걸쳐서 제례단체(祭禮團體)에 들어오게 되었는지의 여부를 따지는 것도 아니다. 필자는 직접 호피족(the Hopi)의 피리단체(Flute fraternity)의 승려가 엄숙한 장소에 와서 예식용악기를 울리는 것을 본 적이 있지만, 오스트레일리아나 아프리카의 신비스러운 전설과 관련이 있다는 느낌을 받은 적이 없다. 왜냐하면 그 악기를 볼 수 있는 범위 내에 여자를 출입하지 못하게 하는 상황은 보지 못했기 때문이다. 거기에 문제의 핵심이 있다. 어째서 브라질인이나 중부 오스트레일리아인은 여자가 예식용악기를 보는 것을 죽을죄라고 생각하였던 것인가? 어째서 동서부 아프리카와 오세아니아에서는 그토록 이러한 일에 관하여 강도 높게 여자를 무지하다고 몰아붙이는 것일까? 필자는 에코이족(the Ekoi) 및 보로로족(the Bororo)이 여자로 하여금 예식용악기에 관하여 모르게 한 심리학적인 원칙을 모르겠고, 그에 따라 그러한 원리가 천명되지 않는 한, 필자는 한층 더 수긍할 수 있는 학설로서 동일기원(同一起源)으로부터의 전파설(傳播說)을 받아들임에 주저하지 않는다. 이것은 오스트레일리아, 뉴기니 및 아프리카의 남자의 종족적 사회에의 입단식과의 역사적 관련을 의미하고, 한 걸음 더 나아가, 성별양분제(性別兩分制)는 인간성의 요구에서 자연적으로 발생하는 보편적인 현상이 아니고, 단일한 기원을 가지고, 그로부터 여러 지방으로 전파된 민족학적 특징이라는 결론을 확실히 내리고자 한다.52)

제 3 절 연령계급

슐츠(Schurtz)의 이론체계 중 남자는 협동단체를 만들고 여자는 친족단위(親族單位; kinship units)를 고수한다는 성적 차이가 있다는 주장과 쌍벽을 이루는

52) Von den Steinen: 268. Radin, 1911: 198-207. Mooney: 415. Goddard, 1903: 15, 50, 67. Dixon, 1905: 269, 272; id., 1907: 420, 471. Barrett: 397. Powers: 141, 158, 305. Roth, 1903: 31. Nelson: 285, 347. Hawkes, 1913. Annual Archaeological Report: 213. Alldridge: 220. Kingsley: 376. Spencer and Gillen, 1904: 498-501. Lehner: 404 seq. Parkinson: 636, 640, 658. Hollis, 1909: 40, 56. Talbot: 284. Frobenius: 170. Von den Steinen: 384. Lang: 29-44.

주장은 남자의 연대성에 의하여 만들어진 협동단체는 모두가 연령계급(年齡階級; age-classes)으로부터의 파생물이라는 원리이다. 그러나 이 상호보완적인 두 이론의 가치는 아주 다르게 평가되지 않으면 안 된다. 전자는 특수한 민속학적 자료의 집적에 몰입한 이론가에 의하여 생겨난 것으로 받아들이기 어려운 결론으로 판명되었다. 다른 한편 사회를 연배계층으로 나뉘어진 조직이라고 보는 견해는, 슐츠가 특정한 종류의 연배구분(年輩區分)을 일면적으로 강조하여 발전시킨 견해이면서 사회학적 동태(社會學的 動態)를 바르게 통찰한 것이기도 하다. 어쨌든 연령적 요소에 관한 그의 특이한 이론을 무시하고 오로지 일반원리(一般原理)만 고수한다면 그 가치는 압도적으로 인정되고 말 것이다. 슐츠가 강조한 것처럼 가족(家族)에서만 고령세대와 젊은 세대 간에, 투르게네프(Turgenev)가 그의 소설 『아버지와 아들(Father and Sons)』에서 전통적 표현을 썼던 바와 같은 대립이 존재한다. 자기의 나이를 초월함에는 웬만한 천재도 꾸며내지 못할 정도의 상상력을 필요로 한다. 체험에 기초한 것을 자랑스럽게 생각하는 노인은 관심을 갖지도 않고 기울일 수도 없는 충고를 하지 말아야 된다는 지혜를 결코 배우지 않고, 그들의 보잘것 없는 회상의 지루함을 참고 들어주는 사람에게 얼마만큼이나 권태로운지를 알지도 못한다. 연장자를 기껏해야 선의의 노망든 사람으로 무시하는 경향이 있는 젊은이들은 자기들에게 이익이 되지 않는 사람이 고령자일 필요는 없다는 것을 판단할 만한 예언자적 소질을 갖고 있지 못하다. 실제로 불화(不和)를 피하게 되는 경우도 많이 있지만, 언제나 불화의 가능성이 깔려 있고, 사상, 취미 및 생활양식이 각각 다르다. 물론 서로가 멀어지는 것은 가족의 범위 내에 한정되는 것은 아니다. 왜냐하면 그것은 본질상 개인간의 투쟁이 아니라 계급투쟁이기 때문이다. 그러므로 어떠한 혼합집회(混合集會)라 하더라도 똑같은 분열(分裂; cleavage)이나 기질상의 동일한 충돌이 있고, 아버지와 아들 및 어머니와 딸이라는 식으로 나누어진다. 과학자의 집회보다도 인간의 약점이 적게 드러나는 집회로 어떤 것이 있을까? 그렇지만 이러한 경우 연장자의 낡은 완고함에 대하여 젊은 진리의 탐구자가 느끼고 있는 모멸감(侮蔑感)을 의식함에는 특별한 통찰력을 필요로 하지 않는다. 그런가 하면 연장자 중 어떤 사람이 젊은 사람의 고취된 생각을 비웃으면서 생색을 내는 냉소는 그들의 지위에 있는 사람에게서는 나오지 않는 의견을 다른 사람들이 접하게 될 때 느낄 수 있는 이상의 냉담함만이 뒤따를 뿐이다. 그런데 이러한 분류와 구별은 인간성(人間性)에 깊이 뿌리를 내리고 있으므로 문화적 변동 일반 중에 널리 드러나지 않을 수 없다. 그렇지만 각 연령계급의 이상이 변함에 따라 가장 유력한 계급은 달라질 것이다. 오스트레일리아인의 공적 생활에서는 연장자의 절대적 지배가 가장 두드러진 현상으로 되어 있고, 호전적인 마사이족(the Masai)에서는 독신자로서의 전사(戰士)가 사회의 주도권을 장악하고 있으며, 또한 평원인디언(Plains Indian)의 몇몇 공동사회에서는 적대적인 종족에 대한 전투에서 이름을 드날리려고 하는 젊은이들과 모험적인 전쟁은 제지하려고 하는 신중한 추장 사이에 언제나 반목이 걸려 있었다.

이렇게 하여 지금까지 슐츠는 올바른 사고 방식으로 훌륭하다. 그가 오해하고 있는 사실은 이 상례적인 경향이 언제나 형식적으로 구성된다는 점, 그렇게 인정된 경우에는 반드시 소년(少年; boys), 독신자(獨身者; bachelors) 및 기혼남자에까지 거슬러 올라가고 이 조직이 협동단체의 가장 오래된 형태라는 것을 당연하게 생각하는 점이다. 이것은 두말할 필요도 없이 잘못된 일반화이고, 아마도 마사이족 및 보로로족(the Bororo)의 보기 좋은 생활측면에 기초하고 있을 것이다. 아무런 선입견 없이 멜라네시아의 등급화되어 있는 집합체에 관한 자료에 접하게 되면, 독신자와 기혼남자의 구별이 있는 증거를 알아차릴 수 없다. 사실 이러한 구별은 집합체제와 관련하여서 알 수 있는 일이 아니다. 그렇지만 오세아니아의 다른 부분에서는 독신자는 따로 기숙사를 가지고 있지만 신혼자는 아내와 동침하고 지내기 때문에 남자의 구분은 최소한 부분적으로는 이러한 근거에 의존한다는 것은 사실이다. 그러나 기혼남자도 하루의 대부분을 독신자의 기숙사에서 지내는 경우가 많고, 예를 들면 피지섬(Fiji)에서와 같이 특별한 경우에는 그 곳에서 잠을 자고 지내기 때문에 이 계급구별은 그렇게 철저한 것이라고 할 수 없다. 앞에 지적한 바와 같은데도 슐츠는 기숙사는 우선적으로 독신자의 회관이고, 다만 부차적으로 남자 집합체의 성격을 띠게 되는 것이라고 주장한다. 그러나 그는 어떠한 과정을 거쳐서, 이러한 결론에 달한 것일까? 뉴기니(New Guinea)의 그렇게 넓지 않게 한정된 한 지방을 훑어보기만 해도, 우리는 다음과 같은 풍속(風俗; custom)의 변화에 부딪치게 된다. 즉 부카우아족(the Bukaua)에는 독신자 및 손님의 집회장으로 쓰이는 회의실이 있지만, 거기에서는 때때로 그 촌락의 기혼남자가 자는 경우가 있고, 남자 전부가 하는 협의(協議)도 이 같은 공공건축물의 단상에서 행하여진다. 카이족(the Kai)은 할례식전용(割禮式專用)의 공용집합소를 가지고 지내고, 손님들은 추장이 제공하는 대로 즐기면서 각 가족은 개별적인 오두막집을 차지하고 지낸다. 좀더 동떨어진 곳에 가보면 완전한 남녀분리(男女分離)가 행하여지고, 남자는 그들 각자의 가옥에 살고 있다. 그렇다면 이들 각종의 제도에 앞서서 다른 제도가 있었다고 할 수 있는 근거는 무엇일까? 이 지방에서 성별양분제(性別兩分制)로의 경향이 확실했다는 것을 생각한다면, 마지막에 서술한 단계가 연대적으로는 최초의 것이고, 그 다음에는 기혼자가 아내와 함께 살아 온 것처럼 되며, 독신자는 그대로이면서 지난날의 기혼자나 독신자가 함께 사는 기숙사를 갖고 있다는 것은 전혀 타당성이 없지 않은가? 이 학설에 의하면 우선 입단자(入團者)에 따른 종족양분제(種族兩分制)가 있고, 다만 숙박(宿泊)이라는 특정한 목적을 위하여 2차적으로 입단자의 구별이 있게 되었는지도 모른다. 이 학설은 슐츠의 학설에 비하여 전혀 황당무계하지도 않고, 또한 이와 관련된 식견(識見; information)에 비추어 보더라도 한층 수긍할 점이 있는 것처럼 보인다.

아프리카에서는 혼인 당시의 지위의 차이가 근본적인 분류를 생겨나게 만드는 종족이 있다. 마사이족의 풍습은 이미 서술한 바 있고, 그 밖에 챠카왕(King Chaka) 치하의 줄루족(the Zulu)도 그 한 예로 들 수 있다. 왜냐하면 왕이 독신자인 무사(武士)를 기혼자와 구별하기 때문이다. 그러나 그 밖의 많은 지방에서는 이러한 구별이 사회를 분할하지는 않는다. 입단자(入團者; initiates)는 그 혼인상의 조건과 관계없이 하나의 계급을 이루고 있다.

슐츠는 아시아의 최남단(最南端) 즉 말레이인(Malaysian)의 영향권 범위를 제외하고, 아시아에서는 삼분조직(三分組織; tripartite schemes)이 거의 없는 지역이라고 생각하고 있다. 안다만제도인(Andaman Islanders)은 네그리토계(Negrito race)에 속함에도 불구하고 그 문화조류의 밖에서는 확실히 그와 달랐다. 그들이 독신자뿐만 아니라 미혼녀(未婚女; spinsters)도 구분하고 있는 것은 중요한 현상이다. 그런데 이와 같은 두 가지의 구별은 세계에서 상대적으로 그 분포범위가 한정되어 있다. 그렇기는 하지만 본토크이고로트족(the Bontoc Igorot)과 같은 필리핀 종족(Philippine tribes), 수마트라(Sumatura)섬과 아삼의 나가족(the Naga of Assam) 및 남인도(Southern India)의 드라비다족(the Dravidians)에서도 그러한 현상을 찾아볼 수 있다. 안다만 네그리토족(the Andaman Negrito)도 그 아주 가까운 종족과 마찬가지로 이 제도가 아주 특징적인 변형체(變形體; variant)로 되어 있는 것은 우연한 일이라고 보아 넘길 수 없다. 즉 그들은 받침지주가 달린 단목배(outrigger canoe)와 같이 아마도 다른 문화요소(文化要素)도 모방한 것처럼 그들이 접촉하고 지내온 발달된 문화의 종족으로부터 틀림없이 이 풍속을 모방하였을 것으로 추정된다. 안다만제도인 사이에 독신자의 집단이 자연발생적으로 생겨난 것은, 삼분조직은 자연적인 사회기구(社會機構)라고 하는 슐츠의 학설을 뒷받침해 주는 것일 뿐만 아니라 그의 연대적 순서(年代的 順序)를 지지하는 — 왜냐하면 안다만제도인 정도의 미개종족(未開種族)이라면 원초적인 조직방법을 알고 있었을 것으로 생각할 만하므로 — 것이 되기 때문에 이 사실은 중요시해야 할 점이다.

그렇지만 슐츠의 이론을 가장 어렵게 만드는 것은 북아메리카(North America)에서 확인된 자료이다. 서남부지방 및 알래스카 에스키모인(Alaskan Eskimo)이 사는 지역에서의 그렇게 확실치 않은 독신자집단(獨身者集團)의 자취를 제외하고는 독신자와 기혼남자의 차이는 사회조직에 아무런 영향도 끼치지 않는 것으로 되어 있다. 독신자의 숙소가 있는 것으로 보고된 곳에서조차 그것이 의미하는 분류가 근본적이었다는 증거는 없다. 틀림없이 입단식(入團式)을 치른 남자는 모두 그 결혼에 따른 지위가 어떻든지 간에 주니족(the Zuñi) 또는 호피족(the Hopi)의 종족적 단체에 합쳐지고 그 밖의 많은 유대관계(紐帶關係)도 이 요소와는 전혀 관계가 없다. 슐츠는 북부 캘리포니아(North California)의 한증막숙소(汗蒸幕宿所; sweathouse)는 오로지 독신자의 숙소였다고 단정하지만, 그것은 사실과 다르다.

북아메리카에서 기혼남자와 독신자의 구별이 있었다는 증거가 빈약하게나마 남아 있지만 입단식을 치른 청년과 그렇지 않은 소년과의 형식적 구별은 앞에서 인용한 푸에블로(Pueblo)지방의 현상을 제외하고는 거의 없는 실정이다. 슐츠는 여러 지방의 발전방향이 본질적으로 같은 양상이라는 것을 확증하기 위하여 아메리카 소년의 입단축제(入團祝祭; initiation festival)를 같은 것이라고 주장한다. 그러나 이러한 주장은 불행하게도 웹스터 교수(Professor Webster)에 의하여 수긍되기는 하였지만, 슐츠의 견해 중에서도 가장 부적절한 것이다. 예를 들면 아룬타족(the Arunta)이나 마사이족(the Masai)의 입단식은 종족적 행사이고, 입단을 하지 않으면 결혼할 수 없었기 때문에 개인의 생활에 있어서 거치지 않을 수 없는 한 단계이다. 그러나 히다차족(the Hidatsa)이나 크로우족(the Crow)의 청년이 민둥산 꼭대기로 숨어 들어가 참기 어려운 고행(苦行)을 하면서 신령(神靈)에게 기원 여부는 조금도 그 공동사회(共同社會)의 관심사가 아니고 개인적 내지 기껏해야 가족적인 일일 따름이다. 만일 그가 환영(幻影)을 보게 되었으면 그만큼 그에게 도움이 되는 일이지만 보지 못하였다 하더라도 어떠한 공공의 비난이 따르지도 않는다. 또한 실제로 평원인디언(Plains Indians)의 모두가 계시를 받은 것도 아니다. 그렇기 때문에 그들은 특수한 신령(神靈)의 보호에 터를 잡고 있다는 오마하족(the Omaha)의 특정한 조직체로부터 배제되었던 것이다. 그러나 일반적으로는 그들의 사회적 지위를 어떻게 정하자는 것도 아니고 또한 그들의 혼인기회(婚姻機會; matrimonial chance)와도 관련이 없었던 것은 확실하다. 더구나 환영의 탐구가 반드시 사춘기와 들어맞는 것도 아니었다. 사실 아라파호족(the Arapaho)에서는 수호신(守護神; guardian spirits)을 확보하려고 하는 사람은 항상 중년의 사람들이었다. 확실히 이것은 좀 이상한 일이기는 하지만 중년기에 신의 가호(加護)를 구하는 이유는 명백하다. 패기가 넘치는 평원인디언은 전쟁터에서 공훈(功勳)을 세우고 싶어하였다. 그에 앞서서 금식을 하면서 자신을 학대까지 하여, 그 결과 환영(幻影)을 보고 그 후 공훈을 세운 선례가 있기는 하였는데, 그들은 이것을 계시(啓示)의 효험으로 돌리곤 하였다. 그러므로 그러한 종족적 명예를 바라는 사람은 이들 선례를 아주 빠른 기간 내에 ― 비록 생리적 성숙의 연령보다도 늦은 경우가 많이 있기는 하지만 ― 모방하는 것보다 더 자연스러운 것은 없었다. 요컨대 북아메리카인의 사춘기금식(思春期禁食)은 종족적 입단식이 아니고, 입단하지 않은 사람들과 구별되는 독신자의 집단도 생기지 않았으며, 그리고 적지 않게는 사춘기의식이 아닌 경우도 있었다.

북아메리카의 자료가 슐츠의 이론체계를 뒤집을 수 없는 것과 같이, 세계 여러 곳 중 남자의 청년의례(adolescent ceremonies)가 그렇게 많지는 않지만 두드러진 지방에서는 여자의 사춘기축제(思春期祝祭)나, 아니면 적어도 최초의 월경기(月經期; times of menses)의 일정한 절차로 유명하다. 이와 같은 종류의 생각이 깃들어 있는 의식이 아파치족(the Apache), 다코타족(the Dakota) 및 섀스타족(the Shasta)과 같은 여러 종족 사이에 유포되어 있다. 이것이 사실이면서도 그 결과 일정한 사회단체가 조직되기까지는 이르지 못했지만, 의식의 존재가 여자를 분류하는 근거가 되었음에도 불구하고 남자의 사춘기축제가 일반적으로 빠져 있는 것이 그것과 마찬가지의 남자의 분류에 바람직하지 못하였다는 것은 주목할 만한 것이다.

이와 같이 다음에도 예증된 연령적 요소(年齡的 要素; age factor)가 사회생활의 실질적 한 인자(因子; determinant)로 인정되어야 할 것임을 좀더 설명하면서, 입단(入團)이나 혼인과 같은 협정적 관습에 의하여 변화되어 가는 연령적 요소에 기초한 남자의 삼분조직(三分組織; triple classification)이라는 특정한 견해는 부적절한 것으로 배척하지 않으면 안 되겠다.

제 4 절 협동단체의 여러 형태

지금까지 맞춰온 방식에 따라 슐츠의 이론체계를 분석할 수 있지만, 또 다른 접근방법이 보다 나을 것으로 생각된다. 그의 여러 가지 원리가 세계 속에서 어떻게 작용하는가라는 점에서부터 한정된 하나의 문화권 내의 협동단체적 기관의 고찰까지도 문제의 중심과는 겉돌게 하고 있다. 필자는 이러한 문제의 해결을 위하여 북아메리카의 평원지역(平原地域; Plains area)의 예를 들어 보려고 한다. 무엇보다 먼저 그 곳에서 발견할 수 있는 주된 협동단체의 형태를 요약하고, 좀더 나아가, 연령집단이라는 제목으로 이미 서술된 특수한 협동단체의 연혁을 살펴보고자 한다.

아주 특수한 소협동단체(小協同團體)로서는 친족관계가 없는 두 명의 친구가 상호부조와 일생동안 친교를 약속한 동맹을 들 수 있다. 이 맹우관계(盟友關係; Damon-Pythias relationship)는 특히 다코타족(the Dakota) 및 그와 같은 족속에서 많이 보급되어 있다. 그것이 지니는 도덕적 의무는 자기의 아들이 성실치 못한 친구와 지내왔다는 것 때문에 아버지가 그 아들을 쫓아내고, 다른 한편 모욕을 당한 친구는 그 부끄러움을 참지 못하여 자진하여 다른 곳으로 없어져 버린다고 하는 아시니보인족의 설화(an Assiniboin tale)에 잘 나타나 있다. 이와 같은 친교관계(親交關係)의 성립에는 틀림없이 연령적 요소가 중요한 역할을 하였을 것이지만, 그 유대관계(紐帶關係)의 배타성에 의하여 슐츠가 생각하는 협동단체와는 아주 다른 하나의 협동단체가 생겨나게 되었다. 여기에 무수히 많은 친교결합이 생겨나고 그것만으로 독립적 사회단위를 이루기도 하였지만, 사회의 연령적 구별에 의한 완전한 횡단면(橫斷面; cross-section)을 구축하지는 못했다.

아주 다른 형식의 협동단체는 공통적인 신령체험(神靈體驗)에 기초한 것이다. 대개의 평원인디언(Plain Indians)은 환영(幻影)을 맞게 되기를 바라면서 지내고, 또한 동일한 수호신(守護神; guardian spirits)을 모시는 사람들이 사회적 연대관념을 발달시킬 정도로 자연적인 것은 아니었기 때문에 이러한 단체가 모든 지역에 걸쳐 유포되기를 기대하기도 하였다. 그렇지만 구체적으로는 남부 및 다코타족(the Dakota)과 같이 중간에 걸쳐 있는 종족에서만 이 결과가 나타났다. 오마하족(the Omaha)에는 이례적으로 융성의례가 기록되어 있는데, 거기에서는 들소신(Buffalo), 우뢰신(雨雷神; Thunder) 및 기타의 환영(幻影)을 본 사람들이 모이고, 경우에 따라서는 의료(醫療)의 일을 맡기도 하며, 예외 없이 확실하게 종교적인 무속단체(巫俗團體; shamanistic organizations)의 경향을 띠기도 한다. 다양하게 생각할 수 있는 것처럼 이러한 집단은 여러 연령층의 사람을 포함하고 대체로 여자를 배제하지 않았다. 이와 같이 그 단체는 슐츠의 이른바 원초적 협동단체와는 같지 않은 것이지만, 그것이 오마하족의 생활에서 중요한 것은 이 종족의 아주 오랜 문화적 소유물이라는 것을 보여주는 점이다. 다른 한편 오마하족에서 대체로 연령계급을 대표하는 일정한 축제단체(祝祭團體; feasting societies)는 거의 중요성을 지니지 못한다. 그것에는 세 가지 즉 장년조(壯年組), 청년조(靑年組) 및 소년조(少年組)가 있지만, 그 각각의 집단은 개별 모임의 회식동료(會食同僚; messmates)로 만나게 되어 있었다. 슐츠는 이러한 사실을 자기의 이른바 삼분조직(三分組織)을 위하여 억지로 끌어 붙이려고 하였는데, 이것은 당연히 모든 협동단체의 형식에 선행하지 않으면 안 되는 원초적 삼계급제(三階級制)의 잔유물이라고 주장한다. 오마하족의 역사상 이 공동단체의 선행성(先行性)을 보여주는 것이 무엇인지 그는 밝히려고 하지 않는다. 그러한 것들은 그다지 크나큰 중요성을 가지지 못하는 아주 종속적인 역할을 하였던 것이므로, 플레처(Fletcher)나 라 플레쉐(La Flesche)의 많은 전공논문(專攻論文)에서도 거론되고 있지 않다. 그렇지만 우리들에게는 연령적 요소가 다각적인 방법 내지는 시시한 방법으로까지 나타나기는 하지만, 반드시 공동사회(共同社會) 전체의 근본적인 분류에는 나타나지 않음을 보여주는 것으로 중요하다. 오마하족의 사회(Omaha society)에서는 이들 공동단체의 분포가 한정되어 있고 또한 중요하지도 않기 때문에, 그것은 문화의 가장 본질적인 특징에 맞추어 설립된 종교단체보다도 후기의 우연적인 산물이라는 점에 관하여는 기의 의심할 바 없나.

좀더 암시적인 것은 오마하족(the Omaha)의 두 무용단체(舞踊團體; dance organizations)인 북부 종족의 도그단체 및 폭스단체의 예이다. 오마하족의 첫 번째 단체는 전적으로 노년층과 장년층만을 가입시키고, 두 번째의 단체는 소년들로 구성된다. 그러므로 이곳에는 명확한 연령구별이 있다. 다만 문제는 그 기원이 얼마만큼 거슬러 올라가느냐 하는 점이다. 다행히도 이들 단체의 연혁은 이미 알려져 있다. 오마하족은 이들 양자를 얼마 전 폰카족(the Ponca)으로부터 받아들였고, 그리고 폰카족은 이를 다코타족의 단체로부터 모방하였다. 그런데 그 폰카족은 전혀 이들 단체에 등급을 매기지 않았다. 사실 이들 단체 ─ 이것을 편의상 도그단체 및 폭스단체로 부른다 ─ 는 서로 평등한 관계로 상대방의 아내를 훔쳐 차지하는 대적자(對敵者)이기도 하다. 다코타족도 마찬가지로 두 단체를 평등하게 취급하고 있지만, 연령구분의 싹을 가지고 있다. 그들에게 있어 폭스단체는 소년뿐만이 아니라 중년의 남자도 포함하고 있지만, 도그단체는 유망한 소년은 적극적으로 그 가입을 금지하고 있지 않지만, 평균적으로 나이가 든 단원으로 구성되어 있다. 이와 같은 사실의 이론적 의의는 아주 흥미롭다. 폰카족의 조직체는 연령등급을 매기지 않고 오밀조밀 혼합된 형태로 남아 있기 때문에 다코타족의 원형으로부터 받아들인 연령분류의 기초, 즉 연령주의(年齡主義; age principle)의 적용은 오마하족이 독자적으로 첨부시킨 것이다. 즉 이들 단체의 연혁상 연령구별은 후기에 들어온 요소이고, 오마하족에 관하여 보더라도 그것은 그렇게 오래 되지 않은 때에 들어온 것이다. 더구나 그것은 가장 오래 되고 특징적인 단체에 속해있던 것이 아니고, 틀림없이 그것이 유래한 다른 곳의 단체에 들어 있었던 것이다. 이것은 그렇게 나쁘지 않게 연령적 요소의 영향력이 있었음을 보여주는 것이고, 초기에 드문드문이라도 표출되어왔음을 부정할 수 없다는 것은 확실하다. 그렇다고는 하지만 우리는 그에 관한 증거를 확보하고 있지 못하다. 다만 우리는 오마하족에 있어서는 연령적 요소가 오래 된 단체가 바탕이 아니라 모방된 단체에 최근 덧붙인 것임은 알고 있다.

폭스단체와 도그단체는 우리로 하여금 그들을 이른바 군사단체(軍事團體)로 생각하게 만든 바 있다. 그러나 지금 맡고 있는 임무보다도 입단방식(入團方式)이 한층 더 중요하기 때문에 우리는 이를 적어도 두 개의 다른 종류 즉 크로우족(the Crow)의 형식과 히다차족(the Hidatsa)의 형식을 따른 것으로 나눌 수밖에 없다. 기억해 두어야 할 사항으로, 전자는 비등급제로서 단원을 초대하여 가입시키거나, 본인의 의사에 따라서 입단을 허락하며, 후자는 연령별로 등급을 매기고 입단비(入團費)를 내지 않으면 입단할 수 없다는 점이다. 그러므로 이곳에서는 연령구별과 구매권(購買權)의 혼합에 의한 종류가 하나이고, 다른 하나로 연령과는 관계없는 것이 있는 셈이다. 그러나 등급적 단체(等級的 團體)로부터 비등급적 단체(非等級的 團體)가 생겨날 수 있기 때문에 이 예에 관한 특별한 고찰은 나중에 하기로 한다.

그렇기도 하지만 입단이 나이와 관계없고 입단비의 지불에 의존하면서도 여러 가지 임무를 해내는 단체가 있다. 크로우족의 타바코집단이 이 부류에 속하고, 그리고 이미 다른 시각에서 서술한 바 있는 샤이엔족(the Cheyenne)의 부인직업조합(婦人職業組合; women's craft guilds)도 그러하다. 히다차족(the Hidatsa)의 가장 신성한 의식과 관계되어 있는 관다발단체(bundle fraternities)의 단원권(團員權)은 세습적이지만, 적당한 입단비를 내야 유효한 것으로 되었다.

평원인디언의 단체의 종류를 모두 열거할 필요는 없다. 입단자격이 다양하다는 것, 어느 군사단체에서는 연령이 두 가지 요소 중 하나로 되어 있기는 하지만, 발견된 자료의 표면적 가치에 의거해서만 보면 그것이 근본적인 것이 아님이 명백하다는 것을 예증하기 위하여 이미 충분히 인용·설명하였다. 더구나 삼분조직(三分組織)은 오마하족의 그다지 중요하지 않은 단체에만 있을 따름이다. 확실히 어느 지역 내의 비교적 한정된 범위에서 슐츠(Schurtz)의 이른바 전형적 형태에는 거의 없는 한 특징이, 가장 오래된 특징 즉 그 밖의 모든 특색은 나중에 덧붙여진 것에 지나지 않는다고 단정하는 것은 심한 독단이다. 또한 동일한 환영(幻影)을 보았다고 하는 관념을 결합의 기초로 하여 독신자의 집합체나 기혼남자의 집합체까지 어떻게 연령구별이라고 하는 전혀 다른 관념으로부터 발달할 수 있었는지는 의문스러운 일이 아닐 수 없다. 그렇게 되게끔 만든 매개물(媒介物; tertium guid)은 어디에 있는가? 그리고 그렇게 발달하지 않았다면, 그 기원이 별도로 있다면 어떻게 하여 그것이 형식적 분류방법으로서 연령적 요소보다 앞서지 않았다고 말할 수 있는 것일까? 이러한 문제는 슐츠의 하파로서는 답변하기 어려운 문제이다. 또한 선세계를 관찰의 범위로 삼다 보면, 당연히 좀더 다른 결합원리에 부딪치게 되고, 그에 따라 협동단체의 전체계를 일원론적으로 환원시키는 방법은 별로 바람직하지 못한 것으로 되어 버리기 쉽다. 그러나 언뜻 보아 연령분류로 볼 수 있는 것의 연혁을 좀더 면밀히 검토하고, 어느 정도까지 그것이 슐츠의 명제(命題)를 입증하는지, 복잡한 이론적 문제 일반에 광명을 띄워주는지를 결정하는 방법이 한층 더 만족스러운 향방일 것이다. 평원인디언의 연령집단에 관하여 수집한 많은 자료는 그러한 것들이 비판적 연구로서 가장 적절한 논제임을 그대로 보여 준다.

제 5 절 평원인디언의 연령단체

히다차족(the Hidatsa)의 연령단체제도(年齡團體制度; system of age-society)는 대략 연속적으로 좀더 높은 정도에 따라 10개의 계급으로 남성인구가 나뉘는 연령분류(年齡分類; age-classification)를 포함하는 것이었음을 보여주었는데, 각각은 특별한 무용, 노래, 소지품과 특권을 가졌다. 동시에 이들 계급의 진급은 특정한 연령에 이르렀을 때 자동적으로 되는 것이 아니라, 같은 연령의 계급 전체가 이를 구매하여야 한다. 이러한 체계는, 히다차족에 한정되지 않고, 그 이웃인 만단족(the Mandan)과 세 개의 다른 종족 즉 블랙풋족(the Blackfoot), 아라파호족(the Arapaho), 그로스벤트르족(the Gros Ventre)도 이를 공유하였다. 그러므로 역사적 재조명에 있어서 다섯 개의 변형은 아마도 함께 고려되어야 할 것이다. 하지만 이조차도 충분하지는 않다. 비록 조직체계, 연령과 구비요건의 혼합이 앞서 언급한 다섯 개의 종족에 의해 제한된다 하더라도, 그 계급의 합성물과 요소들은 좀더 널리 분배되었다.

예컨대, 성인 혹은 심지어 연로한 남성들에 의해 구성되는 히다차족의 도그계급(Dog degree of the Hidatsa)은 그 기장(記章; badge)들 중에서 특별히 가는 장식띠와 덜걱거리는 사슴의 며느리발톱과 올빼미깃털로 된 머리장식을 가졌다. 동일한 표장(標章; emblem)은 크로우족의 도그단체(Dog society)에서도 사용되었는데, 그것은 변화한 연령의 남성들을 포함하였다. 두 합성물이 한 근원에서 나왔음은 의심의 여지가 없는 것이지만, 누가 누구를 빌린 것일까? 사실, 이는 우리가 얘기하는 것과 같이 그다지 단순한 것은 아닌데, 왜냐하면 이들 특징은 모든 다섯 개의 단계적으로 분류되는 종족들과 샤이엔족과 다코타족처럼 단계적으로 분류되지 않은 종족에 의해 공유되기 때문이다. 그러므로 유일하게 그 사실들의 기초를 바탕으로 지금까지 열 개의 부족 중 어느 한 부족을 예로 들었던 것은 아마도 도그춤(Dog dance)을 전개시켰기 때문이며, 그리고 그것이 상당히 많은 지역에 여기저기로 전해졌기 때문일 것이다. 미묘한 문제가 히다차족의 다른 단계와 결합된 복합체를 발생시켰고, 이에 따라 특별한 문제들이 그 근거에 의해 발전하였다. 넓은 관점에서 볼 때 이것은 물론 우리가 관심을 갖는 역사적인 세세한 항목이 아니다. 우리는 춤이 공통적으로 분류체제와 비분류체제에 주어졌는지의 여부를 알기 원하는 것은 근본적으로 연령단체와 관련이 있는지 없는지의 여부이다. 만일 관련이 없다면, 슐츠(Schurtz)의 결론이 단순히 뒤집히는 것보다 더한 경우이다. 즉, 모임은 우선 서로 다른 원인에서 발생하고 차츰 연령단체로 된 것이다. 다른 한편 만일, 도그조직이나 폭스조직 혹은 럼프우드조직(Dog or Fox or Lumpwood society)이 동갑내기단체로 시작되었다면, 슐츠의 이론은 아마도 그 범위에서 이론적 확증을 발견하였을 것이다. 어떻든, 다른 문제도 발생할 것이다. 나이와 일정한 춤과의 상관관계는 무엇을 의미하는 것일까? 후자는 특별한 연령에 있는 남자, 말하자면, 기혼남이나 청년이나 60-70세에 이르는 남자와 관련이 있는 것일까? 또는 그것이 특별한 연령과 관련이 없고 단지 본질적으로 모든 구성원들이 같은 나이라는 것을 의미하는가? 마지막으로, 만일 우리가 연령계급(age-classes)을 다룬다면, 왜 매수요건이 우리에게 주의를 끄는가?

이 마지막 특징은 확실히 해결의 실마리를 제공하였다. 우리의 주의를 끄는 것은 구매권과 나이의 적극적 상관관계가 있을 뿐만 아니라, 구매권과 비등급제군사단체의 상관관계도 이와 마찬가지이다. 진정한 연령계급제에서는 진급은 자연히 자동적으로 가능할 것이다. 슐츠는 이는 근본적으로 지금 실정이지만, 이후 지불의 관념이 추가되었던 것이라고 주장하였다. 그래서 결론은 다음과 같을 것이다. 우선, 나이에 따른 자동적 승진이다. 다음으로, 어떠한 다른 자격부여에의 소개이다. 연령요소나 취득의 결여는 양자 모두 후자의 시대에 속하는 것이다. 만일 그러하다면, 왜 그들은 결코 군사적 조직들과 견해를 같이 하지 않는 것일까? 주장한 바에 따르면 취득의 후기의 특징은 모든 협동단체의 가장 초기의 특징과 마찬가지로 요구되었던 그것에 집요하게 달라붙었다. 그리고 그것은 결코 슐츠의 체제 위에 다소 동시에 발생하는 개념들과 연결되어 발견되지 않았다. 이는 확실히 의문시되는 것이다. 가설적 연대기와 더불어 어떠한 것을 틀렸고, 평원의 연령조직들은 근거 없이 진정한 연령계급을 바탕으로 한 것이라는 것이 제안될 것이다.

연령계열이 있는 조직체와 등급이 본질상 계열 중 일정한 연령이나 일정한 지위를 나타내는지 아닌지의 문제부터 살펴보자. 이를 위하여 우리는 여러 종족 내에서 동등한 조직체를 비교할 수 있다. 그리고 동일한 종족 내에서 다른 시기에 똑같은 조직체를 비교할 수 있다. 도그족의 조직체는 널리 퍼져 있고, 거의 대부분이 항상 중요한 조직과 연결되어 있으며, 호의적인 사례를 제공한다. 1833년에 맥시밀리안 왕자(Prince Maximilian)는 블랙풋도그족(the Blackfoot Dogs)의 구성원은 대부분 소년들로 구성되어 있고, 히다차족과 만단족의 구성원은 중년의 남성들로 이루어져 있음을 발견하였다. 나중에는 크로버 교수(Professor Kroeber)가 주장한 것처럼 연속하여 아라파호족(the Arapaho)과 그로스벤트르족(the Gros Ventre)에서도 그들의 지위를 따랐다. 단지 숫자상에 의해서만이 아니라 평원의 도처에서 이 조직이 갖는 중요성에 따라 판단하자면, 우리는 확실히 초기의 블랙풋족의 조건이 비전형적인 것임을 알 수 있다. 도그댄스(Dog dance)는 원칙적으로 중년에 속한 것이다거나 혹은 어떤 다른 특별한 연령대와 관련된다는 것은 그 연령의 연계가 심지어 같은 종족 내에서도 시간에 따라 변화한다는 단순한 이유 때문에 이를 단언하는 것은 불가능하다. 40년 전 블랙풋족은 전세기(前世紀)의 30년대에 했던 것보다 더 높은 지위를 도그조직원에게 주었고, 히다차족 사회의 도그조직원은 일시적으로 노인의 지위를 가졌다. 다른 조직체들은 동일한 결론을 제시한다. 마찬가지로 공통적인 폭스조직은 히다차족 사이에서 젊은 남성의 모임이었는데, 그로스벤트르족에서는 중년 남성들의 모임으로 대변되었으며, 반면 블랙풋족 사이에서는 1833년에 그들이 도그조직보다 우월한 지위로 분류되었고, 최근에 거의 그 계열 중에서 가장 높은 지위에 이르렀다. 블랙풋족의 레이번스조직(Ravens of the Blackfoot)은 맥시밀리안 왕자의 시대(Prince Maximilian's day)의 중년이었지만, 히다차족에서는 동일한 해에 가장 나이가 많은 노인으로부터 모집되었다. 따라서, 명백하게 일정한 조직체에 특별한 연령이나 심지어 특별한 민족에 대해서조차도 아무런 본질적인 관련이 없었다. 하나의 조직체는 계층적 계열 가운데 하나를 이루기 때문에, 일정한 시점에서 그 조직체는 일정한 순서적 지위를 당연히 유지한다. 또한 그 조직체는 항상 동연배자들과 공동으로 구매를 하기 때문에 많든 적든 일정한 연령별 협동단체이었지만, 그뿐이었다. 지위의 변경은 그 원인이 무엇이든지, 확실히 사물의 합리성을 침해하는 것처럼 느껴지지는 않는다. 동일한 조직체의 우두머리가 동일한 연령계급에 소속되는 한 그들이 15세이든 70세이든 문제가 되지 않는다.

이 추론은 더 나아가 인디언 정보제공자의 자전적 진술에 의해 결정적으로 입증되었다. 고대 히다차족과 만단족의 관습의 붕괴와 더불어 현대적 조건하에서 정도(degrees)는 멈출 수 있었다. 일반적으로 불스조직(Bulls)나 레이번스조직(Ravens)이 될 수 있었던 남성들은 필수적 취득을 할 기회가 없었고,

따라서 전체적인 비율이 낮아졌다. 그러므로 장로들은 더 이상 젊은 집단이 그들의 취득을 위해 출두하지 않았기 때문에 그 승진을 구하는 것이 불가능함을 발견하였을 뿐만 아니라, 그들의 구성원으로서의 특권을 처분하는 것도 불가능함을 발견하였다. 지금 놀라운 진실은 남성은 결코 젊었을 때 획득한 구성원으로서의 특권으로부터 벗어나지 못하며, 만일 연령요소가 지배적인 요소라면 아마도 사실은 더욱 그러할 것이다. 하나의 예를 들면, 푸어-울프(Poor-wolf)라는 이름의 남자가 90세의 자기 자신을 생각하여, 조직체의 지배적인 특권을 7세에 구입하였고, 다른 특권은 20세에 획득하였고, 세 번째의 특권은 그가 대략 27세경에 차지하게 되었고, 네 번째는 45세경에 구입하였다고 하자. 객관적인 환경으로부터 명백히 나타나고 확실히 그들 스스로 타고난 것에 의해 발전된 이 원리는 단순히 다음과 같다. 남자는 그가 결코 팔지 않을 것을 조건으로 하여 이전에 구입하였던 일부나 모든 조직체에 소속된다. 90세인 사람이 7세의 소년과 동년배의 부류에 속할 수 없기 때문에, 동시에 3개나 4개의 각기 다른 연령계급에 속하는 일은 상상할 수 조차 없다. 그러나 누구라도 과거의 모든 시기에 자신이 획득한 재산을 온전히 소유할 수 있다. 다른 말로 표현하면, 계열 중의 하나의 등급과 관련한 근본적인 관념은 오로지 매수만이 재산소유권의 소유이고, 연배적 요소는 완전히 보충적인 것이다.

이러한 결론은 그로스벤트르족(the Gros Ventre)조직의 일정한 특이성에 의하여도 지지된다. 동년배자들은 자신들의 집단보다 우월하다고하여 대신하지 않고, 원하는 의식에서의 특권을 일시적으로 획득한 특정집단이나 모든 집단의 사람을 포함한 이종집단의 집회에서 구입하였다. 취득을 위한 직접적인 기회는 항상 병으로부터 회복되었거나, 어떤 고난으로부터 벗어난 것을 바탕으로 한 그 집단의 한 구성원에 의한 맹세였다. 이러한 조건에서 몇몇 연령계급들이 동시에 동일한 의례적 조직체(same ceremonial complex)를 유지하는 것을 막을 수 없었다. 그리고 사실상 그로스벤트르족은 춤만큼 같은 수의 연령계급을 가진 적이 몇 번 있었는데, 각각의 춤은 몇몇 계급의 재산이었다. 사회적 구성단위에 포함되었던 것은 바로 이들 계급들(these classes)이었다. 동일한 조직체가 소유한 세 개나 네 개의 계급들이 제휴한 연합체에는 어떠한 유대도 존재하지 않는다. 각각의 계급은 나머지 계급들과 구별되는 그들의 특권을 행사하였고, 그들의 구별은 독특한 명칭에 의해 강조되었는데, 그것은 그들의 춤의 이름과는 달리 시간에 따라 변경되는 것이 아니라, 생존하는 동안 쭉 계속 유지된다. 그러므로, 모든 것을 그의 계급동료들과 공유하고 오로지 그들과 함께 '개 꼬리조직(Holding-to-a-dog's-tail)'라는 영구적이고 배타적인 명칭을 같이 하지만, 그는 오로지 제한된 기간동안만 도그조직이나 폭스조직이었고, 그가 속한 조직의 남자들과 그리고 몇몇의 다른 연령계급들과 물론 그 칭호를 공유하였다. 다른 종족에서 보잘것 없는 권리를 가진 어떤 조직체는 배타적으로 하나의 조합(one corporation)에 의해 유지된다. 그로스벤트르족은 몇몇의 조합들이 동시에 동일한 조직체에 대한 소유권을 행사하는 것을 허락하였지만, 이것이 그들의 구별되는 동일성의 제거를 의미하는 것은 아니다. 그것은 잉글랜드, 프랑스, 그리고 아메리카에서 말하는 것과 같은 단순히 몇몇의 무리와 흡사한 것으로 일정한 책의 출간에 대한 특권을 가졌다. 즉, 히다차족의 조직들이 동시에 매우 다양한 단계의 조직체들을 소유하는 동안, 동일한 단계나 조직체는 동시에 독특한 그로스벤트르족의 계급에 의해 유지된다. 그러므로 조직체는 단순한 상품에 불과하고, 조직체는 처음부터 연령과 각각의 등급과 관련되어 있다. 유일한 문제는 어떻게 다른 연령과 관련되는 계열을 등급으로 나누는지이다. 이제 이 문제는 어떻게 특수한 조직체에서 여러 등급으로 추가되었는지인데, 이는 등급의 궁극적 기원의 문제 자체에서 해결된다. 슐츠(Schurtz)는 그 체제의 후기 성장에 관하여 그다지 염려하지 않았는데, 당연히 그는 이를 단순히 그 종족들을 셋으로 나누는 복잡한 형태로서 다루었기 때문이다. 어떻든 우리는 초기의 과정에 대한 모든 추론에 대한 최근의 발전된 기반에 대하여 적극적인 역사적 지식을 바탕으로 그에 상응하여 어떻게 조직체가 실제로 역사적 시기 속에서 등급별로 나뉘는지에 대해 더 무게를 두었을 것이다.

등급별 제도(graded system)의 후기의 성장에 가장 깊은 영향을 미친 요소는 타지역조직의 모방과 구매이다. 우리가 알다시피 1833년에 만단족은 폭스조직이 없었지만, 그 후 그들은 히다차족에게서 모방하여 그들의 체제에 편입하였다. 마찬가지로 히다차족은 만단족의 크레이지도그조직(the Mandan Crazy Dog society)을 채택하였고, 만단족은 히다차족의 리틀도그조직(the Hidatsa Little Dog organization)을 채택하였다. 맥시밀리언 왕자 시대(Maximilian's time)에 히다차족의 스톤해머조직원(Hidatsa Stone Hammers)은 아리카라 핫 댄스(Arikara Hot Dance)를 받아들였는데, 그 과정에서 비등급별 조직체는 일정한 단계와 관련을 갖게 되었다. 따라서 스톤해머조직원은 새로운 여러 조직체를 완전히 오래된 조직체에 흡수하거나 두 개의 조직체를 하나로 합치지 않고 각각 독립적으로 매도하든지 모두 가능하였다. 확실하진 않지만, 이 중의 두 번째 경우가 실현되었고, 이는 즉 새로운 등급이 계열에 추가되는 것이다. 소유자는 바로 아래 연하의 연령계급에 접근된다면, 그들의 핫 댄스조직만을 팔 수 있는지 아니면 오래된 스톤해머조직체만을 얻을 수 있는지의 문제가 있다. 첫 번째의 경우에는 새로이 구입한 춤이 가장 낮은 등급으로 된다. 두 번째의 경우에는 새로이 구입한 춤이 가장 낮은 등급에서 바로 위의 등급이 된다. 우리는 그것에 대한 증명이 되는 문서를 가지기 이전에 이러한 유형의 변화는 오랫동안 계속될 것임을 거의 믿어 의심치 않는다. 예를 들면, 아라파호족과 그로스벤트르족이 바로 유사한 등급별 체계를 갖는 매우 가까운 관계에 있는 종족이고, 그로스벤트르족은 블랙풋족과 함께 존속하는 그들의 이탈을 따른다. 그로스벤트르족과 아라파호족 조직과 다른 한 가지는 계열이 최하위 단계에 플라이댄스(Fly dance)를 갖는다는 점이다. 이 플라이댄스가 처음 보고되었던 블랙풋족에서도 보여지고, 블랙풋족의 인접한 종족에서도 보이지만, 기타 지역에서는 보여지지 않는다. 여기에서 유일하게 가능한 판단은 그로스벤트르족은 플라이댄스를 블랙풋족에서 모방하여 이를 자신들의 제도로 동화시켰다는 것이다. 지금 이 합병작용이 계열 중의 다른 구성원에게 영향을 주어 그 모든 상대적 지위는 이동시킬 수 없고, 이 제도에 이러한 유형의 합성물이 많은 경우에는 반드시 지위의 대이동이 행해졌다는 것은 명백하다. 모든 것이 그러한 일이 반드시 발생할 것이라는 것을 암시하고, 이러한 관점에서 서로 다른 종족 안에서 동일한 조직의 위치에 대해 예상외의 변칙은 의미가 명료하게 되었다. 만일 블랙풋족이 폭스조직체(Fox complex)보다 나중에 도그조직체(Dog complex)를 채택한다면, 우리는 왜 태고시대에 특별히 원시적인 맹신(盲信; fondness)과 더불어 그들이 그 새로운 취득을 더 축소하였는지에 대해 알 수 있을 것이다. 다른 한편 새로이 영입한 조직은 아마도 맨 위에 위치할 만큼 신성한 지위일 것이며, 따라서 모든 오래 된 등급은 아마도 상대적으로 강등될 것이다. 다섯 제도 중 어느 것이나 명백히 이러한 자연증가에 의하여 점차 발전하였으며, 많은 조직체는 특정한 지위나 연령과 우연적인 관련조차 갖지 않았다.

하지만 전파는 아마도 등급계열의 완성상 유일한 요소는 없었을 것이다. 이러한 조직이 있다면, 아마도 자연발생의 기원을 가진 다른 조직체를 그것과 관련이 있는 것으로 하려는 자연적인 경향이 있었을 것이다. 히다차족의 노치드 스틱조직(the Hidatsa Notched-Stick)의 의식행사의 경우에도 이러한 일이 행해졌다. 판단가능한 범위에서 보면, 연령조직과는 별개로 존재하는 고유한 행사였다. 그러나 히다차족의 하나의 마을에서 대중적 조직으로 그것을 완성하고자 하는 관념이 나타났기 때문에 그것을 최하위의 등급으로 추가되었다. 그 후 기타의 등급에 미친 영향은 외부의 조직체를 채용한 때의 영향과 마찬가지였다.

슐츠(Schurtz)의 원리에 동의하는 한, 역사적 자료를 그의 제분소에서 더 많은 빻은 곡물을 얻기 위하여 돌릴 것이다. 그가 얘기한 것은 과연 그렇다. 그 연속의 확장은 아마도 비교적 최근의 것이고, 본래 소년(少年), 미혼남(未婚男), 장로(長老)라는 세 개의 기초적 연령분류만이 있었을 것이다. 그렇지만 그것은 모방에 의한 것도 아니고, 그 후 내부적 발전에 의한 것도 아니고, 부동의 사회법칙의 결과로서 하나의 원시적 분류라고 그는 주장한다. 어떻든 우리는 역사시대 중 잘 알려진 시기에 세워졌던 원리들은 갑자기 나왔다는 것과 그것이 바로 이전의 시기에는 효력이 없었다는 것을 시인할 수 없을 것이다. 그리고 실제, 그 자료는 등급적 단체의 제도가 하나의 기원을 가진 제도로써 모방되었음을 증명하고 있다. 히다차족과 블랙풋족을 비교하여 보면, 우리는 아내들은 의례적으로 상인에게 양도되는 특별한 형태와 관련이 있는 취득의 동일한 개념을 발견하고, 그리고 양자 모두 폭스, 도그, 레이번 그리고 불 조직(Fox, Dog, Raven, and Bull societies)과 같은 네 개의 복합체가 최소한 발생하였다는 것을 알 수 있다. 이 경우 심지어 독자적인 발전을 고려한다는 것은 바보 같은 짓이다. 둘 중 하나의 종족은 확실히 그의 제도를 다른 종족이나 동일한 근원에서 차용하였다. 그리고 비교를 등급별 조직을 가진 세 개 이상의 종족으로 확장하여 볼 때 알게 된 유사점은 등급별 조직의 다섯 개의 자연발생적 진보가 있는 것이 아니라 하나의 기본적 체제가 지역적으로 상당히 많은 구별되는 종족들 사이에서 형성되었다는 깊은 확신을 하게 한다. 심지어 만일 우리가 단계 혹은 춤들은 본래 세 개로 나뉘어 대표되는 것에 동의한다면, 이것은 그 체제를 전달한 오직 하나의 민족에게만 적용할 수 있을 것이다. 다른 모든 종족들은 그러한 형태를 소유하게 되었는데, 이는 보급의 계승법칙(inherent law of progress)에 의한 활약을 통해서가 아니라 그들이 그러한 현상을 소유한 종족들과 접하고 있었기 때문이다. 그들이 종족과 관련이 있는 한, 남성조직이 자연히 스스로가 셋이나 기타 일정 수의 연령계급으로 나누어지는 증거는 보이지 않는다.

사실, 슐츠의 입장은 더욱 불리하다. 왜냐하면 그는 처음 등급별 단체를 가진 종족은 히다차족을 보면, 그들 스스로 그들을 등급별로 구분하는 개념에 추가하여 그 단체를 발생시켰다는 것을 전혀 확신할 수 없었다. 다섯 개의 평원인디언 종족들(five Plains Indian tribes)만이 연령조직을 공유한 반면, 상당수의 다른 종족들은 어떤 연령과 관련이 없는 동일한 조직체를 가졌다. 그러므로 히다차족 사이에서도 등급제는 이차적 현상이라고 생각할 수 있고, 아마 실제 그러하였을 것이다. 즉 이웃 종족의 비등급적 단체를 모방하여 계급적 계열에 이르렀다는 경향이 있다. 이러한 발전의 중요성은 명확하다. 이는 슐츠철학의 근본적 기반을 공격하였다. 연령에 의한 구분이 아니라 어떤 다른 사회화의 매개가 평원인디언의 군사조직의 밑그림이 되었고, 연령요소는 오로지 비교적 늦은 시기에 그리고 이들 조직들의 특수화된 변화에서 나타났다.

시원적 편성요소가 어떤 것이었는가는 이미 부분적으로 협동단체적 유형의 다양성에 대한 문제에서 지적하였다. 더 이상 기초적·문화적 요소가 그 지역에서 발생하지 않았다는 것보다 미래상의 영향이 그 자체를 몇 가지의 방법으로 느끼도록 만들었다. 마치 오마하족(the Omaha)에게서와 마찬가지로 그들의 미래상에 따라 사람들이 집단을 이루었을 것이다. 마치 크로우족의 토바코춤(the Tobacco dance of the Crow)에 있어서와 마찬가지로 예언가가 다른 사람들을 가르치고 그들과 함께 특별한 조직을 만들었을 것이다. 동다코타족(the Eastern Dakota) 사이에서 발생한 것과 마찬가지로 그는 그가 꿈꾸었던 의례식을 이행하기 위하여 남성의 모임을 주선하여 참가자들의 일시적인 연합이 고정화되었을 것이다. 이 지역 문화 중에서 동등하게 중요한 특징은 전쟁여행(war expedition)의 시도이고, 다코타족 사이에서 전우(戰友; comrades in arms)는 영구적으로 결합하게 되었다. 따라서 몇몇 이유는 연령에 따라 구분되는 협동단체의 상당히 지역적 현상이나 특수화된 현상이 되기 훨씬 이전에 남성의 협동단체를 발생시켰고 의심의 여지가 없이 발생되었다.

논의는 필연적으로 다소 복잡하였지만, 간략한 요약을 해보겠다. 우리는 동호회(clubs), 비밀단체(secret societies), 기타 모든 협동단체를 세 개의 연령계급에서 도출하는 연대적 도식을 다루고, 하나의 지역의 극히 미약한 자료를 가지고 가설적 주장으로 과업을 수행하고자 했다. 평원인디언의 협동단체들에 대한 빠른 개관은 연령분류가 결국 집단의 지배적인 유형을 형성하였다는 것과 일정한 경우에 있어서 연령집단(age grouping)은 명백히 2차적 특징이라는 것을 분명히 하였다. 이제까지 논의의 범위를 한정시킨 결과, 가장 명료하게 연령별계급제를 나타내는 단체조직으로부터 많은 중요한 사실을 발견했다. 원주민은 소위 극히 가감하여 속였던 것으로 볼 수 있는데, 왜냐하면 하나의 종족에서 청년으로 구성한 단체와 같은 단체가 다른 종족에서는 장년으로 구성되고 심하면 노인도 포함했기 때문이다. 인디언들의 주관적 태도에 의하면, 본질적으로 그들은 연령에 의해 등급으로 구별되는 것이 아니라 높이 평가되는 의례적 특권을 구입하여, 그 결과 한 개인이 몇 개의 등급을 동시에 주장할 수 있었다 — 그들은 연령이나 혼인여부에 대한 차이를 주장하는 것은 완전히 불가능한 일이다. 또한 등급계열에 대한 역사적 성장에 대한 문제는 여전히 남아 있다. 잘 알려진 것에서부터 잘 알려지지 않은 것으로 넘기는 것을 통하여, 우리는 우리가 명확하게 아는 시기에 가장 큰 요소가 전파되었다는 것, 관찰된 제도의 복잡성은 모방에 따른 점차적인 증가에 기인한 것이라는 점을 알게 되었다. 그렇더라도 초기에는 단순한 삼분제가 이 단체의 기본으로 생각할 수 있고, 이렇게 생각한다면 슐츠가 설명하는 근본적 사회법칙설과 일치하게 된다. 하지만 다섯 종족은 확실히 등급계열을 하나의 기원에서 얻었기 때문에 그 법칙은 다섯 개 중 하나에서만 나타났던 것이다. 나머지 네 종족에서의 삼분제는 어떤 고유한 사회적 힘의 결과가 아니라 모방의 결과이고, 따라서 그 '법칙'은 더 이상 법칙이 아니다. 최초의 연령에 의한 등급별 조직을 취한 종족일지라도 그들이 군사단체를 발생시켰다고 판단하는 것은 경솔한 생각이다. 왜냐하면 군사단체는 비등급적인 형식으로 보편적으로 발견되기 때문이다. 마지막으로 평원인디언의 근본적인 생활현상은 남자가 협동단체로 통일되고, 실제로 통일되는 여러 가지 방법을 가지고 있다. 슐츠의 연령별 삼분제설을 기초로 한 직선적 도식은 표면상 연령별 분류를 입증하는 것 같은 협동단체에도 적용할 수 없다. 협동단체의 많은 지역의 연령계급은 지역적으로 나타나고 후기의 형식으로써 이 연령계급은 삼분제와 일체하지 않는다.

그러나 슐츠의 연대적 순서가 심한 논란의 대상이었지만, 군사단체의 연혁상 연령에도 역할을 담당했으며, 이는 슐츠가 상상한 것과는 달랐지만, 사실임에는 확실하다. 모두가 같은 단체를 가지고 있는 크로우족, 다코타족, 키오와족은 본질적인 연령계급이 하나이고, 연장자의 단체를 모방하는 소년들에 의하여 가장 자연스럽게 발생했나. 평범한 것처럼 보이는 이러한 사실이 우리에게 등급별로 구분하는 것에 대한 가능한 한 시초에 대한 실마리를 제공하였다. 등급의 발생지에 관한 설명을 하려고 하는데, 예를 들면 하다차족 소년들의 모방이 행해졌다고 가정해 보자. 하나의 난제에 다수나 대부분의 성인 남자가 입단권을 사고, 자신의 권위를 높이기 ― 이는 원시인의 공동사회에서도 나타나는 풍기이고 ― 때문에 이에 가입했던 것이라고 하자. 그렇다면 춤과 기타의 특권을 갖고 실제로 조직체를 소유한 소년은 공동으로 소속권을 구입한다. 그 거래의 집단적 성격이 혁명적인 특색을 갖는 점이다. 그렇다면 그것에 의하여 친구들은 공동의 할례를 받는 마사이족의 소년들과 같은 정도의 명확한 연령계급으로 되었기 때문이다. 소속권을 잃은 매도인들은 여기에서 춤을 갖지 못하게 되지만, 이전의 유대에 의하여 단결이 되고, 가능한 빨리 다른 춤을 발견하거나 다른 종족으로부터 춤을 산다. 여기에서 그 새로운 춤은 소년들의 야망과 다음 목표가 되고, 따라서 제2의 등급이 된다. 본래 성인들의 집단이 반드시 일정한 연령계급이 아님을 주의해야 한다. 한편에서는 20세에서 80세까지의 남자는 누구라도 들어갈 수 있었지만, 한편으로는 반드시 성년의 60% 이상을 포함할 필요는 없었다. 하지만 모방하는 소년들은 연령계급과 유사한 것을 만들었고, 그들이 일찍부터 하나의 단체가 되어 상위의 단체를 매입하는 경우에는, 그들은 등급별 구별을 가지는 히다차족과 다른 네 종족의 특징이 되는 이 제도를 세우는 데 필수적인 조직을 활동시켰다. 새로운 소년 세대가 최하의 등급을 이 관습의 창시자에게 사고, 후자는 집단적으로 승급하고, 다음에 본래의 성년들의 무정형의 집단은 사라지고, 그 뒤에는 대략 연령별 등급으로 되었던 청년들의 집단이 동시에 존재한다. 그리고 소년들이 집결한다는 사실, 즉 그 자체가 연령별 일반적 결합력이라는 사실은 우연히 연령별 분체가 상술한 여러 단체와 하나로 된다. 그리고 연령별 요소는 협동단체의 발달상 유일한 특징이 아니고, 반드시 지배적인 특권도 아니고, 평원지방의 가장 오래 된 특징이 아니라고 하더라도 하나의 실재물이다.[53)]

제 6 절 일반적 결론

평원인디언 여러 단체의 실질적 역사로부터 일반적 결론을 끌어낼 수 있다. 하나는, 표어(標語; catchwords)의 유해한 효과가 명백해졌다. 남자사회전체를 미입단소년·독신자·연장자로 나눈다면, 히다차형의 연령계급으로 나누는 것은 거의 완전히 다르고, 히다차족의 크로우폭스단원이 소년·중년·노년의 단원으로 나누는 것은 더욱 다른 현상이다. 왜냐하면 그것은 종족적 구분이 아니라 단지 다수의 협동단체들 중 하나의 협동단체 내부의 분류에 불과하기 때문이다. 따라서 우리는 멀리 떨어진 지역의 여러 현상을 부르고 그와 마찬가지로 애매한 용어가 사용되는 경우는 주의해야 한다. 아마도 명명법(命名法; nomenclature)의 동일성은 존재하지 않는 유사점을 흉내내었던 것이다. 예를 들면, 만일 멜라네시아의 비밀단체와 푸에블로 인디언의 비밀단체를 비교한다면, 구성이든, 기능이든, 다른 무엇이든 간에 비회원을 제외하고 아무런 유사성도

53) Lowie, 1916.

없다. 뱅크스제도의 비밀단체의 입단은 구매에 의한 것인데, 남서부지역에서 그것은 조직의 구성원에 의한 영혼구제의 차원에서이거나 구성원의 아내에게서 출생에 의해 또는 세습에 의한 것이지만, 결코 지불에 의한 것은 아니다. 뱅크스제도의 원주민들은 결코 여성을 승인하지 않았다. 몇몇 푸에블로족의 어느 단체는 그것이 승인되었고, 그들 중 몇은 심지어 전부 여성에 의해 구성되기도 하였다. 멜라네시아 조직의 활동은 기묘한 소리를 내는 것과 구성원의 재산, 초보자에 대한 일시적인 위협과 그들의 소유물에 대한 무자비한 파괴로부터 보호하는 데 중점을 두고 있다. 이 모든 것에 대해 주니족의 치료단체나 호피족의 비를 만드는 제례단체 사이에서는 아무런 유사점도 없다. 그러므로 이들 조직들 간에는 역사적 유사성뿐만 아니라 심리적 유사성도 존재하지 않는다.

이 모두는 직선적 진화의 문제에 대하여 매우 중요한 관계를 가지고 있다. 푸에블로 인디언조직에 대한 집중적 고려는 이러한 유형의 역사의 현상에 대해 가장 일반적인 방법이나 매우 짧은 시간동안을 제외하고는 그 자체가 반복되기 쉽지는 않다는 것을 계속하여 보여 주었다. 모든 공동사회에서 군집본능은 어떠한 형태로든 나타난다. 그리고 나이라는 요소는 때때로 개별의 기본적 모임이 아니더라도 세부적인 모임에 영향을 미치곤 한다. 어떻든 이들은 역사적 결론이라기보다는 사회학적 결론이다. 그들은 어떤 고정된 사건의 발생순서에 대해 전혀 공식화하여 드러내지 않았다. 지금 하다차족의 연령단체에 비교할 때 합성해야 하는 여러 원칙의 수를 살펴보고자 한다. 춤은 기장(記章; insignia), 참가자들의 우정, 군사적 복종과 이러한 복합물의 취득가능성과 연결되어 있다는 생각은 가능하다. 그리고 마지막 특징은 비현실적 경험의 천부적 원리에 의존한다. 본질적 요소의 이러한 다양성과 더불어, 이러한 협동단체의 유형은 되풀이되지 않는다. 마사이족은 히다차족과 마찬가지로 호전적이지만 이들의 보편적 유사성은 똑같은 문화적 특성의 부재에 있어서 특별히 닮은 점을 낳을 수는 없다. 의식존중(儀式尊重; ceremonialism)에 대한 매우 다른 관념과 함께, 히다차족에 의해 유지되는 것과 같은 개인적 선견지명의 매우 다른 차이와 함께, 마사이족은 유사한 체제를 아무리 발전시키고자 하여도 발전시킬 수 없었다. 만일 그렇게 된다면, 모건이나 슐츠의 체계의 형식을 바탕으로 진화의 포괄적인 법칙에 대한 탐구는 헛수고이고 오로지 각 문화적 영역에 있어서 강한 민족지학적(民族誌學的; ethnographic) 연구만이 그 시기의 정확한 결론을 세울 수 있을 것이다.

Camp life (Assiniboni) / 어시니보니족의 야영지

제 12 장 계 급

필자가 이미 주장한 바와 같이, 사회에 대한 모건의 개념(Morgan's conception)은 원시적인 것이다. 모건이 복잡한 문명사회 안에서 사회적 차별의 근거를 도출해낼 수 있었던 것은 민주적인 방법을 좋아하는 전통적인 미국인의 성향 때문이었다. 모건은 동일 종족의 혈족들 간이나 동일 공동체에 속하는 서로 다른 개인들 간의 차별에는 거의 관심을 두지 않았을 뿐 아니라, 특권계급(特權階級; privileged order)을 진화의 마지막 산물로 지적하였다. 비록 모건의 관심범위가 북아메리카(North America)에만 집중하였다고는 하지만, 상위계급이나 하위계급의 차별을 바탕으로 한 사회조직구조를 충분히 유추해낼 수 있었다. 그리고 무엇보다도 중요한 세습적 계급제도(世襲的 階級制度; hereditary castes)의 부재로 개인적 공적을 바탕으로 한 차별을 배척하지 않았음을 유추할 수 있었다. 원시인(原始人; primitive man)은 결코 저능하지 않았다. 마레트 박사(Dr. Marett)의 주장처럼 모든 집단에서, 심지어 가장 하등한 집단에서조차도 나타나는 불가피한 생물학적 현상과 같은 개인간의 차이점을 원시인들은 재빨리 알아차리고 이를 평가한다. 원시인 X라는 사람은 비록 실을 짜는 데에 있어서는 멍청이라 할지라도 활과 화살을 가지면 명사수라는 것을, 회의에서 최선을 다해 설득하여 Y라는 사람은 적 앞에서는 겁쟁이라는 것을 증명할 수 있음을, Z라는 사람은 모두에게 온화하고 평범하다는 것을 알았던 것이다. 원시인들은 세밀하게 그들 사이에 등급을 매기고, 그러한 평가는 그들의 행동과 사고에 미미하게나마 영향을 미치게 된다. 이는 사사로운 일에 전부나 광범위하게 영향을 미치는 것이 아니라 종족의 표준에 따라 영향이 미치는 사회적 문제이다. A라는 사회에서 영웅으로 여겨지는 남자가 B라는 사회에서는 잔인한 짐승과 마찬가지로 여겨질 수 있다. 기계적인 숙련(mechanical skill)이 어떤 민족에게서는 높이 평가되지만, 어디에서든지 이와 똑같이 평가되지는 않는다. 우리 문명에서 우유부단이라는 단점은 주로 음악가들에게 항상 잠재하는 것이고, 또한 우리사회에서 매우 전문적인 학자적 지위에 있는 사람이더라도 유럽대륙에서는 그가 차지하고 있는 지위보다 덜 존경받는 자리에 놓이기도 한다. 어떻게 사회마다 개인적 평가의 표준이 다른지를 보여주는 것은 민속학(民俗學; ethnology)의 과업 중 하나이다. 토착의 북아메리카(aboriginal North America)는 개인적 차이에 따른 효과가 매우 흥미롭게 보이는 지역이다. 왜냐하면 다음에서 언급되는 몇몇 종족을 제외하고는, 북아메리카 지역 대부분은 민주주의적 사고를 가진 종족이 차지하고 살았기 때문이다. 우리는 몇몇 평원지역의 집단을 관찰함으로써 이에 좀더 쉽게 다가설 수 있다.[54)]

제1절 용 맹

오래 전 대형금융거래가 사회의 중심이 되었던 시절의 사람들 대부분이 돈에 미쳤을 때, 사람들이 돈에 대해 갈망하였던 것과 같이 평원인디언들(Plains Indians)의 군사적 명예에 대한 갈망은 편중적인 것이다. 용기 있는 젊은이가 들소(buffalo)를 단단히 묶어서 끌어내어 두개골을 그의 상처 난 어깨에 들쳐 메었던 것은 전쟁에서 확실한 차이를 보여주기 위함이다. 그리고 이러한 명성

54) Marett.

을 얻기 위해 그들은 생명을 담보로 하는, 무의미하고 대담하며 무모한 행동을 하려고 한다. 자신의 행동이 영웅적인 것으로 보이기 위해서는 무엇보다도 일정한 행위가 전통적 형식에 적합하게 이루어져야 하며, 이는 종족마다 어느 정도 차이가 있다. 크로우족(the Crow)은 일반적으로 4가지의 공훈(功勳)을 명예로운 것으로 생각하는데, 이러한 공훈을 쌓음으로써 추장이라는 칭호도 수여받기도 하지만, 이러한 행위들이 일반적으로 정치적 중요성을 갖는 것은 아니다. 명예를 얻기 위해 적진으로 들어가 적의 말을 골라잡아 죽이거나 훔치는 행위, 백병전(白兵戰)에서 적의 활과 총을 빼앗는 것, 소지했던 무기를 가지고 적을 공격하거나 심지어 맨손으로 적을 공격하는 것 그리고 전쟁을 승리로 이끄는 것 등이 바로 그것이다. 오로지 몇몇의 사람들에 대해서만 평가가 기록되었다. 비록 그가 추장으로서 추대되지 않더라도, 하나나 그 이상의 용맹한 행위를 한 자는 그 종족에 있어서 그러한 영역에서 상당한 관심을 끌었는데, 실제로 그의 이러한 탁월함은 동시에 그가 치른 전쟁에 맞추어 기록되었다. 그러한 사람은 종족의 모든 모임에서 자신의 영웅적 행위를 이야기할 수 있는 특권을 가졌으며, 그 영웅적 행동을 예복이나 그의 집 주변에 병풍처럼 그릴 수도 있었다. 자식을 가진 부모들은 그에게 와서, 그의 이름을 자신의 아이들에게 줄 것을 부탁하곤 하며, 혈기왕성한 청년들은 그 전쟁의 주술의 몫으로 일정한 헌금을 그에게 주기도 한다. 영웅적 행위를 한 자는 공개선거에서 일정한 명예로운 지위를 가지는 자로 추대되며, 말하자면 선구자로서 선출된다. 그 자신의 부계 혈족동기(血族同期; sib-mate)들은 비록 그들의 진영에 있더라도 그의 명예를 찬양할 것이다. 그리고 심지어 의례적인 생활에서의 우선권은 명예로운 것으로 간주되며, 성공한 전사에게 부여될 것이다.

때때로 이러한 점은 노래나 속담에 터무니없이 표현되고 있음을 발견하게 된다. “젊었을 때 죽는 것이 낫다”라는 말은 크로우족과 히다차족의 현자가 말하는 복되고 영광스럽다(dulce et decorum)라는 뜻이다. “하늘과 땅은 영원하다. 노인은 나쁘다. 두려워하지 말라”라는 말은 크로우족 민요의 후렴구이다. 그러므로 형이 아우에게 용맹을 유별나게 강요하는 것은 군인사회에서 특별한 일과 관련이 있는 것으로, 악의에 의한 것이 아니라 젊은 사람이 영광을 얻도록 하기 위한 것이다. 이러한 태도를 바탕으로 볼 때, 용사는 상당히 많은 무모한 모험에서 한 손으로 적의 무리를 몰아치는 것으로 용맹을 담보하는 사람이 아니라 신중하게 죽음을 구하는 사람임을 알 수 있다.

당연히 겁이 많은 남성은 가장 경멸받는 대상으로 취급되어 친족에 의해 조롱당했으며, 월경하는 여성과 같이 비교되기도 하였다. 전쟁에서의 용맹을 강조함으로써 남성들은 자신들이 속하는 사회의 기준을 부적절하게 인식하게 되었지만, 다른 한편으로는 용사에 대한 명예를 확인시켰다. 크로우족에서 별 것 아닌 사람으로 웃음거리가 되고 만 한 남자는 필자에게 가장 훌륭한 정보 제공자 중 한 사람이 되어 종족의 관점을 일깨워 주었다. 그는 전쟁에서 뛰어난 활약을 하지 못했고, 결코 업적이라고 주장할 수 없는 그의 행동에 대한 칭송이 문제를 악화시켰다. 이는 단순히 천부적 법규(native canons)의 강직성이 높이 칭송되었던 그의 능력과 관련된 영역 내에서 어떤 가치 있는 것을 무의미한 것으로 만들어 버렸기 때문이며, 결국 그의 사회적 입지를 대중이 부인한 것이다.

또 다른 한편 크로우족에게서 용기는 대안이 아니라 무사의 특징을 추가적으로 꾸미는 요소로서 높이 평가되었다. 이들 중 가장 으뜸이 되는 것은 자유에 대한 것이고, 자유가 빠진 경우에는 경멸이 따른다. 여성에 대한 평가는 비록 확립된 가치관에 따라 필연적으로 차이는 있겠지만, 개인적 장점을 바탕으로 하여 제한적이지만 평가되기도 하였다. 일반적으로 도덕적 방종을 제외하고, 순결한 여성은 높이 평가되었으며, 일정한 의식에서 여성의 순결한 덕행은 필수불가결한 것이었다. 또한 여성적인 노동에서의 능숙함과 친절함은 그녀의 권위를 높여주었다. 따라서 비교적 미개한 문명일수록 매우 민주적인 공동사회일수록 개인적 차별은 필연적인 것으로, 사회계급의 엄청난 차이를 발생시켰다.

사례의 본질로부터 호전적인 사람들은 개인적 장점을 바탕으로 귀족정치와 다소 유사한 범위로의 발전을 기대하였을 것이다. 확실히 뉴질랜드(New Zealand)의 마오리족(the Maori)은 계급정신(caste spirit)이 너무 확고하게 자리잡고 있어서, 나폴레옹식 장군봉을 신병의 배낭에도 넣어다니게 하자는 원칙에서 그는 호전적인 사람의 예를 보여주었다. 하지만 원시적 조건에서의 군인생활은 크로우족의 형태에 따른 개념을 수반하는 경우가 많다. 마사이족의 독신자숙소(獨身者宿所; bachelor's kraal) 내에서는 지위에 따른 실질적 평등이 존재하였다. 그들은 관용과 용기(munificence and valor)에 따라 자신들을 구분하고, 각각을 인자(仁者; Generous People)나 황소 같은 사람이라 하여 우선시하며 특별한 장식을 허용하였다. 겁쟁이는 여성 앞에서 비웃음거리가 되곤 하였으며, 진지하게 결의한 급습에서 도망친 사람은 특별한 절차를 밟지 않고도 살해되었다. 그리고 평원인디언(Plains Indian)의 용사들이 매우 무모한 행동을 맹세하는 것처럼 마사이족도 그의 창 끝에 방울술을 달아매고, 그것이 적의 신체를 뚫을 때까지 제거하지 않을 것임을 맹세하였다. 이와 유사한 태도를 인접한 민다나오(Mindanao)의 바고보족(the Bagobo)에게서도 찾아볼 수 있는데, 그들의 인생 최대의 목표는 적어도 두 명 이상 적을 살해한 사람에게 수여되는 특별한 의상을 입는 것이었다. 두 명 이상 적을 죽이면 초콜릿 색의 머리띠를 하는 것이 허락되며, 네 명 이상의 경우에는 붉은 핏빛의 바지를 입는 것이 허락되고, 만일 여섯 명 이상의 경우에는 붉은 색깔로 완벽하게 상하의를 갖추어 입을 수 있을 뿐만 아니라 붉은 가방과 장화를 신을 수도 있다. 그 이상의 적을 죽인 경우에는, 의상의 차이는 없지만 그 신망이 두터워진다. 아마도 적을 살해하지 않은 사람은 없겠지만, 용사로 인정되면 중요한 지위를 차지하고, 두 개의 힘센 혼령의 특별한 보호하에서 그는 일반 민중 사이의 매개자로 간주되었다. 지위뿐만 아니라 심지어 용사의 의복까지도 상속은 불가능했으며, 용사의 후손들은 그것들을 소유한 사람과 함께 제사를 지낼 수 있을 뿐이다.55)

제 2 절 무속신앙과 재산

명예에 대한 근본적 개념의 차이들은 세계 여러 곳에서 나타난다. 북부

55) Lowie, 1912: 230; id., 1917 (a): 82. Merker: 92, 216. Hollis, 1905: 289, 298, 353 seq. Cole: 96.

마이두족(the Northern Maidu)을 예로 들어 보자. 여기서는 부(富)와 관용(寬容)을 바탕으로 하여 지도자(指導者; chieftaincy)를 선출하였다. 특히 비밀단체의 실질적 지도자가 만일 무속인(巫俗人; shaman)이라면, 그가 전적으로 우두머리로서 대표자가 된다. 추장(酋長; the chief)을 선택하는 것은 바로 신의 의사를 전달하는 무속인을 통하여 행해지고, 또한 유사한 형태의 의사전달을 통해 그의 파면이 가능하기 때문이다. 무속인이라는 직업은 아버지로부터 세습되는 것이 아니고, 신비스런 강림(降臨; visitations)에 의해 그리고 상당히 나이가 많은 종교적 수행자가 내는 시험을 통과함으로써 가질 수 있었다. 다시 말하면 신앙적 경험에 따른 습성이 사회적 탁월성(social prominence)에 대한 초석(礎石; stepping-stone)이 되었던 것이다. 모든 의지와 성과에 있어서 비밀단체의 주술적 지도자는 그 공동체에서 가장 눈에 띄는 사람이었다. 그는 민족의 의례적 생활을 통제하였으며, 논쟁을 결정하고, 좋은 작물을 수확하도록 하고, 질병을 예방하고, 그의 신비로운 힘으로 적에게 상당한 형벌을 가하였다. 실제로 그 자신이 스스로 전쟁을 발발하기도 하였다. 하지만 그 무엇보다도, 그는 종족의 신화(神話) 및 전설(傳說)의 권위자일 뿐만 아니라 이러한 고상한 주제를 통하여 그의 민족을 인도하는 것이 주된 임무였다.

북부 캘리포니아(Northern California)지역에서는 이미 명예에 대한 욕구가 급격히 저하되었고, 마이두족 사이에서는 출세가 원칙적으로 부(富)를 바탕으로 하는 것이 대세였다. 후파족(the Hupa)의 족장(族長; head-man)은 가장 부유한 사람이었는데, 부족원(部族員; villager)들은 궁핍할 때나 생활필수품을 구하기 위해 분쟁이 있는 경우 금전을 원조받기 위하여 그를 찾아갔다. 족장의 권력은 아들에게 상속되었고, 재산 역시 아들에게 상속되었다. 그러나 만일 그보다 더 특별히 또한 더 유능하고 근면한 경쟁자가 족장보다 더 많은 재산을 가지고 있다면, 그 재산으로 족장의 직위에서 나오는 권위를 제압할 수 있었다. 이와 유사한 생각이 섀스타 사회(Shasta society)에서도 만연해 있었다.

원시종족(原始種族; primitive tribes)의 정치에 있어서 부(富)의 의미는 일반적으로 가장 흥미로운 문제이다. 유목단계(遊牧段階; pastoral stage)에서 재산의 새로운 형태는 상당한 지위의 차별을 야기했는데, 이는 선천적인 조건에 따라 분별하는 것이 아니라, 부자를 거지의 신분으로 떨어뜨리는 것이었다. 그러므로 그 기본적 태도는 여전히 민주적이었을 것으로 생각된다. 알타이족 사람(the Altaian)은 비록 가난하더라도 부유한 종족들과의 사이에서 초라한 자존심을 유지하려고 하였다. 가난한 사람이 부유한 방목업자의 집에 들어갈 때에는 마치 그 가족의 일원인 것처럼 하고, 노예근성을 보이지 않도록 하였으며, 건방진 명령에 복종하기보다는 차라리 굶어 죽는 것이 낫다고 생각하였다. 순록사육 추크치족(the Reindeer Chukchi)에게서 조력자의 지위는 그다지 매력적인 것이 아닌데, 왜냐하면 주인이 욕설을 퍼붓거나 심지어 그를 때리기까지 하기 때문이다. 그러나 이 특권은 관대한 취급을 요구하는 원주민의 생각과 그 사람을 중심으로 관련된 상대적 용기 양자에 의해 제한되는데, 왜냐하면 강력한 조력은 열정적인 주인에 대하여 형세를 바꿀 수 있기 때문이다. 부(富)의 독특한 개념은 멜라네시아에서도 나타난다. 뱅크스 제도인의 조직에 대해 기술한 부분에서 설명된 바와 같이, 단체 내에서와 사회적 영역에서의 승진은 부(富)에 의존하지만, 이는 돈이나 재산의 축적에 따른 차별을 부여하는 것이 아니라 무절제한 소비에 의한 것이다. 비록 그 곳에서의 문제는 이미 앞서 언급된 세습적 신분제도(世襲的 身分制度; hereditary caste)의 병존에 의해 복잡해졌지만, 이는 정확히 브리티시 콜롬비아 인디언(Indians of British Columbia)의 특징이다. 보아스(Boas)는 콰키우틀족(the Kwakiutl)의 생각을 생생하게 다음과 같이 기술하였다. "부(富)의 소유"는 "명예롭게 생각되었고, 그러한 행운을 얻기 위해 인디언들은 노력하였다. 하지만 거대한 행운을 부여하는 것은 부의 소유가 아니라 개인의 능력이다. 이와 같은 것은 인디언에게 있어서 부(富)를 소망의 대상으로 만든다." 축제나 축하연회에 더더욱 많은 재물을 기부한 사람에 대한 사회적 평가는 더 높은 지위로 격상된다. 소년들, 추장들 그리고 전체적인 공동체는 소비의 경쟁에 있어서 서로 맞붙는다. 이에 대한 도전자는 그의 상대방에게 많은 양의 담요를 제공하여야 한다. 이러한 행위는 거부할 수 없고 차후에 100%의 이자를 붙여서 되돌려줘야 하며, 그렇지 않으면 채무불능에 대한 굴욕을 기꺼이 감수해야만 한다. 때로 추장은 많은 재산을 과시하기 위하여 고가의 재산을 멋대로 파괴하기도 하고, 또 그 이전에는 단순한 허세를 위하여 노예를 죽이기도 하였다. 이러한 특징에서 발생한 구속력은 예외적인 경우가 아니면 신분제도의 서열에도 확고한 영향을 미친다.

사피어(Sapir)는 "하위계급에 있는 사람들이 무리한 증여에 따른 타격으로 그들보다 더 부유한 자 위에 군림하여 위세를 얻게 되는 사안에 있어서, 점차로 그들의 지위에 속하는 특권들 중 하나나 그 이상과 자리를 바꾸게 된다. 유럽에서와 마찬가지로 서부해안 인디언(West Coast Indian) 사이에서, 벼락부자(parvenu)에 대한 정형화되지 않은 활동에 대한 기회가 있다"고 하였다.

따라서 무사, 신비스런 체험에 따른 영향, 그리고 종류를 불문한 재물 등은 원시공동사회(primitive community)에서 평등하게 될 위치에 있는 사람이 그의 지위에 대하여 차별을 받게 되는 동기가 되곤 한다. 이에 대해 우리는 하위단계에 있어서 공통특징인 능숙함을 추가하듯이 음식물의 공급자로서 추가될 수 있다. 수렵 추크치족(the Maritime Chukchi) 사이에서는 아주 오랫동안 부락에 거주하면서 경제적 조건에 대한 깊은 지식을 습득한 가족이 우선시되었다. 물개잡이원정을 조직한 사람은 특별한 대접을 받을 수 있는 지위를 가졌다. 유카기르족(the Yukaghir)은 포획수장(捕獲首將; chief hunter)이라는 특별한 지위를 인정한다. 포획수장은 모든 공동체의 생계를 생산하여야만 하고, 비록 이득을 축적한다고 하더라도 그 직무에 명예가 부여되는 경우는 거의 없기 때문에 상당히 부담스러운 자리이다. 비록 형식적이기는 하지만, 치페완족(the Chipewyan)이나 고원의 쇼쇼니족(the Plateau Shoshoneans)과 같은 아메리카의 많은 인디언들은 이 능숙한 포획자에게 경의를 표한다.[56]

제 3 절 계급제도

지금까지 살펴본 모든 요소들은 혈통에 따른 계급과는 별개로 개인적 차이에 그 바탕을 두고 있다. 상당히 많은 경우 개인적 능력에 따른 차별은 원

56) Dixon, 1905: 223, 267, 323; id., 1907: 451. Goddard, 1903: 58. Radloff: 1, 312. Bogoras, 614, 639. Boas, 1897: 341 seq. Sapir, 1915: 355 seq.

칙적으로 상속의 문제이다. 아주 잘 발달된 계급제도(階級制度; caste system)가 존재하는 곳에서는 주로 정치적 문제가 형성되었지만, 현재 우리가 주목할 것은 오로지 사회적 계급의 문제일 뿐이다.

폴리네시아(Polynesia)에서 귀족혈통(貴族血統)에 자부심을 갖는 가문은 길버트(Gilbert)와 설리번(Sullivan) 같은 지도자의 거만함과 맞먹는다. 이들의 자부심은 귀족이 신성한 혈통이라는 믿음에서 기인하며, 또 유지되는 것이다. 호카트(Hocart)가 설명한 바와 같이 추장(酋長; chief)은 신의 후손이자, 그의 대리인이며, 성육신(聖育神; incarnations)으로 생각하였다. 전형적인 마오리족(the Maori) 사이에서 사회적 특권은 최고신으로부터 장자상속(長子相續; primogeniture)을 통하여 직계자손에게 계승되는 것이라고 생각하였다. 차별화된 모든 사람은 역사적으로, 다른 한편은 신화적인 그의 계보를 기억하기 위하여 복종하고, 만일 그것에 대한 도전이 있을 때에는 그의 위상을 세워야만 하였다. 그래서 마오리족의 유명한 한 용사는 자신의 혈통을 65대라고 하고, 이를 천지신(大地神; Heaven and Earth)으로부터 기인한 것이라 하였다. 원주민 가문의 복잡성은 미로와 같은데, 왜냐하면 양계의 부계친이 속해야 하고 또 그에 포함된 경쟁자들을 매우 정확히 일치시켜야 하기 때문이다. 추장의 자식들은 자신의 어머니의 가문에 따라 각각의 지위가 달라진다. 귀족인 어머니에게서 태어난 자식은 양친의 명예가 서로 결합하기 때문에 부모와 같은 지위인 귀족의 지위에 오를 수 있다. 하지만 노예의 몸에서 태어난 추장의 자식은 만일 그가 장자라면 많은 특권을 행사할 수 있겠지만, 완전한 추장의 지위가 인정되지 않고, 비록 개인적 공적이 있다 하여도 계보상(系譜上; in the genealogy)의 흠결로 인하여 완전한 지위가 보장되지 않는다. 가문의 결함이 조금도 없는 가(家)의 문장이 들어 있는 방패를 가지는 사람은 당연히 매우 소수만 존재하기 때문에, 그와 걸맞는 적당한 배우자로서 자질을 갖춘 처녀가 없을 때 상당히 곤란한 상황에 처하게 된다. 드물기는 하지만 간혹 장자상속법(長子相續法; primogeniture)에 따라 합당한 대추장(大酋長; priest-chief)이 된 사람은 너무 고귀한 자로 간주되어, 직접적으로 그의 직무를 행하지 않고, 그 바로 밑의 동생에게 그의 일이 맡겨졌다. 장차 교주(敎主; prospective lord-pontiff)가 될 자의 특권 중 하나는 학교에 입학할 수 있는 것인데, 그 곳에서 민족의 역사와 전통을 배우고, 주문(呪文)을 습득한다. 교육과 관련한 이러한 제도 때문에 여성은 당연히 교육을 받을 수 없었지만, 만일 제사(祭祀)를 담당하는 신성한 가문의 장녀라면 아주 특별한 특권을 가진다. 모든 여성들 가운데 오로지 그녀만 인육(人肉)을 먹을 수 있었고, 제물로 바쳐진 음식을 먹을 수 있었다. 고대전설을 배울 수 있는 것도 허락되었다. 다른 사람들은 그녀와 함께 식사할 수 없었다. 고귀한 신분과 관련된 또 다른 몇몇 특징들은 다음의 정치항목에서 논하고자 한다. 계급서열상 대추장 다음의 지위는 종족 내 소부족의 수장과 친족관계의 서열에 따른 그들의 친족들이다. 그 다음은 전문계급 예컨대 마법사(wizard)와 같은 숙련가들인데, 그 대부분은 수장의 가문과 가까운 고귀한 사람들로 거의 재물이 없는 자들로 구성되었다.

최하위 계급인 노예는 주로 전쟁에서 포로로 잡혀온 사람들이다. 보통 이들의 운명은 본질적으로 심한 몰락이 아니고, 고귀한 사람을 모욕하는 것처럼 일정한 필요적 임무는 미신적으로 혐오하기 때문에, 노예신분은 실제로 마오리족(the Maori) 사회의 토대를 이루었다. 음식을 만들거나 물건을 옮기는 등의 천한 노동은 무사(武士)의 신분을 더럽히겠지만, 정신적·세속적 지위가 없는 노예에게는 하찮은 것이었다. 때로 노예와 그의 주인간의 돈독한 친분이 발전되어, 학대는 거의 찾아볼 수 없을 뿐만 아니라 이 때 그들의 지위는 상류계급의 신분과 일치하는 것으로 추정되곤 한다. 간혹 노예는 주인 이외의 다른 사람을 위하여 일하는 것도 허락되며, 그에 따라 지불된 대가를 가질 수도 있었다. 요컨대 같은 노예신분이라 하더라도 상당한 차이가 있었다. 노예의 신분은 신의 냉대에 대한 증거일 뿐 한 개인에게 속한 것이 아니기 때문에, 결코 탈출을 시도하지는 않았다. 노예가 죽음의 위협을 느꼈던 경우는 제사를 위한 재물이 필요한 경우이거나, 건축물의 축조가 있었던 경우이거나, 단순히 주인의 변덕이 심한 경우이었다. 종족의 남자구성원 중 가난한 자는 노예신분의 여성과 혼인하였는데, 이 때 그들의 자식들은 비록 자유인(自由人)의 신분을 가지지만, 그 천한 출생 때문에 그들은 항상 멸시를 받았다. 드물기는 하지만 가끔은 노예출신의 남자가 뛰어난 용맹으로 명예를 얻기도 하였지만, 그는 귀족과 경쟁할 수 있는 자격은 주어지지 않고 단지 그 신분이 승격된 자로 여겨질 뿐이었다. 노예출신이지만 그 조상의 월등한 능력으로 고귀한 귀족과 동급이 되는 것은 큰 문제가 아니다. 단순히 노예로 잡혀왔다는 사실 그 자체는 영구적으로 지워지지 않을 뿐 아니라 그의 가계(家系)의 명예에 지울 수 없는 오점으로 남았다.

사모아인(the Samoans)의 사회조직은 뉴질랜드인(the New Zealanders)의 사회조직과 일반적으로 유사하지만, 자연적인 부분에 있어 그 지리적 차이가 존재하였다. 스테어(Stair)는 자유인을 5개의 계급 즉 추장(酋長; chief), 승려(僧侶; priests), 지주(地主; landed gentry), 대토지소유자(大土地所有者; large landowner), 그리고 평민(平民; commoners)으로 구별하였다. 각 계급별로 세부등급은 다섯 개의 계급이 적용되는 것보다 더 다양하였다. 추장(酋長)이라고 해서 모두 동급의 지위가 부여되는 것이 아니었고, 승려(僧侶) 역시 그들 각각에게 부여되는 존경의 정도에 따라 호칭이 다르거나 혹은 반대로 상당히 세밀하게 호칭이 구분되어 그에 따라 존경의 정도를 달리하였다. 대추장(大酋長; great chiefs)을 보조하는 자들로 앞서 언급된 5개의 계급 중 하나에 속하는 자로서 이발사나, 술시중을 드는 자, 나팔수, 광대는 각각의 일을 수행함으로써 특별한 명예를 얻었다. 카누를 만드는 자, 건축기사, 문신하는 사람 등과 같은 숙련기술사들은 오늘날 우리사회에서의 전문가 집단과 유사하다. 스테어가 말한 것과 같이 기반 산업과 계급 중심의 조직에서 그들을 통제함으로써 거대한 사회를 향하여 자신들의 의지를 쏟아 부을 수 있었던 것이다. 권력자가 단목배를 갖기를 원하면, 우선 그는 주변의 도움을 얻어 가능한 한 많은 재물을 축적하여야 한다. 그 뒤 일꾼들을 모으고, 추장에게 가서 듣기 좋은 말을 하면서 단목배를 축조하는 일에 도움을 구하기 위해 상당한 가치가 있는 양탄자나 도끼를 상납하여야 한다. 그런데 추장의 승낙이 항상 있었던 것은 아니었으며, 배를 만드는 기술자가 다른 일을 하고 있어서 새로운 배의 축조명령을 받들 수 없을 만큼 바쁘거나 비록 추장의 승낙이 있어 그 작업에 착수하였음에도 불구하고, 주목수가 선정결정에 응하여 착수금을 받고나서야 비로소 배 만드는 준비를 시작하는 것이다. 지정한 날짜가 되어 단목배 축조자와 그의 모든 조력자 즉 각각의 가족들과 배축조와 관련된 일을 하는 모든 사람들이 오면, 선주(船主)가 될 자는 그들의 생계까지도 책임져야 한다. 보통 시일이 3개월 정도 걸리기 때문에, 때로는 선주가 궁핍해질 수도 있다. 최선을 다하여 많은 방문자들을 즐겁게 해주어야 하므로, 날마다 가문의 대표자들 중 몇몇은 인부들의 요구를 들어줘야 하고, 지나다니는 사람들의 간섭을 받지 않도록 하기 위하여 특별한 숙소에서 그들을 보호하여야 한다. 만일 임금을 정하지 않은 경우에는 5번에 걸쳐 일정한 간격을 두고 지불하는 것이 관행이었다. 처음 두 번 혹은 세 번의 임금지급을 인색하게 할 경우에는 그들을 고용한 사람이 사과하거나 배상을 해줄 때까지 태업(怠業)을 할 수 있었다. 배를 만드는 인부들 중 그 누구도 그 일을 계속하려고 하지 않는 것과 같이 복잡한 문제를 푸는 유일한 방법은 그들이 소속된 동업협동조합(同業協同組合; guild)의 다른 조합원들로부터 그들을 추방하도록 하는 것으로, 동업협동조합이 원한다면 그들의 도구와 생계수단을 박탈할 수도 있다. 이와 유사한 사례가 건물을 건축하는 과정에서도 볼 수 있다. 그 이유는 건축가들 역시 강력한 조직을 형성하기 때문이다. 이 두 동업협동조합은 당연히 연합체의 수장의 지휘를 받지만, 그들은 사회의 일부분을 형성하는 사회계급과 관련 있는 것으로 보여지며, 완벽하게 배타적으로 일정한 지역을 점유하기도 한다.

사모아인(the Samoans)의 관습과 마오리족(the Maori)의 관습을 비교함에 있어서 가장 중요한 차이점은 고위계급에 대한 장자상속(長子相續; primogeniture)의 부재이다. 즉 추장이라는 직위는 장자(長子)에게 자동적으로 상속되는 것이 아니며, 그의 후계자를 정하는 것 역시 추장의 권한이 아니었다. 실질적으로 그는 특권으로 후계자를 지명할 수는 있지만, 그 실현을 위해서는 지역의 실력자로부터의 승인을 받아야 하며, 경우에 따라서 이들 실력자들은 그의 요구를 묵살할 수도 있다. 피상속인(被相續人; dying owner)인 지주가 누리는 권한 중 장자에게 반드시 더 좋거나 더 뛰어난 양질의 것을 유증하는 것이 강제된 것은 아니어서, 양자(養子)가 이를 대신 받는 것도 흔한 일이었다.

폴리네시아(Polynesia)의 환경과 관련한 대략적인 설명은 세습적 권리와 기타 계급차별의 존재의 중요성을 지적한 것으로 충분하다. 그리고 귀족과 평민으로 구분하여 이를 확고히 한 것은 후에 어떠한 이해 즉 계급제도의 차별이 원주민의 의식적 역할을 담당하였다는 사실을 이해하기 위해 단지 추가되어 전해내려 온 것일 뿐이다.

폴리네시아처럼 아프리카에서도 심한 사회적 차별이 존재하는데, 이들 대부분은 특별한 성질상 차이가 있다. 일반적으로 아프리카 지역에는 군주(君主; potentate)가 있는데, 그는 그의 백성으로부터 가장 경건한 자로서 인식되었다. 그리고 군주는 중세유럽궁정(mediaeval European court)이 존경을 받았던 것처럼 계층적 등급제에 따른 관리군사에 의해 둘러싸인다. 권위는 높은 지위를 가졌던 그들의 조상으로부터 나오는 것이 아니며, 그들은 어떤 전설적 인물과 끊임없는 혈통의 전승으로 계속 이어져오는 귀족도 아니지만, 그들의 지위는 정치적 활동과 일반적 활동에 의해 왕으로 추대되었던 것에 기인한다. 군주와 그의 친족은 구별하여 거주하였다. 나머지의 대중은 각각 평등한 지위를 갖는다. 우간다(Uganda)가 그 전형적인 예이다. 왕은 그의 계보를 신화적 영웅에서 끌어내었다. 기타의 국가의 사무는 국왕에 대한 유능하고 충성스러운 행동을 한 자에게 맡기고, 국왕의 지위를 제외한 모든 지위는 각각 종족의 구성원에게 개방되어 있다. 각각의 소속원들 상호간에 계보(系譜; genealogy)를 주고받는 귀족계급(貴族階級; patrician caste)은 전적으로 비아프리카적인 관념(un-African conception)이다. 여기서 주목할 만한 가장 큰 특징은 태후(太后; queen dowager)가 차지하는 위치로서, 그녀는 자신만의 독립적 왕궁에서 정치를 할 수 있었다. 바쿠바족(the Bakuba)도 비록 왕은 최고신(最高神; supreme deity)의 화신(化身; incarnation)으로 인정되었지만, 회의를 할 때 어머니가 자신보다 우선 말을 할 수 있도록 하여야 했는데, 공식석상에서 왕보다 태후가 먼저 연설할 수 있는 것은 그녀만의 특권이다. 이는 원주민의 예법에 의하면 최고의 상징으로 묘사되는 것이다.

노예는 당연히 최하위 계급에 속하지만, 노예도 구별이 존재한다. 전쟁에서 잡혀 온 포로는 당연히 노예가 되었으며, 가축처럼 사고 파는 것도 당연하였으며, 주인은 마음만 먹으면 노예를 죽일 수도 있었다. 하지만 이와 다른 형태의 노예로서 토착노예는 빚에 대한 저당물(抵當物)이고, 전쟁노예보다는 나은 대우를 받는데, 이들이 노예가 된 이유는 주로 가난한 친족을 구하기 위한 것이기 때문에, 특별히 신용(信用)을 상실한 자로 이야기되어지기도 한다. 우간다(Uganda)에서는 노예소녀가 자유인(自由人)의 아이를 출산하면, 임신하자마자 자유인이 되었다. 또한 그리 흔한 것은 아니지만, 그녀의 아들에게 재산상속이 허락되기도 하였다.

이러한 사례들은 니그로 지역(Negro territories)에서도 찾아볼 수 있지만, 혼혈인의 경우 사안은 다소 복잡하다. 예를 들면 동아프리카(East Africa)의 유목민족인 와후마족(the Wahuma)은 위치상 다양한 지위를 점유한다. 루안다(Ruanda)에서 그들은 원예농업을 하는 반투족(the Bantu)을 지배하는 통치계급이었지만, 그 외의 지방에서는 단지 목축을 하는 목부에 불과하기 때문이다.

마사이족(the Masai)과 그들의 이웃 간에는 다소 희귀한 현상도 보였다. 일반적으로는 민주적이었지만, 이들 종족은 불순한 천민(賤民)인 대장장이의 동업조합조직(同業組合組織; the guilds)이나 혈족(血族; sibs)으로 분리되었다. 그런데 호전적인 공동체사회의 구성원들은 무기에 대한 의존도가 높기 때문에 결과적으로 대장장이조직은 높은 사회적 지위에 있다고도 생각할 수 있다. 인종적 차별에 대한 제안은 없기 때문에, 이러한 자세에 대한 합리적인 이유는 알 수 없다.

이미 살펴본 바와 같이 북아메리카는 광범위한 사회적·정치적 민주주의(社會的·政治的 民主主義)가 횡행하였던 무대이다. 이러한 사실은 우리의 대륙에 대한 초기 탐험가들의 이야기에서부터 아프리카와 오세아니아의 여행가들의 보고서에 이르기까지 우리가 눈을 돌려보면 더 정확히 알 수 있다. 모건(Morgan)이 아메리카 혈족조직의 "주요한 원리"로서 "자유, 평등, 협동단체"를 주장한 것과 그에 따라 전체로서의 인디언사회가 전혀 이해되지 않는 것은 아니었다. 다만 그는 "인디언의 보편적 속성으로서 독립심과 개인존엄"을 그것에서 구할 수 있었던 것이다. 하지만 인종학상의 제안(ethnographical propositions)은 두 개의 특별한 예외가 있다는 한정과 일반론에 대한 입증 없이는 주장할 수 없는 것이다 — 미시시피강 하류의 나체즈족(the Natchez)과 브리티시 콜롬비아 해안의 원주민들이 바로 그 예외이다.

나체즈족은 확실히 가장 흥미로운 신분제도를 가지고 있었지만, 불행하게도 오로지 18세기에 발견된 기록에만 의존해야 하기 때문에, 스완톤 박사(Dr. Swanton)는 어떻든 이를 조심스레 옮겨왔다. 일반민중은 치사한 사람(Stinkards)이라는 평범한 말로 불리고, 귀족계급과 확실히 구분된다. 귀족계급은 명예로운 사람(Honored people), 귀족(Nobles), 그리고 태양인(太陽人; Suns)의 3계급으로 나뉘고, 통치자는 대태양인(大太陽人; Great Sun)으로서 그들 무리의 우두머리가 되었다. 각각의 지위는 원칙적으로 어머니를 통해 세습된다. 태양인의 지위는 그의 자손에 대해 전체적인 효력이 미치는 것이 아니라 그 다음 세대에서 한 단계씩 그 지위가 저하된다. 그의 아이들은 오로지 귀족(貴族; Nobles)에 불과하며, 그의 손자녀는 명예로운 사람(Honored people)이고, 그의 증손자녀는 평민계급(平民階級; commoners)에 들게 된다. 이 제도는 다소 민주주의적 요소를 차츰 떨어뜨렸는데, 일반민중이 용기 있는 행동을 함으로써 귀족계급보다 한 단계 낮은 계급으로 발전시킬 수 있었던 것과 같이, 명예스런 사람 역시 그와 상응하는 열정을 통하여 한 단계 높은 지위를 얻을 수 있었다.

아마도 나체즈족과 관련된 관습 중에서 가장 주목할 만한 것은 혼인결합의 근본규칙(rule underlying marriage arrangement)이다. 거의 대부분의 다른 지역에서 엄격한 계급구별의 존재는 족내혼(族內婚)의 규율을 발생시켰지만, 나체즈족은 평민(平民; commoners)과 태양인(太陽人; Suns)의 혼인을 허락하지 않을 뿐 아니라 어떤 지시도 하지 않으며, 그 규율의 효력은 양성을 모두 구속한다. 태양인인 여성이 일반민중과 혼인하면, 그 종족의 가부장적 관습법(家父長的 慣習法; customary patriarchal arrangement)은 멈추게 되고, 남편은 일상가사활동의 지위를 취득하게 되어 아내와 함께 식사할 특권조차 없었으며, 만일 간통하면 사형에 처해졌다. 각각의 역할은 스완톤 박사에 의해 잘 정리되었다. 태양인을 형성하는 것은 태양인인 어머니와 일반민중인 아버지 사이에서 태어난 아이들로 구성된다. 귀족은 귀족인 어머니와 일반민중인 아버지의 사이에서 태어난 아이들이나 태양인인 아버지와 일반민중인 어머니 사이에서 태어난 아이들로 구성된다. 명예로운 사람은 명예로운 여성과 일반민중인 아버지 사이에서, 그리고 귀족 아버지와 일반민중인 어머니 사이에서 태어난 아이들로, 마지막으로 대부분의 계급인 일반민중은 평민 간의 혼인 혹은 일반민중인 어머니와 명예로운 사람과의 결합에 의해 태어난 아이들로 충원된다.

이러한 계급제도의 체계보다 더욱더 놀랄 만한 외적인 현상으로, 만일 본토의 다른 인디언의 관점에서 본다면 그것은 완전히 반아메리카적인 것이다. 모건은 아메리카 인디언의 귀족적 특징에 대해 기술하였는데, 여기서 개인적 존엄성은 거의 나타나지 않는다. 프랑스의 역사학자에 의한 궁중예법의 묘사는 인디언추장의 지위보다 동양적 군주(東洋的 君主; Oriental potentate)의 주변에 둘러싸인 분위기를 더욱 강조하였다. “이들 원주민이 대추장과 그의 가족에 대하여 가지는 존경은 그가 좋은 얘기를 하건 나쁜 얘기를 하건 간에, 그에게 무릎을 꿇으면서 감사해 하고 악을 쓰며 경의를 표하는 것보다 더하다.” 이러한 태도는 종교적인 것을 근거로 하는데, 태양인들은 최고신인 태양신에게서 내려 온 것이라 간주되고, 그들의 중재에 의해 화를 면할 수 있는 것이라고 생각하기 때문이다. 대태양인(大太陽人; great Sun)은 다른 친족들보다 상당한 권위를 가지며 그들의 위에 군림하는데, 이들은 특별한 금칙(禁則; prohibition)에 의해 보호된다. 아내를 제외하고는 누구도 그와 함께 식사할 수 없고, 남긴 음식을 그의 형제들에게 줄 때에는 그의 발로 접시를 밀어낼 수 있었다. 일반 민중은 쓰레기에 불과한 것으로 다루어졌고, 태양인이 사망하면 그의 하인들은 그와 함께 매장되어야만 했다. 중간단계들은 일정한 결과와 관련하여 그 기능이 두드러진데, 특히 노장무사회의(老將武士會議; council of the older warriors)는 군주의 권위를 억압하는 기능을 담당한다.

보아스(Boas), 스완톤(Swanton), 사피어(Sapir), 바르보(Barbeau) 그리고 다른 여러 연구자들의 노력은 북서해안 지역에 대한 우리의 자료에 추가되어 그들의 계급제도를 명확하게 이해하도록 충분히 도와주었다. 그 존재에 대해서 그리고 그와 관련된 강한 감정을 갖는 것에 대해서도 양자 모두 의심할 여지가 없었다. 족내혼(族內婚; endogamy)이 강하게 장려되고 있다. 그리고 심지어 몇 년 전만 해도 바르보(Barbeau)는 공립학교(Government school)의 평민학생이 왕족에게 머리를 조아리도록 다루어지는 등의 경멸적인 비굴함을 볼 수 있었을 것이다. 이들 3계급은 귀족, 평민, 노예로 잘 알려진 계급이다. 최후에 제안된 집단에 속하는 노예는 단순하게 제거할 수도 있었다. 노예는 포로로 충당하였다. 마오리족(the Maori)의 풍습에 따라 그들은 학대받거나, 제사(祭祀)에서 산제물로 바쳐지거나, 주인의 단순한 기분을 충족시키기 위하여 죽음에 처해지기도 하였다. 예를 들면, 이들의 공공연한 축제 중 하나는 거대영주(巨大領主; grand seignior)가 그의 동료들에게 재물에 대한 독특하고 경멸적인 표현을 함으로써 자신의 우월함을 보여주는 것이었다. 이 때 노예는 그 주인의 호화스런 과시를 높이기 위하여 죽임을 당하기도 하였다. 그리고 심지어 경멸은 당연한 원인이 있기도 하였지만, 오로지 노예를 살해함으로써 없앴을 수 있었던 것이다.

평민은 지위가 낮은 자유인이나 최하위의 계급에 속하였으며, 특권이 없는 친족과 귀족의 가신이 바로 평민계급을 이루었다.

노예들과 평민 사이에는 별다른 세부적 계급이 존재하지 않는다. 귀족계급과 같지는 않지만 폴리네시아인들(Polynesians)의 우선(優先)의 개념은 매우 미묘하게 발달하였다. 신분은 원칙적으로 앞에서 간략하게 살펴본 무형적인 재산의 소유에 주로 의존한다. 신분을 외부에서 확실히 알 수 있는 방법은 공식석상(公式席上)에서의 좌석의 배열로, 좌석은 그 계급에 따라 신중히 배치되었다. 하지만 특권의 다양성 때문에 완전한 의미에 있어서 우선권이 보장된다고 생각하는 귀족은 없다. 연회(宴會; feast)에 초대된 경우, 그 좌석배열이 문제되는 경우에는 한 사람을 자리에 착석시키고 그가 가진 특권을 기준으로 하여 그보다 높은 특권을 지는 사람은 앞쪽에, 그렇지 못한 사람은 뒤쪽에 배치시킨다. 일반적으로 다수의 높은 특권이 동일인의 소유에 속하는 것이기 때문에, 이와 관련하여 좌석배치시의 복잡함은 그다지 심한 것은 아니다.

다수의 우선권에 대한 논리적 독립성(論理的 獨立性; theoretical independence)은 적어도 부분적으로 사피어(Sapir)가 제안한 것처럼 각각의 특권이 발생한 뒤 오랫동안 기억이 유지되고 있고 우선권은 이전에 분리되어 버린 그러한 일정지역에 뿌리를 두고 있는 강렬한 감정과 관련이 있다. 따라서 만일 한 개인이 특정한 마을과 관련이 있는 권리를 상속받는다면, 그는 그의 세습재산(世襲財産; patrimony)을 분할하여, 하나는 큰아들(elder son)에게, 다른 하나는 작은아들(younger son)에게 줄 수 있으며, 이들은 그의 아버지의 보호(tutelage) 아래서 좀 더 완벽한 공동체를 형성할 수 있었다. 상속의 이러한 형태는 오로지 부계제 종족(父系制種族; patrilineal tribes)에게서만 가능한 것이다. 북부 해안지방의 종족들은 모계상속(母系相續; matrilineal descent)을 하고, 숙권제(叔權制; avunculate transmit privilege)에 의하여 자매의 아들에게 상속된다.

사피어(Sapir)는 계급을 강조하기는 하였지만, 개인적이라기보다는 집단적인 혈통(血統)을 고려하였음을 강조하였다. “예컨대 누트카 인디언(Nootka Indians) 사이에서는 노인, 그의 장남, 그 아들의 장남, 그리고 마지막으로 가장 나이 어린 유아 그리고 딸까지도, 사실상 하나의 사회학적 인격을 형성한다고 생각하였다. 누트카족(the Nootka) 사이에서 존칭상 가장 높은 계급은 작은 아이에게 주어지는데, 항상 마지막 세대가 이론상 최고의 명예를 갖는다고 보았기 때문이다. 물론 실제로 그 집단의 가장 연장자들이 진정한 신임을 얻고 직무 예컨대 상속세습재산(相續世襲財産; inherited patrimony)과 관련된 일을 담당하였다. 하지만 증조부(曾祖父)의 특권과 지위가 그의 아들의 특권과 지위 또는 그의 손자나 증손자의 특권과 지위와 대립되어 구별되어야 하는 곳에서는 이와 같은 것이 어려울 것이다. 이는 물론 다른 사회현상과 관련된 부분에서, 즉 혼인결합의 합의 안에서와 같이 집단속에 개인의 결합과 관련한 원시인들의 경향에서 이미 설명된 부분이다.

북서부 인디언(Northwest Indians)의 계급제도가 폴리네시아(Polynesia)의 제도를 상기시킨다는 것에 대하여는 부인할 수 없을 것이다. 누트카족의 장자상속(長子相續; primogeniture)은 마오리족의 관습과 유사하다. 가(家)를 창설할 때 노예를 살해하는 것은 좀더 구체적인 유사점으로 대표된다. 그리고 무엇보다도 아메리카(America)의 관점에서 볼 때, 어떤 신분제도의 불규칙적 본성은 이미 그것의 발생과 관련된 것인데, 대륙에서 태평양과 접한 측면에서 이러한 본성이 발견되는 것은 오세아니아에서 그것이 발생하였다는 흔적을 보여주는 것이다. 어쨌든, 이러한 상황이 전적으로 결론적인 것이라고 말할 수는 없다. 나체즈족은 근본적인 차이가 있는 세습계급구분제도(世襲階級區分制度; scheme hereditary class distinctions)를 발달시킨 열등종족의 한 예이며, 이는 자연적으로 발생한 것이다. 나아가, 폴리네시아(Polynesia)와 콜롬비아(Colombia)에서의 제도는 궁극적으로 서로 다른 특질을 가지고 있음도 알게 된다. 인디언은 가계(家系; genealogy)에 대한 풍부한 감정이 부족한 반면, 폴리네시아인들은 북서부해안지방의 귀족적 특징이라고 할 수 있는 특권의 유형을 겸하고 있지 않다. 따라서 우리는 이 두 지역에 있어서 신분제도의 발생이 독립적인 것임을 확신할 수 있다.57)

57) Tregear: 123, 146, 163, 383. Stair: 65 seq., 147. Turner: 173. Krämer: 1, 31. Roscoe, 1911: 14, 187, 269. Torday and Joyce: 60. Merker: 111. Swanton, 1911: 93, 100 seq. Sapir, 1915: 355 seq.

제 4 절 결 어

아메리카, 아프리카, 오세아니아의 상황에 관한 다음과 같은 요약은 원시사회(原始社會)는 통일적으로 귀족정치를 겸하고 있었음을 보여준다. 모건(Morgan)이 상상한 바와 같이, 철의 제련, 가축의 사육, 관개(灌漑)의 이용 그리고 석조건축 등과 관련된 초기의 공동사회에서는 노예제가 존재하지 않았다. 이는 사회를 계급제도(階級制度)와 각각의 계급을 구분하였던 신석기시대의 폴리네시아인들(Neolithic Polynesians)과 비농업의 누트카족(non-agricultural Nootka)에 의해 대표되는 미개단계(未開段階)에서 비로소 나타났다. 자녀들이 태어나면서 사회적으로 평등한 순수 민주적 공동사회에 이르러 심리적 차이가 불가피하게 사회적 평가에 대한 차별을 발생시켰다. 그러나 이는 사회를 무차별적이고 기계적인 밀집이라기보다 개인적인 배열로 이루어진 곳으로 만들었다.

하지만 여전히 다른 관점에도 주의를 기울일 필요가 있다. 이러한 점들이 과연 이전에 세밀히 조사할 기회를 가졌던 경세사관(經濟史觀; economic interpretation of history)과 얼마나 일치하는가? 매우 일치한다고 말한다면 아마도 다음의 사실을 인정할 수 없을 것이다. 심시안족(the Tsimshian)의 추장이 부상으로 그의 딸이 깎아내린 위신을 만회하기 위해 노예를 죽이거나, 콰키우틀족(the Kwakiutl)이 허영심이 발동하여 카누를 부수거나 수천 개의 양탄자와 맞먹는 가치가 있는 동판을 파손하는 것 등은 그 동기가 확실히 경제적 원인과 관계가 있는 것이다. 그러므로 평원인디언(Plains Indian)은 영토확장을 위해서도 아니고 승리자의 전리품을 위해서도 아닌 무엇보다도 싸울 가치 있는 경기라서 싸우는 것임에도, 사회적 인식으로 인하여 일정한 규칙에 따라 싸울 경우에는 그 경제적 이득이 발생한다. 사실, 말을 훔치는 것은 전쟁의 중요한 요소 중 하나이다. 하지만 왜 크로우족(the Crow)은 변두리에서 말떼를 쉽게 몰고 올 수 있음에도 불구하고, 적의 진영에 묶여진 말을 가지고 오는 위험한 일을 감행하는 것일까? 그리고 적을 죽이거나 상처를 입힌 무사가 아니라 그의 몸을 건드린 자에게 사회적으로 인정되는 차별대우를 하는 것은 무슨 목적에서일까?

마지막으로 왜 폴리네시아인들(Polynesians)은 우선권에 대해 예민한 것일까? 이것이 만일 지배민족(支配民族)과 피지배민족(被支配民族)으로 구분하는 문제라면 공리주의적 이유(功利主義的 理由)가 주어질 것이다. 하지만 이것은 그러한 경우가 아니다. 귀족과 평민간의 우선권에 관한 분쟁은 상상할 수 없는 것이다. 그것은 오로지 귀족간의 우선권의 문제이고, 우선권의 종류는 세속적인 이득과 관련이 있는 것이 아니라, 그 자체가 목적인 것이다. 따라서 원주민의 의식을 이해하는 데 있어서 실용주의적 원칙(實用主義的 原則)은 그다지 큰 의의를 갖는 것이 아니다. 원시인(原始人; primitive man)은 구두쇠도 아니고, 현자(賢者)도 아니고, 먹이를 찾는 짐승도 아니며, 차라리 타르드의 즐거운 말(Tarde's happy phrase)과 같이 허영가(虛榮家; peacock)라고 하여야 할 것이다.

Flathead warrior / 북아메리카 인디언 전사

Primitive Society

제 13 장

통 치

가족과 혈족조직을 설명한 데 노력을 기울인 것에 비하면, 원시종족의 정치제도를 탐구하는 데 쏟은 이론적 연구는 양적으로 보아 거의 보잘것없는 수준이다. 차후에 보게 되겠지만, 실제로 미개문화에 통치조직이라고 불릴 만한 것이 있었다는 자체를 부정하기 위하여 끊임없는 노력이 있었음을 알 수 있다. 물론 이것은 우리가 다시 한번 되살펴볼 필요가 있는 중요한 원인 중 하나이다. 그렇지만 우선적으로는 어떠한 선입견도 갖지 않고 사실을 관찰하고, 단지 서로 다른 여러 곳에 어떠한 통치기관(統治機關; governmental agency)이 존재하는가, 아울러 그것은 이미 앞장에서 개략적으로 설명한 야만인 생활의 특징과 어떠한 상관관계에 있는가를 우선적으로 살펴보고자 한다. 편의상 필자는 '통치적'이라는 말을 사용하지만, 최근 입법·행정 및 사법기관을 드러내기 위하여 사용하는 것이다. 그리고 이러한 단어를 사용하는 것이 결코 구체적인 자료조사 이후에 접근되어야 할 문제를 미리 예정하는 것은 아니다. 이미 간혹 지적한 바와 같이 이들 여러 가지 기능은 흔히 뒤섞여 있다. 오스트레일리아 평의회(Australian Council)는 법령을 발포하고, 그 시행을 지도하며, 범죄의 판결을 가결하는데, 어디서든 이에 상응하는 통치기관은 모두 똑같이 하고 있다. 그러나 가장 원시적인 공동사회에서의 입법기능은 좀더 복잡한 문명사회에서 행하여지는 형태와 비교해 볼 때 다소 이상하게 축소되어 보이는 것을 주의하여야만 한다. 보통의 사회적 관계에서 발생하는 모든 문제는 관습법으로 해결하고, 현존하는 통치기관의 업무는 새로운 선례를 만들어 내기보다는 전통적 관행에 따르도록 강요되는 편이다. 아프리카 및 오세아니아의 몇몇 전제군주(專制君主)의 전제치하에서는 당연히 이러한 원칙이 거의 같은 정도로 지켜지지는 않는다. 줄루족(the Zulu)의 군주는 명령에 의하여 유서 깊은 할례관습(time-honored usage of circumcision)을 폐지할 수 있고, 하와이족(the Hawaii)의 군주의 명령은 지금까지의 법률에 대한 복종을 면하게 할 수도 있다. 그럼에도 불구하고 사회적 관계에서의 극단적인 문제까지도 이러한 전제군주의 명령의 총화(總和; sum-total)에 의해서보다는 유서 깊은 전통적 관습에 의하여 통제할 수 있다.

이 장에서 우리가 특히 문제로 삼고자 하는 문제는 중앙통치기구(中央統治機構; central governing agency)의 존부 및 성질에 관한 것이다. 왜냐하면 사법행정(司法行政)에 관한 것은 실질적 이유로 다음 장에서 별도로 논의할 것이기 때문이다.

제 1 절 오스트레일리아

오스트레일리아의 공적 생활(公的 生活; public life)의 두드러진 특징은 장로의 지배이다. 장로계급(長老階級; elder's class)의 권력은 지역적 차이가 있지만, 대부분 모든 지역에서는 여성의 정치활동을 엄중히 배제하였고, 어떠한 지역에서든지 종족회의(種族會議; tribal deliberations)에서 청년의 위치를 그다지 중요하게 여기지 않았다. 그러나 장로의 지배에 대한 리버스 박사(Dr. Rivers)의 적절한 용어를 빌려 쓰자면, 이 장로통치(長老統治; gerontocracy)의 제한범위에서 흥미로운 차이가 있다.

디에리족(the Dieri)은 발견된 실례 가운데 아주 좋은 하나의 예이다. 제 몫을 할 수 있는 남자(full-fledged men) 즉 입단식을 거쳐서 성년의 지위를 정식으로 부여받은 남자들의 집회는 사실상 비밀단체(秘密團體; secret society)의 모습을 가지고 있었다. 어느 정도냐 하면 집회의 회의내용을 누설하면 사형(死刑)에 처해질 정도였다. 집회의 주된 의제는 마술사에 의한 살인사건, 근친상간규정의 위반, 제사의식의 준비 등이었다. 사람을 살해한 마술사를 죽이기 위하여 군대를 파견하고, 축제의 행사에서 첩을 재분배한 것도 이 단체였다. 외관상 어떠한 투표도 치러지지는 않았다. 즉 "만일 어느 안(案)에 대하여 전원이 일치이면 그로써 집회는 해산하고, 그렇지 않으면 다음 기회에 다시 소집하는 것이었다." 지금까지 우리가 다루었던 것은 단지 장로에 관한 것뿐이다. 그러나 그 절차는 평의회를 소집하고 회의를 진행하는 것은 우두머리가 이를 맡아서 처리했다. 1860년대까지만 해도 추장직(酋長職)은 아버지로부터 그 지위를 상속하는 한 사람의 잘리나-피라무라나(Jalina-piramurana)에게 속해 있었다. 그는 "설득력 있는 변술가(辯術家), 뛰어난 기술을 가진 용감한 투사, 그리고 유력한 주술사(呪術師)"로 묘사되곤 하였다. 또한 그는 일반적으로 존경을 받았고, 여러 곳의 지역단체로부터 상납을 받곤 하였는데, 상납받은 물품을 기꺼이 동료들에게 나누어주었다. 그는 싸움을 중지시킬 수도 있고, 만일 그가 어떠한 결정을 하면 별투정 없이 그대로 받아들여진다. 그의 형제를 포함하여 비록 장로라 하더라도 감히 누구든 그의 명령에 참견할 수 없었다. 요컨대 그는 비범한 인격에 의하여 절대적인 권력을 가지는 사람으로 여겨졌다. 잘리나-피라무라나는 그의 아버지를 능가하고 그의 후계자에 의해 확실히 필적할 정도로 중요하지는 않았다. 그렇지만 오스트레일리아의 이 지방에서 흔히 직무를 아버지로부터 아들에게로 물려주는 뛰어난 우두머리가 발생하는 경향이 있음은 주목할 만한 가치가 있는 사실이다.

이와 좀 다른 것은 아룬타족(the Arunta)이나 와라문가족(the Warramunga)과 같은 사람들이 살고 있는 중부지방의 상황이다. 이곳에서는 종족의 추장으로 간주되는 유일한 사람이란 없고, 또한 일반 장로회의(長老會議)와 같은 것도 없다. 하지만 각각의 지역적 토템집단이 1인의 수장을 가지는데, 수장의 직무는 아버지로부터 아들로 승계되는 것이다. 그리고 그 직무가 만일 전적으로 제사의식과 관련된 일이 아니라면, 이들 수장들로부터 통치단(統治團; governing board)의 구성원이 선발된다. 이것은 무엇보다도 가장 영향력이 있는 장로 중 극소수로 구성된 긴밀한 단체였다. 단체를 구성하는 인원수는 일정하지는 않지만 5인 내외였고, 10인 내지 12인 정도로 구성되는 것은 아주 이례적인 것이었다. 이 통치단은 아주 간편하게 소집되고, 의례적 연설을 하는 예도 없었다. 구성원들은 모두 각각의 토템집단의 수장이었지만, 만약 다른 집단의 수장이 그 재능이나 공공심(公共心)에 의하여 추천되면, 한 번은 통치단의 회의에 초청되어 그 토의에 참여할 수 있었다. 집정자(執政者; oligarchs)에 대하여는 모든 종족이 절대적으로 복종하였고, 집정자는 공적인 모든 사항을 완전히 통제한다. 이에 반하여 젊은 남자들은 성년인지의 여부와 관계없이 지도자인 장로(長老)에 대하여 최고의 경의를 표하면서 살아갔다.

북부 퀸즐랜드(North Queensland) 지방의 원주민은 그들의 진영평의회(陣營評議會; camp council)를 갖추고 있는데, 이것은 엄밀하게 말하면 아룬타형(the Arunta pattern)이나 디에리형(the Dieri pattern) 그 어느 것에도 속하지 않는 것이다. 진영평의회는 모든 중요한 장로들을 포함하여야 하기 때문에, 분명히 중앙 오스트레일리아인들의 조직보다는 좀더 큰 단체이다. 그러나 이들 가운데 최고 권력의 지위에 오른 유일한 사람은 없었다. 권력의 등차는 개인적 요인에 의존하였다. 즉 장로의 지위에 오르기 위해 여러 단계를 지나온 자, 투사의 기질이 있는 자, 복혼(複婚; plural marriage)에 의하여 많은 추종자를 거느리고 있는 자는 보통 이상의 권력을 행사할 수 있다. 논의의 본질은 디에리족(the Dieri)에서 언급한 것과 매우 유사하다. 즉 개전과 강화, 진영의 이동, 근친상간의 처벌, 부락 내에서의 분쟁의 제지 등의 문제가 모두 장로평의회의 관장사항에 속하였다. 하지만 영아살해나 음행녀의 상해와 같은 행위는 전적으로 개인적인 일로 여겨져 평의회도 이런 일에는 간섭하지 않는다.[58)]

58) Howitt: 295-326, especially 297 seq., 320 seq. Spencer and Gillen, 1904: 20-30. Roth, 1906: 5 seq.

제 2 절 폴리네시아 및 미크로네시아

폴리네시아인(the Polynesians)의 두드러진 특징은 가문(家門; pedigree)의 차이를 매우 중요시한다는 점이다. 그렇지만 가문을 중시하는 태도가 통치를 함에 있어서 최고의 귀족이 상대적으로 우위를 점한다고는 할 수 없다. 이것은 뉴질랜드(the New Zealand) 및 사모아섬(Samoa)의 예에서 아주 명확하게 입증된다. 아마도 이러한 상태는 다음에 살펴보는 바와 같이 나중에 발전된 것이라고 할 수 있을 것이다.

뉴질랜드인의 국가조직을 정확하고도 간명하게 정의하기는 쉽지 않다. 뉴질랜드에서는 최고의 군주가 지배한 광대한 왕국(王國)이란 존재하지 않았음은 명확하다. 그러나 이들 고귀한 혈통의 군주들이 합법적 권력을 한정시키는 것은 쉽지 않을 뿐만 아니라, 그는 수많은 종족들을 통솔하는 일정한 지역에서 끊임없이 벌어지는 전투에 관여하여야 하였다. 한편으로 우리는 장자상속을 통하여 왕관과 함께 제위를 물려받을 수 있었을 것이며, 왕관은 출생의 불가분적인 부속물이었음을 알게 된다. 국가의 핵심이 되는 지주계급(地主階級; landed gentry)은 백성을 이간시킬 정도로 소심하고 탐욕스러우며 무능한 왕자를 폐위시킬 수 있었다. 그리고 그들은 그에 갈음하여 왕족 중의 좀더 나은 자, 예를 들면 백숙부나 형제들 중에서 좀 나은 자를 선출할 수 있었다. 그러므로 어떠한 의미에서 왕자는 종족의 사람들 중에서 유일한 가장 뛰어난 자였던 것이다. 다른 한편 아주 심각한 과실에 의해 위상이 떨어지지만 않는다면, 그의 신앙적 인품은 그에게 경건한 분위기를 주었으며, 이러한 것은 확실하게 생활의 모든 면에 걸쳐 상당한 권위를 부여하였다. 왕자는 신의 매개자로서 전투에 앞서 전사를 뽑아 출정케 하고, 풍년을 기원하기도 하며, 제례(祭禮)를 총괄할 뿐만 아니라 재산분쟁시의 재판관이 되는가 하면 곡물재배의 작업을 지도하기도 하였다. 뿐만 아니라 가장 먼저 수확한 과실과 난파된 통나무배, 그리고 해안에서 잡아 올린 고래에 대한 소유권을 갖기도 하였다.

왕자나 귀족의 세속적 권력과 불가분적으로 결부되었던 것은 특히 금제

(禁制; taboo)를 부과하는 폴리네시아(Polynesia)의 특권이다. 이러한 제도는 어쩌면 그 일대의 어느 지방에서보다도 뉴질랜드에서 상당히 발달한 것이다. 여기서 우리가 유일하게 관심을 갖는 것은 그 정치적 문제와 관련된 것이기 때문에, 모든 그 복잡한 분파를 통하여 원주민의 관념을 따르는 것은 불가능한 것이다. 비록 실제 결과는 상당히 광범위하지만, 원칙은 매우 간단하다. 신의 은총인 성육신(成肉神; incarnation)이라는 특질을 가지는 귀족이나 추장은 자기의 신성성(神聖性)을 물체에도 옮길 수 있었는데, 이렇게 신성화된 물체는 누구나 범접할 수 있는 것이 아니라 계급이 특히 상위인 사람만이 근접할 수 있는 것이었다. 그는 강 위의 통행을 막을 수 있었고 혹은 어느 숲에의 접근을 금제함으로써 백성들에게 크나큰 곤란을 줄 수도 있었다. 이 경우 보통 한 다발의 누더기나 나뭇잎을 꿰던 장대를 그 곳에 세우거나 그럴싸한 고지판(告知板)을 붙였다. 금제를 범하는 것은 단순한 범죄에 그치는 것이 아니라, 금제를 범한 자는 질병에 걸리거나 죽음에 이르는 등 갖가지 신들의 노여움을 사게 되는 정신적 죄악으로 여겨졌다. 폴리네시아 이외에서도 오세아니아인들도 조금은 완화된 형태로 이러한 금제의 풍습을 실천하고 있다. 사유재산을 보호하기 위해 멜라네시아의 영혼단체(Melanesian Ghost Society)가 행하는 방법도 이 부류에 속하는 것이다. 또한 비록 뱅크스제도에서도 이를 위반하는 조직은 상당한 징벌(懲罰)을 받아야 했지만, 리버스 박사(Dr. Rivers)는 솔로몬군도(Solomons)에서 이와 똑같은 위반은 당연히 신에 의해 처벌되는 것으로 생각하였음을 알게 되었다. 이러한 믿음은 멜라네시아인과 폴리네시아인의 금제관념을 결합시키는 고리이기도 하다. 금제를 과하는 특권이 추장의 직위와 결부되어 있을 때, 그 소유자가 얼마나 놀라운 권력을 가지게 되는지는 설명할 필요가 없다. 하지만 뉴질랜드에서는 그러한 것들이 상당히 발전하였음에도 불구하고, 추장이 계속적인 지배를 할 수 없었던 것은 다소 주목할 만한 일이다.

사모아인(the Samoan)의 관행에서 중요한 점에 관해서는 한층 더 명백한 보고가 있다. 즉 전체 집단에 대한 명목상 지배자(名目的 支配者; nominal ruler)가 존재하였는데, 그는 5개의 선거지구(選擧地區; electoral districts)로부터 모든 제호(帝號; regal title)를 확보한 군주로, 그것들을 처분할 특권을 가졌다. 그러나 수많은 살인적 전쟁과 지역적 경계를 배타적으로 지키려는 점에서 알 수 있는 바와 같이 각각의 지구는 상당히 자치적이다. 각 지구 내에는 지배적 촌락이 하나 있고, 이 촌락이 지방의회(地方議會; local parliament)를 소집하였다. 의회구성원은 광장 안에 있는 행정원(行政院; executive session)에 모였고, 소집기간 중 모든 외부인(外部人; outsiders)은 광장출입이 금지되었으며, 이를 위반한 자는 사형에 처해지기도 하였다. 그 지방의 추장, 시골귀족 및 소지주는 여기에 참여하였으며, 이 지방의회는 입법권과 사법권을 가졌다. 각 촌락의 추장은 일어서서 발언할 수 있었지만 각각은 대변인인 지주계급 중의 한 사람이 이를 대신하였다. 의회연설권은 매우 중요하게 생각되었기 때문에 연설권을 가지는 모든 사람은 동시에 일어서 명예로운 첫 번째 연설을 누가 할 것인지 결정하기까지 장시간 다투곤 하였다. 연설이 허락된 연설자는 다시 예법상의 문제에 부딪치게 되는데, 무엇보다도 사모아제도(Samoa) 전 지구(地區; districts)의 모든 존칭을 암송해야 하고, 만일 그 하나라도 빠뜨리게 되면 그것은 치욕으로 여겨졌다. 연설이 시작되면, 연설자가 소속된 당파의 사람들은 그를 독려하고, 그의 기억을 되살리거나 논제에 대해 간섭하고, 만일 연설이 지루해지면, 연설자를 자리에 앉힐 권리가 있었다. 연설자는 다른 당파로부터 문제점이 제기되기 전까지는 아무런 간섭도 받지 않았지만, 문제가 제기되면 다른 당파의 발언자가 연설을 하고 토론도 할 수 있었다. 주변의 촌락에서 제공한 음식물은 소제연설(小題演說) 중에 분급되었고, 실제 종일 연설에 참여하지 않는 사람들은 야자섬유로 시네트(sinnet)를 짜느라 바빴다.

여러 지구(地區; districts)에 관련된 문제를 논의하는 경우에는, 제안을 한 그 지구의 지배촌락이 관계된 지구에 전령(傳令; messenger)을 보내어 의제로 되었음을 알려 주었다. 그렇게 되면 각 지구는 개별적으로 회의를 소집하여 지방의회의 필요에 걸맞는 준비를 하였다. 때로는 가장 영향력이 있는 촌락의 수장이 주변의 지구를 순회하면서, 정식의회에서 자기들의 의견이 관철될 수 있도록 의원들을 설득하기도 하였다. 중앙집권적 통치관념이 없었기 때문에 협력은 거의 이루어지지 않았고, 의회에서 결의된 사항은 대집단만을 구속하였다.

일반적으로 말하자면, 우위(優位; whip-hand)를 차지하는 것은 향사회의(鄕士會議; assembly of country squires)이고, 그들 가운데서도 연설자들이 가장 높은 지위를 점하였다. 그들의 영향력이라고 한다면, 가문에 의하여 자격이 부여된 사람 중에 특정인에게 그 지구장(地區長)의 직분을 수여할 수 있었다. 그리고 비록 특별히 추장의 직분을 수여받은 자들이 막강한 권력을 행사하더라도, 다른 가장(家長; head of family)의 지지를 받는 연설자를 지배할 수는 없는 것이 원칙이었다. 평판이 나쁜 추장들은 추방당할 뿐만 아니라 그 백성들한테서 두들겨 맞거나 때로는 살해되기까지 하였다. 마오리족(the Maori)의 제사장(祭司長; priest-chiefs)처럼 추장을 금제시하는 이들의 세습적 불가침권(世襲的 不可侵權; hereditary sacredness)은 이처럼 황당한 일이 일어나지 않도록 하였지만, 사모아인들의 묘책으로 똑같은 일이 일어났다. 즉 추장의 몸에 코코넛즙을 뿌려서 그를 욕되게 하는가 하면, 이전에 부여하였던 칭호를 정식으로 박탈하기도 하였다. 그리고 만일 추장을 버리기로 결정하였다면, 마음대로 그를 여러 토막으로 잘라 버리기도 하였다.

그러므로 마오리족(the Maori)과 사모아인(Samoans)의 정치체제는 자기들이 뽑은 주권자(主權者; ruler)에게 지배권을 인정하는 귀족국가이기는 하였지만, 충성(忠誠; allegiance)이라는 것은 없었으며 통치상의 결정권 역시 자기들에게 유보시키고 있었다. 이러한 정치체제는 하와이(Hawaii)나 마셜군도(Marshall Islands)에서 시행되고 있는 제도와는 전혀 다른 것이다. 하와이와 마셜군도에서 대다수 인구는 땅을 소유한 신사들이 아니라, 이전에 상위사백인회(上位四百人會; upper Four Hundred)가 선택한 계급인 아첨하는 타락한 농노(農奴; serfs)였다. 하와이에서 귀족계급이 중요한 결의에 영향력을 미쳤다는 증거도 있지만, 전제군주제(專制君主制; monarchical despotism)로서의 경향이 명백하게 보여졌다. 마셜군도의 사회계급제도에 관하여는 이미 재산소유권과 관련하여 언급하였다. 귀족계급은 중간계급(中間階級; middle class)과 일반민중(一般民衆; common herd)과는 확실하게 구분되는 것이었음은 이미 밝힌 바이다. 중간계급에는 항해전문가(航海專門家; expert navigator)나 노역(勞役)이 중요시되는 특별한 직업인이 속했다. 이들이 하는 말은 법률상 효력이 있는 것은 아니지만, 그들은 귀족과 같은 존경을 받았고, 지주로서 토지를 소유할 수도 있었다. 귀족은 상위귀족계급과 하위귀족계급으로 구분되었으며, 양자는 마찬가지로 완전한 세습지(世襲地; hereditary soil)의 소유자였다. 또한 소추장(小酋長)은 대추장(大酋長)에게 종속되기는 하였지만, 그

충성은 자발적인 것이었고, 양자 사이에 심각한 오해가 발생한 경우에는 전혀 관계없는 사이로 되어 버리기도 하였다. 두 귀족계급과 더불어 평민(平民; commoners)은 추장들의 토지를 경작하고 여러 가지 궂은 일을 도맡아 하는 천민(賤民; pariahs)의 집단이다. 추장들은 백성의 지지를 받을 뿐만 아니라 그들의 아내들과 딸을 이용하는가 하면 어떤 때는 제멋대로 평민을 죽일 수도 있었다. 이러한 관계는 의심 없이 오래도록 지속되면서, 피지배계급의 마음속에 노예근성이 생기도록 하였다. 1905년 즈음까지도 엘드란드 신부(Father Erdland)는 평민들이 기꺼이 자기의 목숨을 걸고 폭풍 때문에 넘어가는 추장 집의 담을 떠받치고 있는 것을 본 적이 있었다. 같은 해에 천재(天災)로 말미암아 먹고살기도 힘들게 된 어느 늙은 어부는 해마다 바치는 공물과 그의 주인의 금궤를 채워주기 위해서 선교사로부터 돈을 빌렸다. 식민지 정부도 할 수 있는 한 그 탄원자(歎願者; supplicant)를 보호하려 하였고, 엘드란드 신부도 추장과 함께 변호하여 빚을 경감할 수 있도록 하려 하였다. 하지만 이 늙은 평민은 그가 빌린 돈을 모두 갚을 때까지 마음이 편치 않을 것이라 하고, 목숨이 붙어 있는 한 그 은인에게 물고기를 대주겠다고 맹세까지 하였다. 변화하는 사회상황에 자연히 적응하는 것은 그리 쉽지 않다. 마셜군도의 원주민들은 새로운 동료들과 함께 그들의 운명을 즐기며 같이하려 하지 않고, 여전히 출신계급에 의존하는 계급의식이 강한 자들인 채로 남아 있던 것이다. 이러한 심리상태는 우리 문명사회에서의 가난한 신사들(impoverished gentlemen)의 그것과 크게 다르지 않다.

폴리네시아(Polynesia)와 미크로네시아(Micronesia)의 전체에 많은 지역적 변화와 뒤섞여 있는 사회적 및 통치적 관념은 복잡한 역사를 가지고 있다. 따라서 그것을 상세하게 밝히기에는 많은 노력이 필요하지만, 대체적인 발달경로는 바이츠(Waitz)와 게르란트(Gerland)가 가장 그럴 듯하게 이를 조사해 냈다. 초기 여행가들의 관찰이나 옛날 사회에 관한 원주민의 전설은 아주 최근까지도 찾아볼 수 있는 하와이의 제도가 수세기 이전에는 이미 전 지역에 유포되어 있었음을 알 수 있다. 이것은 귀족은 신의 자손이고, 이러한 것이 자연스럽게 신성한 지배권으로 뒤바뀜에 따라 귀납적으로 생겨난 결론이기도 하다. 이와 같은 견해에서 본다면, 예절이나 가문에 관해 마오리족이나 사모아인이 격식을 따지는 것은 계급에 있어서 차별이 거의 문제시되지 않았을 뿐만 아니라 통치권에 있어서 차별을 포함하고 있었던 지난 시대의 흐름이다. 이렇게까지 계급간의 차별을 엄격하게 강조하고, 지나치게 금제사상(禁制思想; theory of taboo)을 정교히 하기까지는 오랜 발달이 필요하였을 것임은 두말할 필요도 없다. 그러나 폴리네시아인 철학자나 정치가의 귀족적 신권관념(貴族的 神權觀念)에 앞서서 어떠한 관념이 있었는지는 역사적 검토를 거치지 않을 수 없다. 다만 우리는 오세아니아에 남아 있는 사람들 사이에서 옛날과 같은 상황이 단순히 남아 있을 뿐이라고 추측할 수 있을 따름이다.[59)]

제 3 절 멜라네시아와 뉴기니

폴리네시아(Polynesia)의 영향하에 있는 멜라네시아(Melanesia)의 몇몇 지역 중 특히 뉴칼레도니아(New Caledonia) 및 피지(Fiji)의 여러 지역에서는 추장신권론(酋長神權論; theory of divine princes)이 존재하였지만, 어디서나 추장의 지위는 극히 평범하다. 실제로 가젤반도(Gazelle Peninsula)의 바이닝족(the Baining)은 추장이 존재하지 않는다. 용감한 전사(戰士)는 높은 지위와 '영웅(英雄; hero)'이라는 칭호를 얻고, 그 용감한 행위가 계속되는 한, 남성단체의 핵심인물(核心人物)이 된다. 마찬가지로 뱅크스제도에도 진정한 추장은 존재하지 않았는데, 왜냐하면 추장이라고도 해석될 수 있는 칭호가 남자조직의 가장 높은 등급에 속하는 소속권(所屬權; membership)과 불가분적인 것으로 되어 있기 때문이다. 재력(財力; wealth)을 바탕으로 가장 높은 등급에 이를 수 있었으며, 따라서 그러한 의미에서 부호통치(富豪統治; plutocratic government)가 존재한다고 할 수 있다. 그러나 지배적 통치단체가 유일하게 단 하나만 있는 것은 아니었고, 최고 등급에 이르는 남자가 국왕보다 그 공동체에서 더 높은 존경을 받았고, 다수의 영혼단체(靈魂團

59) Rivers, 1914 (b): II, 409. Tregear: 123, 150, 192. Stair: 65-91, 128. Erdland: 99-113. Waitz and Gerland: 165-222, 343 seq.

體; Ghost societies)가 상당한 권력을 행사하고 있다는 것은 분명하다.

솔로몬군도(Solomon Islands)의 부인족(the Buin)은 좀더 복잡한 제도를 가졌다. 이곳에는 3등급의 추장(酋長; Chief) 즉 소추장(小酋長; lesser chiefs), 백인추장(百人酋長; hundred chiefs) 및 대추장(大酋長; great chiefs)이 있다. 소추장은 대체로 영향력이 있는 가장(家長)과 다를 바 없다. 여러 개의 나무 북이 있는 회당(會堂)을 짓고 그 안에서 연회를 베풀 정도로 많은 조가비 화폐(shell-money)를 가지고 있으면 누구나 소추장이 될 수 있다. '백인추장'이란 반드시 100명 이상의 부하를 거느린 지도자를 의미하는 것은 아니다. 실제 그 휘하에 있는 부하의 수가 때로는 노복(奴僕)을 포함하여 60명에 지나지 않는 경우도 있다. 보통 이들 추장들은 서로 동맹관계에 있다. 대추장은 일정한 명문가(名文家) 출신만이 할 수 있는 것으로, 언제나 여러 지구의 백인추장이나 소추장과 결속관계에 있다. 실제로 이들의 권력은 이러한 동맹관계에 의존한다. 3등급의 추장직은 모두 상속이 가능하였지만, 직책은 오로지 추장직을 점하고자 하는 사람이 회당을 짓고, 그 이웃사람들을 초대하여야만 허락되는 것으로, 그의 초청에 응하는 것이 바로 그의 지배를 인정하는 셈이다. 이와 같이 추장직은 분명히 세습적 요소와 금권정치적 요소(金權政治的 要素; timocratic element)가 결부된 것이다. 회당은 남성단체의 집회소이고, 회의실이자 의식장소였으며, 보통 여자들은 그곳에 출입할 수 없었다.

소년들의 그 부족(部族; tribe) 가입시 치러지는 의식을 통하여 동맹이 비준된다. 소년의 아버지는 어느 한 추장의 지지를 약속하거나, 또는 자기가 과거에 추장을 위하여 한 업적을 내세우면서, 그에 갈음하여 들어온 신참자(新參者)를 보호해 줄 것을 부탁한다. 경우에 따라서는 선물(膳物; gifts)을 교환하기도 하고, 다른 추장에게 선물을 보냄으로써 동맹의 범위를 넓힐 수도 있다. 이러한 방법으로 동맹을 체결하는 모든 동맹자들은 피의 복수(blood-feud)라는 의무를 부담한다. 그러나 이러한 유대는 극히 개인적인 것이다. 즉 동맹자의 자식들이 이러한 동맹을 승계할 수 없었다. 왜냐하면 동맹관계를 계속 유지하기 위해서는 똑같은 의식을 치르지 않으면 안 되었기 때문이다. 대추장은 그 동맹자의 수가 많기 때문에 전시에는 상당히 유리할 수 있지만, 그 인격에 의거한 것 이외의 권한은 갖지 못한다. 추장은 동맹자의 사생활에 간섭하지 말아야 하고, 그 어느 누구에게도 명령에 복종할 것을 강요할 수 없다. 만일 동맹자들 중 한 사람이 언짢아서 회당에 나오지 않으면, 추장은 선물을 보내어 그를 회유하려고 노력한다. 그렇게 하지 않으면, 심기가 불편한 용사는 어쩌면 그의 지역을 떠나 다른 추장과 결연하고, 이는 결국 그의 고향의 병력을 감소시킬 수 있기 때문이다. 한편 종족의 법을 위반한 이단자(異端者; miscreant)는 추방시키기도 하였다.

뉴기니(New Guinea)에서의 추장의 역할도 마찬가지로 평범한 것이다. 카이족(the Kai)의 추장은 가장 넓은 평야를 가지고 있었지만, 추장은 그의 촌락을 방문하는 모든 손님들을 접대하여야 하고, 촌락민 모두를 먹여 살려야 했다. 그는 마을에서 가장 부자(富者)이고, 그의 조력자(助力者)에게는 담배와 빈랑(檳榔) 나무의 열매(betel-nuts)를 후하게 대주고, 그들을 위하여 돼지를 잡는다든지 그 밖의 맛있는 음식으로 그들을 대접하여야 했다. 추장은 조력자들에게 일반적인 지지를 구하는 이외에는 어떠한 권력도 가지고 있지 않았다. 모든 종족원은 자기가 올바르다고 생각하는 대로 행동하고, 추장은 그들을 강제할 아무런 방법도 갖지 못했다. 쟈빔족(the Jabim) 사이에서도 비슷한 상황이 보여진다. 모두 추장이 집을 짓거나 전답을 경작하는 것을 도와준다. 그렇지만 그들이 일한 대가로 커다란 대접이 있으리라고 생각하는 것이 보통이다. 일반적인 의회는 없지만, 중요한 일이 있는 경우에는 두세 명의 유력자(有力者)가 참여하는 평의회(評議會)가 열리고, 아주 조심스러운 목소리로 의사가 진행된다. 찬부(贊否)의 토론은 없고, 미개종족(未開種族; ruder people)의 보편적 관습과 마찬가지로 표결도 하지 않는다. "당신이 말했으니 나도 그대로 하겠습니다(Thou hast spoken, and thus it shall be)."라는 다른 사람의 뜻에 따르겠다는 판에 박힌 말이 있을 뿐이다.60)

60) Thurnwald, 1912: 314-326; id., 1910: 9-15. Keysser: 100. Zahn: 308.

제 4 절 아프리카

아프리카의 정치제도(政治制度; political institutions)는 특별한 관심이 간다. 이곳에서 찾아볼 수 있는 사회적 등급(社會的 等級; social gradations)의 특징과 이에 상응하는 폴리네시아(Polynesia) 특징간의 일정한 차이점은 전술한 이전의 장에서 지적한 바 있다. 아프리카나 어쩌면 고대 폴리네시아에서조차도 전제군주제(專制君主制; despotic monarchs)가 있었음에도 불구하고, 정치적으로 이에 버금가는 주목할 만한 가치가 있는 차이점이 있다는 것을 주의해 보지 않으면 안된다. 첫째로 니그로족(the Negro)의 통치자는 그 영지(領地)를 때로는 광대한 지역으로까지 넓혔기 때문에, 하와이(Hawaii)나 타이티(Tahiti)의 대군주(大君主; exalted sovereigns)는 이에 비하면 소공자(小公子)로밖에 보이지 않는다. 이것은 지리적 상황으로밖에는 설명할 수가 없다. 왜냐하면 폴리네시아인은 뛰어난 항해민족(航海民族)이어서 어렵지 않게 해상제국(海上帝國; maritime empire)을 세울 수 있었기 때문이다. 그러나 강한 지방분권적인 경향은 모든 이들의 발전을 방해하였다. 지리적인 장벽이 거의 없었던 뉴질랜드에서 수십 종족을 그의 영역 아래 통일시킨 강력한 군주가 존재하였음을 입증할만한 증거가 없다는 사실은 특히 주목할 만하다. 둘째로 아프리카에서의 정치적 행보는 오세아니아보다 변동이 훨씬 심했던 것 같다. 바이츠(Waitz)와 게르란트(Gerland)의 학설을 받아들인다면, 폴리네시아에서 땅을 소유한 신사들의 거대한 조직체는 그들이 가지는 정치적 권력을 점차로 증대시키려고 하였던 것은 일반적인 경향이다. 니그로족의 끊임없는 군주제(君主制) — 비록 이것은 장로나 기타 관리의 세력에 의하여 그 자격이 주어지는 것이기는 하지만 — 로의 노력은 계속하여 영향력이 있는 인물이 절대적인 전제군주가 될 수 있게 해 주었던 것이다. 그렇지만 개인적인 노력에 의해 형성된 체제는 이를 수호하려는 자가 점차 감소함에 따라 완전히 붕괴해 버리기도 하고, 왕좌(王座) 뒤에서 그 실권을 휘두르는 다양한 관료제와 더불어 단순한 독재군주제(獨裁君主制)로 추락하여 버리기도 하였다.

통가족(the Thonga)과 줄루족(the Zulu)은 특히 아프리카의 정치적 역사를 아주 잘 설명해 주는 사례로 제시되고, 따라서 우리의 설명에서도 상당한 위치를 차지할 만큼의 가치가 있다.

통가족의 영토는 상당히 많은 소공국(小公國; petty principalities)으로 나뉘어져 있으며, 정치적으로도 서로 독립되어 있지만, 언어나 관습은 거의 일치한다. 각각의 소공국에서는 바로 앞전의 군주의 왕비(반드시 첫 번째 왕비가 아니라, 그의 즉위 후 첫째왕비를 말한다)가 낳은 장남인 세습군주(世襲君主)가 지배권을 장악한다. 그의 직위에는 신성한 분위기가 덧붙여진다. 오로지 그만이 "바이에테!(Bayete!)"라는 구령을 부치는 경례를 받을 권리가 있으며, 선서를 하는 경우를 제외하고는 그의 이름이 불리는 것은 금제시된다. 그는 첫 수확한 과일의 제사의식에서 우선권을 가지므로, 신에게 그것들을 바친 뒤에 가장 먼저 맛을 본다. 무엇보다도 마력으로 국가를 엄호하는 강력한 주문(呪文; charm)을 가지고 있다. 국왕은 현물로 공납할 것을 요구한다. 즉 수확기에는 각각의 촌락으로부터 먹을 양식 한 바구니를, 그리고 수렵에서 잡힌 사냥동물을 받는다. 그 신하들은 국왕의 전답을 경작하여야 하고, 국왕의 광장을 청소하여야 하며, 국왕의 집을 짓거나 수선하여야 한다. 마지막으로 법정(法廷)에서 그가 부과한 벌금(罰金; fines) 대부분을 자기의 것으로 삼아 버리기도 한다. 이는 입법권(立法權)이나 사법권(司法權), 그리고 행정권(行政權)까지 모두 국왕의 일신(一身)에 속해 있기 때문이며, 또한 국왕이 내린 판결에 대하여는 항소할 수 없기 때문이다.

비록 국왕이 크나큰 특권을 가질 뿐만 아니라 막대한 권력을 행사한다 하더라도, 우리는 이들을 절대적 전제군주(絶對的 專制君主; absolute autocrat)라고 부를 수는 없다. 왜냐하면 그의 행동이 일반적인 예의범절의 표준에 반한다면, 백성들한테서 심한 비난을 받게 되고, 심지어 폐위(廢位)를 당할 수도 있기 때문이다. 둘째로 그의 실권(實權)은 가족들과 함께 행사하도록 나뉜다. 확립된 통치체제에 의하면 왕족(아들이나 형제들)은 그 나라의 여러 영역을 지배할 수 있다. 새로운 군주가 즉위하여도 그의 종주권(宗主權; suzerainty)을 인정하지 않으려 한다. 또한 왕족들이 독립적인 공국(公國)을 세우려고 하는 경우도 상당히 되풀이되고 있다. 마지막으로 국왕은 평의회의 의원들의 집단에 의하여 둘러싸여 있는데, 왕족 가운데 대부분의 성인남자들은 국왕에게 상당한 영향력을 행사하기도 한다. 상당수의 결의가 이 평의회에서 이루어진다고 말할 수 있는 것은 국왕이 회의를 주재하고, 대개 토론에는 참여하지 않지만 그래도 고개를 끄덕여서 동의를 표하기는 하기 때문이다.

왕족간의 다툼은 통치구역을 다스리는 방법에서뿐만 아니라 왕위계승의 규정에 의해서도 생겨난다. 왜냐하면 왕위계승규정은 장자상속(長子相續)과 형제상속(兄弟相續)이라는 전혀 다른 원칙을 조화시키려고 하기 때문이다. 사실 첫째 왕비의 장남이 이론상 법정추정상속인(法定推定相續人; heir-apparent)이지만, 그는 아버지의 막내형제의 섭정이 끝난 후가 아니면 등극할 수가 없다. 물론 이들은 실질적으로 국왕이기는 하지만, 그 중 한 사람은 흔히 형의 혈통에 주권(主權)을 넘겨주는 것을 싫어하여, 그것을 자기의 아들에게 넘겨주려고 한다. 이러한 태도는 심각한 가족쟁투를 발생시켰으며, 남자들은 서로 보르자(Borgia)처럼 냉혹하게라도 아주 가까운 잠재적 경쟁자(競爭者; rivals)를 없애버리려고 시도한다. 그렇지만 이러한 사태의 결과는 적지 않은 권력을 민중에게 넘겨주곤 한다. 왜냐하면 어느 경쟁자나 목적을 달성하려면, 전사들의 응원이 필요하기 때문이다.

통가족의 왕(Thonga Kings)은 다른 아프리카의 여러 통치자에 비하여 거의 허식이 없다. 통가족의 왕은 신하들과 비슷한 의복을 착용하며, 때로는 평민이 사는 촌락보다 크지 않은 곳에서 살기도 하고, 또한 전답(田畓; plantation)에서 참새 떼를 내쫓는 일을 하며 지내기도 했다. 그렇지만 각각의 통치자는 아프리카 특유의 위엄을 갖춘 조정에서 그의 신하들에 의해 에워싸여 있다.

평의원(評議員; councilors)에 관하여는 이미 말한 바 있다. 이외에도 왕족(王族; king's kinsmen)이나 군대의 지휘관이나 외교관 — 이들은 각각 인접해 있는 여러 공국(公國) 중의 하나를 자기의 특별한 신하로 삼고 있다 —, 그리고 소지구의 행정장관(minor district magistrates)으로 구성된 내각(內閣; cabinet)이 있다. 또 다른 하나의 특별한 조신(朝臣; courtier)의 집단은 왕의 개인적 친구나 동년배들, 아니면 축제나 수렵시의 동반자로 구성된다. 이들은 보통 왕의 저택 근처에 있는 독신자숙소에서 생활한다. 이들 총신(寵臣)들은 특별한 임무를 지지는 않지만, 전령관(傳令官; herald)은 특별한 지위에 있다. 전령관의 의무는 매일 아침 왕의 방문 앞에 와서, 선조들의 공훈(功勳; exploits)을 보고한 뒤, 현 재직자들을 단호히 비방하기도 한다. 전령자의 직무조건은 유일하게 달변(達辯;

eloquence)이며, 어떠한 특징이 있는지는 한 유명한 전령관이 지은 긴 서사시(敍事詩; rhapsody) 중 특별한 두세 문구(文句)에서 추측해 볼 수 있다. 즉, "물라바 실루바네(Muhlaba Shiluvane; 왕의 아버지)여, 당신은 사람을 덮친 코뿔소처럼, 사람을 잡아서 완전히 물어뜯고, 이리저리 굴리다가 두 토막으로 잘라 버리는구려! 당신은 물 속에 살면서 사람을 물어뜯기도 하는 악어와 같구려! 당신은 악어의 발톱과 같이 인간의 손과 발을 붙잡아 저녁녘에 먹기 위하여 깊은 연못에 끌어 쳐넣고 다른 악어가 빼앗아 가는 것을 막기 위해 그 입구를 지키는 악어 같구려……"

"어째서 당신은 그들을 그다지도 온순하게 다루는 것인가! 분노 어린 눈으로 그들을 쳐다보시오! 당신은 겁쟁이요!…… 용기 있는 행동으로 당신 자신을 방어하세요!"

적어도 이와 마찬가지로 주목할 만한 또 한 사람은 "공인된 비판자(the public vituperator)"나 궁정의 어릿광대이다. 그들은 위로는 국왕으로부터 나라 안의 그 어느 누구에게라도 가장 공격적인 비난을 퍼부을 수가 있었다. 그는 제멋대로 촌민을 근친상간(近親相姦; incest)을 한다고 비난하거나, 심지어 국왕의 수중에서 음식물을 낚아챌 수도 있다.

자세한 궁전예법(宮殿禮法)은 손님의 방문과 관련된 여러 가지 풍습에서 잘 나타나 있다. 방문객은 중심지의 중앙광장의 외곽에 자리를 잡고, 어떤 원주민에게 국왕을 만나고 싶다는 뜻을 알린다. 그렇게 되면 곧 그 방문객의 공국과의 관계를 담당하는 외교관이 그에게 인사를 하고, 왕에게 그의 도착을 알리며, 왕은 그를 접대할 준비를 한다. 왕에게 알려야 할 다소 중요한 사안에 대해서 방문객은 외국과의 일을 담당하는 외교관에게 그 사실을 설명한다. 외교관은 평의원 중 한 사람에게 이 말을 조목조목 그대로 전해주고, 그 뒤 당해 평의원이 통치자가 지금까지는 그에 관하여 전혀 들은 바가 없는 것처럼 모든 사항을 자세히 얘기해 준다. 쥬노(Junod)가 지적한 바와 같이 이러한 절차는 문서를 기록할 수 없었던 종족에게 있어서는 상당히 중요한 것이다.

줄루족(the Zulu)은 통가(Thonga)의 남쪽에 살고 있는 종족들과 매우 가까운 관계에 있다. 많은 민속학적인 자료에 의거해 보면, 예를 들어 1세기 반 이전의 그들의 상태는 현저하게 그 북부 반투족(the Bantu)의 동족(同族)의 상태와 비슷하다는 것은 너무도 명백하다. 19세기 초 그들은 이웃 종족의 통치자(統治者)인 딩기스와요(Dingiswayo)의 지배하에 들어가게 되었다. 딩기스와요는 상비군(常備軍; standing army)을 조직하고, 그들의 도움에 의하여 여러 원주민 부족을 정복하였을 뿐만 아니라 예전에는 찾아볼 수 없었던 권력을 가지는 전제군주(專制君主; autocrat)의 위상을 확립하였다. 그렇지만 그는 줄루족의 왕 챠카(Chaka)에 의하여 축출되고 말았다. 챠카는 딩기스와요 체제에서 구축된 군사적 시설을 한층 진보시켜 더 강력한 군국주의의 체제로 발전시키고, 광범위한 정복으로 "남아프리카의 나폴레옹(Napoleon of South Africa)"이라는 칭호를 얻기까지 하였다. 하지만 탕가니카 호수(Lake Tanganyika)처럼 먼 북쪽까지의 무리한 영토확장은 내분을 발생시켰다. 챠카는 두 가지의 근본적인 혁신을 실시하였다. 하나는 지금까지도 백병전(白兵戰)에서 흔히 사용하는 갈대 창(reed javelins) 대신에 찌르는 창(thrusting-spear)을 사용하게 하였고, 이로 인한 급습공격(急襲攻擊; shock tactics)은 막아내기 어려운 것이었다. 두 번째로 그는 정복한 종족들을 결속시켜 군대의 강화를 가져왔다. 특히 정복된 민족이 가까운 이웃이 아니라면, 거의 모든 소년과 혼인적령기의 소녀들은 죽임을 당했다. 반면 생존자들은 그의 이전의 신민들과 동일한 수순에 놓였다. 즉 소녀들은 그의 후궁(後宮; seraglio)이 되고, 소년은 그의 병사가 되었다.

이러한 방법으로 챠카(Chaka)는 1만 2천명 내지 1만 5천명의 병력으로 구성된 상비군을 유지·존속시켰다. 이 중 6백 명 내지 천명으로 짜여진 각 연대(聯隊)는 각각의 영지(營地; kraal)나 병사(兵舍)를 가지고 있었다. 청년이라면 누구든지 입영을 지원할 수 있기 때문에, 매년 새로운 영지가 조성되었다. 고참(古參)은 흰색의 창을, 신참(新參)은 검은 색의 창을 가짐으로써 서로 구별되었다. 전쟁에서 병사들이 공훈을 세우면 바로 왕의 훈령으로 머리를 밀고, 직업적으로 '사병(士兵)'의 지위를 얻었다. 그러나 이러한 것들이 그들로 하여금 혼인을 하여 가정을 꾸릴 수 있도록 해 주지는 않았다. 병사들은 법적인 혼인이라는 의미에서 여전히 독신자였다. 그렇지만 영지 근처에 있는 민가의 여자들과 사랑을 나누는 등의 일에 대해서는 아무런 제한을 받지 않았다. 병사가 혼인을 하려면 국왕의 윤허를 얻어야 했다. 이는 특별한 노무의 제공 및 연령상으로는 무자격인 것으로 밝혀진 때에 한하여, 개인 각각에 대해서든지 크게는 연대 전체에 대하여 주어졌다. 혼인한 남자들은 사회적 신분이 낮아지고, 왕군(王軍; royal host)의 예비병으로 되었다. 국왕은 병사들을 먹여 살렸으며, 하루에 한 병영(兵營; barrack)당 12마리의 소가 지급되었다. 병사가 되면 경제적 곤궁으로부터 벗어나게 되고, 약탈물을 나누어 가질 수 있으며, 용사로서 사회적 구별을 받게 되는데, 이는 압제적으로 형성되고 이끌어지는 혹독한 체제에 대한 보상이었다. 그렇지만 줄루족의 군대생활은 이처럼 좋은 것만은 아니었다. 아무리 지나친 명령이라도 복종할 수밖에 없었고, 고통스럽더라도 거역하지 말고 견뎌내야 했으며, 적 앞에서 도망친 사람은 사형에 처해졌다. 뿐만 아니라 모든 전쟁 뒤에는 파괴정책(破壞政策; policy of terrorism)에 따라 사관들은 학살을 하든 하지 않든 간에 비겁한 학살자가 되고 만다.

챠카(Chaka)는 그의 명령을 따를 준비가 된 이러한 군대를 등에 업고, 딩기스와요(Dingiswayo)의 전제를 무색케 할 정도의 전제정치(專制政治; despotism)를 발전시켰다. 신하들은 사실상 그의 노예이고, 그의 머리를 끄덕이는 것만으로도 죽임을 당했다. 챠카의 신하들은 누구에게도 봉사하려고 하지 않았고 그 자신은 백인들과의 독점거래를 하였다. 챠카는 자기의 조언자(助言者; advisers)로서 그 자신의 영지를 감찰하는 2명의 주된 각료(閣僚; ministers)와 20명 정도의 소평의원 집단을 거느리고 있었다. 물론 권력의 중심에 있는 통치자는 그들의 반대를 무시할 수 있었음은 명백한 사실이다. 챠카가 이루어낸 전제군주제(專制君主制)는 그 자체가 분열의 조짐을 가지고 있었다. 차카의 전제군주제가 성공을 거두기 위해서는 남성다운 인격, 더 나아가 사나운 인격이 필요했다. 통치형태 그 자체는 전혀 안정성을 갖추지 못하였다. 이는 피터 대제(Peter the Great)나 니콜라스(Nicholas) 같은 사람이 러시아의 독재자인지 아닌지가 차이가 있듯이 남아프리카에서도 챠카나 딩가안(Dingaan)이 지배하는지 아닌지에 따라 다르다. 그리고 나약한 후계자 아래에서는 왕권은 힘없이 무너지고 말았다. 챠카가 군대를 지배하고 있는 동안, 전사들은 딩가안을 지배하였는데, 그는 왕권의 유지라기보다는 외관만을 보호하려는 것이 되었다.

이와 같이 100년도 안 되는 짧은 기간 내에 줄루족(Zulu)의 통치구조의 변화는 아프리카의 상황을 전형적인 모습 그대로 보여 주는 것이다. 우여곡절의 어려움도 있었지만, 통치자의 인정주의(仁政主義) 위에 세워진 소국가(小國家)가 그다지 두드러지지 않은 지역에서는 전제군주가 나타나서 군대를 조직하고, 무력으로 이웃의 여러 거주민들을 자신의 지배하에 복속시켜, 그 스스로가 절대적 전제군주가 되었다. 그렇지만 그의 노력에 의하여 세워진 왕국이 그 다음의 대에는 그 후손에 의하여 유지되지 못하고, 다시 과거와 같은 형태의 가장적 통치자(家長的 統治者; patriarchal sovereigns)가 지배하는 소단위로 나뉘어지곤 한다.

에웨족(the Ewe)의 국가와 이와 관련 있는 다오미지방(Dahomi)의 주민과 비교해 본다면, 수단 니그로족(the Sudanese Negroes) 사이에서도 우리가 바로 남동부의 반투족(the southeastern Bantu)에게서 찾아냈던 것과 같은 관계가 존재하고 있음을 알게 된다.

호-에웨 족(the Ho-Ewe)의 통치자는 통가족(the Thonga)의 왕보다도 전제군주의 지위에서 벗어나 있다. 왕위계승(王位繼承)의 결정에는 상속의 요소가 깃들어 있지만, 왕은 다수의 후보자 중에서 가능성이 있는 자로 선정한다. 왕좌에 오르고자 하는 이들은 유력한 선거인들을 선물로 회유하려고 하였지만, 후보자의 인물됨을 상당히 고려하기 때문에, 그 선물이 결정적인 영향을 미치지는 못하였다. 추장들은 그들이 선택한 사람을 왕으로 지명하고, 민중이 그 지명을 비준한다. 뒤이어 추장들 및 평민을 대표하는 제한된 단체가 참여한 가운데 정식 즉위식이 거행된다. 왜냐하면 일반 민중들은 왕좌(王座)나 기타 왕권의 상징물을 볼 수 없었기 때문이다. 왕이 선출되는 것과 마찬가지로 또한 폐위될 수도 있다. 그러나 폐위는 극히 예외적이었고, 통치자가 종족의 안녕을 크게 해친 경우에 한하여 가능한 것이었다. 이상적인 왕은 항상 친절하고, 그 신하들을 극진하게 대접한다. 법정에서 쓰디쓴 불리한 판결이라 하더라도 친절한 문구로 유화시켜 말한다. 그리고 개인적인 생활에 있어서 곡물을 부지런히 재배하거나 면포를 짜기도 한다.

핵심적인 통치기구는 국왕과 대변자 1명 및 대리인들로부터 원조를 받는 2명의 지방추장(地方酋長; local chiefs)으로 구성된다. 이 밖에 가장 거대한 가문의 가장들 가운데 선출된 평의원의 집단이 있다. 하지만 다소 귀족적인 이 단체에 대항하는 집단은 가장과 그 대변인에 의해 지배되는 촌락공동체의 군졸이다. 이 가장은 전투시의 지도자이고, 일반 민중들과 추장 사이에서 매개역할을 담당한다. 민중은 통치기구의 명령에 항의할 수 있는 권리를 가지며, 반대 의견은 그들의 우두머리를 통하여 평의회에 전달되는데, 평의원들은 그들의 희망사항을 적절히 참고하기 위해 특별히 주의를 기울인다. 그리고 특별히 어려운 때에는 국왕이 일반의회(一般議會; popular assembly)를 소집한다.

비록 왕의 권력이 아주 많이 제한되어 있기는 하였지만, 왕으로서의 외면적 상징이 전혀 없었던 것은 아니다. 왕좌는 일반인의 눈에 띄지 않아야 함은 이미 언급한 바이다. 보다 중요한 것은 때때로 24명이나 되는 자들의 개인적 수행제도이다. 이들 가운데 몇몇은 법정으로 사람을 소환하는 정리(廷吏)이고, 나머지는 왕이 탄 가교(駕轎)를 메고 다니는 사람들이다. 그들이 공적인 일을 행할 때는 그가 가는 길에 누군가 있으면 채찍질을 할 수도 있고, 양이나 염소가 보이면 죽이거나 먹을 수도 있었다. 그들은 정규적인 급여를 받지는 않지만, 임시수당(臨時手當; perquisites)으로 재판수수료(裁判手數料; court fees)의 대부분을 충당한다. 따라서 벌금을 많이 부과하면, 그것은 곧 그들의 이익이 되었고, 또한 그것이 낭비의 밑천이 되었음은 자명한 것이다.

가장 엄격하게 지켜지고 그에 위반하게 되면 상당히 중한 처벌을 받게 되는 법령은 국왕의 특별명령(特別命令; special decrees)이 아니라 아주 오래 전부터 지켜온 관습법, 예를 들면 살인이나 절도와 관련된 법령들이다. 주로 입법평의회(立法評議會; legislative council)에서는 단지 이러한 관습법보다는 덜 중요한 법령을 추가함에 지나지 않았다. 이러한 법령들은 우선 추장평의회(酋長評議會; chief's council)에서 논의가 된 이후, 촌락공동회(村落共同會; village assembly)에 제출되는데, 촌락공동회의 구성원들은 추장과 함께 그 일을 협의하기 전에 그 동료들끼리 먼저 그 사항을 토의한다. 쌍방의 회의에서 일치가 있는 경우에 비로소 그 법률이 비준되고, 백성들에게 공포하게 되어 있다.

해안지방의 에웨족(the Coastal Ewe)은 평민이 통치에 관하여 발언권을 가지지 못했던 점에서 그와 동류족인 호족(the Ho)과는 다르다. 하지만 추장평의회(酋長評議會)가 왕권을 제한한다는 점에서는 호족의 통치구조와 매우 유사하다. 언어적으로나 문화적으로 다호미족(the Dahomi)과 관련이 있는 사람들 사이에서는 이와 근본적으로 다른 상황을 찾아볼 수 있다. 여기에서 통치자는 절대적 전제군주(專制君主; absolute monarch)라 할 수 있으며, 원칙적으로 토지 및 대부분의 재산에 대한 유일한 소유자이며, 실제로 통치자의 허가가 있어야만 비로소 그것을 소유할 수 있었다. 고위관리도 노예보다 그렇게 나을 바가 없었고, 국왕 앞에서는 비굴한 복종의 모습으로 머리를 조아리지 않으면 안 되었다. 물론 세습적 귀족제도도 없었다. 각 지방의 추장이나 국가의 고위각료(高位閣僚; great minister) 모두 국왕이 임명한다. 다만 그 중 오로지 한 사람 경무위원(警務委員; police commissioner)의 임무와 최고집행관(最高執行官; lord high executioner)의 임무를 겸하는 사람은 통치자의 마음대로 참수시킬 수 없었다. 생사여탈권(生死與奪權; power over life and death)은 왕권의 독특한 속성이었다. 왜냐하면 각 지방의 추장은 투옥(投獄)이나 벌금징수(罰金徵收)의 권리밖에 없었기 때문이다. 그렇지만 그들도 감옥 안에서 굶겨 죽인다든지 하는 간접적인 방법으로 그의 신민을 죽게 할 수도 있었다.

고위국가관료(高位國家官僚; great national official)는 7명이었다. 제1순위는 최고집행관 및 축제사령관(祝祭司令官; superintendent of public festival)이었고, 후자는 수세관(收稅官)의 직무 및 국왕과 백성의 중개자(仲介者)의 직무도 맡고 있었다. 이들 중 두 관료가 여러 왕자 중에서 왕위승계자(王位承繼者; successor to the throne)를 임명하였다. 이는 장자상속이 장려되고 있음에도 불구하고, 이 관습법 규정을 무시할 수 있는 권리를 가지고 있었기 때문이다. 그들은 또한 범죄의 판결도 하고, 특히 국왕에게 조언까지 하기도 하였다. 서열상 그 다음에 자리하는 사람은 휘다(Whydah)라고 하는 해안부락의 태수(太守; governor)이고, 그 다음은 궁내수장(宮內首長) 즉 환관(宦官; eunuch)이었는데, 그는 왕이 사망하면 함께 죽게 되어 있었다. 다섯 번째와 여섯 번째의 관리는 군사령관(軍司令官; chief military commander)과 그 부관인데, 이 두 사람은 수도 즉 아그보미(Agbomi)의 정문 근처에 살고 있었다. 마지막으로 자리에 앉은 사람은 궁중에 양식을 공급하는 농원의 감독관인데, 그는 또한 최고집행관의 부관이기도 하였다. 이들 7명의 고급관료는 모든 하급관리들로부터 특별한 존경의 표시와 함께 영접을 받았다. 남자관료의 편제는 그대로 궁내의 여자 고위관료의 체제에 적용되었다. 여자고급관료의 권력은 왕궁의 밖에까지는 영향을 미치지 못하였던 것임에도 불구하고, 궁정 내의 모든 여자들은 왕비가 될 수 있다는 법적 의제에 의하여, 동급의 남자관료에 비하여 형식적으로 우선권(優先權; precedence)을 가지고 있다.

국가적 고급관료보다 조금 하위 등급을 차지하는 계급은 민간수령들(civilian captains)이고, 그 다음은 시종(侍從; royal attendant)이며, 또한 그 아래는 군의 사관(military officier), 그 다음은 각 지방의 추장(酋長) 및 관리이고, 마지막으로 상인(商人; trader)이 차지한다. 나머지 사람들은 실제로 그 상급자의 노예였다.

모든 고급관리들은 예를 들면 나무의자, 우산덮개, 담뱃대, 담배쌈지나 상아곤봉과 같은 지위의 표징으로 구별된다. 왕이나 추장의 전령(傳令)은 예외 없이 통행권과 같은 역할을 하며 파견한 당사자와 같은 정도의 존경을 받게 되는 직무봉(職務棒; stick of office)을 지니고 있었다. 이 휘장(徽章)에 대하여 경의를 표시하지 않으면, 중죄(重罪)로 문책되기도 하였다.

엘리스(Ellis)는 다호미지방(Dahomi)의 상황을 아주 섬뜩하게 묘사한다. 즉 지방관헌(地方官憲; local authorities)에 의하여 수탈당하고 핍박당하는 평민, 전제군주에게 복종하는 비굴한 추장과 관료, 모든 신하의 생명을 위협하는 첩보활동체제, 사망한 통치자를 위한 제례의 희생(犧牲) — 이 때 통치자로부터 그의 조상에게 뜻을 전하기 위하여 수백 명의 사람이 살해되었다. 다호미지방에는 틀림없이 전제가 행해졌지만, 인간성은 철저하게 절대적인 전제정치를 견뎌낼 수 없는 것이고, 증거자료를 면밀히 읽어보면 다호미족의 전제군주도 그의 즉흥적인 생각대로 지배할 수는 없었던 것임을 알 수 있다. 원칙적으로 그가 할 수 없는 일이란 없었지만, 실제 상당 정도로 신중하게 행동하였다. 19세기 초쯤 피를 말리며 자기의 백성을 약탈하는 폭력단체를 조직했던 한 통치자는 결국 반란을 촉발시키고, 마침내 왕위까지 빼앗기고 죽임을 당하게 되었다. 또한 국왕은 각 추장이나 관리를 사형에 처할 수도 있었지만, 일반적으로는 동시에 승려(僧侶)나 추장(酋長), 그리고 일반인의 여론을 무시하지 않으려고 조심하였다. 그의 권력행사는 극도로 자의적이었음은 의심할 바 없지만, 재산을 몰수하거나 극형을 과하는 때는 원칙상 자기에게 부여된 권력에 의거하기보다는, 고압적인 처치에 적절한 처분인 듯한 외관을 씌우려고 노력하였다. 구체적인 사례로, 각 농민이나 추장은 추상적인 왕권에 근거하여 전횡적인 명령에 거역하였다든지 그의 군주에 대하여 음모를 꾸몄다는 이유로 핍박당하기도 하였다.

이러한 모든 점에서 다호미족의 전제정치는 훨씬 더 문명화된 여러 나라의 전제정치와 거의 다를 바 없었다.

에웨족(the Ewe)계의 여러 종족을 비교·고찰해 보면 이 지방의 정치적 발전경로에 관한 의문도 풀리게 된다. 이들 모든 종족의 조직의 근간을 이루는 것은 반투 니그로(Bantu Negroes)와 수단 니그로(Sudan Negroes)에서 아주 발달한 것과 마찬가지로 지위구별의 문제이다. 호(Ho) 지방에서 이러한 특징적 상황은 여전히 관리계급뿐만 아니라 대중의 광대한 세력과 완전히 양립하고 있다. 다른 한편 다호미족에서는 국왕이 비교적 광대한 상비군(常備軍)의 조직을 유지하고 있기 때문에, 국왕은 사회의 모든 구성원을 지배할 수 있게 되어 있다. 다만 지나친 권력남용의 경우에는 견제를 받는다. 하지만 특정한 통치자의 세세한 권력은 어쩔 수 없이 그의 인격에 따라 다를 수밖에 없다.

이와 좀 다른 상태를 다른 니그로족 예를 들면 콩고(Congo) 서남부의 바쿠바족(the Bakuba)의 특징에서 찾아볼 수 있다. 이곳에서 정치적인 제도들은 일정한 안정성을 유지하고 있음을 알 수 있다. 신의 화신인 왕은 원칙적으로 절대군주이고, 그렇기 때문에 남녀고관을 망라하는 수많은 신하들에 의하여 에워싸이게 된다. 통치자는 공적인 경우에는 특별한 예우를 받으며, 그의 적까지도 국왕의 신분을 경멸하는 자에 대하여 분개한다. 그러나 실제 이로 인하여 6명의 각료(閣僚)가 국왕으로 하여금 전통적인 궁중예법을 엄격하게 지키도록 함으로써 실제 거의 모든 권력을 침해하고 사실상 국왕이 노예화되는 것을 막지는 못하였다. 특별히 천부적인 국왕이 그 당연한 특권을 주장하는 것이 전혀 불가능하지는 않았지만, 바쿠바족에서는 아프리카의 대부분 국가에서 보다 그러한 일이 생겨날 기회가 상대적으로 적었던 것 같다. 귀족들은 직무의 유지가 완전하게 보장되기 때문에, 아무런 간섭도 받지 않고 국왕을 접대하였고, 또한 국왕도 원칙적으로 누구든지 결원이 생기게 되면 보충할 수 있었지만, 그 인선은 거의 여론에 따라 결정되었다. 국왕은 강경한 반대를 무릅쓰고 자기가 제일 총애하는 사람을 임명할 수 없었고, 때로 자기 마음속으로는 싫어하는 사람에게 어쩔 수 없이 높은 자리를 주어야 하기도 했다.

요루바지역(Yorubaland)에서도 적게나마 왕권의 잔재(殘滓)가 남아 있다. 자기는 신의 자손이라는 데서 왕호(王號)의 유래를 찾으려고 하는 국왕은 겉으로는 전부 경의의 표징으로 대접받는 것 같지만, 실제로는 내각(內閣; cabinet)의 수중에 있는 꼭두각시에 지나지 않는다. 수도 외곽에서는 완전한 지방자치가 실시되고 있고, 많은 도시국가에 대하여 국왕은 그저 명목상으로 주권을 인정하는 데 만족할 수밖에 없었다. 이들 공동사회 중에는 그 주민이 10만 명 이상인 경우도 있었다. 그 통치의 실상은 다시 한번 문화의 여러 측면과 관련시켜 고찰해 보아야 할 필요성이 있음을 보여 주는 것이므로 매우 흥미롭다. 서아프리카는 특히 비밀단체가 상당히 많이 존재하였고, 요루바지역에서도 최고의 권력을 차지하고 있던 것은 오그보니단(Ogboni)이라고 불리는 노인들의 협동단체였다. 그들은 적당한 종족원을 그 시(市; town)의 시장(市長; burgomaster) 또는 사령관(司令官; governor)의 직위에 천거하는 선거단체를 구성한다. 그 시장이나 사령관은, 일부는 자기가 임명하고, 다른 일부는 민중이 선거로 뽑은 관리들에 둘러싸인다. 재임기간 동안 사령관은 그의 신민들로부터 보좌를 받을 권리가 있으며, 무법자(無法者; unruly)를 응징하여 자기의 재산을 늘릴 수도 있다. 그렇지만 그는 전적으로 오그보니단의 지지에 의존한다. 사령관의 행동이 그들의 이익에 반하면, 단원들은 바로 제비뽑기를 하여 신은 그의 유임을 불행하게도 반대한다는 것을 표시하고, 비밀리에 독약을 사용하여 그다지 이상스럽지 않게 그를 독살해 버린다. 사령관의 재임기간은 평균적으로 2년 정도이다. 오그보니단이 온 백성들에게 폭력을 휘두른 일도 신점(神占; divinatory art)의 조작에 의한 것이다. 그들의 부유함이 구성원의 물욕을 불러일으키기도 한 제한된 범위의 벼락부자는 일정한 범죄로 논단되거나 유죄판별법(有罪判別法; ordeal)에 의뢰되기도 하였다. 물론 그 핵심은 그에게 불리하게 조작되고, 유죄를 선고하여 바로 사형에 처해진다. 그리고 그 재산은 오그보니단과 시장(市長; burgomaster)에게 분배된다.

시간적·공간적 차이에도 불구하고 니그로인들(Negroes)은 어쨌든 여러 가지 형태의 왕정(王政)에 대한 강한 경향이 있다고 해도 틀린 말이 아니다. 그것은 틀림없이 본질적으로 반투족(the Bantu)과 수단족(the Sudanese)의 오래 된 문화적 유산임을 보여주는 것이다. 이러한 사실을 다시 한번 대두하고 있는 지리적 신비주의(地理的 神秘主義)의 공적이라고 끌어다 붙일 수는 없다. 왜냐하면 니그로의 여러 종족에 에워싸여 즉 동일한 지리적 환경에 살고 있으면서도 이와 다른 신화체계를 갖고 있는 종족은 니그로의 표준과 현저히 다르기 때문이다. 이러한 사실을 다른 관점에서 본다면 암시적인 마사이족(the Masai)의 예에서 명백하게 드러난다. 직감적으로는 어느 누구나 아주 호전적인 종족의 두목은 아주 유명한 무사임이 틀림없다고 추측할 수 있는데, 이러한 상상은 그럴듯함에도 불구하고 실상과는 거리가 멀다. 현존하는 중앙권력(中央權力)은 원정군(遠征軍)에 종군하는 것이 허용되지 않은 채 병사들의 성공을 보증하는 주물(呪物; medicine)을 준비하고 운명판단(運命判斷)을 내릴 것으로 기대되는 친자상전(親子相傳)의 예언자(豫言者)에게 주어지고 있다. 예언자는 또한 복점(卜占; divination)에 의하여 많은 지역의 우두머리를 임명하는 권리를 가지고 있다. 그러나 그는 신인(神人)으로서 당연히 받아야 할 만한 존경을 받음에도 불구하고, 그의 직책의 특성은 니그로의 전형적인 전제군주의 그것과는 같은 것이 거의 없다. 그렇다면 그는 지배자(支配者; ruler)라기보다는 차라리 한 나라의 성자(聖者)이자, 실제로 생사여탈권(生死與奪權)을 갖고 있지도 않으며, 법관으로서 활동하는 경우는 매우 드물고, 결코 조정의 영광을 받게 되는 경우도 없다. 물론 1890년에 사망한 무바치안(Mbatian)처럼 이례적인 권력가(權力家)가 어마어마한 권력을 행사하는 경우도 있지만, 그러나 그 때에도 실질적으로나 형식적으로 이 대륙의 다른 지방에서 일반화되어 있는 전제정치(專制政治) 같은 것은 아무 데도 없었다.61)

제 5 절 북아메리카

앞에서 지적한 바와 같이, 북아메리카 인디언(Indians of North America)은 일반적으로 민주주의적 성향을 가지고 있으며, 따라서 아프리카의 니그로인들과는 첨예하게 대립적이다. 확고한 신분계급제도(身分階級制度)를 갖추고 있는 종

61) Junod:1, 355-409. Ferguson: 197 seq. Spieth: 98-110. Ellis, A. B.: 161-181. Torday and Joyce: 53 seq. Frobenius: 172 seq. Merker: 18.

족 사이에서는 이러한 표준을 벗어나기가 쉬울 것으로 생각되지만, 오로지 나체즈족(the Natchez) 사이에서만 아프리카식의 전제군주(專制君主)에 합당한 중앙집권체제를 찾아볼 수 있다. 나체즈족의 통치자는 백성들로부터 존경을 받을 뿐만 아니라, 백성들은 그에게 굴욕적인 봉사까지 한다. 통치자의 의사라면 사소한 일이라도 무조건 복종하기 때문에, 프랑스인(French)이 노잡이나 사냥꾼이 필요한 때에는, 그들은 그저 추장에게 뇌물을 주고 적당한 수의 신하를 부역으로 징발하면 되었다. 이들 노동자들은 어떠한 적정임금도 받지 못하였다. 추장은 생사여탈권(生死與奪權)을 가지고 있었고, 만일 추장이 사망하면 그의 추종자들이나 기타의 사람들은 그와 저승길을 동행하는 것을 하나의 명예로 생각하였다. 두말할 필요도 없이 수렵(狩獵)·어로(漁撈) 또는 곡물재배(穀物栽培)의 수확에서의 제일 좋은 것은 모두 공물(貢物)로 차출되었다. 자기의 특권을 어느 정도까지 가까운 친족과 함께 나누어 가지는 통치자(統治者; sovereign)는 집행각료(執行閣僚), 특히 2명의 군사령관, 2명의 승려관료, 그리고 평화조약의 체결 및 의례의 집행을 주관하는 관리를 임명하였다. 비록 스완톤(Swanton)이 인용한 동시대의 자료에 따르면 추장을 절대적·전제적인 지배자로 높이고 있지만, 그 부수적 자료를 통해 때때로 아마도 귀족계급에 속하는 사람인 평의회의 의원들과 영향력이 있는 촌락추장은 지배자의 행동의 자유를 두드러지게 제한할 수 있었음을 알 수 있다. 그럼에도 불구하고 나체즈족의 제도들은 멕시코 북부의 왕정(王政; monarchy)의 가장 두드러진 사례로 여전히 남아 있다.

북서부 해안지방(北西部 海岸地方; Northwest Coast)에서는 엄격한 계급구별(階級區別)에도 불구하고, 추장의 정치적 권력은 그가 갖는 사회적 우월성에 비하여 어울리지 않을 정도로 미미한 것이었다. 틀링깃족의 추장은 단지 그 집단의 회의를 주재할 수 있을 뿐이고, 보편적으로 관습법(慣習法; customary law)과 충돌하지 않는 한 각 가족의 가장은 자기가 생각한 대로 행동할 수 있었다. 심시안족(the Tsimshian)의 추장은 아마도 이보다는 더 폭넓은 권력을 행사할 수 있었던 것 같다. 그는 언제 종족의 이동을 시작할지, 어장조업의 시작을 언제부터 할 것인지를 결정할 수 있을 뿐만 아니라 일정한 공물(貢物)을 받아 챙길 권리도 있었다. 또한 춤출 때는 언제나 먼저 출 수 있고, 전령(傳令; messengers)이나 시종(侍從者; attendants)을 부릴 수가 있었다. 어떻든 그는 무책임한 통치자는 아니었다. 전투에서의 지휘관으로서 그는 발생한 손해를 변상하거나 전사자(戰死者)의 친족에게 보상금을 주어야만 했다. 중대한 일은 평의회에서 결정하고 그 평의회의 동의 없이는 어떤 추장도 축하연회의 발표도 할 수 없었다.

북서부 해안지방의 사회에서조차 민주주의적 개인주의는 완전히 억압되지 않은 것이지만, 그것은 실로 이 북아메리카의 광대한 지역의 잔여부분을 통하여 대부분 완전하게 지배하고 있다. 이것은 결코 백인문명(白人文明; Caucasian civilization)과의 접촉으로 오랜 추장제(酋長制)의 붕괴를 야기한 것은 아니다. 이와 반대로 모든 것은 백인의 관료주의가 원주민 추장의 권력을 강화시켜 주었음을 보여준다. 사실 상당히 넓은 지역에서 초기 여행가들이 관찰한 바를 전해주는 명백한 기록이 존재한다. 위대한 치페완족(the Chipewyan) 추장(酋長)인 마토나비(Matonabbee) — 한(Hearne)은 그를 링컨(Lincoln)이나 피트(Pitt)와 같은 인물 이상일 것으로 생각하여 상당한 찬사를 하였다 — 조차도 힘센 인디언이 자신의 아내들 중 한 사람을 유괴하여 노방치는 것을 막을 만한 권한을 갖지 못하였다. 예수회(Jesuit)의 한 신부는 1612년경에 캐나다 동부(eastern Canada)의 알곤키안족(the Algonkians)에 관하여 다음과 같이 말하였다. 즉 "……각 사람은 자기 자신의 주인이고 자기 자신의 보호자이다. 그들은 전쟁에서 지도자인 추장을 가지고 있었다. 하지만 추장의 권력은 상당히 불안정적인 것이다. 실제로 권위라 불릴 수는 있지만 결코 그에 대한 복종이 강요되지는 않았기 때문이다"라고 쓰고 있다. 또한 18세기 초반에 동남부 여러 주의 무스코기 인디언(Muskoghean Indians)에 관하여 정통했던 제임스 아데어(James Adair)는 다음과 같이 설명하고 있다. 즉 "그 추장의 권력이라는 것은 헛된 이야기이다. 그는 다만 좋은 성품이나 명료한 도리나 그들의 지배적 감정에 적합하도록 사물을 은폐함으로써 그 백성들을 설득하거나 단념시킬 수 있을 따름이다." 크로우족(the Crow)의 '추장' 대부분이 관행적으로 해온 용감한 행위를 한 용사에 지나지 않았던 것은 이미 설명한 바 있다.

이제 일정한 제한을 설정하여야 하겠다. 그러나 일반적으로는 중앙권력이 없는 것이 북아메리카 사회의 가장 두드러진 특징의 하나이다. 이러한 상황에서는 혼돈상태를 면할 수 없을 것으로 생각된다. 그러나 그것을 이미 확립된 풍습이나 여론이 끔찍하다고는 할 수 없지만 놀라운 힘을 도외시하는 것일지도 모른다. 자기 이웃사람 모두에게서 비난받는 일, 자기의 죄과(罪科; transgressions)를 비웃는 노래를 다른 사람에게서 듣는 일, 농담꾼들에게서 자기의 수치스러운 행위를 놀림받는 일, 이러한 일들은 어느 인디언도 쉽게 드러내지 않는 일이다. 그들은 일반적으로 강력한 행정제도나 형벌제도를 가지고 이와 같은 일을 방지할 수 있게 하고 있었다. 그렇게 하는 데는 관습법으로 충분하였고, 새로운 입법을 할 필요가 없었다.

그러나 이러한 설명은 대부분의 현상을 포섭하는 것이라고 할 수 있지만, 모든 사실에 그대로 들어맞는 것은 아니다. 공동사회의 안위에 관계되는 여러 사정은 어느 정도 존경받는 수장(首長)에게 주어져 있던 것 이상의 중앙집권을 필요로 했다. 이러한 사실은 들소를 공동으로 수렵하던 때의 평원인디언(Plains Indian)의 경찰조직(警察組織; police organization)에 의하여 설명될 수 있는 바이다. 공동수렵을 하는 경우 한 발짝만 잘못 디뎌도 모든 짐승 떼가 도망가 버리고, 이 때문에 영지(領地) 전체의 식량난이 초래되기도 한다. 그러므로 일시적으로 강한 엄격주의가 당시의 극단적인 개인주의에 갈음하였던 것이다. 그들의 조급한 행동으로 협동작업(協同作業)을 위태롭게 하지 않도록 하기 위하여 여자들만 나무를 베는 것은 허락되지 않고, 남자 역시 그들만 사냥하러 나가는 것이 허용되지 않았다. 경찰은 이러한 사항을 위반한 자가 거둔 수확물을 몰수할 뿐만 아니라 사냥꾼들을 혹독하게 매질하고, 그들의 무기를 때려부수며, 그 막사를 무너뜨리기도 하였다. 위반자가 저항하면 그 자리에서 죽는 경우도 많았다. 경찰은 그렇게 눈에 띄는 일은 아닐지 모르지만, 그밖에도 다른 직권들을 가지고 있었다. 즉 부적절한 전쟁을 일으키는 것을 막고, 개인간의 불화가 종족간의 원수로까지 이르게 된 것을 화해시키는 것도 그들의 임무였다. 이러한 경찰의 구성은 종족마다 각각 다르다. 크로우족에서는 이름만 추장인 자들 중 한 사람이 백성들이 즐겁게 살고 지내는 동안 즉 그들이 그의 지도하에 번영을 누리는 한에서만 영사장(營舍長; camp-chief)으로 될 수 있었다. 그 때 그들의 역할은 영사(營舍)의 이동을 지도하고, 군사단체(軍事團體; military organizations)에 경찰권을 위임하는 것이었다. 이들 군사단체는 비록 정해진 규율은 없었지만, 한 계절씩 돌아가면서 야영지의 맡았다. 히다차족도 이와 비슷하게 백성의 복지에 대하여 책임을 지는 촌락추장(村落酋長)이 있었지만, 경찰권은 영구적인 것으로 단체의 계급 중 높기는 해도 결코 최고의 등급이 아니었던 블랙마우스단(Black-Mouth society)에 속해 있었다.

통상 추장의 직위와 결부되는 권력은 아주 미미하였기 때문에 중요한 결정, 예를 들어 전쟁개시결정이나 강화결정은 추장 한 사람의 권력으로 결정할 수 있었던 것이 아니고 성년남자로 구성된 평의회의 자문을 얻어 결정되었다. 이 상원(上院; senate) 또는 내각(內閣; cabinet)은 때로는 북부 마이두족(the Northern Maidu)에서와 같이 결정적이지 않은 경우도 있었다. 북부 마이두족에서는 일반적으로 평의회에 비밀단체의 연장의 단원이 참석하게 되어 있었다. 그 밖의 곳에서는 평의원(評議員)의 수가 정해져 있었다. 샤이엔족(the Cheyenne)은 선거로 뽑은 44명의 추장위원회(酋長委員會)가 있으며, 이들 중 4명만이 높은 지위를 차지하고, 자기들 중에서 종족의 최고대표를 선출하였다. 오마하족(the Omaha)에서도 훈공(勳功)에 의하여 종신직을 차지하는 7명의 추장으로 구성되는 일정한 회의체가 있었다. 이들 중 2명이 그 선공기록(戰功記錄)에 의하어 우위를 차지하고, 그 나머지 사람들도 같은 원칙에 따라서 등급이 정해진다. 일반의회(一般議會; popular assemly)가 없었기 때문에, 오마하족의 상원은 과두정치(寡頭政治; oligarchy)의 성격을 지니는 듯하나. 그렇지만 이미 설명한 바와 같이 그들의 지위는 전적으로 개인적 공적에 의거하여 결정되고, 그들의 회의의 범위가 아주 제한되어 있으므로, 상원은 일상생활에서의 개인적 자유에 간섭하지 않았다. 그들은 강화조약을 체결하고, 1년에 한번씩 수렵시기를 결정하며, 그 수렵의 지휘관을 임명하였는데, 수렵기간에만은 그들은 선발된 지휘관에게 따르게 되어 있었다. 오마하족뿐만 아니라 이와 아주 유사한 인디언의 모든 의회의 토론을 잘 드러내는 기묘한 특징은 다수결원칙(多數決原則; majority rule)이 없다는 점이다. 즉 모든 결정은 토론자의 전원일치를 필요로 했던 것이다.

인디언들의 개인주의는 크게 보아 강력하게 발달한 분리주의(分離主義)에서 귀결점을 찾을 수 있다. 2천여 명의 호피족(the Hopi)은 완전히 자치적인 7개 또는 8개의 촌락으로 산재해 있었다. 주민이 겨우 150명인 작은 촌락인 쉬폴로비(Shipaulovi)에서도 제사장(祭司長; ceremonial chief)을 두고 있으며, 이들은 이웃 촌락과는 관계없이 호피족의 모든 의식을 거행한다. 크로버 교수(Professor Kroeber)가 명쾌하게 지적한 바와 같이 태평양해안지방(Pacific coast)에는 이러한 상태가 널리 펴져 있다. 그곳에서 '종족(種族; tribe)'이라는 말은 아무런 정치적 의미를 갖지 않고, 단일의 야영지(single encampment) 또는 촌락 이외에는 어떠한 단위체도 인정되지 않는다. 마이두족의 촌락은 공동의 적에 대한 습격을 막기 위하여 때로는 결합하기도 하지만, 그 동맹도 아주 약하고 상당히 순간적인 것이었다. 또한 별도의 항목에서 서술한 바와 같이 공동체 소유의 토지를 배타적으로 방호하는 것은 같은 마이두족의 이웃촌락에 대하여서나 다른 언어를 사용하는 침입자에 대하여서나 같은 정도로 가혹하게 행하여졌다. 섀스타족(the Shasta)은 다소 덜 엄격하였는데, 왜냐하면 그들은 거주지를 4개의 주된 지역으로 나누고, 그 공통의 족장(族長; headman) 아래 각 지구의 많은 공동사회가 포함되기 때문이다. 그러나 이들 단위도 발견 당시의 섀스타족의 전체 인구가 2000명밖에 되지 않았음을 생각해 보면 적은 규모였다. 이보다 동쪽에서는 소집단으로 분열하는 경향이 좀 덜하기는 하였지만 상당히 두드러진 모습으로 나타났다. 다코타족(the Dakota)은 결코 단일의 정치적 집합체를 갖고 있다고 할 수 없고, 크로우족도 자기들끼리는 밀접하게 관계를 맺고 살아가는 히다차족(the Hidatsa)과는 다를 뿐만 아니라 적어도 2개 — 아니 어쩌면 3개일 수도 있는 — 독립적 지역으로 나눠져 있으며, 또한 모든 사실은 히다차족과 만단족(the Mandan)의 여러 촌락이 완전히 자치적 단위였음을 보여준다.

그렇지만 상이한 종족 간 즉 언어를 달리하는 집단 간의 동맹은 생겨났었지만, 일반적으로 통일을 시도한 적은 없었다. 다만 동남부지방의 크리크족이나 뉴욕 주(New York State)의 이로쿼이족(the Iroquois)만이 다소 허세가 깃든 양식을 따른 것으로 그 기초를 닦아 놓았고, 특히 이로쿼이 동맹(League of the Iroquois)은 좀더 면밀한 고찰이 필요하기도 하다. 이로쿼이 동맹은 당초 각각 다르기는 하지만 서로 통하는 언어를 사용하는 5개의 종족이 포함된다. 각 종족은 해당 지역에 대해서는 완전한 주권(主權)을 가지고 있었으며, 그 주권은 추장위원회(酋長委員會; board of chiefs)가 통할하고 있었다. 동맹의 최고집행위원장(最高執行委員長)이 있었던 것은 아니고, 48명의 추장으로 구성되는 연맹회의(聯盟會議; federal council)가 있었으며, 모호크족(the Mohawk)이나 오네이다족(the Oneida)으로부터는 9명, 오논다가족(the Onondaga)으로부터는 14명, 카유가족(the Cayuga)으로부터는 10명, 세네카족(the Seneca)로부터는 8명의 대표가 선출되었다. 개별적으로 투표가 행해지지 않고, 전원일치제(全員一致制)가 채용되고 있어서, 어느 종족도 단일의 의사표시밖에 할 수 없었기 때문에, 그와 같은 불균등한 할당도 종족적 패권을 만들어 낼 수는 없었다. 뿐만 아니라 일정한 결정을 확인함에 있어서도 종족대표(種族代表; tribal representatives) 전부가 완전히 일치하여야만 하였다. 만일 완전한 일치가 없음이 판명되면, 그 사항 전체가 적절한 취급을 할 수 없는 것으로 되어 포기되고 만다. 연맹회의(聯盟會議; federal council)는 어느 한 종족회의의 발의(發意)로 소집되고, 그 회의장(會議場)은 어느 동맹원(同盟員)의 연설을 위하여도 개방되지만, 다만 48명의 상원의원만이 의결권(議決權)을 가졌다. 비록 모든 혈족(血族; sib)이 대표를 가지고 있었던 것은 아니지만, 이들 평의원들은 그들 각 혈족을 대표하였다. 각 의원은 혈족의 여성들의 추천에 의하여 혈족의 단 한 부분에서 선출되었던 것이지만, 이 제안은 우선 종족의 상원, 그리고 다음으로 연맹의 상원의 비준을 받아야 했다. 똑같은 방법으로 부적임한 현직자도 파면할 수 있었다. 이 곳에서는 이처럼 선거제(選擧制)와 세습제(世襲制)가 혼용되고 있었다. 전임추장의 사망이나 사임으로 인한 새로운 추장의 취임식은 평의회를 소집할 수 있는 원칙적인 기회 중의 하나였다. 그 밖의 다른 종족 사절의 승인, 강화조약의 비준 및 선전포고는 그 평의회의 권한에 속해 있었다. 연맹의 발달은 확실히 이로쿼이족이 대서양해안 북부 여러 종족 중에서 우월한 지위를 가지게 하는 데 공헌한 바 크다.[62)]

제 6 절 민주주의와 원시인의 단체

몇몇 민속학상의 저명한 자료를 간략하게나마 검토하면서, 그것으로부터 발생하는 일반적인 문제에 대한 해답을 얻어내기 위한 준비가 되었다. 무엇보

62) Krause: 122. Boas, 1916 (a): 429, 496. Jesuit Relations: II, 73. Adair: 428. Fletcher and La Flesche: 206. Lowie, 1912: 228; id., 1913: 274. Kroeber, 1917 (b): 396. Morgan, 1877: Pt. II, Chap. 5. Goldenweiser, 1912: 468.

다도 우리는 원시인(原始人)의 여러 제도는 반드시 민주적 통치(民主的 統治; democratic government)와 결부되어 있다고 하는 모건(Morgan)의 견해에 경의를 표하지 않을 수 없다. 그는 왕정(王政; monarchy)은 혈족과는 서로 들어맞지 않는 것이라고 주장한다. 그것을 아마도 그가 거의 보편적인 현상으로 여겼다는 것도 기억하여야 한다. 즉, 혈족 조직하에서는 "세계 그 어느 곳에서도 야만(野蠻; barbarism)의 말기·중기 또는 초기에는 자연발생적으로 군주제가 생겨날 수 없었다"라고 보았다. 이러한 발달은 문명의 후기 즉 표음문자(表音文字; phonetic writing) 및 문서기록(文書記錄; literary records) 시대의 산물이라는 것이다. 노예제(奴隷制; slavery)를 포함하여 계급구별(階級區別; differences of caste)까지도 야만의 초기 이전 즉 철기제조 이전에는 생겨나지 않았다는 것이다.

어쨌든 모건으로서도 이 이상 명백한 잘못을 범한 것은 아니라고 단언할 수 있지만, 이것은 실로 많은 사실을 의미한다. 철기제조의 기술은 충분히 보유하고 있었지만 표음문자는 가지고 있지 않았던 아프리카의 니그로족(the African Negroes)은 모건이 말하는 야만의 초기에 속하지만, 그들에게 군주제보다 더 지속적으로 계속된 특징은 없었다. 브리티시 콜롬비아의 해안(coast of British Columbia)에 거주하는 원주민들은 토기의 제조를 알지 못하였고, 따라서 모건이 분류하는 미개(未開; savagery)의 초기에 해당하지만, 그렇다고 하여 그들이 귀족·평민·노예의 고정된 계급을 몰랐다고 할 수는 없는 것이다. 그의 특이한 도식에서는 아직까지 하위에 속하는 폴리네시아인(Polynesians)도 이와 유사한 분류를 하고 있다. 앞에서 말한 것처럼 혈족(血族)이 군주제(君主制; monarchy) 또는 귀족정치(貴族政治; aristocracy)와 양립할 수 없는 점에 관하여 말한다면, 북서부 해안 지방의 인디언(Northwest Coast Indians)이나 많은 니그로 종족(Negro tribes)은 혈족으로 나뉘어 있는 것이다.

이와 관련하여 원자적 원시사회설(原子的 原始社會說; atomic theory of primitive society)에 관계되는 다른 하나의 요점을 주목해 볼 만하다. 모건은 한 종족 내의 혈족은 모두 평등한 지위에 있다고 보았다. 그러나 이것은 결코 언제나 마찬가지로 문헌자료에 의하여 증명된 바가 있는 것은 아니다. 예를 들어 우간다 지방(Uganda)의 한 혈족은 다른 혈족보다는 낮은 계급에 속하는 것으로 나머지 사람들은 적어도 국왕의 후보자가 될 수 있는 왕자를 낳을 자격이 없었다. 즉 이들 혈족의 여자에게서 태어난 왕자(sons of the king)는 결코 왕좌를 상속할 수 없게 되어 있었다. 이러한 구별은 아마도 강대한 왕국에서 행하여졌던 것으로 생각되지만, 전반적으로 민주적인 마사이족(the Masai) 사이에서도 존재하였던 것이다. 대체로 마사이족 사이에서는 대장장이(blacksmiths)의 혈족은 혐오스럽게 생각하고, 다른 혈족의 사람들과 혼인하는 것이 어려웠다. 북아메리카(North America)의 예를 들면 남동부지방처럼 확실하게 민주적인 여러 지방조차도 일정한 혈족은 다른 혈족보다 우선권(優先權)을 가지고 있고, 현존하는 추장직(酋長職; chieftaincy)이 특정한 혈족에 한정적인 종족도 하나 둘이 아니다. 요컨대 혈족조직과 계급적 차별의 상호배타성(相互排他性)이라는 것은 한정된 지식범위 위에 기초한 잘못된 명제이다.

제 7 절 종족적 조직과 지역적 조직

모건(Morgan)의 원자설(原子說; atomic theory)에 따르면, 원시사회는 지역적 접촉에 기초하고, 정치적 조직(政治的 組織; political organization)을 갖추고 있지 못한 점에서 문명사회와 근본적 차이가 있다고 한다. 또한 그는 원시종족에서의 개인을 혈족의 일원 즉 친족집단의 일원으로 보고, 따라서 그 인간적 관계에 맞추어 취급하고 있지만, 문명사회는 개인을 그 지역적 관계에 의거하여 즉 읍(邑; township)·군(郡; county) 혹은 좀더 큰 공간적 단위의 일원으로 취급한다고 주장하였다. 모건에 따르면, 이 협의의 정치적 조직은 좀더 발달된 문명수준(文明水準)에서의 비교적 최근의 산물이다. 그는 멕시코(Mexico)의 아즈텍족(the Aztec)이 이러한 상태에 있었음을 부정하고, 그의 추종학자인 쿠노(Cunow)도 고대 페루에 그러한 것이 있었음을 부인하고 있다. 원시종족에서는 여러 혈족이 대혈족이 되기 위한 결합이 있었고, 또한 이로쿼이족식(the Iroquois pattern)의 연맹을 조직하려고까지 하였지만, 개인의 의무는 그의 친족신분과 그대로 연결되어 있었다. 이것은 클리스테네스(Cleisthenes)가 기원전 509년경 아티카(Attica)를 백 개의 도시(都市; demes) 즉 읍(邑)으로 나눌 때까지의 고대 그리스(ancient Greece) — 아테네(Athens)를 포함한다 — 의 원형이었다. 그 후 모든 시민은 한 지역단위의 일원으로 등록되었다. 어느 혈족의 일원으로서가 아니라 어느 읍의 일원으로서 투표도 하고, 세금이 부과되기도 하였다. 또한 시민은 자기의 혈족과 함께가 아니라 시민동료(市民同僚; fellow-demotae)와 함께 대표관리를 선거하였다. 원칙적으로 좀더 큰 단위도 마찬가지였는데, 10개의 읍은 하나의 지구(地區; district)를 이루고, 10개의 지구가 아테네(Athenian State)라는 한 국가를 만든 것이다.

모건이 사회진화(社會進化; social evolution)의 도식을 가지고 위에서 약술한 개념적 구별을 하기 16년 전에 헨리 메인 경(Sir Henry Maine)도 같은 견해를 피력한 바 있다. 즉 "정치적 관념의 역사는, …… 혈연관계만이 공동적 정치활동의 유일한 근거라는 가상과 함께 시작된다. 그리고 특히 혁명(革命)이라고 불릴 만한 감정의 뒤바뀜 속에서, 그 밖의 어떠한 원칙 예를 들어 지역적 접촉이 비로소 공동적 정치활동의 근거로서 완성되었다고 할 만큼 놀랍고도 철저한 변화가 있었던 것은 아니다. 그러므로 초기의 국가에 있어서 그 시민들은 자기들이 소속하는 모든 집단을 공통의 혈통에 기초한 것으로 생각하였다고 단언할 수 있다"라고 하였다.[63)]

친족관계의 종족적 조직과 지역적 조직을 엄격하게 구별하는 점에서 메인과 모건의 입장은 서로 동일하다. 문제가 되는 것은 그것이 구별이 되는 미개문화(未開文化; rude cultures)와 선진문화(先進文化; advanced cultures)의 구분이 어느 정도까지 일치하는가 하는 점이다. 친족관계만이 모든 통치적 관계의 유일한 요소라는 설과 일치하는 원시종족(原始種族; primitive tribes)이 있었다는 것은 바로 인정할 수도 있다. 그 가장 적절한 예는 루손섬 북부의 이푸가오족(the Ifugao of northern Luzon)이다. 이 곳에서는 모든 관습법(慣習法; customary law)이 중추적 단위로서 친족집단을 고려하고, 또한 다른 친족까지 구속하는 결의를 할 수 있는 중앙권력(中央權力; central authority)도 전혀 없다. 한 집단은 그 구성원의 잘못에 관하여 집단으로서 다른 집단에 대하여 책임을 지고, 또한 각 구성원은 그 근친관계에 따라서 맡겨진 만큼 열심히 자기의 동료를 지지한다. 친족원 자격으

63) Morgan, 1877: Pt. 11, Chaps. 2, 8, 10. Maine: chap. V.

로 다른 사람에 대하여 소송을 제기할 수는 없었으며, 토지와 귀중품은 개인이 그것을 보관할 수도 있지만, 가족의 동의 없이 처분할 수는 없었다. 그리고 막연한 여론(輿論; public opinion)에 관한 것이 아닌 한, 특정 지역의 주민을 통일시킬 만한 유대는 거의 없었다. "소송절차에 관하여는 어느 누구도 같은 마을의 사람이라든가 같은 지구(地區)의 주민이라는 이유만으로 일정한 의무를 지지 않는다." 친족집단끼리 분쟁이 발생하게 되면, 그 난국을 조정할 중재자(仲裁者; go-between)가 있게 마련이지만, 그 사람도 특별한 선임되었을 나름이고 그의 권력이라는 것은 실로 미미할 따름이다.

이푸가오족(the Ifugao)의 단위가 혈족이 아니고 양면적 집단(兩面的 集團; bilateral group)임에도 불구하고 통치기구(統治機構; governmental organism)로서의 친족집단인 일반개념에 충분히 맞춰 나갔던 것은 주목할 만한 일이다. 확실히 인류사회는 그 미개한 모습만으로도 메인이나 모건이 추정했던 것 이상으로 복잡하다고 생각되고, 또한 반드시 인간적 관계라든가 공간적 관계의 어느 한쪽에 기초하고 있는 것이 아니라, 그 양자에 의존하고 있는 것이라고 생각된다. 또한 반드시 복종관계의 분할이 있어야 했던 것도 아니다. 즉 마치 오늘날의 교회와 국가의 관계와 흡사하게 친족관계는 어떤 부류의 의무를 지고, 지역적 관계는 다른 부류의 의무를 맡을 수도 있다. 어떻든지 확실하게 추상적으로 생각할 수 있는 충돌의 가능성은 없지 않지만, 권한이 나뉘어져 있는데도 생겨나는 충돌은 일상적인 상태를 벗어난 경우라고 생각된다.

여기에서 무엇보다 먼저 검토되어야 할 점은 아주 많은 실례에서 병존하는 친족분류 이상으로 개인의 지역적 분류가 이루어지고 있는가의 여부이다. 다른 관계의 설명에서 이미 인용한 여러 사실을 되집어 보기만 하여도 긍정적인 해답을 얻기에 충분하지만 몇 가지 구별을 실제로 해보지 않으면 안 되겠다. 오스트레일리아의 카리에라족(the Kariera)의 친족집단은 신비스러운 유대에 의하여 각각 일정한 지역과 불가분적으로 연결되어 있고, 같은 종족 내의 다른 지역집단과 전쟁을 하는 것도 지역집단이다. 그렇지만 이것을 가지고 지역적 조직의 한 예라고 주장하는 것은 옳지 않다. 왜냐하면 동료주민이나 토지의 공동소유자는 부계(父系)의 친족이기 때문이다. 그러므로 이들의 단결은 공간적 접촉이라기보다 혈족관계의 결과라고 설명하는 것이 그럴 듯하다고 할 수 있다. 그렇지만 오스트레일리아에서는 모든 종족이, 카리에라족의 혈족이 그 각 지역과 연결되어 있는 것처럼 — 여기에서는 예를 들어 패전 종족의 조상 전래 토지를 박탈할 수 있다고까지는 생각하지 않는다 — 그 거주지역과 밀접하게 합체되어 있는 지방도 있다. 따라서 이러한 곳에서는 많은 친족집단을 망라하는 종족 전체가, 예를 들어 아룬타족(the Arunta)과 그들의 동족 사이에서와 같이, 하나의 지역단위로 작용하고 있다. 그러나 그 가장 좋은 예는 디에리족(the Dieri)이다. 이들은 모계제(母系制)이지만, 혼인을 하더라도 부측거주(父側居住)를 하였으며, 따라서 한 지역에 결집되어 있는 사람들은 같은 토템 혈족(totem sib)의 구성원이 아니다. 각 혈족의 우두머리 즉 최연장 남자인 토템 소속원이 있으면, 지역집단은 또한 토템집단의 장(長)인 사람을 우두머리로 할 수도 있고, 그렇지 않은 사람을 우두머리로 삼을 수도 있다. 상급의 토템 소속원이라 하더라도 특별한 공로를 보여 주지 못하는 한, 그 지역의 우두머리가 되지 못한다. 그러므로 이 곳에서는 지역단위는 친족단위와 함께 존속해 나가지만, 그것과 특별한 관계가 있는 것은 아니다. 더군다나 앞에서 설명한 바와 같이 디에리족에는 카리에라족에서는 찾아볼 수 없는 즉 디에리 지방에서 야영생활을 하는 모든 주민을 자기의 지도하에 둘 수 있는 전체 종족의 우두머리가 있다.

일정한 사항에서 디에리족이 설명한 바와 유사한 사례로서 멜라네시아인(Melanesian)의 족계제도(族系制度; rules of descent)와 정치적 조직의 차이점을 들어도 괜찮을 것 같다. 부인족(the Buin)에서 부측거주제를 따르는 원주민(原住民)은 그 혈족소속이 모계에서 연유하는 것으로 파악하고 있으며, 따라서 그 거주지는 가지각색의 모계친족집단에 속하는 사람들을 포함하고 있다. 그러나 예를 들면 전쟁의 경우처럼 통치적 입장에서 볼 때 중요한 것은 지역적 집단이고, 또한 지역적 집단의 중요성이 크기 때문에 추장의 직위는 그 혈족 내에서 즉 아버지로부터 아들로 상속되는 것이 아니라, 거주제도에 의하여 일정한 지역단위 내부에서 상속된다.

토지소유권(土地所有權)에 관한 극단적인 배타성은 여러 종족의 특징으로 드러나 있는데, 그 중의 어느 종족 예를 들면 베다족(the Vedda), 마이두족(the Maidu), 섀스타족(the Shasta) 및 톰슨강 인디언(Thomson River Indians)처럼 아주 미개인 상태도 있고, 이와는 달리 그 배타성은 사모아인(Samoans)의 고도 문화에서도 찾아볼 수 있다. 이들 각 경우에 지역집단은 친족관계(親族關係)의 유대와는 별도의 단위로서 존재하고 있다. 마찬가지로 수렵 추크치족(the Maritime Chuckchi)의 촌락은 "가족관계(家族關係; family connection)에 기초하고 있는 것이 아니라 지역적 접촉에 기초해 있는 것"이라고 밝혀져 있고, 피의 복수(blood feud)에서 갖가지 역할을 하는 것은 친족집단(親族集團; kinship group)뿐만이 아니라 촌락(村落)이기도 하다. 심지어 일정한 범역(範域)에 대한 감정이 이하에서 말하는 여러 사례에서보다 훨씬 박약한 경우에도, 지리적 위치는 정치동향(政治動向; political status)에 영향을 미칠 수 있다. 크로우족(the Crow)의 주된 두 단체는 같은 말을 사용하고, 마음대로 섞여 살며, 같은 혈족에 속하는 사람들을 감싸주지만, 그러나 어느 남자가 일정한 분족(分族; division)에 속해 살면 어느 단체의 소속인지에 관계없이, 일정한 목적에서 그 집단과 운명을 같이 한다.

여기에서의 요점은 친족집단(親族集團)과 지역집단(地域集團) 중 어느 쪽이 생활에 미치는 영향에 있어서 더 근본적인지의 여부를 확인하는 것도 아니고, 후자가 전자의 파생물에 지나지 않는 것인지를 확인하는 것도 아니다. 문제가 되는 것은 아주 낮은 문화수준(文化水準)에서까지 지역적 접촉이 혈연관계와는 별도로 사회연대(社會連帶; social solidarity)를 결정하는 요소의 하나라는 점이다. 이제까지 필자는 친족관계에 기초하지 않는 사회단위(社會單位)를 협동단체(協同團體; associations)라고 지칭해 왔는데, 이 지역집단은 협동단체의 특수형태라고 생각해야 옳을 것 같다. 그 구성원의 전부 또는 대부분은 경우에 따라서는 어느 모임체나 비밀단체에서보다 소극적이지만 그래도 그들은 이해의 공통에 의하여 결집되어 있는 것이다.

어떠한 의도적인 법적 분장(法的 扮裝; legal enactment)을 빗대지 않고 모건(Morgan)이 뜻하는 정치사회의 오래된 기원을 파헤친 것은 실로 슐츠(Schurtz)의 아주 뛰어난 공적 중의 하나이다. 평의회회관(評議會會館; council house)을 건립하여 한 남자의 모임체로 부락의 남자를 모이게 하는 부인족(the Buin)의 추장은, 그 범위에서는 가족이나 혈족의 유대관계를 무너뜨리거나, 아니면 그 자체로써 친족관계적 동기(親族關係的 動機; kinship motive)의 영역을 제한하는 새로운 유대관계를 만드는 것이다. 이 유대관계의 성질은 같은 지역에 속해 있으면서도 혈통이 다른 남자들을 통일시켰었기 때문에 지역적이다. 또한 촌락민의 집합체가 더 이상 공동축연(共同祝宴; common festivities)을 좋아하지 않게 되면서부터 이웃 마을의 야영지에 공동원정을 하게 됨과 함께, 그것은 정치적 의의를 부여받게 된 것으로 되어 있다. 앞에서 이미 말했던 것처럼, 부락의 모든 주민이 협동단체에 적극적으로 참가해야 하는 것은 아니다. 부녀자들이 배제되었던 경우가 많았던 것은 물론이고, 오스트레일리아인의 장로정치(Australian gerontocracy) 아래에서는 두세 사람의 장로나 연장계층(年長階層; age-class of elders)만이 운영위원(運營委員; managing board)으로 활동할 수 있게 되어 있다. 그럼에도 불구하고 그 지구(地區)의 부녀자와 청년들은 종속적인 방관자이긴 하였지만, 다른 지역의 장로와 접속할 수 있는 것과는 사뭇 다르게 그들의 장로와 접속할 수 있었고, 따라서 이런 한도에서는 좀 무기력하다손 치더라도 지역적 협동단체(地域的 協同團體; territorial association)에 속해 있는 셈이다. 물론 요루바랜드(Yorubaland)의 비밀단체 오그보니단(the secret Ogboni)의 상태도 마찬가지다. 즉 슐츠(Schurtz)가 발견한 여러 가지의 협동단체는 어느 특정지역 내의 사람들을 그 밖의 사회적 소속이 어떤지 관계없이, 일정한 단위로서 작용하는 한 집합체로 통일시킴으로써 국가(國家; state)를 태생케 하는 유력한 기관이다. 그렇기 때문에 철학자이면서 역사가인 테가르트 교수(Professor Teggart)가 메인(Maine)과 모건(Morgan)은 지나온 과정을 분명히 밝히지 못한 채, 친족관계적 조직과 정치적 조직의 구별을 하고 있다는 이의를 제기하였을 때, 이 이론(異論)은 그 학파에 대하여는 올바른 것이었지만 슐츠의 기념비적인 공헌을 무시하고 있기도 하다. 아주 먼 옛날, 그리고 극히 낮은 정도의 환경에서도 정치국가(政治國家; political state)를 수립하기 위하여 친족관계의 유대를 파괴할 필요는 없었다. 가족(家族)이나 혈족(血族)과 함께 오랜 동안, 남자모임체(men's clubs)나 비밀단체와 같은 협동단체(協同團體)가 존재해 왔음에도 불구하고, 그 전부는 친족관계와는 전혀 관련 없는 영역에서 활동하고, 비록 처음부터는 아니더라도 쉽게 정치적 특성(政治的 特性; political character)을 띨 수 있게 되었던 것이다.[64]

64) Brown: 144. Spencer and Gillen, 1904: 13. Howitt: 47. Bogoras: 50, 628, 668. Lowie, 1912: 245.

제 14 장
재 판

원시적 사법제도는 특히 다른 성격의 여러 동기에 대한 친족적 요소의 관계를 설명하는 예로 제공된다. 이푸가오족(the Ifugao)과 같이 중앙권력(中央權力)이 전혀 없는 경우에는 친속집단이 사법단체(司法團體; judicial body)가 된다. 이 단체는 마치 종주국(宗主國)과 다른 나라에 대한 관계처럼, 종족 내의 비슷한 단체에 대하여 이와 같은 관계를 맺고 있다. 그러나 이는 극단적인 예이고, 훨씬 더 일반적으로 우리 문명인에게 있어 정치적 간섭이 필요하다고 생각되는 경우와는 달리 원주민(原住民; native)의 안목으로 보아 집단의 이해가 걸려 있다고 생각되는 경우에만 중앙권력(中央權力)이 개입한다.

이 점에 대해 메인(Maine)이 미개법률(未開法律; rude jurisprudence)과 선진법률(先進法律; mature jurisprudence)을 비교하고 있는 것과 관련하여 한 마디 덧붙여 말하고자 한다. 그는 전자의 특징으로 이상하게도 형법(刑法)이 민법(民法)에 대하여 압도적인 것이라 지적하면서, "오래 전 법률일수록 형사와 관련된 법령들은 더욱 많아지고 상세히 규정한다"고 하였다. 이러한 현상을 초기의 학자들이 추측할 만한 미개인(未開人) 생활의 소란스러움에서 비롯하는 것이라고 설명하였다. 상당한 명성을 지녔던 메인은 그와 같은 안이한 해석에 만족하지 않고, 고대(古代)에 민법이 터무니없이 적었던 것은 당시의 상황에 비추어볼 때

민사와 관련된 다수의 법률이 생겨날 기회가 적었던 때문이라고 한다. 개인간의 관계는 개인의 신분에 의해 조절되었으며, 관습법에 의해 가족 내의 재산관리와 상속이 이루어졌고, 그리고 개인간의 계약이 존재하지 않았던 것은 "심지어 국민들의 어린 시절은 항상 통제되지 않는 격렬한 시기라고 말하는 것은 위험한 일이지만" 형법과 비교해보았을 때 민법이 맡아야 하는 역할이 다소 적었던 것을 잘 설명해 주는 것이다.

앞에 서술한 것은 실제의 상태를 지나치게 과소평가한 것이다. 원시공동사회(原始共同社會; primitive community)에서 흔히 찾아볼 수 있는 극단적인 개인주의가 일반적 무정부상태(無政府狀態)나 이와 유사한 어떠한 상태를 만들어 내려고 하였던 것은 결코 아니라는 점은 이미 여러 번 설명한 바 있다. 일반적으로 말하면, 관습적 불문법은 현재 우리의 성문법보다 철저하게 지켜졌을 뿐만 아니라 이보다는 자발적으로 지켜졌을 것이라 할 수 있다. 크로우족(the Crow) 사이에서 개인적 다툼은 비난의 대상이 되기 때문에 어느 누구도 가까운 종족 사이의 어려운 싸움에 끼어 들어 자신의 사회적 지위를 위태롭게 하지 않으려고 하였으며, 우스운 친족(joking-relatives)이라는 모욕을 받지 않으려 하였다. 사소한 비행(非行)으로 같이 지내는 친구들의 웃음거리가 되거나, 끔찍한 범죄를 저질러 완전히 절교당하는 것은 원시인들에게 가장 심한 처벌이었고, 이러한 웃음거리나 절교를 당하는 것은 우리의 상식에서 찾아볼 수 없을 만큼의 억제력을 갖고 있기도 하였다. 이러한 현상에는 종교적 동기를 덧붙이지 않으면 안 된다. 범죄는 죄악(罪惡)으로 생각되고 또한 우주(宇宙)의 보이지 않는 힘에 대한 반역이었으며, 어떠한 세속적인 요소가 관련되어 있는지 여부에도 불구하고 상당한 형벌을 받게 되어 있었다. 그러한 것은 예를 들어 폴리네시아인이 금제의 규칙을 지키게 하는 근본사상이기도 하였다. 요컨대 미개종족(未開種族; ruder peoples)의 개인주의적 사회에서도 질서유지를 위한 충분한 수단이 있었다. 다만 질서(秩序)라는 관념은 장소에 따라서 달라지는 것이고, 때로는 우리가 생각하는 질서관념과 아주 다르기도 한 것이다.

메인(Maine)은 원시사회에서 형법이 두드러지게 드러났던 점을 설명한 다음에, "사실은 고대공동사회의 형법은 범죄에 관한 법률이 아니라 과실에 관한 법률이거나 아니면 영어(英語)의 기술적 단어를 사용하여 사적 불법행위(私

的 不法行爲; Torts)에 대한 법률이다"라고 지적함으로써 자기의 견해에 조건을 덧붙이고 있다. 이것은 바로 우리로 하여금 문제의 핵심이 무엇인지를 알려준다. 그도 그럴 것이 메인이 의미하는 것은 고대의 법률에서 피해자측으로 여겨지는 것은 국가가 아니라 개인피해자 및 그 친족이었기 때문이다. 바꾸어 말하면 이것은 먼 옛날 인간적 관계(人間的 關係) 대 지역적 관계(地域的 關係)의 문제이다. 필자는 이미 여러 경우 원시인은 사적 불법행위와 범죄를 함께 인정한다는 점을 적시한 바 있지만, 약간의 실례를 인용하기에 앞서서 원시법(原始法; primitive law)의 일정한 보편적 원리에 관하여 말해 두어야 하겠다. 다만 이러한 것들은 쉽게 이용이 가능한 홉하우스 교수(Professor Hobhouse)의 저작에서 명료하게 설명하고 있기 때문에 아주 간단하게 다루고 넘기기로 한다.65)

제 1 절 연대책임제

개인은 그가 소속한 집단과 합체되어 있다는 관념을 그대로 인정하게 되면, 필연적으로 개인의 동료들은 각 개인의 죄과(罪科)에 대하여 연대책임(連帶責任)을 져야 한다. 비록 이러한 것은 고대적 관념이기는 하지만, 오늘날까지도 문명국가의 전쟁에 있어서 계속하여 남아 있는 것으로, 개인의 유죄 혹은 무죄를 결정하는 것을 단순히 보류한 것이다. 이러한 항목 아래 포함된 사실들을 혈족설(血族說; sib dogma)을 지지하는 증거로 삼을 수 없다는 것을 주의하여야 하는데, 그 이유는 관련 집단이 흔히 혈족이 아니라 가족이나, 협동단체 혹은 종족이기 때문이다. 무혈족의 후파족(the Hupa)은 살인죄를 벌하기 위하여 살인자의 가족 누구든지 죽일 수 있도록 하였다. 크로우족(the Crow) 사이에서, 만일 폭스단(Fox)의 한 남자가 경쟁 단원의 아내를 유괴한 뒤 되돌려줌으로써,

65) Maine: Chap. X. Hobhouse: Chap. III.

유괴를 당한 아내의 남편은 물론 그가 속한 조직에게도 치욕을 가하였다면, 그 상대방인 럼프우드단원들(Lumpwoods)은 모든 폭스단원의 모포를 찢을 수 있는 권리가 있었다. 그리고 동일한 종족에서, 다코타족(the Dakota)에 의하여 아들이 살해되어 슬픔에 찬 부모들은 그 적대적 종족의 구성원 중 누구에게라도 복수를 하게 되면 바로 만족하게 되곤 하였다.

이러한 원칙으로 추론된 것처럼, 다른 집단에 대한 어느 한 집단의 침해는 다른 주권을 바탕으로 한 국가의 침해와 유사한 것이다. 다른 한편, 어느 개인이 그 동료에 대하여 한 범죄는 범죄행위를 한 자가 소속된 단체 이외의 다른 사람과는 관계가 없는 것이다. 이 두 번째의 내용은 이푸가오족(the Ifugao)의 관습에서 계속적으로 증명되고 있는 바이다. 따라서 존속살인(尊屬殺人; parricide)의 두 가지 사례는 가족 내부에서 발생한 일이므로 처벌되지 않았다. 그들은 그 누구의 일도 아니고 관련 있는 친척들은 살인자를 정당한 행위로 생각하는데, 그 이유는 노인은 부당하게 자기의 아들의 밭을 저당잡힘으로써, 자신의 가족의 생계를 위협했기 때문이다. 이 사람들은 좀더 극악한 죄와 관련하여도 동료에 대하여 소송을 제기하지 않았다. 이러한 태도로 인하여 아버지와 딸이 근친상간의 관계를 맺었으면, 딸의 외가측 친족들은 그 아버지를 자신들에 대하여 범죄를 저질렀다는 근거로 처벌하는 예는 있었지만, 친가측의 친족은 아무런 조치도 취할 수 없었다.

이러한 집단연대성(集團連帶性)의 당연한 귀결로서, 한 개인이 다른 집단 사람에게 상해를 가했으면, 가해자의 소속집단은 그를 꾸짖고, 피해자 쪽의 집단은 피해자가 배상 또는 복수를 요구하는 것을 지지한다. 이러한 것은 피의 복수(血族不和; blood-feuds)나 개인간의 투쟁을 야기하기도 하였다. 이러한 불화나 투쟁이 어느 정도인지는 곳에 따라서 다르다. 추크치족(the Chukchi)은 처음의 복수행위가 있고 난 다음 보통 화해를 하게 되는데, 이에 반해 이푸가오족은 어떻게든지 통혼(通婚; inter-marriage)을 하여 우호관계가 정립되기 전까지는, 거의 계속적으로 불화가 지속되었다. 똑같은 원칙으로부터 어떠한 종류의 관습이 생겨날 수 있는지를 보여주는 좋은 예는 위에 설명한 이푸가오족과 추크치족이다. 이푸가오족은 거의 모든 경우에 친족인 사람을 보호하는 경향이 있지만, 추크치족은 개인적인 원한 때문에 자기들로 하여금 다른 친족과 분규를 일으키게 만든 사람을 죽여 버림으로써 종종 불화를 피해 버리기도 한다.

이러한 근본원칙에 대한 변형된 사례는 오스트레일리아의 디에리족(the Dieri)에서 찾아볼 수 있다. 즉 그들은 아무렇지도 않게 범인보다는 오히려 범인의 형을 사형에 처해 버린다.

제 2 절 범죄의 동기

범인측 집단의 어느 누군가를 벌함으로써 법을 구현시키는 점에서 추측할 수 있는 것처럼, 원시법(原始法; primitive law)에 있어서 범인의 의사는 오늘날 우리들의 법률에서와 같은 역할을 해내지 못한다. 고더드(Goddard)가 설명한 후파족(the Hupa)의 한 사건이 그 전형적인 예이다. “한 여자가 문 밖에서 목욕물을 데우기 위하여 피워 놓은 불에 아이가 타서 죽었다. 비록 그 여자가 잘못한 것은 아니지만, 그 여자의 아들의 생명을 죽은 아이에 대한 배상으로 요구했다.” 하지만 이것은 보편적으로 받아들여지는 요구로 인정되지는 않았다. 이푸가오족은 자의적인 행위와 비자의적인 행위 및 전적으로 우발적인 행위와 경솔해서 저질러진 행위를 면밀히 구별하는 점에서 특히 유명하다. 설령 어떤 사람의 칼이 손에서 떨어져 다른 사람의 눈을 실명케 하였더라도, 아무런 손해배상을 청구할 수 없었다. 산제물인 물소(carabaos)와의 격투에서 많은 사람이 부상을 당하거나 죽음을 당하는 경우도 있었지만, 두 번째 사례의 경우와 같이 친족이 배상금을 책임져야 하는 경우는 없었다. 반면 길을 달리면서 표적(標的; target)을 맞추려고 창을 던지다가 지나가는 어린아이를 살해한 사람은 충분한 주의를 하지 않았다는 이유로 살인죄에 부과되는 벌금의 절반을 지불해야 한다. 또한 적과 내통하여 이웃사람을 살해한 자는 죽이려고 하는 의도는 부주의로 인한 실수보다도 중하다는 이유에서 보다 많은 벌금을 부과하였다. 이푸가오족의 일반규율에 대해 두드러진 예외가 하나 있다. 즉 화려한 연회를 할 때 그 주인과 제례담당자는 그 발생하는 모든 사건에 대하여 공동으로 책임지게 되어 있다. 그것은 주인 쪽으로서는 주인이 잔치를 베풀지 않았다면 사건이 발생하지 않았으리라는 이유에서, 그리고 제사를 치르는 자의 입장에서는 종교적 직무집행에 잘못이 있었다는 이유에서 책임을 지는 것이다. 남동부 반투족(the Southeastern Bantu)은 우발적 살인과 우발적인 재산 파손에 관하여 아주 흥미로운 구별을 하고 있다. 모든 살인은 지배자의 신하를 빼앗아가 버린 것이 되기 때문에 범죄로 여겨졌고, 따라서 범죄의사여부를 불문하고 추장에게 배상함으로써 이를 보상하지 않으면 안 되었다. 그렇지만 다른 사람의 전답이나 기타 소유물의 파손은 개인적인 불법행위로 여겨졌고, 따라서 고의로 그 위해(危害)를 증가시키지 않았으면 배상금을 지급하지 않아도 되었다.

이와 같은 세 가지의 예는, 아주 오랜 옛날의 판단이 어려웠음을 단적으로 보여주는 것이지만, 결국에는 모든 제한이 덧붙여졌음을 보여주기도 하고, 미개문화(未開文化; ruder cultures)에서는 우리 문명인의 법정에서보다도 어떤 행위의 도덕적 동기는 관련이 없는 것으로 다루어진 것이 많았음이 사실임을 알 수 있다.

제 3 절 속죄금

가해자측 집단과 피해자측 집단 간의 원한관계는 종종 화해금(和解金) 즉 피해를 보상하여 주는 속죄금(贖罪金; weregild)의 지불에 의해서 풀려지기도 한다. 대부분의 경우 모든 손해에 대하여 갚아주어야 하는 지불금액을 미리 규정해 놓은 전통적인 배상예상액표(賠償豫想額表; tariff schedule)가 갖추어져 있다. 그렇지만 지불을 받을 수 있는 침해의 범위에 관하여는 각 사회마다 다르게 규정하고 있었다. 이푸가오족은 모든 종류의 분쟁을 해결하기 위하여 복잡한 벌금표(罰金表; scheme of fines)가 갖추어져 있다. 즉 고의적인 살인은 피(blood)에 의해서만 속죄될 수 있다. 추크치족의 관습은 그다지 엄격하지 않았지만, 그들도 사소한 위반에 관하여는 체형(體刑; personal chastisement)을 가하는 것보다 속죄금(贖罪金; weregild)을 배상하는 예가 살인범의 경우보다는 훨씬 더 많았다. 그러나 대부분 지방에서는 공공의 안전을 위하여 중죄(重罪; felonies)도 속죄금을 물려서 조정시키기도 한다. 징수금정관(徵收金定款; conventional tariffs)의 의도를 좀더 명료하게 하기 위하여 몇 가지 사례를 더 들어보려고 한다.

이푸가오족의 관습법은 빈부(貧富)에 따라 세 부분의 사회계급이 인정되며, 관련 당사자의 재정상황에 따라서 벌금이 달라진다. 그러므로 두 번째의 혼인 이후 마지막 혼인 이전에 저지른 간통(姦通)에 대하여, 부자(富者; wealthy man)는 47페소(pesos) 정도로 맞추어 10종류의 물품을 벌금으로 내야 하고, 중산계급(中産階級; middle class)의 사람은 24.20페소에 맞추어 역시 10종류의 물품을 벌금으로 지불하여야 하며, 가난한 사람은 약 12페소에 맞추어 6개 정도의 물품을 내기만 하면 되었다. 유혈(流血)의 복수까지 하지 않아도 되는 살인의 경우에는, 살인자가 부자라면 그럴듯한 잔치를 베풀고, 살해당한 자의 상속인들이 나누어 가질 만큼의 물품을 주어야 하는데, 경우에 따라 다르지만 때로는 975페소에 달하기도 한다. 이와 같은 것은 살해당한 자의 지위에 따라 결정되는 것으로, 사망한 사람이 빈민계급의 사람이라면 굳이 말할 필요는 없지만, 만일 중산계급의 사람이라면 그 비용이 어느 정도 축소되기도 한다. 반면 살인자가 빈민이나 중산계급의 사람이라면, 물품으로써 보상하기 어려울 정도로 많은 액을 지불하여야 하였다. 이는 그가 살아 있는 동안 갚기에는 어려울 정도이며, 만일 그가 다 갚지 못하고 사망하였다면 자손들이 이를 갚아야 했다.

고대 키르기즈족(the Kirgiz)도 이와 마찬가지로 벌금징수에 계급적 구별을 인정하고 있었다. 자유민(自由民)을 살해한 경우 그 살인자는 1쿤(kun) 즉 백 마리의 말이나 천 마리의 양을 벌금으로 부과하였지만, 귀족의 친척을 살해하면 7배 정도 더 부과될 수도 있었다. 반면 여자나 노예에 대한 조정금은 1/2쿤에 9마리 정도의 가축을 더하였고, 어린애들에 대하여는 1/3쿤을 지불하도록 하였다. 한쪽 눈이나 오른 팔을 잃으면, 남자는 1/2쿤을 요구할 수 있고, 여자는 1/4쿤을 요구할 수 있다. 팔이 부러지거나, 왼손이나 발 한쪽을 잃으면, 9마리의 주요한 가축을 각각 3배씩 배상받았다. 왜냐하면 손가락이 부러지면 9마리의 주요한 가축을 배상받았기 때문이다. 치아가 하나 부러지거나 손가락의 하나가 부러지는 경우나 머리를 다치는 경우에는 피해자는 가해자로부터 말 한 마리와 외투 한 벌을 받았다. 절도죄(竊盜罪; theft)는 9마리의 주요한 가축에 대해 3배를 배상하여야 했다. 낙타 한 마리는 말 세 마리 또는 양 삼십 마리에 상당하는 것으로 하였다. 만일 임신한 여자를 넘어뜨려 그로 말미암아 그 여자가 사산(死産)을 하였다면, 넘어뜨린 사람은 그 여자가 임신 5개월 이내였다면 각 개월마다 말 한 마리를 내야 하고, 임신 5개월 이상이었다면 각 달마다 낙타 한 마리씩을 배상하여야 한다.

이와 같은 규정은 매우 유동적인 것이기는 하였지만, 대다수의 경우 화해를 위하여 원칙적으로 확정된 조정금에 대한 약정은 없는 것으로 인식되었다. 따라서 평원인디언들(Plains Indians) 사이에서 살해된 남자의 친족에게는 상당수의 말이 제공되었던 것으로 보여지며, 그 밖의 범죄도 이와 마찬가지로 정해져 있지는 않았지만 일정한 물품을 주어서 범죄를 없었던 것으로 하였다. 이 지방에는 배상에 갈음하는 각양각색의 제도가 상당히 일반적으로 행하여지고 있었다. 피해자는 속죄금을 바란다거나 무리하게 범인의 소유물을 가지려고 하지 않는 대신에 적의 말이라든지 다른 귀중품의 하나나 그 이상을 죽이거나 파괴할 수도 있었다. 이러한 관습은 특히 간통의 경우에 많이 행하여졌다.

섀스타족(the Shasta)의 평가방법은 어느 정도는 상규(常規; norm)와 다르다. 살해배상금(殺害賠償金; blood-money)을 주면 언제든지 받을 수 있었다. 하지만 그 전에 실제의 살해자 이외의 어느 누군가에게 복수를 하였다면, 두 번째 희생자의 친족에게 정규의 배상금(賠償金)을 지급해야 하며, 따라서 이 때 최초의 살인에 대한 책임은 대부분 아니면 전부 소멸해 버렸다. 이 종족 사이에서는 각 개인은 그 어머니가 혼인할 때 받은 신부값으로 각각에 대한 가치가 정해져 있기 때문에 그 평가가 아주 간단하게 이루어진다. 아마도 이 종족에서의 아주 기묘한 특징 중 하나는 추장(酋長; chief)이 당사자간의 의견을 일치시키려고 노력하였을 뿐만 아니라, 살해자가 지불능력이 없다고 판명되면 그가 바로 그것을 지불하거나 아니면 지불을 위해 필요한 역할을 하여야 하는 것이다.

마지막으로 사모아인(the Samoan)의 살인죄 및 간통죄에 대한 처리방법을 소개하고자 한다. 흔히 범죄자(犯罪者)는 비싼 멍석이나 다른 재산을 제공하여야 했을 뿐만 아니라 그럴 듯한 장작나무나 돌멩이 또는 나뭇잎을 피해자측에 가지고 갔다. 그리고는 상징적으로 자기 자신을 죽이거나 요리하거나 먹어치우는 것을 보여줌으로써 자신의 몸 전체를 상대방의 관대한 용서에 맡겨 버린다. 이러한 증여품과 자기비하의 결합은 피해자측의 분노를 가라앉히기에 충분하였다. 비천한 신분으로 태어난 사람은 이러한 상징적 굴욕을 받아들이지 않고 그저 물품만 제공하였는데, 이러한 태도를 피해자측에서는 거절할 수 있었다.

제4절 증　거

홉하우스 교수(Professor Hobhouse)가 지적한 바와 같이 고대의 소송법은 흔히 유죄인지 무죄인지에 대한 정확한 판단보다는 오히려 상호 치명적인 분쟁을 방지하는 데 치우쳐 있다. 그럼에도 불구하고 미개문화에서조차 고발의 사실 여부나 분쟁의 시시비비를 확인하기 위하여 여러 가지 방법이 활용되고 있다. 하지만 일반적으로 그 사용하는 방법은 대개 민간에서 보편적으로 행해지는 마술적·종교적 관념과 뒤섞여 있다. 이러한 두 관념하에 정립된 관습에는 주의, 맹세 그리고 시죄법(試罪法; ordeals)이 존재한다.

평원인디언(Plains Indians) 사이에서 맹세는 주로 전공(戰功)에 대한 투쟁여부를 밝히기 위하여 확립된 것이다. 일찍이 크로우족(the Crow) 사이에서는 누워있는 적의 시체 앞에서 누가 먼저 접촉을 했는지에 대해 다투는 일이 발생하곤 하였다. 이 때 여러 전사들이 모인 가운데 두 사람이 엄숙한 맹세를 하였는데, 일반적으로 두 가지 방법으로 행해졌다. 하나는 다툼을 하는 두 사람이 각각 서로 바꾸어 가면서 작은 칼을 자기의 입에 넣고, 그것을 태양(太陽)을 향하여 주문(呪文)을 외우면서 증인이 되어 줄 것을 갈구하고, 거짓 주장을 하는 자에게 죽음을 내려달라고 하는 기원하는 것이다. 다른 방법은 고기 한 점을 펜 화살을 바짝 마른 들소의 머리에 꽂고, 다툼을 하는 두 사람이 그 화살을 뽑아서 고기 맛을 본 뒤, 앞서 언급한 방식의 주문을 외우는 것이다. 물론 그 즉시 판결이 내려지지는 않지만, 그 후 바로 어떠한 중대한 문제가 발생하든가 아니면 그 밖에 어려운 일이 닥치게 되면, 그러한 문제에 직면한 남자가 위증한 것이라 생각하고, 상대방이 승리한 것으로 여겼다. 그 밖의 다른 지방에서는 유죄의 판결을 하게 된다는 일반적 목적과 관련하여 다음과 같은 맹세를 하도록 하였다. 사모예드족(the Samoyed) 또는 오스탸크족(the Ostyak)은 죄를 지은 사람으로 하여금 곰의 코를 향하여 맹세를 하게 한다. 즉 작은 칼로 곰의 코를 베는 시늉을 하면서, "곰이여 내가 거짓을 말하였거든, 나를 잡아먹어라!"라고 하였던 것이다. 보통 거짓을 말하는 자는 벌을 받는다고 생각하였기 때문에 이러한 맹세를 할 정도라면 그 사람은 죄가 없다고 여겨졌다. 그러나 그러한 맹세를 한 이후에 남자가 곰한테 죽거나 어떤 사고로 죽게 되었다면, 이는 그 남자의 거짓된 행위로부터 비롯된 것으로 간주되었다. 키르기즈족(the Kirgiz)은 죄를 범한 사람에게 맹세를 시키지 않고, 다른 성실한 사람에게 맹세를 시키는 특이한 제도를 가지고 있었는데, 이로 인해 성실한 사람은 형사상 죄를 떠맡게 된다. 대체로 맹세는 특히 구대륙의 특징이다. 그렇지만 이미 지적한 바와 같이 아메리카 원주민들 사이에서는 비록 제한적인 방식으로나마 존재하는 것이었다.

시죄법(試罪法; ordeals)도 마찬가지로 구대륙의 제도이다. 이는 매우 다양한 형태로 존재하였다. 추크치족은 갑론을박하는 것을 몸싸움으로 해결하려고 하는 시도가 있었는데, 반드시 악인이 몸싸움에서 진다는 확고한 신념을 가졌다. 이푸가오족도 분쟁과 관련된 밭의 경계를 확정하기 위하여 이와 동일한 방법을 취하였고, 뿐만 아니라 다른 종류의 다툼에서도 다양한 방법이 사용되었다. 예컨대 간통(姦通)의 경우 양자가 서로 계란을 던지도록 하거나, 그 밖의 다른 분쟁의 해결을 위해서 다툼을 하는 쌍방이 끓는 물이 들어있는 솥 안에 놓인 조약돌을 끄집어내도록 각자의 손을 그 안에 천천히 밀어 넣게 하여, 지나치게 서두르는 태도나 심한 화상을 입는 것은 유죄의 증거로 삼았다. 다음에 아프리카의 자료를 바탕으로 하여 추가 사례를 들어 보도록 하겠다.

유죄를 결정하기 위해서 신비스러우면서 종교적인 갖가지 방법들이 동원되었지만, 이러한 다양한 방법들이 곧바로 재판상 효과를 지니는 것은 아니다. 그리하여 이푸가오족은 날카로운 창 끝에 계란을 올려놓아, 범인의 이름을 불렀을 때 창끝에 계란이 그대로 올려져 있는지 아닌지에 따라 절도의 여부를 추측하기도 하였다. 이러한 지적인 방법은 시죄법의 특유한 형태라 할 수 있지만, 법률상 이 두 가지 현상은 전혀 다른 것이다. 점술(占術; divinatory act)은 전적으로 개인적인 의미를 가진다. 다만 도둑맞은 자에게 용기를 주어, 절도혐의자를 재판에서와 비슷한 정도의 시련에 부딪쳐 보게 하는 것이다.[66)]

지금까지 개괄적으로 원시법률(原始法律; primitive jurisprudence)에서 아주 특징적인 것이라고 할 수 있는 몇 가지를 살펴보았다. 이제는 이와 관련하여 불충분하지만 주로 어느 정도까지 사회가 관습법(慣習法)의 위반을 감지하고 있는지를 알아보기 위하여, 몇몇 종족을 선정하여 사법상 재판문화를 검토해 보기로 하겠다.

제 5 절 오스트레일리아

오스트레일리아인(Australians)은 물질적 발전은 매우 낮았지만, 범죄를 다룸에 있어서 중앙권력(中央權力)을 가지고 있는 종족으로 아주 좋은 사례이다. 우리의 법률에서 어떠한 행위가 중죄(重罪; felony)로 인정되는 것은 직접 관련이 있는 가족범위 이외의 사람에 대해서는 재판권의 범위에 속한다고 볼 수 없다는 사실이다. 퀸즐랜드인(Queenslander)은 종족과 관련된 일이라면, 아내를 때리거나 불구로 만들어 버리기도 하며, 심지어는 죽이기까지 할 수 있다. 다만 아내를 죽이면 아내의 친족들이 그에게 책임을 물을 수 있다. 또한 여자의 경우 아이를 출산한 지 몇 시간이 지나지 않아 죽이더라도 이는 법에 저촉되지

66) Barton: passim. Bogoras: 662. Goddard, 1903: 59. Maclean: 60, 67. Radloff: 523. Stair: 96. Dixon, 1907: 452. Lowie, 1912: 238.

않는다. 다른 한편 일정한 원주민들의 법률위반사항에 관하여서까지 처벌한다고 하면 그 또한 세간의 조롱거리나 비난받을 일에 지나지 않는다. 그렇지만 이는 원시공동사회에 있어서 훨씬 더 예민하게 감지되는 것이기도 하다. 마지막으로 그 밖의 악행(惡行)은 마술적 방법에 의하여 자연적으로 처벌되는 것으로 생각되는 것이 보통이다. 그래서 장모에게 말대꾸를 한 남자는 일찍 백발(白髮)이 될 것이라고 생각하였다. 그러나 아무리 그 범위를 축소하여 해결하려 하여도, 사적 방법으로는 해결하지 못할 뿐만 아니라 단순한 비난이나 정신적인 벌로써는 처리할 수 없는 경우도 있었는데, 이 때에는 국가가 종족평의회라는 형식을 빌려 간섭하기도 하였다.

사적인 형집행(刑執行)의 전형적인 예를 생각해 보기로 한다. 앞서 언급한 퀸즐랜드인은 아내에 대해 거의 완전한 지배권을 가졌다. 만일 아내가 부정(不貞)한 행위를 하면, 부메랑(boomerang)으로 그녀를 때리거나 창으로 아내의 허리를 찌르든지, 아니면 그녀의 배 위에 뜨거운 잿가루를 쌓아 올리기도 한다. 이와 유사한 방법으로 아버지는 미성숙한 아들에 대해 외부의 간섭을 조금도 받지 않고 자기가 생각하는 대로 징벌할 수 있다. 개인적으로 소유하고 있는 토지를 침범하는 경우, 그 밀렵자(密獵者)가 같은 종족사람이면, 그 지주는 그를 꾸짖거나 그의 다리를 창으로 찍어 버리고 말지만, 만일 다른 종족의 사람이면 대개는 죽이는 것이 보통이다.

연대책임(連帶責任; collective responsibility)이라는 것이 인정되고 있기 때문에, 사람을 죽이게 되면 피의 복수(vendetta)를 당하게 된다. 그러나 야만적인 제도 중에서 가장 주목되는 이 제도로 인해, 방어물로 보강된 살인자가 살해된 자의 친족이나 지역집단과 직면하였을 때 흔히 야기될 수 있는 적법한 충돌 상황이 회피되곤 하였다. 즉 피해자측이 살인자를 향해 창을 던지면 범인은 사력(死力)을 다하여 이를 받아넘기지만 끝내는 범인의 몸에서 피가 흐르는데, 보통은 이로써 소송은 종결되고 원한관계가 끝을 맺게 되는 것이다. 종래 이러한 속죄격투(贖罪擊鬪; expiatory combats)는 시죄법(試罪法; ordeals)의 일종으로 여겨졌지만, 이는 명백히 그러한 종류와 다르다. 왜냐하면 그들은 처음부터 그렇게 여겨졌기 때문에, 범인의 유죄를 판단하지 않았기 때문이다. 속죄격투는 그다지 심하지 않은 범죄를 일으킨 때도 행해졌는데, 이 경우 피고는 그 친척 여러 사람의 적극적인 도움을 받을 수 있고, 자기 몸을 호위하는 데 그치는 것이 아니라, 날릴 수 있는 도구를 가지고 상대방에게 던질 수도 있었다. 여러 가지 악행(惡行)에 대하여 형식적인 속죄결투가 행하여졌는데, 이 분포범위는 한정적이었던 것으로 보인다. 이러한 풍습은 남동지방이나 퀸즐랜드(Queensland)에 널리 유포된 것이다. 즉 절도를 한 사람은 참회의 뜻을 보이며 그의 머리를 숙이는데, 이 때 판사는 그 입을 험담을 들은 사람이 후려칠 수 있도록 허용한다. 중부 오스트레일리아에서는 이와 유사한 보상행위와 관련하여 앞서 살펴본 바와 같은 정도로 관습적이지는 않았던 것 같다. 그렇지만 가출 후에 유괴한 사람은 그가 관계한 집단원들 사이에서의 투쟁을 막기 위하여, 피해를 입은 남편의 학대를 견뎌야 하는 경우도 있다. 이 지방에서는 흑마법(黑魔法; evil magic)에 걸려 사람이 죽게 되면 종족평의회(種族評議會; tribal council)가 파견한 조직적인 단체가 흑마법에 걸려 죽은 자의 원수를 갚는다.

사회에 대한 범죄의 관념에는 확실한 지역적인 차이가 있지만, 내륙전체를 통하여 근친상간규정(近親相姦規定; incest laws)의 위반은 이 항목에 속하는 것으로 보아야 할 것이다. 그렇기 때문에 디에리족의 종족평의회에서는 어느 한 청년이 혼인을 할 수 없는 등급의 여자와 혼인하면 유죄를 받게 되었다. 장로들이 사건을 조사하여 고발하게 하고, 범인이 사형을 선고받으면, 영향력이 있는 종족원의 탄원(歎願)이 있어야만 죽음을 면할 수 있었다. 말하자면 다른 남자와 혼인하기로 한 소녀가 도망친 것을 해결하는 경우는 이와 크게 달랐다. 그것은 그 소녀의 친족이 다루어야 하는 문제였다. 피해자측 오빠들이 유괴자를 때려서 마침내는 피를 흘리게 하고, 소녀는 그 어머니나 자매들로부터 심한 구타를 당한다. 그러나 매를 맞았던 두 사람의 혼인에 대해 종족이 공인할 수도 있다는 상황이라면, 그러한 행위는 장로로 조직된 상원의 권한 밖의 일이었다.

이 밖에 일반적으로 지배단체에 의하여 처벌되는 범죄로는, 입단식 때 알려 준 비밀을 누설하거나 사악한 마술로 사람을 죽인 경우이다. 기타의 살인에 관하여는 대체로 그 지방에 따라서 관행도 달랐다. 북부 퀸즐랜드(north Queensland)에서의 일반적인 분쟁해결은 개인적인 문제였지만, 지역집단에 속하는 사람에게 심한 상처를 입힌 경우에는, 무엇인가 확실한 도발의 원인이 정당하다고 생각되지 않으면, 종족평의회의 결정에 따른 복수를 받아야 했다.

요컨대 오스트레일리아인의 법률은 개인적인 불법행위를 인정한다는 점에서 진보한 법률과 다르지만, 그러나 우리들이 범죄라고 생각하는 일정한 악행(惡行)도 사적인 불법행위라고 여기기 때문에 상대적으로 소수의 위반사항만을 범죄에 속하게 하는 점에서 다르다고 할 수 있다.67)

제 6 절 이푸가오족

이푸가오족(the Ifugao)의 법률은 특이한 여러 가지 특징들이 결합되어 있는 것처럼 보인다. 각기 다른 친족의 분리적 경향이 루손섬(Lozon)의 원주민보다도 강하다면 어떠한 사회도 존립하기 어려울 것이다. 개인은 그 친족에 복속하고, 친족은 그에 속한 사람들을 다른 친족에 대하여 보호를 해주어야 하며, 같은 마을이나 같은 지역의 다른 친족과 관련된 일에 대해서는 어느 쪽에 대해서도 아무런 의무가 부과되지 않는다. 이와 같은 사정이기 때문에 자기에게 부여된 권력을 바탕으로 중재자의 역할을 하는 관리도 없다. 두 친족이 서로 대립하면, 그 어느 쪽과도 관계가 없는 중개자(仲介者)가 쌍방의 동의하에 선발되기도 하지만, 중개자의 유일한 권력은 단지 쌍방을 개인적으로 설득하는 것뿐이다. 그래서 이론적으로는 일정한 공동사회가 완전히 분리된 친족에 의해 파괴되어 버리는 지점까지 분열이 이루어진다. 다른 한편 아주 많은 사건들 중 어떤 방법이 적당한 것인지를 더더욱 특별하게 정립한 관습법(慣習法; customary law)을 가진 원시종족(原始種族; primitive tribe)을 찾아보는 것은 어려운 일이다. 이것은 사회적 교류의 중요 사건을 덮어버리는 여론의 힘에 의해 부분적으로 보충된 형식적 단결이 결여되었음을 의미한다. 그러므로 간통현장을 들킨 남자가 분노한 간통녀의 남편에 의하여 살해되었다면, 실제

67) Roth, 1906. Spencer and Gillen, 1904: 25, 556. Howitt: 183, 254, 296, 326 seq.

살해당한 남자의 친족이 살해자인 간통녀의 남편에게 보복을 할 수도 있지만, 그러한 보복행위에 대해서는 용서받지 못한다. 다만, 피해자인 남편은 당연히 벌금을 요구할 수 있지만, "이러한 일이 바로 일어나지 않는다면 그 누구도 살해의 타당성에 의문을 가지지는 않을 것이다"라는 입장을 위하는 것에 불과하다. 바꾸어 말하면, 불만의 원인들은 오로지 친족의 시각에서부터 고려되는 것이 아니라 공동사회를 통하여 받아들여진 표준에 따라 평가되는 것이다. 물론 사정이 그렇지 않다면 공동사회라 여기지 않을 것이다. 그렇지만 이푸가오족이 친족적 요소를 그만큼 소중하게 여김에도 불구하고, 국제적인 소송에 견줄 만한 내용을 표준화(標準化)하고 있었음은 참으로 불가사의한 일이다. 확실히 그곳에서는 마치 국제관계에서와 마찬가지로 상규(常規; norm)를 벗어나는 경우도 있었으며, 강대한 친족은 궁핍하거나 열세인 집단을 위협할 수도 있다. 그렇긴 하지만 법을 위반하는 것은 일정한 한계 내에서만 허용되었던 것 같다. 부자인 간통한 남자는 궁핍한 고소인이 요구하는 다액의 속죄금(贖罪金; indemnity)의 지불을 거절할 수도 있었지만, 이와 같은 경우의 최저의 벌금 즉 가해자나 피해자 모두 빈민계층의 사람인 경우에 지불하여야 하는 만큼의 금액을 지불함으로써 도덕적인 무남을 떨쳐버릴 수 있다. 무엇보다 궁핍한 피해자는 잃은 것이라고는 그의 고통밖에 없었기 때문에 이것저것 따지지 않고 위협적인 태도를 취하면, 놀란 가해자의 친족들은 그를 설득하여 과대한 벌금을 내겠다고 동의하는 일도 벌어지곤 한다. 일정한 행동양식을 모든 사람이 옳다고 인정하는 것은 압류법규(押留法規; law of seizure)에 의해서도 명백하게 설명되는 일이다. 채무자가 어떠한 악행에 상응하는 벌금을 지불하지 않으면, 채권자는 몰래 또는 계획적으로 채무자의 집에 가서 종(鐘)이나 다른 귀중품을 가지고 나와도 문제되지 않는다. 만일 압류자가 자기의 단도(短刀)나 그의 몸에 관련된 물건을 남기고 간 경우 그 행위는 법적 효과를 갖는다. 즉 한편으로는 적법한 것으로 인정되지만, 반면 그것은 절도의 형식을 구성하는 것이기도 하다.

동일한 지역에서 일련의 주권단체(主權團體; sovereign groups)의 공존에서부터 나온 파생적 원리를 바탕으로 하여 무정부상태(無政府狀態; anarchy)는 공통의 표준에 의해 완화되었던 것으로 보이는데, 적어도 모든 공동사회에서 거의 일치하고 있는 것이다. 실제 이푸가오족의 사회는 지방분권적인 성질을 가짐에도 불구하고, 적당한 조건이 갖춰졌었더라면 정치적 조직으로 발전해 나갈 수 있었을 싹을 없애버리지는 않았나 라고 이야기해도 될 듯싶다. 중재자(仲裁者)라는 직책이 있었던 것도 이러한 관점에서 보아야 할 것이다. 비록 중재자는 엄밀한 의미에서는 아무런 권력도 가지지 않지만, 중재(仲裁; peace-making)라는 명칭을 내세움으로써 수입이나 개인적 명예의 바탕을 다질 수 있다. 그 지위를 확보하기 위하여 중재자는 여러 가지 수단을 강구해야 한다. 예를 들어 군검(軍劍; war-knife)을 손에 들고 비타협적인 원고(原告)나 고집 센 피고의 뒤를 따라 다니는가 하면, 양자를 어떻게든지 설득시키려고 강요하기도 한다. 둘째로 비록 직접관계가 없는 일반 친족은 중립적이기는 하지만, 그들 모두가 분쟁에 대하여 냉담한 것은 아니다. 즉 "이웃사람과 같은 촌락민은 그의 이웃사람들이 내적인 알력에 의해 분열되고, 그로 말미암아 적에 대한 전쟁행위가 약화되는 것을 그대로 보려고 하지 않는다"라는 것이다. 말하자면 비록 친족관계의 유대에 의하여 전적으로 압도되고 있다고는 할 수 있지만, 그럼에도 불구하고 지역적 동기는 그 맹아가 여전히 존재한다는 것이다. 어느 실제 다툼이 벌어지면, 구경꾼들은 "이 촌락민들간의 분쟁을 가라앉힐 수 있는 방법은 무엇인가? 집에 가서 아이들을 낳거나 아님 태어난 아이들끼리 혼인을 하게끔 해서 그들에게 쌍방의 토지를 나누어주기나 하지. 그렇게 되면 그 경계선이 어디가 되든지 아무런 문제도 되지 않을텐데!"라고 외쳐댔다. 바턴(Barton)의 논문 중에 산재해 있는 여러 언급은 이러한 감정이 여러 종류로 나타나고 있음을 잘 보여준다. 이푸가오족의 남자가 주변 이웃과 적대적이거나 반쯤 적대적인 원주민들 간의 곤란한 문제에 개입되는 것을 피하기 위하여 이러한 행동을 하였었을 것임은 묵시적으로 이해가 되어 알고 있는 것이다. 또한 연대책임제(連帶責任制; collective responsibility)는 주로 친족과 관련하여 적용되지만 지역적으로 확대되는 것도 주목해야 할 것이다. 채권자는 지불이행을 지체한 채무자의 부유한 친척이 소유하는 재산을 압류할 수 있지만, 일정한 필요가 발생하게 되면 채무자의 이웃주민(fellow-villager)의 물소를 몰수할 수도 있다. 마지막으로 형벌에 관하여 다른 촌락민과 동일한 촌락의 주민간에 깔려 있는 구별이 열거되기도 한다. 즉 다른 촌락민이 절도를 하다 붙잡히면 대부분 참

수(斬首)되지만, 다른 친족이기는 하지만 이웃에 사는 사람이라면 규정된 벌금을 지불하는 것에 그친다. 따라서 이푸가오족에도 엇비슷한 혈연감정(血緣感情)과 비교하여 미약하다고 할 수는 있겠지만, 지역적 근접에 기초한 감정이 존재하는 것은 부인할 수 없다.

이푸가오족 법률의 주된 특징인 친족연대제(親族連帶制; kin solidarity), 중재자의 직권(functions of intermediary), 신분제의 영향(influence of caste) 및 시죄법제도(arrangements of ordeals)는 본 절과 바로 앞 절에서 모두 간단하게 언급되었다. 여기서 특히 형벌에 관한 특징 하나와 소송에 관한 특징 하나를 지적하고 넘어가야 하겠다. 모든 형벌은 2가지의 부류, 즉 벌금징수와 형벌 중 어느 하나에 속한다. 오스트레일리아에서 찾아볼 수 있던 것처럼, 태형(笞刑; flogging) 또는 기타의 체형은 널리 유포되지 않는 형벌이며, 또한 투옥(投獄)도 같이 사용하였던 형벌은 아니라고 보고되고 있다. 특히 소송에서는 원고와 피고가 결코 대면을 하지 않았던 것은 주목할 만한 일이다. 논의가 정식으로 시작되면 양자의 교류적 관계는 완전히 단절되고, 모든 일은 중재자가 이끌어가며, 중재자는 쌍방이 하는 말을 따로따로 듣고 그 반박에 있어서 의미가 있는 내용은 상대방에게 전달해주기도 하였다. 물론 이 원칙은 시죄법(試罪法; ordeals)에 의뢰한 경우에는 적용되지 않는다.68)

제 7 절 에스키모인

에스키모인(Eskimo)은 인종적으로나 언어학적으로 엄격히 구별되는데, 심지어 이웃한 부락 사이에서도 정치적 단결이 조금도 이루어지지 않는다. 홈(Holm)은 "한 부락의 주민은 그들만으로 한 사회를 이루는 경우가 많고, 또한 실제로 다른 부락의 주민과 충돌하는 경우도 많이 있다. 그래서 앙그마그살리

68) Barton.

크 협곡(Angmagsalik fjord)의 하류지역의 주민과 상류지역의 주민은 서로 심하게 헐뜯곤 하였다. 세 협곡의 주민들 사이에는 이와 유사한 적대감이 존재한다"고 말한바 있다. 중부 에스키모족(Central Eskimo) 사이에서도 이웃의 에스키모 종족에 대한 불신이 깔려 있기 때문에 잦은 접촉은 있을 수 없었다. 이방인은 흔히 힘을 견주는 시험이나 인내심을 시험하는 시합의 도전을 받곤 하는데, 이 때 그 시합에서 지게 되면 목숨까지 잃는 경우도 있다. 그린란드(Greenland)에서는 주민들 전체의 동의가 없으면 월동부락에서 살 수가 없었다.

물론 이러한 사실은 지역공동체에 기초한 감정이 결여되었다기보다는 매우 제한적인 지역 안에 있는 지역공동체를 기초로 한 감정이 존재하는 것을 보여주곤 한다. 그러나 에스키모인의 부락에는 지배적인 통치기관이 없기 때문에 불화의 해결은 공동사회(共同社會) 전체의 문제라기보다는 개인이나 친족 간의 문제인 것이 보통이다. 이러한 점에서 에스키모족은 이푸가오족과 유사하다. 그러나 에스키모족은 아주 미개한 사회상을 갖고 있기 때문에, 이푸가오족의 특징인 정밀성은 갖고 있지 못하다. 에스키모인의 사상이 공산주의적 경향을 지니고 있다는 것은 그들의 법률이 단순할 수밖에 없는 이유로 충분하다. 왜냐하면 공산주의적 경향은 재산법(財産法)의 영역을 축소하고, 복잡한 벌금(罰金)도 없기 때문이다. 실제로도 그러한 형벌(形罰)에 관하여 알려진 바가 없다.

대체로 에스키모족은 분쟁이 많은 민족은 아니고, 그린란드에서 개인적 분쟁에 관한 해결방법도 그들의 일반적 정신을 전형적으로 보여주는 것이다. 도둑을 맞거나 재물이 파손되거나 혹은 아내를 납치당한 그린란드인은 범죄자를 비난하는 풍자가(諷刺歌; satirical song)를 지어서 경창대회(競唱大會; public singing contest)에 나가 범죄인에게 도전하기도 한다. 북을 두드리고 노래를 부르면서 그의 나쁜 행동을 꾸짖고, 범죄행위를 과장하여 심하게 비웃으며, 더욱이 그의 집안의 비밀을 들춰내기도 한다. 고발당한 사람은 침착한 체하며 그 조롱을 다 견디고, 도전자의 비난이 끝나면, 자신도 그와 같은 일을 행한다. 노래 부르는 기간은 별개로 하고라도, 어떠한 적의도 드러나지 않는다. 구경꾼들은 상당히 흥미롭게 진행과정을 지켜보며, 최선을 다해 연기자들을 격려한다. 이러한 경연은 반드시 하룻밤 안에 끝내야 하는 것은 아니고, 여러 해에 걸쳐 계속되기도 하며, 소송관계자는 서로 바꾸어가면서 상대방을 초대한다.

살인사건은 말할 나위도 없이 다른 관점에서 보게 되지만, 이 경우에도 일반적으로 공개재판과 같은 것은 열리지 않는다. 살해된 사람의 가장 가까운 친족이 살해자 또는 그의 친족 중 한 사람에게 복수를 하고, 연대책임(蓮帶責任)의 원칙을 통하여 분쟁은 다음 세대까지 계속 승계된다. 그리고 정식의 타협이 이루어지기까지 무고한 많은 사람들이 살해된다. 분쟁을 야기하는 것과 관련하여 에스키모족의 주거지와 좀 떨어진 다른 지역에서는 기괴한 습관이 보고된 바도 있다. 즉 악행에 대하여 형벌이 가해지기까지 여러 해를 보내곤 하는데, 그 동안 살해자는 희생자의 가족을 찾아가고 그들로부터 환영과 환대를 받거나 아니면 아주 오랜 기간에 걸쳐 아무 일 없는 듯이 지내기도 한다. 그러다가 갑자기 수렵하는 중에 동료가 그 살해자를 살해하거나, 아니면 격투시합에 도전하여 지게 되면 사형에 처해지기도 하였다.

어떻든 살해자 또는 다른 범죄인이 공동사회 전체에 밉게 보이게 하는 예도 있다. 이 경우에 그들은 공동사회 구성원 중 어느 누군가에 의해 죽임을 당하게 되는데, 그것은 당연한 일로 여겨졌다. 복수를 하려고 생각하는 사람은 그 공동체의 구성원 모두에게 그 범죄인이 죽여도 괜찮을 만큼 나쁜 사람이라는 점에 동의하는지의 여부를 우선 물어보아야 한다. 만약 전부의 답변이 그렇다고 하면, 그 범죄인을 죽여 버릴 수 있었고, 그 어느 누구도 범죄인을 죽인 사람에 대해 복수할 수 없었다. 친족인 사람을 사망에 이르게 하였다고 생각되는 마술을 비난하는 사람들에게는 간단한 벌칙이 부여되었다. 그러나 이때에는 마법사를 죽여야 할 것인지에 관하여 분쟁이 일어나기도 한다.

다른 또 하나의 죄악에 속하는 범죄범주(犯罪範疇)가 있다. 예컨대 많은 금제(禁制) 중의 어느 하나를 위반하면 식량난이 생겨난다. 즉 물개를 잡으려고 심혈을 기울인 모든 것들이 수포로 돌아가 그 부락의 사람들은 굶어 죽게 된다는 것이 에스키모인의 주된 교리(敎理)이다. 이는 위반자가 참회를 해야만 비로소 신벌(神罰)을 면하게 된다고 생각하였다. 그렇기 때문에 화인(禍因)을 찾아내기 위하여 무속인(巫俗人; shaman)에게 의뢰하는 경우도 있었다. 범죄인이 만일 참회하면 모든 일이 잘 풀려 나가지만, “만약 완강하게 자기의 결백만을 주장하면, 그의 죽음만이 신(神; deity)의 분노를 가라앉히게 된다.”

따라서 공동사회가 언제나 그 소속원의 행위에 관하여 냉담한 것은 아니고, 다른 사회와 마찬가지로 지역 단위에 의한 집단적 간섭이 바람직하다는 상태를 그 나름대로의 독특한 방식으로 해결하려고 한다.69)

제 8 절 평원인디언

평원인디언(Plains Indian)의 문화가 주로 개인주의적인 것이라는 특질로부터 알 수 있는 바와 같이, 그들은 어려운 일이 생길 때마다 대부분 개인이나 친족 사이에서 해결하였다. 따라서 간통(姦通; adultery)은 공공의 관심거리가 아니었고, 또한 분개한 남편이 그 부정한 처를 잔인하게 때리거나 장애를 입히게 되더라도, 그 남편은 어떠한 공공의 권력으로부터 책임추궁을 당하지 않는다. 심지어 살인의 경우까지도 살해자와 피해자의 가족이나 그의 혈족만이 이 사건에 관여하지만, 이러한 경우 대개 추장(酋長)이나 기타의 관리들이 분쟁을 피하게끔 하는 일정한 조치를 취하였다. 그것은 주로 상주(喪主)의 입속에 파이프를 밀어 넣는 것으로 행해졌는데, 이는 도덕적으로 그에게 이러한 중죄(重罪; felony)에 대한 화해조건(和解條件; composition)을 살해자나 그 친족이 기꺼이 제공하려는 것처럼 받아들이도록 강제하는 것이다. 조정(調停; peacemaking)은 일반적으로 들소 사냥을 감시하는 경관의 의무였다. 이들 경관의 권력이 공동작업시에 얼마나 큰 힘을 갖는지는 앞에서 지적한 바와 같다. 실제로 그러한 경우에 이들의 명령에 복종하지 않음으로써 결과적으로 발생한 식량공급의 위기는 사회에 대한 범죄 중 하나로 모든 평원인디언 종족들(the plains tribes)이 인정하였다. 그 범죄인이 받는 엄벌(嚴罰; severe punishment)에 관하여는 이미 서술한 바 있다. 경찰단(police society)은 또한 부적절한 시기에 침략하는 것을 금

69) Thalbizer: 59, 127. Boas, 1888: 465. 561, 582, 609; id., 1907: 115-121, 467. Cranz: 1, 231, 249. Hawkes, 1916: 109.

하고, 행군 중이나 전통적인 제례(祭礼; ceremonial occasions)시에 질서를 유지하여야 했고, 보통은 집단작업의 성패(成敗)에 관련된 경우에 권력을 행사할 수 있었다.

오마하족(the Omaha)은 그 재판과 관련하여 평원인들의 전형적인 특징을 보여준다. 그 밖에 여러 가지 특징도 있지만 칠추장평의회(七酋長評議會; Council of Seven)는 불법·반역의 종족원을 죽일 것을 명령하는 권력을 갖고 있었다. 그 명령은 믿을 만한 어떤 사람이 독이 묻은 장대의 힘을 빌려 집행되는 것이 보통이다. 또한 자기가 타고 있던 말을 단번에 죽여 버림으로써 범죄인에게 상당한 경고를 주는 것이 관습으로 되어 왔다. 그렇지만 범인이 이러한 설득에 귀를 기울이지 않으면, 바로 그 자신이 바로 극형(極刑; extreme penalty)에 처해지기도 한다. 평의원은 고의의 살인에도 유의를 하는데, 그러한 경우는 4년간의 추방(追放)으로 처벌되었다. 이 기간 동안 살해자는 숙소의 끝부분에 머물러 있어야 하고 자기를 찾아보러 오거나 먹을 것을 가지고 오는 피해가족 이외에는 어느 누구도 만날 수 없었다. 형벌의 기간은 어느 정도 슬퍼하는 친족의 감정에 따라 달라질 수 있었다. 왜냐하면 그들의 마음이 누그러지면 유배자(流配者; exile)는 바로 귀환을 허락받을 수 있었기 때문이다. 즉 살인은 종족의 간섭이 있었더라도 필요에 따라 개인적인 범죄로 다루어졌다. 다시 말하면 형벌을 구하는 것은 종족(種族)이 아니라 피해자측의 가족(家族)이고, 또한 평의회(評議會)가 간섭하는 것도 상당한 형벌을 가하려고 하는 것이 아니라 개인적인 복수감정을 만족시키고, 내부분란을 막음과 더불어 그 결과로서 공동사회의 취약점을 막기 위함이었다. 오마하족의 법률상 범죄로 두드러지게 나타나는 것은 오로지 두 가지밖에 없었다. 즉 칠추장의 권위를 유린하는 것과 공동으로 수렵을 할 때 먼저 수렵에 나서는 것이 바로 그것이다.[70)]

70) Fletcher and La Flesche: 213.

제 9 절 폴리네시아

사모아인(Samoan)의 거주지나 구역을 통치하는 의회단체(議會團體; parliamentary body)는 입법권 및 행정권과 함께 사법권도 함께 가지고 있지만, 어느 정도까지 개인의 죄를 평의회가 교정하였는지에 대해서는 명확하지 않다. 경우에 따라서 화해를 위한 사적 조정이 이루어진다는 것은 이미 밝힌 바 있지만, 어디에다 경계선(境界線; line of demarcation)을 그어야 하는지, 어떠한 종류의 범죄에 대하여 공적인 제재를 가해야 하는지 등은 상당히 의문스러운 문제이다. 그러므로 살인의 경우 확실하게 조정되었던 사례도 있었지만, 스테어(Stair)의 보고에 따르면 아주 지독하고 난해한 살인의 경우 살인자는 정식의 심문을 받고 사형에 처해지기도 하였다.

사모아인의 관습법 중 하나의 특이한 특징은 범인에 대하여 지방의회가 약탈대(掠奪隊; plundering expedition)를 조직하는 것이었다. 판결이 내려지면 바로 그 공동사회의 지도자들은 범인의 집에 가서 정식의 판결을 선고한다. 그리고 그 토지에 있는 빵나무(breadfruit-tree)를 찍는 것으로부터 시작하여, 그들을 수행한 사람들은 단번에 타로토란 밭(taro patches)을 짓밟아 버리거나, 가축을 죽이거나, 집에 불을 지르는가 하면, 가족을 전부 유배해 버리기도 하였다. 이러한 형태의 원시적 급습은 사모아에 한하지 않고, 폴리네시아(Polynesia)의 다른 지방에서도 많이 행해지고 있었던 것이다. 그래서 마오리족 사람이 우연히 불을 질러 집단재산(集團財産)을 파괴하거나 경솔한 행위로 종족의 양식(糧食)을 빼앗아 갔으면, 그 이웃 사람들은 하나가 되어 임의적으로 그의 소유물을 점령하거나 가능하다면 추가적으로 그를 던져버리기도 하였다.

그 밖의 형벌은 잔인함을 많이 완화하여 부과된다. 절도죄나 여행객 모독죄, 기타 어떠한 형태의 위반행위에 대하여, 의회(議會)는 피고에게 돌을 가지고 자기의 머리나 가슴을 피가 나서 철철 흐를 때까지 두드리라고 명할 수 있었다. 때로는 범인으로 하여금 독초(毒草)를 씹어 삼키라고 하여 상당 기간 범인에게 고통을 가하는 경우도 있었다. 그리고 절도범에 대하여 흔히 사용되는 고문(拷問)으로 그의 손발을 묶어서 쨍쨍 내리비치는 햇빛 아래 드러내놓게 하는 것도 있었다.

하와이(Hawaii)의 법률은 국왕의 절대주권을 인정하고 있다. 국왕의 의사는 곧 법률이고, 또한 전래의 법률에 대한 복종으로부터 벗어날 수도 있었다. 비록 소영주(小領主; lesser lords)라 하더라도 그 영역 내의 주민에 대하여 마찬가지의 권력을 가지고 있었고, 그 신하(臣下; subject)는 추장의 판결에 대하여 국왕의 최고법정에 항소할 수가 있었다. 그렇지만, 군주제도(君主制度) 및 봉건제도(封建制度)가 존재하였음에도 불구하고 보통 여러 관계에서는 폴리네시아 특유의 몇몇 풍습이 변함 없이 그대로 행해지고 있었다. 예를 들어 약탈은 절도죄에 대한 복수로서 법적으로 인정되고, 또한 범인은 아무리 힘이 세더라도 그 지역 전체에서 힘센 사람이 자기에게 덤벼들지 않을까 하여 복종하곤 하였다. 하와이에서는 이상스러운 시죄법(試罪法; ordeal)이 널리 행해지고 있었다. 원고(原告; plaintiff)와 피고(被告; defendant)는 물이 가득 채워진 호리병(calabash) 위에서 손을 맞잡고 서 있으라는 명령을 받았는데, 이 때 수면이 흔들리면 이것은 유죄인 것을 보여 주는 것이라고 생각되었다.

분명히 폴리네시아인은 사석인 범죄 규정이 있음에도 불구하고, 공동사회 내지 지배자에 대한 죄를 범죄로 삼아 처벌까지 하는 인종이라고 여겨야 할 것이다.71)

제 10 절 아프리카

아프리카의 니그로족(the Negroes of Africa) 사이에서 원시법제(原始法制; primitive jurisprudence)는 발전의 정점에 달하였다. 그들의 법제는 정밀성과 그 범위에 있어서 이푸가오족(the Ifugao)의 법제와 쌍벽을 이룬다고 할 수 있다. 그러나 이

71) Stair: 91 seq. Tregear: 139. Ellis, Wm.: IV, 419-423.

푸가오족과는 달리 니그로족은 거의 모든 곳에서 재판관들의 앞에서의 절차와 관련하여 질서정연한 법제를 갖추고 있다. 그들은 법률상의 궤변(詭辯)에 대하여 이상한 흥미 혹은 변론(辯論)에 대한 열성을 보여준다. 연대책임(連帶責任)이나 대리책임(代理責任)의 관념이 결코 없었던 것은 아니지만, 법정(法廷)의 권력이 대단히 강하여, 근친복수(近親復讐)가 드물었으므로, 아마도 그 용어에 비추어 보면 진의를 알기 어렵다. 에웨족(the Ewe) 사이에서 살인죄를 범하면, 희생자의 친족이 살인자의 가족을 유괴하거나 아니면 그의 전답이나 가옥을 때려 부수기도 한다. 그러나 그것도 불화의 정도에 따라서 다른 것이고, 그 사소한 형식에서까지 그렇게 하는 것은 예외적이었다. 아프리카의 법률을 적절하게 서술할 수 있는 자료가 없기 때문에, 여러 지방에서의 상호보충적인 자료를 개괄하는 방법이 좋을 것 같다.

에웨족 및 여러 곳의 니그로 종족의 법률제도를 고찰함으로써, 우리는 다시 한 번 우리들의 문화로부터 전부는 아니지만 대체적으로는 여러 부분이 분리되어 있음에 반하여, 원시문화에서는 그것을 연결하는 밀접한 유대관계가 있는 것을 다시 한 번 알 수 있다. 에웨족의 법률은 에웨인의 우주관(宇宙觀)을 어느 정도 알지 못하고는 이해할 수 없다. 특히 우리들은 두 가지의 근본사상 즉 마술신앙(魔術信仰) 및 유죄(有罪)를 확정하는 수단으로서의 신적 판단(神的 判斷)에 대한 신앙에 관심을 기울이고자 한다. 질병을 치료해 주는 자상한 마술사와는 반대로 희생자의 밥그릇이나 가구에 몰래 독을 뿌려서 그를 고통스럽게 하거나 아니면 죽게까지 하는 간악한 마술사가 있다. 그런데 어떤 마술사는 종족원 중 한 사람을 마법에 걸리게 하여, 고발된 사람은 규정되어 있는 무죄증명(無罪證明)의 한 가지를 해냄으로써 그것을 면하기도 한다. 이 무죄증명은 특별한 결합체(結合體; special guild)가 맡아서 하는 것으로 되어 있고, 그 각 구성원은 연줄이나 채택으로 그 우의단체(友誼團體; fraternity)에 들어가 그 지식을 얻어왔다.

무엇보다도 먼저 심문주관자(審問主管者; test-owner)와 피고가 대질심문(對質審問; cross-examination)을 받도록 하는 것이다. 즉 피고에게 이전에 누군가에게 마법을 건 적이 있는지 여부나 신적 판단에 의하여 선고를 받은 적이 있는지의 여부 ─ 물론 이것은 강하게 부정된다 ─ 를 묻는다. 그리고 나서 적용할 특정의 실험이 시행된다. 예를 들면 끓고 있는 야자기름 통에 한 덩어리의 소금을 집어넣는다. 소금덩이가 두 쪽으로 나눠지면 유죄로 하고, 통째로 남아 있으면 피고의 무죄를 증명해 주는 것이다. 이 시험은 또 다른 하나의 시험에 의해서 보완된다. 끓고 있는 기름을 피고의 손에 퍼붓고, 그런데도 아무런 당혹감 없이 그것을 이겨내면 그의 무죄(無罪)가 확정되고, 그렇지 않으면 혐의 있음으로 확증되어 버린다. 물론 그 결과라고 하는 것은 조종자(繰從者; manipulator)의 수중에 달려 있다. 만약 그가 피고를 옹호하는 쪽이면 그는 그저 뜨거운 기름을 엎지르는 척하고, 대신 어느 정도는 시원한 기름으로 대체한다. 또 하나의 시험은 독즙(毒汁)에 의한 것으로 그렇게 함으로써 유죄자의 눈은 멀게 하고 무죄자의 눈은 무사하다고 생각한다.

어쨌든 이러한 것들은 무속인(巫俗人; sorcerer)의 유죄를 결정하기 위한 대표적인 방법이다. 무속인은 유죄가 선언되더라도, 그러나 그 추정희생자(推定犧牲者)가 생존해 있으면, 극형을 면할 수가 있다. 괭이 또는 곡괭이나 바구니가 그의 앞에 놓여지고, 그렇게 되면 그는 자기의 운명을 가름할 기회를 부여받는 것이다. 괭이나 곡괭이를 뽑게 되면 그것은 그를 위하여 파야할 묘를 상징하고 바구니는 그저 중한 벌금을 의미한다. 그러나 마법사가 살인죄를 범한 것으로 되면, 포승줄에 묶인 채로 여러 사람의 집행인에 의하여 마을 밖으로 끌려나가고, 생매장되거나 맞아서 죽게 된다.

야만인들의 동물적 성질과 무지의 혼합물이라고 생각되는 것을 우리 현대인의 눈으로 볼 때 혐오의 감정을 갖지 않고는 도저히 이해할 수 없는 일이다. 그러나 이러한 잔학상은 무속인이 실제의 살인자가 아니면 살인미수자라는 관념에서만 생겨날 수 있는 것이다. 그리고 이렇게 생각할 수 있는 점에 관하여는 서부 유럽(western Europe)에서도 1782년 즈음까지 무속인 전체가 법의 집행을 맡았던 것도 사실이다.

시죄법(試罪法; ordeal)은 오로지 마법사건에만 적용하였던 것이 아니다. 시험담당자는 절도여부의 판단을 실시하기도 한다. 누구든 판결에 대하여 항소할 수 있지만, 추장이 그 이상의 심판을 거절하면 아무런 구제책도 없다. 반대로 추장들의 동의를 얻게 되면, 다른 심사단의 지휘 하에 새로운 심리를 받을 수 있는지를 알아보는 것이 허용된다. 그렇지만 모든 시험담당자들이 일체를 이루고 있고, 직업과 관계 있는 것은 서로 아는 것을 공유하고 있기 때문에, 이 특권도 추상적인 의의조차 갖지 못한다. 시험관의 수수료는 유죄로 판결이 난 쪽과 그의 친족이 부담한다. 그 금액은 대개 아주 높은 액수로 결정되고, 억울하게 유죄선고를 받았다고 애원하는 경우에는 감액되기도 한다. 소액의 조가비 화폐(cowrie-shell), 닭 네 마리, 염소 한 마리 및 위스키 네 병이 의례적인 사례품이었다.

무엇보다 명백히 모든 법적 행위는 시죄법(試罪法)의 방법이 요구되거나 혹은 그 승인을 얻어야 했다. 보통 소송은 아프리카 본토의 말로 "노파(老婆; old woman)"라고 호칭되는 추장평의회의 심리를 받는 것에 불과했다. 원고와 피고가 서로 교대로 발언하고, 증인이 심문(審問)을 받으며 마지막으로 재판관들이 물러나서 상의한 뒤 판정을 의장에게 알려주는 것이다. 의장은 그 판결을 선고하고, 승소한 사람의 팔뚝에는 흰색의 흙을 문질러 준다. 반면 패소한 사람은 모든 비용을 지불하여야 하고, 또한 추가적으로 상대방에 대하여 손해배상을 해야 하는 경우도 많았다. 재판관은 소송비용 중에서 자기의 노동에 대한 보수를 지급받는데, 나이가 많은 추장은 비교할 수 없을 정도로 많은 보수를 받는다. 이러한 재판소의 개념을 정립하는 것은 보고서 자체를 자세하게 다시 살펴보지 않고는 거의 불가능한 일이다. 변호(辯護; pleading)의 방법이나 소송(訴訟; procedure)의 방법도 각각 상당히 두드러진 특징이 있다. 모든 증인의 진술은 의장이 되풀이하여 말하고, 의장을 통하여서만 재판관들은 증언을 확인할 수 있었다. 시죄법과 마찬가지로 판결(判決; judgements)은 변경될 수 없는 것이고, 벌금은 탄원을 하면 처음 정해진 금액보다 절반정도를 줄일 수도 있었다. 증인이나 소송인의 진술 중에는 금언(金言; wise saws)이나 길게 늘여 놓아야 하는 비유, 그리고 우화(寓話)가 많이 포함된다. 의장은 청중들에게 "들어 보십시오! 우리들은 오늘의 재판에서 이러쿵저러쿵 다툴 필요가 없습니다. 냉정하게 하나하나 얘기하다 보면, 누구에게 죄가 있는지를 알 수 있고, 이제 무엇을 해야 하는지도 알게 될 것입니다. 조그만 새들이 모여 있는 곳에 돌을 하나 던지게 되면 보통은 한 마리도 맞지 않습니다. 그러나 어느 한 마리에 겨냥하여 던지면, 틀림없이 맞추게 됩니다…"라고 말하면서 타이른다. 한 추장이 그 상대방 때문에 매번 소송에 참가하여야 하는 것에 대하여 다음과 같이,

즉 "쥐가 고양이의 귀를 물었습니다. 그런데 고양이가 쥐의 귀를 물으려고 하자, 쥐는 고양이가 분쟁거리를 찾고 있다고 지껄였습니다"라고 하면서 불만을 토로하기도 하였다. 실제 어떤 논점을 증명하기 위해서는 갖가지 민간설화(民間說話)가 인용되기도 하였다.

에웨족(the Ewe)의 법률 가운데 한 가지 특징은 특별한 선서(宣誓; oath)의 성질이다. 선서에는 개인적인 것, 종족적인 것, 군주에 대한 것 그리고 종교적인 것이 있다. 선서를 함으로써 피해자는 자기의 무죄를 주장하고, 공적으로 그 사건을 조사해 줄 것을 요구한다. 이상하게도 법칙은 공통적으로 불행한 사건으로부터 나온다. 그래서 종족적 선서는 "나는 호족(the Ho)의 전야(eve)에 임하여 선서한다"라고 말한다. 이 말이 뜻하는 바는 바르톨로뮤의 밤(Bartholomew`s night)과 같이, 아샨티족(the Asante)에 의한 적대적 습격을 중지하는 것을 의미한다. 국왕이 공식적으로 선서의 제목이 되는 변사(變事)를 지정하면, 그 이후에는 다른 어떠한 목적을 위해서도 그것을 입에 올려서는 안 된다. 마찬가지로 개인적 선서도 그 사람만이 겪은 곤란한 일에 관하여 적절히 맞추어 말하는 것이 보통이다.

토골랜드(Togoland)에서 림포포(Limpopo)지방으로 눈을 돌려보면, 아프리카의 법률에서도 똑같은 본질을 찾아볼 수 있다. 두 곳 모두에 연대책임제(連帶責任制; collective responsibility)의 관념이 존재한다. 예를 들면 호족 사람은 그 형제가 살인죄를 범했기 때문에 그 밭을 잃게 되는데, 마찬가지로 통가인(a Thonga)도 그 친족의 부채에 대하여 책임을 져야 했다. 두 종족 모두 재판 당국이 판결을 내리고, 마술 및 신적인 판단이 아주 두드러진 역할을 한다. 다만 세부적인 점에서는 흥미로운 차이가 있다. 즉 통가족은 마법적인 성격을 가진 뼈나 조가비로 하는 점술을 확고히 신뢰한다. 그렇기 때문에 점술사(占術師; the diviner)는 흑마법(黑魔法)에 의한 죽음의 예비조사를 맡는다고 할 만큼 운명을 걸고 점을 친다. 이 시험에 의해 마술사(魔術師; sorcerer)가 두 번 지명하면, 그 고발이 공식적인 것으로 되어 재판관 앞에 보내지는데, 이 때 점술사는 새로이 심리를 시작한다. 그리고 그는 최면상태(催眠狀態; trance-like condition)에 들어간다. 만일 앞에서 말한 암시가 확증되더라도 피고가 결백을 주장하면, 그는 시죄법을 받게 되고, 독한 술을 마셔야 한다. 만일 그가 그 술에 취해서 녹아

떨어지면 원주민의 법률에 의하여 교수형(絞首刑; death by hanging), 교자형(絞刺刑; impalement) 또는 익살형(溺殺刑; drowning)에 처해진다. 이들 각 경우에는 어떤 새로운 원칙이 필요한 것이 아니었으며, 이는 또한 민사사건의 경우에도 마찬가지였다. 그러나 세부사항은 각각의 문화적 특징에 맞추어 적절하게 짜여지게 되어 있다. 통가족(the Thonga)의 사회생활은 주로 혼인상의 계약의 관념에 집중되어 있었기 때문에, 민사소송의 90%는 신부대금(新婦代金; the bride-price)과 관련된 것으로 전통적인 해석에 따라서 판결된다. 여자가 결정적으로 그 남편과 헤어지게 되면, 그 친족은 화가대로서 받은 금액을 돌려주어야 하는데, 그러면 그 어린애들은 어머니에게 속하게 된다.

통가족의 남쪽에 있는 카피르족(the Kafir tribes)의 법률에 관하여는 아주 많은 귀중한 보고를 접할 수 있다. 아막소사족(the Amaxosa) 및 그 이웃 종족은 형사사건과 민사사건을 근본적으로 구별하고 있다. 전자에는 정치범, 마술범 및 종족원의 신체에 대한 범죄가 포함되며, 이를 추장들이 고소하고, 벌금은 그 고유한 권리로서 추장들에게 속하게 되어 있다. 그 밖의 사건은 모두 원고(原告; plaintiffs) 고소하고 추장들은 판결액(判決額; award)에 대하여 청구할 권리가 없다. 그러나 원고는 법정선고 뒤 그 집행에 대하여 지역장관(地域長官; sheriffs)에게 일정 금액을 지불하여야 한다. 그 금액은 대체로 최고 벌금액의 3분의 1을 지불하는 것으로 되어 있다. 만일 사건이 기각되면 소송비를 지불하지 않아도 된다. 민사사건은 어떤 평의원(評議員; councilor) 앞에서나 협정에 의하여 해결할 수 있지만, 어느 측도 그 결정과 관련하여 추장에게 항소할 수는 없다. 때로는 어느 평의원이 구타를 한다든지 하여 신하들한테서 벌금을 빼앗아내는 경우도 있지만, 그러나 그것은 횡령행위(橫領行爲; act of usurpation)이고, 추장은 언제든지 그 종속인(從屬人; subordinate)이 착복한 금액을 돌려 달라고 청구할 수 있다.

카피르족의 형법(Kafir criminal law)은 대체적으로 개인의 신체는 추장에게 속한다는 원칙에 기초를 두고 있다. 따라서 신하 한 사람이 죽게 되면 추장이 그 보상을 받게 되어 있다. 그 벌칙액은 남자에 관하여는 소 7마리, 여자에 관하여는 소 10마리이다. 그 액수가 다른 것은 혼인할 때 받았던 지참금 때문이다. 모든 종류의 살인에 대한 보상은 사정이 어떠하든 관계없이 강요된다.

마법사를 고문하다 죽게 하였거나 추장의 명백한 재가를 받지 않고 그를 죽여 버렸으면, 추장은 보상을 받을 권리가 있다. 그러나 추장은 때로는 그 특권을 포기해버리기도 한다. 여러 사람이 전체적으로 분쟁을 일으킨 경우에는, 살해된 각 사람에 관한 벌금을 분쟁을 일으킨 사람 전부를 상대로 집단적으로 부과한다. 1820년경 이전에는 남편은 현행범으로 잡힌 간통한 사람을 죽이더라도 처벌되지 않았지만, 추장인 가이카(Gaika)가 이 법규를 폐지하고, 그러한 사건을 다른 종류의 살인과 같은 수준으로 자리매김 하기도 하였다. 폭행(暴行; assault and battery)에 대한 범칙금의 범위는 소 1마리 내지 5마리이고, 설령 정당방위(正當防衛; self-defense)라 하여 다른 사람을 때린 경우라 하더라도 그 정당성이 인정되지 않기 때문에 일반적으로 쌍방 모두 벌금을 내야 한다. 낙태(落胎; abortion)를 하게 되면, 그 여자 및 공범자(共犯者)는 소 4마리 내지 5마리의 벌금에 처해지고 또한 워너(Warner)가 25년간 체류하고 있던 동안에 목격한 단 한 건의 남색사건(男色事件; case of sodomy)에 대해서도 같은 벌금이 부과된 바 있었다.

간통(姦通; adultery)은 민사사건이다. 벌금으로 부과하는 액수는 남편의 사회적 지위에 맞추어 소 1마리부터 4마리 사이에서 정해진다. 만일 그로 말미암아 임신한 것이 명백하게 밝혀지면, 소 7마리 내지 10마리까지 높여진다. 태어난 어린아이는 남편에게 속하게 되고, 남편은 그 아이를 양육하여야 한다. 처는 간통을 이유로 하여 그 남편 또는 정부(情夫; parameur)에 대하여 소송을 제기할 수 없다. 처녀를 유혹한 것에 대해서는 아무런 벌금도 부과하지 않지만, 만일 그로 말미암아 임신을 하게 되면, 아버지가 소 1마리를 지불하여야 하고, 그 후에 자녀양육의 어려움에 대한 보수로서 2마리 내지 3마리를 지불하고 그 어린애의 인도를 청구할 수 있다. 이 보상지불(報償支拂)을 하지 않으면 자녀는 어머니의 친족의 보호·관찰을 받게 된다. 절도는 주로 가축을 약탈하는 형식으로 하게 된다. 옛날에는 재산이 환수되지 않으면 그 10배의 보상을 하는 것이 적당하다고 여겼는데 환수되면 별도의 벌금은 부과되지 않았다. 다른 점에 관하여는 앞에서 설명한 바와 같이, 고의적인 재산파손에 대하여는 완전한 배상(賠償; indemnification)을 청구할 수 있지만 우연적인 파손(破損)에 대하여는 배상을 물리지 않는다.

이와 같이 벌금(罰金)은 카피르족의 법률이 채택하고 있던 유일한 통상적 형벌이다. 신하가 지배자의 권위를 무시한 경우에만, 추장은 비밀리에 군대를 소집시켜 모반자(謀叛者)의 가(家)를 습격하여, 가축 전부를 몰수해 버리는데, 이 때 저항을 하게 되면 그 무법자를 일정한 절차를 거치지 않고 살해해 버린다.

우간다(Uganda) 왕국은 원주민 국가 중에서 가장 조직이 발달되어 있음을 보여주고, 따라서 그 법률제도도 당연히 앞에서 서술한 것과도 다른 몇몇 특징을 갖추고 있다. 여기에는 일련의 계층적 등급제도의 법정이 있다. 소추장(小酋長)도 그 신하에 대하여 대신(大臣; magistrate)의 역할을 하지만 신하는 한 단계 위의 재판당국에 항소하여, 끝내는 총리대신(總理大臣; prime minister)의 직무와 재판장(裁判長; chief justice)의 직무를 겸임하는 대공(大公; grandee)까지 정할 수 있는 권리가 있다. 이 법정에서 대부분의 항소(抗訴)는 끝나게 되는데, 예외적인 사건은 국왕 자신의 앞에까지 제출되기도 하였다. 재판장은 그다지 중요하지 않은 사건의 심리를 위하여 부관(副官; deputy)을 두고 있는데, 그 부관은 그 조력자(助力者)의 보고를 받아 가지고 자기가 판결하는 것이 보통이었다. 각 하급재판소(下級裁判所; lower tribunals)에서는 원고는 그 사건에 관하여 진술할 때 조가비 20매의 수수료를 지불해야 하고 부수적으로 피고가 소환될 때까지 염소 1마리 및 나무껍질로 만든 옷(bark cloth)의 수수료를 내야 하며, 피고도 염소 1마리와 나무껍질로 만든 옷을 착수금으로 내야 한다. 만일 피고가 유죄판결을 받게 되면, 그는 원고에게 판정액과 별도로 염소 2마리 및 나무껍질로 만든 옷 1벌을 지불해야 했다. 총리대신의 법정에 상소하는 때에는 원고는 착수금으로 염소 10마리 및 나무껍질로 만든 옷 5벌을 내게 되어 있다. 총리대신은 이 수수료 이외에 부과되는 벌금의 4분의 1을 받게 되며, 패소인(敗訴人)은 소송비용 전부를 상환해야 한다.

예를 들어 시죄법(試罪法; ordeal)이나 범죄에 대한 집단적 화해와 같은 아프리카 여러 종족의 공통적인 특징과는 달리, 우간다의 법률(Uganda law)은 인증자료를 얻어내기 위하여 고문을 인정하고, 또한 형벌로 차꼬 달린 대(stocks)를 씌워서 자유를 속박하는 것도 인정하였다. 보통 범인은 무거운 통나무를 도려내 만든 구멍에 발을 밀어 넣고 있었다. 다리에 밧줄이 매어 있어서 범인은 그것을 끌어 올리거나 걸을 수는 있었지만 나무와 발이 계속 비벼지고 감시자가 붙어 있었기 때문에 도망치는 것은 불가능했다. 때로는 두 팔과 한 다리를 차꼬 달린 대에 함께 넣게 하기도 하였다. 우간다의 관습은 확실히 다시 한 번 사회생활의 정교함과 우아함 사이에 그다지 관련성이 없음을 보여준다.[72]

제 11 절 결 어

지금까지 대다수의 원시공동사회(原始共同社會)가 개인이 개인에 대하여 가하는 피해에 의하여 쌍방의 친족들 사이에 생겨나는 분쟁을 죄로 인정할 뿐만 아니라 그 사적 범죄규정을 다른 경우에 일반적으로, 한정된 친족집단에서뿐만 아니라 전체 공동사회 또는 그 지도자들을 분노케 하는 범죄에 관한 규정이 있음을 입증하였다. 결론은 앞장에서 논의한 것을 다시 한 번 검증하고 이를 확고히 하는 것이다. 그도 그럴 것이 앞장에서 설명한 것은 특정한 사회적 목적을 위한 지역적 단위의 존재임을 밝혀주는 것이기 때문이다. 물론 친족감정 및 지역적 감정의 상대적 강약은 종족에 따라 다르다. 그렇지 않다면 오히려 양자의 지배범위는 지역에 따라서 각각 다르다. 그러나 이푸가오족에서와 같이 진중한 종족의 예를 좀더 확대시켜 보더라도, 같은 마을사람의 상호반응을 외부인에 의하여 환기시키는 감정과 대비하여 본다면 잠재적인 감정이 분명히 드러나 보인다. 이렇다면 지역적 유대관계는 문명의 미개시대에서는 다른 유대관계와 병존하는 사회적 유대관계의 하나로 보아야만 할 것이다.

---

72) Spieth: 123-181, 278-283, 535-543. Junod: 1, 410-421. Maclean: 57-75. Roscoe: 260-267.

Totems at Yan / 토템상징물

Primitive Society

제 15 장

결 론

원시사회(原始社會)는 모건학파(Morgan's school)가 통속화시킨 것과는 다소 다른 특질을 지니고 있다. 일관된 통일성만이 존재하는 것이 아니라 여러 가지 다양성이 존재해 있고, 무한대로 급증하는 단일혈족(單一血族) 형식 이외의 혈족과 결합되어 있기도 하며, 더 나아가 그에 갈음하는 각종의 사회단위가 있음은 이미 앞에서 살펴본 바와 같았다. 특별히 복잡하지 않은 사회 환경의 구체적인 예를 들어 원시사회의 실상(實狀; the actual aspect)을 살펴보면 다음과 같다.

이 책을 집필하기 약 80년 전 마운틴 크로우족(the Mountain Crow) 집단에서, 씩크-로지혈족(Thick-lodge sib)의 한 여성이 사내아이를 출산한 적이 있었다. 그녀의 남편은 배드래깅스(the Bad-leggings)혈족의 유명한 전사(戰士)로, 자기 훈공의 기념으로 그 사내아이에게 스트라이크-쓰리맨(Strikes-three-men)이라는 이름을 붙여 주었다. 스트라이크-쓰리맨은 자라서 어른이 되었고, 그 가족인 양쪽 친족에 대하여 어떻게 행동을 해야 하는지, 그리고 반대로 어떠한 행동이 있을지를 배워서 알게 되었다. 씩크-로지혈족 가운데 한 여인이 스트라이크-쓰리맨에게 구슬이 달린 셔츠나 화려한 장식의 구두(moccasins)를 만들어 주면, 그는 남성혈족원들 사이에서 곤경에 처할 때 도움을 받을 수 있다. 그는 아버지를 직계의 가족단(家族團)의 당연한 양육자·보호자로 생각한다. 그리고 배드래깅스 혈족의 다른 사람에 대하여는, 선물을 하거나 그들을 정성껏 잘 모시려고 한다. 그들 사이에서, 스트라이크-쓰리맨이 유능한 야생사냥꾼이 되거나 전쟁에서 용맹을 떨치게 되면, 그들은 그의 공식적인 예찬자가 된다. 그리고 그들과 스트라이크-쓰리맨 사이에서는 아주 긴밀한 유대관계가 형성되어, 그들 중의 한 사람이 종족의 예법에 어긋나는 행동을 하게 되면 그 사람에게 그에 걸맞는 별명을 붙여준다. 이처럼 아주 기묘한 상호관계가 각 '아버지들'과 아들의 관계를 연결시켜준다. 아버지들은 아들의 스승(mentors)이고, 아들 역시 아버지들의 스승이다. 아버지들은 아들의 잘못을 나무라고, 아들 역시 마찬가지로 대답한다. 가족 및 혈족의 밀접한 생활관계에 기초한 다양한 관계에 협동단체적 유대가 가미된다. 그는 무인단체(武人團體; warrior society)를 모방한 전쟁놀이 집단에 들어가서 어른인 용사가 다코타족(the Dakota)이나 샤이엔족(the Cheyenne)의 적에게 기습을 가했던 것과 마찬가지로, 사슴이나 들소를 맞춰 죽임으로써 명예로워지고자 하기도 한다. 차츰 나이가 들면서 그는 동료들 가운데 알비노-불(Albino-bull)과 좋은 친구가 된다. 두 사람은 함께 애인(愛人)을 구하기도 하고, 서로의 정부(情婦; mistresses)를 공유하기도 한다. 또한 그들은 함께 전투에 참가하여 상대방과 운명을 같이 하기도 한다. 그리고 그들은 이전에 알비노-불이 초대받은 바 있는 여우단체(Fox society)에 가입한다. 그런가 하면 경쟁자인 럼프우드단체(Lumpwoods)가 젊은이들의 전쟁에 대한 기록으로 깊은 감명을 주게 되면서 자신들의 단체에 가입하도록 유혹하여 함께 여우단체를 탈퇴해 버리기도 하였다. 이로써 일련의 새로운 관계가 생겨난다. 스트라이크-쓰리맨은 그의 혈족을 도와주듯이 동료인 럼프우드단체를 도와준다. 그와 그의 동료들은 단체의 모든 잔치나 무도회에 참가하고, 또 새로 들어온 동료의 막사에 들어가서 어슬렁거리거나 담배를 피우기도 하고, 럼프우드단체의 노래를 부르면서 한가로운 시간을 보내기도 한다. 스트라이크-쓰리맨이 아내를 사게 되면, 그가 속한 사회집단에서 또 하나의 단위가 추가된다. 전래의 가족단을 갈아치우는 것이 아니라, 오히려 거기에 부착하여 살아간다. 왜냐하면 그 사람과 그 형제자매들 사이의 유대는 쉽게 단절할 수 있는 것이 아니고 완전무결한 것이기 때문이다. 이렇게 되고 보면, 한 용맹스러운 사람은 환상을 일으켜 옐로스톤 합류점(Yellowstone confluence)에서 낚시하는 부류와 그 운명을 같이 하는 것으로 생각할지도 모른다. 그렇게 하여 그 단체의 여러 정치적 관계가 그 자신의 것으로 되고 만다. 그는 새로운 동료와 함께 미주리 상류(upper Missouri)에서 지내는 우호적인 빌리지 종족(Village tribes)을 찾아가고, 그들과 함께 다코타족의 약탈대를 추적하기도 한다. 마운틴 크로우족이 그 선조에서부터 대대로 내려오는 적에 대한 응징전(膺懲戰)에 참가하는 것을 거부하면, 리버크로우 족(the River Crow)의 한 사람처럼 목소리를 높여, 자신이 출생한 지역의 여러 단체들이 별볼일 없다는 것을 그대로 인정하지 않으려고 한다. 그렇다고 본래 그러한 사람들이 외지에서 온 사람은 아니었다. 그런가 하면, 옐로스톤(Yellowstone) 강가에는 씩크-로지(Thick-lodge) 혈족인 사람이 살고 있는데, 그는 그를 형제처럼 반겨주고, 또한 그는 그 곳에 살고 있는 럼프우드족과 거리낌 없이 섞여 살곤 한다. 어린애 중 한 명이 병기가 있으면 모두가 함께 기도를 한다. 그 병이 치료되면 그는 도비코딘(Tobacco order)에 들어갈 것을 서약한다. 위젤분회(Weasel chapter)의 포베어단(Four-bears)에서 그를 입단시키려고 하여, 스트라이크-쓰리맨과 그 아내는 포베어단의 단원이 되기도 한다. 그는 해마다 신성한 담배경작에 참가할 수 있는 특권도 가지며, 분회의 보는 제례(制禮)에 참가할 수 있는 특권을 가지게 된다. 이후 그들은 특별히 긴밀한 유대에 의해 그들의 후원단체인 포베어단과 결합하여, 부성애(父性愛)의 인증(印證)으로 간혹 말 한 필씩을 받기로 한다.

크로우족은 6개의 일정한 집단이 존재하고, 그는 각 집단의 구성원이 된다. 출생에 의해 혈족, 가족 그리고 연맹에 소속된다. 후에 종신적인 우의에 의하여 알비노-불과 짝을 이루게 되고, 여우단체, 계속하여 럼프우드단체 등의 조직에 가담한다. 그리고 마지막으로 종교적인 타바코단에 들어간다. 성년남자로서의 그는 동시에 씩크-로지의 혈족원이면서, 알비노-불의 경쟁자이고, 럼프우드단체의 단원이며 리버크로우단의 일원이자 위젤분회의 일원이 된다. 뿐만 아니라 개별적 가정의 중심이 된다. 이 남자의 소속은 매우 다양하지만, 그 개수와 복잡성은 보통 정도에 지나지 않는다. 특수한 경우에는 더 많은 것이 덧붙여질 수도 있었다. 무용(武勇)으로 명성을 날리게 되면 그는 추장(酋長)이 될 수도 있고, 주물(呪物)을 하나라도 사게 되면 매도인과의 사이에 제례적 유대(祭禮的 紐帶; ceremonial tie)가 맺어지기도 한다. 하나를 더 사게 되면 별도의 단체 즉 호스 댄서(Horse Dancer)에 동참하게 되기도 한다. 전체적으로 보아 그 소속관계가 복잡하기는 하지만 이해의 충돌은 그다지 많지 않다. 또한 여러 단체에 관련되므로 감정의 충돌이 생기기보다는 도리어 감정적 결합이 널리 유포되는데 도움을 준다. 그럼에도 확실히 의무에는 가볍고 중한 것이 있다. 두 명의 동료 중 한 명이 그 군사단체에 의하여 모욕을 당하면 두 사람이 함께 그 단체를 탈퇴하고 다른 단체에 가입한다. 또한 어느 사람의 처에 대한 존경은 그 사람의 혈연친족 또는 소속단체로부터 쉽게 지탄을 받을 것이라고 추측하는 것도 무리가 아니다. 크로우족 부유층의 실제생활에서가 아니라 그가 공적으로 인사를 시키는 데 만족을 얻는 허세 등등한 권위자(權威者)에 비추어 보면, 여자는 그저 여자에 지나지 않고, 또한 자기의 외로움을 달래지 못해 지나친 외로움을 보이는 것은 체면을 잃게 하는 것이기도 하다. 그러나 그러한 감정표현을 할 수 있는 기회는 그다지 많지도 않고, 보통의 종족원은 그의 단체구성원 자격의 다양성으로 인해 크나큰 고통을 느끼는 것도 아니다.

사회적 관계의 다양성은 다른 예에 의하여도 마찬가지로 명백하게 설명될 수 있다. 무혈족의 안다만제도인(Andamans)의 지위는 금제식품(禁制食品)이나 부부와 부모의 지위에 의하여 결정되었던 것을 상기할 필요가 있다. 뱅크스제도인(Banks Islander)은 혈족 소속집단에서의 일정한 등급이나 6개의 영혼단체(靈魂團體)에 속해 있는 것으로 밝혀지기도 하였다. 베다족(the Vedda) 사이에서는 지역적 분류가 주된 것이고, 폴리네시아(Polynesia)에서는 계급의 구별이 확연히 드러나는 것이 보통이다. 그렇기는 하지만 어느 곳에서든지 갖가지 병존적 단위를 고려하지 않을 수 없게 되어 있다.

사회적 구성의 다양성 자체는 사회적 진화론(社會的 進化論)의 일반적인 체계에 대하여 치명적인 해를 입히지는 않을 것이다. 그도 그럴 것이 추상적으로 혈족조직의 발달의 일정한 단계에서는 계급단체가 많이 존재하게 되고, 또한 다른 단계에서는 연령계급(年齡階級)이 많게 되는 등등의 일을 생각할 수 있기 때문이다. 그러나 구체적으로 갖가지 사회단위는 전적으로 필요에 맞춘 양상으로 결합된다. 첫 번째 지방에서는 혈족과 함께 비밀단체가 존재하였고, 두 번째 지방에는 혈족은 있지만 비밀단체는 존재하지 않았다. 세 번째 지방에는 혈족은 없고 비밀단체만 존재하고, 네 번째 지방에는 한두 가지의 특징이 모든 종류의 협동단체와 결합되어 있으며, 다섯 번째 지방에는 두 가지 모두 결여되어 있음을 찾아볼 수 있다. 어떠한 원리에 따라서 상술한 여러 결합의 연대적 순서를 정할 수 있겠는가? 즉 안다만제도인의 무혈족제(無血族制; siblessness)와 합쳐진 계층분류제(階層分類制; status grouping)가 마이두족(the Maidu)의 무혈족제이면서 계층분류제도 없이 조성된 비밀조직(秘密組織; secret organization)보다 반드시 앞서는 것이라 말할 수 있는가? 그리고 멜라네시아인(Melanesian)의 모계혈족, 성별양분제(性別兩分制)를 바탕으로 한 계급제 집단과 영혼단체(靈魂團體)의 결합은 히다차족(the Hidatsa)의 모계혈족, 연령별 군사단체 및 군집단체(群集團體; bundle societies)보다 오래 된 것이거나 뒤늦은 것인가? 너무나도 다양한 현상을 하나의 연대적 순서로 짜 맞추려고 하는 시도는 아마도 무모한 일로 생각한다. 아마도 직선적 진화설의 지지자까지도 사회현상의 전체성을 이러한 식으로 취급할 수 없다는 것을 인정할 것이나. 나만 그 자체성으로 갖춰진 개별적인 사회단위나 사회현상만이 일정한 단계계열을 거쳐서 발달하였다고 주장하는 것으로 만족할 것이다.

그러나 거의 모든 부문이 사회조직에 있어서 이 주장이 오류이었음이 증명되었다. 지역적으로는 다르지만, 문화의 발달과정상 일반적으로 동일한 수준에 있는 여러 종족들의 다양한 제도를 나란히 놓고 견주어 보면 그것이 오류였음이 그대로 드러난다. 오스트레일리아의 원주민은 경제적으로는 수렵족이면서 종자채집족이기도 하였지만, 이러한 경제상황은 네바다(Nevada)의 파비옷소족(the Paviotso)의 경우도 마찬가지였고, 양자의 상황은 모두 생산기술적으로 보면 유럽의 고고학자들이 말하는 이른바 신석기시대(新石器時代; Neolithic Stage)임을 보여주는 것이다. 그렇지만 그 사회생활의 구체적인 상황을 비교하여 살펴보면 전혀 다르다. 오스트레일리아인은 혈족, 반혈족, 토템숭배 및 계급제도를 가지고 있는 반면, 파비옷소족 사이에서는 이와 같은 제도의 흔적이 발견되지 않는다. 따라서 양자가 동일한 조직형식에서나 그 발달단계에서 위나 아래라고 추정할 만한 근거는 없다. 정치적으로도 그와 유사한 형태는 없다. 즉 파비옷소족 사이에서는 오스트레일리아인의 장로정치(Australian gerontocracy)의 단체에 비교할 만한 권력을 가진 단체가 없는 반면, 오스트레일리아에는 네바다에서와 같이 그렇게 막대하지는 않지만, 중앙권력에 관련된 사람으로서의 토끼 사냥의 지휘자에 견줄 만한 사람은 아무도 없다. 오스트레일리아인과 플래토 쇼쇼니 인디언(Plateau Shoshoneans)은 각각 다를 뿐만 아니라 비교조차 할 수 없음을 알 수 있다. 왜냐하면 그들은 하나의 발달경로를 지나 온 것이 아니라 두 개의 서로 다른 발달경로를 통하여 나아 왔음을 알 수 있기 때문이다. 만일 이러한 예가 인위적으로 추출한 사례라고 한다면, 다른 예를 들어 보기로 하자. 안다만제도인을 일반적 발달과정에 대입해 보면, 하나의 단계에 속하고 파비옷소족과 마찬가지로 무혈족이다. 그러나 그들이 혼인한 사람, 독신자 및 미혼녀를 구분하는 것은 네바다의 어떤 종족에서도 찾아볼 수 없다. 그리고 독신자(獨身者)로 구별하는 것은 오스트레일리아에서 찾아볼 수 있지만, 이와 같은 부분적 유사성은 아마도 단족적(單族的)인 독립적 진화의 소산이라기보다는 오히려 같은 종족과의 역사적 관련의 결과라고 보아야 할 것이다.

일반적으로 문화의 발달과 사회적 발달은 서로 관련 없이 진행한다는 말에는 아무런 모순점이 없다. 그 논점은 이미 앞의 논의에서 언급한 바 있거니와, 그것이 그다지 중요치 않다는 것은 여러 사회제도의 복잡성에 따라서 종족을 엄밀하게 분류해 보면 분명하게 드러난다. 이러한 관점에서 보게 되면 생산기술적으로 전혀 다른 단계에 있는 니그로족과 폴리네시아인은 대체로 같다고 할 수 있다. 그러나 우간다족(the Uganda)과 하와이인(Hawaii)을 비교해 보면, 한 문화단계에서 다른 문화단계로 넘어가고 있는 것임을 알 수 있다. 즉 아프리카인은 폴리네시아인의 계통적인 신(神)에 기초한 계급제도를 갖고 있지 않으며, 니그로 아프리카(Negro Africa)의 두드러진 특징인 복잡한 법률 역시 폴리네시아의 어느 곳에서도 찾아볼 수 없다. 사회진화법칙설(社會進化法則說)을 일반적으로 조건을 같이 하는 여러 종족에서나 사회조직의 복잡성을 함께 지니는 종족간에서도 적용하지 못한다면, 도대체 어느 곳에서 그 적용의 예를 찾아볼 수 있다고 하겠는가?

그러나 멀리 떨어져 있는 지방에서도 확실히 발생하는 유사현상(類似現象)에는 어떠한 것이 있을까? 에스키모인(Eskimo)과 토다족(the Toda)의 공동사회 또는 푸에블로 인디언(Pueblo Indians) 및 그로스벤트르 인디언(Gros Ventre Indians)이 일처다부제(一妻多夫制; polyandry)를 만들어 낸 것은 그 속에 깃들어 있는 고유한 법칙이 아니겠는가? 이러한 점에서 필자가 되풀이해서 옹호한 단독발달설(單獨發達說; theory of independent development)과 동일한 단계계열의 독립적 표현을 지배하는 법칙에 관한 믿음 — 연구를 마쳐야 하는 지금 필자는 터놓고 포기한다 — 을 종래보다도 한층 더 엄격하게 구별할 필요가 있다. 확실히 여러 지역에서는 유사한 결과를 발생케 하는 일정한 조건이 있다. 예컨대 여자부족과 일처다부제가 인과적으로 관련되어 있는 것처럼 보이지만, 이미 필자가 그에 관련된 설명에서 밝힌 바와 같이, 그 유사관계나 범위는 극히 한정되어 있을 따름이다. 일처다부제의 일반적인 원인은 여아살해(女兒殺害)이지만, 그 원인은 각각 다른 것으로 알려져 있다. 일처다부의 의미 또한 두 지역에서 비슷했던 것은 잠깐이었을 뿐 각각 상이함을 보여주고 있다. 일반적으로 말하면 실제 어떤 조건의 모방은 하나의 순차관계를 모방하게 하기도 하는데, 이 때는 그것으로 끝내버리는 것이 보통이다. 그도 그럴 것이 문화발달의 경로는 그 유사하다는 한 가지 요소에만 의존하는 것이 아니라 관련이 있는 여러 특성의 전체적인 복합구조에 의존하기 때문이다. 또한 이러한 특징은 그와 다른 문화적 전통을 가진 여러 종족에서는 똑같지도 않을 뿐만 아니라 실제로 동일해질 수도 없기 때문에, 그 결과는 어떠한 발전이 조금이라도 이루어지게 되면 선적으로 달라질 수밖에 없다. 그러나 이러한 발전이 흔히 눈에 띄지 않는다는 것은 주목할 만한 일이다. 발전은 더 이상의 유사관계의 가능성이 없는 막다른 국면에서 멈춰버리는 것이 보통이다. 같은 사회관을 가지고 있는 오스트레일리아의 흑인(Australian blacks)과 크로우 인디언(Crow Indians) 사이에서 어느 정도까지 비슷한 욕설이 만들어지는가를 알아본 바 있는데, 그것이 우리가 할 수 있는 것의 전부였다. 같은 욕설을 하면서 살고 지내는 데서 그 이상 어떠한 사회적 결과가 생겨나지도 않고, 또한 그 이상의 결과를 쉽게 상상할 수도 없었다. 이 점에서 서론에서 논급한 언어의 비슷함에 관하여는 다시 논해야 할 필요성이 있다. 쇼쇼니인과 그리스인이 각각 단독으로 한 쌍의 수(數)를 만들어 냈다고 하면, 그것은 유사한 분류방법의 결과이다. 그러나 아주 멀리멀리 떨어져 있는 지역 간의 유사현상(類似現象)의 일반적인 의의는 무엇이라고 할 수 있을까? 엄밀하게 말하여 아무런 의미도 없다. 그것은 형태적 변화를 만들어 내는 데 양방(兩方)의 언어를 공통의 언어형식으로 일치시키는 데서 비롯한 것이 아니기 때문이다. 그렇지만 틀림없이 앞에서 말한 바의 분류법이 심리적으로는 관련이 있어도 문자(文字)로는 다른 어떠한 특징과 상관관계를 갖고 있는 것임은 짐작할 수 있다. 여기서 구조적인 총체적 유사성은 그대로 아리송한 채로 남아 있게 된다. 이 예는 필자가 말하는 사회적 특색이나 문화적 특색의 독자적인 발달을 뒷받침해 주는 것이다. 단독적인 발달은 생겨나지만, 그 소산물이 전체적인 사건의 추이에 있어서 차지하는 영향은 그다지 크지 않고, 따라서 그러한 것의 계열은 본질상 다르다고 할 수밖에 없다는 것이다.

구심적 진화의 발생 즉 상이한 경로를 거쳐 왔지만 유사한 결과를 낳게 된 것은 예정된 목적을 성취하게 하는 법칙의 증거로서 열거할 수도 있을 것이다. 그러나 대다수의 예에서 유사성도 다시 면밀히 검토해보면 피상적이거나 단지 부분적인 닮음에 불과한 경우가 적지 않다. 그리하여 매개호칭법(媒介呼稱法; teknonymy)은 지위호칭법(地位呼稱法)의 결과로서도, 남존여비(男尊女卑)의 결과가 아닌, 친족호칭(親族呼稱)의 궁여지책이었던 것이다. 이러한 예에서 볼 수 있는 바와 같이 이들 풍습의 뜻은 전혀 다르다. 아니 더 나아가 때로는 공통의 명칭으로 지칭하는 것이 편리하다고 하는 세 가지의 풍습이 있기도 했다. 마찬가지로 고대 아테네(Athens)의 정체(政體) 및 미합중국(United States)의 정체를 함께 민주주의(民主主義; democracies)라고 부르는 것이 편리하다는 것을 우리는 확인한 바 있다. 이것이 일정한 목적을 위하여 이 두 정체를 다른 어느 정체와 구별하는 것이기는 하지만, 두 정체의 발생적 유사성이나 심리적 유사성을 뒷받침해 주는 것은 아니다. 그렇지만 예를 들어 일처다부제(一妻多夫制; polyandry)의 경우와 같이 진정한 유사성이 형성된 경우에도 집중(集中; convergence) 이후에 다시 분화가 시작되는 것을 찾아볼 수도 있다.

이처럼 유사한 원인으로부터 독립적 진화하는 예뿐만 아니라 특수한 원인으로부터의 구심적 진화를 하는 예도 고유한 사회발전의 법칙이라고 주장할 수는 없다. 그렇지만 사회의 모든 단계 및 모든 측면에서 보아 어느 한 사실 즉 광범한 전파현상(傳播現象; extensive occurrence of diffusion)은 그 자체로 어떤 역사적 법칙설(歷史的 法則說; theory of history laws)의 바탕으로서 하나의 큰 뿌리가 되는 것임은 틀림없다. 비록 이 요소는 아무것도 만들어내지는 못하지만, 그 자체로서 인류문명의 발달 전체에 대하여 영향을 줄 뿐만 아니라 다른 모든 요소를 거의 쓸모없게 만드는 요소가 되기도 한다. 오마하족(the Omaha)의 시원(始原)에 관한 설명은 하나의 혈족조직을 설명해 주며, 그 확산은 십여 개 이상의 종족의 혈족조직을 풀이해 주기도 한다. 전파(傳播; diffusion)는 하나의 특징이 존재하는 범위를 확장시킬 뿐만 아니라, 이에 의하여 인종 및 지리적 환경의 차이나 일반적으로 문화발달상 유력한 요소로 여겨지는 경제상태의 차이를 동일화할 수 있다. 전파에 의하여 중국인은 서양식의 정치사상을 갖게 되었고, 전파에 의하여 남부 평원인디언은 삼림지역(森林地域; Woodlands)의 이로쿼이족과 마찬가지로 동일한 지리적 조건하에 살고 있는 동료 시유안족(the Siouans)과 그들을 구분하는 일종의 혈족관계를 맺고 있다. 전파에 의하여 어로족(漁撈族)과 순록유목족(馴鹿遊牧族)과 농경족(農耕族; tillers of the soil)이 똑같은 여자무능력관(女子無能力觀)을 갖게 되었던 것이다. 인류사회가 일정한 순서적 단계를 거쳐오지 않으면 안 된다고 생각하더라도, 그것은 끊임없는 모방의 경향에 의하여 가려질 수밖에 없고, 그렇기 때문에 과학적으로는 가치 없고 잘 알 수도 없는 실체(實體; noumenon)로 되고 만다. 아주 이상스럽지만 인류학자가 지금까지 역사적 법칙의 도깨비 불(will-o'-the-wisp)을 찾으려고 노력해 왔지만 이러한 사실을 명료하게 인식한 것은 법학자였다. 그리고 메이틀란드(Maitland)가 토지대장과 기타사항(Domesday Book and Beyond)에서 기억에 남을 만하게 한 말을 그대로 인용하여도 괜찮을 것으로 생각한다. "인류의 각 부분은 어떻게 맞추어 돌아가든지, A단계, B단계, C단계 등으로 불리는 숙명적인 단계계열을 거쳐서 움직여 나갈 수밖에 없다는 것을 입증할 만한 자료를 설령 인류학자들이 가지고 있다 하더라도, 여전히 우리는 다음과 같은 사실에 직면하게 된다. 즉 매우 진보적인 집단은 그야말로 독립적이지도 않고 그렇다고 스스로를 구제하는 것도 아니면서 다른 집단의 관념을 빌려 쓰고 그것에 의하여 — 우리가 알고 있는 한 — 중간의 여러 단계를 거치지 않고, A단계로부터 X단계까지 뛰어오르려고 한다는 사실이다. 우리의 앵글로색슨(Anglo-Saxon)의 조상들은 오랜 동안의 단계(段階; stages)를 거쳐서 알파벳(alphabet)나 니케아 신조(Nicene Creed)에 도달한 것이 아니라 펄쩍펄쩍 뛰어 넘어 이런 단계나 저런 단계에 다다르게 되었던 것이다." 오늘날의 민속학적 지식에 의하여 확실하게 메이틀란드의 이 주장은 진전된 바 있다. 우리들은 비교적 진보적인 종족보다는 다소 정체적인 종족이지만 외래사상과의 접촉에 의하여 그 문화를 발달시키고, 따라서 각 종족에 사회적 법칙이 그대로 작용할 수 있는 곳은 아무데도 없다는 것을 알고 있다. 그렇기 때문에 각 지역에 동일하게 발생하는 것으로 발견될 수 있는 순차관계(順次關係; sequences)를 따져서 기록해야 하겠지만, 그렇다 하더라도 예를 들어 일처다부제(一妻多夫制)와 여자부족의 관계와 같이, 엄밀하게 제한되어 있고 또한 경우에 따라서는 대수롭지 않은 관계를 역사적 법칙(歷史的 法則)이라고 하는 과장된 명칭까지 붙여 끌어올리지는 말아야 한다.

그렇다면 문화현상의 복잡성과 특수성은 주로 전파(傳播)의 결과로 인정하는 피어슨 교수(Professor Pearson)가 정립한 속기방식(速記方式)에 의해 탐구를 포기하는 것으로 되고 만다. 또한 그것은 사실의 단순화에 대한 어리석은 경멸에서가 아니라 사실에 부합하지 않을 것 같은 간단한 의존보다는, 오히려 사실을 단순화시키지 않는 것을 더 선호하기 때문에 빚어지는 결과이다. 최근까지도 인류학자들에게 널리 유포되어 있었던 견해는 헨리 메인 경(Sir Henry Maine)이 1861년에 “그럴 듯하고 종합적이지만 전혀 증명되지 않은 저급한 이론이 …… 원시사회사 및 법률사의 착실한 연구를 전반적으로 지배하고 있다”라고 쓰면서 배척한 ‘법칙(法則)’의 범주에 속하는 것이다. 지난날의 전체 포섭적이고도 근거 없는 이론을 탈피하여 특정지역의 집중적 연구에 기초하여 진실된 역사적 연구를 하여야 할 때가 바야흐로 도래하였다.

그렇다면 우리는 독특하게 이어지는 사례의 고찰에서 시작하여 일정한 해석에 이르게 하는 모든 희망을 전부 접어두어야만 하는 것인가? 절대로 그렇지 않다. 무엇보다도 먼저 역사적 법칙의 배척이 시간적 요소와 관계가 없고, 사회생활의 본질상 실제로 통일성(統一性)의 지향을 배척한다는 뜻도 아니다. 모방의 보급은 그 자체로 일정한 법칙의 일반화를 뜻한다. 마치 일단 확립된 문화적 특징의 오랜 존속과 관계되는 창조적 노력에 대해 잠재적 혐오감이나 무기력함이 있기는 하지만 그대로 일반성을 지니는 것과 마찬가지다. 둘째로 일정한 특징의 맥락은 그 유래를 뒷받침해 주는 여러 특징의 특수결합의 결과로 보아야 한다. 분별력 있는 역사적 방법의 옹호론자(擁護論者; champion)인 메인(Maine)의 저술에서 한 예를 인용해 보면, 이 점은 보다 명백해진다. 메인은 후기 로마공화국이 사형제(死刑制; death penalty)를 없애버린 사실을 접하였는데,

이것은 종래 로마인의 심리적 상상(心理的 想像)에 기초하여 구성되어 온 사항이다. 그러나 메인은 당시의 영구적 사법단체는 입법의회로부터 권력을 위임받은 위원회이고, 입법의회 자체는 중형(重刑)을 과하는 권력을 갖고 있지 못하였는데, 그렇게 하기 위하여 일정한 권력을 그 관하의 어느 기관에 위임할 수도 없다는 것을 알게 되었다. 이 해석은 그러한 문제를 완전하게 밝혀주는 것으로, 직접적인 설득력이 있으며, 또한 동시에 이와 같은 원리에 기초하지 않는 설명법(說明法)의 허황됨을 폭로해 버렸던 것이다. 마사이족의 연령계급(年齡階級) 또는 히다차족의 연령별단체(年齡別團體)를 이해하려면, 모건(Morgan)이나 슐츠(Schurtz)가 아니라 메인의 방법을 따라서 이해해야 하고, 터무니없는 사회발전법칙설(社會發展法則說; law of social evolution)에 매달리는 것보다는 차라리 마사이족의 문화나 히다차족의 문화의 각각의 정신과 역사 및 그 이웃 종족의 정신 및 역사에 몰입해 보는 것이 훨씬 나을 것이다.

사회조직(社會組織) 발달의 근본원칙(根本原則)은 문화 일반에 작용하는 여러 원칙과 크게 다르지 않다. 일찍이 고고학적 연구에 의하여 서부 유럽에서 두드러지게 이론의 기조를 이룬 여러 단계는 인류가 여러 곳에서 겪고 지내왔던 단계라고 믿기도 하였다. 그러나 아프리카의 생산기술의 예를 보게 되면, 이 가설을 반증하는데 큰 어려움이 없다. 대체로 아프리카인은 석기시대(石器時代; Stone Age)로부터 청동기시대(青銅器時代; Age of Copper and Bronze)를 거쳐 철기시대(鐵器時代; Iron Age)로 변화하지 않았다. 토착적 발달에 의해서건 아시아의 원천을 모방해서건, 그들은 석기제조단계에서 철기제조단계로 바로 옮겨갔다. 물질문명의 다른 측면에 관하여 말해 보면, 페루(Peru)를 제외한 나머지 아메리카 원주민은 경제적 목적으로 동물을 길들여 기르지는 않기도 하였다. 이러한 사실은 유카탄반도(Yucatan) 및 멕시코(Mexico)와 같은 상당히 복잡한 문화구조(文化構造; cultural structure)에서도 그 지주로서 동물양육에 의거하지 않고 지낼 수 있었다는 것을 명백히 증명해 주는 사실이다. 그러므로, 고유의 발전법칙이 없다면 사회사(社會史)는 문화사 일반의 여러 사실에 그대로 부합할 따름이다.

그렇다고는 하지만 객관적이라고 하기보다는 오히려 객관적으로 평가하는 사람의 관점에서 본다면, 물질문화의 역사와 사회조직의 역사 사이에는 중요한 차이점이 있음을 알 수 있다. 전자는 진보의 시대와 상통하는 퇴보 또는 정체의 시대에 존재한다. 그리고 이러한 용어를 상용하는 것은 바로 진보를 변별하는 표준이 있음을 뜻하는 것이기도 하다. 또한 이러한 용어의 근저를 탐구하는 것은 그렇게 어렵지 않다. 도구는 일정한 실제적 목적을 위한 수단이다. 만약 이 목적을 위하여 혹은 일정한 도구에 의하여 한층 신속하고 또한 유효하게 달성할 수 있다면, 그 도구의 사용이 한층 더 증가할 것이다. 그러므로 금속도끼가 돌도끼보다 좋다는 것은 순수한 객관적 판단이다. 이와 같이 경제행위(經濟行爲)는 인간적 생존의 유지를 그 목적으로 삼고 있기 때문에, 예를 들어 식용(食用)이나 착유(搾乳)를 위하여 동물의 기름을 확보하여 생활의 가능성이 확대된다고 하면, 그것은 진보적 변화를 위하여 좋은 것이라고 하여도 괜찮을 것이다. 그렇지만 사회생활의 영역에서는 문화현상(文化現象)을 등급지을 만한 객관적 표준이 없다. 최고의 철학자들이라 하더라도 사회생활을 통하여 추구해야 할 궁극적 이상에 관하여는 의견이 각각 다르다. 최근 1세기 동안에 서구의 사상과 행동은 한쪽 끝에서 다른 쪽 끝까지, 맨체스터 학파의 개인주의(Manchesterian individualism)의 성향에서 국가사회주의(國家社會主義; state socialism)의 동향으로 바뀌어 왔다. 그리고 예를 들어 에스키모 사회의 공산주의적 편중에 관한 학생들의 평가도 그가 허버트 스펜서(Herbert Spencer)의 학파에 속하는지, 크로포트킨 공(Prince Kropotkin)의 학파에 속하는지에 따라서 같지 않을 것이다. 민주주의(民主主義; Democracy)는 오늘날 흔히 쓰는 단어가 되어 버렸지만, 그것은 또한 천재(天才)나 반동적 생물학자를 분노케 하는 원인이 되기도 하였다. 그들 중의 어느 사람은 틀림없이 미크로네시아(Micronesia)쪽으로 눈을 돌릴 것이고, 마셜군도(Marshall Islands)에 고귀하게 보존되어 있는 상층계급(上層階級)에 대한 충의(忠義)의 정신의 부패를 한스러워 하기도 한다. 그리고 무제한적 부인해방(婦人解放; emancipation of woman)이 엄밀한 개인주의에 합치하는 유일의 목표일 수도 있지만, 그러나 개인주의적 희망이 다른 희망, 예를 들면 전통적 가족정신의 항구화나 우생학적 목적을 종속시켜버린다면 어떠하겠는가? 이 점에서도 원시인의 여러 관념의 판단은 오늘날의 사상의 의제에 대한 각자의 주관적 태도에 의존할 수밖에 없다. 비판적 연구를 하는 사람은 현대사회의 의견이 일치되어 가는 경우에도 이 의견을 절대적으로 타당한 것으로 보지는 않는다. 의무적 단혼제(義務的 單婚制)가 절대적인 의미에서 보아 가장 좋은 혼인형식(婚姻形式)인지의 여부는 분명하지 않고, 적어도 그것이 마사이족(the Masai)의 제도와 그렇게 다르지 않은 어떤 결과를 빚어내는 방탕한 제도와 영합하는 경우에는 더욱 그러하다.

요컨대 사회학적 특징의 평가는 생산기술적 문화특징의 평가와는 전혀 다른 것이다. 후자는 이미 알려져 있는 목적에 얼마만큼 접근할 수 있는가에 따라서 평가되는 것이지만, 전자는 목적(目的)이 알려져 있지 않거나 철학적으로 보아서는 가치가 있는지 여부가 의심스럽다는 목적에 비추어 주관적 근거에 기초하여 등급을 정할 수밖에 없는 것이어서, 과학적으로는 비교할 수 없는 것으로 취급될 수밖에 없다.

물론 사회조직은 그 복잡성이 각각 다른 것이 사실이지만, 그 진보의 차이가 진보의 표준을 보여주는 것은 아니다. 안다만제도인이 독신자와 미혼녀를 분리하고, 그 양자를 부부인 사람과 분리하는 관념을 발생 또는 모방할 때, 그 사회적 문화는 복잡함을 더하게 되었지만, 그 문화가 개량되었다든지 악화되었는지를 증명하기는 쉽지 않다. 우리 문명공동사회(文明共同社會)가 좀 단순한 환경에 처해 있는 미개인과 같이, 예를 들어 질서유지의 문제를 해결하려고 하면, 우리들의 복잡한 기구가 지적인 발달을 보여주는 것이라고 인정할 수도 있을 것이다. 그러나 그 조건은 사실에 반하는 것이고, 우리의 어렵기 한이 없는 치안유지의 방법과 미개상태에서의 같은 문제의 훨씬 간편한 해결 방법은 비교할 만한 정도도 아니다.

일정한 풍습이나 제도에서 사회사(社會史)의 변모하는 쪽으로 눈을 돌려보면, 다시 그 결과는 — 다른 이유에서 비롯하는 것이기는 하지만 — 문화를 등급메길 수는 없다는 것이다. 제도는 일반적으로 각양각색이어서 비교할 수 없기 때문이다. 그렇지만 과정은 비교할 수 있을 뿐만 아니라 미개문명에서나 고급문명에서나 마찬가지이다. 그리하여 원시인들 사이에서는 협동적 동기나 마음이 맞는 동료관계의 필요성이 여러 가지 형식으로 나타나고, 이것이 때로는 예를 들어 사모아인의 노동조합(Samoan trade unions)의 경우처럼 거의 현대적인 외관을 갖춘 것도 있다. 그 밖에 원시인의 생활 가운데 변함 없는 한 성분으로서 언제든지 위신(威信; prestige)을 세우기 위하여 노력하는 현상이 발견되기도 한다. 이것은 그야말로 모든 사회집합체(社會集合體)의 두드러진 특징이기도 하다. 원시인허영설(原始人虛榮說; peacock theory of primitive man)은 원시사회의 개인을 전적으로 집단에 몰입시킨다는 예전부터 내려오던 주장을 무색케 해버리고 말았다. 그러나 이 점에 관하여는, 세부적으로 차이가 있을지도 모르지만, 원칙적으로 원시사회와 문명사회가 일치하고 있는 바이다. 역사적인 기록에 의하면 권력(權力)은 어느 한 사람의 신비스러운 권력기원으로부터 다른 사람에게로, 교회(敎會; church)로부터 서적(書籍; book)으로, 서적에서부터 국가(國家; state)로, 아니면 눈에 띄지 않는 여론(輿論; public opinion)으로 옮겨져 왔다. 그러나 가장 간단한 사회로부터 가장 복잡한 사회에 이르기까지의 모든 사회가 유일하게 허용하지 않는 죄악(罪惡)은 사회가 공인한 권위에 대하여 자기 한 사람의 의견으로 갈아치우려고 하는 것과 종족적 금제사항(禁制事項; taboos)에 위반하는 것으로 되어 있다. 그렇기 때문에 헨리 메인 경(Sir Henry Maine)이 당시의 사회에서는 계급적 관계가 아니라 계약관계의 중요성이 증대하고 있음을 지적하였을 때, 그 논의는 개인적인 자유의 발달사에 대하여 본질적 의의를 두고 있는 것이라기보다는 형식적 의의를 짚어서 말한 것이다. 에웨족(the Ewe)은 그 재산처분에 있어서 아메리카인처럼 자유롭지는 않지만, 다른 점에 있어서는 도리어 더 자유로웠다. 그리고 양자 모두 어떻든지 계약에 속박되는 점이 특색이다. 그에 위반하면 사람을 경멸한 것으로 하거나 패각재판(貝殼裁判; ostracism)에 붙이거나 사형(死刑)에 처하기까지 한다. 정적인 측면으로 보거나 동적인 측면으로 볼 때 사회생활은 야만기(野蠻期)에서 문명기(文明期)로 발전해 왔다고 단정지을 수 없다.

사회진보설(社會進步說)은 역사적 법칙의 당연한 수반물이었다. 특히 그것이 1870년대의 진화론적 낙관설(進化論的 樂觀說; evolutionary optimism)에 의하여 받아들여진 경우에 더욱 그러했다. 만일 고유의 필연성이 모든 사회로 하여금 일정한 궤도를 지켜야 한다고 독려한다 하더라도 형이상학자들은 그 원동력이 신(神)인지 악마(惡魔)인지에 관하여 논쟁을 벌일 것이지만, 정해진 목표점을 향한 운동에서 어느 공동사회가 방해를 받고, 어느 공동사회가 속도를 더하게 될지에 관하여는 적어도 의문의 여지가 있을 수 없다. 그러나 문화사(文化史)의 연구 쪽에서는 이러한 필연성이나 의지가 생겨날 리가 없다. 문화(文化; cultures)

는 주로 우연의 접촉으로 인한 모방을 통하여 발달한다. 그 중에서도 미국의 문명은 모방된 여러 특징의 복합체이다. 그것이 생겨나기까지의 특수한 과정은 다른 나라의 문화가 거쳐온 과정과는 다르다. 그러므로 일정한 민족이 어느 목표점에 도달하기까지는 아메리카 역사상 이러저러한 단계를 거쳐야 한다는 특이한 주장은 더 이상 지지를 받지 못한다. 메이틀란드(Maitland)의 주장을 잘 체득한 사람이라면 역사적 내지 인종적으로 보아 이 엄연한 잘못됨의 허실을 알아차릴 것이다. 다른 민족에서 사회적 시행책(社會的 施行策; social programme)을 강구할 때에도, 우리들은 언제나 주관적 근거에 맞추어 행동할 수밖에 없다. 그러나 적어도 사회발전의 옳고 그른 법칙에 크게 반하지 않는 조마조마한 심상에서 행동할 수는 있다.

그러나 문화사의 다양한 사실은 아메리카(America)의 장래의 개선에 모두 관계가 있다. 문화사가(文化史家)는 저 조삼모사(朝三暮四)의 선물, 문화라고 이름 붙여신 소사이나 땜질에 대하여 맹목적인 경의를 표출하지는 않는다. 문화사의 연구자들은 다른 어떤 사람보다도 무정형의 산물에 포장을 하는데 대한 장애요소를 잘 알고 있다. 그렇지만 적어도 그는 맹목적인 지식에 따르지 않고, 불완전한 부분을 보완할 수 있는 합리적 연구를 하고자 하는 것이 보통이다.

참고문헌
BIBLIOGRAPHY

이 문헌목록은 이 연구에 인용된 모든 문헌을 포함하는 것이다. 각 문헌은 다음과 같이 표기하기로 한다.

Amer. Anth. American Anthropologist

Amer. Anth., Mem. Memoirs of the American Anthropological Association

A. M. N. H. Anthropological Papers of the American Museum of Natural History

A.M.N.H., Bull. Bulletin of the American Museum of Natural History

A.M.N.H., Hd. Handbook Series of the American Museum of Natural History

A.M.N.H., Mem. Memoirs of the American Museum of Natural History

B.A.E. Annual Report of the Bureau of (American) Ethnology

B.A.E., Bull. Bulletin, Bureau of American Ethnology

Can. Geol. Sur., Mem. Memoir, Canada Department of Mines, Geological Survey

Can. Geol. Sur., Mus. Museum Bulletin, Canada Department of Mines, Geological Survey

Can. Sum. Rept. Summary Report of the Geologocal Survey, Canada

Field Mus. Anthropological Series, Field Museum of Natural History

J.A.F.L. Journal of American Folk-Lore

J.A.I. Journal of the (Royal) Anthropological Institute of Great Britain and Ireland

Reports Reports of the Cambridge Anthropological Expedition

U. Cal. University of California Publications in American Archaeology and Ethnology

Z. vgl. R. Zeitschrift für vergleichende Rechtswissenschaft

Adair, J. 1775. The History of the American Indians. London.

Alldridge, T. J. 1910. A Transformed Colony: Sierra Leone. London.

Annual Archaeological Report. Toronto, 1906.

Baden-Powell, B. H. 1896. The Indian Village Community. London.

Bandelier, A. 1878. On the Distribution and Tenure of Lands and the Customs with respect to Inheritance, among the Ancient Mexicans. Reports of the Peabody Museum, II, No. 2, 385-448.

Barrett, S. A. 1917. Ceremonies of the Pomo Indians. U. Cal., XII, 397-441.

Barton, R. F. 1919. Ifugao Law. U. Cal., XV, 1-127.

Bleek, W. I., and Lloyd, L. C. 1911. Specimens of Bushman Folklore. London.

Boas, F. 1888. The Central Eskimo. 6 B.A.E., 409-669.

1897. The Social Orgarnization and Secret Societies of the Kwakiutl Indians. Report of the U. S. National Museum for 1895. 315-733.

1907. The Eskimo of Baffin Land and Hudson Bay. A.M.N.H., Bull., XV.

1911. The Mind of Primitive Man. New York.

1916 (a). Tsimshian Mythology. 31 B.A.E.

1916 (b). The Origin of Totemism. Amer. Anth. XVIII, 319-326.

Brown, A. R. 1913. Three Tribes of Western Australia. J.A.I., XLIII, 143-194.

Castren, M. A. 1853. Reiseerinnerungen aus den Jahren 1838-1844. St. Petersburg.

Codrington, R. H. 1891. The Melanesians: Studies in their Anthropology and Folk-Lore. Oxford.

Cole, F. C. 1913. The Wild Tribes of Davao District. Field Mus. XII. 49-203.

Cunow, H. 1894. Die Verwandtschafts-Organisationen der Australneger. Stuttgart.

1912. Zur Urgeschichte der Ehe und Familie. Stuttgart.

Cranz, D. 1765. Historie von Grönland. Barby.

Czaplicka, M.A. 1914. Aboriginal Siberia. Oxford.

Dixon, R. B. 1905. The Northern Maidu. A.M.N.H., Bull. XVII, 119-346.

1907. The Shasta. Ibid., 381-498.

Dorsey, J. O. 1884. Omaha Sociology. 3 B.A.E., 211-370.

Ellis, A. B. 1890. The Ewe-speaking Tribes of the Slave Coast of West Africa. London.

Ellis, Wm. 1831. Polynesian Researches. London.

Erdland, P. A. 1914. Die Marshall-Insulaner. Anthropos-Bibliothek. Münster i. W.

Feguson, W. S. 1918. The Zulus and the Spartans. Harvard African Studies, II, 197-234.

Fletcher, A. and La Flesche, F. 1911. The Omaha Tribe. 27 B.A.E.

Frazer, J. 1892. The Aborigines of New South Wales. Sydney.

Frazer, J. G. 1910. Totemism and Exogamy. 4 vols. London.

1911. The Golden Bough. 3d. ed., pt. II. London.

1912. Psyche's Task. London.

Franciscan Fathers, The. 1910. An Ethnologic Dictionary of the Navaho Language. St.

Michaels.

Freire-Marreco, B. 1914. Tewa Kinship Terms from the Pueblo of Hano. Amer. Anth., XVI, 269-287.

Freud, S. 1912, 1913. Ueber einige Uebereinstimmungen im Seelenleben der Wilden und der Neurotiker. Imago, 17-33; 213-227; 1913, 1-21, 357-408.

Frobenius, L. 1913. Und Afrika Sprach. Ⅰ. Berlin-Charlottenburg.

Gifford, E. W. 1916. Miwok Moieties. U. Cal., XII, 139-194.

1918. Clans and Moieties in Southern California. U. Cal., XIV, 155-219.

Goddard, P. E. 1903. Life and Culture of the Hupa, U. Cal., Ⅰ, 1-88.

1913. Indians of the Southwest. A.M.N.H., Hd.

Goldenweiser, A. A. 1910. Totemism; an Analytical Study. J.A.F.L., XXIII, 179-293.

1912. On Iroquois Work. Can. Sum. Rept., 464-475.

1913. On Iroquois Work. Can. Sum. Rept., 365-373.

1918. Form and Content in Totemism. Amer. Anth. XX, 280-295.

Gurdon, P. R. T 1907. The Khasis. London.

Hahn, Ed. 1905. Das Alter der wirtschaftlichen Kultur der Menschheit. Heidelberg.

Hartland, E. S. 1917. Matrilineal Kinship and the Question of its Priority. Amer. Anth. Mem., IV, 1-90.

Hawkes, E. W. 1913. The "Inviting-in" Feast of the Alaskan Eskimo. Can. Geol. Sur., Mem. 45.

1916. The Labrador Eskimo. Can. Geol. Sur., Mem. 91.

Hearne, S. 1795. Journey from Prince of Wales Fort in Hudson's Bay to the Northern Ocean. London.

Hobhouse, L. T. 1915. Morals in Evolution. London.

Hocart, A. M. 1913. The Fijian Custom of Tauvu. J.A.I., XLIII, 101-108.

1915. Chieftainship and the Sister's Son in the Pacific. Amer. Anth., 631-646.

Hudson, T. C. 1911. The Naga Tribes of Manipur. London.

Hollis, A. C. 1905. The Masai. Oxford.

1909. The Nandi. Oxford.

Howitt, A.W. 1904. The Native Tribes of South-east Australia. London.

Jesuit Relations and Allied Documents. 1896-1901. Edited by Reuben Gold Thwaites. 71 volumes.

Jochelson, W. 1908. Material Culture and Social Organization of the Koryak. A.M.N.H.,

Mem., X.

1910. The Yukaghir and the Yukaghirized Tungus. A.M.N.H., Mem., XIII.

Junod, H. A. 1912. The Life of a South African Tribe. 2 vols. Neuchatel.

Keysser, Ch. 1911. Aus dem Leben der Kaileute, in Neuhauss, R., Deutsch Neu-Guinea, III. Berlin. 1-242.

Kingsley, M. H. 1904. Travels in West Africa. London.

Kohler, J. 1897. Urgeschichte der Ehe. Z. vgl. R. XII.

Krämer, A. 1902. Die Samoa-Inseln. Stuttgart.

Krause, A. 1885. Die Tlinkit-Indianer. Jena.

Kroeber, A. L. 1904. The Arapaho. A.M.N.H., Bull., XVIII, 1-229, 279-454.

1908. Ethnology of the Gros Ventre, A.M.N.H., I, 145-281.

1917 (a). Zuñi Kin and Clan. A.M.N.H., XVIII, 39-205.

1917 (b). The Tribes of the Pacific Coast of North America. XIX International Congress of Americanists. 385-401.

Lang, Andrew. 1885. Custom and Myth. London.

Laufer, B. 1900. Preliminary Notes on Explorations among the Amoor Tribes. Amer. Anth., 297-338.

1917. The Beginnings of Porcelain in China. Field Mus., XV, 79-177.

Lehner, St. 1911. Bukaua, in Neuhauss, Deutsch Neu-Guinea, III, 397-485. Berlin

Lowie, R. H. 1912. Social Life of the Crow Indians. A.M.N.H., IX, 179-248.

1913. Societies of the Crow, Hidatsa and Mandan Indians. A.M.N.H., XI, 145-358.

1915. Exogamy and the Classificatory System of Relationship. Amer. Anth., 223-239.

1916. Plains Indian Age-Societies : Historical and Comparative Summary. A.M.N.H., XI, 877-984.

1917 (a). Notes on the Social Organizations and Customs of the Mandan, Hidatsa and Crow Indians. A.M.N.H., XXI, 1-99.

1917 (b). Culture and Ethnology. New York.

1919 (a). The Matrilineal Complex. U. Cal., XVI, 29-45.

1919 (b). Family and Sib. Amer. Anth., 28-40.

Maclean, Colonel. 1858. A Compendium of Kafir Laws and Customs. Printed for the Government of British Kafraria. Mount Coke.

Maine, H. 1861. Ancient Law. London.

Malinowski, B. 1913. The Family among the Australian Aborigines. London.

Man, E. H. 1883. On the Aboriginal Inhabitants of the Andaman Islands. London.

Marett, R. R. 1912. Anthropology. Home University Library.

Markham, Clements. 1892. A History of Peru. Chicago.

Martin, R. 1905. Die Inlandstämme der Malayischen Halbinsel. Jena.

Merker, M. 1910. Die Masai. Berlin.

Mooney, J. 1907. The Cheyenne Indians. Amer. Anth., Mem., Ⅰ, 361-442.

Morgan, L. H. 1871. Systems of Consanguinity and Affinity of the Human Family. Smithsonian Contributions to Knowledge, XVII.

1877. Ancient Society. New York.

Murdoch, J. 1892. Ethnological Result of the Point Barrow Expedition. 9 B.A.E., 19-441.

Nelson, E. W. 1899. The Eskimo about Bering Strait. 18 B.A.E., 19-518.

Parkinson, R. 1907. Dreissig Jahre in der Südsee. Stuttgart.

Parsons, E. C. 1916. Avoidance in Melanesia. J.A.F.L., XXIX, 282-292.

Philbrick, F. S. 1918. (Translator) Huebner, R. A History of Germanic Private Law. Boston.

Powers, S. 1877. Tribes of California. Contributions to North American Ethnology, Ⅲ.

Radloff, W. 1893. Aus Sibirien. I. Leipzig.

Restrepo, Vincente. 1895. Los Chibchas antes de la conquista española. Bogota.

Radin, P. 1911. The Ritual and Significance of the Winnebago Medicine Dance. J.A.F.L., XXIV, 149-208.

1915. The Social Organization of the Winnebago Indians, an Interpretation. Can. Geol. Sur., Mus., No. 10.

Reports of the Cambridge Anthropological Expedition to Torres Straits, Vols. Ⅴ and Ⅵ. Cambridge, 1904, 1908.

Rivers, W. H. R. 1906. The Todas. London.

1914 (a). Kinship and Social Organization. London.

1914 (b). The History of Melanesian Society. 2 vols. Cambridge.

1915. "Marriage"; in Hastings' Encyclopaedia of Religion and Ethics. Ⅷ.

Rockhill, W. W. 1891. The Land of the Lamas. New York.

Roscoe, J. 1907. The Bahima: a Cow Tribe of Enkole in the Uganda Protectorate, J.A.I., 93-118

1911. The Baganda. London.

Roth, W. E. 1903. North Queensland Ethnography. Bulletin 5. Brisbane.

1906. North Queensland Ethnography. Bulletin 8. Brisbane.

1915. An Inquiry into the Animism and Folk-Lore of the Guiana Indians. 30 B.A.E., 117-384.

Routledge, W. S. and K. 1910. With a Prehistoric People. London.

Russell, F. 1908. The Pima Indians. 26 B.A.E., 17-389.

Sapir, E. 1911. Some Aspects of Nootka Language and Culture. Amer. Anth., 15-28.

1913. A Girl's Puberty Ceremonial among the Nootka Indians. Transactions, Royal Society of Canada, 3d series, 67-80.

1915. The Social Organization of the West Coast Tribes. Ibid., 355-374.

Schinz, W. 1891. Deutsch-Südwest-Afrika. Oldenburg.

Schmidt, M. 1905. Indianerstudien in Zentralbrasilien. Berlin.

Schultze, L. 1907. Aus Namaland und Kalahari. Jena.

Schurtz, H. 1902. Altersklassen und Männerbünde. Berlin.

Seligmann, C. G. and B. Z. 1911. The Veddas. Cambridge.

Skeat, W. W., and Blagden, C. O. 1906. Pagan Races of the Malay Peninsula. 2 vols. London

Skinner, A. 1913. Social Life and Ceremonial Bundles of the Menomini Indians. A.M.N.H., XIII, 1-165.

Speck, F. G. 1909. Ethnology of the Yuchi. University of Pennsylvania, Anthropological Publications of the University Museum, I, 1-154.

1915 (a). Family Hunting Territories. Can. Geol. Sur. Mem., 70.

1915 (b). The Family Hunting Band as the Basis of Algonkian Social Organization. Amer. Anth., 289-305.

1918. Kinship Terms and the Family Band among the North-eastern Algonkians, Amer. Anth., 143 seq.

Spencer, B., and Gillen, F. J. 1899. The Native Tribes of Central Australia. London.

1904. The Northern Tribes of Central Australia. London.

Spieth, J. 1906. Die Ewe-Stämme. Berlin.

Spinden, H. J. 1908. The Nez Percé Indians. Amer. Anth., Mem., II, 165-274.

1917. Ancient Civilizations of Mexico and Central America. A.M.N.H., Hd.

Stack, E., and Lyall, C. 1908. The Mikirs. London.

Stair, J. B. 1897. Old Samoa. Oxford.

Stevenson, M. C. 1909. The Zuñi Indians. 23 B.A.E.

Swanton, J. R. 1905 (a). Contributions to the Ethnology of the Haida, A.M.N.H., Mem., Ⅷ.

1905 (b). The Social Organization of American Tribes. Amer. Anth., 663-673.

1906. A Reconstruction of the Theory of Social Organization. Boas Anniversary Volume. 166-178. New York.

1908. Social Condition, Beliefs, and Linguistic Relationship of the Tlingit Indians. 26 B.A.E., Bull. 391-485.

1911. Indian Tribes of the Lower Mississippi Valley. B.A.E., Bull. 43.

1912. A Foreword on the Social Organization of the Creek Indians. Amer. Anth., 593-599.

Tafel, A. 1914. Meine Tibetreise. Stuttgart.

Talbot, P. A. 1912. In the Shadow of the Bush. London.

Teggart, F. J. 1918. The Processes of History. New Haven.

Teit, J. 1900. The Thompson Indians of British Columbia. A.M.N.H., Mem., Ⅱ.

1909. The Shuswap. Ibid., Ⅳ.

Thalbitzer, W. 1914. The Ammassalik Eskimo. Copenhagen.

Theal. G. Mc. 1907. History and Ethnography of Africa South of the Zambesi. London.

Thomson, Basil. 1908. The Fijians. London.

Thurnwald, R. 1910. Das Rechtsleben der Eingeborenen der deutschen Südseeinseln. Berlin.

1912. Ermittlungen über Eingeborenenrechte der Südsee. Z.Vgl. R. XXIII, 309-364.

Torday, E., and Joyce, T. A. 1910. Les Bushongo. Brussels.

Tregear, E. 1904. The Maori Race. Wangani.

Turner, B. 1884. Samoa. London.

Tylor, E. B. 1889. On a Method of Investigating the Development of Institutions; applied to Laws of Marriage and Descent. J.A.I., XVIII, 245-272.

1896. The Matriarchal Family System. Nineteenth Century, XL, 81-96.

Von den Steinen, K. 1897. Unter den Naturvölkern Zentral-Brasiliens. Berlin.

Waitz, Th., and Gerland, G. 1872. Anthropologie der Naturvölker. Ⅵ. Leipzig.

Webster, H. 1908. Primitive Secret Societies. New York.

Weule, K. 1908. Wissenschaftliche Ergebnisse meiner ethnographischen Forschungsreise in den Südosten Deutsch-Ostafrikas. Berlin.

Whiffen, T. 1915. The Northwest Amazons. New York.

Wilson, G. L. 1917. Agriculture of the Hidatsa Indians. University of Minnesota, Studies in the Social Sciences, No. 9. Minneapolis.

Wissler, C. 1911. The Social Life of the Blackfoot Indians. A.M.N.H., Ⅶ, 1-64.

Zahn, H. Die Jabim, in Neuhauss, Deutsch Neu-Guinea, Ⅲ, 289-394.

찾아보기

INDEX

ㄱ

ㅁ

ㅇ

ㅈ

역자 약력

정동호(鄭東鎬)

고려대학교 법과대학 대학원 졸업
법학석사(扶養制度의 變遷–1974)
법학박사(韓國家族法에 있어서의 外國法의 繼受–1979)
법제처 법제조사위원회 전문위원 역임
강원대학교 법과대학 부교수 역임
현재 한양대학교 법과대학 교수
[역서] 古代社會(Lewis Henry Morgan), 현암사, 1978.
私法과 所有權의 基礎理論(Karl Renner), 학연사, 1981.
人類婚姻史(Edward Alexander Westermarck), 박영사, 1981.
比較法과 社會理論(Jerome Hall), 고려대출판부, 1983.
法과 社會變動(Roger D. Wimmer/Joseph R. Dominick), 나남, 1986.
財産의 起源과 村落共同體의 形成(Jan Stanislaw Lewinski), 세창출판사, 2007. 12.

김은아(金銀雅)

한양대학교 법과대학 대학원 졸업
법학석사(民法上의 遺留分과 返還請求에 관한 考察–1997)
법학박사(財産相續上 配偶者의 地位에 관한 考察–2005)
현재 한양대학교 · 홍익대학교 · 순천향대학교 강사
[역서] 財産의 起源과 村落共同體의 形成(Jan Stanislaw Lewinski), 세창출판사, 2007. 12.
[논문] 前近代 中國의 家族共産制와 家父長의 權能에 관한 考察–2001. 12.
民法上 配偶者相續分에 대한 考察–2005. 10.
配偶者의 財産相續上 地位와 그 强化–2005. 12.
父母扶養의 問題點–2006. 3.
父母扶養의 相續法的 接近–2006. 8.
被代襲者의 配偶者의 代襲相續에 관한 研究–2007. 5.
朝鮮前期 財産相續法制에서 女性의 地位–2007. 11.
朝鮮前期 離婚制度의 特徵–2007. 12.

강승묵(姜昇默)

한양대학교 법과대학 대학원 졸업
법학석사(共同不法行爲에 있어서 關聯共同性에 관한 研究–2003)
한양대학교 법과대학 대학원 박사과정 수료
현재 영동대학교 강사
[역서] 權利能力論(Eugen Ehrlich), 세창출판사, 2004. 11.
財産의 起源과 村落共同體의 形成(Jan Stanislaw Lewinski), 세창출판사, 2007. 12.
[논문] 特殊地役權에 관한 小考–2004. 12.
親生否認의 訴에 관한 獨逸民法과 우리 改正法과의 比較檢討–2005. 12.

원시사회 (原始社會)

2008년 2월 5일 초판 인쇄
2008년 2월 15일 초판 발행

역 자 정동호 · 김은아 · 강승묵
발행인 이 방 원
발행처 세창출판사
서울 서대문구 냉천동 182 냉천빌딩 4층
전화 723-8660 팩스 720-4579
E-mail: sc1992@empal.com homepage: www.sechangpub.co.kr
등록번호 300-1990-63

정가 34,000원

ISBN 978-89-8411-186-8 93300